本书系《鄞州新城发展定位与产业提升研究》(项目编号：HS11106) 的研究成果之一

中国新城区建设路径与模式创新
—— 宁波鄞州改革发展的实践探索

ZHONGGUO XINCHENGQU JIANSHE LUJING YU MOSHI CHUANGXIN
—— NINGBO YINZHOU GAIGE FAZHAN DE SHIJIAN TANSUO

◎ 程刚／编著

中国财经出版传媒集团

经济科学出版社
Economic Science Press

图书在版编目（CIP）数据

中国新城区建设路径与模式创新：宁波鄞州改革发展的
实践探索／程刚编著．—北京：经济科学出版社，2016.12
ISBN 978 - 7 - 5141 - 7660 - 5

Ⅰ．①中…　Ⅱ．①程…　Ⅲ．①城市建设 - 研究 -
鄞州区　Ⅳ．①F299.255.4

中国版本图书馆 CIP 数据核字（2016）第 311306 号

责任编辑：王冬玲
责任校对：刘　昕
责任印制：邱　天

中国新城区建设路径与模式创新
——宁波鄞州改革发展的实践探索

程　刚　编著
经济科学出版社出版、发行　新华书店经销
社址：北京市海淀区阜成路甲 28 号　邮编：100142
总编部电话：010 - 88191217　发行部电话：010 - 88191522
网址：www.esp.com.cn
电子邮件：esp@esp.com.cn
天猫网店：经济科学出版社旗舰店
网址：http://jjkxcbs.tmall.com
固安华明印业有限公司印装
787×1092　16 开　36.25 印张　700000 字
2017 年 5 月第 1 版　2017 年 5 月第 1 次印刷
ISBN 978 - 7 - 5141 - 7660 - 5　定价：55.00 元
（图书出现印装问题，本社负责调换。电话：010 - 88191502）
（版权所有　侵权必究　举报电话：010 - 88191586
电子邮箱：dbts@esp.com.cn）

前　言

　　当前，中国改革进入攻坚阶段，发展处于关键时期。对一个城市或区域来说，其发展快慢、综合实力高低很大程度上取决于改革的深度和广度，取决于创新的力度和速度。党的十八大以来，根据国内外新形势和新要求，中央对许多领域和区域的改革与发展作出了新部署，"四化"融合、创新驱动、主体功能区、"一带一路"、长江经济带、依法治国、"四个全面"等新思想新战略新理念的提出和实施，为加快推进城市和区域的改革与发展提供了强大的动力。尤其是党的十八届五中全会提出的"创新、协调、绿色、开放、共享"五大发展理念，是关系我国发展全局的一场深刻变革，攸关"十三五"乃至更长时期我国发展思路、发展方式和发展着力点，对城市和区域的改革发展提出了新的要求，也提供了难得的发展机遇。

　　本书是《中国撤县建区的新探索：宁波鄞州模式实证研究》一书的姊妹篇，旨在系统总结"撤县建区"成果基础上展望鄞州新的发展。近年来鄞州区坚持继承性与创新性相统一，前瞻性与务实性相统一，创新思路，科学谋划，开启了"质量引领"的崭新局面，开创了"稳转好进"的整体态势，确立了"领跑领先"的标兵地位，成为我国市辖区改革与发展的成功典范。然而面向"十三五"，鄞州区作为一个市辖区，如何从国内外新形势和新要求出发，确立下一步改革发展的总体思路和战略定位？如何从"五大发展理念"高度进一步推进产业转型升级和体制机制改革？如何从自身发展的阶段性要求和内在规律性出发，提升社会民生福祉打造美丽生态新鄞州？这些都是鄞州区面临的而且迫切需要研究的重大战略课题。

1

因此，选择鄞州改革与发展作为研究主题，对其发展路径与模式进行深度剖析，探究未来城区功能定位和发展方向，确定产业提升和体制机制创新策略，从而统筹解决城区交通、住房、休闲、文化教育等社会民生问题，乃至进一步丰富和提升城区发展理论都具有十分重要的理论意义和实际意义。

一、读懂鄞州，研判新时期鄞州战略布局

自 2002 年鄞州"撤县设区"以来，鄞州区委、区政府提出并实施了一系列重要战略部署。2003 年 1 月，鄞州区第十一次党代会提出"新鄞州工程"，涉及全区经济社会发展的各个方面。2004 年 7 月，提出并实施"双优"战略，优化增长方式和优化产业结构被提升到战略发展的高度。2006 年，建设实力、生态、文化、富裕、平安"五大鄞州"战略开始全面推进实施，成为鄞州实现统筹发展、协调发展的重要节点。2007 年，鄞州区第十二次党代会提出了全面实施竞争力提升、新农村建设、和谐区创建三大行动纲领的战略构想。2010 年，鄞州区委十二届八次全会提出了"经济结构调整，城乡建设水平，社会综合管理，群众生活品质"四个优化升级，全面发展城乡经济的要求。2011 年，确立了打造现代产业之城，建设科学发展样板区；打造宜居宜业之城，建设城乡统筹示范区；打造幸福民生之城，建设全面小康率先区的总目标。2012 年，鄞州区第十三次党代会提出要深化实施"质量新鄞州"战略，大力提升发展质量、建设质量、文化质量、生活质量、生态质量。这一系列重大战略和部署都符合当时的发展实际，并且取得了显著成效。在"新常态"下，要根据阶段特征和要求，对发展战略作进一步丰富发展。党的十八大以来，中央和省市各级党委政府提出了多元发展方针，尤其是"一带一路"、海洋经济、"港口经济圈""五大发展理念"对宁波市鄞州区都有着较高的期待和实践指导价值。鄞州的发展必须服从、对接、融入这些战略部署，也即对鄞州新时期发展的总体思路、目标定位、战略重点等提出了新的要求。

系统梳理鄞州过去 15 年取得的显著成绩，会发现鄞州作为先行地区遇到的矛盾问题比其他地区更早更突出。相对突出的问题包括：(1) 功能缺核，尚缺对宁波现代化国际港口城市具有支撑地位的核心

功能；（2）产业缺能，高能级的新型高端城市经济体系尚未形成；（3）平台缺高，现有平台"低、小、散"，缺乏省级、国家级功能性大平台，对创业创新要素的集聚水平不够高；（4）创新缺才，高层次创新型人才、高技能人才紧缺，自主创新能力不强；（5）动力缺新，经济发展主要依靠投资要素驱动和规模驱动，对土地财政依赖性也相当大等。这些问题相互交织、相互影响，应对解决这些问题也是新时期鄞州发展面临的新课题。

二、比肩鄞州，实地调研兄弟城市谋划鄞州蓝图

在宁波市委政研究、宁波市发展和改革委员会、宁波市政府发展研究中心、鄞州区社会科学院、宁波大学等单位领导与专家学者的鼎力支持下，课题组先后于2015年3月29日和5月21日分别考察了鄞州区和舟山群岛新区，得到了时任鄞州区委书记陈奕君、区长陈国军等领导以及舟山市发展和改革委员会领导的亲切接见和指导，对课题研究的总体思路和结构提纲进行了研讨交流，提出了许多真知灼见，课题组还考察了舟山大宗货物交易市场；2015年6月13日~15日课题组先后到杭州余杭梦想小镇和萧山科创园区考察，领略了互联网时代的城区建设与特色小镇风貌。课题组还于2015年3月29日、6月20日、9月22日、12月13日先后4次召开专家研讨会，围绕总体研究思路谋定、专题分工与协调、初稿统筹与征求意见等逐一展开。这些实地调研和多次的集体研讨，奠定了本书的理论创新和实践价值。

三、描绘鄞州，众手齐心协力建言鄞州谋发展

由于本书研究内容涉及面广且比较具体，相关因素多而复杂，资料收集和调查工作量很重。在分析、研讨与撰写过程中，得到了宁波市委政研究、宁波市发展和改革委员会、宁波市政府发展研究中心、宁波大学商学院、宁波大学建筑工程与环境学院、宁波大学法学院、宁波大学人文与传媒学院等单位以及相关职能部门的大力支持，研究过程历经提纲讨论与修改、数据采集与分析、实地调研、数据更新、中期研讨等环节，经反复修改完成。本书内容共分四篇二十一章，主要包括：第一篇（第一~三章）：新时期鄞州战略布局。该篇系统回顾了鄞州发展战略的历程与当今机遇与挑战，明确了鄞州未来发展的战略思路和目标定位，提出了融入港口经济圈新格局和鄞州经济创新

转型发展的新战略。第二篇（第四～九章）：鄞州经济发展。该篇围绕鄞州的制造业、服务业、现代农业、互联网经济、文化创意产业、健康产业进行系统论证，明晰了鄞州主要产业的定位与布局以及实施路径。第三篇（第十～十五章）：鄞州体制机制改革。该篇围绕鄞州财政、金融、投融资、城乡规划、交通运输管理、科技创新等方面的体制机制问题进行深入细致的剖析，借鉴相关城市的案例，指明了事关鄞州区抢抓发展机遇的重要行业改革总方略。第四篇（第十六～二十一章）：鄞州社会民生及其他专题。重点探索了鄞州城市功能区整合、教育优质发展、生态小镇建设、住房保障与房地产、社会治理和幸福民生等事关鄞州全面建成小康城市的议题。各章撰写人员为：童明荣（第一章）、孙建红（第二章）、吴红艳（第三章）、许继琴（第四章）、杨丹萍（第五章）、胡岳明与张忠浩（第六章）、虞金洪（第七章）、张伟（第八章）、张慧芳（第九章）、杜建海与潘明策（第十章）、熊德平（第十一章）、潘相武（第十二章）、王益澄与马仁锋（第十三章）、钱春芳与但涛波（第十四章）、陆静波、吴志远、邬晨平（第十五章）、夏行（第十六章）、徐明与顾梁（第十七章）、孙建红（第十八章）、李伟芳（第十九章）、詹国彬（第二十章）、徐明与蒋敏（第二十一章）。全书由程刚提出总体思路和写作框架，朱金茂、阎勤、陈飞龙、沈小贤参与了课题讨论与指导，王益澄和陈云参与全书的统稿和编辑工作。在此，我们向为本书做出贡献的多位领导、专家和同志们表示衷心的感谢。

四、展望鄞州，实力更加强大人民更加幸福

展望"十三五"，是鄞州人均 GDP 由 2 万美元向 4 万美元跨越、从中等收入经济体向中高收入经济体迈进的关键时期。那时的鄞州，实力更加强大，人民更加富裕。面对新一轮改革发展，鄞州要以更高的定位谋新篇、以更强的担当闯新路、以更实的作风创新业，深入贯彻"四个全面"战略布局，牢固树立"五大发展理念"，在推进创新发展上走在国内强区前列，形成辐射带动功能强劲的都市经济；在协调发展上走在国内强区前列，加快实现全域都市化；在推进绿色发展上走在国内强区前列，使秀美山川、清新空气、洁净城乡成为最富魅力的城市品牌；在推进开放发展上走在国内强区前列，

做大临港空港经济，提升开放型经济水平；在推进共享发展上走在国内强区前列，不断增强全区人民的获得感和自豪感，开创鄞州更加美好的未来。

程刚

2017 年 2 月

目 录

Contents

第四篇

社会民生及其他　399

第一篇

战略布局

第一章

鄞州发展的战略思路和目标定位

当前，鄞州区已经进入新的发展阶段，经济结构调整、经济转型升级、发展方式转变等都处在一个历史关键点上。正确认识面临形势，准确把握时代背景，科学谋划战略方向，找准找好突破重点，实现鄞州在经济"新常态"下加快创新转型、再创发展新优势，是必须高度重视并认真思考的重大命题。

第一节　鄞州发展的时代背景

一、国家新战略给鄞州发展带来的新机遇

对一个城市或区域来说，其发展快慢、地位高低很大程度上取决于是否纳入国家视野、是否承担国家战略以及在国家战略中发挥的作用。党的十八大以来，根据国内外的新形势和新要求，中央对许多领域的国家战略作出了新部署，尤其是"四化"融合、创新驱动、主体功能区、"一带一路"、依法治国等战略的提出和实施，以及十八届五中全会提出的"创新、协调、绿色、开放、共享"五大发展理念，为新时期鄞州在主动服务国家战略中发展自己、在积极实施国家战略中先行先试、在努力争取国家战略中提升地位提供了难得的机遇。

国家战略是指，国家在当前及未来一段时间将统筹运用多种手段、综合利用各种资源，以推进国家经济社会全局和长远发展为目标，出台实施的重大部署和

3

重要举措。近年来对鄞州发展有重大影响的国家战略主要包括以下六个方面。

1. 科教兴国及人才强国战略

党的十八大报告指出要继续深入实施科教兴国战略、人才强国战略，加快形成符合科学发展观要求的发展方式和发展机制，不断解放和发展社会生产力。鄞州必须顺应国家战略，大力实施科教兴区、人才强区战略，把提升科学、技术及人才开发水平摆在优先位置。

2. 改革战略及创新驱动战略

党的十八大报告明确提出了深化改革及强化创新驱动发展战略，十八届三中全会对全面深化改革作了专题研究和部署，改革创新的号角吹响了神州大地。鄞州也必须始终把改革创新精神贯彻到经济社会发展的各个环节，将科技创新摆在区域发展全局的核心位置。

3. 开放合作及"一带一路"战略

党的十八大报告突出强调开放的主动性，提出要适应经济全球化、实行更加积极主动的开放战略，加快"走出去"步伐，完善互利共赢、多元平衡、安全高效的开放型经济体系。"一带一路"战略是中国实施新一轮开放、构建开放型经济新体制的重大抓手。这也为鄞州扩大经济、社会、人文等全方位对外开放，加快区域国际化步伐打开了新境界、带来了新机遇。

4. 新型城镇化及"四化"融合战略

党的十八大报告首次提出工业化、城镇化、信息化和农业现代化"四化"同步的战略。在新的发展时期，城市化仍将是鄞州发展的重要战略任务，必须以提升城镇化的质量为核心，推动工业化和城镇化良性互动、城镇化和农业现代化相互协调，促进工业化、信息化、城镇化、农业现代化同步发展。

5. 生态文明建设及主体功能区战略

党的十八大报告首次将生态文明建设与经济建设、政治建设、文化建设、社会建设并列，提出了"五位一体"的建设中国特色社会主义总布局，把生态文明建设提高到前所未有的地位，同时明确提出要加快实施主体功能区战略。对鄞州来说，也必须按照实现可持续发展的要求出发，规范开发秩序，控制开发强度，推进绿色发展、循环发展、低碳发展，加快建设美丽鄞州。

6. 依法治国及文化强国战略

党的十八大报告强调要扎实推进社会主义文化强国建设，加强社会主义核心价值体系建设，增强文化整体实力和竞争力。十八届四中全会对全面推进依法治国作出了新部署，提出了全面依法治国的总目标和重要任务。鄞州必须贯彻落实依法治国和文化强国战略，加快提升社会管理的科学化、法治化水平，加快提升文化软实力。

二、适应"新常态"为鄞州发展激发的新活力

中央经济工作会议首次从九个方面对经济发展"新常态"做出系统性、战略性阐述，基本内涵是经济增长将更加平稳、主要靠投资拉动的模式将不可持续、要素制约将更加突出、新技术革命和跨界融合将催生许多新的经济增长点等。结合鄞州区发展实际，适应发展"新常态"，就必须把握发展大势，着力在调整经济结构、突出创新驱动、狠抓改革攻坚等方面下功夫，这也为新时期鄞州发展提供了新的活力。

1. 经济增长将更加平稳

尽管各地发展会有一定差异性，有的地区在一定时间内仍将保持快速增长，但总体来看，中国经济正在从增长奇迹向中高速发展回归，支撑高增长的内外部条件都在发生改变，潜在增长率也趋于下降，经济增速换挡是大势所趋。与此同时，随着人均收入水平的提高，三产比重上升、产业结构高级化是普遍规律，产业链将逐步向高端迈进，经济发展将更加平稳，经济质量将得到更好提升。对鄞州来说，必须牢牢把握中高速增长的宏观经济态势，加快推进以提高质量效益为中心的转型发展。

2. 主要靠投资拉动的模式将不可持续

一方面由于投资拉动经济增长的时效渐短；另一方面由于持续大量投资会引发许多负面效应，因此，高投资支撑高增速的时代已经过去，过度依赖土地财政的增长方式将难以为继，必须走出一条主要依靠结构优化、效率提升、技术进步等拉动经济增长的路径。过去 10 年，鄞州经济始终保持着高速增长，但当前受宏观环境和自身"瓶颈"的影响，过去高投入、高基数、高速度增长的"三高"态势同样已经不可持续，这也为产业转型升级、发展动力转变提供了倒逼机制。

3. 要素制约将更加突出

尽管在经济"新常态"中，要着力从要素驱动高速增长转变为创新驱动中高速增长，但是这将是一个比较长的过程。因此，在相当长一段时间内，土地、资金、人才等要素短缺问题将越来越突出，而随着环境承载能力已达到或接近上限，生态、能耗等要素的制约也将越来越突出。从鄞州来看，土地资源、生态能好、高端人才等方面的制约同样十分严重，如果不抓紧研究和解决这些问题，在未来竞争中将难以保持一席之地。

4. 新技术革命和跨界融合将催生许多新的经济增长点

"新常态"的一个显著特点就是传统的经济增长点进入深度调整，新的增长点加快孕育。新技术革命和跨界融合将催生新的服务形式、商业模式及新兴产

业、电子商务、互联网技术、金融创新等新业态以及中小企业新一轮的"创业潮"，或将成为增长新亮点。鄞州如能充分发挥基础优势，把握新技术、新业态、新模式发展机遇，就能在新一轮技术革命中赢得先机。

5. 区域之间的竞争将更加激烈

随着国家区域协调发展战略框架体系渐趋成型，东部地区等先发区域的政策、体制等优势越来越弱，同时，资本、人才、技术、项目的流动性更强、争夺更加激烈，因此，城市群之间、城市之间以及区域之间的竞争更加激烈。对鄞州来说，一些经济指标正被周边地区接近或赶超，保持领跑领先压力越来越大，当好标兵的要求越来越高，根本容不得等一等、松一松、歇一歇。

三、宁波新部署对鄞州发展提出的新要求

按照中央和浙江省委的统一部署，近年来宁波也相继提出并实施双驱动四治理、城市国际化、新型城市化、港口经济圈建设等一系列重大战略部署。鄞州作为宁波重要的市辖区域，也是实施这一系列战略部署的重要参与者和承担者，鄞州的发展必须服从、对接、融入这些战略部署，这也对鄞州新时期发展的总体思路，目标定位、战略重点等提出了新的要求。

1. 建设港口经济圈

打造港口经济圈是宁波积极融入和服务国家"一带一路"、长江经济带战略的主要抓手，是推动宁波创新转型发展、争创比较优势和竞争优势的重要突破口。建设宁波港口经济圈必须推进对外交通设施互联互通，加快发展港口经济，而构建跨区域、大容量、高效率的经济要素交流网络，抓紧启动推进一批支撑"港口经济圈"的重大功能平台和项目建设，这些都为鄞州新时期改革发展提供了新的动力和机遇。

2. 实施"双驱动四治理"

当前，宁波正大力实施改革驱动、创新驱动，狠抓生态治理、城镇治理、社会治理、软环境治理等"双驱动四治理"战略，下大力气实施一批重大改革举措，全面推进大众创业、万众创新，目标是使宁波成为人才愿意来留得住的创新热土。这就要求鄞州贯彻落实"双驱动四治理"战略，加快推进重点领域改革，优化创业创新的政策、体制、平台等环境，大力集聚高层次人才，打造区域性创业创新高地。

3. 大力发展城市经济

宁波把城市经济发展作为在新一轮发展竞争中抢占先机、赢得主动、走在前列的重要抓手。当前，宁波正在强化城市经济的培育和发展，努力形成以城市经

济为主体、现代服务业为引领、先进制造业为支撑、现代农业为基础，三次产业融合协调发展的现代产业体系。鄞州要围绕全市城市经济发展大局，提升区域内城市经济总量、结构、质量，基本形成以新型高端城市经济为主导的发展格局。

4. 加快推进城市国际化

宁波出台实施了《加快推进城市国际化行动纲要》，将城市国际化作为全面推进宁波市新一轮对外开放的总抓手和再创体制机制新优势的重大战略举措，同时提出了要实施国际贸易中心建设、产业国际化、国际化开放平台建设、国际强港建设、国际化创新功能打造等九大行动计划。鄞州也必须贯彻落实国际化发展战略，在深化开放合作上提供示范，以培育国际化企业、建设国际化城区、集聚国际化人才为抓手，大力提升经济国际化发展水平。

5. 加快新型城市化建设

为了深入推进新型城市化、提升城乡治理水平，宁波市委、市政府出台了《关于深入推进新型城市化提升城乡治理水平的决定》，对新时期加快推进城市化的目标、路径、重点等进行了谋篇布局。这也为鄞州进一步优化城市化空间格局、提升城市化质量品位、完善城市化管理服务等提出了新的要求。

6. 全面加强法治建设

中共宁波市委十二届八次全体（扩大）会议审议通过了《中共宁波市委关于认真贯彻党的十八届四中全会精神全面深化法治宁波建设的决定》，就深入学习贯彻党的十八届四中全会精神、在新的起点上全面深化法治宁波建设作出了全面部署。鄞州也要按照全市法治建设的总体目标和要求，力争在科学施政、依法行政、勤廉优政等方面走在全市前列。

四、鄞州新实际面临发展的新课题

从发展面临的矛盾问题看，易发性、多元性、复杂性已经成为"新常态"。鄞州作为先行地区，遇到的矛盾问题比其他地区更早更突出。几个相对突出的问题包括：功能缺核，尚缺对宁波现代化国际港口城市具有支撑地位的核心功能；产业缺能，高能级的新型高端城市经济体系尚未形成；平台缺高，现有平台"低、小、散"，缺乏省级、国家级功能性大平台，对创业创新要素的集聚水平不够高；创新缺才，高层次创新型人才、高技能人才紧缺，自主创新能力不强；动力缺新，经济发展主要依靠投资要素驱动和规模驱动，对土地财政依赖性也相当大等。这些问题相互交织、相互影响，应对和解决这些问题也是新时期鄞州发展面临的新课题。

1. 功能缺核

目前鄞州区在宁波城市总体功能定位中属于城市副中心、三江片区的重要组成部分，主要承担商贸、商务、产业、旅游、住宅等功能，但是，这些功能大多面向鄞州区域内，还缺乏对宁波现代都市具有支撑地位的几个核心功能，尤其是独特的、不可替代的高端特色功能。

2. 产业缺能

鄞州区产业体系比较齐全，初步形成了"5 + 5 + 5"产业体系，规模以上企业数量居浙江省第1位，综合实力领跑全市、领先全省，但总体上看鄞州的经济形态主要是传统的，产业以服装、金属制品等传统产业为主，第三产业比例只占1/3，工业产品有60%属中低端的配套产品，核心部件整机不到20%，高能级的新型高端城市经济体系尚未形成。

3. 平台缺高

目前鄞州区已有中物院宁波军转民科技园、"摩米"创新工场、鄞州浙江清华长三角研究院创新中心等创新平台，以及鄞州工业园区、望春工业园区、鄞州经济开发区和南车产业基地、创业创新基地等"三园区两基地"等一批创业平台，平台数量不少，但是存在空间布局散、产业集中度不高、平台级别不高等问题，尤其是缺乏省级、国家级功能开发区平台，对创业创新要素的集聚水平不够高。

4. 创新缺才

近年来鄞州大力引进区域发展急需的海内外高层次人才，人才引进和开发工作取得了积极成效，"国千""省千"、市"3315"计划入选专家和团队等人才工作各项主要指标全市领先，但是，在调研中相关部门和企业普遍反映，高层次创新型人才、高技能人才还相对比较缺乏，特别是高端人才、领军人才尤其紧缺。

5. 要素缺效

从总量看，近年来鄞州区综合实力一直位居中国市辖区前五名，GDP、财政收入等"块头"都很大，但是人均GDP、地均产出、全社会固定资产投资的产出率、R&D投入与GDP比例、单位GDP能耗和水耗的水平等指标与先进区域有不小的差距，这反映出鄞州区要素投入产出的效率和效益还不够高，总体还属于粗放型扩张的经济增长方式。

6. 动力缺新

鄞州区过去经济持续快速发展主要依靠的是投资、消费、出口等"三驾马车"，尤其是政府性投资的拉动，财政收入的快速增长对土地财政依赖性也相当大，在房地产投资难以持续高速增长以及政府债务压力越来越大的情况下，这种发展模式显然是难以为继的。

第二节　鄞州发展的战略思路

一、明确总体战略

1. 鄞州发展战略回顾

战略引领未来，布局决定结局。战略，通常指对全局性、高层次的重大问题进行筹划和指导。发展战略是一个区域对其经济社会发展所作的全局性、引领性、长远性和纲领性谋划。战略是制高点，管方向、管长远，是谋划和指导全局的韬略。

近10多年，鄞州区委、区政府提出并实施了一系列重要战略部署。2003年1月，鄞州区第十一次党代会提出"新鄞州工程"，涉及全区经济社会发展的各个方面。2004年7月，提出并实施"双优"战略，优化增长方式和优化产业结构被提升到战略发展的高度。2006年，建设实力、生态、文化、富裕、平安"五大鄞州"战略开始全面推进实施，成为鄞州实现统筹发展、协调发展的重要节点。2007年，鄞州区第十二次党代会提出了全面实施竞争力提升、新农村建设、和谐区创建三大行动纲领的战略构想。2010年，鄞州区委十二届八次全会提出了"经济结构调整，城乡建设水平，社会综合管理，群众生活品质"四个优化升级，全面发展城乡经济的要求。2011年，确立了打造现代产业之城，建设科学发展样板区；打造宜居宜业之城，建设城乡统筹示范区；打造幸福民生之城，建设全面小康率先区的总目标。2012年，鄞州区第十三次党代会提出要深化实施"质量新鄞州"战略，大力提升发展质量、建设质量、文化质量、生活质量、生态质量。

这一系列重大战略和部署都符合当时的发展阶段实际，并且取得了显著成效。在"新常态"下，要根据阶段特征和要求，对发展战略作进一步丰富发展。

2. 鄞州发展战略创新

未来一段时间，鄞州发展的总体战略就是"六个争创"，即"争创质优新鄞州、争创财富新鄞州、争创智慧新鄞州、争创法治新鄞州、争创美丽新鄞州、争创幸福新鄞州"。

"六个争创"是从鄞州的发展基础、发展优势、发展潜力、发展趋势出发，作出的一项重大战略部署。对"六个争创"战略部署，要从三方面来认识和

9

把握。

第一，"六个争创"战略既有历史延续性又体现阶段性和前瞻性，是对实力鄞州、生态鄞州、文化鄞州、富裕鄞州、平安鄞州"五个鄞州"建设战略以及发展质量、建设质量、文化质量、生活质量、生态质量等"质量新鄞州"战略的继承和深化，同时也是新时期鄞州落实主题主线要求、拉高标杆争创发展优势的战略路径和主攻方向，要从战略的高度、战略的层面，坚定不移地加以推进。

第二，"六个争创"既是战略的，又是具体的，是鄞州实施"十三五"规划纲要和建成现代化核心城区的一个重要抓手。实现鄞州"十三五"规划目标任务，载体和抓手就是"六个争创"。推进"六个争创"与实施"十三五"规划纲要，工作重点、具体项目具有相关性，最终的方向、目标也是一致的。在推进"六个争创"过程中，一定要同实施"十三五"规划纲要结合起来，不能搞"两张皮"，特别是要把"十三五"规划纲要确定的重要项目作为"六个争创"的重中之重。

第三，"六个争创"既相辅相成又互为促进，是统筹经济社会发展的一个动力集成。"六个争创"涉及经济社会发展的许多领域，但每一个领域的"争创"都与其他领域的"争创"密切相关。比如争创创质鄞州不仅是包括经济质量优，还包括：城市建设质量优、城市环境质量优等；争创幸福新鄞州，不仅需要有经济实力、财富总量的支撑，还需要法治治理、生态环境的保障，等等。在实施过程中，决不能把"六个争创"割裂开来，一定要作为一个整体来谋划和推进，既要确保每一个"争创"取得实质性成效，更要确保"六个争创"的战略性作用得到最大发挥。

二、把握主题主线

1. 发展主题

鄞州新一轮发展的主题是"新常态新发展"，即贯彻落实党的十八大和十八届三中、四中全会精神，认识新常态，适应新常态，引领新常态，实现更有质量、更有效益、更可持续的发展。

我国经济发展进入新常态，是党的十八大以来以习近平同志为总书记的党中央在科学分析国内外经济发展形势、准确把握我国基本国情的基础上，针对我国经济发展的阶段性特征所作出的重大战略判断。对鄞州来说，同样要把认识新常态、适应新常态、引领新常态，作为各项工作的大前提、大逻辑。必须明确，新常态不是不要发展，新常态没有改变重要战略机遇期和经济发展总体向好的基本面，新常态下发展仍是第一要务，发展仍是解决所有问题的基础和关键，不是不讲 GDP,而是要有质量、有效益、可持续的发展。

2. 发展主线

鄞州新一轮发展的主线是"改革创新,转型升级",即主动适应经济发展新常态的总体要求,从"要素驱动""投资驱动"转向"创新驱动""改革驱动",推动鄞州区城市、产业、社会、生态、文化等全面转型升级。

必须准确把握新常态发展条件、发展动力和发展要求的变化,更加自觉和主动地坚持以改革创新为动力,将提升科技创新能力和推动体制机制改革放在促进形成新常态经济的核心位置,以提高经济发展质量和效益为中心,大力推进经济结构战略性调整。归根结底,新时期鄞州发展的主线仍然是转方式、调结构。

三、推进四大战略性转变

1. 在区域定位上,从中心城区向核心城区转变

21 世纪以来,鄞州经历了从县城到中心城区的历史性转变,经过 10 多年的建设发展,鄞州的经济、社会、文化、生态等方面都取得了巨大的成就,区域功能更加完善。在新的时期,鄞州将更加主动和紧密地融入宁波都市区发展,突出培育打造宁波城市支撑性特色功能,增强区域发展的能级,进一步提升在全市政治、经济、社会、文化、生态等各方面的地位和作用,实现从中心城区向核心城区的战略性转变,与三江片、东部新城等核心区实现统筹发展、优势互补,真正成为功能鲜明、特色突出、产城融合的新核心城区。

2. 在经济格局上,从县域经济向城市经济转变

从经济发展格局演变看,改革开放至 2002 年是鄞州县域经济加快发展阶段,以 2002 年撤县建区为标志,接下来的 10 年左右是鄞州县域经济向城区经济转型阶段。当前及未来一段时间,宁波都将处于加快创新转型发展的关键阶段,宁波经济发展将进入以中高速、优结构、新动力、多挑战为主要特征的"新常态",县域经济、城区经济在发展方式、发展动力、资源要素制约等方面的区域性、局限性日益显露,迫切顺应城市经济发展新趋势、新要求,以城市经济高端化、集聚化、特色化为导向,以总部经济、电商经济、文化创意、都市工业、平台经济、人才经济等业态为重点,以传统产业改造升级和新兴产业培育壮大为抓手,全面提升城市经济的总量、水平和能级,实现经济格局从县域经济向城市经济转变。

3. 在社会治理上,从传统治理模式向现代法治化模式转变

新常态下,空前的社会变革给经济发展带来巨大活力,同时也带来各种社会矛盾和挑战,就业、社会保障、收入分配、教育、医疗、住房、安全生产、社会

11

治安等方面的矛盾更加突出和复杂，现行的社会治理模式确已难以适应当前社会发展的现实状况，并且会进而影响治理效能。在中央提出全面依法治国的背景下，鄞州的社会治理模式势必也需要进行转型，从政府行政一元化的传统治理模式走向多元化、法治化、信息化、市场化、标准化的现代模式。

4. 在发展动力上，从要素驱动为主向创新驱动为主转变

新的发展时期，依靠要素投入驱动的粗放式增长模式肯定已经难以为继，鄞州必须摆脱传统发展路径依赖，切实改变以资源要素大量投入换取快速发展的粗放式发展方式，改变重数量轻质量、重速度轻效益的做法，坚持以亩产论英雄、效率比高低，把经济工作的重心转向深化改革开放和强化创新驱动，转向扩大内需和经济结构战略性调整，着力提升各类要素投入和资源利用的效率和效益

第三节　鄞州发展的目标定位

一、发展定位

鄞州区新一轮发展定位就是建成现代化国际港口城市核心城区，即宁波中心城区中经济实力最强、产业结构最优、城市形象最美、人居环境最好的精华区域和标志区域。

1. 现代化核心城区

宁波经济、文化、生活等公共活动最集中的区域之一，城市公共活动中心，能代表宁波城市形象、承载城市重要功能，具有较强的集聚辐射效应。

2. 新型高端城市经济集聚区

集聚吸引新兴产业、高端人才、优质资本及各类创新要素，总部经济、电商经济、文创产业、金融、智慧产业等城市经济发达，成为宁波新型高端城市经济的增长极和示范区。

3. 区域创新促进中心

科技创新资源密集、科技创新活动集中、科技创新实力较强、科技成果辐射范围较广，成为区域性国际资源要素流入桥头堡、创新资源配置中枢、科技创新竞合平台及创新产业经济策源地。

4. 生态宜居新家园

建设成为基础设施完善、公共服务健全、城市管理精细、生态环境优美、居民生活幸福的宜居宜业家园。

二、区域功能

构建形成核心功能、特色功能、基本功能等体系完备和特色鲜明的功能体系。

1. 做优核心功能

主要依托创新128产业园、投创中心、中物科技园、摩米创新工场、清华长三角宁波科技园、"材料论坛"、政产学研战略联盟、公共服务平台、创新孵化平台、"创业计划大赛""发明创新大赛"等创新平台载体，培育创新成果集聚、创新活动组织、创新资源配置的创新功能；主要依托空港物流园区、保税物流中心、金融中介集聚区、资本市场发展示范区等平台，培育战略资源、优势商品、金融资本、重要信息集聚配置的资源配置功能。

2. 做强特色功能

主要依托南部商务区、电商园区、省级电子商务示范区、大嵩新区、东钱湖旅游度假区、高教园区、望春工业园区、鄞州经济技术开发区、南车产业园等平台，打造一批现代都市新兴产业发展平台和功能性载体，着力培育和发展商务、先进制造、文化创意、休闲健康等特色功能。

3. 完善基本功能

按照国内外都市发展的现实要求，继续完善现代都市的基本功能体系，不断优化生产、集散、创新、管理、生态、居住、文化等功能系统。

三、总体目标

鄞州区新一轮发展的总体目标是：在建成更高水平小康社会基础上率先实现现代化，综合实力继续保持全省第一方阵，力争进入全国第一方阵，建成浙江省"统筹城乡样板区、转型升级示范区、科学发展先行区"，城市化水平和质量稳步提升，城市综合承载能力明显增强，城市经济取得突破性发展，公共服务供给持续改善，社会治理能力全面提高，人民群众过上更加幸福、美好的生活。

1. 综合实力跃上新台阶

国内生产总值、人均GDP、财政收入等主要经济指标达到同类城区前列。接下来5年，地区生产总值年均增长8%以上，地方财政收入年均增长8%以上；工业总产值争取突破4 500亿元，服务业增加值年均增长10%；进出口总额突破200亿美元，固定资产投资突破800亿元，全年社会消费品零售总额突破600亿元；城镇居民人均可支配收入和农村居民人均纯收入分别实现年均增长11%

以上。

2. 结构调整实现新突破

逐步形成以创新和自增长动力为主的经济动力结构，科技进步对经济增长的贡献率大幅提升，R&D 经费支出占地区生产总值比重提高到 2.5%；建立先进制造业与现代服务业"双轮驱动"、新兴产业扩张与传统产业提升"两措并举"的现代产业结构，服务业占地区生产总值的比重达到 40% 以上，高新技术产业产值占规模以上工业总产值的比重达到 40% 左右；形成传统优势市场和新兴市场结合、国际市场与国内市场并举的市场需求结构；形成龙头企业带动力强、中小企业集聚集成化程度高的企业主体结构。从而在根本上，形成经济结构优势突出、发展协调的良好格局。

3. 城乡面貌呈现新格局

空间布局优化合理，"一核、三极、多节点"网络型都市新格局基本形成，中心城区、副中心城、卫星城建设统筹推进，建成一批现代化小城镇，"十大功能区块"开发建设加快推进。都市品位特色鲜明，建成一批可以充分展现和提升现代都市形象的商业街区、标志性建筑，建成一批可以反映城市内涵品位的公共服务设施，中心城区街景整治、背街小巷改造和内河污染治理成效显现，交融古今的文化元素与城市建设有机结合。城乡经济社会发展全面融合，城乡基础设施进一步完善，城乡管理水平不断提升，基本公共服务均等化程度进一步提高，新农村建设进一步加强，对山区镇乡的财政转移支付力度进一步加大，城乡居民收入差距进一步缩小。

4. 生态文明取得新进展

主要污染物排放得到合理控制，城市绿化水平不断提高，大气、水、土壤质量明显改善，生态环境质量达到较高水准，国家级生态区创建目标如期实现，生态环境质量指数达到优秀并排名前移，水源保护区力争达到 III 类标准，城乡环境空气质量达到或优于国家二级标准，城乡环境不断优化，生态文明理念深入人心。

5. 社会治理迈出新步伐

法治政府、阳光政府、服务政府、效率政府、责任政府建设进一步推进；社会治安综合治理水平更高，各类安全事故下降，社会管理得到进一步创新和加强，居民安全感不断增强；社会公平正义不断推进，权利公平、机会公平、规则公平、效率公平得到进一步提升；行政管理体制改革积极稳妥推进，民主制度更加完善，法治水平进一步提升，公民合法权益得到有效维护；公民道德素养和文明程度较高，诚信友爱、理性平和、开放包容、慈善仁爱的社会风尚深入人心。

6. 人民生活得到新改善

居民收入稳定增长，保持同类城区领先地位，城乡、区域、行业间收入差距逐步减小，中低收入家庭财富增加明显；就学、就医、出行、居住、养老等民生难题进一步破解，食品药品安全、防灾减灾体系进一步健全，人民生活品质进一步改善；社会保障体系基本健全，以基本养老、基本医疗、最低生活保障制度为重点的社会保障实现全覆盖；充分就业城区和创业型城区建设加快推进，创业就业环境更加优良，社会就业更加充分，居民实现自身价值和财富增值的平台和渠道更加多元，创业富民成效显著。

第四节　鄞州发展的战略重点

今后几年，鄞州区要紧紧围绕建设现代化核心城区这一目标，大力实施"六个争创"战略，围绕主题主线，着力抓好以下六个方面的重点任务。

一、以经济强区建设为抓手，争创质优新鄞州

一是加快推动产业转型升级。按照"改造一批、提升一批、转型一批"的要求加快推动服装、家电、传统商贸等产业转型升级。围绕"5新＋5优"产业，重点扶持新能源、新材料等五大战略性新兴产业，培育发展环保科技、生物医药等五大前瞻性朝阳产业，托中国南车等产业基地和龙头项目，培育壮大轨道交通装备等一批有核心竞争力的产业集群。在提升现代商贸、发展社区商业的基础上，要优先发展总部经济、电子商务、移动互联网、生产性中介服务业等"四大新业态"，加快引进集聚一批重大项目、行业龙头企业和专业运营团队，补足现代服务业短板。

二是加快重点平台建设发展。加快提升产业发展平台，推进鄞州工业园区扩容提质；提升鄞州经济开发区产业集聚规模和产出水平，加快推进园区二期开发；启动建设鄞州智慧产业园；加大望春工业园区"腾笼换鸟"力度，加快园区二次开发步伐；强化南车基地设施配套和项目投运，着力打造轨道交通核心产业基地；推进工业强镇建设，深化工业区块整合提升。加快新型创业平台建设，积极打造一舟跨境电商园、望春跨境电商园、东南智慧城、空港物流园区等电商集聚区，加快海洋科技城、量化金融小镇建设，谋划创建一批新型创业创新特色小镇平台。

三是提升对外开放质量水平。以融入对接"一带一路"战略、港口经济圈建设为契机，深化扩大对外开放合作水平。深化纺织服装、五金工具等外贸转型

15

升级示范基地建设，搭建跨境电子商务平台和鄞州产品展览展示平台，推进外贸主体培育和出口品牌打造，大力发展服务贸易、服务外包。加快进口贸易便利化进程，扩大核心资源、关键装备、先进技术进口。主动对接融入"一带一路"和长江经济带建设，积极参与区域经济协作和国际经贸合作。

二、以全面深化改革为路径，争创财富新鄞州

一是做大金融资本经济。充分利用鄞州的后发优势，大力发展以金融服务、市场融资、资产管理、资本运作为重点的金融资本经济，一手抓企业上市和后备梯队培育，扩大上市融资、直接融资规模，一手抓引进各类创新型、总部型金融机构，引进各类私募投资基金、资产管理机构和证券投资机构、股权投资机构，把鄞州打造成宁波的资本港和财富管理中心。

二是加快投融资体制改革。牢固确立"政府保基本、市场促多元"的理念，进一步解放思想、统一思想，积极推进民间资本投资教育、医疗、养老等社会领域，采取参股、托管等多种方式与民营品牌企业合作，改变过去政府"大包大揽"的单一投资模式，在用足用好民资中提供多样化公共服务，减轻政府投资成本、提高社会综合效益。

三是加快产权制度改革。鼓励企业开展股份制改造、推进境内外上市、扩大直接融资比重。推行财政专项资金管理清单，强化财政预算管理、债务风险防控和国有资产监督，集中财力保重点办大事。从鄞州实际出发，推进农村产权制度改革、集体资产股份合作制改革。深化农村普惠金融工程，完善农村"五权一房"抵（质）押政策。健全农村土地承包经营权流转制度，探索土地承包经营权权益入股等流转模式。

三、以全面创新驱动为引领，争创智慧新鄞州

一是做大做优互联网信息经济。抓牢互联网、电子商务蓬勃发展的重大机遇，大力发展信息经济，促进产业信息化和信息产业化互动，争创信息经济发展先行区、"互联网＋"创新示范区。以智能制造为突破口，推进"两化"深度融合，实施"机联网""厂联网"示范工程，推动制造模式向数字化、网络化、智能化、服务化转变。建设重点行业信息技术应用公共服务平台，扶持工业信息工程公司、智慧工厂工程公司发展。

二是加快完善科技创新体系。加快创新平台建设，引导鄞州浙江清华长三角研究院创新中心、中物院宁波军转民科技园、科技信息孵化园、摩米创新工场等

平台加快项目集聚、成果转化，鼓励企业组建高水平研发机构、参与高层次科技合作，推进院士和博士后工作站、外国专家工作站等载体建设。实施科技企业梯队培育战略，培育知识产权优势企业和知识产权领军型企业集群，鼓励龙头骨干企业建设企业研究院，支持规模以上企业加快建立工程技术研究开发中心、企业技术中心等各类研发载体，加快建立以企业为主体、市场为导向、产学研用紧密结合的技术创新体系。

三是强化人才支撑体系。突出高端人才引进，瞄准国内外顶尖人才，如诺贝尔奖获得者、中国两院院士等，对于由顶尖人才领衔的重大项目采取"一事一议"的科研项目资助，可以不设资助经费上限；围绕信息经济、港航物流、文化创意、教育卫生、时尚设计等鄞州重点发展的新产业、新业态、新模式，加快引进积聚城市经济领域的高层次亟须紧缺人才；坚持全职引进、柔性引进相结合，加大海外人才引进力度。加大人才培养力度，加大对企业家关于人才投资、培养、使用等培训引导力度；加快创客人才培育，设"创客"班，完善"创客"教学课程，举办"创客"比赛活动，提升宁波"创客"人才规模；加强技能人才培育，深入实施"金蓝领"高技能人才培养计划，提高生产一线创新能力和技术攻关及转化水平。

四、以法治体系建设为重点，争创法治新鄞州

一是加快法治鄞州建设。围绕"法治建设示范区"这个总目标，全面深化法治鄞州建设，重点推进"四大工程、十大项目"，大力推进依法行政，严格落实科学民主依法决策机制，探索建立综合执法机制，提高党员领导干部法治思维和依法办事能力。

二是加强和创新社会管理。把社会管理放在更加突出的位置，统筹各种社会管理力量，推动政府行政管理与社会自我调节、居民自治管理良性互动，加快信息化建设，逐步建成全面覆盖、联通共享的社会管理信息系统。加强社会矛盾源头治理，深化社会稳定风险评估机制，强化矛盾纠纷动态排查和社情民意收集研判，切实把不稳定因素化解在萌芽状态。

三是保持社会和谐稳定。更高水平推进平安建设，加强社会治安综合治理，完善治安动态防控体系，严密防范和依法打击各类违法犯罪活动，着力解决治安突出问题。主动防控和应急处置相结合，重点防范化解垃圾焚烧发电厂、轨道交通等重大项目建设中的矛盾，有效防范化解"五水共治""三改一拆"等重点工作推进中的问题，全力保障社会安全、生产安全、食品药品安全，完善突发事件应急管理机制，切实提高公共安全水平。

五、以生态环境优化为关键，争创美丽新鄞州

一是加大环境治理力度。坚持生态立区、环境优先的理念，以生态镇村建设和生态环境监管为抓手，全力创建国家级生态区。狠抓重点区域，突破薄弱环节，全力推进生态环境综合整治3年行动计划。深化"三改一拆"，重点抓好"四大专项攻坚行动"，建立健全违法建筑长效防控和治理体系。推进"四边三化"和"森林鄞州"建设，完善绿化工程养护管理和监督考核机制。加强四明山生态功能区建设，健全生态补偿机制，深化生态创建活动。推进工业废气、机动车尾气、施工扬尘治理，强化秸秆禁烧和综合利用。加强农业面源污染治理，深化蔺草加工转型、渔场"一打三整治"和畜牧业环境综合整治。新建改建一批镇乡（街道）垃圾中转站，加强垃圾机械化密闭运输管理和建筑垃圾处置管理。

二是推进美丽镇村创建。强化生态建设、镇村为主的理念，以"美丽镇村·幸福家园"创建为抓手，加快美丽城镇创建。围绕小城镇"五个一"建设，扎实推进城镇核心区开发、镇中村改造，进一步拉开框架、优化形象、提升功能，形成一批基础设施完善、区域特色明显、环境面貌优美的生态小城镇。加快美丽乡村创建。坚持因地制宜、分类指导原则，推进全村拆建、整体改建、异地迁建，按照"一村一品"要求，全面拓展旧村改造新村建设的内涵和深度，进一步挖掘村庄特色、提升村容村貌、规范村庄管理，打造一批宜居宜业宜游的农民幸福生活家园、市民休闲旅游乐园的美丽新乡村。

三是提升城市管理水平。推进城市管理信息化、标准化、精细化，完善城市管理综合执法机制，实现智慧城管大市全覆盖，全面提升城市管理水平。以智慧鄞州建设为抓手，努力让城市管理更高效、居民生活更方便。强化城市管理制度建设，建立健全市容环境、市政设施、外观设计等标准体系。加强城市形象系统研究、规划、建设和管理，提升城市形象和品位。开展主要道路和背街小巷综合整治，实施街景立面整治、道路绿化升级、综合管线下地，规范户外广告设置，加强城乡环境综合整治，净化、美化、亮化人居环境。

六、以民生品质提升为目标，争创幸福新鄞州

一是优化公共服务。加快发展教育卫生事业，加速推进新城区学校建设，深化中小学校舍提升工程，开展义务段薄弱学校清零行动。加大教育开放力度，完善终身教育体系，满足市民多样化教育需求；稳步推进公立医院综合改革，探索

多元化办医机制，深化医疗联合体建设，推行分级诊疗模式，健全公共卫生服务体系，深化健康促进活动，促进人口长期均衡发展。加快全民健身事业和体育产业发展，承办好一批国际国内体育赛事。

二是提升社会保障水平。按照"保基本、兜底线、促公平、可持续"要求，完善社会保障和公共服务体系，促进人民群众安居乐业。推动大众创业、万众创新，完善失业预警、工资正常增长等机制，重点做好高校毕业生、被征地人员和困难群体就业创业服务工作。实施全民参保登记计划，整合衔接各类养老保险，规范被征地人员养老保障政策，推进城乡居民医保统筹并轨，促进社会保障扩面提标。加大社会救助力度，重视发展养老、慈善、残疾人事业，积极推行社区居家养老。加快棚户区改造步伐，推进房屋征迁货币化安置。

三是切实增强文化建设实效。弘扬社会主义核心价值观，深化文明创建活动，健全社会信用体系，打造道德文化品牌，全面提高公民素质和社会文明程度。完善文化管理体制和公共文化服务体系，完善区文化艺术中心、镇乡（街道）文体中心等公共文化设施运作管理机制，积极发展"周日文化""节日文化"和"数字文化"，深化区域品牌文化、地方精品文化建设。注重文化遗产保护传承，启动编制第二批历史文化名村保护规划。

第五节　鄞州发展与相关区域比较及启示

一、比较研究区域的选择依据和重点目标

1. 主要依据

一是基本特点与鄞州具有一定的相近性。每个区域的资源禀赋、区位特征、传统文化等内在的基本特点是区域发展的重要基础，因地制宜地制定出能充分发挥自身优势、适合自身长期发展的规划和发展战略，无疑是引导区域快速、健康及长远发展的根本之道。资源禀赋、产业结构、区域优势等基本特点相似性的区域在发展模式、战略创新等方面也具有一定的相似性，其发展的经验教训对于同类区域具有重要的启示和借鉴意义。因此，在选择学习比较区域时，具有相近的基本特点是很重要的一个依据。像鄞州这样的区域在选择比较对象时也要恪守这一原则，选择区域面积较大、经济较为发达的城区。

二是区域发展经验值得鄞州学习借鉴。区域经济社会发展都有一定的规律性，包括自然资源的利用、产业结构的演变、发展战略及思路的创新、社会管理

的提升、市民素质的提升等。在选择比较区域时，不仅要考虑那些近年来发展速度较快、势头较好、前景较宽的区域，这样才能直接消化吸收其发展经验，真正做到学以致用，对鄞州来讲，要把在产业结构调整、城市管理、对外开放、文化软实力、城市辐射力、生态建设等方面的发展经验值得借鉴的区域作为学习比较对象。

2. 比较区域的选择

根据上述依据，通过广泛调研、专家组评估以及对相关区域资料的比较研究，我们选定杭州余杭区、南京江宁区、青岛黄岛区作为比较对象，这些区域与鄞州区在面积、地位、经济社会发展水平等方面都比较类似，这几个城区的发展思路、重点、对策等对鄞州发展具有较强的借鉴和参考价值。

这些区域有一些共同的特征，主要包括以下四个方面。

第一，从区域变革历史看，都是行政区划调整后设立的新城区。余杭区、江宁区、黄岛区都属于撤县设区或两区合并的产物，与鄞州一样，都是行政区划调整后设立的新城区，并且都在行政区划调整后得到了跨越式发展。

第二，从区域地位看，都是所在城市的核心城区。与鄞州区一样，余杭区、江宁区、黄岛区都是各自所在城市最大的主城区之一，也是各自所在城市经济总量最大的主城区和核心城区。

第三，从产业发展看，先进制造业和现代服务业比较发达的城区。这些区域的产业结构都比较合理、高端，先进制造业和现代服务业都是这些区域的主体功能。

第四，从发展动力机制看，改革创新都是推动这些区域发展的重要因素。这些区域的体制改革、科技创新等都走在全国前列，发展活力迸发，发展动力十足，是创新转型发展的成功典型。

二、相关区域的基本情况

1. 余杭区

余杭区总面积 1220 多平方千米，下辖 6 个镇、14 个街道，户籍人口 92.54 万人。

经济发展方面。2014 年全区实现生产总值 1 101.04 亿元，按可比价格计算，比 2013 年增长 9.5%；实现财政总收入 240.78 亿元，增长 20.3%，其中地方财政收入 148.8 亿元，增长 18%；完成固定资产投资 786.15 亿元，增长 24.5%；实际利用外资 10.78 亿美元。产业结构比例为 4.1：40.2：55.7，高新技术产业产值占规上工业比重达 41.3%，新产品产值率达 34.5%。

社会建设和管理方面。2014 年，城镇和农村居民人均可支配收入分别为 45 329 元和 26 581 元，分别增长 10%、11.3%。各类社会保障覆盖面进一步扩大，在未来科技城开展社会保障与主城区接轨试点。"两网合一"深入推进，公共安全执法体系下沉等社会管理模式不断创新，"平安余杭""法治余杭"建设扎实开展，社会环境日趋稳定，人民群众的幸福感和安全感进一步提升。

2. 江宁区

江宁区总面积 1577.75 平方千米，下辖 10 个街道，200 个社区，户籍人口约 100 万人。江宁区位于南京市中南部，是国家重要的科教中心和创新基地，国家东部地区重要的交通物流枢纽和空港枢纽。

经济发展方面。2014 年完成地区生产总值 1 405.6 亿元，增长 10.9%。公共财政预算收入 166.8 亿元，增长 13%，位居全省第三，其中税收占比 91.6%。规上工业总产值 2 829 亿元，增长 11.9%。全社会固定资产投资 900 亿元，其中，工业投资 475 亿元。三次产业结构比调整为 3.8∶55.4∶40.8，服务业占比首次突破 40%。战略性新兴产业实现总产值 975 亿元，增长 20%。新增高新技术企业 40 家，高新技术产业产值占规上工业比重提高到 63.2%。率先实施科技和人才管理体制综合改革试点，新引进国家"千人计划""万人计划"16 人，入选省"双创计划"19 人，入选数连续两年位居全省区县第一。江宁大学城入驻高校 15 所，师生规模达 20 万人，拥有两院院士、长江学者、国家千人计划高端人才 40 多位，各类科研院所 10 多家；园区从业人员中，海归人员 300 余名，硕士以上高层次人员 400 余人。

社会建设和管理方面。人民生活持续改善。城乡居民可支配收入达 41 331 元和 18 108 元，分别增长 8.8%、10.2%。推进人民满意的教育强区建设，创成全国义务教育基本均衡区、国家级农村职业教育和成人教育示范。区医疗服务中心加快建设，医疗服务和保障体系不断完善。所有街道在全省率先创成全国"安全社区"，安全生产形势保持平稳。加快建设法治江宁，被授予全省法治建设示范区。

3. 黄岛区

黄岛区是国家批复的第九个国家级新区，享有省级经济权限，副省级行政权限，总面积约为 2 096 平方千米，总人口为 171 万人。

经济发展方面。2014 年完成生产总值 2 470 亿元，增长 9%，经济规模占全市的近 30%；公共财政预算收入 175.3 亿元，增长 15.1%，其中税收占比达到 82.5%。累计利用内资 291 亿元，到账外资 16.6 亿美元，完成外贸进出口 208 亿美元。三次产业结构调整为 2.5∶58.5∶39，高新技术产业产值占规模以上工业产值的 41%。

21

社会建设和管理方面。2014 年民生支出占财政总支出的 73%，较 2013 年提高 6 个百分点。积极推进就业创业，新增城乡就业 7.3 万人，扶持创业 7 879 人。编制实施教育设施布局规划和学校建设 3 年计划，完成新建、改扩建学校、幼儿园 38 处，顺利通过全国义务教育发展基本均衡区验收。卫生、人口和计生工作高效融合，基本药物制度实施范围逐步拓展，流动人口社会融合试点经验在全国推广。政府为困难老人购买居家养老服务实现全覆盖。高水平承办了 3 项亚洲及全国性体育赛事，圆满通过全国文化先进区、文化强省建设先进区复核验收。全面推行信息化、网格化管理服务，构建起"大安全、大城管、大信访、大稳定"社会治理新体系，被民政部确定为全国社区治理和服务创新实验区。

三、鄞州与相关区域发展比较的优势与差距

1. 比较优势

一是经济实力优势。2014 年鄞州区实现地区生产总值 1 297.8 亿元，财政总收入 279.5 亿元，连续 7 年保持全省第一。固定资产投资 593.3 亿元，增长 17.5%，规上工业产值 2 315.8 亿元，增长 7.1%，社会消费品零售总额 405 亿元、增长 13.5%，外贸出口 120.7 亿美元，增长 9.8%，综合实力走在全省前列、稳居全国第一方阵。

二是城乡统筹优势。鄞州是现代都市新区，城乡统筹发展水平稳居浙江省前列，率浙江省之先进入全面融合阶段。新城区荣获联合国人居奖（中国）优秀范例奖；连续开展小城镇建设、旧村改造新村建设、美丽镇村幸福家园建设，成为浙江省首个新村建设规模超千万平方米、投入破百亿元的县（市、区）。

三是社会建设和管理优势。鄞州是幸福和谐之区，群众收入持续增长，2013 年城镇、农村居民人均可支配收入分别达 4.6 万元和 2.6 万元，稳居全国前列。率先实施 12 年免费教育、新一轮农村医改、全覆盖社会保障等惠民新举措，荣获全国文化先进县、省首批卫生强区、省教育强区、省体育强区、省示范文明城区等称号，成为省首批获得"平安银鼎"的县（市、区），有望实现省平安区创建"十连冠"。

四是历史文化底蕴优势。鄞州是历史文化名曲，夏时"鄞"已成为确定的地名，秦时置鄞县，是全国第一批建制县，至今有 2 200 多年历史。境内有始建于西晋的禅宗名刹天童禅寺、珍藏释迦牟尼真身舍利的阿育王寺、中国四大古水利工程之一的它山堰、梁祝爱情故事发源地象征的梁山伯庙，诞生了一大批历史文化名人，拥有 38 名鄞州籍"两院"院士。

2. 主要差距

一是产业结构还有待进一步优化。鄞州制造业比较发达，但新型高端城市经济比重很小，现代服务业发展相对较慢，第三产业比例只占1/3，与先进区域相比是最低的。

二是创新驱动能力还有待提升。创新驱动实质是人才驱动。与这几个区域相比，鄞州的人才总量和层次都有差距，以"国千"人才为例，鄞州拥有"国千"人才19名，而余杭区拥有47人，江宁区拥有88人，差距比较明显。

三是缺乏高能级的大平台。余杭区"一镇双核一谷"（梦想小镇，以未来科技城为主体的智慧经济核心示范区和以余杭经济技术开发区为主体的"两化"深度融合核心示范区，以及"良渚硅谷"）在省内乃至国内外都有非常高的影响力和知名度。黄岛区是国家级新区，拥有开发区、保税港区、中德生态园等国家级产业发展大平台。鄞州尚没有具有较高影响力和辐聚力的国家级产业平台和功能平台。

四、比较结论

1. 要进一步增强跻身全国一流城区的信心和勇气

虽然鄞州与这些区域在产业结构、发展方式、创新能力、固定资产投资等方面有一定差距，但是在财政收入、外贸进出口、城镇和农村居民人均可支配收入、城乡一体化水平等方面有一定的优势，如能抓住未来几年的重要战略机遇期，鄞州经济社会又好又快发展的长期趋势不会发生改变，有望跻身国家先进城区第一方队。

2. 更加注重趋于集聚辐射带动作用的强化和综合服务功能的提升

先进和发达城区都有一个共同特征，即趋于的经济、贸易、金融活动具有超出本区域和本国的辐射半径，余杭、江宁、黄岛等趋于一个十分鲜明的特征就是它们都拥有强大的集聚与辐射功能。如黄岛的GDP几乎占了青岛经济总量的1/3，这些区域无一例外都是所在城市的区域性经济中心、创新中心、金融中心、贸易中心、物流中心、专业服务中心和重要的生产与消费中心，也是跨国公司总部或地区总部的集聚地，对物流、技术、资金、人才等资源具有很强的配置能力，对区域经济发展具有强大的辐射带动功能。

3. 要把大力发展战略性新兴产业作为产业结构调整的重中之重

产业发展始终是区域发展的物质基础和动力支撑，区域发展特别是区域功能的提升，离不开产业结构优化升级和现代产业体系的发展完善。这些区域不约而同地将发展战略性新兴产业作为推动产业转型升级和区域跨越式发展的关键之

23

举，比如，余杭区大力培育信息经济、节能环保、新能源、新材料等战略性新兴产业，大力提升高端装备制造、生物医药、新一代信息技术、新能源汽车等产业集聚；江宁区智能电网、高端装备制造业、生命科技产业、新材料和环保产业发展水平走在全国前列。

4. 要把自主创新作为促进区域经济社会转型发展的核心动力

自主创新能力关系产业核心竞争力，先进城市或区域区别于一般城市或区域的重要特征，就在于它具有很强的集聚和创新能力，是一个地区的创新先锋。余杭全力打造"梦想小镇"、"天使小镇"，来科技城人才服务体系不断完善，全社会研究与试验发展经费占生产总值比重达到 2.3% 左右，拥有"国千"50 名、"省千"70 名，"梦想小镇"建成运行。黄岛区建立完善"两港一中心"等十大创新平台，加快建设海洋科技自主创新领航区和海洋人才特区，拥有各类人才37.9 万人，占全区总人口的 22%，其中院士 6 人，国家"千人计划"专家 17 人，"百千万人才工程""国务院特殊津贴专家""泰山学者"等省级以上高层次人才 200 余人。

5. 要把提升社会管理和文化软实力作为区域发展的关键一环

提升社会建设和管理水平是促进城市和去良性发展的基础所在而一个城市或区域文化积淀决定了它的竞争力和可持续发展能力。这些区域不仅在经济社会发展方面居于前列，在社会治理和文化建设方面也同样处于领先水平。江宁区坚持民生优先，主动顺应人民群众的新期待，加快各项社会事业建设，统筹推进城乡社会保障体系建设，争创全国"法治示范区"、国家公共文化服务体系示范区。黄岛区用好国家级新区先行先试政策，建立经济发展和扩大就业联动机制，放宽创业政策扶持范围，积极探索医养结合新模式，完善"大救助"体系，着力打造蓝色文化长廊，注重培养具有时代特征、黄岛特点的人文精神和特色文化。

第二章

鄞州融入宁波港口经济圈，构筑对外开放新格局

20 06 年习近平总书记任浙江省委书记期间来宁波调研考察时，提出要积极打造辐射长三角、影响华东片的"港口经济圈"。这一战略构想立足宁波的资源特征和潜在优势，提出了港口经济的圈层结构问题。港口是宁波的优势所在、潜力所在也是宁波的希望和特色所在。打造宁波港口经济圈是宁波实现产业转型升级的需要，是鄞州贯彻党的十八届五中全会的精神，坚持开放发展理念，深度参与"一带一路"、"长江经济带"国家战略的要求，也是对宁波开放型经济体系的重塑，同时也能支撑国家"一带一路"战略和长江经济带战略发展。

鄞州作为宁波港口经济圈的有机组成部分，基础设施完善、经济实力雄厚、开放型经济特征明显，理应发挥更为积极的作用。

本章在对宁波港口经济圈内涵、特征进行分析的基础上，提出构筑宁波港口经济圈的总体要求，系统分析鄞州的现实基础和条件，对比国内外案例，提出鄞州融入港口经济圈的具体路径。

第一节　构筑宁波港口经济圈的总体要求

一、港口经济圈的内涵特征

（一）概念内涵

目前，对港口经济圈尚无统一界定，与港口经济、经济圈在内涵上有一定相似性、叠合性。

——从港口经济看，有狭义和广义两个维度：从狭义讲，主要指以港口为依托，以临港区域各类功能区为载体，临港产业集群为主体，由运输物流经济、临港产业经济、航运服务经济组成的开放型、外向型、辐射型的产业经济形态，重点强调港城联动和港产联动；从广义讲，主要指以港口产业为依托、临港城市为载体、综合运输体系为动脉，广阔的经济腹地为支撑的区域经济体系，突出了港口对区域经济的拉动作用。

港口经济并不是一个静态的结构，其具有一个动态的发展过程，并呈现出明显的阶段性特征。在发展过程中，港口的只能由最初的运输功能，逐步延伸为促进贸易及经济发展的核心推动力。根据曹学坤的研究，港口经济分为三个阶段来研究。

第一个阶段为商港型经济发展阶段（19世纪60年代~20世纪40年代），这一阶段港口对城市的影响以港务（港口管理、运营与维护）和计算（中转计算货物）部门等活动为主，其经济运转主要是以货物中转和商业贸易为核心。在港口经济的发展主要依赖于港口交通运输的枢纽优势聚集而形成。港口带动效应吸引一系列与之相关的企业向其靠拢，在空间上形成紧密联系的组合，并逐步形成聚集规模。

第二个阶段为港口工业性经济发展阶段（20世纪50~60年代），该阶段开始沿海建设临港工业地带，兴建了汽车、造船、发电、石油等大型联合企业，形成以港口为中心的林海工业区。在内陆交通线上也形成了工业区和住宅区，建设港口卫星城镇。将港口的职能由原来的机械性的转型转变为加工型中转。

第三个阶段为多元性经济发展阶段（20世纪70年代以后），在经历第二阶段后，港口经济的自增长效应日益加强，港口不断向更高水平方向发展，在一定程度上推动经济向多层次的经济结构发展，第三产业比重不断上升，批发和零售业、金融和保险业、运输和通信业等发展较快。

专栏：伦敦港口经济的发展——伦敦国际航运中心的发展

伦敦国际航运中心的发展历程可分为四个时期：酝酿期、形成期、成熟期和转型期

酝酿期——工业革命前伦敦的城市与航运功能。17世纪，伦敦迅速发展成为英国的首都和国内最大的商品贸易中心、服务贸易中心和手工业生产中心，为其国际航运中心的形成打下了坚实的基础。这期间英国港口发展由外贸拉动，是连接欧洲、北美和非洲大西洋沿岸地区的商品和贸易转运中心。

形成期——工业革命后的伦敦国际航运中心。18世纪末，第一次工业革命后的英国，纺织工业和采矿业成为主导产业，并形成了曼彻斯特、伯明翰、利物浦、格拉斯哥等一批工业城市，以伦敦为中心城市的英格兰中部巨大城市带开始崛起，为伦敦发展成为国际航运中心提供了可靠的腹地货源保障。英国工业品的大量出口及原材料的大量进口，以及铁路运输替代水路运输成为英国国内运输的主要方式，加速了伦敦向全球商业和贸易中心的发展，伦敦港口成为世界货运量最大的港口，同时以世界上最大的英国商船队为依托，伦敦出现了众多海运公司，并最先形成了海运业垄断组织班轮公会，最早的加尔各答班轮公会与中国班轮公会均以英国船公司为骨干，城市航运交易活跃，成立了著名的波罗的海航运交易所，一举奠定了伦敦市在国际航运市场中的核心地位，伦敦国际航运中心崛起并成为当时唯一的国际航运中心。

成熟期——第二次工业革命后，德国、美国经济飞跃发展，但英国仍保持了世界第三大工业国家的地位，电力的应用使得工业向伦敦集中，伦敦成为新兴工业的集聚地，如电器机械、汽车制造、飞机制造等新兴工业，使伦敦成为英国现代制造业的生产中心，为伦敦港口提供了大量货流。伦敦国际贸易中心的地位并没有改变。英镑区的存在，尤其是20世纪50年代在伦敦出现的欧洲美元市场，使得伦敦依旧维持其国际金融中心的地位，依旧是世界上最大的船舶融资市场。先进的商船队、发达的租船市场以及多样化的航运服务，让伦敦依然傲居国际航运中心之列。在这一时期，还最早出现了由货运中心向服务中心转型的趋势。

转型期——第二次世界大战后，英国产业结构老化，国际竞争力日益下降，英国经济总量逐渐落后于德国、日本、法国和意大利等工业化国家。经济实力的下降，对伦敦国际航运中心发展带来不利影响，港口与货物吞吐量已在全球范围内失去了竞争优势，但是其很快发挥出来其在服务业上的比较优势，尤其是航运金融和海事专业服务方面在全球独占鳌头，具体涉及银行、保险、船舶经纪、法律、会计、船级社、出版等方面的服务。据统计，2008年，英国保赔保险、油

27

轮租赁、二手船吨位等航运服务业单项所占国际市场份额超过50%，船舶融资、核保险金、干散货租赁、劳埃德船级社等也占据较大份额。伦敦仍旧保持着全球顶级的国际航运中心地位，具有对全球航运资源进行配置的能力。

——从经济圈看，通常指一定区域范围内、具有内在联系的经济组织实体构成的地域产业配置图，按照不同的功能定位，可分为都市经济圈、产业经济圈、交通经济圈等。港口经济圈在概念上属于交通经济圈的范畴。

——从概念看，港口经济圈应该是广义的港口经济与经济圈的概念结合体，也是一种生产布局、资源配置的地域组合形式，其内涵已突破了传统单个港口城市港航、港产和港城的概念范围，强调港口城市与后方腹地的相互关系，是以港口经济为依托而形成的经济圈。因而，宁波港口经济圈就是以宁波—舟山港为中心，以宁波市与腹地城市群为载体，以综合运输体系和海陆腹地为依托、以港口产业链为主要支撑，经济、社会、文化、生态紧密联系、相互协调、有机结合、共同发展的区域经济共同体。

（二）基本特征

根据港口经济圈的概念内涵，一般港口经济圈都具有典型的"圈层带动、线性辐射、网络牵引、产业支撑"特征。

——圈层带动，即整个港口经济圈依托核心区形成若干环状空间组团，以港口城市为中心，通过紧密的功能联系，形成渐进辐射型圈层体系。

——线性辐射，即港口经济圈对外辐射一般沿港口航线、多式联运、贸易走廊、信息网络等"线路"进行，产生超越空间的远程联系。

——网络牵引，即充分发挥市场在资源配置中的决定性作用，通过交通、服务、文化、产业、贸易、投资、信息与生态等合作，促进圈内产业合理布局和要素自由流动，加强圈域各经济节点的全方位衔接，形成以港口经济资源要素为核心的综合网络。

——产业支撑，即港口产业拓展为现代物流业、临港工业、航运服务业和信息产业四大板块。现代物流业是以码头装卸业为中心，延伸发展船代、货代、仓储、运输等水上、陆上一体化的物流产业；临港工业是依托港口优势，顺应国家及城市经济发展阶段而形成的临港重化、加工、制造、高端船舶等实体产业；航运服务业是为港口现代物流和临港产业发展提供综合服务功能的金融、保险、商贸、咨询、经纪等服务产业；信息产业依托现代信息技术，贯穿前述三大产业形成港口内外部产业有效衔接共享的信息服务、交易、结算等线上服务产业。现代物流业是基础和根本，临港工业是重要支撑，航运服务业是保障提升，信息产业是平台和纽带，形成四位一体、相互支撑、相辅相成的现代港口经济体系。

（三）关于港口经济圈与都市经济圈的区别

港口经济圈与都市经济圈都属于经济圈概念范畴，有许多共同特征，但在功能定位、动力源、空间结构等方面都存在一定的区别。

——从功能定位看，都市经济圈的重心是都市群，强调核心城市对圈域资源的引领配置；而港口经济圈的重心是港口经济，通过港口为中心的综合交通网络体系建设，提升港口在经济圈中的资源要素配置功能。

——从动力源看，都市经济圈侧重于核心城市的服务功能；而港口经济圈侧重于港口内在动力和城市高端产业的辐射带动作用。

——从空间形态看，都市经济圈一般形成圈层引领的空间结构；而港口经济圈除了圈层结构外，还具有线性辐射的空间特征。

二、宁波港口经济圈建设的总体要求

宁波港口经济圈建设要立足宁波发展现实条件，与"一带一路"、长江经济带战略有机结合，与长三角区域一体化和周边城市发展有机结合，以合作共赢、互惠互利为宗旨，以改革创新为动力，以提升港口经济辐射力和影响力为目标，通过完善港口设施建设、强化通道支撑，推动临港工业转型升级、提升发展港航服务业，扩大对外经贸合作、拓展对外人文交流，促进跨境电商发展、创新体制机制等，最终形成核心区、辐射区、影响区"三区带动"、先进制造业和现代服务业"二三产业并举"、实体经济和虚拟经济"线上线下"支撑，辐射长三角、影响华东片的港口经济圈。

第二节　鄞州融入宁波港口经济圈，构筑对外
开放新格局的重大意义

一、新形势下我国对外开放的新变化

在过去的两年里，国家相继提出了"一带一路""长江经济带"和"京津冀一体化"战略，并表示在未来一段时期，不会提出新的战略。这三大战略表明，未来一段时期内，我国经济发展格局将出现以下变化。

（一）从重视对外开放向"对外""对内"双向开放转变

1978 年党的十一届三中全会提出了"对内改革、对外开放"的战略决策，这一决策扭转了新中国成立后逐渐对外封闭的情况，成为实现我国社会主义现代化的一项长期基本国策。对外开放的基本内容包括"大力发展对外贸易、积极引进国外先进技术设备、积极合理有效利用外资、开展对外承包工程与劳务合作、发展对外经济技术援助和多种形式的互利合作、设立经济特区和开放沿海城市、以带动内地开放"。这项决策实施以来，我国在经济、政治、文化、军事等各个领域同外国展开了交流合作，取得的成效显著，各种壁垒逐渐被打破，公平、合理的对外开放关系和格局逐渐形成。但是，相比与外国各层次、各领域广泛、高层次的交流合作，我国国内存在的行政壁垒和市场分割严重制约了我国经济、社会发展。"长江经济带"和"京津冀一体化"的提出为打破行政壁垒、促进地区合作、实现资源优化配置的提供了契机。在未来一段时间，在继续保持对外开放的同时，国家将重点促进各行政区之间，各区域之间的开放与合作。

（二）从促进沿海地区发展向"沿海""内陆"双向发展转变

沿海地区区位条件好、优势明显，是我国对外开放的桥头堡。我国对外开放政策实施从创办经济特区开始，然后是开放沿海港口城市、建立沿海经济开放区，最后是开放沿江及内陆和沿边城市。在多年的对外开放实践中，国家赋予了东部沿海地区各种优惠政策和举措，在政府政策导向作用下，沿海地区经济快速发展、人们生活水平不断提高，再加上资源配置过程中"马太效应"的存在，优质资源越来越向东部沿海地区集聚。伴随东部地区的快速发展和中西部地区资源外流，地区差距越来越大，虽然国家实施了西部大开发、中部崛起等战略，相继开放了沿江及内陆和沿边城市，一定程度上遏制了差距扩大的速度，但是，中西部地区同东部地区相比，差距依旧明显，而且仍在扩大。2013 年提出的建设"丝绸之路经济带"，改变以往主要向东开放，由沿海地区通过海路开放，转向同时开展向西开放，由西部沿边城市通过陆路开放，将构筑我国对外开放的新格局。

（三）从促进外贸出口向促进外贸出口和进口转变

改革开放以来，我国经济一直依靠投资、消费和出口这"三驾马车"来拉动，特别是出口，对我国经济的拉动作用最大，长期以来我国外贸结构呈现失衡的状态，出口远远高于进口，一方面是因为我国廉价的劳动力和原材料比较成本优势导致出口商品价格高于国际商品价格；另一方面是因为我国居民生活水平不高，消费对经济的带动能力不强，以投资和出口拉动经济的国家政策导向起到了至关重要的作用。

但是，随着劳动力成本和原材料成本不断上升，产品出口的成本优势不断削弱，加上2007年开始席卷全球的金融危机对我国外向型经济的打击，我国外贸结构面临巨大升级压力，而同时随着经济发展，人们生活水平逐渐提高，需求层次不断提高、规模越来越大，这为外贸结构升级提供了可能性。在此背景下，2012年，国家出台了《加强进口促进对外贸易平衡发展的指导意见》，政策导向发生了变化，由促进外贸出口向促进外贸出口和进口并重，实现外贸平衡发展的转变。

二、鄞州融入宁波港口经济圈，构筑对外开放新格局的意义

（一）打造鄞州对外开放新形象的需要

打造港口经济圈是宁波在对外开放新格局下提出的战略构想。鄞州外向型经济发达，对外开放新格局的变化必然会给鄞州带来机遇和挑战，在此背景下，积极融入宁波港口经济圈建设，在竞争中不断巩固鄞州对外开放传统优势，同时充分把握港口经济圈建设带来的机遇，能够再创鄞州对外交流合作新篇章，打造鄞州对外开放新形象。

（二）鄞州实现产业转型升级的需要

鄞州区的工业结构仍以服装、金属制品等传统产业为主，新兴、高端的产业不够多。工业产品有60%属中低端的配套产品，核心部件整机不到20%。工业企业偏散、偏小，不利于未来发展。同时，受土地等要素制约，工业外延式增长乏力，在产出总量、增速及工业投资等方面"标兵渐远、追兵渐近"的现象加剧。促进鄞州区产业转型升级是当务之急。港口经济圈将港口产业拓展为现代物流业、临港工业、航运服务业和信息产业四大板块。其中，现代物流业是基础和根本，临港工业是重要支撑，航运服务业是保障提升，信息产业是平台和纽带，融入港口经济圈，能够拓展鄞州区发展空间，加强同港口经济圈内各区域合作，优化鄞州区产业与空间布局，实现鄞州区产业转型升级。

（三）增强鄞州区域辐射力、竞争力的需要

宁波港口经济圈包括核心层、辐射层和外围层三层，其中核心层是宁波—舟山港及其依托的城市，重点发展现代物流、临港工业、航运服务业和信息产业，在宁波港口经济圈发展过程中，各县市区定位不同，会形成新的发展格局，鄞州不能排除在外，应该充分发挥自身优势，融入港口经济圈，先行先试部分政策，从而提高在区域当中的辐射力和竞争力。

第三节　鄞州融入港口经济圈建设的现实基础

一、区位优势明显，交通网络体系完善

鄞州区位于浙江省东部，2002 年"撤县设区"，成为宁波市的一个区。西北和西部与余姚接壤，南部紧邻奉化，东南临象山港与象山隔水相望。版图轮廓呈蝴蝶状，区域总面积为 1346 平方千米。

宁波地处长江黄金水道和南北海运大通道的"T"字形交汇处，紧邻亚太国际主航道要冲。向外直接面向东亚、东盟及整个环太平洋地区；对内沟通长江、京杭大运河，腹地覆盖长江流域、中西部地区，区位优势明显。鄞州区作为宁波的一个区，紧依宁波东、南、西三面，是宁波市对外交通的必经通道，北面紧挨杭甬高速，通过杭州湾跨海大桥直达上海，全程行车时间仅需两个小时。距离北仑港 18 千米，半小时即可达到。南面通过甬台温铁路与台州、温州及其他沿海城市相连。区内有四个高速公路出入口，沪杭甬高速公路、甬金高速公路、沿海大通道宁波段全线贯通，还设有铁路专用线和货物中转站，通过铁路可直达北仑港。2015 年实施的《宁波城市快速轨道交通线网控制性详细规划》明确将在鄞州区境内纵横交错六条轻轨和地铁线路，届时鄞州区的交通条件将进一步优化。同时，宁波栎社国际机场坐落于鄞州区境内，是国内重要的干线机场。机场占地面积近 250 万平方米，距宁波市区约 12 千米，从机场至主要铁路公路站点、高速公路入口处、市区仅需 10～30 分钟车程，交通非常便捷。目前栎社国际机场开通国内外航线 50 条，完成客运吞吐量 546 万人次，货吞吐量 9.4 万吨。

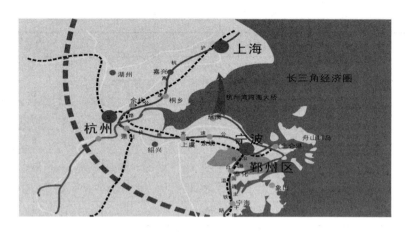

图 2 −1 鄞州区区位条件示意

二、综合经济实力强，工业基础雄厚

鄞州区经济综合实力强，在中国、浙江省、宁波市各层面的比重都居于领先地位。在中国市辖区综合实力排名中，2012 年、2013 年，鄞州区连续两年位居第二，2014 年虽然有所下降，仍排在第五位。2013 年度浙江省工业强县（市、区）综合排名中，鄞州区以 75.4 分的综合考评结果，连续三年在规上工业总产值 1 000 亿元以上的第一档县（市、区）中排名第一。2014 年，鄞州区实现地区生产总值 1 297.8 亿元，增长超过 8%，占宁波市地区生产总值比重超过 16%，在宁波市经济发展中处于领先地位。2014 年度 1～10 月份，在宁波全市规上工业增加值县（市）区排名中，鄞州区以 389.3 亿元在绝对额排名中位列第一（见表 2 −1）。

表 2 −1 2014 年 1～10 月份规上工业增加值分县（市）区排序

区　域	规上工业增加值（亿元）	名次
鄞州区	389.3	1
镇海区	288.5	2
北仑区	279.1	3
慈溪市	274.9	4
余姚市	188.5	5
江东区	126.6	6

区　域	规上工业增加值（亿元）	名次
大榭开发区	108.1	7
宁海县	106.9	8
象山县	76.3	9
江北区	61.2	10
奉化市	58.7	11
海曙区	40.4	12
保税区	39.6	13
高新区	21.2	14
合　计	2037.4	

2014 年鄞州全区规模以上工业总产值 2 315.8 亿元；鄞州区拥有各类工业企业 2 万多家，其中，规模以上工业企业 1 653 家，数量居浙江省第一位。其中，年主营业务收入上亿元企业 451 家，年主营业务收入上 10 亿元企业 34 家。目前鄞州区已形成了纺织服装、汽车配件、家用电器、金属制品、文教文具五大传统优势产业，并形成了五大百亿级产业基地，产生了雅戈尔、杉杉、培罗成中哲集团、洛兹集团、凯信服饰等为代表的纺织服装企业，博格华纳、圣龙集团、帅特龙、华瑞电器、高发汽车控制系统等为代表的汽车配件生产企业，奥克斯、欧琳厨具、华彩电器等为代表的家用电器制造企业，浙东精密、锡青铜带、太平货柜等为代表的金属制品生产企业和广博集团、中华纸业、华茂集团、牡牛集团等为代表的文教文具企业等一大批知名企业。

与此同时，鄞州区战略性新兴产业发展迅速，优势不断凸显。2011 年全市各县市区战略性新兴产业发展中，镇海区产值最高，其次才是鄞州，慈溪稍落后于鄞州，但从 2012 年开始，鄞州区战略性新兴产业发展迅速，一直保持在第一位，同时在宁波市战略性新兴产业产值中所占的份额不断加大，优势日益显现。鄞州区已形成了高端装备制造、新材料、电子信息、生物医药和新能源为主导的五大新兴产业。其中，高端装备制造上有欣达集团的电梯及印刷机、方力科技大口径波纹管挤出机、洋浦重机低速柴油机快速增长；新材料领域拥有博威合金易切削黄铜及锌合金、广博纳米金属、先锋高分子材料等持续增长；电子信息方面踊跃出一舟电子楼宇智能产品、汇港新一代继电器高位增长；生物医药产业奋起直追，立华制药风湿药、美康生物诊断试剂、三生健康保健品都实现较快增长；新能源产业异军突起，浙江泰来环保、埃美圣龙地源热泵随着节能产业的发展而快速拓展市场。具体见表 2－2。

表 2－2   宁波各县市区战略性新兴产业产值及占全市比重

地 区	2011 年		2012 年		2013 年		2014 年	
	产值 （亿元）	占比 （%）	产值 （亿元）	占比 （%）	产值 （亿元）	占比 （%）	产值 （亿元）	占比 （%）
海曙区	12.05	0.39	11.11	0.34	10.93	0.33	11.01	0.31
江东区	49.37	1.50	43.08	1.34	36.37	1.10	25.83	0.73
江北区	156.54	5.04	153.65	4.76	171.20	5.18	201.88	5.68
北仑区	390.86	12.58	400.41	12.42	406.46	12.30	445.48	12.54
镇海区	477.35	15.37	457.48	14.19	476.10	14.41	510.06	14.36
鄞州区	460.76	14.84	527.65	16.36	561.67	17.00	640.65	18.04
象山县	87.87	2.83	81.81	2.54	84.98	2.57	94.13	2.65
宁海县	99.19	3.19	105.21	3.26	113.13	3.42	124.55	3.51
大榭开发区	85.49	2.75	85.39	2.65	92.49	2.80	98.22	2.77
保税区	344.75	11.10	355.48	11.02	294.87	8.92	295.64	8.32
高新区	79.50	2.56	59.30	1.84	62.69	1.90	62.86	1.77
余姚市	295.06	9.50	326.76	10.13	364.44	11.03	409.43	11.53
慈溪市	459.42	14.79	512.74	15.85	523.78	15.85	525.39	14.79
奉化市	107.68	3.47	105.00	3.26	105.40	3.19	107.06	3.01
全市合计	3 105.88	100.00	3 225.08	100.00	3 304.50	100.00	3 552.18	100.00

战略性新兴产业园建设初见成效。望春工业园区和鄞州投创中心入选宁波市
战略性新兴产业专业园，南车产业基地列入市里一事一议重大专项，创新 128 产
业园、宁波国家广告产业园区等新兴产业专业园进展顺利，宁波南车新能源科技
有限公司超级电容器产业化等 11 个项目列入宁波市战略性新兴产业专项，为实
现经济转型升级打下了坚实基础。全区高新技术产业产值突破千亿元大关，达到
1 004.5 亿元，占规上工业比重达到 43.4%，高新技术产业主营业务收入和利税
分别达到 982.5 亿元和 96.55 亿元，同比分别增长 10.7% 和 14.7%。高新技术
产业增加值占规上工业增加值比重达到 43.1%，依靠创新驱动提升发展质量取
得成效。据统计，全区已有先进制造、新材料两大超 250 亿高新技术产业，五大
战略性新兴产业占高新技术产品总产值的比重超过 90%，高新产业规模化、集
聚化发展态势正在逐步形成。

三、现代服务业发展迅速，城市综合服务能力强

作为与宁波市中心相连的副中心城区，鄞州区拥有较高密度的人流、物流、资金流和信息流，具有发展服务业得天独厚的优势，近年来，鄞州区充分发挥区位优势，巩固、提升传统商贸业，加快发展现代商务业，取得了明显成效，城市综合服务能力逐渐增强。2014年全区服务业（第三产业）增加值488.4亿元，增长9.1%；全年批发零售业商品销售额1 650.8亿元，增长10.2%；拥有各类商品交易市场103个。新创建省级工业旅游示范基地1家，实际休闲旅游基地1家，全区累计有4A级景区5家，3A级景区2家。新增三星级饭店、四花级经济型酒店、银叶绿色旅游饭店各1家，新增五星级品质旅行社1家。同时，全区科技综合实力持续保持全省领先，以企业为主体的技术创新体系逐步形成。2014年鄞州区规上企业拥有研发机构数达到1 083家，占规上企业总数的67%。中物科技园、摩米创新工场、清华长三角宁波科技园等创新平台进展顺利，"创业苗圃—孵化器—加速器—产业园"全产业链科技孵化器建设加快推进，全区实现专利申请和授权量分别为17 224件和12 081件，持续保持全省第一，成功创建了全市首个国家知识产权强县工程示范区。南部商务区、万达商圈、BEST广场等进展顺利，空港物流园区对外辐射能力初步显现，城市休闲旅游发展迅速；奥特莱斯商业广场、机场商务中心等项目有序推进，鄞州"一心一带三廊四片"的服务业发展空间布局初步形成。

四、对外经贸合作广泛，外向型经济发达

鄞州区外向型经济发达。对外贸易持续增长，2014年，鄞州区对外贸易额146.5亿美元（见表2－3），增长1.5%，其中，出口额120.73亿美元，增长9.8%，贡献了宁波市出口总额的16.51%，排名第一位。区内拥有外贸企业4 548家，占宁波全市外贸企业的17.4%，其中，外资性质的外贸企业180家，占全市比重达到19.2%。拥有中基宁波集团、奥克斯集团、凯信服饰、太平货柜等龙头出口企业以及博格华纳、金麦进出口、杉杉集团等龙头进口企业。具体见表2－4。

表 2 – 3   2014 年宁波市各县市区进出口占比

地　　区	进出口 （万美元）	占比（％）	出口 （万美元）	占比（％）	进口 （万美元）	占比（％）
慈溪	1 135 492	10.8	937 140	12.82	198 352	6.28
余姚	917 307	8.76	708 408	9.69	208 899	6.61
奉化	294 905	2.82	253 201	3.46	41 704	1.32
宁海	246 737	2.36	222 722	3.05	24 015	0.76
象山	253 682	2.42	235 448	3.22	18 234	0.58
鄞州	1 464 689	13.99	1 207 326	16.51	257 363	8.15
镇海	636 134	6.08	330 125	4.52	306 009	9.69
海曙	659 215	6.30	589 694	8.07	69 521	2.20
江东	661 068	6.31	565 176	7.73	95 892	3.04
江北	399 033	3.81	274 587	3.76	124 446	3.94
北仑	1 863 108	17.79	1 037 234	14.19	825 874	26.14
保税区	1 398 992	13.36	710 742	9.72	688 250	21.78
大榭开发区	306 987	2.93	97 152	1.33	209 835	6.64
国家高新区	236 258	2.26	144 360	1.97	91 898	2.91
全市合计	10 470 406	100.00	7 310 904	100.00	3 159 502	100.00

表 2 – 4   鄞州外贸进、出口排名前十位企业   单位：万美元

	出　　口		进　　口	
排名	企业名称	总额	企业名称	总额
1	中基宁波集团股份有限公司	70 915	中基宁波集团股份有限公司	213 911
2	奥克斯集团有限公司	43 083	博格华纳汽车零部件（宁波）有限公司	12 121
3	宁波凯信服饰股份有限公司	15 459	宁波金麦进出口有限公司	10 901
4	宁波太平货柜有限公司	14 442	杉杉集团有限公司	9 061
5	利时集团股份有限公司	13 983	宁波香豪莱宝金属工业有限公司	6 399
6	杉杉集团有限公司	13 595	博威集团有限公司	6 220
7	宁波布利杰集团有限公司	12 473	宁波市鄞州对外贸易股份有限公司	6 010
8	宁波致和对外贸易有限公司	11 268	宁波华贸进出口有限公司	4 891
9	浙江广博集团股份有限公司	11 205	宁波中宇石化有限公司	3 866
10	宁波华孚进出口有限公司	10 911	宁波康乐医疗器械进出口有限公司	3 860

2014 年鄞州区新签外资项目 88 个，合同和实际利用外资达到 13.3 亿美元和 5.6 亿美元，迄今为止已有包括美国沃尔玛、英国百安居、德国麦德龙、比利时英特布鲁、荷兰阿克苏·诺贝尔、法国迪卡侬、瑞典宜家以及日本的伊藤忠、小松公司、三井不动产等在内的十几家大型知名跨国公司落户鄞州。

鄞州区企业走出去步伐加快，2014 年新批 30 家境外企业，核准中方投资额 4.1 亿美元，增长 27.8%；实际中方投资额 1.7 亿美元，增长 10.9%；其中境外营销网络占据 15 家，占总数的 50%；生产性企业占据 5 家。一舟集团、音王集团、乐歌视讯等企业都在境外建立起了颇具实力的营销网络；三星、杉杉、圣泰戈积极开展海外再投资并购，培源汽车、三兄弟服饰在境外开办了生产性企业，药腾研发、德特科在境外设立了研发中心。

就贸易结构来看，依托传统制造业优势，鄞州区以机电产品、纺织服装和五金工具为主要出口产品，2014 年前十个月，鄞州机电产品、纺织服装和五金工具分别实现出口 48.9 亿美元、26 亿美元和 9.6 亿美元，同比分别增长 11%、9.7% 和 22.1%。汽车及零部件出口有所回暖，实现出口 3 亿美元，同比增长 6.1%。亚洲、欧洲和北美是鄞州区主要对外贸易地区。欧盟是鄞州区最主要的出口地区、其次是美国、日本，鄞州区对这三个地区的出口贸易额占总出口贸易额的 54%；鄞州区第一大进口来源地区是东盟，其次是欧盟和美国。鄞州区近一半的进口货物来源于这三个地区。就增长速度来看，鄞州区同新兴市场贸易增长势头良好。同大洋洲、非洲和东盟三个地区贸易增长率都超过了 40%。尤其是进口，从非洲进口增速超过 150%，从大洋洲进口超过 80%、从东盟进口接近 70%。具体见表 2 - 5。

表 2 - 5   鄞州区分洲别及主要国家或地区贸易结构和增长率   单位：%

国家或地区	进出口占比	增长率	出口占比	增长率	进口占比	增长率
合计	100.00	10.2	100.00	9.2	100.00	13.5
亚洲	34.10	14.2	27.71	3.8	54.54	36.4
东盟	10.65	40.2	5.50	10.7	27.11	69.5
中国香港	1.96	-24.3	2.37	-22.8	0.63	-38.7
日本	5.80	-3.6	6.27	-2.1	4.31	-9.8
韩国	2.10	7.4	1.32	7.7	4.59	7.1
中国台湾	1.01	1.0	0.56	20.5	2.46	-9.8
非洲	5.26	42.5	4.89	19.5	6.45	166.9

国家或地区	进出口占比	增长率	出口占比	增长率	进口占比	增长率
欧洲	27.22	13.6	31.02	14.3	15.04	8.9
欧盟	22.97	13.1	26.38	14.0	12.07	7.2
拉丁美洲	7.42	-18.5	8.37	9.3	4.38	-68.2
北美洲	20.26	6.3	23.88	7.4	8.64	-2.9
美国	18.09	4.8	21.37	6.6	7.58	-9.1
大洋洲	7.13	41.2	4.12	10.4	16.77	81.1

五、人文交流源远流长，侨胞资源丰富

鄞州区历史人文影响久远，感情认同基础扎实，2005 年就与日本富山县南砺市缔结了友好交流关系城市。近代以来，鄞州与海外的联系更密切多元，以曹光彪、李达三等为代表的鄞县籍"宁波帮"人士足迹遍布南洋、欧美各地，其中不乏政界精英、工商巨头、科技名人、社团领袖、社会名流。据统计，2014年，鄞州区归侨、侨眷、港澳居民眷属、归国留学人员、留学生眷属总量达到8.81 万人，占宁波市 20.22%，相比 2006 年增长了近 3 倍；海外鄞州籍华侨华人、港澳居民、留学生总量为 7.56 万人，占宁波市 17.7%，相比 2006 年增长了25.87%，位列宁波市第一；海外重点、"四有"人士 1 127 人，位列宁波市第一；华侨华人分布广泛，涉及国家及地区从原来的 36 个增加到 73 个，其中覆盖面较大的是中国香港、美国、澳大利亚及英国。海外人士关心祖国及家乡建设、发展，回国创业热情高。宁波太平货柜有限公司主营业务收入超过 10 亿，也是鄞州区第四大外贸出口企业，其董事长为新加坡华人张松声。澳大利亚华侨张莉创建的创新 128 产业园宁波市首批现代服务业产业基地，也是宁波市鄞州区"八大产业基地"之一、旅日华人林敬付创办的宁波联华食品有限公司是农产品加工领域的市级龙头企业，除此之外，启发集团、宁波康城阳光置业有限公司等也都是华人华侨投资建设的项目。

六、平台建设扎实推进

（一）临空经济区建设初见成效

临空经济，又被称为空港经济，是后工业化时代的新型经济模式，以机场基础设施建设为基础，不断拓展机场功能，突破单一运输功能，通过与多种产业的有机整合，带动力和辐射力极强。宁波临空经济区建设稳步推进，表现在：（1）基础设施不断完善。宁波栎社机场现有跑道长 3 200 米，宽 60 米，配有国际先进的通信导航和航行管制设备，达到 4E 级标准，可满足波音 747 等大型飞机起降。机坪面积 14.2 万平方米，有 16 个停机位，其中 7 个近机位。现使用的候机楼总建筑面积 4.35 万平方米，按年旅客吞吐量 380 万人次、高峰小时 1 700 人次的要求建设。地下车库 1.34 万平方米，地面停车场 5 271 平方米，可同时停靠 330 多辆小车和 30 辆大客车。航空货站建筑面积达到 7 881 平方米，拥有国内出发到达、国际出发到达 4 个库区，功能设置基本达到了现代物流要求标准。截至 2013 年 6 月，共有 25 家航空公司进驻宁波机场，开通和运营超过 70 条航线，航线覆盖国内主要大中城市及香港、台湾、澳门地区，国际航线已开通至泰国曼谷、普吉、韩国济州、首尔、柬埔寨等亚洲地区国际客运航线。2013 年全年完成客货吞吐量 546 万人次、9.4 万吨。（2）临空经济体系建设有序开展。依托机场对人流、物流、资金流、信息流的汇集作用，加快发展餐饮、酒店、购物、休闲等服务业，满足不同旅客的个性化消费需求。积极发展临空型总部经济，重点引进国内外航空公司总部、物流公司总部等行业龙头企业设立区域性运营中心、营销中心。2012 年 1 月起，包括宁波在内的 6 个分区放开低空空域。1 000 米以下的空域，允许轻型固定翼飞机和直升机等一些小型飞机飞行，4 000 米以下低空飞行无须报批，只需报备，这为宁波加速发展通用航空产业提供了重大契机。空港保税物流园区建设稳步发展，2009 年 1 月 30 日，宁波栎社保税物流中心正式封关运营，享有特殊的监管政策，允许货物在中心与境外之间自由进出、免征关税、免领许可证等优惠政策；集成保税优势，出口退税、进口保税；同时可进行货物的包装、组装、分拣、贴码等物流增值服务。宁波栎社国际机场坚持"客货并举，以货为主"错位发展思路，大力促进货物运输。据统计，2013 年上半年宁波市实现空运进出口贸易额 21.5 亿美元，比 2012 年同期增长 5.5%。从贸易伙伴来看，欧盟和美国的空运贸易额较大，分别实现贸易额 6.2 亿美元、2.9 亿美元。而外资企业则是空运进出口贸易的主力军，其从事的空运进出口贸易额达到了 12.9 亿美元，同比增长了 8%。

（二）跨境电商平台发展势头良好

近年来，伴随互联网时代的到来，鄞州区大部分知名品牌纷纷涉水电子商务。目前，全区有奥克斯、雅戈尔、杉杉、中哲等电商企业 2 000 多家；汇金大通、大道商诚、海商网、我要印等电商第三方平台 10 余家；颠峰、科友、亿海等电商服务企业 100 余家。依靠雄厚的制造业产业基础，全区已有 600 余家企业进驻天猫商城、京东、1 号店等知名电商平台，2013 年网络零售额超 40 亿元，占社零总额的 11% 以上；已建成欧琳电商园、959 电商园、厚力网购智慧园等电商集聚区 18.5 万平方米，其中，欧琳电子商务园拥有一支 200 余人的电子商务团队、厚力网购智慧园已入驻企业 45 家，959 电子商务园已引进企业 40 余家，另外，一舟跨境电商园已正式挂牌运作，将引入一批知名的跨境电商代运营企业和服务企业，成为鄞州区首个以 B2B2C 为主的外贸出口电子商务产业园。

全球化视角让鄞州区电子商务布局并不局限于国内。目前，乐歌、汉浦、伊司达等企业已将电子商务的触角延伸至全球市场，近百家跨境电商企业正紧锣密鼓地进行境外布局。据统计，目前区内 90% 的重点企业拥有企业网站，规上工业企业电商应用率达 33%，外贸企业电商应用率达 65%。B2B 应用在纺织、五金等支柱产业中成为主流模式，应用于门户网站、电子零售等；O2O、C2B 模式普遍应用于商业零售中。

2012 年，宁波市与上海、杭州、重庆、郑州市一起，被国家发改委正式确立为五个首批国家级跨境贸易电子商务服务试点城市。2014 年鄞州区被浙江省商务厅认定为第二批省级电子商务示范区，同时中国（浙商）跨境电商高峰论坛 2014 年在鄞州举行，鄞州电商发展潜力巨大。

（三）大嵩新区建设稳步推进

鄞东大嵩新区包括鄞州东南片的瞻岐、咸祥、塘溪三镇及鄞州经济开发区，位于宁波市东部、象山港北岸，坐北朝南，紧邻鄞州新城区和东钱湖旅游度假区，与象山中心城区隔湾相望，便捷的交通使其成为连接杭州湾产业带和温台产业带的"黄金节点"。近年来，大嵩新区地区生产总值保持 15% 以上增速，发展态势良好，以船舶制造、水产品精深加工等为重点的海洋经济和以高新技术为代表的都市工业发展较快，初步形成了装备制造、机械电子、船舶制造、金属制造、针织服装、电气机械等优势工业，拥有亚大汽车管件、伟伟带钢、繁荣建材、力达物流、永峰包装等龙头企业。区内拥有主要产业功能区鄞州经济开发区发展迅速，近年来年均增幅超过 30%。2013 年开发区实现工业总产值 126 亿元、同比增长 5%，拥有规上企业 68 家，实现总产值 108.39 亿元，同比增长 9.5%。

按照强化传统优势产业优势、显化新兴产业潜力原则，积极扶持龙头骨干企业发展壮大，推动中小企业发展转型，全年新增规上企业7家，累计实现产值上亿企业21家、同比增加4家；2014年创建为省级经济开发区，初步形成了以精密机械、电子电器、汽车零部件和金属制品和新型材料、精细化工"4+2"产业体系，其中，机械制造、汽车零部件、金属制品等产业产出贡献值占总产出的70%左右，新型材料和精细化工产业发展势头迅猛、产出占比高达近20%。成功引进总投资45亿元占地700亩的中集集团梦工厂项目、中德合资宁波砂轮树脂厂项目、中美合资宁波威瑞泰默赛多相流仪器设备有限公司项目，建成德国工业园一期项目，首家进驻企业罗润供油设备（宁波）有限公司已完成汽车发动机内燃机喷射系统生产线已投产；成功实施112亩规模小微企业园建设，成功引进9家涉及多种产业的成长型企业。同时，新区紧抓创新发展，2014年1~9月，企业累计投入科研经费1.46亿元、同比增长47%%，R&D投入1.25亿元、同比增长33%，区内8家企业入选区"双五十工程"企业，较2013年增加2家，52家企业申报各类专利350件、同比增长30%，高新技术行业产值38.53亿元、同比增长3.2%，服务水平和投资环境得到了有效提升。

第四节　鄞州融入宁波港口经济圈建设的战略定位和主要任务

一、战略定位

立足现实基础、顺应发展方向，强化功能支撑，全面融入宁波港口经济圈建设，着力打造宁波国际空港物流的枢纽区、宁波港航服务业的重要支撑区和宁波高端制造业的引领区。

——宁波国际空港物流的枢纽区。按照宁波加快建设港口经济圈、重塑对外开放新优势的总体要求，以国际空港物流园区建设为依托，提升空港物流市场需求、完善空港物流基础设施、增强空港物流枢纽功能、培育空港物流市场主体，提高空港物流服务效率，集聚发展临空产业，聚全区之力、集各方之智，努力改变宁波"大海港、小空港"的现状，力争将鄞州打造成为宁波国际空港物流的枢纽区。

——宁波港航服务业的重要支撑区。抢抓浙江海洋经济发展示范区和宁波港口经济圈建设的重大历史机遇，以现有区位优势、产业基础和资源条件为依托，加快南部商务区等港航服务业支撑载体建设，促进金融保险、贸易物流、航运服务、信息咨询等港航服务业关联产业融合发展，壮大港航服务企业发展规模，优化港航服务业发展环境，力争把鄞州打造成为宁波港航服务业的重要支撑区。

——宁波高端制造业的引领区。顺应信息化与工业化深度融合发展趋势，充分依托产业优势、平台优势和环境优势，深入实施"四换三名"工程，加快推进传统制造高端化、新进制造高新化进程，促进发展模式向质量效益型转变、发展动力向创新驱动转变、资源利用向绿色低碳转变、生产经营向智能化服务化转变、产业布局向集约高效转变，全面推进制造经济提质增效，把鄞州打造成为宁波高端制造业的引领区。

二、主要任务

（一）推进先进制造业和现代服务业双轮驱动，提高港口产业带动能力

产业合作是融入港口经济圈的重要内涵，要立足鄞州产业优势，瞄准区域市场需求，把产业转型升级与推动先进制造业和现代服务业双轮驱动、谋划产业新平台和拓展产业新空间有机融合，释放产业新动力。

一是以临港先进制造业为重点，加快发展战略性新兴产业。大力发展海洋装备产业，依托区内电子电器、节能环保、纺织服装、精密机械、电子信息等优势产业基础，以海洋船舶、海洋风能、跨海桥梁及海底隧道工程装备等为重点，推进现有陆上装备制造企业与海洋工程装备制造企业的战略合作和联动发展，延长产业链，形成以海带陆、以陆促海、陆海结合的产业布局。积极发展交通装备制造业，依托中国南车等龙头企业，发挥汽配、精密机械等传统产业优势，重点培育轨道交通装备制造和新能源汽车等核心产业，辐射带动新能源、新材料等新兴产业发展。加快发展新材料产业，尤其是大力发展海洋新材料产业，抓住国家海洋经济发展对海水防腐、防碰撞等新型材料需求迅速增加的机遇，利用在甬高校和科研机构在海洋新材料领域的科研优势和鄞州新材料的产业优势，大力发展高耐蚀金属新材料、海洋新型涂料等，抢占我国海洋新材料产业发展先机。做精做强电子信息产业，顺应临空经济区建设、海洋经济发展、智慧城市打造等需求，依托现有产业基础，发挥一舟集团、环球广电等高新技术企业引领作用，以信息系统设备、专业智能系统工程设计和产品制造等为重点，做大、做强、做精电子信息产业。同时，整合现有传统产业，推进产业集聚发展，优化提升优势产业发展水平。

二是以生产性服务业为重点，积极培育现代服务业。大力发展智慧型产业，依托中心城区区位优势和优势产业基础，着力发展以电子商务、软件信息、物联网等为重点的智慧型产业。积极培育创意设计产业，结合鄞州区发展定位和产业导向，依托产业、文化等优势，以工业设计、表演艺术、游戏动漫等为重点，以政府为引导，以高校、设计企业、制造企业为主体，以公共服务机构、产业园区为对接平台，共同推进产业发展。着力发展科教文化产业，依托宁波南高教园区优势，围绕高端装备制造、新材料、新能源等重点战略性新兴产业领域，加大与国内外知名科研院所的合作，创建科研、孵化及成果转化示范基地，加强重点科研创新服务平台建设。同时，抓住宁波推进海洋生态科技城建设契机，强化与北仑的联动合作，大力发展海洋科教文化产业。深入推进金融业发展，发展壮大银行业，尤其要扶持发展扎根本地、面向中小企业的银行法人机构，引进发展科技支行等特色银行分支机构；完善中小企业融资风险补偿和信用担保公司风险补偿机制；引导发展创业投资基金、成长型企业股权投资基金；加快发展融资租赁、小额贷款、担保及典当等各类新兴融资服务业，实现金融产业与工业经济发展的互促共进。

三是打造产业大平台为重点，优化整合产业空间布局。推进"两大"产业核心区建设，谋划建设鄞州工业园区，将东至姜山环镇路、同三高速，南至鄞奉交界处，西至鄞奉交界处，北至绕城高速，面积约39平方千米的区域打造成以信息经济为主导的先进制造业核心区；整合发展鄞州都市产业经济区，推进鄞州投资创业中心、首南工业区块、下应工业区块功能调整，顺应制造业服务化趋势，打造成以2.5产业和生产性服务业为主导的产城融合、集约高效的都市产业经济区。巩固发展"三大"产业园区，推进鄞州经济开发区建设，挖掘临海优势，优化产业布局，重点引进和培育海洋装备制造、精密机械、新材料、新能源产业，加强与北仑春晓区块联动，打造"高端、高质、高新"的智慧型蓝色产业园区；推进望春工业园区建设，立足空港资源优势，加快调整和整合服装、汽配等传统产业，着力培育和打造电子信息、新材料、新能源、空港物流及其辅助加工制造、临空总部经济等产业，完善相关服务配套，促进临空核心产业及各类配套产业集聚，打造临空产业集聚区；推进南车产业园区建设，充分发挥中国南车在轨道交通领域的龙头优势，围绕轨道交通装备制造和新能源汽车等核心产业，推动五乡、东吴工业相向整合提升，辐射带动新能源、新材料等新兴产业发展，加快完善相关配套产业，打造产业链条完善、技术服务先进的轨道交通产业集聚区。同时，充分发挥产业集聚区对临近乡镇工业的整合和托管功能，整合归并乡镇工业，实现由块状经济向特色产业集群发展。

（二）扩大经贸和人文交流合作，构筑全方位的对外开放新格局

推进对外交流合作是鄞州融入宁波港口经济圈、构筑开放格局的重要途径。要立足鄞州实际，加强国际国内经贸、科技、教育、医疗、旅游、人文等交流合作，加大开放力度、拓宽开放领域，提升开放层次，努力构筑全方位的对外开放新格局。

一是提升国际投资贸易发展水平。主动融入长江经济带、"21世纪海上丝绸之路"建设，在继续引导和支持企业巩固和深耕传统出口市场的同时，积极实施国际新兴市场开拓行动计划，重点支持加大面向"一带一路"国家、周边国家（地区）、"金砖国家"、自贸区市场（除中国香港外）的货物和服务贸易，逐步提高新兴市场的出口比重。深入实施"品牌强贸"战略，推动出口质量工程，促进全区出口产业向高技术含量、高附加值、高效益提升，提高自主研发、自主知识产权产品、自主品牌产品出口比重。积极发展进口贸易，重点打造塑料、化工原料、有色金属、稀贵金属、钢材、汽车整车、中高档消费品等特色商品进口交易平台。加快国际服务贸易发展，着力培育若干个服务外包示范园区，培育和引进一批领军型服务外包出口龙头企业。支持有实力的企业"走出去"，引导有比较优势、产能过剩行业到境外开展装配生产，带动全区零部件、中间产品、技术和服务出口；鼓励企业赴境外开发、加工重要矿产资源并供应国内市场；鼓励企业赴境外设立营销基地、交易中心、展示中心、分拨中心、商品市场或零售网点，增强国际市场渠道控制力。

二是充分对接和利用好高层次国际经贸合作平台。依托长三角腹地经济和消费优势，抓住宁波争取中国—中东欧博览会永久落户、设立东盟进口产品保税展示交易平台和进口货物集散中心的契机，充分对接和利用"东盟·宁波周"、浙江投资贸易洽谈会、海内外高端人才交流暨技术项目洽谈会的交流合作平台，提高全区国际经贸合作层次。

三是推进人文合作交流。依托宁波博物馆、梁祝文化公园、鄞州区艺术团、鄞州体育馆等平台和载体，定期举办文化主题、文艺演出、学者互访、体育赛事等主题活动，强化与相关城市的互动。充分发挥"宁波帮"优势，借助甬港经济合作论坛等平台，强化与鄞州籍重点港胞的联系，为质量新鄞州引智引才引资。

（三）打造临空经济区，促进海港与空港联动发展

加快空港建设、打造临空经济区，是鄞州融入宁波港口经济圈、促进海港与空港联动的独特优势。充分发挥宁波港口优势，积极发展海空联运和空海联运，

逐步形成海港、空港两个运输、开放体系连接互动格局，实现海港成本经济和空港效率经济相互促进。

一是科学谋划空间布局。要以保税物流中心和空港物流中心建设为突破口，推动栎社国际机场向长三角南翼货运枢纽机场转变，推进机场及邻近地区临空产业集聚，形成以机场、空港物流中心和保税物流中心为核心区，以古林、石碶、集仕港、洞桥等邻近机场的乡镇为辐射区，以望春工业园区、鄞州工业园区、鄞州投资创业中心、新城区北部商贸区和南部商务区等为影响区的逐步向外圈层式拓展的空间布局。

二是加快推进临空产业发展。大力发展空港物流业，加快推进保税物流中心的申报和建设，并依托保税物流中心，与北仑保税区形成立体化多层次的保税物流格局，提升空港对宁波以及周边城市的辐射力；推进宁波空港物流中心建设，围绕航空货运和城市配送两大功能，完善航空集货、通关、转运和配送体系；加大航空物流市场主体的引进和培育力度，重点引进国内外知名的航空公司、物流企业、集成货运商，建立和完善相关信息沟通平台，构筑完善的航空物流产业链。着力发展临空型高新技术产业和新型制造业，推动临空高新技术产业集聚发展，重点在新材料、电子信息、新能源三大类高新产业中选择附加值高、交货期短、时间敏感程度高的产业领域进行培育；带动传统制造业向新型制造业转型，利用空港优势，推进纺织服装、机电机械、仪器仪表、汽车零部件等传统优势行业的技术改造；加强辅育孵化，培育一批中小科技型企业。积极发展临空商务休闲业，依托机场商务休闲区，逐步拓展机场免税店、休闲娱乐、商务服务、汽车租赁、旅游代理、金融服务、机场广告等增值功能；依托34省道和机场路沿线商贸区，提升综合配套服务功能；依托新城区，发展总部经济、服务外包和临空消费等新兴服务业态。

三是完善基础设施建设。推进临空经济核心区内外交通网络建设，重点完善机场与保税物流中心、机场与新城区、机场与宁波高速交通网络的连接；推进口岸信息化建设，建成空港电子数据交换业务、海关申报和进出口业务流程电子化的口岸物流信息公共平台；完善空港区域的给排水和能源动力保障。

（四）加快推进平台建设，促进电子商务发展

加快发展电子商务，尤其是跨境电商发展，是鄞州推进传统产业转型发展、提升对外开放水平、融入港口经济圈建设的重要载体。要充分发挥鄞州区在互联网经济特别是电子商务发展方面的良好基础，以重大平台为依托，完善基础设施和服务体系建设，形成互联网经济产业链。

一是构建地方特色的互联网经济产业链。引导传统企业发展互联网销售，推

动传统企业借助第三方电商交易平台或自建互联网平台开展O2O模式的营销活动，逐步通过专业化网络平台实现品牌化、规模化发展；加快建设大宗商品互联网交易平台，支持有条件的生产资料经营企业和专业批发市场开展大宗商品网上现货交易，探索在有色金属、钢铁、粮食等领域建成一批以商品交易为核心、现代物流为支撑、金融信息等配套服务为保障的大宗商品现货交易电子商务平台；可开展跨境贸易电子商务服务试点，推出保税集货模式，以高价值、短保质期的产品为主，构建跨境电商业务体系，在宁波空港保税物流园区建立适合电子商务模式的报关、报检、结汇和退税等管理机制，推动区内企业直接将产品销往境内外消费者或零售终端；发展同城互联网购物平台，鼓励发展线上线下互动融合模式，发展信息服务、网货体验店、配送站和服务中心等业态。

二是推进互联网经济集聚区建设。依托新城区、南部商务区、空港物流园区、鄞东南片区等重点区域，盘活闲置厂房、仓储用房、商务楼宇、沿街商铺等资源，开发建设网商园、智慧园、电商专业楼等电商集聚区，切实推进互联网经济产业集聚发展。积极培育和引进互联网经济重点企业，大力开展产业链招商、针对性招商、精细化招商，着力引进国内外互联网经济龙头企业，形成一批企业总部、纳税、就业在鄞州，销售辐射全国甚至全球的网络零售集聚地。

三是强化基础支撑体系建设。加强信息基础设施建设，推进光纤到楼、入户、进村，全面推动农村地区和边远地区的宽带互联网等信息通信基础设施建设；加快物流配套设施建设，整合现有工业、商业、仓储和运输等物流信息资源，大力发展第三方中心物流，推进第四方物流，提高物流配送的社会化、组织化和信息化水平；推进互联网经济安全和信用建设，建设综合支付体系，加强信息安全防范，建立科学的信用评价体系，健全多部门联动的监管机制；构建互联网经济服务体系，培育一批本土互联网经济平台企业，支持发展电商软件开发、网店设计、仓储管理、网络推广、产品摄影、客服培训、售后服务和代运营等互联网经济服务业，做好与国内外知名电商平台的业务对接；强化人才引进和培养，加强校企合作，加大互联网经济专业人才培育力度，引进优秀互联网经济领军人才和高级职业经理团队。

（五）创新体制机制，激活协同发展新动力

坚持以开放促改革，强化合作机制创新，积极转变政府职能，努力营造法治化、国际化的营商环境，为鄞州融入宁波港口经济圈提供制度保障。

一是推进投资管理体制改革。坚持公平开放透明规则，落实"非禁即入"原则，拓宽外资投资领域，试点推进负面清单管理，消除各种隐性壁垒，简化管

理环节，优化投资营商环境。简化服务业准入程序，尝试特定服务行业暂停或取消投资者资质、股比、经营范围限制，推动金融、航运、商贸、专业、文化、社会等服务业领域对外开放。支持符合条件的企业和个人开展多种形式的境外投资合作，探索对境外投资实行以备案制为主的管理方式，投资合作主体凭备案证明实现境外投资资金、实物和人员的便捷出境。

二是推进空港通关便利化改革。在栎社保税物流中心推行"单一窗口"制度，建立贸易和运输企业一点接入的申报平台，进一步融合海关、检验检疫、海事、出入境边检等多种监管和服务功能，推进口岸管理相关部门间信息互换、监管互认、执法互助，实现一次性递交即可使标准化单证和电子信息满足监管要求，实现货物的快速通关。海关在特殊监管设施内实行"先入区，再报关"，检验检疫实行"进境检疫、适当放宽进出口检验；方便进出，严密防范质量安全风险"的管理模式。

三是强化事中与事后的行政监管模式。积极创新政府行政管理方式，大力建设社会信用体系，建立政府各相关部门的协同和联合监管制度，减少行政审批数量，由注重事前审批转为注重事中、事后监管。建设网上行政审批平台，实现工商、税务、质监、发改、商务等部门在企业投资准入环节的系统对接、信息共享和并联办事。依托鄞州区公共信用信息服务平台，建设企业信用子平台，实现企业基本信用信息的查询服务，在此基础上推动各相关部门加强对企业信用信息的记录，并实现区内企业信用信息共享，形成"一处违法、处处受限"的信用制度，从而加大企业失信成本，促进企业守法经营，推动社会诚信体系建设。引进和发挥行业协会与中介机构作用，初步建立社会组织参与市场监督制度，积极鼓励社会力量参与市场监督。

第五节　国内外城市港口经济圈建设案例分析

港口经济圈的提出是一个重大的理论创新，目前国内外尚无对此有个统一的概念界定。从上述港口经济圈的一般内涵来看，就是以港口为中心，以核心城市和腹地城市群为载体，以综合运输体系和海陆腹地为依托，以港口产业链为主要支撑，经济、社会、文化、生态紧密联系的区域经济共同体。从全国乃至全球的视野来看，也有一些较为近似的成功案例。

一、山东半岛蓝色经济区

山东半岛蓝色经济区是以港口资源为依托、临港产业为纽带形成的区域经济共同体，范围包括山东全部海域和青岛、东营、烟台、潍坊、威海、日照6市及滨州市的无棣、沾化2个沿海县所属陆域，海域面积15.95万平方千米，陆域面积6.4万平方千米。总体开发框架为"一核、两极、三带、三组团"：以东半岛高端海洋产业集聚区为核心区，黄河三角洲高效生态海洋产业集聚区和鲁南临港产业集聚区为两个增长极；构筑海岸、近海和远海三条开发保护带；培育青岛—潍坊—日照、烟台—威海、东营—滨州三个城镇组团。山东半岛蓝色经济区确定的战略目标是：建成具有较强国际竞争力的现代海洋产业集聚区、具有世界先进水平的海洋科技教育核心区、国家海洋经济改革开放先行区、全国重要的海洋生态文明示范区。到2015年，现代海洋产业体系基本建立，综合经济实力显著增强，海洋科技自主创新能力大幅提升，海陆生态环境质量明显改善，海洋经济对外开放格局不断完善，率先达到全面建设小康社会的总体要求；到2020年，建成海洋经济发达、产业结构优化、人与自然和谐的蓝色经济区，率先基本实现现代化。山东半岛蓝色经济区制定了七个方面的主要任务：一是优化海陆空间布局，提升核心区域的发展水平，壮大两极，以三条开发保护带优化海岸与海洋开发保护格局，通过三个城镇组团发展优化沿海城镇布局；二是构建现代海洋产业体系，以培育战略性新兴产业为方向，以发展海洋优势产业集群为重点，强化园区、基地和企业的载体作用，促进三次产业在更高水平上协同发展；三是推动海洋产业集聚和区域联动发展，提高园区管理和建设水平，拓展发展空间，强化创新功能，提高产业承载和集聚能力，形成经济（技术）开发区、高新技术产业开发区、海关特殊监管区域各有侧重、相互配套的发展格局；四是深入实施科教兴海战略，完善海洋科技创新体系、提升海洋教育发展水平、构筑海洋高端人才高地；五是统筹海陆基础设施建设，统筹海陆重大基础设施建设，改善提升交通网络体系、水利设施体系、能源保障体系和信息网络体系，提高蓝色经济区发展的支撑保障能力；六是加强海洋生态文明建设，集约高效利用海洋资源，积极推进重要海洋生态功能区建设，实行海陆环境同治，大力发展循环经济，完善海洋监测预测和防灾减灾体系，增强海洋经济可持续发展能力；七是深化改革开放，推进重点领域和关键环节的改革，健全城乡统筹发展的体制机制，完善开放型经济体系，打造中日韩区域经济合作试验区，加强与京津冀和长三角地区，以及黄河流域地区等国内区域合作。

二、东京湾港口经济区

东京湾港口经济区地处日本本州岛南部，由东京都、千叶县、神奈川县构成。东京湾内有东京港、千叶港、川崎港、横滨港、木更津港、横须贺港六个港口首尾相连的马蹄形港口群，年吞吐量超过 5 亿吨，是世界最大的港口群。在庞大港口群的带动下，东京湾地区逐步形成了京滨、京叶两大工业地带，京滨工业带长约 60 千米的海岸带上驻有 200 多家大型工厂企业，京叶工业带建有两座大型钢铁厂、两座大型炼油厂、四座石油化工厂和三井造船等，这使得东京湾成为日本最大的重工业和化学工业基地。目前，东京湾 1 都 2 县 GDP 约占日本经济总量的 1/3。日本政府的战略定位是把东京湾建成为日本全国最大的重工业和化学工业基地，通过产业的集中和人口的集聚，促进了以东京为核心的首都城市圈发展，使之成为日本最大的工业城市群和最大的金融中心、国际航运中心、商贸中心和消费中心。东京湾港口经济区的各主要港口由日本运输省与各港口所属地方政府统一指挥与协调，根据自身基础和特色，在分工合作、优势互补的基础上形成组合，虽然经营仍保持各自独立，但在对外竞争中形成为一个整体，共同揽货、整体宣传。具体见表 2 - 6。

表 2 - 6 　　　　　　　　　东京湾主要港口职能分工

港口	港口级别	基础和特色	职　能
东京港	特定重要港口	较新港口；依托东京，是日本最大的经济中心、金融中心、交通中心	输入型港口；商品进出口港；内贸港口；集装箱港
横滨港	特定重要港口	历史上的重要国际贸易港；京滨工业区的重要组成部分，以重化工业、机械为主	国际贸易港；工业品输出港；集装箱货物集散港
千叶港	特定重要港口	新兴港口；京叶工业区的重要组成部分，日本的重化工业基地	能源输入港；工业港
川崎港	特定重要港口	与东京港和横滨港首位相连，多为企业专用码头，深水泊位少	原料进口与成品输出
木更津港	地方港口，1968 年改为重要港口	以服务境内的君津钢铁厂为主，旅游资源丰富	地方商港和旅游港
横须贺港	重要港口	主要企业为军事港口，少部分服务当地	军港兼贸易

三、启示与借鉴

在对山东半岛蓝色经济区和东京湾港口经济区的战略定位、发展路径、主要任务等进行研究总结的基础上，可以得出以下几点鄞州可以借鉴的成功经验。

（一）注重战略引领，积极谋划中长期发展

2009年胡锦涛总书记在山东考察时提出打造蓝色经济区的命题，山东省委、省政府迅速成立山东半岛蓝色经济区规划建设领导小组和推进协调小组，很快出台了《山东半岛蓝色经济区发展规划》并获国务院批准，标志着山东半岛蓝色经济区建设正式上升为国家战略，为山东经济转方式调结构拓宽了新空间，培育了新的增长极。日本运输省港湾局在1967年就提出《东京湾港湾计划的基本构想》的提案，从国家战略高度制定发展规划，将东京湾内港口定位成一个多功能复合体，充分利用港湾资源，增强整体竞争力。构建港口经济圈是习总书记对宁波发展提出的一项重大命题，关系到宁波的长远发展。鄞州区应该从战略高度予以充分重视，加强对鄞州融入宁波港口经济圈建设的总体思路、实施路径、重点领域等问题进行研究，将鄞州区在"十三五"期间的发展规划与宁波港口经济圈建设方案有机结合起来，与服务国家"一带一路"战略、建设浙江海洋经济发展示范区紧密联系起来，在融入宁波港口经济圈的同时，加快实现自身经济的转型升级。

（二）找准突破口，培育发展优势产业

山东半岛蓝色经济区提出以培育战略性新兴产业为方向，以发展海洋优势产业集群为重点，强化园区、基地和企业的载体作用，致力于把山东半岛蓝色经济区建设成具有国际先进水平的海洋经济改革发展的示范区，并打造成我国东部沿海地区重要的经济增长极。东京湾港口群经济区的发展也以培育优势产业为核心，布局有京滨、京叶两大工业地带，重点发展钢铁、造船、机器制造、化工、电子、皮革、电机、纤维、石油、出版印刷和精密仪器等工业。鄞州融入宁波港口经济圈建设，要充分发挥鄞州区产业发达的优势，加强与"一带一路"沿线国家合作，鼓励鄞州企业"走出去"共建产业园区、科技园区、经贸合作区，同时也要为实现高水平引进来搭建合作平台，吸引新加坡、中东欧、以色列等有产业基础的国家来鄞州投资，建设特色产业园。

（三）合理功能分工，科学处理区域竞合关系

山东半岛蓝色经济区在"一核、两极、三带、三组团"的开发框架指导下，各区重点推进领域、优先引进项目、主力发展产业等各方面各有侧重，形成一个竞争有序、特色鲜明的有机整体。东京湾港口经济圈内每个区域都有明确的发展方向，港口功能和港口周边产业进行了合理分工千叶为原料输入港，横滨专攻对外贸易，东京主营内贸，川崎为企业输送原材料和制成品，各区块实现了优势互补、错位发展。鄞州区在融入宁波港口经济圈建设时，要明确自己的功能定位，避免各区之间的过度竞争，充分发挥鄞州空港、先进制造业和民间资本的优势，更好地利用北仑的深水良港资源，加强各区间分工合作，发挥集成效应，共同助力宁波港口经济圈的打造。

（四）坚持扩大开放，发挥辐射影响力

山东半岛蓝色经济区内的青岛港、日照港作为亚欧大陆桥的重要"桥头堡"，具有连接东西、辐射沿黄和中亚地区的优势。以青岛港、日照港口为"龙头"，进一步增强了山东统筹利用国际国内两个市场两种资源的能力。东京湾港口经济区是日本的经济中心，也是国际化程度最高的区域，集中了大多数世界500强公司的日本总部，对外经贸往来十分频繁。鄞州融入港口经济圈要按照市场化、国际化要求，调整完善现有政策和机制，形成与开放型经济相接轨的体制机制和政策环境。利用宁波构筑港口经济圈、交通条件改善的机遇，探索与圈内地区特别是长江流域中西部地区的合作开发机制，实充分发挥鄞州在产业、资本、管理等方面的综合优势和中西部地区的土地、人力等资源优势，实现优势互补、资源共享。依托南部商务区等载体，吸引中东欧、东盟国家等"一带一路"沿线国家企业来鄞州设立区域性、功能性总部，提升开放型经济的发展层次。

第三章

鄞州经济创新转型发展战略

创新为魂是鄞州经济发展的精髓。改革开放以来，鄞州始终坚持在改革、开放、创新中谋求转型发展，走出了一条具有自身特色的创新转型发展之路，从一个没有特殊区位、资源和经济基础优势的县区发展成为全国综合实力百强区。作为率先发展起来的发达县区，鄞州也率先进入调结构转方式的经济新常态，转型升级、"换档爬坡"的任务十分紧迫。"新常态"下，鄞州要牢固树立并切实贯彻创新、协调、绿色、开放、共享的发展理念，围绕实现质量效率型增长这一核心，牢牢把握世界科技进步大方向、全球产业变革大趋势，积极借鉴各地经济创新转型发展先进经验，以重点领域的突破发展带动鄞州经济整体的创新转型发展，争取在新一轮经济发展中继续领先领跑、行稳致远。

第一节　鄞州经济创新转型发展历程[①]

一、改革开放后鄞州经济创新转型发展的主要历程

改革开放以来，鄞州经济创新转型发展历程大致可以划分为四大阶段。

---

① 有关数据主要来自于相关年份的鄞州区国民经济和社会发展统计公报、鄞州区政府工作报告、鄞州年鉴等。

第一阶段：大力发展以市场为导向的乡镇企业，实现从农业经济主导向工业经济主导的转变（改革开放后至 20 世纪 80 年代末）。

党的十一届三中全会后，鄞县抓住中央"放宽政策，搞活经济"的政策机遇，打破农村单一经济格局，大力推进乡镇企业蓬勃发展，并通过实行土地承包经营权流转和农业规模化生产经营，将从农业中释放出来的劳动力转移到工商业中，取得了很好的先发效应。至 80 年代末，形成了十大亿元产值行业，乡镇企业占据了全县工业经济中 90% 以上的份额，鄞县全面摆脱传统农业经济，迅速转型为工业主导强县，跃居全国农村经济综合实力百强县和乡镇企业百强县。

这一时期是鄞县县域经济发展的起步阶段，产业结构以纺织服装、食品加工、机械部件等轻工业、制造业为主，经济发展主要依靠具有"小、全、弱、杂"等特征的乡镇企业、低附加值劳动密集型初级加工工业。

第二阶段：力促外向型经济发展和乡镇企业经营机制转换，县域经济实力实现提升（20 世纪 90 年代）。

进入 90 年代，随着鄞县被国务院列为沿海开放经济区以及乡镇企业优势不断弱化，鄞县把经济发展的重点转到发展外向型经济和推动乡镇企业转制上来，构建民外联动的经济格局。一方面确立了全方位扩大对外开放、高起点发展外向型经济的发展战略，着力提高县域经济的外向度；另一方面，积极推进以产权为核心的乡镇企业制度改革，建立了以股份制经济和私营经济为主体、多种所有制并存的多元化经济格局。到 21 世纪初，鄞县主要经济指标均已超过宁波市平均水平，进出口总额跃居全省第一，并崛起了雅戈尔、杉杉、洛兹、欣达、广博、八方、国骅、利时、乐士、新江厦、申江等一批在全国各有关行业具有重要影响力的龙头企业，进入全国综合实力百强县、全省首批小康县之列。

这一时期是鄞州县域经济大发展时期，对外开放和以产权为核心的企业制度改革是县域经济快速增长的两大动力。经济发展速度和规模位居全国前列，产业结构加快调整，高新技术产业开始发展，但铸造、轻纺服装等传统加工产业仍然占整个工业的"半壁江山"，服务业占比不到 1/4。

第三阶段：以撤县建区为契机大力推进新型城市化和新型工业化，完成了县域经济向城区经济转型（20 世纪初的 10 年）。

2002 年，鄞州抓住撤县建区的历史性机遇，提出并实施实力鄞州、生态鄞州、文化鄞州、富裕鄞州、平安鄞州等五大战略，大力推进城区扩张提升、城乡融合发展、产业调整转型、要素集聚整合，以区域城市化带动新型城市化和新型工业化，推进经济社会转型升级。产业集群发展特征明显，相继形成机械装备、新型材料、纺织服装、电子电气、交通设备、文具文教六百亿级大产业基地和国家级新型金属材料、国家级汽车电子及零部件、省级新型计量仪表三大特色产业基地；高新技术产业对经济增长的贡献率持续提升，装备制造、电子信息、新材料等高新技术行业在工业总量的占比近半；服务业迅速崛起，商贸商务、软件动漫、文化创意、旅游休闲等现代服务业形成优势，服务业增长速度和绝对规模位居全市前列。鄞州成为现代服务业、先进制造业集聚区和新型城市化示范区。

这一时期，撤县建区带来的体制机制变化是鄞州产业转换和产业发展模式转型的重要推动力，短时间内突破了以县域为主的循环封闭发展模式，生产总值保持快速增长，2012 年 GDP 破 1 000 亿元大关，在全市的占比由 2002 年的 12.9%上升到 16.7%，经济总量能级跃上一个新台阶，是全省首个地方财力破百亿元的县（市）区，实现了经济从传统到现代、从县域经济向城区经济的转型发展。

第四阶段：以提升发展质量为核心，加快推进城区经济向城市经济转型提升（2012 年以来）。

在经过十年多的高速发展之后，鄞州区人均 GDP 突破 1.5 万美元，进入率先基本实现现代化的冲刺阶段，同时，土地、资源、环境等要素制约也越加凸显。2012 年，鄞州区第十三次党代会聚焦"经济转型、质量提升"，提出打造"质量新鄞州"战略目标，进一步向城市经济转型，努力实现发展质量、建设质量、文化质量、生活质量、生态质量"五大提升"。

当前，鄞州正积极适应经济发展新常态新要求，以做大主业经济、做强实体经济、做优新型城市经济"三大经济"为重点，以新型城市化带动城乡一体化，加快建立以高新技术产业为主导、先进制造业为主体、现代服务业为支撑的现代产业体系，加快推动粗放经济向集约经济转型、规模经济向质量经济转轨、城区经济向城市经济转变，加快实现从"制造大区"向"创新高地"的新跨越，争取产业层次更高、质量效益更好、创新能力更强、内生动力更足，继续保持领先优势。

二、鄞州经济创新转型发展的成效

30 多年来，鄞州依靠创新转型发展，不仅始终保持了较快的发展速度，而且成功实现了从农业经济主导向工业经济主导的转变，从县域经济向城区经济、城市经济的跨越，经济效益和发展质量不断提高。

一是从总量规模来看，实现了从"弱小落后"向"实力领先"的跃升。2014 年，鄞州 GDP 达 1 297.8 亿元，是 1978 年的 486 倍，年均增速超过 13%；地方财政收入连续 7 年居全省第一，地区生产总值、规上工业增加值、限上社零、农民人均可支配收入等主要指标总量位居全市第一。

二是从产业布局看，实现了从"分散无序"向"集聚集约"的跃升。随着城市化、工业化的推进，鄞州遍地工业化的模式发生了改变，产业向"五大产业园区"集聚，企业呈现集群化发展，2014年，"五大产业园区"规上工业总产值占全区规上工业总产值的1/4，成为工业发展主阵地。

三是从产业结构看，实现了从"工业独秀"到"三产幅起"的跃升。近5年来，服务业增加值年均增长近20%，在GDP中的占比已经由1990年的1/5攀升到1/3强，对地方财政收入和新增就业的贡献率也逐年提高，产业结构已经从以工业为主导向以服务业和工业并举转变，是浙江省首批"现代服务业集聚示范区"。2014年，全区第三产业实现增加值488亿元，增速高于GDP，现代商贸、高端商务、金融保险等服务经济能级稳步提升，总部经济、电子商务、移动互联网、生产性中介服务业等四大新业态发展迅速，软件信息服务业规模和收入均居全市第一，动漫产量居全市第一、全省第二。

四是从产业层次看，实现了从"传统低端"到"高新高端"的跃升。传统的铸造、印染、化工、小五金、电镀等低、小、散企业已经基本淘汰，汽配、纺织、家电、文具等产业依靠科技创新逐步向生产链、价值链高端转化，新材料、高端装备制造等高新高端产业从无到有并呈现规模化、集聚化、品牌化发展，产业层次实现了跃升。目前，鄞州已经形成纺织服装、电器机械、汽车制造、电子设备、通用设备制造等五大产值超百亿元行业，高端装备制造、新材料、新能源三大产值超250亿元的高新产业集群；拥有中国驰名商标22个、各级名牌产品241个，形成了一批具有自主知识产权的工业品牌集群。2014年，高新技术行业、"5新+5优"产业（战略性新兴产业）产值比重分别达到43.1%、63.2%。高新技术行业产值超千亿元；同时，企业规模大幅提升，拥有年主营业务收入上亿元企业451家，年主营业务收入上十亿元企业29家，利税超千万元企业352家，雅戈尔、奥克斯等企业加快向千亿级跨越，5家企业入选中国民营企业500强，2家企业进入中国外贸500强和民营外贸500强。

五是从发展动力看，初步实现了从"资源消耗"向"创新驱动"的跃升。近年来，鄞州大力发展高新技术产业、引进高科技人才，大步走上创新驱动通道，技术进步对区域经济增长的拉动作用明显提高，新材料、高端装备制造、新能源、生物医药、电子信息等五大战略性新兴产业每年都以高于规上工业15个百分点的速度递增，软件信息产业每年增幅高达30%，高新技术行业产值、利税增速均超过规上工业平均水平；同时，要素资源消耗不断下降，万元GDP能耗、规上工业单位增加值能耗、规上工业企业从业人员持续下降，工业用地近3年减少了800亩，企业效益增幅明显高于产出增幅，工业经济整体评价连续两年名列全省第一，发展质量不断提高。

三、鄞州经济创新转型发展的主要经验

在 30 多年的发展中，创新为魂的鄞州精神、改革创新的核心发展方略贯穿始终。在各发展阶段中，鄞州坚持把改革创新作为破解素质性矛盾、结构性问题、资源性"瓶颈"的根本出路，作为经济转型升级的根本之策，作为应对区域竞争、增强综合竞争力的关键所在，持续不断地推进发展战略和路径创新、平台创新、企业创新、创新资源集聚以及政策体制创新，坚持以创新促转型、促发展。

（一）顺应发展规律，持续推进发展战略和路径创新

从农业经济主导到工业经济主导再到城市经济主导，是经济社会现代化的一般趋势和产业发展规律。鄞州在 30 多年发展中，自觉遵循经济发展规律，紧紧把握改革开放、城镇化建设、撤县建区、宁波大都市崛起等历史性机遇，适时地提出大力发展乡镇企业、高起点发展外向型经济、开展乡镇企业股份制改造、加快产业转型升级、培育发展城市经济、提升发展质量等经济工作方针和重点，适应不同阶段经济社会发展的需要，不断推动产业转型升级和结构调整，实现了在发展中加快转型，在转型中实现加速发展、弯道超车。

（二）突出重点功能区块的带动支撑作用，大力推进平台创新提升

鄞州积极把握不同阶段发展要求，不断优化提升工业承载平台，从 20 世纪90 年代初的乡镇工业园区到 21 世纪初的省、区级工业园区，再到撤县建区后南部商务区总部经济基地建设、"两园区两中心"腾笼换鸟，产业功能区的开发建设、转型升级带动和支撑了工业块状经济向项目集聚、产业集群发展，传统产业向高新化、高端化方向发展。2013 年，鄞州又整合潘火、下应、首南、南高教园区和南部商务区等地产业、科技和人才资源，打造创业创新基地，成为创新驱动战略实施的又一重要载体平台。2014 年，五大产业园区规上工业总产值在全区占比达 19%，带动支撑作用明显。

（三）发挥民营企业为主的优势，大力推动企业创业创新

鄞州是民营经济、市场经济最先发展的地区，一直以来，都非常重视发挥民营企业创业创新主动性和灵敏度较高的优势，积极支持企业机制创新、管理创新、科技创新，全市第一家乡镇企业股份制公司、最早的中外合资企业和全省领先的知名品牌群体、规模最大的海外并购案以及全国首家农村合作银行都诞生于

鄞州，造就了一大批全国性的行业领军企业，带动了整个区域的创新转型发展，创造了"鄞州板块""鄞州现象"。当前，鄞州把企业创新作为区域创新转型发展的重要抓手，加快企业研发机构建设，加快推进"机器换人""两化融合"，深入实施"品牌、专利、标准、设计"四大战略，支持企业走出去拓展国内市场、国际新兴市场和网络虚拟市场，不断增强企业发展内生动力和创新活力，民营企业已经成为鄞州最具创新优势的骨干力量。

（四）以人才科技为引领，大力吸引集聚创新资源

人才、科技等资源要素是创新转型发展的关键，改革开放之初，鄞州就积极发挥"院士之乡"优势，大力招引国内外高科技项目、高水平机构、高素质人才；近年来，又先后实施了"人才强区"战略和创新驱动战略，大力开展高层次人才引进培养和金蓝领高技能人才培养，大力推动企业研发机构建设和产学研合作，先后引进兵科院、中物院、清华长三角研究院等一批大院名所，建成了一批国家级、省市级的技术中心，形成了一大批高新技术企业和创新型企业，截至2014年年底，每万人人才数达到2 061人，人才开发水平居全省前列、全市第一，企业专利申请量、授权量持续位居全省第一，被评为国家知识产权强县工程示范区。此外，鄞州还大力推动金融科技的融合发展，建立科技银行，引进风险投资平台，试点开展科技保险，设立金融服务平台，初步形成"四位一体"的科技金融服务体系，金融资本对科技创新提供了良好的服务支持。

（五）着力营造良好的创新发展环境，大力推进政策体制创新

鄞州在创新转型发展中，注重发挥政策体制的激励、引领、导向、杠杆作用，最大限度地激发发展活力。例如，在工作体系方面，各级党政一把手承担起抓"创新驱动"的责任，强化组织领导和统筹协调；在政策引导方面，从"双高工程"到"双优战略"，从"竞争力提升"行动纲领到打造"质量新鄞州""创新型鄞州"，不同时期适时制定出台了重点企业树强扶优、新兴产业扶持培育、科技创新、人才引进等一系列政策；在体制机制优化方面，多年来不断深化经济发展、城乡建设、社会治理等重点领域行政管理体制机制改革，持续推进政府公共服务优化；在创业创新全链条服务方面，各类创新平台建设日益完善，初步搭建了"创业苗圃＋孵化器＋加速器＋产业园"全产业链孵化体系。

四、鄞州经济创新转型发展存在的主要问题

在总结成效经验的同时，必须充分认识到当前鄞州经济创新转型发展还面临

着一些亟待解决的突出问题。

（一）保持领先领跑地位面临较大压力

从自身发展来看，在经历了多年高速发展后，鄞州已经进入经济结构调整、增长速度换挡的经济新常态，近年来，GDP、工业增加值、财政收入等主要经济指标的增幅逐年放缓，同时，作为工业大区，对原有发展理念、路径和模式依赖惯性十分强大，产业转型升级落后于国内先进城市，服务业占比低于全市平均水平。从横向来看，虽然主要经济指标的绝对量仍位居全省全市前列，但萧山、余杭等同类区域近年来在城市建设、发展战略谋划、发展新兴产业等方面表现十分突出，经济发展迅速，其中，萧山经济总量连续多年超过鄞州400亿~500亿元，差距难以超越，余杭区经过多年的追赶，GDP、财政总收入等指标与鄞州的差距逐年缩小，鄞州要继续保持全省全市领先领跑地位面临较大压力。

（二）资源要素制约日益强化

生态环境方面，多年来高速的经济增长和粗放式发展模式过度消耗了资源环境，造成结构性污染突出，未来经济增长面临较大的资源环境约束和节能减排压力。土地方面，开发强度达19.4%，高于全市平均水平，是全省平均水平的1.7倍，后备土地资源不足与经济社会快速发展的矛盾日益严重，土地的刚性制约已经使得近年新投产项目有所减少、老企业外迁，产业有空心化趋势，对工业增长产生了重要影响。更为重要的是，随着鄞州创新转型发展不断深入和步伐加快，人才资本技术等资源要素不足日益突出，现有高层次人才主要集中在传统的制造、服装等行业中，与鄞州转型发展和新兴产业培育相匹配的高端人才、领军人才十分紧缺；科技金融资源整合刚刚起步，科技银行规模仍未做大，还缺乏政策性创业投资机构和担保机构，融资渠道有限对加快创业创新形成了很大制约。

（三）经济空间功能布局需要优化

近年来，通过大力推进产业转型升级、"腾笼换鸟"，鄞州形成了以五大产业园区为代表的一批产业功能区，经济空间功能布局进一步调整优化，但布局分散、产业同构、高端功能缺失等突出问题仍然存在。一是经过多年的开发建设，现有可用土地指标过于分散，导致工业用地无法集中、产业集聚效应大为减弱；二是五大产业园区存在产业同构现象，特别是望春工业园区、鄞州工业园区和鄞州经济开发区在功能定位和主导产业选择上尚未形成差异化、特色化以及互补发展的态势；三是功能平台质量需要提升。产业平台方面，五大产业园区的规模、能级不大，在引进培育具有产业特色、创新技术和高层次人才的优质项目方面缺乏足够的竞争力和吸引力；功能平台方面，孵化器产业链尚处于初步形成阶段，中物院宁波军转民科技园刚开园，浙江清华长三角研究院宁波科技园尚处建设初期，科技信息孵化园尚未交付，孵化加速环节缺少国家级的大院大所和重大平台项目，创业创新竞赛、会展等赛事机制尚未形成；服务平台方面，科技中介服务平台、公共技术服务平台、科技金融服务平台等还需要加快建立完善，技术中介服务水平还处于较低层次。

（四）"新技术、新产业、新业态、新模式"发展需要加快

近年来，鄞州经济转型升级步伐不断加快，重点培养发展了五大新兴产业和四大现代服务业新业态，目前，五大战略新兴产业产值占高新技术产品总产值的比重超过90%，"总部经济、电子商务、移动互联网、生产性中介服务业"等四大服务业新业态正在成为区域经济新增长点。但总的来看，"四新"发展仍处于刚刚起步状态，新技术方面，产业转型升级亟须在具有核心竞争力和自主知识产权的关键技术领域取得突破；新产业方面，门类较多，比较分散，难以形成规模效应；新业态方面，虽然发展速度较快，但规模和总量尚不足以引领全区发展；新模式方面，探索创新力度有待加强，可持续、可盈利、可推广的成功模式尚在培育之中。

（五）传统产业转型升级需要破难

五金工具、纺织服装业等传统制造业与现代信息技术、先进工业设计等科技服务业的结合度较低，处于价值链两端的研发设计、销售服务等环节缺失，总体上仍处于中低端制造环节。认识不清、动力不足，是传统企业转型升级存在的主要问题。比如，民营企业往往存在管理制度落后、缺乏长远发展规划等问题，有些传统行业目前尚有较大利润空间，而创新发展又需要较大投入并有较大风险，导致企业不愿"转"。又如，一些传统企业对互联网的发展和应用还不适应，仍然按照传统思维模式、发展模式发展电子商务，"转"的能力和成效需要提升，等等。

（六）楼宇经济转型路径需要拓展

自2007年鄞州区推动楼宇经济发展以来，楼宇经济起步快、势头猛，已经成为推动经济转型升级和产业结构调整的重要力量，2014年，楼宇经济实现税收已达全区地方财政收入的1/10。但随着宁波商务楼宇总供给量的增加，楼宇

空置率过高问题逐渐显现，截至 2014 年年底，鄞州区累计建成商务楼宇 160.8 万平方米，空置率约为 15%，超过国际合理空置率标准 10% 的上限，而随着南部商务区二期的陆续交付、三期的建设推进，楼宇招商压力进一步增大。

第二节　新常态下鄞州经济创新转型发展的内涵要求和总体思路

一、新常态下鄞州经济创新转型发展的内涵要求

新常态下，外部环境和宏观形势的变化为鄞州创新转型发展带来了新机遇、新挑战，也提供了新思路、新启发。根据中央坚持创新、协调、绿色、开放、共享发展理念的要求，顺应经济发展规律，把握产业发展方向趋势，鄞州的创新转型发展就是要尽快实现六大转变。

（一）发展形态上，从城区经济向城市经济转变

当前，由新一轮科技革命引发的产业变革正在迅速酝酿发展，发达国家在金融危机之后纷纷提出"再工业化"战略，积极推动"制造"向"智造"升级，国际产业分工格局正在展开新一轮调整；国内经济发展则进入新常态轨道，产业结构调整和转型升级步伐不断加快，成长性好、带动力强的新经济、新业态正在逐步成为经济发展的新增长点。从鄞州自身发展来看，当前正处于城区经济向城市经济转变的关键时期，面对技术进步、产业融合、模式创新、结构升级、国际分工调整带来的机遇和挑战，鄞州只有加快转型步伐，进一步破除发展城市经济的体制机制障碍，全面提升城市经济的总量、结构、质量，发挥新型高端产业的引领支撑作用，基本建立起以现代服务业、先进制造业等城市经济为主导的现代产业体系，才能实现城市能级和综合竞争力的提升。

（二）发展方式上，从规模速度型粗放增长向质量效益型集约增长转变

党的十八大以来，党中央、国务院牢牢把握经济发展规律，作出了我国经济发展已经进入以"双中高"为主要特征的新常态的科学判断，质量效率型增长成为经济发展的核心要求。围绕提高质量和效益这一中心，国家正在完善发展指标考核评价体系，弱化 GDP 等发展速度的考核，强化生态建设、科技进步对经

济增长的贡献率等发展质量和内容的考核。从鄞州自身来看，经过 30 多年的高速发展，原有的规模速度型、资源消耗型粗放式增长方式也已经难以为继，对照新常态下经济发展的新要求，鄞州的创新转型发展，就是要转变发展方式，把发展重心由规模扩张向提质增效转移，围绕提高综合要素产出率，加快淘汰落后产能和推动传统产业转型升级，抢抓传统制造业价值链高端和未来产业发展的制高点，积极推动经济发展迈向中高端水平，走以质取胜、以特取胜的新路子。

（三）发展动力上，从要素投入型向创新驱动型转变

当前，随着国际国内经济环境的变化，我国人口红利、土地红利等传统比较优势已经逐步消失，外商投资和出口增长也不可能保持过去的高速增长，要素、投资的扩大对于经济增长的驱动力日益下降，为此，国家出台了《加快实施创新驱动发展战略的若干意见》，要把改革创新作为我国经济社会发展的主要驱动力，未来经济增长将更多的来自于科技进步、劳动者素质提高、管理创新的拉动。从鄞州自身来看，随着土地、财政、生态等要素供给日益趋紧，必须加快发展动力转换，在创新驱动发展上有新的作为和重大突破。要主动适应新常态新要求，全面实施创新驱动发展战略，以全面深化体制机制改革释放更多市场活力，以良好的创新创业生态环境激发更多社会创造力，增强科技创新能力，打造成为区域创业创新高地和创新发展排头兵，构筑经济健康可持续发展的新动力。

（四）发展路径上，从单个领域创新向技术、模式、业态集成融合创新转变

在经济新常态下，以科技创新为核心引领的全方位创新正在成为推动我国实现质量效率型增长的路径，科技创新、制度创新、开放创新有机统一和协同发展的全面创新正在形成。鄞州要积极把握创新发展的新趋势，坚持走以科技创新为核心的全方位创新、融合创新发展道路，在创新主体方面，注重充分发挥市场和企业的主导作用，加快形成全民创业、万众创新的社会潮流；在创新方式方面，顺应两化融合、制造业数字化、服务业技术化等融合、集成创新趋势，加快推动科技创新、企业创新、市场创新、产品创新、业态创新、管理创新等全领域创新；在创新投入方面，在加大研发投入的同时，更加强调需求导向和市场转化，由 R&D 进一步发展成为 R&B。

（五）发展格局上，从核心区域支撑发展向核心引领、多点支撑转变

当前，我国正处于新型城镇化快速发展时期，提升城镇化水平，推动城乡融

合发展，是国家现代化建设和推动结构调整的重要内容。从鄞州自身来看，撤县设区以来，鄞州城镇化发展迅速，"一核、三极、多节点"城乡统筹融合发展的框架已经全面拉开，但总体来看，发展还很不均衡，核心区域的支撑作用突出，多极化格局尚未形成。下一步，鄞州要紧抓国家加快新型城镇化建设的机遇，主动对接宁波城市总体规划，加快城乡统筹融合发展步伐，重点优化产业功能布局，推进小城镇特色化、组团化发展和产城融合发展，促进人口、就业、城镇、基础设施的均衡协调发展，在"一核、三极、多节点"的基础上，进一步形成核心引领、多点支撑的发展格局，增强区域承载力。

（六）发展模式上，从内生增长型向内外有效结合、注重吸引集聚外部要素资源转变

当前，国家正在积极推进实施长江经济带、"一带一路"等国家战略，加快推进内外自由贸易区建设，贸易、投资、技术等内外开放合作领域不断拓宽，自贸区、产业园等开放合作平台不断提升，对内对外开放相互促进、引进来和"走出去"更好结合的全方位开放新格局加快形成，给鄞州更好地利用国际国内两个市场、两种资源提供了新机遇。鄞州要树立全球视野，充分发挥既有开放优势，主动融入国家发展战略，积极参与全球经济科技合作和竞争，率先构筑容纳国际资本、技术、信息、人才专业的软硬环境，进一步强化吸引集聚区域要素、全球资源的能力，加快全方位、宽领域、多层次内外开放和国际化步伐，实现从内生增长型向内外有效结合、注重吸引外部集聚要素资源转变。

二、鄞州经济创新转型发展的总体思路

总体思路是：将创新驱动、转型发展贯穿于经济社会发展的全过程，瞄准一个目标，围绕一个核心，抓住一个关键，到2020年率先实现现代化和全面建成小康社会，到2030年全面完成六大转变，在更高水平上实现经济健康可持续发展。

一个目标：即继续保持经济社会发展全省领先、全市领跑，综合实力稳居全国强区第一方阵的目标。坚持把发展作为首要任务不动摇，把握稳增长和调结构、促改革的平衡关系，通过创新转型，优化升级传统产业、培育壮大具有支撑作用的新增长点和增长极，在推动经济运行保持高速平稳发展中促进经济增效升级，确保经济发展质量效率和综合竞争力继续走在全市、全省乃至全国前列。

一个核心：即实现质量效率型增长。全力培育打造创新驱动新引擎，通过更大范围集聚吸引要素、更高效率配置资源以及更好的综合要素产出率，提高发展

质量和经济效率，实现有质量有效益可持续的发展。

一个关键：即建立高增长、高能级的现代产业体系。持续加大创新投入，优化创新创业体制机制和经济发展空间格局，促进五大优势产业实现转型升级和突破发展，五大新兴产业和现代服务业比重提高、水平提升，基本建成以新型高端产业为主导的城市经济体系。

三、新常态下鄞州经济创新转型发展的主要任务

（一）经济能级水平明显提升

"十三五"末，地区生产总值和人均GDP比2010年翻一番，分别突破2 000亿元和3万美元，率先达到中等发达国家水平，基本实现现代化；经济综合实力迈上更高台阶，始终保持全国、全省和全市领先地位。

（二）"四新"经济实力明显提升

"十三五"末，五大新兴产业和四大现代服务业实现跨越发展，形成一批具有较强国内国际竞争力的龙头企业和产业集群，服务业增加值占比提高到45%左右，产业结构明显优化；以现代服务业、先进制造业等城市经济为主导的现代产业体系初步建成，综合要素产出率稳步提高，形成城市经济发展新格局。

（三）传统产业发展优势明显提升

"十三五"末，传统产业的数字化、网络化、智能化水平明显提升，产品质量有较大提高，优势领域竞争力进一步增强，在全球产业分工和价值链中的地位明显提升；传统产业整体素质大幅提升，创新能力显著增强，全员劳动生产率明显提高，形成一批具有较强国际竞争力的企业主体和产业集群，转型升级基本完成。

（四）人才创新支撑能力明显提升

"十三五"末，创新型城区建设取得明显成效，创新能力显著增强，R&D投入占生产总值比重达到3.4%，科技进步贡献率达65%，重点领域发展取得重大突破，每万人发明专利拥有量等指标继续领跑领先，接近国际创新型城市水平，成为区域创新高地。

（五）资源要素集聚配置效率明显提升

经济空间格局进一步优化，形成一批资源要素高度集聚的功能平台，人才、资本、技术、创新企业、创新组织等要素数量和质量明显提升，促进资源要素高效配置的体制机制比较完善，市场配置创新资源的决定性作用明显增强，成为区域性创业高地。

（六）绿色低碳循环发展水平明显提升

能源资源消耗持续下降，重点行业单位工业增加值能耗、物耗及污染物排放明显下降，达到全国先进水平。

（七）创新转型发展服务环境明显提升

创新转型发展的体制机制改革取得重大突破，政府管理和服务创新走在全市全省前列，各类创新主体的创新动力和创造活力得到全面激发。

第三节　加快鄞州经济创新转型发展战略重点

一、建设经济发展强引擎

重点功能区、龙头企业和重大项目是创新转型发展的主要抓手，也是引领带动转型升级和新一轮发展的战略支点和主引擎。

（一）打造形成具有重大区域带动力的四大产业集聚区

1. 城市经济核心区

加快南部商务区和首南都市工业区的发展提升，积极探索引入以"智能化制造""互联网＋"为特征的都市工业和"四新"产业，其中，首南都市工业区主要定位为鄞州创业创新基地的产业化生产的配套园区，重点承接鄞州创业创新基地孵化和溢出项目，打造以现代服务业、都市工业、"四新"产业等新型高端产业为特色的城市经济核心区，进一步提高发展规模能级，成为引领区域发展的重要功能区。

2. 现代海洋经济产业基地

加快鄞州经济开发区的转型提升，立足滨海优势，通过园区内现有传统制造业智能化转型升级和能级提升，建立以先进装备制造、汽车零部件、电子电器和新材料新能源等临海临港产业为主的产业体系，打造形成具有百亿以上产出能级的现代海洋经济产业基地。

3. 先进制造业基地

加快鄞州工业园区、姜山科技园区的整合提升、扩容提质，整合茅山、丽水等工业区块，重点发展汽车配件、家用电器、电子通信等传统优势产业，促进产出扩大、能级提升，打造成为特色鲜明、主导产业突出的先进制造业基地。

4. 现代电车产业城

强化南车基地设施配套和项目投运，加快能级提升，形成城轨、有轨电车、无轨电车、底盘车身等完整配套产业链和产业集群，建设成为"投资百亿、产出千亿"的中国南车海外出口基地，打造全球现代电车产业城。

具体见表 3 - 1。

表 3 - 1　　　　　　　　鄞州四大产业集聚区一览

产业集聚区	区域布局	产业布局	发展路径
城市经济核心区	南部商务区、首南都市工业区	现代服务业、都市工业、"四新"产业等	发展提升
现代海洋产业基地	鄞州经济开发区	先进装备制造、汽车零部件、电子电器和新材料新能源等临海临港产业	转型升级、能级提升
先进制造业基地	鄞州工业园区、姜山科技园区	汽车配件、家用电器、电子通信等传统优势制造业	整合提升、扩容提质
现代电车产业基地	中车产业园	城轨、有轨电车、无轨电车、底盘车身等配套产业	完善配套、项目投运

（二）培育发展具有重大行业带动力的龙头企业

加大行业龙头企业培育引进工作力度，深化"双五十"企业培育活动，支持雅戈尔、奥克斯、杉杉等销售百亿级企业向千亿级跨越，培育一批市值百亿级的上市公司群体，以龙头企业的发展带动提升整个行业发展规模和核心竞争力；积极扶持具有爆发式增长潜力的"四新"企业发展，针对"四新"企业跨界融合创新的特点，量身打造政府监管和服务体制机制，争取尽快形成优势产业集群，产生一批"独角兽"和"瞪羚"企业；以南部商务区为基地，以浙商、甬商、鄞商回归为平台，进一步完善扶持政策、优化营商环境、健全服务配套，吸引一批总部型企业入驻，建立区域具有较高吸引力的总部基地。鄞州大型企业"十三五"发展目标见表3-2。

表3-2　　　　　　　　**鄞州大型企业"十三五"发展目标**　　　　单位：家

企业规模	现状数量（2015 年）	"十三五"末发展目标
千亿级企业	0	2
五百亿级企业	2	1
百亿级企业	3	8
五十亿级企业	6	5

（三）引进建设具有重大产业带动力的重点项目

加强招商选资力度，积极吸引甬商、浙商和外商投资，重点引进符合鄞州区产业规划和发展方向的重大项目，新材料、新能源、高端医疗装备、智慧城市等具有重大增长潜力的高新技术项目，3D 打印、工业机器人、新能源汽车、智能汽车、大数据、"互联网＋"等具有重大产业创新战略意义的项目，大力推进项目的落地投产和产业集聚发展，

同时，加快推进中国南车宁波产业基地、德国现代装备产业园、新型都市工业产业集聚区等重大产业基础工程建设和功能区块项目建设，优化产业布局，培育形成未来经济发展的重要增长极。

二、打造创新转型高平台

建立完善创业创新、开放合作、资源配置等重大功能型平台，为鄞州创新转型发展提供有力支撑。

（一）创业创新平台

完善创业创新基础设施。加快企业研发中心、重点实验室、创新创业产业区、创新创业孵化基地、产业技术创新联盟等各类创新载体平台建设，引导浙江清华长三角研究院创新中心、中物院宁波军转民科技园、科技信息孵化园、摩米创新工场等平台加快项目集聚、成果转化，加快把鄞州创业创新基地建设成为自主创新先行区和转型发展核心引擎。

67

探索建设开放便捷的众创空间。大力推进鄞州大学生青年创业园的众创空间发展，积极鼓励支持社会资本利用存量商务楼宇、旧厂房等打造形式多样、主题鲜明的众创空间，定期举办创业创新大赛，为众创提供更多开放便捷的创业创新载体。

搭建市场化、社会化的创业创新服务公共平台。构建统一、开放、共享、互动的科技文献资源、科学数据、科学仪器设备、科技检测公共服务平台，引导高等院校和科研机构的科研基础设施和大型科学仪器设备、自然科技资源、科学数据、科技文献等公共科技资源进一步面向企业开放，支持提供科技金融、创业投资、技术转移转化、知识产权运营管理和保护、公共管理等方面服务的创业创新平台建设。

（二）开放合作平台

搭建产业合作共建平台。对标国际国内领先水平，以"一带一路"和长江经济带等国家战略和发展海洋经济、建设"港口经济圈"等省市决策部署的实施为契机，依托政府、商会、产业联盟等，大力推进招商引资和企业"走出去"，大力提升栎社保税物流中心、德国工业园、一舟跨境电商园等现有开放合作平台能级，创新谋划鄞州产品馆或行业产品电商平台等一批新平台，加大对境外投资并购的支持力度，提升鄞州"引进来"和"走出去"水平。

探索建立国际科技合作平台。积极开展跨国、跨界、全产业链创新合作，大力支持各类外资研发机构、跨国企业研发中心在鄞州设立，鼓励外资研发机构以及全国性、区域性研发机构与本区高校、科研院所、企业共建实验室和人才培养基地，联合开展产业链核心技术攻关，鼓励支持本土各类研发机构积极参与国内、国际重大科技合作、科研项目，推动技术转移和集聚创新资源，加快融入全球创新网络体系。

谋划建设教育、医疗、文化等领域的交流合作项目和平台。立足鄞州资源优势，深化对内对外开放，开展合作办学、合作办医、人员交流、专题论坛、互访互动等多层次、宽领域的内外交流合作，建立更加灵活的开放合作机制和形式，不断拓展教育、医疗、文化等领域开放合作的水平和深度，积极引进各类高端要素资源，提升鄞州教科文卫等领域的发展水平。

（三）资源集聚配置平台

加快区域公共资源交易中心建设。进一步提高土地、排污权、工程、产权等公共资源配置效率效率和效益，最大限度地实现公共资源价值。

提升发展各类商品交易市场。优化实体市场布局，加快网上交易市场建设，完善市场功能，做大交易规模。加快推进电商产业园的规划布局和建设，推动各类工商企业与电子商务融合发展。

完善技术交易市场。大力发展研发设计服务业、科技中介服务业、第三方检验检测认证等科技服务业，积极与国内外技术交易市场对接，发挥市场对技术研发方向、路线选择和各类创新资源配置的导向作用，提高创新资源配置效率。

建设金融机构集聚区。积极推进全省首个量化金融小镇建设，加快传统和新型金融机构的集聚发展，大力发展量化金融、科技金融、互联网金融、私募基金等新兴金融产业，积极招引服务于企业上市、企业融资增信、金融后台服务、金融创新等中介服务机构，打造类似金融业的阿里巴巴平台。

三、拓展产业发展新高地

大力实施"互联网+"行动，以"四新"经济为引领，结合传统产业转型升级和战略新兴产业发展，培育打造四大经济新增长点，把鄞州打造成为区域性创业创新高地。

（一）智慧经济

以鄞州具有优势的先进制造业为基础，瞄准"互联网+制造"以及智能制造装备和产品两大未来极具市场潜力的重点领域，积极推进两化融合，借助先进的新兴信息技术、系统工程技术建立智能工厂，将各类制造资源和制造能力虚拟化、服务化，实现制造过程智能化，同时积极开展工业机器人、智能交通装备、智能家电等智能装备和产品的研发生产，向"智造"转型升级。积极发展软件和信息技术服务、大数据和云计算、物联网、移动互联网等新型业态。

（二）时尚经济

结合鄞州具有优势的传统服装产业发展，通过导入国际元素，融入创意产业，推进向价值链高端攀升，积极发展服装和时尚产品的设计、研发、展示发布等时尚产业的高端环节，打造海内外有知名度、有影响力的国际服装时尚产业集聚区，将鄞州纺织服装产业优化发展为都市时尚产业。大力推进城市综合体和都市商圈建设，大力发展"月光"经济，大力推动旅游综合体和旅游休闲度假区建设，积极促进商业时尚、生活时尚和城市时尚产业发展。

（三）平台经济

以鄞州现有传统商贸服务业为基础，依托电子商务的发展，创新传统商贸服务业的商业模式，优化提升为平台经济。培育发展具有加强资源集聚配置功能的大宗商品交易平台，建设具有一定影响力的大宗商品交易中心、定价中心和结算中心；积极推进工业企业电子商务应用，打造新型供应链，加速对产业上下游环节和企业的整合；积极推进传统百货、连锁超市、便利店等零售业电子商务发展，打造同城购物平台；面向新兴信息服务发展需求，依托丰富的科教资源，打造教育培训和保健生活等专业特色服务平台；支持电商平台进行数据挖掘，推进电子商务由商品交易向集商品交易、数据分析和金融服务为一体发展。

（四）文创经济

推进鄞州传统文具制造产业与文化创意产业的融合发展，在文具原有的功能、用途、造型、款样、品质的基础上，通过创意和设计，更加突出益智性、时尚性、玩伴性，优化形成创意文具产业。完善动漫产业链，集聚一批动漫创意、设计、制作、发行企业，同时，积极推动动漫游戏的玩具、服装、影视等衍生产业发展，打造国家级的动漫游戏原创产业基地。

四、集聚创业创新全要素

创新要素是创新转型发展的关键支撑，要多措并举，大力吸引集聚人才、技术、资金、土地等创新转型全要素，并积极推动创新要素向企业特别是创新型企业流动。

（一）人才要素

深入实施"创业鄞州·精英引领"等计划，优化各类人才生活、工作条件环境，大力引进国内外领军型、适配型人才；推进柔性引才，鼓励高端人才以咨询、兼职、短期工作、人才租赁等方式参与鄞州重大科研活动；推动科研人员双向流动，加大创新创业人才激励力度，打通科技人才便捷流动、优化配置的通道；发挥鄞州自身科教资源丰富、行业领先企业众多的优势，构建多元开放、纵横贯通的终身教育体系，积极培养本土创新型人才；推进政府管理创新，激发企业家精神，充分发挥鄞州众多民营企业家在创业创新中的核心作用。

（二）技术要素

实施重大科技专项，加强科技领域的开放合作和产学研相结合，通过引进消化吸收再创新和联合研发等技术途径提高创新起点，缩短创新周期，争取在先进装备制造业、信息产业、新材料新能源、现代电车、智能家电等领域的核心技术和关键技术的突破上取得成就；促进技术类无形资产交易，试点实施支持个人将科技成果、知识产权等无形资产入股和转让的政策，探索知识产权资本化交易，充分利用国内外科技资源，积极引进重点领域和急需适用的技术成果。

（三）资金要素

深入推进金融科技产业融合发展，培育壮大创业投资和资本市场，建立多元化、多渠道的科技投入体系。充分发挥政府财政资金的引导和放大作用，确保财政科技投入稳定增长，探索建立科技创新投入统一应用、第三方专业机构受托管理的项目投入管理和信息公开平台，避免"撒胡椒面"，更好地实现创新资金的有效配置；完善创业风险投资机制，设立创新创业、新兴产业引导基金，引导民间资金和海外资本流向创业风险投资企业和孵化器，鼓励设立种子基金、天使基金等，吸引境内外创业投资机构入驻，大力推动创新链、产业链和资本链有效对接；鼓励企业加大创新投入，做好企业上市工作，引导科技型中小企业在多层次资本市场融资。

（四）土地要素

加强土地集约利用，建立工业用地绩效考评体系，完善市场化的工业用地价格形成机制，推动低效用地"腾笼换鸟"；推动新增工业项目向园区集聚，支持企业通过加层或翻建改建厂房，开展零增地技改，进一步提高工业用地容积率和存量土地利用率；加大土地整理开发力度，确保重点项目用地需求。

五、营造创新发展好环境

（一）建立适应创新转型发展的政府管理体制

认真总结鄞州创新转型发展经验教训，进一步明确鄞州新一轮创新转型的目标、原则、重点任务，并结合新兴产业、新型业态和城市经济发展制定专项规划，更好地发挥政府推进创新转型的作用。加强改革力量配备，加大统筹协调力度，定期研究研究解决创新转型发展中的重大问题，加强创新政策评估督察与绩效评价，高效推进创新转型举措的落实。加大力度清理涉及创新创业等领域的行政审批，深化行政审批制度改革、商事登记改革等，破除限制"互联网＋"等新兴行业发展的市场准入管制。创新招商引资机制，大力开展"以民引外""以外引外""以商引商"，着力引进关联行业、研发机构和对鄞州生产力布局、产业转型升级具有重大影响的关键性项目。完善以创新转型发展为导向的绩效考核和领导干部评价体系，分解创新转型的各项重点任务，明确责任部门，提出具体量化发展评价指标，加大督办、检查力度，并与奖惩挂钩。创新重大项目推进机制，建立区四套班子领导和镇乡（街道、园区）"一把手"联系大项目、大企业制度，不定期召开重大项目推进专题协调会，强化日常指导和协调督促。

（二）健全创新转型发展五大政策体系

重点形成五大政策体系：一是"四新经济"产业扶持体系。降低行业准入门槛，建立适应"四新经济"特点的企业登记、资质认定制度；建立推动"四新经济"发展的组织机构，谋划建设"四新经济"产业集聚区，重点支持一批技术领先、有较好市场发展前景的"四新经济"示范性企业发展。二是传统产业转型升级政策体系。强化对自主创新的税收激励，落实研发投入税前抵扣、促进高新技术企业发展等税收政策，积极鼓励支持企业开展自主创新。采用政府采购首购政策和政府购买服务等方式，促进创新产品的研发和规模化应用。强化产业技术政策的引导作用，明确并逐步提高生产环节和市场准入的环境、节能、节地、节水、节材、质量和安全指标及相关标准，倒逼创新转型。三是科技成果转化应用体系。争取率先在事业单位人事制度、科技计划管理、科技成果转移转化、科技资源开放共享、科技评价激励等重点领域和关键环节的改革取得进展，建立和完善知识产权交易市场，构建市场导向的科技成果转移转化机制。四是吸引集聚人才资本等创新要素政策体系。按照创新规律完善多层次人才政策体系，实施更灵活开放的人才政策和人才管理评价机制，在事业平台、条件保障、生活待遇等方面提供更加全面的支撑；创新机制、创造条件，大力吸引境内外创投机构、研发机构落户；创新利益分配机制，发挥政府对自主创新奖励的杠杆和引导作用，鼓励各类企业通过股权、期权、分红等激励方式调动科研人员创新积极性，使创新人才合理分享创新收益。五是培育招引总部、龙头企业政策体系。落实财税等优惠政策，加强土地等要素保障，加大财政投入支持力度和融资服务保障，积极培育招引总部、龙头企业。

（三）形成创新转型发展良好氛围

将创新转型发展贯穿到"十三五"规划中，牢固树立抓创新就是抓发展、谋转型就是谋未来的创新转型发展意识。深入建设服务政府、责任政府、法治政府和阳光政府，努力为企业提供优质高效的服务，营造公平、开放、透明的营商环境。深入推进政务公共数据资源开放应用，鼓励社会公益类科研机构为企业提供检测、测试、标准等服务。遵循科技创新和科技成果产业化规律，发挥市场竞争激励创新的根本性作用，增强市场主体创新动力。培育创新文化，积极倡导创新价值观，形成尊重知识、尊重人才、鼓励创新、宽容失败的创新氛围，营造自主创新的良好环境。提升城市建设品质，完善城市功能，提升医疗、教育等公共服务水平，优化综合发展环境，提高城市综合竞争力和吸引力。

第四节　先进城区经济创新转型发展典型经验

一、平台经济——上海浦东新区的创新转型发展

平台经济主要是指企业通过运用互联网信息技术，搭建线上线下互动的交易平台，从事信息互动、多方交易、信用支付、增值服务或媒体传播等高技术服务业新领域，具有信息海量化、交易平台化、产业融合化、业态新型化、服务专业化等特点。平台经济是一种全新的经济形态，是"四新"经济的集中体现。

近年来，浦东平台经济发展十分迅猛，企业数量、交易规模和贡献度已占上海全市半壁江山，其中第三方支付平台交易规模占全国的60%。目前，浦东新区平台经济已形成四大集群：一是以东方钢铁、钢联、春宇供应链等为代表的大宗商品交易平台；二是以普兰、万得资讯、银联、快钱、东方支付为代表的互联网金融服务平台；三是以盛大、聚力传媒、九城、沪江网、禹容网络为代表的文化教育和健康生活平台；四是以一号店、家有购物、天天果园为代表的网上购物平台。每个集群都具有百亿元级的营业收入、千亿元级的交易规模。作为大宗商品交易平台，东方钢铁交易额累计突破万亿元，占上海同期电子商务交易额的1/4，名列全国第一；普兰金融去年撮合成交票据经纪量9.2万亿元，占全国票据经纪量的15%，名列全国第一；沪江网成为全球最大的互联网教育学习平台，其3亿用户占全国线上学习用户的70%；盛大文学作为全球最大的中文原创内容生产平台和全国最大的文学社区平台，占全国原创文学市场73.2%的份额。

平台经济以技术创新、模式创新为支撑，显现了很强的爆发式增长力，正在成为浦东新的经济增长极。同时，平台经济通过在线方式促进了产业分工和产业融合，催生新的业态和商业模式，引领和带动浦东经济的转型升级，成为创新转

型发展的"火车头";平台经济还大大增强了浦东跨区域、跨行业配置资源能力，提升了贸易中心能级，为浦东建设"四个中心"核心功能区增加了新的强大驱动力。

浦东发展平台经济的主要经验措施如下。

（一）利用自身独特优势吸引集聚人才、资本、市场、技术等资源要素，为平台经济的迅猛发展提供良好条件

浦东是上海"四个中心"的核心功能区，不仅具有的良好产业基础、市场体系和生活配套，还具有优越的政策环境和创新创业氛围，特别是先行先试的改革开放政策、系统稳定的人才和产业支持政策，同时，平台经济发展所需要的终端和系统创新、软件集成创新、供应链创新等上下游配套产业链也十分完善，从而吸引集聚了大量优质人才、资本、市场、技术等要素，使平台经济得以迅速发展集聚。

（二）发挥领军企业影响作用，形成产业集群发展效应

得益于东方钢铁、普兰金融、禹容网络、沪江网等一大批具有行业影响力的领军企业的蓬勃发展，浦东平台经济形成了集群效应。未来几年，浦东有望形成一批营收超百亿元的"四新"平台领军企业，集聚一批交易规模辐射全国的千亿元级、万亿元级乃至十万亿元级的大平台，打造一批发展环境最优的平台经济孵化基地和示范产业基地。

（三）创新体制机制，破解平台经济发展的制约障碍

针对平台经济跨行业跨区域跨界运作的特点，浦东在金融服务、贸易市场、电子商务、信息服务等方面制定了一系列配套政策，破解传统管理体制机制对平台经济发展的制约，力图打造上海乃至全国创新力最强、活跃度最高、影响力最大、发展环境最优的平台经济高地。例如，明确第三方支付等新业态的行业归属，确保其享受到相关行业的优惠扶持政策；又如，以改革的精神解决部分平台企业在工商注册、市场准入等方面的困难；再如，建立联动机制，拟定认定标准，推出一批平台经济示范企业，帮助示范平台做大做强，等等。

二、人才经济——深圳南山区的创新转型发展

深圳南山区积极推进国家自主创新示范区核心区建设，以人才科技优势带动

74

经济创新转型发展，取得了良好成效，实现了质量型增长。2014 年，南山 GDP 总量达 3 520 亿元，增长 9.6%，位居广东区县第一位，全国区县排名前三甲，其中，战略性新兴产业对 GDP 的贡献率提高到 70%；人均 GDP 达 30.87 万元，增长 8.5%，人均可支配收入 5.3 万元，增长 8.6%；每平方千米土地产出 GDP18.68 亿元、创税 3 亿元，分别比上年增加 1.36 亿元和 0.3 亿元；第二、第三产业比例为 56.5∶43.5，达历史最优水平；能源资源消耗持续下降，万元 GDP 能耗下降 4.36%，万元 GDP 水耗下降 7.71%。

南山经济能够实现有质量的稳定增长和可持续的全面发展，以科技创新为核心的人才经济发挥了强大的支撑和引领作用。南山是深圳的"经济大区"和"创新强区"，2014 年，南山区全社会研发投入占 GDP 的比重预期达 5.8%，科技进步贡献率超过 75%，远高于全市和全国预期水平，接近发达国家 80% 的水平；集聚了深圳 40% 以上的国家级高新技术企业、60% 以上的国家省市级重点实验室和技术中心、80% 以上的高等教育科研机构，汇集了深圳大部分的科技人才，国家"千人计划"人才、市"孔雀计划"人才均占全市 60% 以上；南山企业 PCT 国际专利申请量为 3 787 件，占全市的 33.7%，占全国的 18.2%；每万人发明专利拥有量 264 件，达到了国际创新型城市水平。

南山将自主创新作为主导战略，大力发展人才经济、创新型经济，主要经验措施如下。

（一）完善综合创新生态体系

先后制定了"科技 20 条"等政策，搭建了政府—非营利性科技服务机构—科技型服务企业的科技服务体系，形成了比较完整的创业服务链条，提供科技孵化、创新创业、创新环境建设、知识产权等一系列服务，与初创企业从开始、成长、成功等全程对接，科技服务工作被树为全省标杆。形成了政府主导、企业主导、政府企业合作和企业建设政府支持等 4 种孵化器建设模式，建立了覆盖全区的科技孵化器网络，拥有各类孵化器 35 个，在孵企业 2 000 多家。创新科技金融服务模式，推出孵化贷、成长贷、集合信贷、研发贷等多种创新型金融产品，成立杭州银行等 3 家科技金融特色支行，引入各类天使投资机构，建立科技金融在线平台，破解创业融资难题。

（二）发挥企业创新主体作用

南山积极发挥企业在技术创新决策、研发投入、科研组织和成果转化的主体作用，科技创新呈现"6 个 90%"的特点，即 90% 的创新型企业为本土企业、90% 的研发人员在企业、90% 的研发投入源自企业、90% 的专利产生于企业、

90%的研发机构建在企业、90%以上的重大科技项目由龙头企业承担。

（三）实施核心技术突破计划

为了提升自主创新能力，南山区大力实施核心技术突破计划，重点推动战略性新兴产业、未来产业等重点产业领域实现技术突破。目前，南山已成功布局48个核心技术应用方向，支持79个项目实施核心技术突破，形成了123个优势领域，其中，激光加工设备、移动存储芯片、超材料等24个优势领域具有全球影响力和国际竞争力，集成电路设计、新型显示、数字控制设备、无人机等方向形成了十分明显的产业优势。

（四）促进产业集聚发展

南山以园区改造升级为主要途径，加快建设战略性新兴产业基地集聚区，促进优势产业集聚发展，其中，大沙河创新走廊总面积101平方千米，聚集了全市60%以上的创新资源；军民融合产业园和机器人产业园已有5家军工、智能装备龙头企业入驻；正在创建的国际知识创新村，是全国首个大学校区、科技园区、居民社区"三区融合"的园区。2014年，南山区新增国家级高新技术企业300家，区域总量达到1 463家，实现高新技术产业总产值4 290亿元。

三、电商经济——杭州余杭区的创新转型发展

余杭区在2008年成功引入阿里巴巴淘宝城后，大力发展电商经济，推动创新转型发展。2014年全区实现电子商务服务收入535.7亿元，同比增长40.3%，实现电子商务增加值378.3亿元，同比增长31.3%，5年来的复合增长率在40%以上，占GDP比重由2011年的7.0%快速升至34.4%。

余杭区发展电商经济的主要经验措施如下。

（一）发挥淘宝城等龙头企业作用，促进电商产业集聚发展

大项目对余杭电商经济的发展起到了很好的带动作用。2013年，总投资超过13亿元的淘宝城落户余杭未来科技城；2014年，总投资超过30亿元的中国电信创新园项目落户余杭，将打造成为下一代国家级移动互联网、电子商务的创新平台和运营基地。此外，余杭还引进了淘宝、天猫、七格格、全麦、猪哼少、筑家易等一大批优秀电商企业，形成电商产业集聚发展的良好态势。

（二）推进电商园区错位发展

余杭建立了 555 电商科技创意园、绵创电商孵化园、良渚电商谷、杭州顺帆科技园、杭州德裕电商园、杭州恒生科技园、杭州东部电商园等一批各具特色的电商园区，并积极推进园区错位发展。根据规划，乔司国际商贸城主打 O2O 模式的电商产业园；北部新城依托浙江全麦、浙江物产电子商务等企业和近农副物流的优势，发展跨境电子商务和主打生鲜电商的产业园；临平新城依托交通、城市综合配套优势，发展规模境内电商，并尝试跨境电商产业园。

（三）打造电商产业"生态圈"

余杭的电子商务基础建设、产业发展、应用服务已经渗透到经济社会的各个层面，并逐渐构筑起一个系统化的电商产业"生态圈"。政策方面，出台了《余杭区支持电子商务产业发展若干政策意见》，对电子商务产业园区建设、传统企业应用、农村电商发展等方面给予重点支持，在仓储配套、跨境物流、信贷融资、代运营等环节也制定了独有的扶持政策。配套产业方面，已集聚信息服务企业 220 余家、电子信息制造企业 400 余家，有包括天猫技术、淘宝软件、淘宝网络、华立科技等一批优秀企业，形成了比较完整的产业链。配套信息基础设施方面，已完成全区 90% 人口的 4G 覆盖，为淘宝村的建设提供"无线 + 有线"的高速网络接入的双重保证；在小区、写字楼、科技园区等试点建设"E 邮站"，解决快递市场"最后 100 米"问题。服务体系方面，成立了全国首个区（县）级电子商务协会，积极开展系统性的电子商务培训、电子商务应用推广、电子商务对外招商与合作等。

（四）依托"电子商务强区"建设推动产业转型升级

余杭把"电子商务强区"建设作为抢占未来发展制高点的战略选择，并以此为突破口，谋划主动引入云计算、大数据、物联网等新技术，主动承接跨境电商、移动电商等新业态，主动探索线上和线下市场融合的新模式，进一步推动信息产业、智慧产业等新兴产业发展。

四、文创经济——北京朝阳区的创新转型发展

朝阳区是全国文化创意产业企业最聚集、资源最丰富、市场最活跃、产业发展综合比较优势最突出的区域。截至 2014 年 11 月底，该区注册文创企业超过 5

万家，新增文化企业近 8 000 家，预计全年营业收入突破 2 600 亿元，实现增加值占地区 GDP 的比重超过 13%，预计文化创意产业形成区级财政收入近 100 亿元。

朝阳区的文化创意产业，已形成以文化传媒业为龙头，以高端会展、旅游休闲、设计创意、信息服务业为主导，以古玩及艺术品交易、文艺演出、时尚消费业为特色的产业结构，即"一个龙头、四个主导、三个特色"的产业结构，已经从区域新的增长点快速成长为重要的支柱产业，成为区域"高精尖"经济结构建设的重要支撑，成为经济转型升级发展的引擎。

朝阳区发展文创经济的主要经验措施如下。

（一）充分发挥自身优势

近年来，朝阳区按照北京市的整体规划和发展要求，结合自身独特的"国际化资源丰富、商务氛围浓厚、消费市场活跃、资本市场发达、科技实力雄厚、高端人才汇聚"区域优势，大力发展文化创意产业，成为国内外文化企业落户北京的首选地。

（二）着力发展高端文创产业

朝阳区实施文化创意产业高端化和梯次发展战略，在价值链上，重点发展内容原创和投资交易环节，在产业门类上，重点发展创意水平高、科技含量高、附加值高的产业，不断优化文创经济产业结构，占据价值高端。目前，在文化创意产业九大行业中，科技含量高、创意程度高、附加值高的文化传媒业成为朝阳区文创产业第一梯次主导产业，实现收入占全区文创总收入的 60.5%；广告会展业占文创总收入比例持续扩大，达到 30%；软件、网络及计算机服务业，旅游、休闲娱乐业连续保持两位数高位增长，数字内容、移动互联网等文化科技融合类新兴行业年均增速超过 30%，成为文化创意产业发展的新引擎。

（三）整合资源和产业链，促进文创经济集群发展

从单个文化创意产业基地到文化创意产业集聚区，再到文化创意产业功能区，朝阳区积极促进相关资源与产业链的整合，不断优化产业空间布局，在更大范围内和更高水平上实现了产业集群化发展。目前，朝阳区已形成了以 CBD 为核心、以 CBD—定福庄国际传媒产业走廊为主轴，以奥林匹克公园会展旅游文化产业功能区、大山子艺术及设计产业功能区、潘家园古玩艺术品交易产业功能区等重点文化创意产业功能区和 50 余个文化创意产业基地为支撑的文化创意产

业创新发展的空间布局，错位、协同、融合的集群发展态势日益凸显。其中，朝阳区北京 CBD—定福庄国际传媒产业走廊等 13 个片区被纳入北京市文化创意产业功能区，占全市文创功能区总面积的 32.3%，位于各区县之首。

（四）建立完善的文创经济政策促进和公共服务体系

朝阳区不断健全支持文创经济重点行业、重点区域、重大项目的政策体系，建立了包括园区建设、人才培养、融资担保、贷款贴息、专项奖励、知识产权保护、版权登记交易、企业上市、中小企业服务等 "1 + 2 + 18" 的产业促进政策体系；同时，以市场需求为导向，针对不同业态、不同发展阶段的企业特点，提供分众式服务，打造了行政审批服务、公共技术服务、社会中介服务、内容原创服务、孵化创新服务、版权保护服务、投融资服务、宣传推介服务等八个公共服务平台，形成了完善的产业公共服务体系。

第二篇

经济发展

第四章

鄞州制造业发展战略

改革开放以来，鄞州区制造业快速发展，成为全国、全省的制造强区，制造业是全区经济的支柱。在我国经济进入新常态，新一轮科技革命和产业革命蓄势待发，国家建设制造强国战略的新背景下。鄞州区制造业更应抓住产业变革的趋势，率先完成转型升级。本章在梳理鄞州区工业发展历程和现状的基础上，结合国内外制造业发展趋势，提出鄞州区制造业发展战略思路、目标，阐述重点领域发展路径和空间布局优化思路。

第一节 鄞州区工业发展战略研究的背景与意义

一、鄞州区工业发展历程与现状

（一）工业规模与地位的变化

1978 年改革开放以来，鄞州区工业发展可分为三个阶段。

第一阶段是改革开放初期（1978～1992 年）。改革开放后，鄞县（2002 年 4 月 19 日经国务院批准"撤县设区"，2002 年为鄞县）率先发展乡镇企业。1979 年起，围绕增强企业活力，开展工业经济体制改革，工业发展速度加快。在改革开放之初创造了 43 个工业销售全国"单打冠军"。1983 年，鄞县列为全国 19 个社队企业总收入超 5 亿元先进县之一。第二产业占地区生产总值的比重从 1978

年的 42% 迅速提高到 1992 年的 66.1%，成为了全区经济的支撑。但总体来看，工业规模不大，发展速度也不高（见图 4 - 1）。

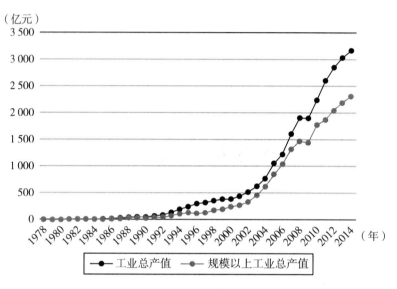

（亿元）

图 4 - 1 1978～2013 年鄞州区工业规模

注：1994 年及以前，工业总产值按现行价、原规定计算；1995 年及以后，工业总产值按现行价、新规定计算。

资料来源：《鄞州区统计年鉴（2014）》。

第二阶段是改革开放中期（1993～2002 年）。相比前期，工业规模有了较大的增长，但总体来看增速仍比较平稳。20 世纪 90 年代初，工业在全区经济中所占的比重继续上升，1993 年达到最高峰值的 73%，而后又迅速回落到 1995 年和 1996 年的 61%。此后，一直在 61%～65% 区间波动。

第三阶段是我国加入世贸组织后的国际化加速期（2003 年以后）。工业发展提速，工业总体规模迅速扩大。期间除了 2009 年受国际金融危机影响有较大幅度回落外，总体保持高速增长态势。2014 年工业总产值达到 3 175.5 亿元，其中规模以上工业总产值 2 315.8 亿元。第二产业占地区生产总值的比重略有波动，期间的峰值出现在 2008 年（64.8%）。此后，呈现波动下降态势，从 2010 年的 60.6% 下降到 2014 年的 59.4%，主要是在 2013 年有较大幅度的下降（见图 4 - 2）。

（二）工业行业结构与专业化部门的变化

1. 工业行业结构的变化

鄞州区的工业结构近 10 年来发生了较大的变化，结构优化取得明显成效（见图 4 - 3）。

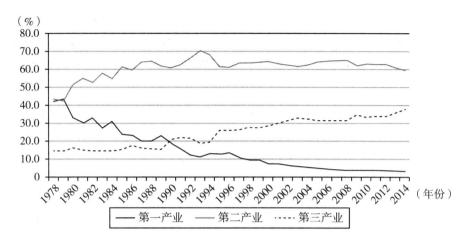

图 4 – 2　鄞州区第二产业占地区生产总值的比重

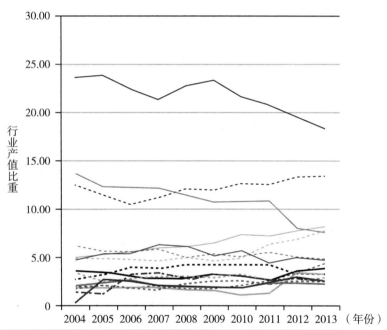

图 4 – 3　鄞州区工业行业结构

纺织服装、电气机械和器材制造、通用设备制造是鄞州区传统的三大行业。2004 年三大行业产值合计占工业总产值的 50%。2004 年以来，纺织服装业的比重持续、稳定的下降，占工业总产值的比重从 2004 年的 23.63% 下降到 2013 年的 18.32%，下降了 5.31 个百分点，但仍在鄞州区工业中占据十分重要的地位；通用设备制造业在 2004～2011 年的比重是稳定但缓慢地下降，2012 年大幅下降，占工业总产值的比重从 2004 年的 13.71% 下降到 2013 年的 7.63%，下降了 6.08 个百分点；只有电气机械和器材制造业保持了稳定且略有上升的比重，2013 年占工业总产值的比重为 13.44%。

交通运输设备制造业和计算机、通信和其他电子设备制造业是两大新兴的主要行业。交通运输设备制造业的比重从 2004 年的 5.34% 上升到 2013 年的 8.20%，比重上升了 3.18 个百分点，是比重上升幅度最大的行业，到 2013 年，行业总体规模居第三位，超过了通用设备制造业；计算机、通信和其他电子设备制造业的比重从 2004 年的 4.84% 上升到 2013 年的 7.80%，上升了 2.96 个百分点，上升幅度居第二，行业总体规模超过通用设备制造业，居第四位。

2013 年，纺织服装业、电气机械和器材制造业、汽车制造业、计算机通信和其他电子设备制造业、通用设备制造业等五个行业合计占工业总产值的 55.39%，为鄞州区的工业支柱。

2. 基于区位商的专业化部门分析

以宁波全市的工业行业结构为参照系进行鄞州区工业行业的区位商分析，目的是得出在宁波全市范围内，鄞州区工业的专业化行业。主要结论如下（见图 4-4）。

（1）印刷和记录媒介复制业，木材加工及木、竹、藤、棕、草制品业最具优势。2013 年，区位商在 3.6～3.8 之间的有两个行业：印刷和记录媒介复制业和木材加工及木、竹、藤、棕、草制品业。印刷和记录媒介复制业的区位商在 2004～2011 年间是稳定提高，2011 年最高达到 4.9，最近两年大幅下降，但仍是区位商最高的行业。但这一行业占规上工业产值的比重一直在 2.2%～3.0% 之间，比重并不高。木材加工及木、竹、藤、棕、草制品业的区位商在 2004～2013 年间是非常稳定的上升，2013 年的区位商值与印刷和记录媒介复制业已经十分接近，但这一行业占规上工业产值的比重不到 0.5%。

（2）医药制造业、家具制造业、纺织服装业具备比较优势。2013 年，区位商在 2.4～2.5 之间，非常接近的有三个行业：医药制造业、家具制造业、纺织服装业。其中，纺织服装业的区位商基本稳定，考虑到这一行业占规上工业产值的比重虽然在稳定下降，但仍是比重最大的行业，应给予高度重视；家具制造业的区位商波动中稳定在 2.4 上下，但这一行业产值占规上工业产值的比重以 1.6

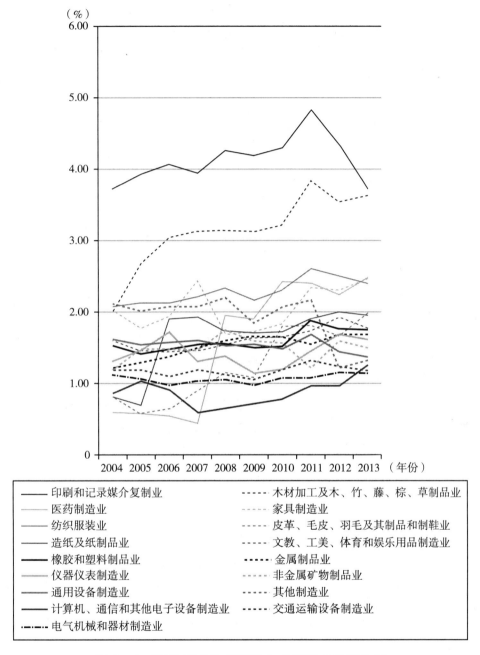

（％）
6.00

5.00

4.00

3.00

2.00

1.00

0

2004 2005 2006 2007 2008 2009 2010 2011 2012 2013 （年份）

图例	图例
—— 印刷和记录媒介复制业	---- 木材加工及木、竹、藤、棕、草制品业
—— 医药制造业	---- 家具制造业
—— 纺织服装业	---- 皮革、毛皮、羽毛及其制品和制鞋业
—— 造纸及纸制品业	---- 文教、工美、体育和娱乐用品制造业
—— 橡胶和塑料制品业	···· 金属制品业
—— 仪器仪表制造业	---- 非金属矿物制品业
—— 通用设备制造业	---- 其他制造业
—— 计算机、通信和其他电子设备制造业	---- 交通运输设备制造业
·—· 电气机械和器材制造业	

图 4 - 4 鄞州区工业在宁波全市范围内的区位商

以下；医药制造业的区位商呈现出快速提升态势，尤其是 2008 年的大幅提升后继续保持稳定提升态势，虽然这一行业产值占规上工业产值的比重到 2013 年仍只有 1.04%，但考虑到这一行业的高技术特性，值得关注。

（3）区位商在 1.5～2.0 之间的有七个行业：皮革、毛皮、羽毛及其制品和制鞋业，造纸及纸制品业，文教、工美、体育和娱乐用品制造业，橡胶和塑料制品业，金属制品业，仪器仪表制造业，非金属矿物制品业。其中，橡胶和塑料制品业和金属制品业的产业占规上工业产值的比重较高，接近 5%，其他行业产值占规上工业产值的比重都在 4% 以下。

（4）行业产值占规上工业产值的比重前五位的行业中，除了纺织服装业的区位商在 2.5 左右外，通用设备制造业的区位商缓慢下降，2012 年跌到 1.5 以下；交通运输设备制造业、电气机械和器材制造业的区位商比较稳定、略有上升，在 1.2 上下；计算机、通信和其他电子设备制造业在近 3 年有大幅提升，2013 年达到 1.26。

综上所述，依据宁波全市范围的区位商分析，结合行业产值占规上工业产值的比重，鄞州区工业的重点行业包括：产值比重前五位的行业（纺织服装业、通用设备制造业、交通运输设备制造业、电气机械和器材制造业以及计算机、通信和其他电子设备制造业）和区位商高且占有相当产值比重的行业（印刷和记录媒介复制业、医药制造业）。

进一步以长三角两省一市为背景进行区位商分析，目的是看在长三角区域内鄞州区工业的专业化行业及其比较优势。得出以下几点结论（见图 4-5）。

（1）印刷和记录媒介复制业的区位商在 5.0 左右，是鄞州区在长三角区域范围内的专业化部门。文教、工美、体育和娱乐用品制造业的区位商在 2012 年大幅下降，可能是统计标准（口径）的变化所致，在 2009～2011 年，区位商在 4.6 上下，是鄞州区在长三角区域范围内的专业化部门。

（2）家具制造业在长三角区域的区位商近年来提升很快，近 3 年已经接近 3.0，成为新的专业化部门。

（3）纺织服装业的区位商相对稳定，在 2.3 上下，仍是专业化部门。同为传统优势支柱行业，电气机械和器材制造业，区位商相对稳定在 1.4 上下，具备一定的比较优势；而通用设备制造业的区位商是稳定下降，从 2004 年的 2.0 下降到 2013 年的 1.26。作为两大新兴主要行业的计算机、通信和其他电子设备制造业的区位商在稳定上升，但到 2013 年仍只有 0.8，不具备专业化条件；交通运输设备制造业的区位商变动不大，略有上升，到 2013 年突破 1.0，并不具备比较优势。

（4）造纸及纸制品业、橡胶和塑料制品业的区位商近年来在 2.0 上下，具有较强的比较优势。

综合上述的宁波范围、长三角范围的区位商分析，我们可以看出：

（1）印刷和记录媒介复制业，文教、工美、体育和娱乐用品制造业，家具

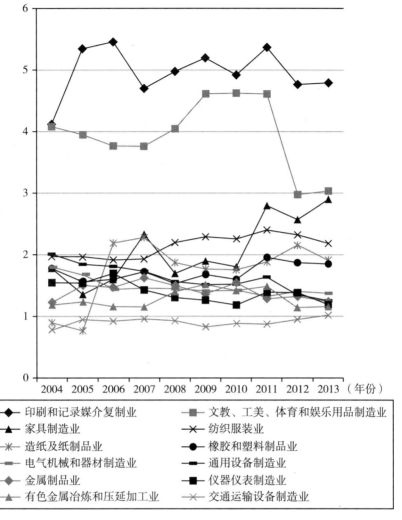

图 4 - 5　鄞州区工业在长三角范围内的区位商

制造业等是专业化的部门，虽然行业比重不是太高；

（2）五大主要行业中，纺织服装业仍是主要的专业化部门，电气机械和器材制造业、通用设备制造业仍具一定的比较优势，但交通运输设备制造业，计算机、通信和其他电子设备制造业，医药制造业等仍不具备专业化部门条件。

（三）不同角度的工业企业结构分析

鄞州区的工业企业结构，按注册类型划分，以私营企业、外资企业、有限责任公司三种类型为主，这三种类型企业规模以上工业总产值合计占全部规模以上工业总产值比重虽然在近10年来有所下降，从2005年的93.05%下降到2013年的89.79%，但都在90%左右（见图4-6）。

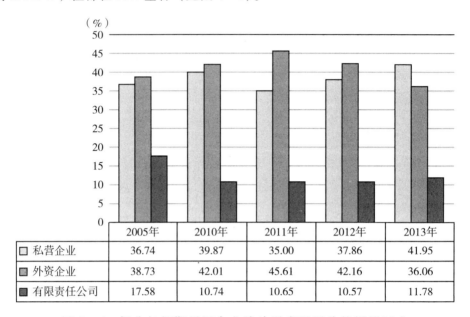

	2005年	2010年	2011年	2012年	2013年
□ 私营企业	36.74	39.87	35.00	37.86	41.95
▨ 外资企业	38.73	42.01	45.61	42.16	36.06
■ 有限责任公司	17.58	10.74	10.65	10.57	11.78

**图4-6 部分年份鄞州区企业按注册类型划分的规模以上
工业总产值占比**

注：外资企业是我国港、澳、台商投资公司加上外商投资企业公司。
资料来源：《鄞州区统计年鉴（2014）》。

从企业规模结构看，近10年尤其是近5年来，随着大型企业占比的大幅提升，企业规模结构有了重大变化。在规模以上工业企业工业总产值中，大型企业工业总产值占比从2005年的2.97%提升到2012年的20.05%，尤其是2011年的提升幅度最大。与此相对应，小型企业占比呈现稳定下降态势，但到2013年，仍占规模以上工业总产值的47.79%，是鄞州区工业经济的主体；中型企业的占比也呈下降态势，但到2013年仍占32.73%。因此，虽然结构在变化，但鄞州区的工业企业结构仍然是以小型企业为主，中型企业占重要地位的企业规模结构（见图4-7）。

为激励引领鄞州区工业企业不断做大做强做精，鄞州区实施"双五十工程"。2015年评比出来的"双五十工程"中的前20家企业名单（见表4-1）。从工业企业50强的前20家企业名单可以看出：（1）重点企业的行业分布与工业支柱、专业化行业相对应，纺织服装业、电气机械和器材制造业、汽车制造业、文教用品制造业中的重点企业较多；（2）本土企业为主，但本土企业绝大多数都实现了跨地域甚至国际化合作，不少企业已经成为跨国企业，并且绝大多数都实现了跨行业的集团化运作，行业跨度不仅是主营业务的产业链延伸，而且是制造业与服务业的跨

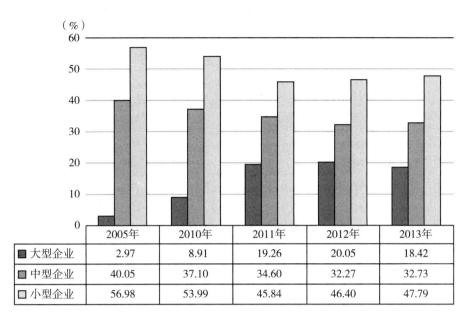

	2005年	2010年	2011年	2012年	2013年
■ 大型企业	2.97	8.91	19.26	20.05	18.42
▨ 中型企业	40.05	37.10	34.60	32.27	32.73
□ 小型企业	56.98	53.99	45.84	46.40	47.79

图 4 - 7　部分年份鄞州区企业按规模划分的规模以上工业总产值占比（％）

资料来源：《鄞州区统计年鉴（2014）》。

度，房地产、金融投资是这些重点企业从制造业拓展到服务业的主要领域。从成长型工业企业 50 佳的前 20 家企业名单看，成长型企业的行业分布仍以汽车零部件制造、电气机械和器材制造业、新材料制造业、纺织服装业为主。这些企业的行业分布，从好处看，是与鄞州区的传统工业行业优势相对应；从坏处看，与当前国内外制造业发展趋势有所脱节，新技术基础上的新产业发育不足。

表 4 - 1　鄞州区 2015 年度"双五十工程"工业企业前 20 名单

序号	工业企业 50 强	成长型工业企业 50 佳
1	雅戈尔集团股份有限公司	宁波甬嘉变压器有限公司
2	奥克斯集团有限公司	宁波路润冷却器制造有限公司
3	杉杉集团有限公司	宁波斯卡达汽车电器有限公司
4	博格华纳汽车零部件（宁波）有限公司	宁波市鄞州亚大汽车管件有限公司
5	博威集团有限公司	宁波先锋新材料股份有限公司
6	宁波圣龙（集团）有限公司	宁波倍特瑞能源科技有限公司
7	广博集团股份有限公司	宁波六和包装有限公司
8	宁波帅特龙集团有限公司	宁波金鸡强磁股份有限公司
9	宁波一舟投资集团有限公司	宁波力达物流设备有限公司

序号	工业企业 50 强	成长型工业企业 50 佳
10	华茂集团股份有限公司	宁波科论太阳能有限公司
11	日月重工股份有限公司	宁波福士汽车部件有限公司
12	利时集团股份有限公司	宁波英科特精工机械股份有限公司
13	宁波滨海石化有限公司	宁波明望汽车饰件有限公司
14	宁波欧琳厨具有限公司	宁波纬尚汽车零部件有限公司
15	宁波荣业控股集团有限公司	宁波三邦日用品有限公司
16	宁波凯信服饰股份有限公司	宁波顺成机电有限公司
17	宁波欣达（集团）有限公司	宁波科森净化器制造有限公司
18	浙江中哲控股集团有限公司	宁波诺布尔制衣实业有限公司
19	宁波培罗成集团有限公司	宁波市天龙钢丝制造有限公司
20	宁波美康生物科技股份有限公司	宁波狮丹努针织有限公司

从企业的技术层面看，鄞州区的高技术产业一直在全市各县（市）区中占领先地位。鄞州区的高新技术企业数量一直遥遥领先于全市各县（市）区。2013 年，鄞州区高新技术企业数达到 280 家，占全市高新技术企业数的 1/4。鄞州区的高新技术产业产值一直居全市前列。2013 年，高新技术产业产值达到701.7 亿元，仅次于北仑区，居全市各县（市）区第二位，占全市高新技术产业总产值的 17.9%（见图 4 - 8）。

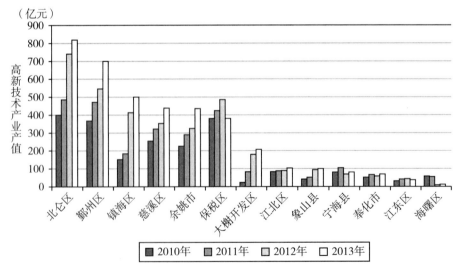

图 4 - 8　全市各县（市）区高新技术产业产值

从对工业经济的贡献来看，鄞州区的高新技术产业产值占规上工业产值的比重一直居全市前列。2013 年，鄞州区的高新技术产业产值占规上工业产值的比重为 33.3%，高出全市平均水平 2.7 个百分点；高新技术产业增加值占地区工业增加值的比例为 33.7%，超过全市平均水平 7.3 个百分点（见图 4－9）。

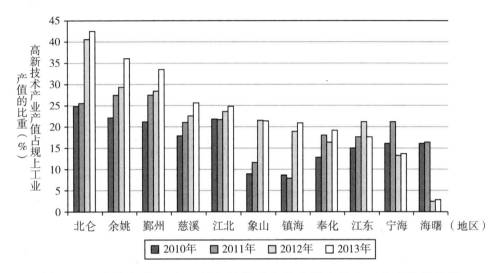

图 4－9　全市各县（市）区高新技术产业产值占规上工业产值的比重

二、国内外制造业发展趋势—新要求

（一）全球制造业发展趋势

全球正处于新一轮技术革命孕育和信息技术深度应用阶段，技术创新渐趋活跃，面临新的经济增长机遇。

1. 新一轮科技革命和产业变革蓄势待发

全球技术创新日益活跃。从具体行业看，数字通信、计算机技术已分别成为全球专利申请增幅最快和申请最多的领域，大数据、智能制造和无线革命三大变革将改变 21 世纪。页岩气技术取得重大进展。生物、材料等领域也在酝酿不少有重要潜力的新技术。3D 打印、智能机器人、人工智能等交叉融合技术成为研发热点。

新技术的多点突破和融合互动推动着新兴产业的兴起。但关于新一轮技术革命在哪些领域、何时发生也还有很大的不确定性。有的判断认为，未来二三十年间，全球可能会进入到生物技术、新能源技术、纳米技术以及新材料技术的革命时代；有的判断认为，新一轮技术革命是新生物革命。因此，基于新一轮技术革命基础上的新兴产业方向仍不明朗。

在高性能纤维及复合材料领域，日本、美国、中国是主要的研究主体和市场。从全球高性能纤维及复合材料专利申请主要国家分布来看，日本以 4 337 项申请位居第一；美国以 3 035 项名列第二；中国位列第三。从主要申请人分布来看，全球排名前十的专利申请人主要集中在日本和美国两个国家。值得注意的是东华大学也榜上有名，反映出在国家政策支持下，国内科研院所也展现出不俗的创新实力。

2. 欧美日的"再工业化"重塑全球竞争力

2008 年金融危机后，主要发达国家力争通过发展新技术、培育新产业创造新的经济增长点。美国、德国、日本、韩国等都推出了各项政策措施，鼓励和扶持本国战略性新兴产业的发展。根据甘绍宁[①]等对全球战略性新兴产业专利技术动向的研究，总的来说，美国居于绝对主导地位，德国、日本、韩国三国居第二梯队，中国则紧随其后，其他新兴市场国家扮演"跟随者"的角色。

2008 年金融危机后，主要发达国家普遍实施制造业振兴的"再工业化"战略，重塑制造业的全球竞争力，其中影响力最大的是德国的工业 4.0 计划。2012年 2 月，美国国家科技委员会发布了《先进制造业国家战略计划》报告，将促进先进制造业发展提高到了国家战略层面。3 月，美国总统奥巴马提出创建"国家制造业创新网络（NNMI）"，以帮助消除本土研发活动和制造技术创新发展之间的割裂，重振美国制造业竞争力。自 2008 年起，英国政府推出"高价值制造"战略，应用先进的技术和专业知识，以创造能为英国带来持续增长和高经济价值潜力的产品、生产过程和相关服务。

未来几年，随着美国、德国"再工业化"的稳步推进、对企业研发支持力度不断加大以及原先具有的技术领先优势，美国可能会凭借此实现制造业复兴；德国、日本在制造业的优势地位可能得到巩固与提升。而中国目前由于技术对外依存度偏高，核心技术和核心零部件受制于外，产业链高端缺位，缺乏具备核心优势的跨国企业，中国若想在本轮战略性新兴产业的竞赛中实现较大突破，缩小与发达国家的差距，需要在创新能力上实现质的突破。

3. 新一代信息技术深度应用重塑生产方式——德国工业 4.0

新一代信息技术革命在 2000 年互联网泡沫破灭和 2008 年国际金融危机后，进入广泛和深度应用阶段，引领产业的业态、模式创新。德国提出的工业 4.0 引起国际社会的广泛回应，正在成为制造业发展的全球方向。

工业 4.0 在德国被认为是第四次工业革命，是德国政府 2011 年 11 月公布的

---

① 甘绍宁. 战略性新兴产业专利技术动向研究［M］. 北京：知识产权出版社，2013.

《高技术战略 2020》中的一项战略，旨在支持工业领域新一代革命性技术的研发与创新，保持德国的国际竞争力。2013 年 4 月，德国机械及制造商协会、德国信息技术、通信与新媒体协会、德国电子电气制造商协会合作设立了"工业 4.0 平台"，并向德国政府提交了平台工作组的最终报告——《保障德国制造业的未来——关于实施工业 4.0 战略的建议》。

关于工业 4.0，目前有各种各样的解读。总的说来，工业 4.0 是一种在信息技术发展到新阶段产生的新的工业发展模式，核心就是通过信息物理系统（Cyber Physical System，CPS）实现人、设备与产品的实时连通、相互识别和有效交流，从而构建一个高度灵活的个性化和数字化的智能制造模式。CPS 就是将物理设备连接到互联网上，让物理设备具有计算、通信、精确控制、远程协调和自治等五大功能，从而实现虚拟网络世界与现实物理世界的融合。CPS 可以将资源、信息、物体以及人紧密联系在一起，从而创造物联网及相关服务，并将生产工厂转变为一个智能环境。这是实现工业 4.0 的基础。以 CPS 为基础建设的智慧工厂、实现的智能制造是工业 4.0 的核心或本质。因此，工业 4.0 主要体现为以下四个方面。

工业 4.0 是互联。工业 4.0 的核心是连接，要把设备、生产线、工厂、供应商、产品、客户紧密地连接在一起。工业 4.0 适应了万物互联的发展趋势，将无处不在的传感器、嵌入式终端系统、智能控制系统、通信设施通过 CPS 形成一个智能网络，使得产品与生产设备之间、不同的生产设备之间以及数字世界和物理世界之间能够互联，使得机器、工作部件、系统以及人类会通过网络持续地保持数字信息的交流。

工业 4.0 是集成。工业 4.0 将无处不在的传感器、嵌入式终端系统、智能控制系统、通信设施通过 CPS 形成一个智能网络，使人与人、人与机器、机器与机器以及服务与服务之间能够互连，从而实现横向、纵向和端对端的高度集成。除了企业间的横向集成和企业内部的纵向集成外，工业 4.0 增加了端到端的集成。所谓端到端就是围绕产品全生命周期的价值链创造，通过价值链上不同企业资源的整合，实现从产品设计、生产制造、物流配送、使用维护的产品全生命周期的管理和服务，它以产品价值链创造集成供应商（一级、二级、三级……）、制造商（研发、设计、加工、配送）、分销商（一级、二级、三级……）以及客户信息流、物流和资金流，在为客户提供更有价值的产品和服务同时，重构产业链各环节的价值体系。

工业 4.0 是数据。随着信息物理系统（CPS）的推广、智能装备和终端的普及以及各种各样传感器的使用，将会带来无所不在的感知和无所不在的连接，所有的生产装备、感知设备、联网终端，包括生产者本身都在源源不断地产生数据，这些数据将会渗透到企业运营、价值链乃至产品的整个生命周期，是工业4.0和制造革命的基石。

工业4.0是创新、是转型。工业4.0的实施过程实际上就是制造业创新发展的过程，制造技术、产品、模式、业态、组织等方面的创新将会层出不穷。物联网和（服）务联网将渗透到工业的各个环节，形成高度灵活、个性化、智能化的产品与服务的生产模式，推动生产方式向大规模定制、服务型制造、创新驱动转变。

（二）我国制造业发展趋势与政策导向

我国经济发展进入新常态后，工业增长正从高速转向中高速，经济结构正从增量扩能为主转向调整存量、做优增量并举，发展方式正从规模速度型转向质量效率型，发展动力正从要素驱动转向创新驱动。2015年颁布的《中国制造2025》是未来制造业发展的纲领性文件。"以促进制造业创新发展为主题，以提质增效为中心，以加快新一代信息技术与制造业深度融合为主线，以推进智能制造为主攻方向"明确了未来的发展趋势与政策导向。

1. 创新驱动实现结构优化：着力培育战略性新兴产业

战略性新兴产业是创新驱动和转型升级的交织点，在国家战略层面具有十分重要的意义。2010年以来，国家层面陆续发布了系列政策扶持战略性新兴产业发展。2010年国务院发布《关于加快培育和发展战略性新兴产业的决定》，2012年国务院印发《"十二五"国家战略性新兴产业发展规划》，2013年国家发改委正式发布《战略性新兴产业重点产品和服务指导目录》。战略性新兴产业得到了较快的发展。新一代信息技术、高端装备制造、新能源汽车、节能环保等产业将进入快速增长期。生物医药、新材料等产业将保持平稳发展，新能源产业复苏或迎来转机。轨道交通等优势产业将获得更大的发展空间，国际化水平和层次进一步提升。但也存在现有政策缺乏系统性、难以向高端突破、市场进入与融资困难等问题。

"十三五"时期的战略性新兴产业发展重点要重视颠覆性技术和产业的新增长点，与新科技的突破性变革相对应。《中共中央关于制定国民经济和社会发展第十三个五年规划的建议》中提出："实施智能制造工程，构建新型制造体系，促进新一代信息通信技术、高档数控机床和机器人、航空航天装备、海洋工程装备及高技术船舶、先进轨道交通装备、节能与新能源汽车、电力装备、农机装备、新材料、生物医药及高性能医疗器械等产业发展壮大。"从现在可见的趋势看，基于新一代信息技术基础上的信息产业，基于新能源基础上的新能源产业与新能源汽车，以及基于生物技术突破基础上的生物产业，都有可能是发展的重点。在关心战略性新兴产业发展数量的同时也要关心它的质量指标，比如，能不能为掌握核心关键技术、形成发展的主动权发挥作用，这比数量指标更重要。未来的战略性新兴产业发展重点要聚焦，发展路径要兼顾技术推动与市场拉动。

党的十八大后，国家在给予战略性新兴产业更多重视的同时，支持方式也发生转变，产业发展模式进入深度调整期。2014年，国务院及相关部委，在集成电路、新能源汽车、云计算、物联网、新材料等关键领域研究出台了一批重大产业政策，扩大新兴产业创投基金规模，推动了相关行业标准体系建设，在资本市场研究设立战略性新兴产业板等，新兴产业宏观发展环境日益完善。政府在推进新兴产业发展的政策方面，从政府直接干预模式向政府规划引导、龙头企业带动、市场配置资源的发展模式转变，注重在研发、应用、推广过程中提供服务支持。

在区域层面，近年来各地都十分重视发展战略性新兴产业，但也出现了重点领域重复等问题。为此，2014年国家组织实施了战略性新兴产业区域集聚试点工作，试图优化战略性新兴产业的布局。未来会从两个方面对各地战略性新兴产业的发展加以引导。一是从区域层面要体现比较优势，充分考虑各地区的区位优势、资源优势、产业优势和科技优势，选择在本地区最有基础、最具优势条件、能够取得率先突破的细分产业优先发展；二是鼓励开展区域合作，以产业链、价值链为纽带，通过上下游配套合作，共建区域性产业集聚区，打造产业特色。

2. 质量为先、提质增效：加速转型升级

2010以后我国进入到工业化后期。与工业化中期相比，一个重要的特征变化是在中期依靠高投资、重化工业主导发展支撑的高速增长将难以为继，潜在经济增长率将会自然回落。我国工业经济正走向一个速度趋缓、结构趋优的新常态。坚持优化增量和调整存量并举推进产业向中高端迈进将成为未来我国制造业发展的一项重要原则。

为此，未来传统制造业的转型升级将更多注重价值提升，其中最重要的是产业向全球价值链高端跃升，即通过产品创新、过程创新、营销创新、组织创新等，提高企业在全球价值链的地位与获利能力。产业升级的分析单位需要从"产业""部门"转向"价值活动"或"价值链环节"，在这个过程中，创新和创意是重中之重。

3. 两化深度融合：突破智能制造

通过应用信息技术推进工业发展，是我国工业发展的长期方针。党的十六大首次提出坚持以信息化带动工业化，以工业化促进信息化；党的十七大提出信息化、工业化"两化"融合发展；党的十八大进一步明确推进"两化"深度融合发展。德国的工业4.0进一步促成了我国以"两化"深度融合作为新常态下传统制造业转型的首要战略。

从我国工业发展情况与趋势看，新一代信息技术加速与传统产业融合，新技术、新产品、新业态、新模式不断涌现，生产的网络化、智能化、绿色化特征日趋明显。集成电路、人工智能、移动互联、大数据、新型传感器、3D 打印等新技术的持续演进，推动着制造业的智能化。推进"两化"深度融合，现阶段集中体现在信息技术在制造业的集成应用，特别是智能制造、工业互联网、自主可控的信息技术和产品，以及衍生催生的新业务、新业态和新模式。智能制造是当前和今后一个时期推进"两化"深度融合的核心目标，是建立国家制造业创新体系的关键。

推进"两化"深度融合是一项全局性、系统性工程。其中的重点：一是以智能制造为主攻方向，大力发展新一代信息技术、高端装备制造等新兴产业，全面提升制造业产品、装备、生产、管理和服务的智能化应用水平，实现两个 IT（Industry Technology & Information Technology）融合和倍增发展，促进产业向中高端迈进；二是以工业互联网和自主可控的软硬件产品为重要支撑，培育新型生产方式和商业模式，加快生产型制造向服务型制造转变；三是以推广应用标准体系为主要抓手，坚持标准先行，着力建设和推广企业"两化"融合管理体系，在重点领域开展标准宣贯和示范应用，促进企业在产品和服务全生命周期、生产管理全过程应用信息技术，增强企业核心竞争力。

为此，国家经信委牵头实施智能制造试点示范专项行动。在 3 年（2015 ~ 2017 年）内，通过试点示范，关键智能部件、装备和系统自主化能力大幅提升，产品、生产过程、管理、服务等智能化水平显著提高，智能制造标准化体系初步建立，智能制造体系和公共服务平台初步成形。2015 年的试点工作将聚焦制造关键环节，在基础条件好、需求迫切的重点地区、行业和企业中，选择试点示范项目，分类开展流程制造、离散制造、智能装备和产品、智能制造新业态新模式、智能化管理、智能服务等六方面试点示范。

三、研究的意义

制造业是实体经济的主体，是区域经济的支柱，是以信息化带动和加速工业化的主导产业；制造业是科技的基本载体和孕育母体，是在新科技革命条件下实现科技创新的主要舞台；制造业是区域国际竞争力的重要体现，决定着某个区域在经济全球化格局中的国际分工地位。鄞州区一直以来都是制造业强区，制造业在全区经济发展中具有十分重要的地位。

在当前国内外制造业发展模式出现重大创新的时期，制造业发展模式深刻变革，产业融合速度不断加快，新的产业竞争格局开始形成。加快制造业转型升级，在稳增长中提高质量和效益，对于鄞州区经济的稳定持续发展具有意义重大。

第二节　鄞州制造业发展战略与目标

一、鄞州制造业发展战略选择

以提高发展质量和效益为中心，主动适应经济发展新常态。发展方式从规模速度型转向质量效率型，是我国经济发展新常态的要求。鄞州区在改革开放以来，尤其是进入 21 世纪以来制造业的快速发展奠定了工业强区的制造业规模，未来的制造业发展重在提质增效，实现更高质量、更有效率的发展，率先迈向产业中高端。

以改革与创新为动力，打造制造业发展新引擎。改革开放是我国长期持续快速发展的重要动力，新一轮全面深化改革释放出的超越以往改革的空前程度的改革红利，是鄞州区制造业发展的强大动力源泉。创新是引领发展的第一动力，发挥科技创新在全面创新中的引领作用，切实增强企业技术创新能力，完善区域创新环境，实现制造业发展从要素驱动、投资驱动向创新驱动转变，以科技创新支撑新产业培育、新产品开发，是实现鄞州区制造业转型升级的必经之路。

实施结构高度化、两化融合、产业融合三大战略，开发新产品、培育新产业、开创新业态与新模式，建设都市工业强区。结构高度化、"两化"融合、产业融合，既是当前制造业发展的三大趋势，更是鄞州区制造业发展中存在的问题与未必的发展方向。鄞州区当前的制造业结构中五大支柱行业以传统优势行业为主，需要培育新的主导产业来实现制造业结构的高度化。两化融合，尤其是智能制造是制造业提质增效的有效手段，也是破解鄞州区要素成本上升困境的对策，深入推进"两化"融合是鄞州区制造业转型升级的重要路径。制造业服务化、服务型制造，是制造业发展的趋势所在，鄞州区制造业重点企业已经做了很好的尝试，地处中心城区和中心城区近郊的区位也赋予了鄞州区制造业推进产业融合，发展服务型制造的优势。

二、鄞州制造业发展目标

制造业创新发展先行区。进一步推进企业创新机构建设与区域创新平台建设，增强创新驱动能力，提高创新产出，实现高新技术企业和高新技术产业的快速发展，继续保持在全市高新技术企业、高新技术产业的领先地位。

两化深度融合领先区。以新一代信息技术的全面应用为重点，突出智能制造应用，改造现有制造业的生产流程，实现制造业的生产流程的智能化；培育智能制造产品，力求在智能制造装备领域培育新优势。

制造业转型升级示范区。通过应用新技术、培育新产业，实现制造业结构的高度化；通过应用新技术、创新模式，实现制造业的价值链攀升。

第三节　鄞州制造业发展的重点任务与路径

一、培育新兴产业提升优势产业实现转型创新发展

1. 培育新兴产业，营造制造业新的增长点

抓住新科技革命与产业变革的机遇，重点培育云计算、物联网、机器人、3D打印等新兴产业，成为智能制造的技术与服务基地。依托原有的装备制造优势，寻找物联网器件设计、生产、工程、服务等领域的突破点；依托原有的机电产业基础，寻找工业机器人产业尤其是工业机器人本体生产领域的突破机会。着力培育云计算、3D打印等新兴产业，为制造业智能化提供区域基础服务。充分发挥企业的主体作用，鼓励在新能源、新材料、医药制造等领域抓住技术突破机会，培育新兴产业。

2. 依托新技术，实现优势产业转型发展

积极运用新技术提升五大支柱行业和医药制造业，实现优势产业转型发展。针对服装产业核心竞争力不强、产品附加值不高、原创设计能力弱的现状，依托雅戈尔、杉杉男装产业园和凯信时尚女装设计产业园等平台，建立鄞州服装产业发展联盟，将产品展示、时尚设计、电子商务、物流配送、服装文化等功能融为一体，打造一个以时尚设计为核心、功能齐全的国际性服装营展平台。以智能制造技术的应用和产品研发为重点，引导和鼓励家电制造、汽车零配件企业提升竞争力。支持中国南车发展壮大，发展轨道交通装备制造及相关产业。以新一代信

息技术突破为机遇，继续发展计算机、通信和其他电子设备制造业。以产品研发为动力，从供研产销争夺市场，到组建各类联盟，再到并购式成长，逐步壮大医药制造业。

二、推进两化融合和产业融合实现产业价值提升

1. 积极推进两化深度融合，创新制造业模式、业态，提升产业价值

一是要充分利用雄厚的制造业基础，寻找智能装备制造的发展机遇，切入到智能装备制造领域。率先在交通运输设备制造、纺织服装、电气机械和器材制造、通用设备制造等重点产业领域推进智能制造技术，实现制造业生产环节的智能化。二是要以传感器和传感器网络、RFID、工业大数据的应用为切入点，重点支持生产过程控制、生产环境检测、制造供应链跟踪、远程诊断管理等物联网应用。鼓励支持"国研科技"等智慧企业，重点关注物联网在智能交通、安防监控、智能医疗、智能电网等领域的应用。在制造业的前端和后端加大互联网的应用推进力度。三是要推动基于消费需求动态感知的研发、制造和产业组织方式变革，大力发展以个性化定制生产为代表的工业 4.0 模式。加快电子商务驱动的制造业生产方式变革，通过 B2C、C2C、O2O、P2P 等模式，将实体经济与广义虚拟经济互联，鼓励制造业通过电子商务平台的试销环节实现与消费者的无缝对接。

2. 积极推进产业融合，实现制造业与服务业的协同、互动发展

迎合制造业服务化趋势，率先实现生产型制造向服务型制造转变。引导和支持制造业企业延伸服务链条，鼓励制造业企业增加服务环节投入，发展个性化定制服务、全生命周期管理、网络精准营销和在线支持服务等。鼓励优势制造业企业"裂变"专业优势，通过业务流程再造，面向行业提供社会化、专业化服务。支持符合条件的制造业企业建立企业财务公司、金融租赁公司等金融机构，推广大型制造设备、生产线等融资租赁服务。大力发展与制造业紧密相关的生产性服务业，实现制造业和服务业的互动发展。大力发展面向制造业的信息技术服务，鼓励互联网等企业发展移动电子商务、在线定制、线上到线下等创新模式，积极发展对产品、市场的动态监控和预测预警等业务，实现与制造业企业的无缝对接，创新业务协作流程和价值创造模式。加快发展研发设计、技术转移、创业孵化、知识产权、科技咨询等科技服务业，发展壮大第三方物流、检验检测认证、电子商务、服务外包、融资租赁、人力资源服务、售后服务、品牌建设等生产性服务业。

三、做强领军企业培育创业企业实现企业竞争力提升

制造业的发展是建立在企业竞争力提升的基础上的。《中国制造2025》明确了企业主体的发展思路。鄞州区制造业的发展，既要依靠现有行业龙头企业等领军企业的做强，也要着力培育创业企业实现制造业的高成长。

充分发挥现在领军企业的雄厚基础，实现企业的持续发展。继续发挥领军企业跨业发展的传统优势，引导领军企业转型发展。鼓励支持以雅戈尔集团、华茂集团等为代表的跨业多元化经营，在做精主业的基础上，拓展发展领域。鼓励支持以杉杉控股集团为代表的向高技术产业领域转型的转型发展模式，以雄厚的企业财力基础跨行业发展高技术产业。支持中国南车拓展业务领域，延伸产业链，形成轨道交通装备制造集群。鼓励宁波圣龙（集团）有限公司、宁波帅特龙集团有限公司等企业加大智能制造技术的应用，提升企业竞争力。

充分利用现在的产业基础，大力发展众创空间等创业平台，大力培育创业企业。一是要充分利用科技信息孵化园、"摩米"创新工场、中物院宁波军转民科技园等创新平台和孵化器的有利条件，制定相应的扶持政策，引导领军企业介入，培育创业投资等服务机构，因地制宜培育各种类型、各具特色的众创空间；二是要通过创新与创业相结合、线上与线下相结合、孵化与投资相结合，为广大创新创业者提供良好的工作空间、网络空间、社交空间和资源共享空间，孵化培育一大批创新型小微企业，并从中成长出能够引领未来经济发展的骨干企业，形成新的产业业态和经济增长点；三是要做好孵化成功科技型企业的后续培育，加快实施全芯科技、东泓科技等一批重大产业项目，培育一批产业发展主体，依托优质项目、骨干企业和产业领军型人才，加速成长型企业的发展壮大。

四、优化空间布局实现集聚、集约发展

1. 以城郊工业园区为载体形成都市工业集群

包括中心城区和中心城区近郊区域，配合中心城区空间拓展，增量发展与存量调整相结合发展都市工业，推进制造业服务化和培育生产性服务业相结合建设服务业集聚区，发展壮大动漫产业建设国家级动漫产业基地。

都市工业既要增量发展，集聚印刷和记录媒介复制业，文教、工美、体育和娱乐用品制造业，家具制造与服务业等典型的都市工业部门；更要存量调整，加速纺织服装、机械制造等原有工业的转型升级。要按照都市工业的绿色、集约等

特点，调整中心城区及近郊区的工业布局，引导占地面积大、环境影响大的工业企业转型发展或进行空间转换。

充分发挥中心城区及其近郊区位优势，引进企业集中配置服务型制造中的服务业务，集聚生产型服务业，尤其是与智能制造相关的信息服务业，与研发和技术成果转化相关的科技服务业，以及物流、金融等生产性服务业。

在充分发挥中心城区及其近郊区位优势的基础上，着手建设各种类型的众创空间，在继续加大动漫产业集群培育力度的同时，加速培育文化创意、信息服务等新兴产业，率先形成文化创意、研发设计、信息服务等产业集聚区。

加快推广城市工业社区发展模式。加快下应经验和首南经验的总结推广，出台有关工业政策，对33平方千米中心区的非园区工业企业实行倒逼式、强制性迁移，同时在无法落实空间的工业集中区域研究新建城市工业社区，进行集中解决。

2. 以南车产业基地为载体形成交通装备产业集群

加快宁波南车产业基地的集聚发展，搭乘我国以高铁产业为战略性产业加速对外直接投资的历史性机遇，建设我国乃至世界的轨道交通装备产业集群。

加快推进宁波南车产业基地的基础设施建设，以一流的工业园区环境，为相关产业集聚创造优越的园区环境。

引导、支持中国南车做精主业、拓展产业链，加速打造中国南车城轨整车、超级电容车、低地板车、中低速大功率柴油机等主打产品的制造基地与海外出口基地。

引导建立中国南车与本地相关企业的产业联系，有效推动宁波及周边地区五金加工、电子元器件、新材料、机电设备、精细化工和工业设计等1 000多家企业的转型升级。

3. 以经济开发区为载体培育海洋产业集群

立足滨海临江的区域优势，大力发展船舶、汽车零部件制造等装备制造业、节能环保新材料等产业，构建"高端、高质、高新"的千亿能级海洋产业高地。

加快推进围涂填海工程，为产业集聚创造土地要素保障。加快滨海码头等基础设施建设，为产业集聚创造优越的基础设施配套条件。加大招商引资力度，重点打造海洋船舶与装备集聚区、海洋新能源集聚区、海洋环保集聚区。

第四节　浙江省工业强区制造业发展的比较

一、浙江省工业强区排名

根据工业强县（市、区）综合评价涉及的质量效益、自主创新、结构调整、"两化"融合和绿色发展等 5 个一级指标、19 个二级指标。[1]

2013 年，综合得分居前三位的是滨江区、鄞州区、萧山区。在宁波大市范围内，慈溪市、余姚市排名第 4、第 8，北仑区排名第 9，镇海区排名第 17。杭州的余杭区排名第 11。[2]

排名前三的滨江、鄞州、萧山区均属中心城市的近郊区，也都是撤县建区的行政区域，具有较强的可比性。五个一级指标中，鄞州区相对领先的是绿色发展，指数远高于萧山区，与滨江区的差距并不大；相对落后的质量效益与"两化融合"二项指标指数，质量效益指数滨江区与萧山区都处在领先地位，鄞州区与它们的差距在 10 个点以上，"两化"融合指标滨江区领先优势明显，鄞州与萧山区的差距是很明显的；居中的是自主创新与结构调整，自主创新领先萧山区优势明显，结构调整指数也领先于萧山区（见表 4-2）。

表 4-2　2013 年度浙江省工业强县（市、区）综合评价部分结果

县（市、区）	质量效益	自主创新	结构调整	两化融合	绿色发展	总得分	总排名
滨江区	81.8	92.7	93.6	84.8	80.5	86.36	1
鄞州区	71.8	84	81.9	57.1	74.8	75.39	2
萧山区	82.2	70.5	78.6	61.9	57.0	72.08	3
慈溪市	58.7	86.2	89.3	63.2	48.6	68.74	4
余姚市	54.1	77.0	73.1	59.7	42.4	60.69	8
北仑区	74.7	50.5	68.9	63.3	34.5	59.51	9
余杭区	51.7	60.0	78.6	61.1	40.0	57.16	11
镇海区	69.3	38.5	47.2	58.3	46.3	53.05	17

---

[1] 《浙江省工业强县（市、区）综合评价办法（试行）》。
[2] 《浙江省 2013 年度工业强县（市、区）综合评价报告》。

在宁波市的五个县（市）区比较中，鄞州区最突出的领先优势在绿色发展，其次是质量效益，自主创新与结构调整稍落后于慈溪市，相对落后的是"两化"融合。

二、萧山区的经验借鉴

经国务院批准，1988 年撤县设市，2001 年 3 月 25 日，撤市设区（撤销县级萧山市，成立杭州市萧山区）。2013 年 8 月 30 日，浙江省政府批复如同意撤销瓜沥镇、坎山镇、党山镇建制，合并设立新的瓜沥镇。该镇辖 11 个社区、63 个行政村，镇政府驻航坞路 220 号。行政区划调整后，萧山区辖 15 个镇、11 个街道。

2014 年，萧山实现地区生产总值（GDP）1 728.32 亿元，按可比价格计算，比上年增长 8.1%。按户籍人口计算的人均 GDP 达到 138 309 元。按国家公布的当年平均汇率折算，人均 GDP 突破 20 000 美元，达到 22 516 美元。2014 年末总户籍人口 125.54 万人，其中非农业人口 56.44 万人，全区另有登记在册的流动人口 108.48 万人。工业是萧山经济的支柱，截至 2014 年年底，全年实现工业总产值 4 740.00 亿元，比 2013 年增长 5.6%；实现工业销售产值 4 644.87 亿元，增长 5.1%；工业产品销售率达到 98.0%。其中，规模以上工业实现产值 4 173.46 亿元，增长 6.3%；实现销售产值 4 089.70 亿元，增长 5.9%。

改革开放以来，萧山经济和社会取得长足发展，国内生产总值以年均超过 10% 的速度增长，多次荣获"全国农村综合实力百强县（市）""全国明星县（市）""全国十大财神县（市）""国家卫生城市""浙江省品牌强县（市、区）""中国最令人向往的城市十强""浙江省科技综合实力第一名""大陆极具投资地第一名""全国百强县市第七名""中国园林绿化产业基地"等称号，是浙江省的首批小康县（市）。同时被命名为中国园林绿化产业基地、中国纺织生产基地、中国羽绒之都、钢结构之乡、中国伞乡、中国镜乡、中国化纤名镇、中国制造业十佳投资城市、亚洲制造业示范基地、中国汽车零部件产业基地、中国淋浴房之乡、中国卫浴配件基地、中国花边之都、中国纸业之乡、中国花木之乡、中国民间文化艺术之乡、浙江省青梅之乡、浙江省十大旅游休闲城市、华东地区十大旅游休闲风情城市、浙江省旅游强区的称号。

工业是萧山国民经济的支柱产业，萧山区政府为了提升经济发展水平，采取了一系列针对性的措施。构建企业强化，引领科学发展。区委、区政府十分注重工业企业的强队建设，通过宣传造势，环境强势，政策扶持，力促工业企业做强做大，到 2005 年末，全区规模以上工业企业达到 1 826 家，规模以上工业产值占全部工业产值的比重 87.1%。亿元销售产值以上企业达到 308 家，其中 10 亿元以上 22 家，100 亿元以上 2 家；突出自主创新，提升发展质量。依靠科技进步，突出自主创新，提升核心竞争力，是萧山区委、区政府确立的工业发展导向，通过大力实施"百亿技改、百亿研发"的"两大百亿工程"，在增强硬件投入的同时更加注重软技术的投入，工业性投入无论在项目的科技含量、投资密度还是投资推动高新产业发展、传统产业提升上，都有显著提高；着力打造先进制造业基地，致力发展区域优势特色产业。近年来，萧山以化纤纺织、机械汽配、羽绒服装、钢构网架、精细化工等五大制造业主导产业的产业链进一步拉长，配套能力进一步增强，核心竞争力进一步提升，2005 年年底，全区共有纺织印染企业 2 000 余家，其中规模以上企业 488 家，亿元以上企业 62 家，实现工业总产值 826 亿元；品牌战略稳健推进，管理创新成效明显。区委、区政府成立"区品牌工作推进委员会"，出台《萧山区名牌推进战略实施规划》，加强引导、加大扶持，取得了较为丰硕的成果：到 2006 年 10 月，全区已拥有各级名牌产品 151 个，其中国家级名牌 14 个，省级名牌 40 个，杭州市级名牌 44 个，区级 43 个。著（驰）名商标 121 个，其中国家级驰名商标 3 个，省级著名商标 54 个，杭州市级著名商标 65 个；稳健推进"工业兴区"战略，大力培育新的经济增长点。着力打造工业经济发展平台。在新一轮经济发展中，萧山工业将积极培育新的经济增长点，着力开展打造一园（杭州萧山高科技园）、两区（江东、临江工业区）、五基地（汽车电子、数控机床、精密模具、软件业、生物工程等五大高科技产业基地）。

近几年，萧山区国内生产总值、工业总产值等主要经济指标实绩居浙江省县（市、区）级首位。2014 年，萧山区再度上榜科学发展百强区和投资潜力百强区，分别排名第四位和第五位，双双位列浙江省第一。创新能力再上台阶。2014 年，全区加大转型升级力度，加快发展信息（智慧）经济，传统产业提升发展持续推进。全区规模以上高新技术企业实现销售产值 1 181.45 亿元，比 2013 年增长 5.5%，占规上工业销售产值的比重达到 28.9%；拥有区级以上新产品 932 项，市级以上创新项目 70 个。全年累计实现新产品产值 1 239.57 亿元，增长 18.9%，新产品产值率达 29.7%，比 2013 年提高 3.2 个百分点。企业效益有所提升。全区 1 875 家规模以上工业企业实现销售收入 4 084.73 亿元，比 2013 年增长 3.7%；实现利税总额 326.83 亿元，其中利润总额 216.01 亿元，分别增长 12.8% 和 17.3%；亏损面为 11.9%，亏损企业亏损额下降 3.1%；工业销售利润率为 5.3%，比 2013 年提高 0.6 个百分点；全员劳动生产率 18.3 万元/人。

在中国中小城市科学发展评价体系研究课题组研究报告——《2014 年中国中小城市科学发展评价指标体系研究成果》中，萧山区上榜科学发展百强区和投资潜力百强区，分别排名第四位和第五位，双双位列浙江省第一，可见萧山的实力和魅力。杭州市余杭区、西湖区、江干区也位列其中。首次发布的《中国工业企业品牌竞争力2013年度评价榜单》正式出炉，来自萧山的5家企业榜上有名，分别是东南网架股份有限公司、胜达集团有限公司、浙江翔盛集团有限公司、浙江华欣控股集团有限公司以及杭州前进齿轮箱集团股份有限公司，东南网架跻身"中国工业企业品牌竞争力"第74位，胜达集团位居"中国工业（中小）企业品牌竞争力"第5位，翔盛集团、华欣控股、前进齿轮箱集团等3家企业入选"中国工业企业品牌竞争力2013年度评价表彰企业"行列。2014年区委办公室区政府办公室关于《开展"解企难、优环境、强创新"服务工业企业转型升级十大活动的通知》通过开展活动形式推进"三大主线"建设，实施"工业强区、创新强工"战略，奏响工业经济主旋律，擦亮萧山工业金名片，激发企业队伍精气神，打好转型升级攻坚战，大力推进创新驱动、有效投资、两化融合、服务提升等工作，促进我区工业经济在爬坡过坎、克难攻坚中实现平稳发展、健康发展、转型发展。2014年萧山区推出《萧山区差别化用电改革实施办法（试行）》《萧山区工业企业实行差别化分类加收自来水费的实施办法》《萧山区工业企业实行差别化分类计收污水处理费的实施办法》等工业企业效益综合评价差别化配套政策，分别对企业实施用电、用水、排污等资源的差别化供给方式和供给价格。2014年萧山区政府发布《关于开展工业企业效益综合评价的实施意见》，建立工业企业效益综合评价公告制度，将综合评价得出的企业分类名单予以公布，确保评价工作做到公正、公平、公开。同时，坚持"保高效、限高耗"原则，将企业效益综合评价结果应用到经济社会各个领域，根据排序对企业采取分类管理，逐步建立资源要素配置激励奖惩相结合的联动机制。2015年区政府发布《大力推进工业企业"零土地"技改项目审批改革通知》通过实行备案承诺验收制和联审承诺验收制，大幅减少审批事项，提高办事效率，今后，企业不涉及新增建设用地的技改项目在审批时，程序将大大简化。2015年萧山区政府发布《关于推进两化深度融合的实施意见》以发展信息经济和促进智慧应用为主线，以杭州湾信息港等一批创新平台为支撑，基本实现重点领域网络化、智能化产品全覆盖，规上工业企业"机器换人"全覆盖，规上工业企业营销网络化全覆盖，高能耗、高污染企业物联网、机联网制造模式全覆盖。2015年区政府发布《关于加强工业企业梯队建设的实施意见》在工业经济关键领域和重要行业中优化完善企业梯队建设，并从中逐步培育发展一批质量效益好、创新能力强、"两化"融合深、发展潜力大、市场影响广，能适应国际化经营要求，具有可持续发展能力的航母型领军企业和比较优势明显的创新型企业。即打造一批龙头型强企业、壮大一批效益型强企业和培育一批创新型强企业，为萧山区工业经济转型升级、创新发展带好头，起好步。

三、滨江区的经验借鉴

1996 年 5 月 8 日，原属萧山市的西兴镇、长河镇、浦沿镇划入杭州市区，由西湖区托管；1996 年 12 月 12 日，经国务院批准，以萧山市西兴、长河、浦沿三镇为基础成立杭州市滨江区，现有 51 个社区，常住人口 32 万人。

滨江区位于杭州市南，钱塘江下游，距杭州市中心约 7 千米。境内地势平坦，除回龙山、冠山、紫红岭等少量低山丘陵外，均为钱塘江泥沙淤积而成的沙土平原。地质属钱塘江冲积平原，地势平坦，地面自然标高为 5.2 ~ 6.2 米（黄海高程），地表以下 5 ~ 14 米范围内为粉砂、粉细砂，地耐力为 100 ~ 120KPA，可作为工业与民用建筑的天然地基及浅部桩基持力层。大地构造简单，地壳稳定性好，无危害性大的地震等地质灾害发生。

2014 年，全区实现地区生产总值 692.84 亿元，增长 11.5%；财政总收入 169.21 亿元，增长 20.4%，财政总收入增幅连续 3 年位居杭州市第一。全区信息经济总收入 1 273.43 亿元，增长 30%。全区规上工业销售产值突破千亿元，达 1 019.52 亿元，增长 21.8%；实现工业增加值 350.03 亿元，增长 17.1%；万元工业增加值综合能耗 0.07 吨标煤，为杭州市平均水平的 1/10。

2002 年 6 月，滨江区和高新区管理体制调整，实行"两块牌子、一套班子"，既按开发区模式运作，又行使地方党委、政府职能，开启了建设发展的新时期。建区以来，杭州高新区（滨江）以科学发展观为统领，坚持"发展高科技、实现产业化"，发挥体制、机制、管理、服务、区位等优势，吸引创新资源，优化创新环境，不断完善区域创新体系，加快培育内生增长和创新驱动的经济增长模式，经济社会实现了快速健康发展。根据 2014 年 7 月科技部公布的全国国家级高新区综合排名，杭州高新区位列第五，跻身国家高新区第一方阵。连续 3 年在浙江省工业强县（市、区）综合评价中排名第一，成为浙江省最重要的科技成果产业化基地、技术创新示范基地、创新型人才培养基地、高新技术产品出口基地和海外高层次人才创新创业基地。杭州高新区（滨江）全力打造浙江省战略性新兴产业的集聚区、示范区——"智慧 e 谷"。始终坚持把"高"和"新"作为产业发展方向，大力发展高新技术产业和战略性新兴产业，打造了从关键控制芯片设计，到传感器和终端设备制造，到网络通信设备、信息软件开发、物联网系统集成以及电子商务、金融服务、智慧医疗等运用，再到网络运营服务、大数据平台的全产业链和技术体系，培育壮大了阿里巴巴、华三通信、海康威视、大华股份、中控集团、聚光科技等一大批骨干企业，引领和带动了杭州乃至浙江转型升级和产业结构调整。主动适应新常态，走在前列谋新篇，杭州高新区（滨江）踏上了"三次创业"的新征程。紧紧围绕创建国家自主创新示范区核心区、建设世界一流高科技园区两大目标，致力于发展高科技、实现产业化、建设科技新城三大任务，坚持产业引领、创新驱动、产城融合、民生优先四大战略，深化体制改革，优化创新环境，推进依法治区，攻坚城市治理，加强民生保障，确保高新区（滨江）经济发展持续跑在全市快车道上，确保综合实力和竞争力在全省争先进位，确保在国家高新区中始终走在前列。

第五章

鄞州服务业发展战略

20 13 年以来，中国的服务业占比已经超过第二产业，2015 年服务业对经济增长的贡献率更是接近 60%。但从国际经验来看，我国服务业占比仍然要低 10～20 个百分点，未来发展空间巨大。党的十八届五中全会指出，制造业向服务业的转型已迫在眉睫：一是制造业活动收缩，服务业繁荣有助于对冲制造业下滑对经济增长的拖累；二是服务业吸收劳动力能力强，未来传统产能过剩行业过剩产能将继续去化，服务业发展有助于实现劳动力从工业向服务业的转移，缓解就业压力。而服务业发展的"瓶颈"不在需求，而在供给，所以"十三五"时期我国会加速开放服务业，在医疗、教育、养老、健康、金融等领域对社会资本和外国资本扩大开放。从鄞州区服务业发展来看，2014 年鄞州区服务业增加值占 GDP 的比重仅为 37.6%，远低于全国平均水平，"十三五"将是鄞州区服务业发展的关键时期。本章从分析鄞州服务业发展背景与现实基础出发，提出了鄞州服务业发展的战略定位、战略目标、战略重点，比较分析了杭州萧山区、余杭区、南京浦口区、苏州吴江区服务业发展举措，以期为鄞州服务业发展提供借鉴。

第一节　发展背景与现实基础

一、发展背景

（一）进入现代服务业加速发展新阶段

现代服务业的发展与经济发展阶段相对应。人均地区生产总值超过 11 000 美元后，现代服务业进入加速发展阶段，服务业逐渐成为经济的主体。2013 年，我国的人均国内生产总值达到 6 767 美元，处在服务业与制造业并重发展阶段；宁波市人均地区生产总值 15 046 美元，处在服务业加速发展阶段。

（二）现代服务业成为转型升级战略重点

更多依靠现代服务业和战略性新兴产业带动来实现产业结构的战略性调整已成共识。从服务业发展趋势看，突出表现为两个方面：一是由新一代信息技术等新技术催生的云服务等新兴服务业，即新技术催生新产业；二是新一代信息技术等与原有服务业和制造业的融合，即新技术催生出新业态、新模式。相比较而言，产业融合的趋势和作用更为强大。

未来我国服务业发展的三大重点领域为：一是与新技术、新趋势相对应的新产业、新业态的发展，如《国务院关于促进信息消费扩大内需的若干意见》重点扶持发展的就是基于新一代信息技术基础上的信息服务业；二是与制造业结构转型升级相对应的生产性服务业的发展，如，《国务院关于推进文化创意和设计服务与相关产业融合发展的若干意见》《国务院办公厅关于加快发展高技术服务业的指导意见》；三是与经济发展新阶段相对应的具有广阔市场空间并关系民生改善的消费、体验性服务业领域，如，《国务院关于促进健康服务业发展的若干意见》《国务院关于加快发展养老服务业的若干意见》《国民旅游休闲纲要（2013～2020 年）》《国务院关于促进旅游业改革发展的若干意见》。

进入服务业加速发展阶段的宁波市，未来服务业发展重点为：做大做强具有地区优势且支撑城市功能的现代服务业，以港口、物流、贸易的"三位一体"发展，形成商流、物流、资金流、信息流汇集的流量经济，成为基于全球供应链的全球节点城市；着力培育新一代信息技术催生的新产业，并以此为基础大力推进新一代信息技术与其他产业的融合；着力培育为制造业转型升级服务的生产性服务业，推进制造业与服务业的融合发展；着力培育与未来的消费升级相对应的现代服务业，包括健康、养老、旅游休闲、公共服务业等。

（三）"一带一路"战略赋予建设国际门户区的战略新机遇

国家实施的"长江经济带"与"21世纪海上丝绸之路"战略，赋予了位于"长江经济带"与"21世纪海上丝绸之路"交汇点，且拥有国际大港的宁波十分难得的历史机遇，未来5~10年宁波将实现从国际大港向国际强港转变，鄞州作为宁波市经济实力最强的城区，如果能够抓住这一机遇，将会使鄞州服务业得到快速发展。

（四）经济服务化带来服务业重大发展机遇

我国进入经济服务化新阶段后，国家、省、市等各级政府重视发展服务业，出台的系列政策为鄞州区未来5年的发展创造了良好的外部政策环境。以新一代信息技术为基础的产业、业态、模式创新带来城市经济发展的新空间，为鄞州区服务业发展提供了新动力。

（五）新型城镇化带来服务业重大发展机遇

国家为推进新型城镇化所采取的一系列措施，尤其是户籍制度的改革，将会快速推进宁波全域城市化的空间拓展，宁波中心城市的发展进一步提速，为鄞州服务业的发展提供了机遇。在上海提出建设全球城市的目标后，长三角城市群内二级城市的分工与联系更加紧密、竞争也会加剧，在此过程中，宁波中心城市急需迅速提升功能以增强城市竞争力，急需拓展新的发展空间以增强城市持续发展潜力，近10年来鄞州中心城区大规模的空间拓展为城市经济发展提供了强大的空间载体支持，为鄞州服务业发展提供了机遇。

鄞州服务业发展的挑战主要来自于周边区域的竞争，传统生产要素贡献持续减弱，低成本比较竞争优势持续弱化，中心城区发展空间相对不足，环境治理紧迫性持续增强等制约因素。

二、现实基础

（一）速度与规模

1. 服务业增速在波动中略有上升

鄞州区紧紧围绕"打造质量新鄞州、建设国内一流强区"的目标，坚持稳中求进、稳中提质，在全市各县（市）区范围内，服务业增速近9年一直领跑全市（见图5-1）。"十二五"期间，增速放缓，处于中游。2011年，全区实现服务业增加值319.0亿元，同比增长10.3%；2012年，全区实现服务业增加值368.7亿元，同比增长8.4%；2013年，全区实现服务业增加值422.8亿元，同比增长12.3%；2014年，全区实现服务业增加值488.4亿元（增加值排名全市第一），同比增长9.1%。鄞州因生产性服务业增速放缓，生活性服务业增速波动，使得整体增速逐步回落（见图5-1）。

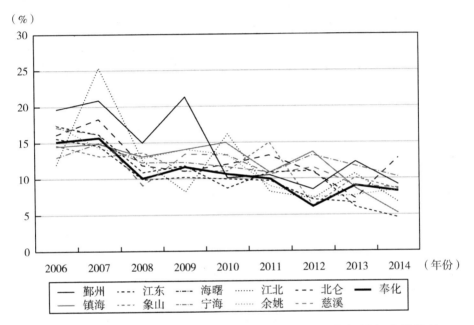

图5-1　鄞州区与其他县（市）区的服务业增加值年增长率的比较

总体上看，"十二五"期间，服务业增加值及增速未达预期，完成规划目标有难度。

2. 服务业规模较为领先

2006年以来，全区服务业增加值呈现逐年稳定增长的态势，总规模从2006年的135.8亿元增长到2014年的488.4亿元，服务业规模仅次于海曙区，领先于其他县（市）区，但与"十二五"规划的600亿元目标仍然有差距，完成规划目标有难度（见图5-2）。

2006～2007年，全区服务业增加值在全市各县（市）区居第3位。2008～2013年，连续6年居第2位，仅次于海曙区，并于2014年居首位（见图5-2）。

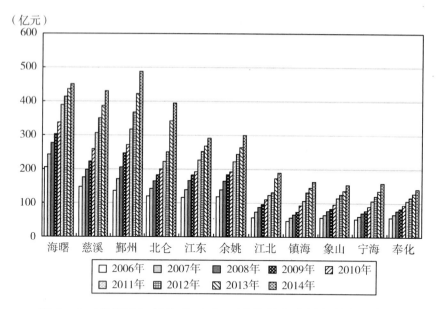

（亿元）

图5-2　鄞州区与其他县（市）区的服务业增加值的比较

（二）地位与结构

1. 服务业增加值占比相对偏低

鄞州区服务业增加值占地区生产总值的比重基本稳定，未超过40%，2014年达到37.6%，有望达到"十二五"规划的要求目标40%，但与海曙、江东、江北，仍存在较大的差距（见图5-3）。

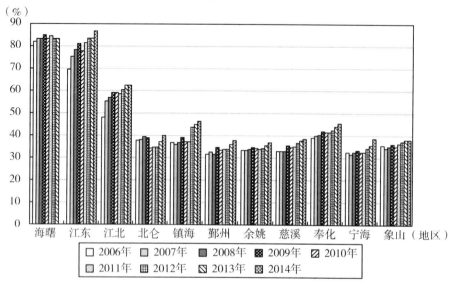

（%）

图5-3　鄞州区与其他县（市）区的服务业增加值占GDP比重的比较

2. 以三大传统行业为主

批发和零售、住宿和餐饮业以及交通运输、仓储和邮政业等传统行业占主导地位。通过从业人员基于宁波市计算得到区位商结果显示，2013年，批发零售业专业化水平最高，其次是住宿餐饮业和交通运输、仓储和邮政业，这三大传统行业占据服务业主导地位，但均呈现逐年下降的趋势，并在2010年以后出现区位商的明显下降。居民服务和其他服务业则表现出较为稳定的状态。租赁和商务服务业则较为波动，2011年后区位商逐年增加，其专业化程度走高，与鄞州建设南部商务区，发展总部经济等因素有关。

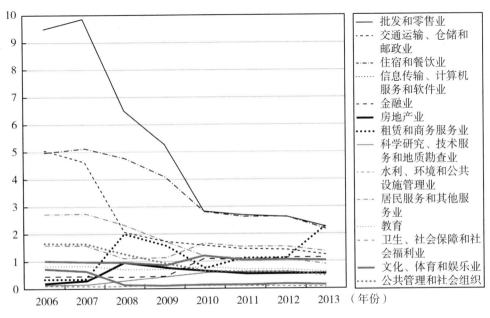

图 5-4　鄞州区服务业从业人员区位商变化

（三）重点行业发展

1. 批发零售业

鄞州区批发零售业以批发业为主。从商品销售总额看，批发业所占比重接近80%；从增加值看，批发业所占比重达90%以上；从从业人员看，批发业约占70%。

社会消费品零售总额。2011年，鄞州区实现社会消费品零售总额269.6亿元，同比增长19.9%；2012年，全区实现社会消费品零售总额314.4亿元，同比增长16.6%；2013年，全区实现社会消费品零售总额356.3亿元，同比增长14.5%；2014年，全区实现社会消费品零售总额405.0亿元，同比增长13.5%。总量规模全市范围内处在慈溪和海曙之后（见图5-5）。

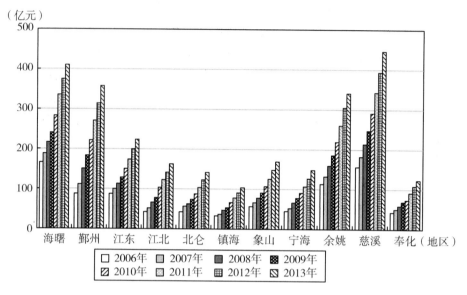

（亿元）

图例：
2006年　2007年　2008年　2009年
2010年　2011年　2012年　2013年

图 5-5　鄞州区与其他县（市）区的社会消费品零售总额

零售业。鄞州区零售业中，2013 年，汽车、服装鞋帽针纺织品类、石油及制品类销售额要占 70% 以上，其中，汽车类销售超过零售业销售额 50% 以上。2014 年全年限额以上零售业中，汽车类零售额 119.5 亿元，同比增长 3.4%；服装鞋帽针纺织品类零售额 28.7 亿元，同比增长 11.5%；石油及制品类零售额 20.7 亿元，同比增长 9.1%；日用品类零售额 9.7 亿元，同比增长 8.5%；食品饮料烟酒类、家用电器音像制品类增长较快，同比分别增长 28.4% 和 56.2%。

2. 住宿和餐饮业

住宿餐饮业有序发展。2012 年，住宿餐饮业营业额 38.3 亿元，同比增长 23.6%，零售额 27.1 亿元，同比增长 18.4%。2013 年，住宿餐饮业营业额和零售额分别达到 43.2 亿元和 29.2 亿元，同比分别增长 15.5% 和 8.8%。2014 年，全区住宿餐饮业零售额和营业额分别达到 32.9 亿元和 50.7 亿元，同比分别增长 11.8% 和 15.3%。住宿餐饮业增速逐季下降。

3. 交通运输、仓储和邮政业

交通运输、仓储和邮政业中，港口与铁路运输属纵向管理行业，不在鄞州区的统计范围内。除了这两个行业外的交通运输、仓储和邮政业是鄞州区服务业的支柱行业之一。

（四）"十二五"期间的成绩与问题

面对极其复杂的宏观经济环境，全区上下共同努力，攻坚克难，现代服务业发展取得十分不易的成绩，但也存在不少问题。

1. 取得的成绩

服务业小幅波动，在地区经济总量中较为领先。在极为不利的宏观经济环境下，服务业增加值增速相对稳定，居全市各县（市）区前列。

商务楼宇、城市综合体、服务业集聚区建设向前推进，为今后的发展打下扎实基础。全区已建成商务楼宇48幢，共174.2万平方米，有3323家企业入驻，入驻的面积124.9万平方米。南部商务区一期已有30幢商务楼宇投入使用。

科技创意、商务服务等新型服务业发展起步。文化创意产业异军突起，成为服务业的新增长点。商务服务业发展步伐加快。

2014年，新增高新技术企业56家，市级科技型企业48家，省级创新型试点企业2家，累计拥有高新技术企业296家，市级科技型企业64家，国家和省市级创新型企业67家。全区累计拥有国家级企业工程中心5家，省级高新技术企业研究开发中心69家。新增省、市级专利示范企业12家和10家，累计拥有国家级专利示范企业1家，省级专利示范试点企业58家，市级专利示范试点企业71家。全年共获各类授权专利12 081件，其中发明专利697件。专利申请17 224件，发明申请3 651件。全区累计获得国家级科技项目19项。

动漫游戏等新兴产业被列为文化创意产业发展的重点。鄞州区已集聚动漫游戏企业30多家，其中注册资金千万元以上的11家。原创动画片已有18部在省级以上电视台播出，其中7部成功登陆央视。

2. 存在的问题

服务经济比重过小，区域竞争加剧。2014年，鄞州区第三产业增加值488.4亿元，同比增长9.1%，第三产业占地区生产总值比重仅37.6%，远低于宁波市平均水平44.6%。与同类区域的比较来看，鄞州服务业增加值占比处于相对较低地位。近几年，萧山区在城市发展竞争力上已追赶并超过鄞州区，余杭区也在快速追进，鄞州在同类区域的竞争力排名中有所下降。2014年，全国市辖区综合实力百强排名（科学发展百强区）中，鄞州区排名第五，落后于萧山区。当前各地经济竞相发展，鄞州既要和萧山等强区竞争，又要面对慈溪、余姚、余杭等追赶者，面临区域发展地位和影响力可能下滑的现实威胁。

传统优势正在减弱，亟须转型发展。虽然鄞州文化底蕴深、企业数量多、底子厚实，发展取得了辉煌成就，但由于鄞州的传统制造业、传统商贸业所占产值份额比重较大，较容易受到新兴工业化和商贸互联化的冲击。在新常态背景下，国外经济复苏缓慢导致企业出口疲软，环境要素制约进一步加大，企业面临的市场竞争日益激烈、要素成本压力增大，产业用地局面紧张，曾借改革开放和先行发展所积聚的优势正逐渐减少，城市产业发展层次向高端攀升遇到低潮期，亟须加快产业转型发展步伐，打造鄞州城市经济发展的"升级版"。

总部楼宇空置率较高，开放性有待提升。鄞州总部经济以南部商务区、创新128产业园和中心城区楼宇经济为主。调查表明，由于大量商务楼宇集中开发和市场需求低迷的双重原因，目前我区空置的总部楼宇需要 5～10 年方能消化。总部经济开发性程度有待提高，全区 47 家总部企业中，本土总部企业达 33 家，占比 70.22%，本土总部企业比重过大，同时总部基地运作以内部循环模式为主，与长三角主要节点城市总部经济联系不多，导致整体开放性不足。

新兴业态集聚不足，规划引导有待加强。宁波是长三角经济圈的重要节点城市，鄞州是新兴业态布局的重点区域。近年来，工业 4.0（个性化订制）、孵化经济、信息经济、文创经济、体验经济、健康产业等一批新型业态异军突起，创新型生产性服务业成为城市经济发展的新增长点。由于缺乏专项规划引导，导致定位不清、发展针对性不强，加上成长性孵化企业缺少风投资金支持，鄞州新兴业态布局呈现出总体规模小、发展不均衡和空间布局分散的不良特征。集聚度不高导致要素配置成本过大，不利于新兴产业和业态发挥集聚效应和规模效应。

第二节　鄞州服务业发展的战略定位与目标

一、鄞州服务业发展的战略定位

以科学发展观为指导，深入贯彻落实党的十八大及十八届三中、四中全会精神，积极对接和把握国家"一带一路"、长江经济带、新一代信息技术集成应用等战略机遇，加快发展文创经济、孵化经济、商务中介等新兴业态，以产业转型升级的突破、城市服务功能的完善、区域辐射范围的拓展，实现鄞州区服务业发展规模、发展质量、发展地位三大提升，努力构建结构合理、特色鲜明、支撑有力、竞争力强的服务业发展体系，初步建成服务大宁波、融入长三角、对接海内外的宁波南部新城。

二、鄞州服务业发展的基本原则

1. 特色发展原则

有所为而有所不为。发挥优势、因地制宜、凝聚特色，重点发展与鄞州优势产业关联度高、基础配套设施完善、技术应用条件成熟的特色产业和产品，打造鄞州服务业发展的新增长点。

2. 改革驱动原则

不谋全局者不足谋一域。全面、系统推进服务业发展体制改革，依托重点工程，优化服务业空间布局，加强产业发展政策引导，强化法规约束，规范市场秩序，拉动市场需求，促进产业发展。

3. 融合创新原则

科技创新是第一生产力。把握物联网、互联网引起的生活方式、生产经营方式变革的历史机遇，以新技术、新业态、新模式作为发展引擎，融合传统、培育新兴、走向国际，提升鄞州服务业发展层级。

4. 科学发展原则

用科学发展观武装头脑。以资源配置优化和过剩产能作为产业结构调整的重点，通过消化一批、转移一批、整合一批、淘汰一批，调整产业布局，引导产业集约发展，促进产业链向中高端延伸。

三、鄞州服务业发展的战略目标

"十三五"时期，通过实施"2＋3＋3"重点产业发展战略，到2020年，实现城市发展由规模扩张为主向功能提升、空间优化为主转变，服务业发展规模、质量、地位明显提升，城市综合承载能力显著增强，城市综合治理能力全面提高，把鄞州建成高智能的创业创新实践区、高品质的新型服务经济先行区。具体目标如下。

服务业增加值：按年均增长8.5%测算，由2014年的488.4亿元增长至2020年的797亿元。

服务业投资：按年均增长10%测算，由2014年的419亿元增加至2020年的742亿元。

社会消费品零售总额：按年均增长10%测算，由2014年的405亿元增长至2020年的717亿元。

服务业增加值占GDP比重：由2014年的37.6%提高至2020年的41%。

文化产业增加值占GDP比重：由2014年的5.4%提高至2020年的7%。

信息化指数：由2014年的5.4%提高至2020年的7%。

第三节　鄞州服务业发展的战略重点

鄞州服务业可以通过"2＋3＋3"重点产业发展战略，推动服务业发展实现由"传统集聚"向"多元集聚"转变。

2——围绕发展规模提升，拔高二大服务业支柱产业：现代商贸、绿色地产；

3——围绕发展质量提升，做强三大服务业新兴业态：孵化经济、文创经济、商务中介；

3——围绕发展地位提升，打造三大服务业特色经济：现代金融、现代物流、休闲旅游。

一、拔高二大支柱产业，提升城市发展规模

（一）现代商贸

1. 现代商贸发展思路

抓住互联网经济和地铁经济的历史性机遇，以构建区域特色鲜明、营销模式新颖的现代商贸为目标，以商贸综合体差异化发展和"电商换市"为主要抓手，创新业态、提升档次、突出特色，激发区域商贸业的创新活力。同时优化政府管理机制，健全公共商业服务体系，加强基础配套设施建设，从整体上推动鄞州区商贸业的行业结构、业态结构和空间布局的优化，努力打造宁波商业副中心。

2. 现代商贸发展路径

借助O2O融合，加快"电商换市"进程。移动互联网时代，消费者的购物需求越来越碎片化、随机化，亟须加快电商换市进程。搭建应用软件系统和电商交易平台，通过注册制度便利化、放宽资本和住所等方式，做好线上、线下两张网的企业服务工作，引导商家对传统商业门店、PC端、移动端和TV端的全覆盖、全流程的O2O融合。建立区域性零售电商平台，充分发挥我区零售业、物流业发达、消费潜力巨大的优势，构建一个服务于整个宁波大市范围的零售平台，达到当日订单当日收货。扶持"海商网""我要印""蓝橙网"等新兴电子商务平台和网上商品交易市场，支持有条件的大型企业电子商务平台向行业平台转化。抓住宁波市获批跨境贸易电子商务服务试点的机遇，依托宁波空港国际贸易示范区，大力发展跨境贸易电子商务。

打造竞争力强、辐射范围广的智能化商圈。依托万达综合商贸圈、中河BEST时尚商业圈、下应—潘火家居商业圈、长丰月光经济圈等重点商圈，抓住地铁交通建设机遇，加快地下走廊建设，加强整体宣传推介力度，构筑智能化、精品化、品牌化的鄞州商圈文化。加大政府政策引导力度，在加快城市商业综合体建设的同时，明晰各大商贸综合体的特色化与产业化发展定位，避免同质化竞争，注重商业氛围的打造和休闲娱乐等体验式功能的完善。加快创新销售模式、营销模式和物流配送模式，引入智能交通引导、移动支付体系、商圈VIP移动服务平台等现代信息技术，努力构筑以万达商圈为核心，以特色商圈为辅助，以商业街为亮点、以社区商业为网络的布局合理、服务完善、线上线下协同发展的智能化商圈。

超前谋划地铁交通沿线商业业态格局。未来5年，规划、建设与通车的六条地铁交通线，将会对鄞州区消费者的出行方式、人流导向、目的地以及消费结构带来重大影响，将会重塑鄞州区商圈、商业街及社区商业发展业态与空间格局，将促使鄞州区现有商业格局从仅考虑地面发展转向地面、地下立体式联动发展。凸显快速、便捷和时尚的地铁文化特色，超前谋划轨道站点、地下通道、地下商业街等地上与地下立体商业空间，科学规划鄞州区地铁轨道交通沿线商业业态发展和空间格局。重点谋划2号线与5号线交会的石碶站、3号线与5号线交会的鄞县大道站、4号线与5号线交会的学府路站及其周边商圈发展规划。

创新发展特色商业街、夜市街区和社区商业。充分挖掘商业街区文化内涵，加强商业街区独特性和差异化功能定位，打造一批融餐饮、购物、旅游休闲、文化娱乐、艺术欣赏于一体的品质化、精致化、特色化的知名特色商业街和夜市街区。扶持发展"特色街区"，按照"一街一特色"凸显舟宿夜江娱乐休闲、甬上传说餐饮文化、南部商务区水街、下应北路汽车4S大道等街区的个性和特色，促进商贸与文化、旅游的互动融合发展。大力发展智能社区商业模式，探索社区商业"电子商务平台＋社区智能便利店＋集成网络终端"的发展模式，推动社区实体店和网络零售商之间的优势互补，深入推进社区商业连锁化、品牌化发展，推动更多国内外知名品牌进入社区，加快提升社区商业服务水平和质量。

（二）绿色地产

1. 绿色地产发展思路

绿色建筑是最大限度地节约资源（节能、节地、节水、节材）、保护环境和减少污染，与自然和谐共生的建筑。以绿色、循环、低碳理念指导城乡建设，从政策法规、体制机制、标准规范、规划设计、建设运营、技术进步和产业支撑等方面有效推进绿色建筑发展，转变城乡建设模式和建筑业发展方式，提高城市环境质量，推进生态宜居城市建设。

2. 绿色地产发展路径

积极推进绿色生态城区建设。强化规划指导，引导区域绿色生态建设，推进绿色建筑规模化发展。探索以开发区或功能区、低碳发展实践区等为单位，组织编制绿色生态城区建设的规划原则和实施方案，明确发展目标、路径、相关措施，明确空间利用、绿色建筑、绿色交通、能源、可再生能源利用、水资源保护、非传统水资源利用、绿化、材料和废弃物回用等控制指标。新建民用建筑原则上全部按照绿色建筑一星级标准建设。至"十三五"末，按照绿色建筑二星级及以上标准建设的建筑面积比例不低于50%。推进既有建筑节能改造，建立鄞州区政府机关办公建筑和大型公共建筑的能耗监测系统，实现大型公共建筑能耗实时监测及数据上网传输。健全和完善既有公共建筑节能改造机制，至"十三五"末，改造后单位建筑面积能耗下降20%以上。

加快适用技术和绿色建材的推广应用。加快绿色建筑共性和关键技术研发，积极开展BIM（建筑信息模型）技术应用，以及结构、保温、装饰一体化外墙系统、被动式节能措施、高效空调、带热回收的新风系统等技术研发；推进可再生能源建筑规模化应用，建设一批太阳能光热、光电等可再生能源在建筑应用的示范项目；推广自然采光、自然通风、遮阳、高效空调、热泵、带热回收新风系统、雨水收集、河道水利用等技术；加快普及高效节能的照明产品、风机、水泵、热水器、电梯及节水器具。加强绿色建材推广应用，大力发展安全耐久、节能环保、便于施工的绿色建材，引导高性能混凝土、高强钢筋发展利用，鼓励采用循环利用材料。

推动房地产业拓展城市配套服务。积极推进房地产各种业态之间的融合发展，实现各类业态的联动发展，实现住宅地产与商贸商务业的协同发展，推动房地产业由传统的单一建筑商向城市配套服务商转变。鼓励房地产企业通过拓展建筑外业务，创新社区服务"五菜一汤"模式，拓展社区食堂、超市、银行、药店、洗衣店、幸福街市等各项业务。鼓励房地产商在社区建立信息管理系统、电子商务系统，打造集物业管理自动化、系统化、信息化于一体的服务平台，整合居民的衣、食、住、行、娱、购、游等领域的周边商户资源，通过审核把关，构建社区1千米微商圈。

加强政府政策扶持与监督管理。落实鄞州区建筑节能扶持政策，对符合示范要求的绿色建筑、装配式建筑项目，由区级财政给予适当资金补贴。加强产业服务能力建设，支持构配件生产企业扩大产能、改造技术、节能减排，鼓励工业园区引入符合条件的构配件企业。采取引导措施，鼓励开发、设计、构配件生产、施工、科研和咨询服务等单位组建产业集团、联合体或联盟，打造完整产业链；

鼓励有实力大型施工企业，走设计、施工一体化道路。提升合同能源管理服务、绿色建筑咨询和检测、建筑能效测评、节能量审核等机构水平。严格建设全过程监管，在建设工程项目土地出让、立项审查、规划审批等各环节，严格落实绿色建筑相关强制性标准和管理规定。

二、做强三大新兴业态，提升城市发展质量

（一）孵化经济

1. 孵化经济发展思路

抓住全国进入"大众创业、万众创新"的新机遇，以打造"孵化、培育为一体""专业式、保姆式相结合"的文创经济孵化区为目标，依托高新技术创业服务中心优势，打造"保姆式"创业平台，健全政策支持、创业投资、科技研发到市场拓展、产品升级、资本运作的综合性创业服务体系，促进孵化经济由"外推型"向"内生型"转变。

2. 孵化经济发展路径

积极推进孵化器集群化建设。在做大、做强现有孵化器的同时，引导更多社会资本投入孵化器建设。鼓励现有的孵化器根据自身条件实现特色发展，形成各有分工、彼此联系的孵化器体系。进一步强化孵化器、孵化基地之间的联系，形成以贯穿"鄞县大道"为轴线、鱼骨式串联的鄞州"孵化器＋孵化基地"模式，全面覆盖鄞州区工业企业集中区域。优化运营机制，提高孵化器竞争力。继续完善鄞创孵化器联合体的运作模式，实现全区孵化器的整合提升。继续完善孵化器内部的运营机制，强化激励，提升服务功能。建立完善孵化器与公共技术服务平台、产业园区的协作机制，共同打造孵化产业链。

提升完善孵化服务功能。进一步加大孵化器服务能力建设的力度，建立健全服务功能体系。重点完善创业辅导服务、管理咨询服务、交流培训服务、项目推介服务、市场推广服务、融资投资服务、人才引进服务、专业服务以及基础设施服务等服务功能，为在孵企业创造一个良好的创业环境。引导公共技术平台建设与孵化器建设的协同，增强孵化器的专业技术服务能力。依托"三园区两基地"，建设成长型企业加速器，通过核心技术支撑，尽快催熟毕业企业。加大对风投基金的支持力度，引导科技金融发展与孵化器建设的协同发展，在增强孵化器金融服务功能的同时，探索孵化器资本动作的盈利模式，培育壮大孵化服务业。

大力推进专业孵化器建设。专业孵化器了解产业特点和创业企业的迫切需

求，孵化器的专业团队与高校、科研院所、跨国公司的研发机构联系紧密。大力推进"专业式"孵化平台建设，优化多元主体的孵化体系，引导孵化基地向专业孵化器转变，通过为创业企业提供专业信息、咨询和技术服务，帮助初创企业开阔眼界，找准研发方向，突破发展"瓶颈"。创新孵化器建设模式，鼓励现已建成的各类孵化器创新海外人员创业孵化模式，加大力度引进海外科技人员入驻。探索建立与海外孵化器的联系，探索合作设立海外孵化器，为企业利用海外科技资源开展研发活动反哺本土企业提供平台，为企业实现海外上市提供渠道与服务，为引进海外科技成果与人才来本地创业提供平台。

着力培育网络虚拟孵化器。网络虚拟孵化器是通过现代信息交流手段，以互联网为平台，在物理孵化器的基础上，进一步拓展创业孵化的功能，发挥资源配置作用，促使企业做大做强。抓住新一代信息技术深度应用的机遇，加大对实体孵化器网络化改造支持力度，建设网络虚拟孵化器，实现线上与线下联动的孵化器发展 O2O 模式，拓展全区孵化器发展空间。借助鄞创科技孵化器搭建互联网平台，建设免费网络孵化器，对未能进入孵化器的中小企业进行评价、提供服务，帮助中小企业渡过创业难关，促其快速发展。

（二）文创经济

1. 文创经济发展思路

坚持传统产业和新兴产业相结合、发掘传统文化和引领时代风尚相结合，以打造产业载体完备、创意氛围浓厚的文创经济集聚区为目标，大力发展以"人脑＋计算机＋文化"为特征的文创经济，集群发展软件开发、动漫游戏、创意设计、文化娱乐、婚庆策划、影视传媒等重点产业，推动文创企业层次和产品档次双提升。

2. 文创经济发展路径

大力推进软件和信息技术服务业。应充分利用国家"互联网＋"发展战略以及鄞州区装备制造业转型升级这一有利时机，积极发挥互联网在生产要素配置中的优化和集成作用，将互联网的创新成果深度融合于实体经济发展之中，提升实体经济的创新力和生产力。以"创新128产业园"、科技信息孵化产业园等园区为依托，集聚一批有潜力的软件和信息技术服务企业，重点促进产品与装备智能化所需的软件、芯片、传感器等的研发制造。力促本地软件信息企业和广大实体经济企业的合作与交流，加强产业双向互动。鼓励高格软件、国研科技等有条件的高新技术企业研发拥有自主知识产权的嵌入式操作系统或软件平台，为传统制造业提供过程控制、资源管理、供应链管理等技术解决方案，以提升实体企业的综合竞争力。

大力发展动漫游戏和创意设计业。依托国家动漫游戏原创产业基地，完善产品交易、人才培训、设施共享等公共服务平台，培育与引进以游戏为主题的服饰创意与生产、动漫主题的图书音响作品等文化衍生产业，提高产业根植性，加强与区内文化制造业巨头的合作，促进动漫游戏产业的产学研一体化发展。突破发展创意设计业，围绕工业设计、产品研发、咨询策划等新兴领域，加快引进一批国外研发设计机构，支持有条件的企业与高教园区高等院校、科研院所联合共建创新载体，支持国内顶尖大学、研究机构设立分支机构，积极培育本地专业化研发公司。重点促进工业设计、广告设计、服装设计向高端综合设计服务转变，提升文化创意与设计服务领域的竞争力。

大力推进特色文创产业园建设。加快高桥梁祝婚庆文化产业园、鄞江古镇文化产业园等的文化创意小镇的推进步伐，完善园区展销展示、产业孵化、培训交流、文化休闲等功能，打造创意设计、休闲旅游为一体的文化产业园，同时挖掘文化特色，利用华侨城、环球城、摩米工场等载体，培育一批特色文化休闲体验区。整合引进领军企业与人才，把散落在鄞州各地的文化特色产业、代表人物引入产业园区，在全国范围内引进鄞州艺术名家和知名文化机构。设立园区培育提升专项资金，主要用于园区整体创牌推介、园区运行平台、培训交流、展销展示、信息发布等机构设立和运作。出台培育扶持政策，加大入园主体在规费、租赁、人才等方面的扶持力度。搭建"银艺合作"融资平台，积极推动金融机构与文化企业、文化大师之间的合作，为文化产业发展提供财力保障。

大力推动广告产业跨越式发展。依托南部商务区国家级广告产业园，通过搭建平台、强化宣传等方式，努力打造集数据互联网广告、现代都市剧拍摄、广告设计创意于一体的广告设计产业发展新高地。以上海雅仕维公司、上海叠加印务公司及宁波本地的传统广告龙头企业为龙头，加快建设广告人才实训平台、快印数码特种打印研发平台、创业平台、大师培训平台等一系列广告产业园区专业平台，扩大广告产业集群影响力，吸引更多优质知名广告创意企业入驻，推动广告产业跨越式发展。

大力推动公共文化服务创新。优化鄞州公共文化服务信息网，完善覆盖全区的公共图书馆网络体系，继续实施"天天演"文化惠民工程、农村电影放映工程、全民读书工程，强化公共服务供给。实施文化数字化建设工程，建设网上博物馆、鄞州名人、鄞州非物质文化遗产、网上艺术展览馆等地方特色数字资源库，推动文化资源、文化生产、文化传播和文化消费的数字化，培育新的文化业态。探索市场化专业化运作机制。探索公共文化场馆社会化管理机制，在区文化艺术中心、区游泳中心、网球中心实施社会化管理基础上，积极推进文化场馆的连锁化管理和联盟合作，提升公共文化场馆管理的专业性、科学性和有效性。探索政府采购、政府补贴、政府奖励等多种方式，发挥本地文化龙头企业作用，吸引社会力量参与公共文化服务。

加强文化队伍建设。全面提高从业人员职业素养和职业技能，优化文化人才队伍结构，积极探索文化队伍建设中职业准入的实现方式，造就一支数量合理、结构优化、素质优良、有良好职业道德与服务能力的文化队伍。结合重大文化项目实施，引进一批文艺类、管理类、技术类、策划类人才。同时对现有区级文化系统人员进行系统性、专业性的培训。依托现有文化产业，培养一批文化经营管理类人才。用好文艺精品扶持资金，加强对本土地域文化人才的培养推介。努力构建多层次、多门类的文化人才体系。实施公共文化服务职业培训制度，提高公共文化服务职业准入门槛，分类分级制定公共文化服务职业培训标准，从整体上提升公共文化服务从业人员素质。

（三）商务中介

1. 商务中介发展思路

依托总部经济中心和都市工业带，以优化商务环境为目标，以专业化、规模化、市场化为方向，加大龙头企业培育和引进力度，建立专业人才培训补贴制度，加快形成门类齐全、符合市场经济要求、与国际通行规则接轨的现代商务中介服务体系，增强鄞州区商务服务外包供给能力。

2. 商务中介发展路径

大力引进和培育生产性中介业态。对本区制造业企业、商务中介服务业以及相关行业协会、重点企业进行深入调研，在了解商务中介服务需求及供给的主要矛盾基础上，依据紧迫性、高端性、成长性等原则，确定扶持的重点业态。加快发展航运中介业，鼓励国内外货代企业和船舶经纪公司来鄞州开设分支机构，加快发展货代咨询、船舶经纪、船舶交易等中介业务。积极引进和培育知识产权代理、法律、财务类中介服务，大力发展决策咨询、管理咨询、科技咨询、工程咨询等咨询类中介服务。继续发展公证、仲裁、资产评估、计量认证和质量检验等中介服务。推进发展金融担保、资信调查与评级等信用中介服务。鼓励发展就业中介和创业咨询及培训等人力资本中介服务。

鼓励商务中介服务机构做强做大。引导规模大、信誉高、服务质量好的中介机构实行兼并重组，鼓励中介机构走业务多元化的发展道路。引导中介服务机构增强品牌意识，积极争创国家、省、市各级名牌。分行业对综合实力较强、发展潜力较大、管理理念较新、服务水平较高的中介服务机构进行重点培育。加强商务中介服务业对外开放与交流。积极争取国际知名中介服务机构来鄞州投资，引进先进管理经验。通过信贷等方式鼓励在鄞州中介服务企业跨地区发展。引导本地中介服务业建立与国际惯例接轨的专业化的市场运作机制，增强国际市场竞争力。

大力推进商务中介集聚区建设。依托中央行政商务区和开元—南苑楼宇经济圈，精准定位鄞州中介服务业发展方向，着手制定商务中介集聚区建设专项规划。搭建服务平台，为集聚区企业在企业注册、信息共享、融资服务等方面提供一站式保姆化服务。根据区内企业税收、营业收入、规模等制定政府重点扶持的中介服务企业标准，形成强有力的增压器。加大政府购买对区内企业支持力度。根据"引培并举，紧缺先行"的原则，尽快建立和完善区内商务中介服务人才的培养和引进机制，支持开展科学技术发展趋势，开展新知识、新技术、新方法的专项培训，尽快形成中介人才高地。

加快行业和政策环境营造。进一步推进政企、政事、政资分开，加快中介服务机构脱钩改制，树立中介服务机构的市场主体地位。建立中介服务市场诚信制度，建立客户投资平台和黑名单制度，重大责任事故实行终身追责制。完善各类中介机构管理条例和规定，明确界定各类中介机构的性质、职能、执业标准、法律责任及收费标准。设立商务中介服务业发展专项补助资金，用于扶持、推动本区商务中介服务业发展。加强中介服务业行业统计服务，加强中介服务业发展的信息发布以及预警、预测等工作。降低准入门槛，破除行业和部门垄断，实行"非禁即入"，按照"宽进严管"的原则，逐步取消对中介服务市场准入的限制。

三、打造三大特色经济，提升城市发展地位

（一）现代金融

1. 现代金融发展思路

坚持政府引导与市场运行结合、创新发展与风险防范并重的原则，借鉴国内外先进经验与彰显地方特色并举，扶持本地金融企业与引进外地金融企业兼顾，明确近期、远期发展目标，确保金融业对重大项目的建设及特色产业发展的支持力度，大力发展货币市场，着力培育资本市场，深入开展金融创新，不断完善政策激励、金融监管和信用体系建设，将鄞州打造成为宁波市区域金融副中心。

2. 现代金融发展路径

大力发展互联网金融。鼓励传统金融保险业积极研发新产品、新业务、新模式，扶持与鼓励鄞州银行等本土金融机构拓展金融产品和服务的营销渠道，充分利用线下网点渠道的优势，在互联网银行生态圈、智能银行市场、银行影像市场、票据自助处理市场、流程银行市场、银行电子商务、互联网银行云服务平台、互联网金融资产交易平台、产业链融资、供应链融资等领域开展多种合作。鼓励互联网金融企业创新产品服务。以服务实体经济为方向，探索针对小微企

业、农村金融和个人多元化投融资需求开展产品创新、技术创新、服务创新、管理创新和模式创新。通过在线经纪商、折扣商等模式创新，提供实时的资讯和专业的分析，提供系列交易平台和工具，推进金融服务本土化和多元化。

打造区域性财富管理中心。以鄞州银行和金融大厦招商为依托，以打造金融小镇为核心，积极引进各类创新型、总部型金融机构，扶持发展各类私募投资基金、资产管理机构，吸引国内外各项资金，重点引进一批国内外证券投资机构、股权投资机构、私人银行部门等财富管理机构和高端医疗、养生、养老、旅游、教育等财富管理产业链，打造区域性财富管理中心。出台鼓励发展风险投资的政策意见，加大对风险投资基金的支持力度，鼓励企业、金融机构、个人、外商等各类投资者积极参与风险投资，积极培育风险投资主体、规范风险投资行为、拓宽风险投资撤出渠道、营造有利于风险投资的政策环境和社会条件。

加快建设完善资本市场体系。坚持场内与场外并举，在大力推进企业到主板、创业板市场上市融资的基础上，推动区内符合产业导向、具有发展潜力和挂牌意愿的企业到"新三板"和区域性场外交易市场挂牌融资。推进科技型初创期企业规范发展，到省股交中心挂牌。进一步规范股权投资机构发展，积极引进外来投资机构和管理团队，引导本地民营骨干企业组建专业投资机构，促进行业群体健康发展。探索建立鄞州区天使投资引导基金，营造良好创新创业环境，大力培育创新型初创期企业发展壮大。

加快建设多元化保险市场体系。抓住中国保监会、浙江省政府和宁波市合作共建"保险创新综合示范区"契机，深化推进宁波保险创新综合示范区建设。建立公共服务保险机制，创新运用各类保险工具，鼓励保险机构积极参与社会保障体系建设。启动全国巨灾保险、食品安全责任险试点，扩面升级医疗、环境污染、安全生产等责任险，加快推进居民大病保险改革创新，探索开展社会治安综合保险试点工作。探索建立政策性小微企业保险机制，积极开展科技保险创新试点，尝试设立政策性小微企业保险创新业务。推广出口信用险和国内贸易信用险。鼓励保险公司以股权融资、债权融资、大额协议存款和在鄞州区设立区域性资产管理公司等方式，参与重大基础设施、产业投资基金、创投企业建设。

（二）现代物流

1. 现代物流发展思路

依托宁波机场的属地优势和鄞州区域经济、交通便利优势，抢抓国家"一带一路"的战略机遇，主动连接和服务长江流域以及"海上丝绸之路"的节点城市，大力推进以临港产业和临空产业产品为主体的现代物流联运网络体系建设，以引进国内外著名物流企业为突破口，以提高信息化和服务质量为载体，以联动发展和创新发展为新引擎，打造物流网络化、仓储标准化、集散快捷化、服务现代化的物资集散和中转中心。

2. 现代物流发展路径

构建网络化综合交通运输体系。优化综合交通布局，研究编制综合交通枢纽布局规划，重点做好综合交通枢纽场站、服务设施布局规划。统筹公路、水路、铁路、航空与港口、城市公共交通的相互衔接，促进城市内外交通协调发展。加快综合交通运输网络建设，加快建设完善区域外环交通主干网和城市路网，增强交通集疏运能力。加快综合交通枢纽场站和物流配送场站建设，提高交通组合效能，加快推进宁波空港物流中心建设，为实现各种运输资源的合理配置、各种运输方式的无缝衔接奠定基础。充分利用宁波栎社保税物流中心（B型）的先发优势，加速推进海、陆、空港物流联动发展，高起点、高标准地制定、实施机场及空港物流规划。

大力推进电商物流产业园建设。整合资源，快速推广复制"电商仓储"创新模式。科学规划布局电商物流产业园区，尽快编制符合鄞州区实际的现代物流产业发展规划。根据市场需求、产业布局、商品流向、交通条件、区域规划等因素，科学布局电子商务园区、电商物流园区、城市配送中心、仓储配送园区、货运场站等，重点建设具备集中仓储、快速集散、统一配送、商品展示等服务功能的电商物流园，指导各类物流园区错位发展，实现功能互补、资源整合和产业集聚。在鄞州东、西部分别布局建设上规模的物流（电商）仓储配送基地，建议鄞州东部设点在下应智慧产业园，西部设点在望春工业园区。

加快推进物流业标准化建设。着力引进和培育一批按国际惯例运作的标准化现代物流企业，吸引国际、国内知名第三方物流企业及货代企业到鄞州区设立分支机构。鼓励和支持物流企业主持制定或参与制定行业标准。鼓励和引导物流企业加大信息化和先进设备的投入，加快推广和应用叉车、标准化托盘、立体自动化仓库、电子标签拣选等现代物流系统和技术装备，不断提高物流作业标准化、自动化、信息化、机械化、集装化水平。加快无线射频识别（RFID）、全球定位系统（GPS）、地理信息系统（GIS）等先进技术的应用，逐步建立物流过程跟踪和追溯体系，提高物流业流程化、信息化和安全化水平。加快制定物流信息技术标准，加快小件快运、专线运输、集装箱运输等标准化物流软件的推广应用，推广物品编码体系，建立物流信息采集、处理和服务的交换共享机制。

营造物流业发展的政策支持环境。制定综合性、系统化、有机衔接的现代物流发展制度体系。进一步梳理调整原有政策法规，细化落实第四方物流、物流总部相关政策，推进制造企业第二、第三产业分设等已有的物流产业扶持政策，重点支持现代物流业为区内制造业、商贸业提供供应链服务，重点支持电商物流联动发展。加快制定促进港口物流、海铁联运物流、商贸物流、配送物流、空港物流等的具体配套政策细则。充分发挥物流发展专项基金的作用，对物流基地建设、龙头企业培育、物流信息化推广等方面进行资金与项目扶持。创新土地利用模式，积极引导区内工业企业通过闲置土地搭建物流集聚平台。推动开放型、服务型、标准化的物流公共信息平台整合与建设。

（三）休闲旅游

1. 休闲旅游发展思路

抓住国家实施《国民旅游休闲纲要》的战略机遇，大力推行健康、文明、环保的旅游休闲理念。以优化目的地环境和培育目的地品牌为中心，以重点区块为突破口，全面推进旅游目的地建设和现代旅游产业体系建设，不断扩大旅游休闲经济的规模。全面提升居民生活质量，加快把旅游休闲业建设成为全面提升居民生活质量的民生产业，建设宁波都市旅游休闲度假的重要目的地。

2. 休闲旅游发展路径

推进全域景区化。全面推动鄞州城乡景区化、休闲化、自由化、精致化、品牌化发展，通过资源整合和景观打造，提升和完善鄞州城市、城镇和乡村的综合服务功能，着力打造鄞州全域旅游新概念。推进都市旅游开放化，以环球城、华侨城为核心，以南部商务区、博物馆群、商贸综合体等为依托，努力打造开放式都市旅游区。推动镇域旅游景区化，扩大梁祝文化园、宁波博物馆、天童寺、五龙潭等景区的区域影响力，结合鄞江"风情古镇、山水小镇"、横溪国家3A级景区、塘溪人文故里、龙观景观小镇等概念打造，大力挖掘和凝聚古文化游、现代风情游等旅游文化元素。推动景村一体化，结合李家坑古村、大雷古村村落集聚区以及新庄古村、塘溪古村村落集聚区，完善古村落产品体系、服务体系等，大力发展民俗经济，打造精致精品古村落景区。

推进旅游精品化。以提升旅游品质为核心切入点，发挥梁祝文化、环球城概念、鄞江古镇、华侨城的品牌效应，带动产业质量提升；以桃源湾旅游度假、四明山慢生活体验区、大梅山国际民宿旅游度假区为杠杆，引入生态度假、民宿度假、文化度假等业态，促进景区品质提升；以山水小镇、文化小镇、风情小镇、养生小镇为抓手，整合上下游产业，扩大乡镇旅游景区的旅游产业规模。以桃源湾、华侨城、天童—阿育王寺申报国家5A级景区为契机，调整各方力量，提升景区质量；加大旅行社、精品酒店、特色民宿的扶持力度，营造争创金钥匙酒店、国家百强社、省级百强社的良好氛围，通过提质增效，以质量引导数量合理增加，以质量引领产业结构优化。

推动旅游产业化。深化产业融合，重点做好旅游与相关产业的联动与融合。

拓展乡村旅游的范畴与内涵，结合美丽乡村、风情小镇建设，因地制宜的发展风情小镇、特色古村、休闲农庄、主题民宿、创意农业、农事体验、果蔬采摘等项目，不断促进旅游富民；突出工业资源优势，发挥工业企业的品牌价值，培育特色工业考察游、特色购物游、工业修学游、会议会展游等；发挥文化资源优势，深度挖掘梁祝爱情文化、天童金峨禅寺文化、博物馆文化、休闲古道文化、水利文化、名人文化等地域特色文化资源，打造一批旅游文化创意基地、佛教文化养生基地、生态养生养老基地、文博修学研修基地、休闲古道运动基地。通过纵向的产业延伸，横向的产业融合，提升旅游产业的带动力与辐射力。建立与国际接轨的旅游目的地信息服务体系和数字化营销体系，以互联网、移动通信和手机APP为重点，深入开展旅游电子政务和旅游电子商务。

推动公共服务人性化。建设服务高效、覆盖广泛的旅游公共服务体系网络，重点提高旅游信息、旅游集散、旅游公共交通、旅游安全保障、旅游厕所等方面的服务。全面提升鄞州城区的旅游集散、旅游咨询和接待能力，在主要交通枢纽设立公益性的旅游服务中心；在游客聚集区设立政府公益性与企业市场化运作相结合的游客服务站；在主要交通干线建立导引体系、自驾游信息体系和汽车俱乐部等服务。推进区内姚江、奉化江等水系旅游码头的建设与运营。建立完善的旅游公共卫生防疫系统、紧急救援系统、旅游服务设施和服务场所应急系统，为游客营造安全、高效、放心的旅游环境。开展旅游厕所革命，提高旅游交通节点、旅游景区（点）、重点旅游城镇、旅游集散中心的旅游厕所环境卫生质量。

第四节　服务业发展的同类区域比较

本节选取长三角的杭州市萧山区和余杭区、南京市浦口区、苏州市吴江区进行比较。

一、规模与速度比较

从表5-1与图5-6可以看出，鄞州区服务业增加值基本位于第四，仅高于南京市的浦口区。其中，萧山区和吴江区一直领先于鄞州区，而余杭区在2011年以前服务业增加值均小于鄞州区，2012年开始超过鄞州区。

从表5-2与图5-7可以看出，鄞州区服务业增加值增速也基本位于第四，仅高于萧山区，尤其是杭州市的余杭区，服务业增加值增速一直保持在13%以上。

表 5-1 　　　　　　　　2006～2014 年各区服务业增加值情况 　　　　　单位：亿元

年份	杭州市萧山区	杭州市余杭区	南京市浦口区	苏州市吴江区	宁波市鄞州区
2006	208.43	117.95	56.6	162.26	134.75
2007	252.46	142.11	67.81	207.65	166.43
2008	313.5	183.5	80.58	262.55	204.59
2009	348.76	209.04	89.31	306.07	241.81
2010	420.03	251.21	119.73	371.25	272.71
2011	506.93	307.13	131.04	461.83	318.96
2012	565.54	372.57	184.22	534.45	368.66
2013	638.01	452.15	220.23	603.47	428.8
2014	732.93	614.45	275.63	651.14	488.4

资料来源：各地区统计年鉴。

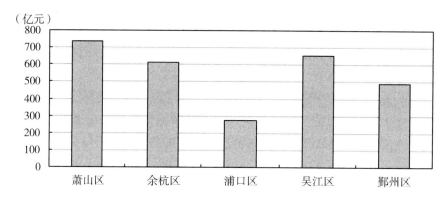

图 5-6　2014 年各区服务业增加值比较

表 5-2 　　　　　　　　2006～2014 年各区服务业增加值增速 　　　　　单位：%

年份	杭州市萧山区	杭州市余杭区	南京市浦口区	苏州市吴江区	宁波市鄞州区
2006	—	—	16.2	21.7	18.7
2007	21.1	—	17.6	28.0	19.8
2008	15.8	25.1	14.7	16.4	15.2
2009	15.0	15.1	16.9	15.6	20.0
2010	14.9	15.7	11.0	14.5	10.0
2011	12.0	13.5	10.8	15.8	10.3
2012	8.5	15.0	13.4	13.7	8.4
2013	9.5	16.2	12.3	11.2	12.3
2014	8.2	14.1	11.2	14.4	9.1

资料来源：各地区统计年鉴。

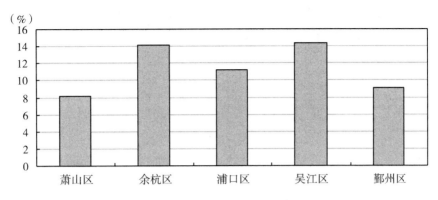

图 5 - 7   2014 年各区服务业增加值增速比较

二、地位与结构比较

从表 5 - 3 与图 5 - 8 可以看出，鄞州区服务业增加值占 GDP 比重位于五个区中的最后一位。2014 年，其他区域服务业增加值占 GDP 比重均已超过 40%，而鄞州区服务业增加值占 GDP 比重仅为 37.6%（见表 5 - 3、图 5 - 8）。

表 5 - 3   2006 ~ 2014 年各区服务业增加值占 GDP 比重   单位：%

年份	杭州市萧山区	杭州市余杭区	南京市浦口区	苏州市吴江区	宁波市鄞州区
2006	29.8	33.6	42.7	32.4	31.32
2007	30.0	33.8	41.8	33.6	31.37
2008	31.7	36.5	41.0	35.0	31.44
2009	33.3	39.2	42.8	36.0	34.37
2010	34.4	40.0	37.4	37.0	33.32
2011	35.0	41.6	35.2	38.7	33.69
2012	35.1	44.6	40.3	40.7	33.9
2013	35.6	48.4	41.9	42.6	36.41
2014	40.1	52.7	43.3	43.8	37.6

资料来源：各地区统计年鉴。

从服务业行业结构来看，鄞州区服务业以批发零售业，住宿餐饮业，交通运输、仓储和邮政业等传统产业为主；萧山区服务业以批发零售业，金融业，房地产业，信息传输、计算机服务业和软件业以及交通运输、仓储及邮政业为主；余杭区服务业以信息服务业、批发零售业、房地产业、金融业、住宿和餐饮业为主；浦口区服务业以房地产业、公共服务业、金融业、批发零售业为主；吴江区服务业以批发零售业、旅游业、物流业、金融业、房地产业为主。

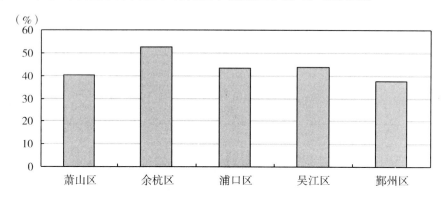

图 5 - 8   2014 年各区服务业增加值占 GDP 比重比较

三、 发展举措比较

（一）杭州市萧山区现代服务业发展举措

2014 年，萧山区在浙江省服务业发展目标考核中位列全省 34 个城区的第二名。萧山区现代服务业主要围绕"三条主线"，积极实施"服务业强化提升计划"和现代服务业"861"工程，从五大方面下功夫，从而推进现代服务业总量扩大、行业集聚和产业提升。

一是在营造发展环境上下功夫。良好的发展环境是推动产业快速发展的重要条件，萧山区加快完善"统分结合"的服务业发展管理体制，切实增强推进服务业发展合力，不断完善现代服务业发展扶持政策，突出重点，加大扶持力度。通过各种宣传平台，营造全区共同推进服务业发展的良好氛围。

二是在加快集聚发展上下功夫。按照"产业集聚、布局集中、资源集约"的原则，不断强化扶持力度，重点培育发展现代服务业集聚区。实施楼宇经济发展"五个一批"工作，加快总部楼宇经济发展。在大项目建设上，努力构建现代"三港三城"发展大格局，加快推进文化创意产业园区和科技创新园区的建设。

三是在扩大有效投资上下功夫。大力实施现代服务业"861"工程建设，明确任务和分工，扎实推进商贸"新十大"工程建设和新旅游"1010"工程建设，努力提高服务业投资质量和效益。

四是在深化改革创新上下功夫。以改革创新作为推手，不断创新产业发展模式，加快推动产业转型升级。大力培育新兴服务业，重点打造高端城市综合体、商务楼宇等新型城市经济业态，逐步建立与新型城市化要求相配套的现代服务业产业体系。

五是在强化品牌建设上下功夫。强化品牌建设，加快培育服务业大企业大集团，不断提升现代服务业发展水平和知名度。积极营造服务业品牌建设氛围，提高企业对服务业品牌建设重要性认识，加快服务业企业梯队建设体系，重点培育一批国内、省内具有较大影响力的服务业行业龙头企业，打响萧山品牌。

（二）杭州市余杭区服务业发展举措

浙江省服务业发展目标考核结果显示，余杭区2013年、2014年连续两年在全省34个城区中总分排名第一。2014年余杭区信息经济增加值占GDP比重高达40%，余杭区服务业发展的经验值得借鉴。

一是谋篇布局信息经济一号工程。紧紧围绕省市加快发展信息经济的重要精神，抓住信息经济、智慧应用加速发展窗口期，在现有产业集聚的基础上，深化"211"战略，突出重点区块的先发优势，加快发展步伐。充分发挥未来科技城的产业集聚、人才集聚的优势，充分发挥阿里巴巴的龙头企业带动作用，进一步加快资源集聚，打造高品质的智慧平台，把未来科技城打造成为智慧城市的核心区；紧紧抓住建设"梦想小镇"、打造中国硅谷的机遇，进一步深化梦想小镇物理空间整合，加快核心区域建设，努力将"梦想小镇"建设成智慧与资本的融合地，互联网创新创业产业的集散地，进而将城西打造成国内具有重要影响力的创新创业中心。不断创新发展模式，集聚资源，以力推科研院校创新成果产业化为方向，加快"良渚智谷"建设。围绕生物医药、智能装备制造业两大特色优势产业，引进创新引擎，将余杭经济开发区打造成为智慧产业化主体，两化深度融合核心示范区。

二是东西互动促进创新创业。强化创新在经济发展中的新引擎作用，努力实现余杭经济从"要素投资驱动"向"创新驱动"的转变。充分利用未来科技城作为国家四大人才基地之一、高层次人才创业创新高地这一平台优势，进一步完善城市功能配套，提升综合管理水平，构筑先生态、后生活、再生产的"三生共赢"发展共建，为创业创新人才提供全维度的生产生活空间，实现产、城、人融合化发展。同时，围绕"纵向产业链提质、横向产业链突破"，加快打造研发、孵化、产业化紧密衔接的创新体系和产业生态。进一步探索未来科技城与余杭经济技术开发区之间的互动机制，打破东西区域的物理隔绝，推动新一代信息技术、生物、高端装备制造、新能源等产业的科技成果应用和产业化，形成以未来科技城为核心区域的研发孵化基地和以余杭经济技术开发区为核心区域的产业化基地，推升科技创新和工业经济发展在更高水平上的有机融合，推动鄞州区产业结构优化调整。

三是推动"产业余杭"提升发展。强化空间布局下的产业规划，突出重点，以产业提升促进产业转型升级，以深化信息技术应用为切入点，以"装备智造，余杭之基；信息经济，杭州一极；生物医药，浙江高地；品牌布艺，中国名城"为发展目标，以信息经济串联四大产业，使信息经济成为带动产业发展的倍增器、经济发展的主要驱动力，促进经济提质增效升级，最终实现"产业余杭"向"智慧余杭"的提质发展。

（三）南京市浦口区服务业发展举措

南京市浦口区将"十三五"服务业发展重点领域确定为：健康服务业与医疗保健业、旅游休闲业、科技服务业、商贸物流业、金融商务业、教育业六大行业，同时提出了以下发展举措。

一是加强投入，实现服务业开拓创新。通过加强基础设施投入，促进旅游休闲业和物流业的发展；通过加强人才引进，充分利用高校资源，引进高层次的创新人才，为服务业创业人才提供条件，鼓励服务业创业，促进服务业的繁荣；通过加强科教研发，实现创新驱动，提高科技服务业和信息服务业的投入，推动高科技在服务业中的应用，提高服务业效率和发展水平。

二是突出重点，促进服务业优化升级。通过保护自然环境资源和历史文化资源，积极推动健康休闲服务业的发展；通过有效整合物流业，引导和鼓励企业整合物流资源，延伸服务功能，形成多个功能齐全、设施完善、服务规范的龙头物流企业，加快发展快递物流，实现电子商务的同步发展；通过开发特色旅游业，推进旅游观光、休闲娱乐、餐饮服务及文化体验四大板块建设，形成特色鲜明的旅游品牌，吸引南京市区及周围地区游客，进而带动各项新兴服务业的发展。

三是优化布局，拓展服务业发展空间。发挥区位优势和交通优势，加快交通路网建设，达成辐射苏北、皖北的综合服务中心的目标，扩展浦口区服务业的服务范围，扩大服务业市场，建立高起点、高水准、高品位的高端服务品牌。

（四）苏州市吴江区服务业发展举措

一是以电子商务为引领，实现业态提升。为实现全区产业层级的提质增效，采取"互联网＋传统产业"的创新发展模式，重点抓好两个平台建设。在生产性服务业方面，结合东方丝绸市场转型升级，加快打造融合网上交易、信息咨询、金融服务等功能于一体的大宗纺织电商平台"易布行"。在生活性服务业方面，创新发展思路，学习借鉴"淘常州""常客隆"等同城电商发展模式，实现与淘宝、京东等全网电商差异化发展，结合"智慧吴江"APP开发，加快培育同城电商平台。

二是以项目建设为抓手，确保投入增长。根据服务业投资项目，主动上门服务，协调做好土地、资金等要素保障工作，并以楼宇经济、电子商务等新型业态为方向，争取引进一批优质项目。

三是以重点载体为支撑，拓宽发展空间。建设全区楼宇网络监测服务平台，做好各楼宇建设、入驻、招商等情况的统计，充分发挥楼宇经济政策优势，助推"二次招商"。

四是以品牌特色为导向，加快企业创新。充分发挥敏华家具、如家酒店示范效应，重点培育引进外来的区域性、职能型总部。发挥华佳集团带动作用，加大申报指导力度，鼓励创建更多的省级创新示范企业。支持区旅游发展公司的发展，着力打造吴江龙头旅游企业。策划"吴江邀你游吴江"和吴江丝绸体验旅游、研学旅游等主题活动，打响吴江区的丝绸文化旅游品牌。

五是以提升计划为契机，创新扶持政策。2014 年，苏州市吴江区出台了《现代服务业发展提升计划及政策意见》，根据该文件精神，吴江区现代服务业发展的重点领域为以下九大服务业：现代商贸业、休闲旅游业、金融服务业、现代物流业、商务服务业、文化创意业、服务外包业、房产地产业和公共服务业。提出了全力扶持现代服务业企业项目、重点支持现代服务业平台载体、鼓励创建现代服务业名品称号、不断优化现代服务业发展环境等方面的扶持政策。

第六章

鄞州现代农业发展战略

习近平总书记指出，"中国要强，农业必须强；中国要美；农村必须美；中国要富，农民必须富。"鄞州的"三农"发展一直走在全省、全市前列，在经济发展"新常态"下，如何使鄞州农业更强、农村更美、农民更富，是鄞州经济社会转型发展一项重大而艰巨的任务。本章主要从鄞州区现代农业发展的实际出发，研究探索在新形势下鄞州现代农业改革发展的战略目标、战略思路、战略任务和战略举措。

第一节　鄞州区现代农业发展的战略背景

一、鄞州区现代农业发展取得的新成效

（一）主导产业特色初显，产业结构优化提升

近年来鄞州区大力发展高效生态农业，着力培育主导产业和地域特色农产品，农业生产呈现出特色优势产业比重提升和特色优势产业向优势产区集中的趋势，全区已基本形成了特色明显的农业块状和带状布局，形成了一批地方特色鲜明的农业优势产业和品牌农产品。蔺草、雪菜、浙贝、竹笋、桂花获得"中国特产之乡"荣誉，雪菜、浙贝成为地理标志产品。休闲观光农业、文化创意农业、生态循环农业等新型农业业态得到快速发展，农业产业结构不断优化。

（二）土地流转机制创新，新型主体茁壮成长

鄞州区积极引导鼓励农户土地流转，采取整村整组、集中连片流转和托管、土地股份合作社等多种流转方式，促进流转土地向种养大户、家庭农场、合作社等新型农业经营主体集中，提高规模经营水平。2014 年，全区的土地流转率达到 85.3%，居于全省前列，土地规模化经营促进了新型主体的成长。

（三）农业效益日趋提高，农民收入持续增长

随着农业经营体制创新和农业产业结构的优化，鄞州区农业效益稳步提高，农民收入持续普遍较快增长。2010～2014 年全区农业生产总值从 46.7 亿元增长到 58.4 亿元，农民人均收入从 15 938 元增长到 26 682 元，高于全省 19 373 元的平均水平。鄞州城乡居民收入比例在逐步下降，2014 年为 1.74∶1，全省为 2.08∶1（见图 6-1）。

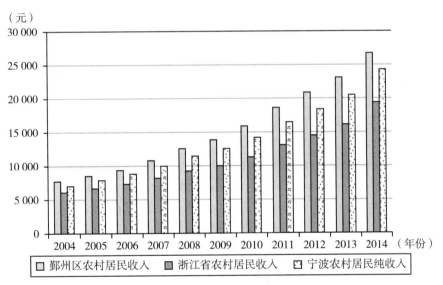

图 6-1　鄞州区农村居民收入与宁波、浙江农村居民收入比较

（四）两区建设扎实推进，基础设施保障加强

鄞州区积极开展粮食功能区和现代农业园区"两区"建设，到 2015 年 2 月鄞州已累计建成 1 家省级现代农业综合区，2 个市级主导产业示范区，16 个市级、6 个区级、46 个镇级现代农业精品园，现代农业园区建设总规模达到 1.2 万亩，涵盖现代种业、高效水产、有机蔬菜、生态畜牧等产业。2014 年粮食生产

功能区标准化项目建设 3.1 万亩，完成各类水利建设项目投资 23 亿元，有效增强农田防洪排涝能力。农业基础设施的显著增强大大提升了鄞州区农业综合生产能力水平。

（五）农业科技贡献显著，服务体系不断拓展

全区加大科技投入，促进科技创新，积极推进农科教、产学研结合，农业科技推广应用步伐加快。生猪人工授精、林业容器育苗等一大批新技术和优良品种得以引进、繁育和推广。以基层农技推广、动植物疫病防控、农产品质量安全监管"三位一体"农业公共服务体系逐步健全，建立粮食、畜牧、蔬菜、水产、竹笋、水果、茶叶 7 个产业农业科技实验示范基地，一支由首席专家、科技特派员、农技指导员、责任农技员、科技示范户组成的技术保障团队的科技服务体系也已形成；以农技 110 为载体的农业信息化服务体系框架初步形成，农业科技推广服务手段不断增强。生产、供销、信用三位一体新型农民合作服务联合组织体系也正在加快构建，农业产加销产业体系基本形成。以专业农机作业服务公司为代表的市场化专业化服务发展良好，全区机械化水平不断提高，2014 耕种收综合机械化水平达到 87.83%。

（六）农业投入多元并进，强农政策推陈出新

近年来，鄞州区不断创新农业投入机制，探索了一条以国家、地方财政性投资为引导，以金融机构支农抵押及信用贷款为支撑、以社会其他投资为重要补充的农业投入道路。不断深化农村普惠金融工程，建立农业政策性保险制度，完善农村"五权一房"抵（质）押政策，探索解决农户融资渠道狭窄的主要问题；建立健全城乡统一的土地、房屋产权登记制度，加快农村宅基地使用权等确权登记，赋予农民更多产权权利，完善农村产权权能。

二、鄞州区现代农业发展面临的新机遇

（一）经济社会迈入"新常态"的转型发展新机遇

当前中国经济进入"新常态"，整体经济增速放缓，经济结构不断优化升级，增长动力从要素驱动、投资驱动转向创新驱动。"新常态"下农业发展环境新变化也要求鄞州必须加快转变农业增长方式，从主要追求产量增长和拼资源、拼消耗的粗放型经营，转到数量质量效益并重、注重提高竞争力、注重技术创新、注重可持续的集约发展上来。鄞州区应顺应经济"新常态"的要求，在农

业产业结构、农业经营方式、农业发展动力、农业生态环境方面加快转型升级，才能主动适应"新常态"，才能确保各项工作持续领跑全市领先全省。

（二）全面建成小康社会的消费升级新机遇

中国将在 2020 年全面建成小康社会，随着居民收入和生活水平的不断提高，对农产品的质量和食品安全提出了更高的要求，对农业生态环境要求和农业多功能的需求不断提升。鄞州区地处"长三角"发达地区和宁波都市区，社会消费水平的提高和对绿色农产品需求的增加，为鄞州绿色优质农产品和休闲农业等新型农业业态的发展提供了广阔的市场空间。

（三）"五化"协调推进的反哺农业新机遇

目前我国经济社会发展正处于新型工业化、新型城镇化、信息化、农业现代化、绿色化"五化"协调推进的新时期，这对于鄞州强化以工促农、以城带乡的机制，加快传统农业向现代农业的转型发展提供了非常有利的外部条件，特别是新型城镇化和农业转移人口市民化的进一步加速，将对农业土地流转和农地规模经营的发展、新型主体的培育和高效生态农业发展起到重要的推动作用。

（四）信息化互联网时代到来的智慧农业新机遇

信息化互联网与农业的结合将给农业发展带来的新一轮发展机遇，特别是"互联网＋农业"将会对农业生产、加工、营销和农产品消费都带来革命性的变革。以信息化为支撑的智慧农业将成为一种新型的农业业态，以农产品电子商务为支撑的新型农产品流通方式将对农业的品牌化、标准化和农产品质量安全起到重要的助推作用。农业大数据云计算技术将开创智能化农业技术和农业经营服务的新领域。

（五）迈入生态文明建设时代的绿色发展新机遇

当前我国已进入生态文明建设的新时代，绿色发展和生态保护提高到了更加重要的战略地位。绿水青山就是金山银山正在成为全社会的共识，生态环境就是稀缺要素和重要生产力的理念逐渐深入人心。宁波市早在 2003 年就提出创建生态市的目标，作为经济强区，鄞州把生态文明建设作为建设新鄞州的重要举措。这种高度重视生态建设的新氛围，为鄞州农业的绿色发展和作为第一批省级生态循环农业示范县（区）建设创造了良好的社会环境。

（六）产业融合发展带来农业全产业链拓展新机遇

一、二、三产业融合发展正在成为我国产业发展的一种新趋势。农业与二、三产业的融合发展也呈现出加速发展的新态势。这种三次产业融合发展，有利于改变农业产业链短、效益低的状况，让农民可以分享三次产业"融合"中带来的红利，这种趋势也有利于吸引现代要素改造传统农业实现农业现代化。这种产业融合的发展趋势对于鄞州这种都市农业特征比较明显的地区来说更是促进农业产业转型升级的巨大历史机遇。

（七）全面深化城乡综合改革的机制创新新机遇

我国正进入全面深化改革的新时期，全面深化城乡综合改革将激活各类生产要素和资源要素，促进城乡互联互通，加速形成城乡一体化发展新格局，这种城乡综合配套改革的深化给鄞州农业带来了全新的动力，也将对鄞州农业经营体制改革创造良好的社会外部环境和条件。

三、鄞州区现代农业发展需要应对的新挑战

（一）农业土地资源保护难度增大，农业生态环境压力加大

随着鄞州区工业化、城镇化进一步推进，土地、水资源的刚性约束将进一步加剧，由此带来鄞州基本农田保护和农业两区建设的难度进一步加大。"五水共治"等生态建设大力度的推进对农业的生态环境建设提出了更高的要求。前些年农业生产上对耕地资源的过度利用以及农业过量施用化肥农药和畜禽、水产养殖的农业源污染，使得农业污染和整治的任务十分艰巨。

（二）农业生产成本大幅上升，农业增效农民增收越来越难

鄞州区作为经济发达地区，农民收入和劳动工资水平都高于一般地区，同时当地土地流转的价格也在不断攀升，这就使得鄞州的农业用工成本和生产成本都要明显高于一般的农业地区。鄞州的大宗农产品因其生产成本过高失去市场竞争优势的状况日趋严重，农业增效、农民增收面临全新的挑战。

（三）农业专业化标准化程度不高，农产品区域品牌竞争力不强

农业标准化对于提高农产品市场竞争力，促进农业增效、农民增收有着越来

142

中国新城区建设路径与模式创新

越重要的作用。但目前鄞州农业标准化存在标准化意识不强、标准体系不健全、标准的实施推广力度不够等问题。农产品品牌建设上还存在着品牌科技含量比较低、区域公共品牌不响、企业品牌不大、品牌价值不高等问题。

（四）农业劳动力老龄化问题突出，新型农业经营主体占比较小

随着工业化、城市化进程的加快，农村大量青年劳动力不断向城市和非农产业转移，青年农民的比例低，农业劳动力老龄化现象突出，特别是有些经营大户、家庭农场、农民专业合作社以及农业企业的经营者也存在年龄偏大、素质偏低的问题，迫切需要加快培育年轻力壮的新型青年农民。农业新型经营主体在农业生产经营队伍中占比还不够大。

（五）产业组织程度较低，农业社会化服务尚未配套成网

农业产业化经营还存在龙头企业与农户之间的利益结合不紧密、利益分配不均衡的问题，农民专业合作社规模偏小、服务能力不强，对农户带动作用不明显的问题比较突出。农业社会化服务体系建设还不够健全，全产业链服务缺乏，政府公共服务体系活力不够、效率不高，生产、供销、信用合作"三位一体"的新型农村合作服务体系建设尚在培育之中。

（六）农业多种功能有待拓展，新型农业业态尚需培育

从当前鄞州农业发展的实际情况来看，休闲农业、创意农业等新型业态的农场、农庄、农业园区虽然有一定的发展，但存在数量偏少、内容雷同、特色不明显、档次品味不高等问题。特别是在农业与旅游业融合、农业与互联网融合上，与先进地区相比，存在明显的差距。生态循环农业、智慧农业、创意农业等新型业态还处于初期发展阶段。

第二节 鄞州区现代农业发展的战略构想

一、鄞州现代农业发展的战略目标

现代农业是以现代发展观念为指导，以现代科学技术和物质装备为支撑，运用现代经营形式和管理手段，贸工农紧密衔接、产加销为一体的多功能、可持续

143

的产业体系。

基于鄞州农业发展的现实基础和机遇挑战，鄞州现代农业发展必须牢固树立创新、协调、绿色、开放、共享理念，加快走高效生态品质型都市农业之路，率先把鄞州建设成为都市现代农业示范区。高效生态农业是总体方向要求，品质型都市农业则是鄞州个性特色，具体来说，就是要致力于规模农业示范区、绿色农业示范区、品质农业示范区、智慧农业示范区、休闲农业示范区和开放农业示范区六大示范区建设。

（1）建设规模农业示范区，就是要从规模经营是农业现代化最基本的特征要求出发，充分利用鄞州区工业化、城镇化水平较高，农业劳动力向二、三产业转移较多以及土地流转率较高等有利条件，率先在规模农业的发展上作出示范，通过进一步创新土地流转机制和农业投融资机制，努力使适度规模经营的专业大户、家庭农场、农业企业成为规模农业的经营主体。同时通过专业合作社和农业社会化服务的发展，形成服务型规模农业的新格局。

（2）建设绿色农业示范区，就是要从绿色化、生态化、可持续发展市现代农业的重要特征和发展方向出发，把农产品的绿色安全、农业生产的生态循环和农业资源节约利用、永续利用作为鄞州现代农业发展的重大任务，努力使生态循环农业作为鄞州农业的主要形式，使绿色农产品成为鄞州农产品的品牌特质，使优良的农业生态环境成为绿色农业的基础保障，为全省绿色农业的发展率先做出示范。

（3）建设品质农业示范区，就是从鄞州地处大都市区和社会消费水平相对比较高以及农业生产成本也比较高的实际出发，把发展高端农业产业、高档农产品、品牌农产品的品质型农业作为鄞州农业实现高效益的关键性战略举措，使品质农业与鄞州全面小康的品质生活相适应，破解高投入未能实现高产出、高产未能带来高效的难题，率先探索一条与鄞州都市化和全面小康品质生活消费相适应的品质农业发展的新路子。

（4）建设智慧农业示范区，就是顺应信息化时代到来和互联网成为推动传统产业转型升级的重要支撑的时代背景出发，把"互联网＋现代农业"作为推动鄞州农业转型升级的重要抓手和强大动力，加快物联网、互联网技术在现代农业生产、加工、流通等环节的广泛应用，实现农业生产技术的智能化、农产品营销的电商化，通过建设智慧农业示范园区和农产品电商产业园区，使鄞州的智慧农业走在全省前列。

（5）建设休闲农业示范区，就是要抓住休闲时代到来和旅游业成为国民经济新兴支柱产业的新机遇，充分利用鄞州地处"长三角"大都市区和宁波都市近郊区的有利条件，顺应农业多功能拓展和农业产业接二连三进四的新趋势，把农业与休闲旅游业的结合作为现代农业发展的重点领域，大力发展休闲农业、创意农业、养生农业等新型农业业态，建设一批休闲农业园区和休闲农业产业带，在全省休闲农业率先做出示范。

（6）建设开放农业示范区，就是要我国进一步扩大对外开放和中央提出的充分利用国内国外两个市场两种资源的战略要求出发，依托宁波国际化开放型城市的有利区位，积极实施农业"引进来、走出去"的战略，通过进一步引进国内外都市农业发展先进模式、先进技术、先进装备、资金项目，进一步做大做精具有比较优势的蔺草等外向型农业产业，构建国际化都市农业发展新格局。

二、鄞州现代农业发展的战略思路

发展高效生态品质型都市农业，加快建设都市现代农业示范区，要遵循"五化协调"推进的战略要求，以强农富民美村为引领，以都市化小康型品质生活和绿色消费为导向，以产业融合和功能拓展为农业转型升级的主线，以改革创新为动力，以集成推进体制创新、科技创造、文化创意、生态创优、能人创业的"五创"为手段，全面提升鄞州区农业综合生产能力、市场竞争力和可持续发展能力，努力使鄞州农业成为有奔头的产业，农民成为体面的职业，走出具有鄞州特色的高效生态品质型都市农业发展的新路子。

（一）产业精致化

具有特色竞争优势的农业主导产业是区域农业现代化最基本的表征，科学选择和培育精优化、有市场竞争力的主导产业是现代农业发展的基本战略之一。高效生态都市型现代农业的发展首先要从都市经济圈的资源禀赋特征和消费结构来推进农业产业结构的精优化。鄞州发展高效生态都市型现代农业要坚持以都市人群对农产品高品质、高品位、多元化的农产品市场需求为导向，以鄞州特有的气候、土壤、物种等资源禀赋为依托，将产业精优化作为农业产业结构战略性调整的主攻方向，努力使高品位、高品质、高附加值的精优型农业产业和精品化农产品成为鄞州高效生态都市型现代农业的支柱。同时进一步拓展农业生态涵养、文化传承和休闲观光等多功能特性。要充分拓展挖掘农业文化传承的功能和农业经营中的文化因素，传承和弘扬稻作文化、桑蚕文化、农事节庆文化等优秀农耕文化，融合名人文化、民俗文化等地域特色文化，大力发展农业文化创意产业，以文化来全面提升农业的市场竞争力。

（二）产品精品化

产品精品化和农业品牌化是现代农业发展的重要趋势，也是已被实现农业现代化的发达国家实践所证明的正确战略选择。高效生态都市型现代农业作为现代农业中较高层次的类型，决定了在产业精优化的同时，要把产品精品化作为农业生产的基本定位。将产品精品化和农业品牌化放在"龙头"的地位。鄞州发展高效生态都市型现代农业走产品精品化和农业品牌化的路子，既符合都市型消费需求的变化趋势，又是鄞州农业增效和农民增收致富的必然要求。要努力推进各类精优主导产业产品的精品化，要把实施农产品品牌战略作为鄞州发展高效生态都市型现代农业的核心战略，要致力于形成有利于推进农产品精品化和品牌化的技术路线和体制机制。

（三）主体精英化

从当前农业劳动力年龄老化、素质弱化等严峻的实际出发，加快现代农业经营主体的培育和新型农民的培养，积极实施农业"主体精英化"工程，大力培育专业大户、家庭农场、专业合作社、农业龙头企业等新型农业经营主体，鼓励大学生、返乡农民工、农业技术人员等高素质人才在农业创业，引导工商资本发展投资现代农业实现精兵强将搞农业，使社会各路精英向高效生态都市型现代农业领域集聚，加快实现农业经营主体精英化的目标。

（四）农地精耕化

农地的集约利用、农艺的精耕细作和农业资源的高效开发是高效生态都市型现代农业的必然选择，也是应对都市郊区农地资源稀缺、资源要素成本高、农业比较效益低等不利因素、实现高效生态都市型现代农业高产优质高效发展的重大战略举措。农地精耕化也是现代农业园区建设的重要目标和基本要求。要推进农地的集约化和规模化经营，推进农业园区化建设，大力推进农作制度创新，又能实现农业的高产高效、良性循环和持续增收。

（五）加工精深化

以工业化的理念来发展建设现代农业，以农产品精深加工业增加农业产业附加值、以农产品精深加工实现农业资源综合利用、以农产品精深加工拓展现代农业创业就业领域，是高效生态都市型现代农业的一大特色。要充分利用现代生物技术、物理技术、生态循环技术等高新技术，对初级农产品进行精深化的系列加工开发，以生产出更加丰富多彩、符合现代城市多种消费群体和多元化消费需求的系列农业消费品。

（六）技术精准化

科技进步是现代农业最强大的动力，高效生态都市型现代农业从技术层面来讲，是高科技和知识密集型的精准农业。鄞州应通过将生物技术、工程装备技术和现代信息技术等现代农业技术综合应用于高效生态都市型现代农业建设中，做到技术运用精确、资源利用精省、生产手段精良、管理过程精细，实现农业资源集约利用和节约利用、农产品科技含量的大幅提升、农产品产量的增加、农产品品质的提高、农业生产成本的降低、农业生态环境的改善。要推进现代生物技术的广泛应用。全面实施农业"种子种苗工程"，使鄞州现代农业主导产业的品种全面实现良种化，充分发挥良种在农业增产增效和优质化特色化中的基础作用。推进精准化的农业工程装备技术的广泛应用。大力推广节地、节本、节能等精准技术，实现精准播种、精准施肥、精准灌溉。推进现代信息技术、互联网技术在农技农艺方面的广泛应用。

（七）装备精良化

农业基础建设的设施化、农业生产过程的机械化和农业管理的信息化是现代农业的重要支撑。鄞州建设高效生态都市型现代农业，必须体现农业装备精良化的现代农业发展趋势。重点要围绕鄞州特色优势主导产业的现代化，大力推进农业设施化建设、适用农业机械的研发推广、全产业链的信息化管理，促进农业劳动生产率和土地产出率的全面提高。

（八）环境精美化

按照产品绿色化和农业资源可持续、生态要美化的要求，通过大力发展绿色农业，实施农业清洁化生产，减少农业面源污染；大力推广新型农业生态循环模式和推动农业废弃物资源化利用，增强农业生态涵养功能；深入推进"四边三化"等工程建设，促进环境优化、绿化、美化；提升现代农业园区环境建设水平，实现农地园区化、园区公园化，使有条件的农业园区成为绿色的农业生态公园。

第三节　鄞州区现代农业发展的战略任务

一、做大做强特色优势产业，加快农业产业结构转型升级

（一）稳定发展优质粮食产业

把稳定粮食生产、保障粮食安全作为调整农业结构的一项基础任务。要扎实推进市、区两级粮食生产功能区建设，进一步提高粮食生产功能区标准化建设，提高粮食综合生产能力。粮食复种面积稳定在35.5万亩左右，粮食总产保持在16万吨左右。要大力推进粮食的优质化、高效化，推广优质高产水稻主栽品种和市场畅销的小杂粮。积极发展优质有机米和黑米、富硒米、无糖米等功能性大米。

（二）大力发展特色果蔬产业

进一步调整蔬菜的空间合理布局和蔬菜的生产结构，形成区域化布局、特色化专业化生产的格局。推动形成以首南、姜山、下应等近郊型镇（街道）为重点的蔬菜种植区域，大力发展无公害、绿色、有机蔬菜。建设以五乡、邱隘、占岐、咸祥四镇为主的榨菜、雪菜基地，进一步推动建设以集仕港为主的外贸出口蔬菜基地，杖锡、横溪等高山地区的夏秋绿色蔬菜基地，打造"一镇一品"的重点蔬菜品牌。

大力发展高档优质水果产业，要以优质"葡萄、水蜜桃、杨梅、蜜梨、柑橘"等五大适栽水果的精品化鲜果生产为主体，通过不断引进推广新品种，扩大水果种植规模，推动水果精品园建设，带动水果采摘观光休闲旅游，提高水果产业的综合经济效益。

（三）积极培育花卉园艺产业

积极发挥樱花和四季桂两个传统特色花卉的优势。建立鄞州四明山（杖锡）樱花产业园，通过不断调整品种结构，促使樱花品种多样化，延长樱花赏花期，并将花卉苗木与休闲观光旅游相结合，打响"四明山心·樱花谷"品牌。进一步建设以龙观李岙四季桂为基础建成龙观桂花产业园，建成鄞州五龙潭桂花盆景精品园和鄞州梅岭花卉休闲观赏园。

（四）做精做强蔺草药材产业

在稳定蔺草种植面积同时，不断推广优质品种，提高蔺草的品质。积极推动蔺草企业技术更新，加大品牌建设，开发多功能蔺草产品，提升蔺草产品的档次和附加值，用"O2O"形式拓宽蔺草产品销售渠道，实行内销、外销并举，做大做强蔺草骨干龙头企业。进一步建设万亩浙贝母优质道地药材基地，建设以供种为主的浙贝母优质良种高产栽培示范区，大力提升道地浙贝母产业基地形象、产品档次和产品品牌，加强品种选育认定和新技术研发，完善地方生产技术标准，开展 GAP 认证，积极开发绿色无公害浙贝母饮片，拓展浙贝母产业协会服务功能，提升鄞州中药材产业在全国的影响力。

（五）优化发展生态循环畜牧业

把发展生态循环畜牧业作为鄞州畜牧业发展的主线。推进养殖业的生态循环模式，引导养殖业走农牧结合路子。积极推进生猪生产的规模化、生态化、集中化养殖，形成与种植业园区的合理布局，使猪粪等排泄物成为种植业的有机肥。稳定区域内生猪生产，扶持企业不断扩大在外生猪基地的生产能力；稳定奶牛、肉禽、蛋禽生产，适度发展肉牛和肉羊产业，把优质肉牛产业培育成畜牧业的新亮点。加快生态循环型畜牧业技术的研究和开发，不断提高畜牧业发展的技术装备水平；发展完善"畜—沼—果""鸡、牛—肥—蚯蚓—鸡""沼液物流配送"等循环农业模式，提高农业资源利用效率。

（六）发展精致水产养殖业

进一步提升海塘综合养殖，探索多种养殖方式，加快提高渔业钢构大棚等设施化水平。大力发展观赏渔业，以锦鲤养殖为重点，带动热带鱼、海水观赏鱼、观赏虾等特色观赏鱼类全面发展。稳步发展生态渔业，优选养殖品种，实行"人放天养"的纯生态养殖。积极探索品种搭养、混养研究，有效利用水体空间，促进循环渔业发展。不断提升休闲渔业，依靠渔业生活特色，充分挖掘传统渔业文化，发展多样化、精品化的休闲渔业产业。

二、拉长农业产业链，促进农产品价值链转型升级

（一）大力发展农产品精深加工业

把发展农产品精深加工业作为提升鄞州农业综合生产力和效益的重要路径。

149

做大做强农产品精深加工的龙头企业，以专业合作社为产业化主要载体推动生产基地建设，进一步加大先进设备、技术的引进和应用，发展与鄞州特色主导产业相关的农产品加工业，重点推进蔺草、竹笋、水果、粮油、水产品、雪菜等六个骨干农产品精深加工业，培育一批著名品牌，提高农产品的附加值，进一步提高农业整体效益。

（二）着力打造休闲观光农业

把休闲观光农业作为农业拓展多功能的一个主攻方向和品质型都市农业的一个新增长点。充分利用鄞州位于宁波大都市近郊的区位优势，围绕鄞州区海滨城市特色和主导产业优势，以农耕文化和民俗风情、农事节庆为主题，打造具有鄞州个性特色休闲观光农业。结合鄞州临海养殖的特色，发展水产养殖观光体验，开展垂钓、出海捞捕等海上渔业休闲项目；利用甲鱼、锦鲤等水产品养殖，发展集参观、餐饮、文化体验等于一体的渔业休闲观光项目；利用樱花、桂花等花卉优势，开发花卉园艺观光产业，打造"四明山心·樱花谷"、鄞州五龙潭桂花盆景精品园和鄞州梅岭花卉休闲观赏园等一批农业旅游精品园和景观带。

（三）积极培育文化创意农业

创意农业是以现代农业为基础，以提升农业文化力和拓展农业文化功能为特色，把农业发展与文化创意产业发展有机结合起来，形成凸显文化创意特色的新颖农业产业形态。要积极运用创意理念经营农业，充分挖掘农业的文化内涵，增强农业文化创意、视角创意、消费创意，提升农业生产过程和农产品的文化价值。积极推动文化创意产业与农业的有机融合，培育创意经营主体，培养创意农业人才。加强与县内外有关高校、科研院所、创意企业的合作，聘请相关的学者、艺术家和企业家组成"智囊团"。加强与大专院校、科研单位联合定向培养创意农业高层次人才，打造农业创意开发的专业团队，为创意农业的发展提供智力支撑。

（四）推进产村融合的特色美丽乡村建设

要把特色农业产业的培育与美丽乡村建设紧密结合起来，按照"一村一品、一村一业、一村一园、一村一景、一村一韵"的五个一的要求，建设一批以特色农业为支撑的美丽乡村示范村。按照现有的产业基础，打造一批樱花村、桂花村、茶文化村、蜜桃村、蔺草村、浙贝村等特色产业文化村，实现产村融合、产业融合、农旅融合、农网融合，成为美丽乡村建设中的一朵奇葩，也成为农业集群化发展的有效途径。

三、强化新型经营主体培育，加快农业经营方式转型升级

（一）大力发展家庭农场

规模化、集约化的家庭农场是发展现代农业的重要基础力量，要进一步加大培育力度，从数量和质量上进一步提升现代家庭农场。从鄞州区土地流转率已经较高、农业规模化经营较好的实际出发，把重点放到引导种养大户向家庭农场的转型升级上。要通过完善土地流转机制，引导土地流转的长期化稳定化，为集约化家庭创造良好的政策环境。还要通过加强对现有家庭农场主的培训和鼓励大中专毕业生从事现代农业，兴办家庭农场等途径，提升家庭农场的经营水平。

（二）规范提升农民专业合作社

近年来鄞州区农民专业合作社有了较快的发展，全区依法在工商行政管理部门登记的合作社已达302家，目前为止全区86家规范化以上合作社中有市级示范性合作社16家，省级示范性合作社9家，全国示范性合作社1家。但是，在合作社的发展过程中，存在着管理不规范、经营状况不理想、产品品牌效应不强、营销渠道比较单一、发展的"瓶颈"制约较突出等问题。要积极推进农民专业合作社规范化建设和提升能力建设，充分发挥合作社在带动农民增收致富中的作用。一是推进合作社生产标准化，经营品牌化、管理规范化、社员技能化、产品安全化的"五化"为重点的示范性规范化建设。二是鼓励合作社积极拓展供销、信用等多种农业服务功能，开展采购、销售、加工等服务，鼓励有条件合作社兴办农产品加工和物流企业和农村资金互助社，为社员提供产前、产中、产后一条龙服务。三是创新合作社发展模式。鼓励合作社之间联合组建联合社或联合会，完善和创新农民专业合作、供销合作、信用合作等"三位一体"的联合服务机制。鼓励合作社与龙头企业和农户的紧密合作，可通过增资扩股，或以产业、品牌、资产为纽带进行整合与重组，形成"龙头企业＋专业合作组织＋农户""专业合作组织＋农户"等多种发展产业化组织模式。

（三）做强做大农业龙头企业

农业龙头企业是农业产业化的重要主体和关键，肩负着开拓市场、创新科技、带动农户和促进区域经济发展的重任，其经济实力的强弱和带动能力的大小，影响着鄞州全区农业产业化经营的程度、规模和成效。要按照做强特色优势

种养业和拉长农业产业链的要求，重点培育一批实力强、带动力大、辐射面广、科技含量高的农业龙头企业。一是加大对龙头企业的科技投入力度，提升企业自主创新能力，推进农产品向精、深加工发展，不断提高农产品附加值，全面增强企业自身发展水平和竞争能力；二是支持发挥龙头企业的"接二连三"的产业纽带作用以及完善与合作社、农户利益联结机制，鼓励开展订单农业以及龙头企业＋合作社＋农户产业组织形式；三是支持龙头企业标准化生产基地建设、市场开拓和品牌建设；四是重点支持与农业特色产业相适应的农业龙头企业上市工作，加快农业龙头企业变强变大的步伐。

四、强化新型职业农民培育，推进农业人才队伍转型升级

（一）把新型农业经营主体的经营者培育成为新型职业农民

要以各类新型农业经营主体的经营者作为主要培训培育对象，实施新型职业农民培训培育工程，针对鄞州区各类新型主体中经营者素质参差不齐和把培训和培育专业化、技能化高素质的新型职业农民作为做强农业新型主体一项战略性任务。聘请农业专家教授参与新型职业农民培训，邀请农业企业界、商界精英现身说法，剖析新型职业农民培育的成功典型，提高培训效果，使他们尽快实现向新型职业农民的转型。要积极探索建立新型农民网络学校，推进培训创新，让所有农业生产者都能按照自己需要自由地选择学习内容，形成农民自觉学习、相互学习、终身学习的机制。

（二）鼓励大学生现代农业创业就业

要针对目前鄞州农民文化素质不高特别是大中专文化程度的农民严重缺乏的实际情况，要积极创造条件，鼓励大中专毕业生到现代农业创业就业，政府要对大中专毕业从事现代农业的创业提供创业资金资助、创业贷款等优惠政策，并协调做好土地流转等服务工作。同时要鼓励大中专毕业生到现代家庭农场、专业合作社和农业龙头企业工作，使他们成为具有高学历、高技能、高素质的新农人。

（三）大力培育适应新型农业业态所需要的各类农业新型人才

要根据农业产业融合发展和农业多功能新业态快速兴起的新形势，针对现实中缺乏新型农业业态所需要的各类农业新型人才的实际情况，把大力培育都市型品质农业中各类新型业态的专门人才作为培育新型农民的一个战略重点，重点培养休闲观光农业、文化创意农业、农产品电商、农家乐等专门人才。同时要鼓励

社会上和城市里从事文化创意、旅游和从事加工商贸业的专门人才来参与新型农业的发展。

五、推进农业品牌化、标准化、电商化，加快农业营销方式转型升级

（一）实施鄞州区农产品品牌战略

针对目前鄞州区农产品品牌弱小、分散的现状，要全面实施农产品品牌战略，把培育农业区域公用品牌作为农业品牌化的主要突破口，以区域公共品牌建设来提升鄞州区整个农业的品质价值和品味形象。重点打造特色优势农业产业和主要农产品的公共品牌，并以公共品牌为纽带，提升农业产业的组织化、产业化水平。并建立区域公共品牌的使用规则和门槛标准，成为从整体上提高鄞州农业标准化生产水平的重要载体。并根据不同农产品消费群体的差异性，打造大众名品、高档精品等不同层次的精优化农产品。

（二）加快农业生产和农产品质量标准化

农业生产的标准化和农产品质量的标准化是农业品牌化和营销电商化的基础，也是品质农业的必然要求。要研究制定和实施各类农业产业和农产品各类生产的规范，要按照无公害农产品、绿色农产品、有机农产品和地理标志农产品的不同要求，制定相应的农业生产规范和质量标准，利用二维码、物联网等技术手段，建立从田头到餐桌的农产品质量可追溯制度。同时按照品质农业和电商化营销的要求，努力提高产品外形到内质到包装的标准化。

（三）加快农产品营销电商化

互联网时代既带来了机遇也带来了挑战，应该紧紧抓住互联网对农业发展的新机遇，把农产品电商化营销作为农业营销方式转型升级的突破口。利用淘宝等电子商务公共平台和网站、APP、微信、自媒体等线上营销手段，重点推动蔺草、雪菜、浙贝、竹笋、桂花、精品果蔬等特色优势品牌农产品和休闲农业园、创意农业园的网上营销渠道建设，实现线上线下联动的营销方式，提高和扩大鄞州区现代农业的影响力。同时要建设农产品电子商务产业园和电子商务的龙头企业，发展配套的包装、物流等产业，促使鄞州区农产品新型销售方式上占得先机。

六、深入推进农业两区建设，加快农业基础建设转型升级

（一）完善农业两区建设规划

要从鄞州经济发达和财政实力较强的实际出发，在现有农业两区建设的基础上，向更高水平的全域农地园区化、农业园区公园化的方向发展。按照农业主导优势产业发展规划和布局规划的要求，做好全市推进展示农地园区化的建设，把两区建设覆盖到鄞州整个耕地、园地、山地。要做好全域农业园区化规划和农田水利基础设施建设的规划。同时要建设一批新的现代农业主导产业园区、精品农业园区、规模化的畜牧养殖小区、标准化的水产养殖园区、农产品加工园区和农产品市场物流园区、农产品电子商务产业园区、休闲观光创意农业园区，使这些农业产业功能区成为农业规模化、标准化、集约化生产和新型农业业态的有效载体。

（二）推进园区农业基础设施配套建设

要按照农业不同产业、产品专业化生产的要求，加强农田水利设施建设，完善沟渠路配套，配套推进特色农业产业园区的农田水利基础设施建设。继续推进土地整理，深入实施标准农田质量提升工程、测土配方等沃土工程，采取增施有机肥、农艺修复、农牧结合等措施，加大中低产田改造力度，提高耕地地力，加快建设高产稳产的标准农田。加快建立标准农田数量、地力等级、质量动态监测管理系统和长效养护机制，创新农田基础设施管护办法，提高综合生产能力。

（三）推进农业园区经营机制创新

加快形成以现代农业经营主体经营现代农业园区的机制。从现代农业园区能否发挥现代农业的经营水平，关键在于实现生产经营主体的转换的认识出发，采取有效的土地流转的导向政策和对新型经营主体的扶持政策，加快使专业大户、专业合作社、家庭农场、农业龙头企业成为现代农业园区的生产经营主体。在园区的建设中要按照设施装备优良、技术模式先进、产品优质安全、经营机制创新、管理服务到位、示范效应明显的定位，提升园区建设和经营的水平。

（四）把园区打造成为农业招商引资的大平台

要充分利用工商企业和社会各界投资现代农业热情高涨的有利条件，把各类农业园区作为农业招商引资的重要平台。要出台支持工商企业投资现代农业特别

是种养业和农产品精深加工业的政策措施，在保障农地集体和农户权益的基础上，通过土地入股和合作社等形式，把园区建设项目与企业的投资项目紧密结合起来。要倡导龙头企业在成片流转土地形成产业化企业化经营的基础上，引入家庭经营的机制，让当地流出土地的农户按照企业的要求来承包企业的种养业，达到企业集中生产经营的优越性和家庭生产经营管理优越性的有机结合。

七、加大农业科技服务创新，加快农业技术支撑转型升级

（一）强化特色主导产业的种业支撑

加大种子种苗工程实施力度，积极引进种业的龙头企业，支持科研院所、科技人员到鄞州兴办种业研究所和种业企业，重点围绕优质高产水稻、蔺草、雪菜、竹笋、茶叶、桑果、葡萄、樱花、桂花等特色主导产业进行良种研发、引进和推广，加快品种更新换代，提高优良品种覆盖率。

（二）大力推进生态循环农业发展和农作制度创新

要以省级生态循环农业示范县建设为契机，按照建立县域大循环、区域中循环、主体小循环的生态循环农业建设的总体思路，形成多层次生态循环农业的新格局。创新适合鄞州农业特色的农作制度，探索鄞州区域种养结合、果牧结合、水旱轮作等实现高效生态的农作制度新模式，进一步总结推广小麦超级杂交稻水旱轮作、蔺草茬晚稻废草覆盖生态直播、茭白莲藕田套养泥鳅甲鱼、稻鸭共育和鸡稻轮作、大棚草莓—早稻等种植模式的好经验好典型，让生态循环的农作制度成为增加农民增收的新渠道。同时要着力发展沼液物流配送、农业废弃物综合利用、农业清洁化生产、餐饮废弃物综合利用。大力培育农业生态产业，集成推广畜禽养殖排泄物资源化利用模式，推进种养配套、粪便养蝇蛆、有机肥加工、沼液利用等畜禽排泄物资源化利用。

（三）加快推进农业信息化和智慧农业的发展

信息化互联网与农业的融合将给鄞州农业发展带来革命性的变革。要充分认识这一发展趋势，把推进农业信息化、智能化和农业机械化、设施化进行有机融合作为推进鄞州新型农业现代化的一项战略任务，积极运用现代信息技术、物联网、互联网、大数据、云计算等新兴技术，发展智能大棚、光温水控制系统、远程监控等智能设施，推进智慧型设施农业在鄞州的发展，提高农业生产管理的精准化和自动化水平。因地制宜建设一批智慧农业生产基地和项目，建成若干个智

慧农业示范园区。建设动植物疫病监测预警、农药管理、农资经营、农产品质量追溯的管理信息化系统，完善农产品质量安全的监管体系。建设以农业"两区"和标准农田管理为核心的现代农业地理信息系统，推进两区管理决策的科学化、智能化。

（四）完善产学研农科教相结合新型农业科技服务体系

一是全面推进基层农业公共服务中心建设。在现有"三位一体"基层农业公共服务体系基础上，从鄞州农业产业特色和农业"两区"建设实际出发，提升覆盖乡镇、园区、村的产学研农科教相结合的基层农业公共服务的水平。二是进一步加快农业科技创新服务体系建设。积极开展与高校、科研院所、农业高科技企业的合作，注重农业科技的集成创新和综合配套运用，促进农业科研与农业生产紧密结合，加快新品种新技术和科技成果的转化应用服务。三是进一步加强科技技能培训体系建设。紧紧围绕农业结构战略性调整和农业产业化经营，整合各种科技教育资源，运用网络教育等先进手段，开展多层次、多渠道、多形式的新型农民科技培训，不断提高广大农民的科技文化素质和应用新科技能力。

八、坚持农业绿色持续发展，推进农业生态环境的转型升级

（一）充分发挥山水林田湖有机体的生态涵养功能

生态环境建设是品质型都市农业的重要支撑，也是鄞州区建设生态鄞州、绿色鄞州、和谐鄞州的重要途径。要加大森林鄞州和生态公益林建设，进一步提高森林覆盖率水平。全域扎实推进"四边三化"，营造美丽生态环境；加强农业两区的绿化美化净化建设，全面提升美丽乡村建设水平。进一步加大对鄞州山水林田湖生命共同体的综合管理、协同保护，发挥生态涵养功能，形成人与自然和谐的农业新生态环境。

（二）全面构建从田头到餐桌的可追溯的农产品质量安全体系

要把建立农产品质量安全体系作为惠民安民的民生工程和全面提高农产品品质、提升鄞州农产品综合竞争力的重要战略举措。要以土壤环境检测、农产品良好生产操作规范认证、农产品农药农残检验检测、农产品质量标准、农产品召回等全产业链的质量安全保障体系建设为基础，以农产品源头管理追溯为重点，对

农业生产全过程进行有效监控，积极利用现代信息技术、物联网技术与建设智能农业相结合，重点建设能覆盖水稻、水果、蔬菜、水产、畜牧等主导产业的质量可追溯体系，在全区建立起从田头到餐桌的可追溯的农产品质量安全体系，打响鄞州品质型绿色农产品的品牌。

（三）加快农业生态环境的修复和环境污染的治理

以保护生态环境为目标，以五水共治为契机，要进一步对工业、农业产业园区和城乡居住社区空间布局进行优化，推进人畜分离，加快推进畜禽养殖规模场进园区的步伐。进一步制定提升农业生态环境标准，倒逼工业企业对污染治理。进一步健全工业、农业污染的监管监测与预防体系建设，加强对农业面源污染的监管监测。创新农业生态政策激励机制，推动农业科学轮作制度。大力推进有机农业，减少化肥农药的使用量，提高农业生态环境的自我修复能力。

（四）把一批有条件的农业产业园区打造成农业生态公园

顺应农业园区公园化的趋势和要求，在进行两区建设的同时，依托鄞州本地良好的生态条件和农业资源条件，对园区的生态休闲功能以及旅游基础设施进行规划建设，进一步开发农业的多功能性，把一些基础条件好、适合农耕文化体验、农业观光、农产品采摘的农业产业园区按照农业生态公园来打造，形成一批兼有生态涵养、休闲旅游、科普教育、修心养生等功能的农业生态公园，实现鄞州农业与旅游互促共进的新格局。

第四节　鄞州区现代农业发展的战略举措

一、创新农村土地流转体制，建立健全农地规模化经营机制

（一）以制度稳定促土地流转

要落实好党的十八届三中全会提出的农地家庭承包经营长久不变的基本经营制度，加快土地承包经营权的确权登记颁证工作，以权益稳定促进土地流转，赋予农民长期的土地承包权，让农民安心进行土地经营权的流转。

（二）以政策优惠促土地流转

要从改造传统农业、建设现代农业的实际要求出发，积极出台鼓励、奖励农民土地流转、促进农业规模经营的政策。对土地流转给予财政补助，按流转年份和数量酌情给予不同的补助，流转时间越长，全部土地流转的补助额度越高。

（三）以方式创新促土地流转

要积极引导支持农民采取长期租赁、土地股份合作制等多种形式，进行土地流转。引导务工经商农民长期转让承包地，确保转让农户享受土地承包权的各种权益。有条件的乡村还可以采取委托转包或反租倒包的方法，由乡村的土地流转服务组织承担流转土地的托管服务，使土地流转双方可以进行有效的信息对接，使农户随时随地地把土地流转出去。同时，可以将农民自愿的分散流转变为集中流转，促进土地向专业大户、家庭农场、合作农场、专业合作社和农业龙头企业等现代农业经营主体集中。

（四）以优化服务促土地流转

县、乡两级政府都要完善促进土地流转的服务机构和服务平台，规范土地流转的流程，建立由政府主导服务、市场化运作的土地、林地流转中介市场和完善流转服务体系，建立农村产权交易市场与服务组织，建立流转档案、调解流转矛盾纠纷等职能，依法调处土地承包纠纷。

（五）以转移就业促土地流转

要在加快非农产业发展的同时，通过户籍制度、社保制度的改革，促进农民就业转移与身份转换相同步，使转移劳力在非农产业既有稳定的就业岗位，又能在城镇安居乐业，享受社会养老和医疗保障制度，以创造良好的农民转让土地的经济和社会条件。

二、创新农业生产经营体制，建立健全新型农业服务体系机制

（一）坚持农民家庭经营的主体地位

要把集约化、规模经营的专业大户、家庭农场作为现代农业经营的主体力

量。通过引导务工经商农民长期流转土地，退出农业经营和农地向专业大户、家庭农场、专业大户集中的措施，实现减少农业经营户的数量，扩大农户经营的规模，促进小而全的农户家庭经营向适度规模的家庭农场转型升级，构建起新型农业双层经营体制的基础层次。

（二）促进产业化合作经营的新机制

充分发挥合作制在产业化经营中的主导地位，积极引导农业龙头企业通过与基地农户联合建立专业合作社，与生产农户形成紧密的产销合作和利益共享机制，克服资本主导的产业化经营存在的与农户利益结合不紧密，农民获利很少的缺陷，促进资本主导的产业化向合作主导的农业产业化经营转变，使之成为新型农业双层经营体制的统一经营层次。同时要大力引导和支持农民专业合作社投资兴办农产品加工、流通企业，全面增强农民专业合作社的产业化服务功能。

（三）构建生产、供销、信用"三位一体"新型农业合作服务体系

要通过农民专业合作社服务功能拓展、深化供销社改革、农业技术服务体系改革和农村金融体制改革，构建起生产、供销、信用"三位一体"新型农业合作服务体系。按照现代农业产前、产中、产后综合服务的要求，构建起新型的生产服务体系、供销服务体系和信用服务体系。一是加快要以完善农资供应服务、生产技术服务、农机服务为重点，形成政府的农业公共服务、专业合作社的合作服务、社会化服务组织服务相结合的新型农业生产服务体系；二是要大力发展农产品电子商务为重点，构建新型农产品营销服务体系。供销社要充分发挥供销合作的优势，把大力发展农产品电子商务和农产品营销合作组织作为供销社改革发展的重点任务，加快建设农产品电子商务产业园，实现农产品营销的电商化；三是要大力发展新型信用服务。要通过加快发展农民专业合作社的资金互助社和农业政策性担保、农业政策性保险和建设信用村等措施，以及加快农地、山林承包经营权抵押、农房抵押等改革举措，切实解决农业贷款难的问题。

三、创新农业投资融资体制，建立健全现代农业投入增强机制

（一）建立健全政府对现代农业建设资金支持的机制和政策

坚持把农业作为财政支出的优先保障领域，加快建立投入稳定增长机制，持续增长财政支农支出。要进一步完善鄞州特色的农业发展基金制度，转变为现代

农业发展的引导基金，改进和完善农业补贴的政策，从天女散花式的分散补贴转变为对现代农业经营主体和新型业态的引导和支持。同时拓宽基金的来源，提高土地出让金收入中用于现代农业建设的比重，更好地体现工业反哺农业，城市带动农业的政策导向。在政府基础设施、科技、环保等专项资金的安排中，也要提高用于农业的比重。同时，还要积极争取农业部现代农业园区项目、国家旅游局旅游区建设项目农业和旅游创新示范项目。要进一步整合各级、各部门支农资金，优先支持聚焦投入品质型都市农业的各类建设项目上。

（二）建立健全鼓励新型农业经营主体投资现代农业的机制和政策

要采取各种政策激励措施，制定建设补贴和贴息贷款等方面制定优惠政策，引导家庭农场、专业合作社、农业龙头企业等新型农业主体增加农业投入。政府的各项农业补贴和支持政策都要改变"撒胡椒面"的做法，重点支持新型主体。同时，还应引导银行，特别是农业发展银行、农业银行、信用社增加对新型主体和休闲观光等新型业态的支持力度，积极开展土地经营权抵押、农业设施、农业产品、农房抵押等金融改革，切实解决农业贷款难的问题。

（三）建立健全农业招商引资机制和政策

要抓住当前工商企业和社会资本有意投资农业的有利条件，积极开展农业招商引资活动。要创建好的机制和形式，要以工商业招商引资的力度来推动农业的招商引资，特别是对投资发展种业、农业装备制造业、农产品精深加工业、农产品物流、农产品电子商务、智慧农业、文化创意农业和健康养生农业等，给予量身定做的政策，并鼓励农业专家、农业科技人员和大学毕业生投资现代农业。出台支持新型农业业态发展的专项政策，进一步加大各方面配套政策的支持力度。要积极鼓励有条件的农业龙头企业上市融资，推进企业并购，做大做强一批农业龙头企业。

四、深化农业保护支持体制改革，建立健全现代农业保障机制

（一）加强农业依法护农的保障

要抓住全面依法治国的契机，强化依法护农的力度。要全面贯彻执行《农业法》《农产品质量安全法》等各项农业法律法规，建立违法必究的机制。政府各部门要带头守法、护法、执法，切实提高政府部门依法行政水平。强化农业行

政综合执法，特别是要加强对农业支持保护、农产品质量安全、农业机械安全监管、农业资源环境保护等法规的执法检查，及时查处各类农业违法案件，切实维护农业生产经营秩序和农民合法权益，切实保护好农业资源和生态环境。

（二）强化政策对农业的保障

要根据经济"新常态"和现代农业加速建设的新形势，与时俱进地制定出台一些符合鄞州经济社会实际的强农、支农、惠农、富农的新政策，重点是要出台促进农业新业态发展、农业新型主体成长、农业新型服务体系建设、"互联网＋农业"、农业生态环境建设、农业品牌建设、农业科技创新以及农业政策性信贷保险等方面的新政策支持。

（三）建立农业可持续发展的保护体系

要从强化农业资源和生态环境保护以及推进农业绿色发展的需要出发，加强农业耕地资源、水资源、生物资源和森林资源的保护。一是加强对农业耕地资源的保护。要严格执行农田基本保护区和粮食功能区的范围，确保鄞州耕地数量的稳定。要进一步合理利用耕地资源，采取增加有机肥投入以及污染土地修复等措施加强对耕地质量的保护；积极推进各类水利建设，增强农田防洪排涝能力。二是深化五水共治工程，加强对水资源的保护和对水污染的治理。三是深入开展"森林鄞州"建设，提高生态公益林补偿标准，推动生态修复造林。四是强化农业防灾减灾建设，建立气象预警机制。启动鄞州区农业与生态气象综合探测基地工程项目，增强气象在防灾、减灾、预警能力。

五、深化城乡综合配套体制改革，建立健全以工促农以城带乡机制

（一）深化农村产权制度改革

按照"三权（土地承包经营权、宅基地使用权、集体经济股权）到人（户）、权跟人（户）走"要求，加快对土地承包经营权、宅基地使用权、集体经济股权确权、登记、办证。全面完成村集体经济社区股份合作制改革，探索新形势下发展壮大集体经济的新路子。

（二）要加快户籍制度改革

破除附着在户籍制度城乡二元的制度性障碍。通过实行城乡统一的户口登记

制度，建立以合法稳定住所或合法稳定职业为户口迁移基本条件、以经常居住地为居民户籍登记地的户籍管理制度。全面取消农业户口、非农业户口的性质划分，统一登记为"居民户口"。要保障户口迁移人员的合法权益。户口迁入城镇的农民，其村集体经济组织成员的身份不变，其作为村集体经济组织成员的权利和义务不变，其所拥有的村集体经济组织的股权可依法继承、转让。要加强城乡一体的社区管理服务，建立能适应新型城镇化发展要求的新型社区建设治理体系。

（三）完善城乡一体的社会保障制度建设

要加快城乡社会保障制度改革，推进城乡公共服务均等化。完善城乡居民社会养老保险制度，建立与城镇职工养老保险有效接轨机制，促进农业转移人口和被征地农民保险整体转入城镇职工养老保险。实行统一的基本医疗保险制度，统一城乡居民基本医疗保险的筹资标准、个人缴费比例和保险待遇水平。加快城乡教育均等化进程，全面改善农村教育设施和教育质量，让城乡居民都能享受到优质教育。加快城乡基础设施一体化建设和公共服务设施网络一体化建设，全面提升城乡发展一体化水平。

六、深化政府行政管理体制改革，建立健全干部政绩考核机制

（一）进一步摆正现代农业发展的战略地位

从发展规划、资金投入、基础建设、人才引进与保留、政策支持、法律保护等方面，全面贯彻和落实有利于鄞州现代农业发展的政策和措施。按照"四化同步"推进的战略要求，充分发挥工业化、城镇化对现代农业的促进和带动作用，从根本上改变现代农业发展短腿的状况和新型农业发展模式的形成。

（二）创新政府对农业的管理体制

推进一、二、三产业融合以及农业与互联网融合是传统农业的发展所没有经历过的新生事物，这些工作对原有的政府部门的管理都是一个挑战。因此，各个相关部门要进行分工合作，形成各部门合力共建都市农业的良好氛围。要加强品质型都市农业的战略规划，要以规划来指导鄞州市新型农业结构调整、农业园区建设和主导产业培育以及休闲农业、生态循环农业、智慧农业等新型农业业态的

形成发展，走出一条具有鄞州特色的高效生态现代农业的新路子。

（三）加强对各级政府和领导的政绩考核的完善

把品质型都市农业的工作实绩作为考核各级干部政绩和工作的重要内容，科学制定考核政绩的评价指标体系。要加强对"三农"政策，特别是现代农业改革政策项目落实情况的检查督促。转变政府领导干部的传统观念并鼓励他们在工作中的积极创新，同时对重视现代农业发展并且取得显著成绩的领导干部要优先提拔使用。

第五节　实践案例

一、遂昌电子商务模式

遂昌县是浙西南的山区县，近年通过电子商务的探索发展，率先走出了一条独特的农村电子商务遂昌模式。2013 年 1 月在淘宝网成立了全国首个县级馆"特色中国—遂昌馆"，2013 年 10 月，遂昌农村电子商务模式被阿里研究中心、社科院发布称为"遂昌模式"，成为中国首个以服务平台为驱动的农产品电子商务模式。遂昌模式是指以本地化电子商务综合服务商作为驱动，带动县域电子商务生态发展，促进地方传统产业，尤其是农业及农产品加工业实现电子商务化。遂昌模式主要包括两大内容：一是以"协会＋公司"的"地方性农产品公共服务平台"，以"农产品电子商务服务商"的定位探索解决农村（农户、合作社、农企）对接市场的问题。二是"赶街——新农村电子商务服务站"。通过"县级运营中心＋村级服务站＋农户"的一整套运作模式，帮助农民实现代买、代卖，以及便民服务，让农民真正享受到电子商务所带来的便捷和实惠。村级服务站是"赶街模式"直接为农民提供服务，和农民建立强关系的网点。赶街在每个村设置一个服务站，服务站站长由村里人担任。网点通过"代买""代卖"的服务解决村民不会上网购物，以及网络设施的问题。从 2013 年 5 月遂昌县最偏远的行政村——吴处村首家村级电子商务服务站建成，到 2014 年年底，赶街已经开拓了 2 000 多个村级服务站，覆盖村民超过 200 万，农村电子商务在已经落地生根、快速发展，成为遂昌高效生态农业发展的重要推动力。

二、余杭区都市农业

都市现代农业是指工业化、城市化高度发展的都市及周边地区，依托城市在资本、信息、人才、技术等方面的集聚优势，以农业区划产业为基础，以高新技术为动力，以企业化管理为手段，以农产品生产、加工、营销、服务配套为主要经营方式，具有经济、生态、文化多种功能的现代农业系统。

余杭区作为与杭州主城区距离最近、覆盖面积最大、地形地貌最为丰富、文化资源雄厚、农业发展基础较好的市郊区县，素有"鱼米之乡、丝绸之府、花果之地"的美誉。径山香茗、塘栖枇杷、沾桥大红袍荸荠、临平甘蔗、三家村藕粉、余杭湖羊等众多传统名产，享誉内外。近几年来，余杭农业进一步加快了转型升级，大力发展都市型效益农业，构建都市现代农业产业体系，着力培育并形成了粮食、蔬菜、水产、林业、畜禽、水果、茶叶等七大农业支柱产业。并以农业"两区"和"一中心四板块"建设为平台，按照"优质、高产、高效、生态、绿色、安全"的要求，积极打造径山茶、生态渔业、水果（塘栖枇杷）、竹业四个重点产业，发展蔬菜、畜牧、花卉苗木三大优势特色产业。同时余杭区把旅游产业要素融入农业产业，把农业休闲观光、农家乐、农业文化传承与创意作为拓展农业功能、拉长农业产业链的创新举措。把茶叶、塘栖枇杷等农业产业园区打造成为休闲农业观光园区，把新农村建设的示范镇、村建设成为农家乐、乡村旅游的专业镇、村，使休闲农业、乡村旅游业成为余杭都市农业的一大亮点。余杭区已初步形成以绿色生态农业为主体，特色精品农业为支柱，休闲观光农业为重点，布局合理、优质高效、城乡融合的都市现代农业新格局。

三、义乌市深化统筹城乡综合配套改革

义乌作为全省深化统筹城乡综合配套改革试验区，正在推进"全域城市化"和构建城乡发展一体化的体制机制的综合配套改革。

（一）深化农村土地制度改革与推进土地要素市场化

全面开展农村土地承包经营权确权登记颁证工作，做到确地（确权）到户。创新农村宅基地使用和置换制度。开展农村宅基地使用权和农户房屋的确权、登记、颁证工作，给农民完整合法的土地、房屋财产权。开展城乡建设用地增减挂钩试点工作，完善农村宅基地置换和"镇中村""空心村"改造模式，探索农村

宅基地跨村置换、城乡异地置换机制。深化农村集体非农建设用地改革。在符合规划和用途管制前提下，推进农村集体经营性建设用地出让、租赁、入股，实行与国有土地同等入市、同权同价。

（二）深化农村产权制度改革与完善农村产权交易市场

普遍开展对村集体经济组织的社区股份合作制的产权制度改革。在一些已经没有农业生产经营活动、土地全部被征用，撤村建居和开展城乡新社区集聚建设的村，其村集体经济组织可以进行完全股份制的产权制度改革，村集体经济组织转为法人制的股份制公司。完善农村产权交易市场和流转交易服务机制。引导确权后的农村土地承包经营权、林权、农房和宅基地用益物权、集体资产股权、农村建设用地使用权进场规范交易、有序流转，促进权能价值实现。同时制定完善农村产权抵押融资办法，推动农村金融服务创新。

（三）推进农业经营体制创新与构建"三位一体"农民合作经济组织体系

加快培育农业新型经营主体，构建"三位一体"的新型农民合作经济组织体系的改革。大胆探索供销合作社深化改革与农民专业合作社组织体系完善相结合的"三位一体"的新型农民合作经济组织体系建设的改革，打造出一个组织化体系完整、农业全产业链覆盖、社会化服务功能完备的"三位一体"的农民合作经济组织体系，进而建立起以新型农业生产经营主体为基础、合作与联合为纽带、新型社会化合作服务体系为支撑的立体式复合型现代农业经营体系。

（四）城乡新社区集聚建设与乡村治理机制创新

以新型城镇化为引领，全域城市化为特色，城乡一体化为目标，全面推进参加城乡新社区集聚建设村庄的撤村建居工作，统一建立社区组织，实行社区化管理。建立健全社区公共服务中心，完善"网格化管理、组团式服务"机制，强化对社区成员的就业、教育、卫生、文化、社保、养老等公共服务。积极引导进入集聚小区的住户建立业主委员会，推动小区物业管理市场化。

（五）深化户籍制度改革与推进城乡基本公共服务均等化

通过实行城乡统一的户口登记制度、保障户口迁移人员的合法权益、建立城乡统一的社会保障制度、加强城乡一体的社区管理服务和配套推进村集体产权制度改革，从根本上消除城乡户籍壁垒，加快农业转移人口市民化和城乡基本公共服务均等化。

四、桐乡新型农业现代化模式

桐乡是全国首个旅游综合改革试点县和浙江省唯一省级旅游试验区。作为"长三角"地区天堂居中的田园水乡城市，具有深厚的文化积淀，素有"鱼米之乡，丝绸之府，百花地面，文化之邦"的美誉，其成功开发的"乌镇景区"更是成就了江南古镇开发的经典模式，2014 年桐乡乌镇也已成为世界互联网大会永久会址。

桐乡市顺应城乡经济加速融合发展、旅游经济与信息经济快速兴起的新趋势，从当地农业的自然资源禀赋、产业基础、文化旅游资源等实际出发，创新性提出并开展"一业驱动四化、一网引领四化"的转型发展之路，以旅游产业来驱动新型农业现代化、以互联网引领农业发展的新路子，形成了桐乡市特有的新型农业现代化道路的新模式。

桐乡市新型农业现代化主要有两大特点：一是农旅互促。就是从桐乡市发展中国旅游第一大市的战略出发，把农业的观光休闲、文化传承等多功能充分拓展，围绕旅游开展全域农业产业园区、村庄整治、庄园经济和特色产业的规划设计，开发桐乡市特色农业观光和农耕文化、休闲度假、民俗风情等农业农村旅游产品，适应都市型农业多功能发展的要求，把桐乡市特色主导农产品变成旅游产品，把农业园区变成旅游景区，把农事活动变成旅游体验活动，实现以旅带农、以农促旅。通过培育庭院经济、农场经济、庄园经济，发展"一户一景、一村一业、一园一特、一镇一品、一线一韵"的农旅融合经济。二是农网融合。即顺应互联网已成为创新驱动发展的先导力量、正深刻改变人们生产生活和社会发展的大趋势，以及充分利用桐乡成为世界互联网大会永久性地址的与众不同的唯一性优势，做大做好"互联网＋农业"新篇章。推动市、镇、村、园、农业企业等各级各类主体的电子商务活动，通过农产品特色淘宝馆、淘宝村、特色农产品电子商务集聚区、企业网站、村 APP、公共微信平台以及生产活动信息化可视化等网络渠道建设，形成集农产品美食展示宣传、乡村文化休闲旅游推荐营销等功能于一体的综合网络平台，通过线上线下的互联互通推动农村农业电子商务的大发展。同时推动农业生产技术与互联网技术的融合，做到技术运用精确、资源利用精省、生产手段精良、管理过程精细的智慧型科技现代农业。

第七章

鄞州互联网经济发展战略

在全球新一轮科技革命和产业变革中，互联网与各领域的融合发展具有广阔前景和无限潜力，已成为不可阻挡的时代潮流，正对各国经济社会发展产生着战略性和全局性的影响。如何顺应"互联网＋"发展趋势，推动互联网创新成果与经济社会各领域深度融合，推动技术进步、效率提升和组织变革，提高实体经济创新力和生产力，形成更广泛的以互联网为基础设施和创新要素的经济社会发展新形态，对于鄞州区重塑经济结构、再创竞争优势具有重大意义。本章系统阐述了鄞州互联网经济的必要性和重要性，深入剖析了鄞州互联网经济发展现实基础及存在的突出问题，在此基础上，明确提出了未来鄞州互联网经济发展的路径选择和具体对策。

第一节　鄞州互联网经济发展的背景

一、互联网经济的内涵

互联网经济是指基于因特网进行资源的生产、分配、交换和消费为主的新形式的经济活动。互联网经济依托信息网络，以信息、知识、技术等为主导要素，以生产小型化、智能化、专业化为产业组织新特征，以个性化、多样化的服务为取向，是人类历史上继农业文明和工业文明之后全新的社会经济发展形态。互联

167

网经济正在成为现代产业体系当中的纽带和核心，并对现代经济进行革命性的改造。

"互联网经济"有两个维度：一个维度是互联网以其开放性、全球化、低成本、高效率的优势，广泛渗透到产品设计、生产制造、广告营销、流通、购买、消费体验和售后服务等全过程；另一个维度是互联网不再完全虚拟化，而是日益融合现实物理空间的"虚实结合、虚实相生"的信息物理融合系统，正在向传统工业、传统农业、传统服务业进行深入的渗透和融合，以创新商业模式、优化资源配置、培育新产业形态，创造出新的价值和新的增长点。

二、互联网经济国际国内发展趋势

(一) 国际互联网经济发展趋势

2008年金融危机以来，世界各国以大数据、云计算、移动互联网、物联网等为标志的新一代信息技术，推进资源配置方式、生产方式、企业组织形式、经济发展模式的深刻变革，力求在全球新一轮经济竞争中抢占先机。

1. 美国互联网经济发展状况

作为全球智力资源和创新资源最集中的国家，美国将发展互联网经济作为优化产业结构、推动经济复苏的重要手段，目前互联网经济已经成为美国经济增长的第一要素。从电子商务发展来看，2011年年底，美国网络购物用户规模1.4亿，网络购物渗透率高达71.2%，电子商务零售额为1 943亿美元，居全世界首位。从网络广告看，2011年美国网络广告市场规模达317.35亿美元，其中零售行业的贡献率为22%，远高于金融、电信、汽车等行业，为美国互联网广告收入的最大来源。

2. 欧盟互联网经济发展状况

2010年，"欧洲2020战略"提出构建数字化统一市场，启动"欧洲数字化议程"。基于互联网技术的产业成为欧洲经济增长的重要动力和支撑。以电子商务发展为例，2011年，英国电子商务市场规模为1 020亿美元，德国为377亿美元，法国为285亿美元，西班牙为150亿美元，意大利为124亿美元，其中英、德、法占据欧盟全部电子商务总交易额超过70%。欧盟中的西欧互联网用户中已经有接近95%为网购用户。

3. 韩国互联网经济发展状况

韩国是首个无线宽带普及率达到100%的国家，宽带覆盖率排名世界第一。目前，互联网相关产业已成为韩国重要的支柱产业。韩国是电子商务市场份额占比最高的国家，2014年市场份额增长至13.2%。韩国是全球最大的网游内容提供商，2013 年，韩国手机网络市场规模达到 2.3 万亿韩元。韩国网络购物市场规模已经超过百货商店的市场规模，成为了第二大零售市场。韩国互联网广告市场迅速发展，2013 年有线网络广告费为 2.30 万亿韩元，比 2012 年增长 2.5%；特别是移动广告呈现爆炸性增长，达到 4 600 亿韩元，比 2012 年增长了 119%。

4. 日本互联网经济发展状况

随着信息技术的发展，日本借助网络从事的各种经济活动剧增，互联网经济方兴未艾，正成为促进日本经济发展的重要动力。2011 年，日本电子商务交易规模约为 7 万亿人民币，网购规模约 7 600 亿元人民币。2013 年，日本内容产业市场规模达到了 11 兆 9 094 亿日元，其中游戏市场规模为 1 兆 4 819 亿日元，占比 12.4%。

（二）国内互联网经济发展趋势

自 1994 年中国接入国际互联网，已经经历了 20 多年。电子商务从 1997 年开始，跨越了近 20 个年头。截至 2014 年年底，我国网民规模达 6.49 亿，互联网普及率为 47.9%，手机网民规模达 5.57 亿人。2014 年，我国网络购物用户规模达 33.61 亿人，使用率达到 55.7%；网上银行用户 3.04 亿，网民使用率达到 46.9%；互联网理财网民规模达到 7 849 万人，网民使用率达到 12.1%；网上预订过机票、酒店、火车票或旅行行程的网民规模达到 2.22 亿，使用率达到 34.2%；即时通信用户规模达 5.88 亿，使用率高到 90.6%；微博用户规模 2.49 亿，使用率达到 38.4%；网络文学和网络视频用户规模分别达到 2.94 亿和 4.33 亿。随着互联网广泛深入地渗透各个行业，互联网在创新和消费等方面为 GDP 增长提供了强劲的动力。2014 年，麦肯锡全球研究院发布《中国的数字化转型：互联网对生产力与增长的影响》报告显示，2013 年中国的 IGDP 指数升至 4.4%，已经居于全球领先地位；预计到 2025 年，互联网将帮助中国提高 GDP 增长率 0.3~1.0 个百分点，带动中国劳动生产率提高 7%~22%。

2015 年 7 月，国务院出台了推进"互联网+"行动的指导意见，明确以创业创新、协同制造、现代农业、智慧能源、普惠金融、益民服务、高效物流、电子商务、便捷交通、绿色生态和人工智能等领域为重点，用互联网创新技术和平台推动技术进步、效率提升和组织变革，构建"网络化、智能化、服务化、协同化"的"互联网+"产业生态体系，使之成为我国经济社会创新发展的驱动力量。各地也纷纷将发展互联网经济作为促进经济结构调整的重要途径，全力加以推进，努力培育新的竞争优势。北京将"智慧北京"建设上升为城市发展战略，加强信息基础设施建设、培育互联网企业，集中力量发展云计算、物联网等产业，争取到 2015 年形成 500 亿元产业规模。深圳充分发挥信息产业发展优势，推进智慧应用，建设超级云计算中心，大力发展电子商务，努力打造互联网经济的"深圳模式"。从浙江省来看，杭州将发展信息经济作为"一号工程"，依托电子商务发展、云计算技术应用和大数据产业发展等基础，在国内率先迈出了系统建设信息经济的步伐，力争到 2020 年建成国际电子商务中心、全国云计算和大数据产业中心、物联网产业中心、互联网金融创新中心、智慧物流中心、数字内容产业中心；萧山提出要从制造大区向信息经济大区跨越，滨江区提出要打造智慧产业核心区和示范区，余杭提出要建设"智慧城市核心示范区""两化深度融合核心示范区"和新一代信息技术创新和信息产业发展高地，桐乡提出创建国家互联网创新发展试验区。

三、鄞州互联网经济发展的意义

当前，以云计算、大数据、物联网、移动互联网等为代表的新一代信息技术的迅速发展和广泛应用，带来了生产方式和生活方式的深刻变革。发展以新一代信息技术为重要支撑、以智慧产业化和产业智慧化为重要内容、以扩大智慧应用和信息消费为重要导向、以信息化与工业化深度融合为主要表现形式的互联网经济，正成为各地抢占未来发展制高点的战略选择。充分发挥鄞州的基础条件和先发优势，抢抓机遇、顺势而为，积极发展互联网经济，是鄞州转变经济发展方式、建立现代产业体系的必然要求；是鄞州实施创新驱动战略、培育新的经济增长点的重要途径；是鄞州推进国民经济和社会发展各领域信息化进程、促进社会全面进步的必由之路。

四、鄞州互联网经济发展的现状

（一）现实基础

1. 基础设施比较完善

到 2014 年年底，鄞州共有固定电话用户数约 55.4 万户，移动电话用户数 229.17 万户，固定互联网接入数（光网覆盖）43.65 万户，移动互联网用户数 118.2 万户；光缆总长 81.29 万芯千米，互联网城域出口带宽达到 330G，每人日均上网 3.1 小时。

2. 信息技术环境良好

近年来，宁波相继建立了政务云计算中心、互联网交换中心、电子口岸数据交换中心，搭建了信息公共服务平台和行业网站技术平台。宁波政务云计算中心可提供基础计算资源、存储资源、数据库管理资源、视频软件服务以及地理信息共享服务平台等服务资源，已有智慧宁波网、省网上政务大厅系统、中小企业软件服务平台、宁波市地理信息共享服务平台（政务版）、宁波市规划局门户网站群、81890市民服务网站群等6个信息系统接入运行，宁波市车用天然气综合监管、建设用地全程监管、宁波交通指挥中心等6个信息系统逐步向上迁移。宁波互联网交换中心集信息发布、流量统计、流量监控、网间结算和网络管理于一体，具有高速路由和数据交换能力，实现同城信息的交换。电子口岸数据交换中心具备了政府部门、外贸企业和物流企业等相关单位网上办事、联网资料交换、信息共享、企业信用查询和政府效能评估等主要功能，提高了通关速度和效率，实现了以最低的物流成本向企业提供最大附加值服务。从鄞州来看，爱鄞州（iYinzhou）免费无线上网项目的功能初显。到2014年年底，爱鄞州（iYinzhou）项目共计接入热点214个、无线AP1210个，覆盖公园、医院、行政服务中心、客运中心、旅游景点、公共自行车点位等区域，累计认证人数已达41.52万人，使用流量达171.6万GB。

3. 网络平台功能凸显

从全宁波来看，目前已有各类垂直门户平台40余家，大宗商品交易门户平台8家，B2B网站约100余家，主要涉及化工原料、有色金属、钢材等。2014年，"中国塑料城"交易额达到1 062.57亿元，是全国最大的塑料原料网上交易市场和专业市场，其塑料价格成为中国塑料行情的"风向标"；宁波液体化工交易网交易额突破178.6亿元；宁波大宗商品交易所交易额达到4 481.75亿元，交收量达到13.3万吨；宁波网上粮食市场交易额达11.15亿元，已成为全国最大的网上粮食市场；"宁波神化网"是华东地区最大的电镀原材料和特殊化学品交易网站。阿里巴巴、环球资源网、中国制造网等均在宁波设立分支机构或建立外贸电子商务基地。宁波航交所、宁波电子口岸、世贸通、中基惠通等官方和民间公共平台服务地方经济发展的功能不断增强。从鄞州来看，目前已有电子商务平台企业7家，应用企业18家，综合服务企业5家。2014年，平台企业总交易额32亿元，其中汇金大通有色金属储备交易中心线上交易额10.6亿元，线下交易额26.57亿元；浙江大道网络科技平台交易额18亿元，我要印平台交易额0.88亿元。应用企业电商交易额17.3亿元，其中服装鞋帽纺织品类交易额6 391万元，副食品交易额4 399万元，日用品交易额1 215万元，家用电器和音像器材类交易额11.47亿元。一些拥有雄厚资金和人才实力的企业，如广博、奥克斯和太平鸟，均建立了B2C官方网站开展线上交易活动。

4. 互联网产业基础良好

电子商务迅速发展，网购成为重要的消费手段。从全宁波来看，截至 2013 年年底，宁波 14 万家生产制造企业、1.2 余万家外贸进出口企业中的 90% 以上开展了电子商务；2014 年，宁波网络零售总额达 489.70 亿元，同比增长 82.05%；居民网络消费总额 488.32 亿元，同比增长 39.90%；2014 年，宁波跨境贸易电子商务销售额达 3.7 亿元，全国 81.9 万名消费者经由宁波跨境电商平台进行消费。软件信息服务业优势明显，成为鄞州的重要支柱产业。到 2014 年年底，鄞州软件信息服务企业数量达 680 家，其中注册资金千万元以上的企业达到 100 家以上；实现软件收入达 69.8 亿元，同比增长 31.69%，其中基础软件和应用软件收入约 32.3 亿元，占总收入约 46.3%。鄞州软件收入约占全市比重达 25%，企业规模和软件收入居全市第一位。全区有 9 家企业被认定为宁波市重点软件企业。"东蓝数码"入选国家规划布局内重点软件企业；"海商网"获浙商风云榜"最具投资价值企业"称号；"普天通信"的自动拨测系统获得国家科技进步二等奖，是宁波软件行业首次获得的国家级科技进步大奖。动漫游戏产业发展初具规模。2014 年，全区完成原创动画片备案产量 13 部 6 550 分钟，占宁波全市的 60% 左右，位居全省第二位和全市第一位；涌现出莱比特、卡酷动画、水木动画、宣逸网络等一批国内知名的动漫游戏生产商。

5. 互联网经济亮点企业崭露头角

在金融量化交易方面，宽谷奥立安信息科技有限公司是国内领先的金融量化交易服务机构，致力于开发算法交易引擎在量化交易、金融云计算、网络管理及大数据领域的应用。宽谷奥立安公司与中国电信和多家券商、期货公司、银行合作，以"量化金融创客总部、财富管理中心、私募基金孵化平台、量化金融研究院"等四大核心平台为基础，打算在 3 年内聚集超过 300 家的私募投资团队和机构，平台交易及管理的资产超百亿元；在 5 年内形成千亿元规模的财富管理中心，打造国内量化金融交易的"阿里巴巴"。在电子商务平台方面，浙江海商网络科技有限公司已有平台会员 40 多万，平台产业类别涉及电气电子、服装饰件、交通运输等 26 大类，整合独立英文网站、电子商务平台、搜索引擎营销，已成为一个全球性的网上综合电子商务市场。汇金大通有色金属储备交易中心是一家以有色金属原料、半成品交易储备为核心的新型电子商务交易平台，主要提供网上现货交易、远期电子合同交易、信息服务及物流等相关服务。中基惠通是一家集订单管理、在线投保、财务结算、金融服务、物流管理为一体的外贸综合服务商，率先实现了"互联网＋外贸＋物流"的新型外贸模式，吸引了 5 200 多家中小企业入驻，2015 年平台实现一般商品出口达 8 亿多美元。

（二）主要问题

1. 智慧应用系统建设有待加强

由于缺乏统一的信息资源共建共享规范，数据业务系统整合共享方面尚未实现突破，各领域和各部门之间信息资源管理条块分割现象比较严重，信息资源互联互通和整合效率较低，政务、信用、金融等信息基础数据库有待完善。由于缺乏统一规划，区里建设的各类数据中心（或云平台）尚难以实现与市级平台统一交换。平台数据挖掘处于起步阶段，大数据公共平台的建立难以真正实现。信息化、工业化相互融合的规模和层次还较低。

2. 信息经济消费潜力还需挖掘

国家工信部的研究报告显示，预计 2015 年我国信息消费将超过 2 万亿元，年均增长 25%。目前，鄞州信息经济消费还处于初级阶段，从人均信息消费额来说，2014 年鄞州人均消息消费额约 7 000 元，还有很大的上升空间；从内容上来说，网络消费活动主要以有形产品网购为主，对信息内容与服务方面的消费尚处于较低层次；从政策层面来说，缺乏鼓励信息消费的政策推力。

3. 电子商务产业链有待完善

传统产业与电子商务融合度低，在传统批发和零售行业中，不少企业还未开展或参与电子商务业务。一些企业虽然建有官方网站，但网站定位低，没有开展在线交易。企业对移动电子商务、电子商务大数据业务、社交电子商务等新型电子商务模式涉足很少。软件开发、网站建设、网络推广、仓储物流、电子支付、运营服务等电子商务服务体系尚未建立，电子商务服务产业链亟待完善。电子商务配送及仓储设施不足，电商物流成本较高。电子商务专业园区和载体建设较为滞后，尚未有效发挥产业的集聚作用。

4. 缺乏带动力强的龙头企业

龙头企业对于产业集聚及其辐射效应的带动作用是巨大的。由于网络创新的特殊性，其时效性及先发性是决定项目是否能够取得成功的关键，行业领先者往往是游戏规则的制定者和主导者。目前，鄞州的互联网企业存在"散小弱"的现象，缺乏像阿里巴巴、京东商城、苏宁易购、易迅网等之类在国内独占鳌头的龙头企业。近几年，鄞州无一家企业入选中国电子商务 B2C 十强排行榜、B2B 十强排行榜。

5. 人才资源较为匮乏

目前，鄞州从事电子商务平台技术开发、网络整合营销、电子商务模式创新等人才缺口较大，人才供给"瓶颈"明显。据调查统计，目前四类网商人才供不应求的矛盾比较突出，首先是电子商务市场运作和营销类人才，约占总需求的

42%；其次是电子商务信息系统建设运维技术类人才，约占总需求的 23%；此外，管理类人才、综合类（仓储、物流管理、客服）人才也比较缺乏。

6. 市场环境建设滞后

现行政策环境、市场秩序等不能完全适应互联网经济的迅速发展。信用体系建设有待加强，在可信交易、支付、物流和信息安全认证等关键领域的标准规范不够完备，亟须完善相关的管理办法和服务标准。例如，O2O 发展相对滞后，很大程度上源于线上支付安全、商品质量无法保障、线下商家服务诚信较差等问题。

第二节　鄞州互联网经济发展定位

一、鄞州互联网经济发展的总体要求

充分发挥市场在资源配置中的决定性作用和更好地发挥政府作用，主动顺应"中国制造 2025""互联网＋"发展新形势和新要求，大力发展以软件服务业、动漫游戏产业、电子商务、互联网金融、互联网农业为重点的互联网产业，全面创建省级电子商务示范区、两化深度融合国家综合性示范区和智慧城市示范区，率先成为特色鲜明、全省领先的互联网经济强区。

二、鄞州互联网经济发展的基本原则

（一）创新驱动

加强同电信、广电运营商等大企业的合作，强化网络基础设施建设，为互联网经济发展提供安全可靠、适度超前的基础保障。瞄准电子商务、物联网、互联网金融等特色优势领域，集聚创新资源，吸引重大项目，打造国内一流的互联网产业创新发展空间载体。深化体制机制创新，探索新模式、培育新业态，营造互联网经济发展新生态。

（二）融合发展

完善信息资源共享机制和平台，推进政府数据开放共享和大数据应用，充分释放信息资源服务经济社会发展的潜能。推动互联网产业同工业、服务业的深度融合，促进互联网产业各细分领域之间的融合发展，提高互联网产业竞争力和辐射力。

（三）企业为基

强化企业主体地位，优化产业发展环境，推动基于新一代信息技术的各类新兴网络技术产品和服务的研发制造和广泛应用，激发信息消费需求，增强网络信息产品供给能力。

（四）试点示范

立足鄞州发展的特色优势、产业升级的战略重点、群众对公共服务的迫切要求，找准突破口，先行先试，全面开展创新试验，着力推进互联网产业基地和重点领域智慧应用体系建设，在重大平台、重点企业、重要领域先行先试，力争成为全省乃至全国的典范。

三、鄞州互联网经济发展的战略定位

（一）建成国内领先的信息基础设施、信息资源服务和智慧应用体系

光网覆盖率达100%，城乡宽带平均接入能力分别达到50Mbps和12Mbps，4G网络全面覆盖乡（镇）、村（街道），5G商用试验网初步建成，IPv6技术深度应用于商业和政务网络系统，实现向下一代互联网升级。覆盖城乡的下一代广播电视网（NGB）基本建成。人口、法人、空间地理信息等基础数据库进一步完善，园区、楼宇、管网、环境等主题数据整合共享，形成统一的大数据资源中心。政府公共数据开放机制和政务数据统一架构基本形成，重点领域的政府数据实现向社会的深度开放。智慧健康、智慧教育、智慧交通等民生应用服务基本覆盖全区城乡居民，智慧城管、智慧城市应急、智慧管网、智慧环保等城市运营应用不断拓展。建成可靠、可信、可控的网络安全保障体系。

（二）互联网特色产业竞争力和带动力明显增强

电子商务产业规模扩大，物联网技术推广应用加速，成为"长三角"地区具有影响力的电子商务和物联网产业中心。信息技术在金融领域广泛应用，电商金融、互联网股权债券融资、金融信息服务等互联网金融业态稳步发展，建设若干基于互联网的金融交易平台，成为"长三角"互联网金融创新中心。软件研发推广产业基地、智慧装备和产品研发与制造基地等基地建设取得明显成效，建

成一批"互联网＋服务业""互联网＋农业"示范推广园区。

（三）"互联网＋"和工业、农业、服务业实现深度融合

深入推进区域、行业、企业两化深度融合，信息技术更好地融入企业产品研发设计、生产过程控制、产品营销及经营管理等环节，50%以上规模企业生产经营全面实现自动化、集成化、网络化、智能化和协同化，信息技术应用和商业模式创新有力促进产业升级，建成一批智能制造和研发示范基地，形成一批"互联网＋制造业""互联网＋农业""互联网＋服务业"融合示范推广园区，争创省级"两化"深度融合示范区。

第三节 鄞州互联网经济发展对策

一、加强信息基础设施和服务平台建设

（一）推进宽带网络建设

坚持基础先行、适度超前原则，深化"光网鄞州""无线鄞州"建设。推进城镇地区光纤到楼入户，推进宽带向政府、公共服务机构和社区中心覆盖，构建易用、高速的移动网络接入环境。推动下一代互联网应用部署，推动5G在工业、交通、环境监测等领域的商用试点建设，加强下一代广播电视网（NGB）建设，深入实施"三网融合"工程。

（二）推进公共信息服务平台建设

对接宁波政务服务平台建设，完善人口、法人、空间地理、宏观经济等基础数据库，建立统一的政务数据共享与交换架构体系，构建政府信息资源开放平台，形成政府公共数据对外服务统一门户，全面开放地理位置类、市场监管类、交通状况类等重点领域的政府数据。完善"下一代互联网＋云计算平台"智慧云基础网络，建成国内领先的云计算服务平台。

（三）推进智慧物流设施建设

加强空港、物流园区、物流企业、运输装备等部位物联网基础设施建设，构建全面感知、互联互通、信息共享、智能处理的物联网体系。推进智慧物流公共

基础平台建设，强化信息互联交换、数据集中服务、公共基础协同等基础性服务。加强第四方物流等应用平台建设，构建智慧物流生态体系，提高物流运作效率。

二、抢占互联网产业发展制高点

（一）做大做强软件及信息服务业

大力开发行业基础软件和应用软件、嵌入式软件，优先发展支撑信息化和工业化深度融合的工业软件、智慧城市应用操作系统软件。大力发展信息系统集成、网络传媒、动漫游戏等软件服务业，积极发展网络支付、位置服务、社交网络服务等基于网络的信息服务业，积极培育基于下一代互联网、移动互联网、物联网的新兴服务业态。

（二）培育壮大电子商务和智慧物流服务业

鼓励鞋服、电器、厨卫用品等优势行业应用电子商务开展网络销售，构建智慧贸易体系。支持汇金大通再生有色金属交易平台、我要印等第三方平台发展。积极发展网上"菜篮子"，探索"电子商务平台＋菜篮子商品实体店（便民店）＋智能化电子配送箱"经营模式。大力发展快递、仓储和物流规划咨询、信息系统、供应链管理等智慧物流产业。大力实施电子商务应用拓展工程，大力推进专业市场、农村、居民消费电子商务建设，完善中心商务区、居民区、高教园区、产业园区网购商品投送公共设施和农村网络代购网点。依托鄞南物流园区、宁波机场物流园区，推进物联网试点示范应用，建设物联网产业链体系。

（三）培育发展互联网金融服务业

鼓励鄞州银行、宁波银行等本地法人金融机构布局互联网金融产业，开展小额贷款、线上供应链金融等互联网金融业务。鼓励金融机构同第三方支付、电子商务平台等互联网金融企业合作，建设信用卡商城、理财产品直销平台。探索建立基于互联网的私募股权融资体系，引入天使投资、PE、VC等股权投资企业，搭建互联网私募股权投融资平台。推进量化金融小镇建设，扶持宽谷奥立安等量化金融机构发展，打造国内最大的量化金融产业基地。

（四）培育发展云服务和数字内容产业

实施一批工业、政务、健康、教育、交通、商务等领域云计算示范应用项目，形成若干在全市乃至全省具有示范和带动意义的云服务商业模式。积极发展大数据产业，建设若干基于工业、教育、旅游、金融和商务等领域的大数据示范项目，推动建设若干产业云和专业云。大力发展数字内容产业，打造全市文化创意中心。加强对互联网内容深度开发和利用，做强做优网络游戏、网络媒体、网络音乐、网络视频、网络广告等产业。

三、推进互联网技术在产业和社会领域的深度应用

（一）推进信息化和工业化深度融合

推进企业信息化从基础应用、单项应用向集成应用、创新应用、产业链协同应用转变，推动企业实现装备智能化、设计数字化、生产自动化、管理现代化、营销服务网络化。鼓励智能化改造，普及工业设计，推广大数据辅助决策，实现智慧制造。在机械装备、生物医药、电工电器、纺织服装、文具等优势产业领域建设一批工业"互联网+"行业协同平台，推广基于互联网的全流程生产协同和综合集成，推动"机联网""厂联网"在车间、厂区和园区广泛应用，实现生产制造过程中人、机、物等要素的全面数字化、网络化和智能化管控。积极推广个性化定制、众包研发设计、服务型制造、网络协同制造等新型制造模式，增强产业链资源整合和协同发展能力。深化信息网络技术在总部企业中的应用，培育一批网络化、智慧型的企业总部。

（二）促进互联网技术在服务业领域的应用

积极推进企业经营、管理和服务模式创新，推动传统服务业向智能化现代服务企业转型。结合鄞州实际，积极培育和发展现代物流、互联网金融、文化创意、信息服务等现代服务业，引进和培育一批信息化程度高、管理精细、服务高效、特色明显，具有较强行业示范带动作用的服务企业。促进电子商务应用技能与网络消费理念的普及，推动零售商业服务和专业市场交易模式创新。

（三）促进互联网技术在农业领域的应用

应用现代信息技术改造提升传统农业，依托现代农业综合开发区以及特色农业产业基地、都市农业园区，大力推广应用信息化管理系统、农业专家咨询服务系统和农业电子商务，积极探索建立"精准农业"信息系统，逐步实现农产品生产、加工、储藏、运输和市场营销等领域和环节的科学化和智能化，打造智慧农业示范推广基地，集聚一批智慧农业龙头企业。大力发展农产品电子商务，推

动农产品市场的信息化改造，鼓励农产品批发交易市场实行订单农业、期货交易，定向分散配送、集中统一结算。

（四） 加强互联网技术在民生领域的应用

推进面向市民的住房、教育、就业、文化、社会保障、供电、供水、供气、防灾减灾等公共服务智慧应用系统建设，完善医疗急救系统、远程挂号系统、电子收费系统、电子健康档案、数字化图文体检诊断查询系统、数字远程医疗系统等智慧医疗系统，加强智慧家居系统、智慧楼宇、智慧社区建设。

四、营造互联网经济发展的良好环境

（一） 创新体制机制

一是健全领导体制和推进机制。建立互联网经济发展领导小组，实行联席会议制度，强化互联网经济战略规划、实施方案、政策安排、项目推进等重大问题的协调。探索设立大数据管理局，组织制定数据信息收集、管理、开放、应用等标准规范，统筹数据中心的建设、管理，推动信息资源公开和共享。二是放宽互联网企业市场准入。按照"非禁即入"的原则，对互联网企业实施"负面清单"管理制度。例如，对于符合法律法规的互联网金融企业，允许以"互联网金融公司"或"网络金融公司"的名义进行工商登记，在营业范围中增加"互联网金融"的内容，等等。三是健全保障网络及交易安全的相关制度。完善电子交易、信用管理、安全认证、在线支付、市场准入等方面的制度和政策。引导金融机构建设安全、快捷、方便的在线支付平台，大力推广使用银行卡、网上银行等在线支付工具。建立完善符合互联网经济特点的行业管理政策法规体系，加强行业管理、统一监测和市场监管，强化互联网信息安全管控。四是完善信息资源开发利用机制。完善政府信息共享管理规范，建立政府信息资源目录体系和信息资源共享服务体系，建立健全政府及公共信息开放和利用机制，破除"信息孤岛"现象。大力培育信息资源市场，鼓励和引导信息资源开发利用。

（二） 完善产业政策

一是加大对"互联网＋"企业的扶持力度。招企育企政策。落实国家、省鼓励互联网经济发展的有关举措，完善对电子商务、互联网金融机构等的补贴政策，引进和培育一批互联网企业。支持产业发展、创业创新、招商引资扶持政策和资金向互联网经济项目倾斜。探索设立互联网经济创业投资基金，构建互联网经济投资机制，引导社会资本投资互联网经济重大项目。加大对互联网企业的金融支持力度，优先支持具有发展前景和自主创新能力的互联网企业发行债券和上市，支持互联网经济基础设施项目开展股权和债券融资。加大对"互联网＋"重大项目的土地供给支持，对利用工业小区改造、老旧厂房改造和空置商业楼宇等发展"互联网＋"业务的，给予用地用房的优惠政策。二是推进一批产业集聚平台建设。发挥鄞州在信息服务业和创业创新方面的特色优势，全力推进清华长三角研究院宁波科技园暨浪潮宁波产业基地、软件动漫创意园和创新128园区、南部商务区电商楼、空港保税物流园区、欧琳电商园、厚力网购智慧园、量化金融小镇等互联网产业集聚区建设，积极发展众创空间、创客服务中心、创新工场等新型创业孵化载体，强化政策和资金资源保障，努力打造在全省乃至全国具有影响力的互联网创业首选地和创新资本集聚高地。三是打造一批"互联网＋"试点示范项目。按照国家和省市推进"互联网＋"行动的部署和要求，打造工业物联网示范平台、工业云制造创新服务平台、中小企业信息化云服务平台、云医院、医药电商平台、智能物流仓储和配送平台、大数据服务中心、农村电商平台等一批示范型、领军型的示范试点项目，培育一批单项冠军和知名品牌。

（三）强化人才支撑

加强互联网经济创业创新环境建设，构建若干低成本、全要素、便利化的创业空间，降低创业创新成本，吸引互联网人才来鄞州创业。探索合作建设科技（创新）项目或产业化项目等途径，大力引进一批拥有前沿技术的核心人才及团队。加强产学研合作，建立云计算、大数据、电子商务、物联网等实训基地，培养创新型、应用型互联网技术技能人才。创建以互联网产业基地为依托的人才集聚平台和以互联网经济创新试验区为主体的人才特区，完善互联网产业高端人才申报和认定办法，对于互联网高端人才在落户、子女教育、住房等方面给予优待政策，对互联网经济发展有重要贡献的杰出人才和核心骨干给予奖励。

第四节　互联网经济发展的典型案例

一、工业4.0

"工业4.0"是德国联邦教研部与联邦经济技术部在2013年汉诺威工业博览会上提出的概念。描绘了制造业的未来愿景，提出继蒸汽机的应用、规模化生产和电子信息技术等三次工业革命后，人类将迎来以信息物理融合系统（CPS）为基础，以生产高度数字化、网络化、机器自组织为标志的第四次工业革命。前三次工业革命的发生，分别源于机械化、电力和信息技术。随着物联网及服务的引入，制造业正迎来第四次工业革命。不久的将来，企业能以 CPS（信息物理系统）的形式建立全球网络，整合其机器、仓储系统和生产设施。"工业 4.0"有三大内涵："智能工厂"主要涉及智能化生产系统以及网络化分布式生产设施的实现。"智能生产"主要涉及整个企业的生产物流管理、人机互动以及 3D 技术在工业生产过程中的应用。"智能物流"主要通过互联网、物联网，整合物流资源，提高物流效率。2014 年 10 月，中德政府发表《中德合作行动纲要》，宣布两国将开展"工业 4.0"合作。2015 年 5 月 8 日，我国发布《中国制造 2025》，明确提出以推进新一代信息技术与制造业深度融合为主线，以推进智能制造为主攻方向，促进制造业数字化网络化智能化，强化工业基础能力，促进产业转型升级。

二、互联网金融

按一般共识，互联网金融可以分为"第三方支付、P2P 网络借贷、在线供应链金融、金融网销、众筹融资、虚拟货币"等主流模式。（1）第三方支付。目前，央行共发放第三方支付牌照 269 张，其中获互联网支付牌照的有 86 家。2013 年，我国第三方支付市场规模达到 16 万亿元，共处理互联网支付业务 150 亿笔，金额 8.96 亿万元。2015 年我国移动支付发展迅速，NFC 支付、二维码支付等模式日趋成熟。（2）P2P 网络借贷。P2P 网络借贷 2007 年引入我国，2012 年进入加速发展期。截至 2014 年 9 月，国内共有 1 438 家 P2P 网贷平台，多集中于广东、浙江等沿海经济发达大省。由于相关技术手段（征信、风控等）不成熟以及监管缺位，目前 P2P 网贷存在信用风险、流动性风险、信息安全、资金安全等问题。（3）在线供应链金融。我国的在线供应链金融，按经营主体和经营方式可分为三种形态：第一种是电商企业自营小额贷款公司直接放贷的模式。以阿里巴巴和苏宁为代表，借助成立小额贷款公司，取得开展贷款业务的牌照，并由旗下小贷公司直接向客户发放贷款。第二种是电子商务平台和银行合作放贷的模式。以京东、敦煌为代表，电子商务负责提供客户源，并将平台数据转化为一定的信用额度，银行依此进行独立审批并发放贷款。第三种是银行自建供应链金融平台的模式。（4）金融网销。金融网销是理财、保险、证券等金融产品及服务的网上销售。按销售主体及渠道不同，可分为金融机构自建平台销售、金融机构通过第三方平台销售、互联网企业和金融机构合作销售三类模式。互联网企业和金融机构合作销售模式的典型案例是基于支付账户的基金理财产品。余额宝是此类产品的代表。2014 年首季度末，余额宝资产规模达到 5 412.75 亿元，用户数量突破 8 000 万户。（5）众筹融资。众筹融资一般可分为股权制众筹和奖励制众筹，前者以股权作为回报，后者以非资金类奖励作为回报。至 2013 年年底，我国众筹融资平台达 21 家。典型的奖励制众筹平台有点名时间、众筹网、追梦网、乐童音乐等；股权制众筹平台有天使汇、大家投等。

三、互联网农业

互联网农业主要可归纳为三种模式：一是互联网技术深刻运用的智能农业模式，二是互联网营销综合运用的电商模式，三是互联网与农业深度融合的产业链模式。（1）智能化农业。北京密云县的海华云都生态农业股份有限公司奶牛养殖基地从事智能化养殖；每头奶牛一出生都会戴上一只专属的电子"耳钉"，里面储存着奶牛的所有身份信息，诸如出生时间、谱系、初次产奶时间等，只要进入挤奶大厅，就会同相关设备相连，读取奶牛"耳钉"里的信息，并通过挤奶杯上的感应装置传输到后台，每次挤奶的奶质是否合格得到监测。陕西西咸新区的秦龙现代生态智能创意农业园里，喷药施肥靠无人飞机，地面遥控员通过雷达和 GPS 导航对其遥控、定位、喷药施肥和传输数据；采摘番茄机器人代劳，通过多传感器数据融合技术，具有获取果实信息、判别成熟度、确定收获目标的三维空间信息标定能力，再引导机械手完成抓取、切割、回收任务。互联网带来的农业智能化浪潮，是以计算机为中心，对当前信息技术的综合集成，集感知、传输、控制、作业为一体，大大推进了农业的标准化、规范化，不仅节约了人力成本，也增强了品质控制能力和自然风险抗击能力。（2）互联网农业产业链模式。2013 年 11 月 12 日，继佳沃蓝莓之后，联想控股旗下的农业板块佳沃集团推出第二个旗舰水果产品佳沃金艳果猕猴桃。联想此次推出的猕猴桃与昔日"烟草大王"褚时健种植的"励志橙"一起，组合成"褚橙柳桃"首发，成为农产品品牌营销的佳话。联想进入农业，标志着互联网农业迈入产业深度融合的新层次。联想对农业的改造是全方位的，不仅用互联网技术去改造生产环节提高生产效率，而且运用互联网技术管控整个生产经营过程确保产品品质，还运用互联网技术对产品营销进行创新设计，最终将传统隔离的农业一、二、三产业环节打通，形成了完备的产业链。

第八章

鄞州文化创意产业发展战略

21 世纪是创意经济时代，以人的创造性和智慧为核心要素的创意产业迅速发展，并成为当代全球经济和城市发展的新引擎。在这一新趋势下，我国政府高度重视创意经济，并将发展文化创意产业作为转变经济发展方式、加快产业结构转型升级、提升文化软实力和竞争力的战略重点。鄞州区自 2011 年大力推进文化创意产业以来，经过近 5 年的发展，文化创意产业已初具规模，并成为全区经济的重要组成部分和新的增长点。在新的形势下，如何加快发展文化创意产业，发挥文化创意产业在产业结构转型中的引领作用，已成为鄞州区经济社会发展过程中亟须解决的问题。

第一节 研究背景与研究意义

一、研究背景

2009 年 7 月 22 日，国务院颁布《文化产业振兴规划》，从国家战略层面提出要重点推进包括文化创意、影视制作、出版发行、印刷复制、广告、演艺娱乐、文化会展、数字内容和动漫等产业形态的发展，创意产业首次进入国家宏观视野，文化创意产业迎来战略性发展机遇。2010 年 2 月 3 日，胡锦涛总书记在省部级主要领导干部深入贯彻落实科学发展观加快经济发展方式转变专题研讨班上发表重要讲话，把加快发展文化产业作为加快经济发展方式转变的重要举措之一。2010 年 7 月 23 日，胡锦涛总书记在中共中央政治局就深化我国文化体制改革研究问题而进行的第二十二次集体学习会上，再次强调要认真落实《文化产业振兴规划》，加快发展文化产业，深入推进文化体制改革，推动社会主义文化大发展大繁荣。

2014 年 2 月 26 日，国务院印发《关于推进文化创意和设计服务与相关产业融合发展的若干意见》（以下简称《若干意见》），就加快推进文化创意和设计服务与实体经济深度融合作出明确要求，提出到 2020 年，文化创意和设计服务的先导产业作用更加强化，基本建立与相关产业全方位、深层次、宽领域的融合发展格局。3 月 20 日，文化部为深入贯彻落实《若干意见》，随即出台《关于贯彻落实〈国务院关于推进文化创意和设计服务与相关产业融合发展的若干意见〉的实施意见》（以下简称《实施意见》），就如何提高文化产业创意水平和整体实力，推动文化创意和设计服务与相关产业深度融合提出了指导性意见。《若干意见》《实施意见》的相继发布，标志着在新形势下我国对文化创意产业的战略地位和重大作用的把握更为准确，对文化创意产业的发展目标更为明确，同时为文化创意产业指明了发展方向。

浙江省、宁波市政府高度重视文化创意产业，将文化创意产业作为产业发展的战略重点。浙江省早在 2003 年就被列为全国首批文化体制改革试点，2007 年 6 月，浙江省第十二次党代会报告中明确提出："要把发展服务业作为新的经济增长点和结构调整的战略重点，尤其要大力发展金融、创意、信息、咨询、物流、旅游、会展、电子商务等现代服务业。"2008 年 6 月，浙江省委工作会议通过的《浙江推动文化大发展大繁荣纲要》提出了建设文化产业发展体系的任务，其中强调要"大力发展文化创意产业"，进而明确了发展文化创意产业在加快建设创新型省份和文化大省进程中的作用，凸显了文化创意产业在浙江省经济社会发展全局中的战略地位。2009 年 7 月，《浙江省文化创意产业发展规划》发布，《规划》分近期（2008～2010 年）、中期（2011～2015 年）、远期（2016～2020 年）三阶段，对文化创意产业的发展目标、产业定位、发展重点及空间布局等作了系统阐述，对浙江省发展文化创意产业具有重要指导作用。

宁波市自 2003 年被列为浙江省文化体制改革的两个试点城市之一以来，市委、市政府高度重视文化建设，坚持文化产业和文化事业双轮驱动战略，始终把做大做强文化产业作为一项战略性任务来抓，先后出台了《关于推进文化产业发展的若干意见》《关于大力推进文化创新的若干意见》（2007）、《关于推动我市文化大发展大繁荣的若干意见》（2008）等政策意见，确立了宁波文化创意产业发展的战略地位。2015 年 5 月，为了加快使文化产业成为宁波经济的重要支柱性产业，满足人民群众多层次、多样化、多方面的精神文化需求，推进文化强市建设和经济社会转型发展，提升城市文化软实力、文化竞争力，又出台《宁波市文化产业发展三年行动计划（2015~2017）》《关于推进文化产业加快发展的若干意见》，提出宁波将重点发展高端文化用品制造业、文化创意与设计服务业、文化演艺与影视制作业、文化休闲旅游业、现代工艺美术业、现代传媒、文化信息传输服务业、文化会展业等八大文化产业，从而进一步明确了宁波市文化产业转型提升发展的方向和重点。

鄞州区是宁波市最早提出发展文化创意产业区县之一，2011年3月颁发的《鄞州区国民经济和社会发展第十二个五年规划纲要》就明确提出要"全面发展先进制造业、战略性新兴产业、现代服务业、文化创意产业和休闲旅游业，优化产业结构、提升产业竞争力，构筑具有核心竞争力的现代产业体系"，将文化创意产业作为产业结构升级的战略产业而纳入现代产业体系加以重点发展。同年11月，又出台《鄞州区文化创意产业"十二五"发展规划》，对文化创意产业的发展目标、发展战略、重点行业与项目作了规划和战略布局。同时，为了推进文化创意产业的发展，2012年成立了鄞州区文化创意产业指导委员会，2013年设立鄞州区文化创意发展年度专项资金以加强对文化创意产业的服务、引导和扶持。2014年11月，成立鄞州区文化发展促进会，以整合各方资源，搭建交流合作平台，积极引导社会和民间资本发展文化创意产业。一系列规划、制度、政策的制定与平台的搭建，有力推动了鄞州区文化创意产业的发展。2013年，鄞州区文化产业增加值达70亿元，占GDP比重达6%，产业规模已居全市第一。2014年，文化创意产业增加值占生产总值比重达到5.4%，已初步形成包括图书音像、印刷复制、文化娱乐、动漫游戏、工艺美术、广播影视等行业的综合型文化创意产业体系，文化创意产业成为全区经济的重要组成部分和新的增长点，产业项目数占全市55%，产业规模和发展成效在宁波市均处于领先位置。

回顾"十二五"时期鄞州区文化创意产业的发展历程，应该说鄞州区的文化创意产业发展态势令人欣喜，但在新的发展时期，如何全面提升文化产业的创意水平和整体实力，以加快推进经济的转型升级，仍是一个迫切需要研究的问题。

二、研究意义

近年来，鄞州区经济实力不断增强，为文化创意产业的发展奠定了坚实基础，但是，如何进一步推进鄞州区文化创意产业持续、快速、健康发展，并在未来的发展中继续保持领跑全市、稳居全省领先行列，仍需要未雨绸缪。在新的发展时期，深入研究鄞州区文化创意产业的发展方向，及早进行谋划布局，对推进鄞州区经济社会的健康发展无疑具有深远的时代意义。

（一）有助于推进鄞州区产业结构转型

文化创意产业是以人的创造力为核心，将一种主体文化或文化因素通过科技、市场化运作而兴起的一种新产业。发展文化创意产业，对实现区域产业结构调整与经济可持续发展具有深远的战略意义，是提升区域经济质量的必备前提。鄞州区可以充分结合当前的政策优势，建立完善的区域创新体系。在该体系中，充分发挥市场机制的导向作用，引导企业通过自主创新，发展文化创意产业，优化产业结构，充分发挥本地的要素禀赋优势，建立现代文化创意产业体系。可充分利用宁波作为全省两个试点城市之一的优势，加大对文化创意产业的支持力度，推进产业结构的转型升级，为鄞州区经济的持续发展提供新动力。

（二）有助于提升鄞州区的文化竞争力

在当代，城市间进入了软实力竞争时代，单靠粗放式的资源消耗、廉价劳动力换取硬实力发展的模式已难以为继，软实力正成为城市形象和城市建设的一个重要指标。随着经济的快速发展，文化创意产业在城市经济发展中的作用与日俱增。文化创意产业的发展，尤其需要注重当地特色项目的开发，只有做到人无我有、人有我优，才能体现特色优势和比较优势，才具有持久竞争力。近年来，鄞州区坚持把文化建设作为"五位一体"总体布局的战略重点，围绕"打造文化鄞州、建设文化强区"目标，大力推进文化改革发展和创新。在此背景下，鄞州区可以充分利用本地的自然资源和人文资源，将朱金木雕等传统工艺、南宋石刻公园、梁祝文化等历史资源等进行产业化运营，打造精品，塑造品牌，提高鄞州区的文化竞争力，以服务于文化强区建设。

（三）有利于在更大程度上满足广大群众的精神文化需求

文化创意产业的发展将精致的艺术文化融入我们的生活之中，让创意和艺术文化顺利实现产业化的生产与流通，最大限度地在数量与质量上满足人民文化生活的需求，提升大众的生活品质。根据马斯诺的需求层次理论，人们在物质生活的基本需求得到满足之后，就会转向精神层面的需求。自改革开放至今，鄞州区经济取得了快速发展，人们生活水平得到极大提高。2013 年，鄞州区生产总值1 177.7亿元，按户籍人口计算，人均 GDP 达到14.1 万元，城镇居民人均可支配收入 44 749 元，农村居民人均纯收入 23 156 元。2014 年，生产总值 1 297.8 亿元，比 2013 年增长 8.5%。城乡居民人均可支配收入 46 324 元和 26 682 元，分别增长 9.4% 和 11%。随着城乡居民收入水平的持续提升，人们对精神文化的需求日益增强，而发展文化创意产业，不仅可以成为一个新的增长点，促进经济发展，而且利于在更大层次上满足广大人民群众日益增长的精神文化需求。

第二节　鄞州区文化创意产业发展面临的机遇和挑战

一、鄞州区文化创意产业发展的潜在优势

鄞州区与杭州、上海等文化创意产业发达的地区相比，虽然还有较大的差距，但在资源、市场需求等方面，仍具有较大的潜在优势。

（一）创意资源丰富

首先，鄞州区历史悠久，拥有深厚的文化底蕴。鄞州前身为鄞县，距今已有 2 200 多年的发展历史，是中国最早的建制县之一，也是我国最早对外开埠的通商口岸之一。这里是中国佛教文化的重要传播地、梁祝文化的起源地、宁波商帮的发源地和"红帮服装"的故乡。鄞州区历史文化资源种类丰富，特别是传统文化和民间艺术源远流长。目前，全区文物保护单位（点）共 405 处，各类文物 591 件，历史文化街区、名镇、名村 12 处，国家、省、市、区各级非物质文化遗产 78 项。这些不仅是经济社会发展的文化财富，更是特色文化产业发展的创意源泉。

其次，鄞州区民间资本充裕，民营企业对投资文化创意产业的积极性高。以 2011 年为例，鄞州软件、信息服务企业约 420 家，软件、动漫从业人员超过 6 000 人，软件产业总收入从 2007 年的 4.8 亿元实增到 2010 年的 21.8 亿元，而民间资本的投入占到 96.7%。2014 年，鄞州又成立文化产业促进会，促进会旨在整合各方资源，搭建交流合作平台，积极引导社会和民间资本发展文化产业。

（二）创意需求十分旺盛

鄞州区正致力于建设创新型城市，努力建设先进制造业基地，推动"鄞州制造"走向"鄞州创造"，在传统产品附加值的提升、品牌的塑造、发展战略的制定都迫切需要工业设计、广告策划、规划咨询等创意产业的强力支撑。另一方面，随着人民生活水平的提升，特别是一定规模的富裕群体和中产阶层的形成，

带来了对艺术品、时尚消费、文艺演出等文化创意产品的大量需求。另外，现代城市的规划建设和品位提升也需要有各种建筑景观类的创意设计产业的高质量服务。

（三） 创意环境日益优越

鄞州既有大气开拓的创业精神又有和谐宽容的生活韵味，这种开放包容的文化氛围是文化创意产业发展的重要土壤；鄞州秀丽的风光和发达的基础设施，山水宜人、生活舒适的人居环境是集聚文化创意人才的重要条件；日益完善的创新体系和迅速提高的信息化水平，为文化创意产业发展提供了重要的支撑平台；资金、税费等各种相关扶持政策也优化了文化创意产业的投资环境。

二、鄞州区文化创意产业发展的机遇

近年来，鄞州区经济实力不断增强，文化市场持续繁荣，已初步形成包括图书音像、印刷复制、文化娱乐、动漫游戏、工艺美术、广播影视等行业的综合型文化创意产业体系，文化创意产业已成为全区经济的重要组成部分和新的经济增长点。

（一） 文化创意产业政策日趋完善

自 2007 年以来，鄞州区为了推动文化产业的发展，相继出台了《关于加快我区软件产业发展的实施意见》（2007）、《关于进一步加快现代服务业发展的若干政策意见》（2008）、《关于加快文化产业发展的实施细则》（2011）、《鄞州区文化创意产业十二五发展规划》（2011）、《鄞州区影视传媒、演艺娱乐、会展工艺等文化产业发展的实施细则》（2013）、《鄞州区文化创意产业专项资金管理办法》（2013）、《鄞州区动漫游戏产业发展专项资金管理办法》（2013）、《2014 年全区经济发展若干政策意见的实施细则》等一系列政策，其中专项资金用于从事文化产业开发、生产、经营和中介活动的文化创意产业企业及项目。

（二） 文化创意产业发展呈上升态势

近年来，鄞州区把发展文化创意产业作为加快转型升级、打造城市经济新优势的重要抓手，以规划为龙头、市场为导向、资本为纽带，深入实施重大文化项目带动战略，文化创意产业发展呈现出增量提速、转型升级的良好态势。据《鄞州年鉴（2014）》统计，鄞州区有文化企业近 3 000 家，其中注册资金千万元以上 152 家、"三上"文化企业 211 家。4 家企业入选"国家文化出口重点企业"，5 家企业（园区）被列入省文化产业发展"122"工程，拥有市级以上文化产业示范基地 7 个（其中国家级 1 个），8 家企业和个人获得市文化产业发展 510 个奖项。新增文化企业 160 家，新增注册资金 5 亿余元。2013 年年底，鄞州区文化产业增加值达 70 亿元，占 GDP 比重 6%，产业规模居全市第一位。

（三）文化创意产业质量持续优化

鄞州区文化产业起步较早，至 2011 年，鄞州区已通过"双软认定"的软件企业和软件产品数量分别累计达 41 家和 349 项，东蓝数码等 5 家企业被认定宁波市重点软件企业；服务外包认证推进工作取得实质性突破，宁波晟峰信息科技有限公司等 8 家企业通过 CMMI3 认证；东蓝数码入选国家规划布局内重点软件企业，实现宁波软件企业国家规划布局内零的突破；宁波普天通信技术有限公司自主研发的《基于大型通信网络和多业务的综合网管技术及应用》科研项目中的自动拨测系统，获得了国家科技进步二等奖等。众多文化创意企业开始寻找投融资渠道，东蓝数码被确定为拟上市企业，众多公司有望启动上市步伐。至 2014 年，鄞州区软件信息服务企业数量已有 680 家，其中注册资金千万元以上的逾百家。全区实现软件产业收入 69.8 亿元，约占全市比重 1/4，企业规模、软件收入和"双软认定"等主要行业发展指标均居全市各县市区第一。

（四）文化创意产业集群优势日益明显

近年来，鄞州区推出五大园区筑巢引凤，重点打造以动漫游戏产业为特色的国家原创动漫游戏产业基地，以吸引科技信息类产业的科技孵化产业园，以软件信息服务业为特色、以中国最大服务器制造商和服务器解决方案提供商浪潮集团为龙头的清华长三角研究院宁波科技园暨浪潮宁波产业基地，以软件研发、电子商务、网络媒体、动漫游戏等为主的软件动漫创意园，以研发设计、软件开发等为特色的创新 128 园区。国家原创动漫游戏产业基地已投入运营，吸引了水木动画、卡酷动画等众多注册资金在 500 万元以上的企业入驻；创新 128 园区一期已有 165 家企业投资进驻，注册资金近 14 亿元。鄞州区科技信息孵化园已被认定为宁波市软件产业特色集聚区，成为该区仅有、全市第三个市级软件产业特色集聚区。

三、鄞州文化创意产业发展面临的挑战

鄞州区文化创意产业的发展已具有一定的规模，也具备了进一步发展的基

189

础，但在文化创意产业的发展中仍存在产业层次较低、产业结构不尽合理、发展观念与人才制约等问题，有待进一步改进和提高。

（一）文化创意产业人才"瓶颈"突出

虽然鄞州辖区内的宁波市南高教园区，集聚了宁波诺丁汉大学、浙大宁波理工学院、浙江万里学院等8所院校和8万多名学生，但文化创意产业人才数量仍难以满足产业发展的需要。同时，鄞州距上海、杭州一线城市较近，在投资文化创意产业的创业氛围、创业配套设施等与其相距甚远，导致高端创意人才和团队的匮乏，其中主要缺乏具有影响力的高端设计人才、通晓创意产业内容又擅长经营的管理者、稳定的文化创意从业者等。

（二）文化创意产业水平较低，产业结构不尽合理

尽管鄞州区文化创意产业在近年来取得了长足发展，但是与发达国家和国内文化创意产业发达地区相比，文化创意产业增加值占地区 GDP 的比重仍有一定的差距。近3年，鄞州区文化创意产业增加值占地区 GDP 的比重在5%～6%，这既有鄞州经济总量大的客观因素，但也与文化创意产业整体实力不强密切相关。同时，鄞州区文化创意产业结构仍不合理：一是新兴文化创意产业总量不大。与传统生产制造型文化企业产出相比，动漫游戏、软件信息、创意设计、会展等行业的产出规模有限，对地区 GDP 的直接贡献偏小。二是文化服务业整体水平不高。文化创意产业仍存在过度依赖第二产业的情况，文化旅游、文化娱乐等服务行业在整个文化创意产业中所占比例仍不大。三是文化对传统产业的渗透不够。生产制造型企业普遍存在创意元素缺乏，产业链延伸不够，与其他企业合作开发下游衍生产品意识不强等问题，导致产品文化附加值不高。此外，融入本地文化元素、可供本区域群众消费的文化产品不足，间接影响了本地的文化消费。

（三）发展文化创意产业的观念有待进一步转变

文化创意产业是现代文化产业的高端和前沿，它是以一种新的思维方式提供新的发展模式，可以和第一、第二、第三产业的各个产业部门深度融合，整合现有资源，实现产业的创新和产业总体价值的最大化，从而促进传统产业升级。但是，一些乡镇对于文化创意产业的重要性缺乏足够的认识，对如何发展文化创意产业普遍缺乏清晰的规划，在传统重工业经济的思路影响下，往往将文化创意产业理解为依附于工业经济的附属产品，而忽视了对文化创意产业的整体发展定位

和培育。在建设过程中，存在重项目、轻管理运营的现象，导致个别文化创意产业项目平台建成后运营管理等服务配套不足，光有项目硬件的骨架，没有企业、人才、资金的血肉，影响项目平台发挥应有作用。

第三节　鄞州区文化创意产业战略定位与发展目标

一、战略定位

确立跨越式发展理念，以规划为龙头、市场为导向、资本为纽带，深入实施重大文化项目带动战略，实现文化经济强势集聚，基本形成与鄞州区经济社会发展相适应，结构合理、布局科学、具有较强实力和竞争力、富有鄞州区特色的现代文化产业体系；使文化创意产业成为鄞州区国民经济的支柱性产业、成为宁波市文化创意产业发展的先行区、全省文化经济发展创造力与影响力第一方阵、"长三角"区域文化创意产业发展强势区。

二、发展目标

（一）近期（2015～2020年）目标：重点突破，成效显著

产业发展架构基本形成，文化创意产业规模显现，艺术品业、工业设计、信息软件、动漫游戏、建筑设计、传媒出版等优势行业发展加快，创意园区和企业发展加速推进，创意人才培育取得显著成效。到2020年，鄞州区文化创意产业占GDP比重达到8%左右；建成一批重大文化创意产业项目，形成若干具有区域特色的文化创意产业集群，拥有一批文化创意产业核心品牌，吸引一批业内领军人物和创业团队，汇聚一批创新与创意人才。

（二）中期（2020～2025年）目标：全面推进，功能强化

文化产业对区域经济的贡献进一步增大，文化创意产业占GDP比重达到10%左右；文化产业发展由注重数量扩张到外延式增长转变到更加注重质量效果提升的内涵式增长。文化产业结构更加合理，形成文化制造业优势巩固、新兴文化产业量质齐升、文化服务产业规模水平整体提升的格局，产业融合进一步加深。由政策扶持体系、金融服务体系、人才支撑体系、产业集聚平台等合力构建

191

的产业发展环境进一步优化。

（三）远期（2025～2030年）目标：稳步发展，优势凸显

进入稳步发展时期，文化创意产业规模进一步壮大，推动经济结构转型、促进城市建设和支撑文化强区建设的作用进一步增强，文化创意产业成为重要的支柱产业。鄞州区成为"长三角"区域发展文化创意产业的领先地区，全国文化创意产业发展的知名地区。

三、空间布局与发展重点

（一）空间布局

根据《宁波市国民经济和社会发展第十二个五年规划纲要》《鄞州区国民经济和社会发展第十二个五年规划纲要》《宁波市"十二五"时期文化产业发展规划》《鄞州区文化创意产业十二五发展规划》等对城市功能、空间布局的定位，鄞州区文化创意产业空间布局的基本框架是：形成布局合理，特色鲜明、开放灵动的"一核、三带、多节点"协调发展的全区文化创意产业区域空间布局。

"一核"：由中河、首南、下应、钟公庙和石碶街道组成的城区，是鄞州区政治、经济、文化中心，也是主要的居住区、商贸区。以鄞州新城区为核心和辐射源，充分发挥其文化、景观、科技与人才等优势，努力打造集游戏动漫、软件信息、设计服务、数字娱乐、时尚消费等为一体的文化创意生产力高度集聚的文化创意产业群。

"三带"：以鄞州中心城区南北向的奉化江、甬新河为纵向水轴，以东西向的中兴河湿地为横向水轴，形成"H"型互联的奉化江文化创意产业带、甬新河文化创意产业带、中兴河湿地文化创意产业带三大文化创意产业带。其中奉化江文化创意产业带以奉化江为倚靠轴，充分发挥九曲江水赋予的灵气和自然底蕴，以长丰文化创意产业集聚区、天马文化创意产业集聚区两大集聚区为主体，构筑引领时尚休闲消费潮流的滨江文化娱乐服务产业带。甬新河文化创意产业带以甬新河东北方向为依托轴，以软件信息、创意设计、游戏动漫等产业为突破方向，重点打造创新128园区，建设浙江清华长三角研究院宁波科技园区等项目；以甬新河西南方向为立足点，着力打造湾底创意谷，建设迪趣文化产业园。形成文化创意产业创意研发、制作、展示、营销的产业体系，建设富有现代文化气息的文化创意产业带。中兴河湿地文化创意产业带以中兴河湿地为横向水轴，辐射鄞州

大道、鄞县大道"两道"东西向并行合拢的新城区主区域，致力打造动漫游戏、数字娱乐、影视传媒、会展工艺等为一体的文化创意产业群。

"多节点"：依托鄞州区的人文底蕴，充分利用各镇乡非物质文化遗产和名品、名人、名胜、名居等地方文化资源，把文化资源优势转变为文化创意产业优势，以鄞东北的天童——阿育王旅游景区，鄞东南塘溪名人故居群落，鄞西南的它山文化旅游区，鄞西北的桃源湾休闲度假区和梁祝文化产业园区为主要文化休闲旅游产业发展点，形成遍布鄞州的多节点格局。

（二）发展重点

立足鄞州区发展基础，充分发挥比较优势，着力做强做大动漫游戏业、软件信息业、创意设计业、演艺娱乐业、影视传媒业和会展工艺业等优势行业，培育扶持发展广告策划、咨询服务、文化旅游、艺术品交易、教育培训和创意农业等潜力行业。

第四节　鄞州区文化创意产业发展路径

一、积极推进文化创意产业与金融资本的有效对接

金融在现代经济社会发展中的支撑作用日益凸显，鄞州区应充分利用好金融资本推进文化创意产业发展壮大的倍增功能，优化各项资源与要素组合，实现文化创意产业和金融的有效对接。

（一）政府层面

建议设立鄞州区文化创意产业投资引导基金，统筹现有与文化创意产业相关的政府各类资金，采取奖励、资助、贴息等方法，实行优惠的文化税收政策，包括税金减免政策、税利返还政策、差别税率政策等。一是制定完善专项资金申请的评定办法与考核制度，完善项目审批、资金管理和监督工作；二是扶持重点文化创意产业园区的公共服务平台建设；三是支持重点文化创意项目开发和优秀作品创作，培育产业龙头企业；四是加强对处于初创阶段的动漫、软件信息等新兴文化产业引导性、示范性的投资力度。按照市场化的资本运作方式，切实推动民间资本加快进入文化产业，带动社会资金共同对文化创意产业项目进行股权投资，支持初创期创意中小企业发展。

（二）金融层面

搭建银企洽谈会或银企论坛等交流平台。一是积极向银行推介重点项目，探索文化企业贷款风险补偿机制，加大信贷投入，引导信贷资金向文化产业倾斜，尝试知识产权质押贷款形式，支持担保机构对中小文化创意企业提供融资担保；二是支持文化创意企业利用债券、信托等方式拓展新型债权融资渠道；三是鼓励企业通过资本市场上市融资、引进战略投资者和国际创意产业投资、吸纳社会资本等形式，实现投资主体的多元化、社会化；四是鼓励和规范知识产权评估机构发展，完善知识产权信用保证机制，促进具有自主创新的知识产权成果转化，搭建知识产权交易平台，降低交易成本，加快成本的商品化。

二、全面强化文化创意产业发展的服务保障

根据文化创意产业发展整体规划，政府着力在政策、资金、人才、土地等方面加强保障，完善考核激励机制，提高产业发展服务水平，进一步优化鄞州区文化创意产业发展的整体环境。

（一）加强组织领导

充分发挥鄞州区文化建设领导小组、鄞州区文化创意产业指导委员会作用，研究部署全区文化创意产业发展总体规划定位、整体布局，引导文化创意产业跨越发展。同时把文化创意产业发展列入乡镇部门年度目标考核范围，确保责任到位、任务落实。

（二）加大政府投入

通过贷款贴息、项目补贴、补充资本金等方式，支持重大文化创意产业基地、文化创意产业重点项目建设，支持跨行业整合，支持文化领域新产品、新技术的研发。在当前每年2 000万元文化创意发展专项基金基础上，有计划、分步骤地增加资金投入，不断加大对文化创意产业发展的资金支持力度。

（三）完善政策制定

进一步完善《鄞州区文化创意产业专项资金管理办法（2013）》资金扶持实施细则、文化创意产业税收优惠政策、民间资本投资文化领域相关规定、文化人才奖励扶持等政策，着力完善"一企一策"制定机制，切实提高政策的时效性、

针对性。

（四）加大要素保障

优先保障重大文化创意产业项目用地需求，在企业融资、人才培养、公共服务等方面给予文化创意产业全方位的优惠。深入打造动漫创意馆、迪士尼博物馆、湾底创意谷、飞越时光文化产业综合体、宁波国际动漫博览会等一批展示平台，力推包装印刷行业协会、文化创意产业促进会等一批汗液服务平台，完善动漫公共技术服务平台、人才实训平台、金融服务平台等一批产业发展平台建设，营造良好的发展环境。

三、积极推动文化创意产业与相关产业的融合发展

2014 年 3 月，国务院颁布《关于推进文化创意和设计服务与相关产业融合发展的若干意见》（以下简称《意见》）。《意见》指出，切实提高我国文化创意和设计服务整体质量水平和核心竞争力，大力推进与相关产业融合发展，更好地为经济结构调整、产业转型升级服务。基于此，我们认为鄞州区文化创意产业发展需要大力推动与相关产业的融合发展。一是鼓励创新发展理念，鼓励文化创意产业与相关产业融合、互动发展，延伸文化创意产业的产业链，进一步推进文化内容创新、形式创新、业态创新，提升鄞州区文化创意产业竞争力。二是鼓励文化创意企业的科技创新，支持其运用高新技术手段开发文化创意产品，提升文化创意内容的展示、传播等服务能力。三是鼓励区内商贸、旅游等产业与文化创意产业融合发展，打造文化创意产业新业态。四是鼓励深入挖掘区域传统特色文化资源，支持推动其产业化发展，打造鄞州区文化创意产业特色品牌，推动鄞州区文化资源优势转化为产业优势和文化生产力。

四、积极培育和引进文化创意人才

高端文化创意人才靠引进，留住人才靠政策。以引进高端创意人才为主，积极创造有利于吸引和使用全球人才的政策环境和人文环境，以期权、高薪、兼职等多种手段，以团队引进、核心人才带动引进等多种方式，吸引海内外从事创意产业的优秀人才，而对已引进且为地方经济作出重大贡献的人才要在住房补贴、奖励、项目补贴等方面予以政策支持，从而造就并留住高素质人才的环境，中低端复合文化创意人才靠培养，建立多层次的文化创意人才培养体系。一是依托鄞

州区现有的科技和教育资源，搭建宁波诺丁汉大学、浙江万里学院、浙江大学宁波理工学院等高校与企业创意人才合作交流平台，创建鄞州创意人才交流官方网站，鼓励高教园区或职教机构与创意企业联合建设创意产业人才实训基地，打造由创意企业出师资、培训机构招学员的双赢模式；二是通过具有资质的社会培训机构，加强创意产业人才职业培训；三是加强国内外人才的交流合作，鼓励与国外大学、培训机构以多种形式联合培养创意人才；四是积极举办各种大型创意设计展览，打造设计师相互交流碰撞的平台。

五、积极推进社会参与文化创意产业发展

加大政策引导力度，鼓励和支持个人创新创业，加强服务体系建设，逐步形成全社会支持和参与鄞州区文化创意产业发展的机制和氛围。鼓励和支持民间资本以多种形式进入政策许可的产业领域，推动形成以公有制为主体、多种所有制共同发展的文化创意产业格局。鼓励设立个人或合伙制的设计室（所）、创作室、咨询公司、策划公司等中小型文化创意企业，支持高教园区大学生开展各种形式的创意大赛，开展年度文化创意风云人物评选工作，充分调动社会各方面参与文化创意产业发展的积极性。发挥文化创意产业促进组织和中介机构、行业组织的作用，加快发展文化经纪、文物及艺术品评估鉴定、技术交易、推介咨询、担保拍卖等中介服务机构，积极支持鄞州区各类文化经纪人和经纪执业人员开展业务。

第五节　浙江余杭区、美国匹兹堡发展文化创意产业经验

一、余杭区文化创意产业

（一）余杭区文化创意产业发展概况

余杭区地处浙江省北部，位于杭嘉湖平原和京杭大运河的南端，总面积约1 226平方千米。余杭区有三面拱卫杭州主城区的区位优势，同时随着城际高铁和地铁的建成，有利于接轨大上海，融入"长三角"；余杭区又是"中华文明之光"——良渚文化的发源地，素有"鱼米之乡、丝绸之府、花果之地、文化之邦"之称，拥有丰富且独特的文化资源，如良渚文化、运河文化、禅茶文化，此外还有"余杭滚灯""五常龙舟盛会""五常十八般武艺"等一批国家级非物

质文化遗产。

2010 年 4 月，根据杭州市委、市政府关于打造"国内领先、世界一流"全国文化创意产业中心的总体目标，余杭区政府编制印发的《杭州市余杭区文化创意产业发展规划（2010—2015）》明确指出，余杭区将立足发展基础，建立具有本区特色，且符合发展实际、适应未来趋势的文化创意产业体系，同时把发展设计服务业、艺术品业、创意旅游业、传媒出版业、信息服务业作为五大重点产业，将发展教育培训业、文化会展业、创意生活业为三大支持产业；在空间布局上，文化创意产业布局注重与城市规划、现代产业体系规划布局相衔接，形成具有鲜明特色和辐射效应的"四地两带多点"的文化创意产业空间结构。其中，"四地"即创意临平基地、创意良渚基地、创意西溪基地、创意径山基地，"两带"即生态经济创意产业带、城市经济创意产业带，"多点"即建设多个文化创意集聚区。由于找准特色，余杭区文化创意产业发展进入快速轨道，文化创意产业集群版图初步形成：以阿里巴巴"淘宝城"为龙头，延伸信息服务、电子商务产业链；以西溪影视产业基地和五常文化创意园为核心，形成影视动漫产业群；逐渐形成以建筑设计、勘测设计、测绘等类型的西溪区块设计服务产业群和以良渚玉文化产业园玉产业为核心的艺术品业集群等。

影视制作是余杭区文化创意产业的又一大发展引擎。自 2010 年起，依托西溪影视产业基地、五常软件（动漫）园，引进永乐影视、绿城影视、新湖影视等 10 多家大型影视企业，培育形成影视动漫产业集群。其中永乐影视投拍电视剧《焦裕禄》，在中央一套黄金时段播出，引起热烈反响。2013 年余杭区影视动漫（传媒）业增加值达到 5.33 亿元，同比增长 20.5%。2014 年该公司拍摄制作了新剧大型战争史诗《战神》，在全国各大卫视黄金档播出。此外，绿城传媒、新湖影视等影视公司拍摄的《冲出月亮岛》《烽火四行》《曹操》等大型电视连续剧，掀起了电视剧播放的"余杭潮"。

2013 年，余杭区文化创意产业增加值在杭州 13 个县市区中名列三甲，达到 182.9 亿元；文化创意产业增加值增幅居全市首位，同比增长 54.4%，高于该区第三产业增加值增幅（16.2%）和 GDP 增幅（10.2%），占 GDP 的比重由 2012 年的 12.4% 上升到 19.6%，比 2012 年提高了 7.2 个百分点。2014 年，十大产业实现增加值 554.74 亿元（剔重），同比增长 18.2%，高于 GDP 增幅 8.7 个百分点，占 GDP 的比重为 50.38%。其中文化创意产业增加值增长 28.3%。

（二）余杭区文化创意产业发展模式

近年来，随着文化创意基地和园区建设的推进，相关项目的不断引进和培育，余杭区文化创意产业的集群版图初步形成。探究余杭区文化创意产业的发

197

展，余杭区除了充分发挥独特的区位优势外，紧抓机遇，从而有效地推进了五个有机结合，使产业逐渐呈现出良性发展态势。

1. "有形之手"与"无形之手"有机结合

遵循市场"无形之手"的规律，发挥企业主体作用，促进产业的可持续发展。余杭区在文化创意产业起步阶段，注重发挥公共财政"四两拨千斤"功能，强化规划引导、政策扶持，重视基础设施建设，积极为市场主体的发展营造氛围、创造条件；而文化创意企业则积极创新发展思路，突出产业特点，寻找发展空间。在"有形之手"与"无形之手"的共同作用下，形成了人民书店文创综合体、玉鸟流苏创意街、千年舟家居创意港等以企业运作为主、政府扶持为辅的创意产业园区，涌现出了杭州开源艺术品有限公司、杭州同家农林科技有限公司等极具发展潜力的文创企业，文化创意产业发展后劲强大。

2. "国资"与"民资"有机结合

创新发展模式，促进"国资"与"民资"优势互补，形成强强联合。近年来，余杭区以文化体制改革为契机，鼓励民营企业寻找从国家企事业单位改革中分离出来的高端资源、优势平台，利用及雄厚的资本实力，结合民营企业灵活的体制、机制，开展多种形式的合作，形成优势互补，促进产业发展。如杭州谛都置业有限公司与人民出版社合作组建人民书店总部，共同建设人民书店文创综合体，就是这种创新发展模式的典范。

3. "中央"与"地方"有机结合

加强与国家级企事业单位、中央名院大所的联姻，通过建立战略合作伙伴关系，高起点打造文化创意产业品牌。自 2009 年以来，余杭区与国家文物局、中国古迹遗址保护协会等单位合作，举办良渚论坛·大遗址保护论坛，达成《关于建设国家考古遗址公园的良渚共识》；与中华文化促进会合作，成立全国性的玉文化研究交流机构"中华玉文化中心"，并启动建设中华玉文化中心良渚文化产业园；与中国剧协合作，举办中国戏剧奖·梅花表演奖大赛颁奖大会。"中央"与"地方"的有机结合，有效地促进了余杭区文化创意产业品牌的形成。

4. "商业地产"与"文化创意产业"有机结合

以商业地产辅助文化创意产业的成长，以文化创意产业提升商业地产的内涵，实现二者的有机结合。余杭区文化创意产业发展之初，块状规模小，发展基础薄弱，商业地产的发展为其提供了资金、空间的支撑，而迅速成长的文化创意产业又提升了房地产的品味、档次。如良渚文化村玉鸟流苏创意产业街就是浙江万科南都房产有限公司在开发良渚文化村房产项目的同时，规划建设文创空间，吸引诸多文化创意企业的入驻与关注。这种结合不仅为文化创意产业提供了发展空间，而且也提升了商业地产的文化品位和知名度、美誉度、竞争力，两者相辅相成，相得益彰。

5. "线上"与"线下"有机结合

积极构建电子商务平台，实现"线上"与"线下"有机结合，促进实体经济与虚拟经济的互动。目前，余杭区与阿里巴巴集团共建的"阿里余杭"电子商务专区已开通上线，促进众多余杭区企业运用电子商务拓展新市场；"中国家纺网"在一定程度上推进了余杭区传统优势行业——家纺业的营销模式创新。人民书店国际数字出版平台、杭州农副产品物流中心"想购网""全球汽车网"等项目的顺利推进，也促进了实体经济与虚拟经济的协调发展、良性循环。

（三）余杭区文化创意产业发展经验

余杭区文化创意产业的发展，有不少经验值得借鉴。

1. 为文化创意产业发展营造良好氛围

余杭区充分发挥政府作用，加强引导和服务，如高起点编制《余杭区文化创意产业发展规划（2010～2015）》《余杭区"十二五"文化创意产业发展规划》；同时，进一步完善政策体系，加强政策扶持力度，如完善《关于统筹扶持政策加快发展文化创意产业的若干意见》《杭州市余杭区文化创意产业专项资金管理使用实施细则》，制定出台《文化创意产业统计调查制度》《大学生自主创业扶持资金实施办法（试行）》《杭州市余杭区文化创意产业园区认定与管理办法（试行）》《关于利用工业厂房发展文化创意产业的实施意见（试行）》《关于加快打造产业余杭的若干政策意见》《余杭区支持文化创意产业发展财政政策实施细则》《关于印发余杭区文化创意产业专项资金扶持项目管理工作流程的通知》等政策，充分发挥政府主导文化创意产业发展的作用，在统一各级领导干部的思想上下功夫，提高对发展文化创意产业重要性和必要性的认识，进而提高社会各界对文化创意产业的认识，从而营造出了一个有利于文化创意产业发展的良好氛围。

2. 提高文化创意产业管理服务效能

余杭区以产业公共服务平台为骨干，形成良好的创业环境，把政府的资助扶持与市场手段结合起来，转换文化创意工作的体制，搞活产业发展的机制。一是完善统筹协调机制，在区构建现代产业体系领导小组框架之下，文化创意产业领导小组统筹文化创意专项规划编制，建立领导小组成员单位联席会议制度，有效整合资源，及时协调解决发展中遇到的问题；二是完善工作网络机制，按照多方联动、合力推动的要求，建立覆盖全区的文化创意工作网络；三是健全文化创意产业公共服务平台，建立并完善文化创意产业投融资服务平台、会展与市场推介平台、影视制作和传播平台、人才培养和交流平台、中小企业孵化培养平台、艺术品交易和交流平台、设计研发和创新服务平台等（见表 8 - 1）。

表 8 - 1 余杭区文化创意产业公共服务平台

	主要平台	服务功能
1	投融资服务平台	开展文化创意产业的投资和融资服务，推动文化资源的市场化，为文化创意产业提供强大的发展动力
2	会展与市场推介平台	开展各类会展服务和市场推介，使余杭区的文化创意产业扩大在国内外市场的占有率
3	影视制作和传播平台	开展影视外景和后期制作等多项服务，培育影视动漫和多媒体产业的生产力
4	人才培养和交流平台	开展文化创意产业的人才培养和交流服务，形成管理人才、专业人才、操作人才等多层次的群体
5	中小企业孵化培养平台	开展中小企业的孵化和培养服务，实施"抓大扶小"的产业培育战略，壮大市场主体
6	艺术品交易和交流平台	开展艺术品交易和交流服务，让余杭区富有优势的艺术品生产形成产业化的优势
7	设计研发和创新服务平台	开展设计研发和创新服务，鼓励更多的专业人士和团队投入创意设计，提升产业的附加值

3. 优化文化创意产业发展投融资环境

余杭区采用跟进投资、创立资助、风险补助方式鼓励国内外的风险资本对初创期文化创意企业进行投资。积极争取金融机构创新对文化创意产业的支持机制，加大对余杭区文化创意产业的信贷额度，开展适应余杭特点的多种抵押贷款模式，如影视剧首播权质押、玉器原料质押、品牌无形资产质押等方式，建立多种形态的资源包，扩大余杭文创产业的融资渠道；设立再担保风险补偿资金，为担保机构对文化创意企业开展的担保业务提供再担保；对担保机构为中小文化创意企业提供融资担保，年日均担保额达到一定规模以上的，给予风险补助；对银行业金融机构当年新增中小文化创意企业贷款风险进行补偿。鼓励国内外民间资本和风险投资资金采取"公益 + 商务"模式，共同参与工业厂房保护利用，发展文化创意产业。

4. 推动三大产业的互动融合发展

余杭区在发展文化创意产业时，注重推动并引导文化创意产业与一、二次产业的互动融合发展和产业链延伸，加强文化创意产业与现代服务业、高新技术产业、现代装备制造业、优势传统产业、绿色生态农业、特色精品农业、休闲观光农业等融合。产业融合不是几个产业的叠加或归并，也不是对原有若干产业的简单替代，而是在原有产业有机整合基础上的重新分工。以创意消费为内生驱动力，以市场细分为开发前瞻，以商业模式升级为抓手，以消费结构升级形成"倒逼机制"，大力开发创意品牌、创意旅游、创意农业、创意社区、创意生活等新兴业态，通过创造需求、引导消费，逆向激活文化创意产业与各行业融合的链式反应，从而取得了令人瞩目的成绩。

二、美国匹兹堡文化创意产业

（一）匹兹堡概况

匹兹堡位于宾夕法尼亚州西南部，在奥里格纳河与蒙隆梅海拉河汇合成俄亥俄河的河口，是阿利根尼县县治，同时也是宾州仅次于费城的第二大城市，总面积约 144 平方千米。19 世纪后期至 20 世纪初，匹兹堡工商业发展迅速，成为美国工业革命的中心之一，诞生了一批工业革命的先驱。除了卡耐基的钢铁集团，还有梅隆（Mellon）财团、西屋电气（Westinghouse）集团，以及食品业巨头亨氏（Heinz）集团。当时，匹兹堡钢铁产量占全美钢铁总产量的 1/3 ~ 1/2，第二次世界大战前后更是高达一半以上。但是，由于地区经济过于依赖钢铁工业，造成了环境污染严重、产业集中度高、就业渠道单一等问题。针对出现的一系列问题，当地政府从 20 世纪 50 年代便开始寻找匹兹堡城市发展的新出路，经过一系列的政策改革和经济文化创新，最终形成了目前以生物技术、计算机技术、机器人制造、医疗健康、金融、教育、文化艺术而闻名的繁荣的工商业城市，成为美国城市经济成功转型的典范。

2009 年，经济学人（The Economist）把匹兹堡评为美国最适宜居住城市；2010 年，福布斯（Forbes）杂志也将匹兹堡评为美国最适宜居住城市。为了推广匹兹堡的转型经验，美国总统奥巴马将匹兹堡作为 2009 年 9 月 G20 峰会的举办城市。

（二）匹兹堡文化创意产业发展历程

匹兹堡文化创意产业发展大致可分为三个阶段。

第一阶段：第二次世界大战后 ~ 20 世纪 80 年代，为发展文化创意产业奠定基础阶段。创意产业的发展离不开完善的城市基础设施建设，从 50 年代开始，匹兹堡政府就开始投入大量资金用于建设高速公路、信息化系统等基础设施，综合整治因过度发展钢铁工业而造成的环境污染问题。在此期间，政府和私人企业总投资约为 20 多亿美元，完成大型建设项目 20 多个。与此同时，加强社区建设，大力发展文化艺术事业，提高贫困阶层的教育水平，为匹兹堡发展文化艺术创意产业提供了良好的环境。这一阶段的建设，为后来匹兹堡城市的成功转型奠定了坚实基础。

第二阶段：20 世纪 80 ~ 90 年代，为经济转型与文化创意产业发展阶段。1984 年，为促进文化设施、机构和组织的发展，集服务与管理于一体，阿勒根尼联盟与霍华德海因茨基金会（Howard Heinz Endowment）组建了匹兹堡文化信托基金（Pittsburgh Cultural Trust）。在这一机构的引导下，宾州大道至自由大道（Penn-Liberty）走廊地区转型发展成为著名的文化区，并在 1984 ~ 1987 年间主导了奔杜姆中心的改建和统治塔（CNG Tower，后改为 EQT 广场）项目的建设。这些项目的经营是基金会长期运作的稳定资金来源。同时，匹兹堡的经济发展还高度重视科研机构和大学的作用，利用其丰富的人力资源和科研成果进行文化、艺术及科技的创新。匹兹堡地区的 30 余所大学和学院积极参与公私合作组织，吸引和培养人才，并通过参与棕地开发、增加技术供给和激励校园创业等形式，在地方产业重构中发挥了重要作用。卡耐基梅陇大学（Carnegie Mellon University）的机器人学院利用黑泽伍德邻里（Hazelwood Neighborhood）的废弃棕地扩建，建立了新的研究中心，成为该地块的首个迁入机构。博恩特帕克大学（Point Park University）入驻了文化区，旨在发展世界级的表演艺术教育，这既与城区文化创意产业化契合，又在吸引当地人和旅游者进行文化区建设的过程中发挥了带头作用。

第三阶段：20 世纪 90 年代以后，以文化为先导的现代服务业发展阶段。匹兹堡文化创意产业的发展主要分为两种模式，其一是在传统产业中融入创意元素，如利用对传统工业遗产的保护来展现本地特色文化，不仅增强了民众的自豪感，还带来了一定的经济收益。其二是直接推进新型创意产业的崛起和发展，如匹兹堡文化信托基金会和卡耐基基金会一成立，就在中心商业区建起科学、教育、艺术、文化娱乐并重的"文化区"，为中心商业区的经济复兴做出了巨大贡献。

（三）匹兹堡文化创意产业发展经验

匹兹堡成功实现向以现代高新技术产业和服务业为主的多元化经济转型，文化创意产业发挥了重要作用，主要体现为：

1. 把文化创意产业发展作为改善城市生活品质的重要手段

自 20 世纪 80 年代以来，文化创意产业成为匹兹堡市促进经济发展的力量，成为其城市形象、城市生活主要部分。这其中，卡耐基基金会、匹兹堡文化信托基金会等社会组织成为了以文化建设带动经济发展的先锋，他们在中心商业区建起科学、教育、艺术、娱乐等多项并重的文化区，为中心商业区的经济复兴做出了贡献。卡耐基基金会在 1991 年建卡耐基科学中心，1994 年又建安迪沃荷尔博物馆。卡耐基科学中心成为匹兹堡市既有教育功能又能吸引旅游者的重要地标。匹兹堡文化信托基金发挥了不动产开发商、设施管理人、当地艺术组织的服务提供人及预订代理人等多种功能，新建、扩建、改建了许多表演艺术中心。老斯坦利剧院变成贝那达姆表演艺术中心，海恩兹厅扩建成为交响乐演出的主要场地，卡耐基博物馆附近兴建了施卡菲展览馆，这些艺术活动场所特别是表演艺术中心点燃了城市的夜生活，文化创意产业成为了改善城市生活品质的重要手段。

2. 重视知识创新对文化创意产业的提升作用

在转型过程中，匹兹堡市始终重视研究型大学的作用，重视知识创新对传统制造业的更新发展。匹兹堡拥有的最宝贵的资源是匹兹堡大学、卡耐基梅隆大学两所百年名牌大学，以及三十多所高校的科技力量，在发展过程中，充分利用这些高等院校的科研和设计力量，大力发展金融保险、法律、房地产、工程设计以及教育、医疗卫生创新服务，培养新的经济增长动力源。这为文化创意产业创新发展提供了智力支撑。

3. 传承工业遗产，发展工业文化旅游产业

匹兹堡市为浓密的山林所环绕，有三条大河交汇在城市中心，使人感受到一种强烈的山水之城的巨大吸引力。不仅如此，作为一份珍贵的历史遗产，工业化时期的工厂、仓库、码头、员工住宅等得以保护和修复，成为展示城市独特历史的文化场所。优美的工业园区、先进的生产工艺，每一处都散发着悠久的魅力，让置身其中的游客感觉新奇有趣。为了实现从重工业到高科技产业的转型，匹兹堡积极向市民宣传科学文化意识，通过新建、扩建表演艺术中心来丰富大众的娱乐生活，努力营造文化、艺术氛围。匹兹堡历史与纪念物基金会在匹兹堡和宾夕法尼亚西南地区促进工业遗产保护和规划利用的工作上起了很大作用，使大量文物特别是历史性建筑物得到保护，为后来的旅游综合利用奠定了基础。

匹兹堡文化创意产业的发展经验启示我们，首先，发展创意文化产业并以此驱动城市转型，需要一定的条件，如特色的文化创意、充足的资金、完善的基础设施、高素质的人才等。其次，发展文化创意产业一定要根据城市本身的实际情况，结合文化创意主题向市民进行宣传教育，形成有利于产业发展的氛围。最后，文化内涵的挖掘和创造需要大批高素质人才，城市完全可借助大学或科研机构的力量进行资源整合。

第九章

鄞州健康产业发展战略

健康产业是指与维持健康、修复健康、促进健康相关的一系列有规模的产品生产、服务提供和信息传播等相关产业的统称。国内外文献资料研究表明，健康产业主要包括健康服务业与健康制造业两大领域，是一个复合性的产业群体。健康产业至少包括四大基本产业，即：以医疗卫生服务机构为主体的医疗卫生服务产业；以药品、医疗器械以及其他医疗耗材产销为主的医药产业；以保健食品、保健用品产销为主的保健品产业；以个性化健康检测评估、健康咨询、调理康复、养老照顾、休闲健身等为主的健康管理服务产业。研究和实践证明，健康产业是具有巨大市场潜力的新兴产业和永恒的朝阳产业。

第一节　研究背景与意义

一、研究背景

气候环境变化、亚健康状态与人口老龄化为健康产业创造广阔发展空间。在发达国家，继 IT 产业之后，健康产业已成为带动国民经济增长的强大动力。美国健康产业支出总额 2010 年已达 2.6 万亿美元，占国民经济产值的 17.6%，居于全球首位。日本、加拿大等国健康产业增加值占 GDP 的比例也超过 10%。全球健康支出将持续快速增长，2020 年健康产业全球总产值将达到 13.393 万亿美元，为 2011 年的近 2 倍，人均健康支出将达到 1 882.188 美元。健康产业正成为全球经济发展的支柱产业和新引擎。与之相比，2010 年我国的健康产业增加值占 GDP 的比例仅 5% 左右，仍处于起步阶段，未来发展空间巨大。目前，我国面临健康和老龄化的挑战，也面临着经济转型和技术创新的挑战，健康产业迎来千载难逢的发展机会，将在支持经济转型中发挥日益重要的作用。2013 年 9 月国务院出台《关于促进健康服务业发展的若干意见》，从刺激消费需求、鼓励扩大供给两个维度提出了放宽市场准入、完善财税价格政策、加强规划布局和用地保障等七条措施，绘就了我国健康服务业未来 7 年的发展蓝图：到 2020 年，基本建立覆盖全生命周期、内涵丰富、结构合理的健康服务业体系，打造一批知名品牌和良性循环的健康服务产业集群，并形成一定的国际竞争力，不断满足人民群众多样化、多层次的健康服务需求，为经济社会转型发展注入新的动力。到 2020 年，中国健康服务业总规模将达到 8 万亿元以上。

从世界健康产业发展历程看，当一个国家人均 GDP 达到 1 500 ~ 3 000 美元时，健康产业就会崛起；当人均 GDP 达到 5 000 美元时，健康产业将会得到迅速发展。2013 年，我国人均 GDP 达到 6 600 美元，已跨入健康产业的快速发展期。2014 年鄞州 GDP 总额 1 297.8 亿元，按户籍人口计算，人均 GDP 为 15.3 万元（按年平均汇率折算为 24 791 美元）。2014 年全年城镇常住居民人均可支配收入 46 324 元，全年农村常住居民人均可支配收入 26 682 元，是"2014 年度中国市辖区综合实力百强区排行榜"第 5 名（2013 年第 2 名），处于健康产业的迅速发展和大发展阶段。

二、研究意义

健康是人类最重要的幸福要素，健康产业关乎民生幸福与社会和谐。当今许多国家及国内的许多省市和城区都把健康产业作为战略性新兴产业和新的经济增长点来培育。面向未来，培育壮大鄞州健康产业是加快培育新的经济增长点、转变经济发展方式的重要途径，是加快发展现代服务业和战略性新兴产业、构建现代产业体系的重要内容，是打造宜居宜业幸福鄞州的重要支点。

（一）发展健康产业符合经济社会发展趋势

随着我国经济迅速发展和居民收入水平的不断提高，人们对生活质量的要求日益提高，消费结构升级步伐不断加快，健康产业正在显现广阔的前景。健康产业既具有社会又具有属性经济属性，既能满足公众健康需求又能解决经济增长问题，体现了广大公众的共同愿望和根本利益，被认为是 21 世纪最为重要和最有前景的产业领域，已成为世界各国争相发展的新兴产业。

美国经济学家保罗·皮尔泽在《财富第五波》中指出，继蒸汽机引发"机械化时代"以及后来的"电气化时代""计算机时代"和最近的第四波"信息网络时代"之后，当前已经到来的是"健康保健时代"，而健康产业也将成为继IT产业之后的全球"财富第五波"；比尔·盖茨认为健康产业是"未来能超越信息产业的重点产业"；马云认为下一个世界首富将出现在健康产业。

（二）发展健康产业是鄞州区转变经济发展方式的重要途径

近年来，鄞州根据市府办《关于下达2012年宁波市淘汰落后产能目标计划的通知》文件要求，逐步淘汰了不锈钢、印染、砖瓦窑、燃煤锅炉及S7系列变压器等落后产能，整治了电镀、印染、铸造等传统高污染企业，以促进产业转型升级，实现经济发展方式的根本转变。

转变经济发展方式，需要持续实施经济转型升级，为此，在淘汰、整治落后产业的同时，必须找到新的产业和转变经济发展方式的载体。鄞州具有发展健康产业的资源和区位优势，是鄞州区转变经济发展方式的重要途径。

（三）发展健康产业是鄞州区培育新经济增长点、保持经济高速发展的重要选择

健康产业横跨第一、第二、第三产业，是辐射面广、吸纳就业人数多、拉动消费作用大的复合型产业，具有保障改善民生和拉动内需增长的重要功能。在发达国家，健康产业已经成为带动整个国民经济增长的强大动力。美国近10年来健康产业增长迅速，健康产业链总就业人数增加了76.58%，健康产业增加值占GDP的比重不断提高。

随着经济快速发展和居民收入水平的不断提高，人们的消费偏好越来越倾向于集中在身心健康产业上，那些提供身心健康、预防疾病发生和延缓衰老的产品和服务，需求越来越大。健康产业是具有巨大市场潜力的战略性新兴产业，也是我国国民经济的一个重要支柱性主导性的永续增长产业。因此，发展健康产业是鄞州区培育新经济增长点、保持经济高速发展的重要选择。

（四）发展健康产业是鄞州加快发展现代服务业和战略性新兴产业的重要举措

2010年10月，国务院出台《关于加快培育和发展战略性新兴产业的决定》，提出了八大战略性新兴产业，它们分别是：节能环保技术产业、新材料、新能

源、生物技术、IT技术、空间技术、海洋技术、纳米技术，并且重点发展节能环保、新能源、新材料、新医药、生物育种、信息通信、电动汽车等七大产业。七大产业中多与人们的健康有关。可以说，包括健康服务业在内的健康产业是现代服务业和战略性新兴产业的综合性载体，因此，发展健康产业是鄞州加快发展现代服务业和战略性新兴产业的重要举措。

（五）发展健康产业是鄞州进一步打造宜居宜业宜游幸福城区的重要支点

宜居者，生活便利、平安文明、山清水秀、适宜健康养生、可以惬意深呼吸的生活福地。宜业者，就业渠道广、创业机会多、创新驱动强、产业发展旺、充满活力与生机的创业创新高地。宜游者，要素丰富、独具魅力、服务优良、人气兴旺、令人流连忘返的旅游目的地。这"三宜"共通之处，在于它的人文、健康气质，就是努力打造一个人们理想的居住福地。发展健康产业正是鄞州进一步打造宜居宜业宜游幸福城区的重要支点。

第二节　鄞州健康产业发展的基础与发展重点

一、健康产业的发展趋势和潜力

健康产业正成为世界经济发展的重中之重，在国际上发达国家健康产业已成为带领整个国民经济增长的强大动力。前已述及，美国的医疗服务、医疗生产、健康管理等健康产业增加值占 GDP 比重超过 15％，是美国名副其实的第一大产业；加拿大、日本等国健康产业增加值占 GDP 比重超过 10％。在按国际标准划分的 15 类国际化产业中，医药保健成为世界贸易增长最快的 5 个行业之一，保健食品销售额每年增长 13％以上。

按照美国经济学家保罗·皮尔泽的理论，中国已身处"财富第五波"，与健康相关的产业将带来巨大收益。这些收益来自为大众提供令人延缓衰老或预防疾病、更健康、更美丽的产品和服务等。有学者（中国医药保健品进出口商会副会长刘张林，2013）认为，我国作为拥有 13 亿人口、从中等收入迈向高收入的大国，健康产业极具发展前景，将成为中国经济的新亮点。到 2016 年"十二五"结束，我国健康产业的规模预计将接近 3 万亿元，达全球第一。有资料显示，未来 10 年，中国健康产品和服务的消费支出将在目前的基础上以几何级数增长，将形成一个兆亿价值的全球引人注目的市场。蓬勃发展的健康产业将成为我国国民经济的支柱产业和新增长点。作为经济比较发达的鄞州，目前应处于健康产业的迅速发展和大发展阶段。

健康是人类的永恒主题，在基本的衣、食、住、行需求得以满足后，过上更为健康、长寿、快乐的生活，是人们追求的目标。健康产业具有巨大市场潜力和发展前景的新兴产业。随着经济的不断发展、人口结构的不断变化和人民生活水平的提高，以及癌症、糖尿病等重大疾病发病率的提高和民众健康保健意识的不断增强，消费需求结构和水平正在不断发生变化，由以衣、食、住、行等基本需求为主升级到改善性需求和发展性需求的新层次，为高质量健康产品和高层次预防保健服务创造了强劲的有效需求。适应这一趋势，以促进健康为目标的一大类产业——大健康产业将有着巨大的发展空间。而且，健康产业符合物质资源消耗少、环境破坏性小、就业拉动力强、成长潜力大、综合效益好等新兴产业特征。因此，促进经济转型、打造鄞州经济升级版应积极发展健康产业。

二、鄞州发展健康产业的基础

（一）具备较好的地理区位、经济区位等优势

鄞州区，紧邻宁波市中心城区，地处中国长江三角洲南翼，浙江省东部沿海，东接北仑港、宁波保税区，西北与西部与余姚接壤，南部紧邻奉化，东南临象山港与象山隔水相望。西临绍兴、杭州，北与上海隔海相望，具有便捷的海陆空立体交通和优越的地理区位优势，辖区面积 1 381 平方千米，是宁波市最大的市辖区域，是浙江省首批旅游经济强区（县、市），辖区有东钱湖省级风景名胜区（行政管理权不属于鄞州）、天童寺、阿育寺、梁山伯庙、宁波博物馆等。

鄞州曾获中国科技进步示范区、中国民政工作先进区、江省首批科技强区、浙江省教育强区、浙江省文化强区、浙江省体育强区等荣誉。在历年"中国市辖区综合实力百强区排行榜"中稳居前列，综合实力强劲。

（二）已有一定的健康产业发展制度基础

2011 年以来，宁波市委市政府着眼长远、着眼世界经济和本地产业特点，确定生命健康产业为宁波八大战略性新兴产业之一，先后出台了《宁波市生命健康产业"十二五"发展规划》《宁波市生命健康产业三年行动计划（2013～2015 年）》《宁波市人民政府办公厅关于促进生命健康产业创新发展的指导意见》（2016～2020）等。在市委市政府的总体谋划下，鄞州区编制了《鄞州区卫

生事业发展"十二五"规划（2011—2015)》《鄞州区旅游发展总体规划》等相关规划。

（三）具有一定的健康制造业及服务业发展的产业基础

目前，鄞州健康产业发展已形成一定基础，如坐落于鄞州区的宁波海泰科迈医疗器械销售有限公司、三生（中国）健康产业有限公司、新时代健康产业（集团）有限公司宁波分公司，以及成立于1970年的宁波市鄞州医药药材有限公司（宁波明州医药有限公司），该公司主要生产药材、医疗器械等产品，系全国首批全省首家通过国家食品药品监督管理局GSP认证的医药商业大型批发企业，1995年荣评浙江省医药商业重点企业之一。2009年实现总销售额92 418万元，据中国医药商业协会2007年统计发布全国医药商业企业排列142位。并且，在2015年3月，鄞州有两家上市公司称董事会通过议案进军健康产业，其中，"三星电气"股份有限公司发布公告称拟出资1亿元设立宁波奥克斯医疗投资管理有限公司，主要从事医院受托管理等业务。"三星电气"表示，投资设立健康医疗子公司，旨在把握大健康产业的投资机会，拓宽公司营业收入来源和增强持续经营能力。"雅戈尔"发布公告称拟投资10亿元，在鄞州区设立健康产业基金。首期认缴出资总额5亿元，存续期为5年。管理人为全资子公司雅戈尔投资有限公司，负责围绕健康医疗产业寻找投资项目。目前，健康产业逐步成长为鄞州的热门产业，如奥克斯集团，已将健康医疗产业确立为未来业务的重心，计划用5年时间投资150亿元，通过托管、并购、合作、合资、新建等多种模式，拥有150家医院，规划到2020年实现"1 000亿元营业收入、1 000亿元市值"，致力于未来成为中国领先的智慧型健康医疗服务集团。

此外，鄞州的健康服务业，如老年健康服务业、体育健康产业、健康管理业、医疗旅游业（医疗旅游是指人们因定居地的医疗服务太昂贵或不太完善，到异地接受医疗护理、疾病治疗、保健等医疗服务，并与休闲旅游相结合发展而成的一种新的产业）等，鄞州也有一定的发展基础。

（四）拥有比较丰富的健康产业发展的资源基础

健康养生旅游资源：鄞州新城作为我国东南沿海城市新区建设的代表，具有发展健康养生旅游得天独厚的资源和区位条件。鄞州区历史文化源远流长，旅游资源丰富独特，现有78个国家、省、市、区级非遗项目，如古老的大红提桶、精致细巧的各式花灯、严丝合缝的镶饭圆、形式多样的黄古林草编等。位于下应街道湾底村西江古村的鄞州区"非遗馆"现有22个传统项目入驻，为宁波市首家展示、体验、销售于一体的非物质文化遗产展示馆，内有独具特色的绣花女红如国家级"非遗""金银彩绣"、市级"非遗""民间彩线刺绣"等。作为展示宁波城市文化核心与窗口的宁波博物馆位于鄞州区。宁波博物馆设计独特，代表全球建筑领域最高荣誉的普利兹克建筑奖（亦被称为建筑界的"诺贝尔奖"）王澍，其获奖作品之一就是宁波市博物馆。鄞州区还是浙江省首批旅游经济强区（县、市），辖区有东钱湖省级风景名胜区（行政管理权不属于鄞州）、天童寺、阿育寺、梁山伯庙、天童森林公园、五龙潭瀑布群、毛家岱生态村等。鄞州区将健康养生与旅游相结合，正面临着前所未有的发展机遇和潜力。

1. 中药材资源

鄞州区被称为"中国浙贝之乡"。贝母系百合科贝母属多年生药用草本植物，贝母干燥鳞茎是著名的中药材"浙八味"之一。鄞州章水镇是全国浙贝母主要产区，产量占全国总量的一半以上，并被中国特产之乡命名委员会命名为"中国浙贝之乡"，樟村浙贝为地理标志证明商标。据《本草纲目》记载：贝母主治伤寒烦热、安五脏、利骨髓、咳嗽止气、消痰润心肺，兼有消炎退肿、治疗痛疖肿毒等功效。目前，鄞州贝母的常年种植面积近万亩，总产量近1 000 吨，占全省产量的85%以上，已成为浙贝的主产区。

2. 保健用品资源

主要是指蔺草。蔺草又名灯芯草、野席草、龙须草、野马棕，是多年生草本植物，用蔺草编织的席子对人的健康非常有益。江南蔺草席曾与人参齐名，是皇上御用的高级品。蔺（席）草制品芬芳郁香，富有弹性，软硬适宜，抗拉性好，它具有吸湿性和放湿性，具有使夏季能保持适度干燥、冬季保温性能好等特点，使人有夏天凉爽、冬天不冰冷的舒适感。据《本草纲目》的记载，蔺草草茎可做药用，日本等国还用来作为健康食品，将蔺草磨粉制作馒头食用。因此无论是用还是吃，居家多用一些蔺草制品，对身体健康和家居环境都有益处。现在国内外市场上的蔺草席，主要产自宁波，约有85%以上，而鄞州是宁波蔺草种植主产区，全区蔺草年种植面积在12 万亩左右，约占宁波市种植面积90%以上，占全国蔺草种植面积的60%以上，是全国最大的蔺草种植、生产和出口基地。鄞州共有4 万多农户种植蔺草，1 万多工人从事蔺草席行业。2013 年的外销和内销总产值达12 亿元。鄞州曾于1995 年被农业部命名为"中国蔺草之乡"，鄞州蔺草为地理标志证明商标，2009 年黄古林草席编织技艺还被评为浙江省非物质文化遗产，建有黄古林草编博物馆。

此外，鄞州近年来发展有机农业，拥有一定的健康食品、保健食品资源。

三、发展思路

在厘清鄞州发展健康产业的基础、优势和劣势后，统筹思考，拟定鄞州发展健康产业的战略定位。总体思路是：依据国家、浙江省、宁波市关于健康产业发展的战略部署，紧密结合居民健康保障需求和医疗卫生事业发展需要，立足鄞州区优势产业和资源基础，以需求为导向，以改革为动力，以创新为驱动，以培育发展创新型健康制造企业和服务企业为着力点，以高端化、差异化、规模化发展为目标，重点聚焦健康医疗服务、健康养生旅游、医疗设备、中药及保健品四大领域，通过政策引导、平台支撑、协同创新和体验应用示范，做大做强优势行业，通过创名牌树信誉，提升产业影响力和市场竞争力。

四、发展重点

根据宁波市人民政府办公厅《关于促进生命健康产业创新发展的指导意见》（2016～2020），结合鄞州区自身的基础和优势，发展重点为：大力发展健康制造业和健康服务业，特别是健康服务业要通过产业服务创新，促进健康产业由医疗保健为主向健康管理为主转变，衍生出多样化、多层次的健康服务业，形成适合鄞州区情的健康服务发展模式。鄞州目前在医疗器械、中药材（贝母干燥鳞茎）、养生旅游、营养保健品及会所、保健用品（蔺草席）、体育健身场所及用品、森林养生、健康咨询、健康医疗服务（治未病）、康复、疗养机构等都有一定的发展基础和需要，应根据优势选择发展重点和优先扶持的顺序。目前应以高端医疗器械及材料、中药材（贝母干燥鳞茎）、养生旅游、营养保健品及会所、保健用品（蔺草席）为重点发展领域。

第三节　鄞州健康产业发展的目标与保障措施

一、发展目标

目前，鄞州区健康产业尚处于起步阶段。根据宁波市人民政府办公厅《关于促进生命健康产业创新发展的指导意见》（2016～2020），结合本区实际，鄞州区的发展的总体目标为：发展为宁波市健康产业的产业发展先导区、创新驱动引领区和健康体验示范先行区。

到2020年，基本实现打造"健康鄞州"的目标：构建起的比较完善的健康产业支撑体系，显著提高自主创新能力和综合实力，建成1个国内（市内）重要的健康产业园区和2个产业基地，打造一批医疗器械和营养保健品知名品牌和健康产业研发服务中心。

到 2020 年，重点领域产业规模和质量大幅提升。医疗器械、中药材、健康旅游等重点领域实现快速增长，龙头企业示范引领作用不断增强，优势特色领域不断拓宽，健康产业 GDP 达到 100 亿元，年均增长 15% 以上，产值超 5 亿元的企业超过 5 家，新增上市企业 2 家，培育高新技术企业 5 家、高成长企业 10 家以上、扶持创新创业初创型企业 15 家以上。

到 2020 年，支撑健康产业发展的公共服务平台基本建成。基本建成以产业专业园区为依托、龙头骨干企业和科技企业孵化器为重点的健康产业空间布局。建成一批与国际接轨的公共服务平台和认证服务机构，以及产业发展研发机构，更好满足行业发展需求。

到 2020 年，重点创新产品开发取得新突破，突破一批关键核心技术，并实现产业化发展及规模应用。在医疗器械和保健食品领域，研发投入经费显著增长，在销售收入中占比达到 6.0% 以上。创新产品和服务，主动对接国家和本市产业政策、科技政策，加强部门协同，大力推进基因诊断、可穿戴设备、个性化治疗、移动医疗，以及社区医疗新装置与家庭智慧健康等创新产品的体验应用。

二、保障措施

（一）成立鄞州区健康产业发展规划领导小组

由区主要领导及各有关部门如发改局、旅游局、卫生局、体育局、工业园区管委会等各大部门负责人担任，成立区"健康产业发展规划办公室"。各部门根据主管领域负责对应领域的健康产业发展规划制定组织领导工作，负责推进规划在相应领域的专家论证及落地实施。尽快制定《鄞州区健康产业"十三五"发展规划》，并按照规划要求，制定具体的健康产业实施意见和推进方案，如《鄞州区健康产业三年行动计划（2016～2018 年)》《鄞州区政府关于促进生命健康产业创新发展的指导意见（2016～2020)》等。建立各部门负责人联席会制度，分解落实、分工实施各项任务，协同推进产业发展，并通过建立健康产业的统计和绩效评估体系，对各部门实施效果推进情况进行绩效考评。

鄞州区应将健康产业列入鼓励发展类的产业目录，制定健康产业发展规划。明确将健康产业作为推进经济转型升级的重点产业加以扶持，编制产业发展规划，明确产业发展的阶段性目标、主要任务和重点领域。加强与社会发展、老龄事业、服务业、卫生事业等相关领域发展规划的衔接。加快重点产业领域和产业基地专项规划的编制，分析自身的优势产业资源和特色条件，制定适合本区的健康产业发展规划，并转化为政府工作予以推进。科学谋划本区生命健康领域重大专项，组织企业与高等院校、科研院所对接，强化产学研联合攻关，着力突破制约本区健康产业发展的关键性、共生性技术"瓶颈"。

（二）成立鄞州区健康产业发展规划专家指导小组

成员包括战略规划专家、健康专家、医疗专家、旅游专家、经济专家、宣传专家等。各行业分别成立专家指导小组，包括健康管理行业、医疗行业、地产行业、旅游行业、传媒行业等。专家指导小组负责协助领导小组完成具体的规划工作和指导意见等，如《鄞州区健康产业"十三五"发展规划》《鄞州区健康产业三年行动计划（2016～2018年)》《鄞州区政府关于促进生命健康产业创新发展的指导意见（2016～2020)》等。并在鄞州区健康产业发展战略、人才引进、技术水平、旅游策划、营销宣传等方面起到智库咨询作用。依托高校和社会机构组建健康产业发展研究院（所)，提供国内外最新权威资讯，跟踪产业发展趋势。成立健康产业协会及行业分会，搭建沟通合作平台，鼓励他们参与产业标准制定、产品和技术推广等。专家指导小组同时负责健康产业相关领域的培训工作。

（三）建立完善支持健康产业发展的政策体系

建立完善支持健康产业发展的政策体系，定期发布相关产业政策，在投资、金融、财税、科技、人才等方面给予支持。第一，探索多元化融资渠道，实行政府投资向健康产业的倾斜政策，加强政策性金融机构和鼓励商业银行对健康产业重点企业和基地的支持。强化产业发展基金的引导作用，设立一批专业性创业资本基金，鼓励引导风险投资投入健康产业。第二，加大对健康产业领域重要关键技术的科研投入，鼓励健康产业相关的技术创新与应用创新，对区内优势领域的技术创新、相关知识产权保护、专利快速申请和认证等方面给予支持。第三，提升行政服务水平，通过提供服务和补助支持相关企业参加中国创新创业大赛，通过提供服务和税收信贷优惠支持相关健康企业引进国内外先进技术、兼并收购境外拥有先进技术的研发机构和企业。鼓励和支持相关健康企业开展产品的国内国际注册与营销，参与有关国内国际标准的制（修）订，支持通过国际权威认证并进军国际市场。第四，对新建健康产业项目给予土地使用优惠政策、对健康产业相关的中小企业给予银行贷款政策支持和税费减免优惠，还可仿照"节能补贴"的做法，实行对医疗器械、健身器具等产品消费的"健康补贴"，积极扩大健康消费。第五，通过信贷、税收等优惠政策支持家庭健康服务、养生保健、体育健康、健康住宅、健康管理等服务类组织发展，创造更多就业新岗位。第六，进一步开放中高端医疗服务业，满足日益增长的就医需求并带动医疗服务体系的效率提高。第七，在人才方面，进一步对接国家、省、市人才引进计划，完善人才政策体系，鼓励健康产业中高端人才引进。进一步深化与研究机构、高校院所合作，定向培养健康产业创新人才和复合型人才。支持企业建立研究院、博士后科研工作站和院士工作站。支持高等院校和中职院校开设相关专业或课程，大力加强健康服务类人才的职业技能培训、创业辅导和岗位认证。

通过建立完善的政策体系，形成创新驱动升级的有效机制，集聚优秀创新团队，创造新技术，研发新产品。此外，还要建立责任合同基础管理制度、评价验收制度、违反诚信的惩戒制度，以及动态的择优扶持制度。

（四）建立健康产业园区，引导健康产业集聚发展

宁波目前重点建设的三个健康产业园区——宁波生物产业园、宁波梅山保税港区生命健康产业园，以及杭州湾生命健康产业园，分别在宁海、梅山保税港区和杭州湾新区，鄞州作为腹地1 000多平方千米的大区和经济发展强区，目前还没有宁波市重点建设的健康产业园区，一些健康产业相关的重大项目、重大规划、招商引资等工作难以开展，目前的项目也相对分散，鄞州应充分利用市政府鼓励支持各地根据产业基础和发展定位，建设健康产业特色产业园区的机会，建立专业的健康产业园区，保障生命健康产业发展用地指标，鼓励引导健康企业向专业园区集聚，在此基础上，支持产业技术创新平台、科技文献资源信息共享平台、大型科学仪器设备共享平台等向专业园区布局并进行功能延伸，并加快发展健康产业科技孵化器，带动区健康产业集群化发展。

（五）以"互联网＋健康"的大数据助力健康产业发展

通过大数据与信息技术的支持，健康产业可实现对现有资源的整合和重新调整，挖掘产业巨大潜力，提高产业运行效率。同时以物联网服务运营平台为依托，大数据分析为基础，大数据的应用会挖掘出大健康产业的巨大潜力，实现个性化健康管理将成为未来健康产业的发展趋势和突破口。

事实上，早在2013年，麦肯锡的一份报告中就指出，因为健康医疗行业早就遇到了海量数据和非结构化数据的挑战，现在互联网已经兴起，属于医疗行业的大数据革命即将到来。大数据等技术的兴起必将能成为让大健康产业"飞"起来的一个重要因素。

大数据给健康产业带来的变化和创新体现在多个方面，大数据技术给整个大健康产业带来的影响是革命性的，它不仅能对传统行业进行改造，更重要的是带来健康产业中市场主体经营管理模式的创新，以及推动萌芽行业的成长、促使新的健康行业出现。

（六）以政府与社会资本合作（PPP）模式开发具有公共物品性质的健康项目

养老服务业、家庭健康服务业等具有公共物品性质，具有公共物品性质的产品或服务政府应视其公共性程度承担相应的责任，但也要发挥市场的作用。相关投资项目应充分利用市场机制，鼓励社会资本兴办健康产业，建立主要由市场决定技术创新项目和评价成果、经费分配的机制。其中，PPP 模式是一种不错的选择。PPP 是英文 Public-Private-Partnership 的缩写，即"公私合伙制"。通俗地讲，它是指政府与社会资本基于某个项目（提供公共物品及服务）而形成相互合作关系的一种模式，视具体项目不同，它可以分出各种不同的运作模式，如政府注资+特许经营模式、政府购买服务、政府授权+特许经营、政府做资源型补偿+项目收益分成模式、政府授权+永续经营模式、政府注资+股权回购等。在 PPP 模式下，政府鼓励社会资本在公共物品及服务领域，与其展开深度合作。双方因此形成互利的长期目标，这不仅能加强资金的使用效率，还能提高向社会公众所提供产品及服务的质量，使钱有所值、物尽其用。因此，应充分利用政府和社会资本合作（PPP）的模式开发具有公共物品性质的健康项目和服务，积极鼓励举办社会性康复护理中心、老年照顾机构等的政府、社保和个人三方共担机制。

（七）加强宣传，提高公众健康保健意识

健康产品和服务需求支出弹性较强。随着经济社会进一步发展，健康意识的不断加强，人们对于增加与健康保健服务有关的支出的愿望将更为强烈，此类需求增长潜力巨大，有望成为下一阶段的消费热点和经济增长点。但是，任何一个产业的发展都离不开媒体的传播，而健康产业的发展现状更加凸显出对媒体大力支持的迫切需求，把好的健康产品和服务推广给消费者，让人们能够有机会主动地去接触和了解健康产业。要充分利用互联网、广播电视、杂志报纸等媒体广泛宣传健康知识，倡导绿色健康的生活方式，在全社会形成重视并力行健康的良好氛围。

要加强对健康类产品和服务的消费引导，树立鄞州的健康产业品牌，让健康产业的"鄞州制造""鄞州服务""鄞州养生"成为有口皆碑的地方甚至全国品牌。应通过各种手段倡导健康的生活方式和消费方式。加大对健康消费和健康生活的宣传力度，形成全民"投资健康"的消费理念。大力支持区内健康品牌创建，加大对区内健康产业重点品牌和领域的宣传推广，通过制定标准化产品和服务规范推进健康产业产品和服务质量体系建设，提高消费者对健康产品和服务品牌的认知和信任度。

（八）加强诚信建设和监管，规范健康产业发展

健康产业最需要健康发展，健康发展的关键是加强诚信建设和监管，为产业发展创造良好的环境，因为诚信是市场经济的基石，是人与人、人与组织、组织与组织之间的基本信任关系。第一，要通过大力加强推进市场主体，包括产品制造者、服务提供者、技术研发者、商品销售者等在内的诚信建设，把道德诚信教育与市场监管执法有机结合起来，严厉打击制造销售假冒伪劣商品等违法行为，加大对失信和违法经营主体的惩治力度。第二，通过深入开展"守合同、重信用"认定公示活动，并充分发挥"守合同、重信用"单位公示活动在社会诚信体系建设的示范标杆作用，引导单位建立健全合同管理制度，加强文明诚信市场的创建。第三，加强市场主体信用分类监管。加快公众服务平台、市场综合业务平台建设，有效归集和及时共享市场主体监管信息，推动市场主体信用体系建设。加强非公有制经济组织党建工作等措施，积极引导广大会员遵守道德准则，诚信自律，履行好市场主体的社会责任。第四，严厉查处商标广告违法违规行为。加大广告日常监测力度，以医疗（及医疗器械）、药品、保健食品虚假违法广告和违反公序良俗、群众投诉集中的虚假违法广告为重点，加强专项整治，引领社会风尚，倡导厚德、守信、尚义、明礼等道德理念。总之，要严厉打击虚假宣传和不实报道，规范医疗机构、药品和保健食品等方面广告和相关信息发布行为，积极营造良好的健康消费氛围，规范健康产业发展。

第四节　同类城区健康产业的发展比较

一、健康产业发展案例介绍

（一）国内健康产业发展案例

1. 青岛市市南区——"蓝色健康之都"

2013年，青岛市南区在区政府工作报告中指出的"支持发展健康产业，编制《健康产业发展规划》，促进保健、疗养、康复、休闲、养生等企业和机构集聚发展，推动健康产业与旅游产业、卫生事业融合发展。"引起了委员们的极大关注，对发展健康产业达成了共识，认为政府敏锐、适时地提出发展健康产业，对民众、对经济、对社会都是十分有利的。委员们建议政协组织委员开展调研研究，提出科学合理的参考性建议，供政府有关部门决策参考。

之后青岛市南区政协将"促进我区健康产业发展"列入 2013 年区政协重点调研题目，并迅速组成由文教卫体委员会牵头的调研组，在区政协副主席带领下，对本区健康产业发展情况进行了深入调研，写出了近 2.5 万字的调研报告《关于加快我区健康产业发展的调研报告》，提交给区政府相关决策部门。报告分主报告和附件两大部分，主报告包括市南区健康产业基本情况、市南区发展健康产业的区域优势和机遇、市南区健康产业发展对策及建议三部分，附件包括四个，分别是：（1）健康产业的含义与发展史；（2）市南区推动健康产业与旅游产业融合发展调研报告；（3）由省、市许可的市南区医疗资源配置情况；（4）关于发展健康休闲养生产业的思路和建议。实际上是四个分报告。该研究报告通过扎实调研、深入分析、科学预测，详尽研究了市南区发展健康产业的战略规划和具体实施办法。据该报告，2012 年青岛市市南区全年健康产业实现销售收入 32 亿元，占生产总值的比重为 5%，健康产业占服务业比重为 5.6%。主要分布在健康咨询服务、健康管理行业、康复、疗养机构、营养保健会所、营养保健品销售店、体育健身场所、健康休闲娱乐场所、医疗服务机构中。在整个业态分布中，有三点是其突出优势：第一，市南区作为中国著名的疗养胜地，大部分医疗机构、疗养机构水平较高，尤其是疗养院规模都比较大；第二，水平较高的大中型健康查体中心共 7 家；第三，市南区营养保健品销售店比较多。也有明显的业态弱势，主要是健康休闲娱乐场所、美容场所、健康咨询机构等规模都较小，人气不够旺，健康产业链不够均衡，产业发展缺乏统一的规划和引导，没有形成规模经济，对经济的拉动作用不强。但市南区发展健康产业所具有的区域优势也比较明显：第一，滨海环境得天独厚，养生度假上佳之选，美丽宜居；第二，具有打造中国顶级疗养度假基地的基础，尖端疗养机构汇聚，高端滨海疗养资源优势突出；第三，医疗健康资源独具优势；第四，具备发展高端旅游度假服务的优良基础，高端设施配套完善，区位优势明显；第五，城市文化资源丰富深厚，发展深度休闲旅游服务条件极佳；第六，具有领先的蓝色经济发展龙头优势。基于此，报告认为，市南区应打造"蓝色健康之都"，着力发展包括滨海蓝色健康高科技产业（健康云计算、健康物联网）、蓝色健康旅游、蓝色健康生物医药、蓝色健康有机食品等产业。基于此，提出的市南区健康产业战略定位是"蓝色健康之都"——依托得天独厚的滨海资源与区位优势，大力发展具有独特区域特色的滨海健康产业，加快加深旅游产业、文化产业、科技产业、能源产业、地产行业、食品行业等与健康产业的深度融合、互动与创新，带动第一、第二、第三产业全面升级、科学发展，将市南区建设成为国内乃至国际上具有独特竞争力的以"蓝色健康"为强大经济引擎的城市，并成为全球最佳旅游度假地、最佳宜居城市。其建设目标是：将市南区建设成为中国蓝色健康经济发展模式示范基地、中国蓝色健康产业示范基地、国际滨海旅游度假胜地、东方蓝色健康养生基地、蓝色健康经济与文化中心。具体包括：旅游、医疗、健康、科技、文化、能源、食品、地产、教育、体育等十大蓝色健康产业集群。并对发展战略规划的实施提出了具体建议，包括：政策扶持、政企联动、加强现有高端资源整合、加快培育高端疗养服务品牌、加快养生旅游产品升级与创新、加强国际学习、交流与合作、引进国内外先进的产业模式、多渠道开展群众性健康教育及宣传活动、积极发动群众开展蓝色健康全民体育运动活动、蓝色健康社区试点活动、市南区健康产业宣传计划建议等十几条建议。同时对一些需要重点发展和明确的领域和现状进行了深入研究，包括市南区推动健康产业与旅游产业融合发展、发展健康休闲养生产业的思路和建议、由省、市许可的市南区医疗资源配置情况等。总之，青岛市市南区为打造"蓝色健康之都"进行了全面、深入的调查研究，并提出具体措施督促落地。目前，青岛市市南区区委区政府正在开展健康产业的进一步调研，以及规划编制等工作，并进一步明确其战略目标是"争取成为全国健康服务业发展的先行区"。

2. 广州白云区——"广州国际健康产业城"

广州市白云区政府 2011 年 5 月推出《广州国际健康城发展规划》，并提出"幸福广州，健康城市"口号。以健康产业为主导的广州国际健康产业城（以下简称健康城）是广州和白云区健康产业发展的重要引擎。健康城规划范围包括北至广从公路，西至京珠高速，南至广河高速，东至帽峰山森林公园东侧，总规划面积约 20 平方千米，规划研究范围约 124 平方千米。

健康城战略定位——以中医药为主题，集健康服务和健康生产为一体的健康产业城。

"十二五"时期，健康城战略定位：

——中国最大的中成药创制基地和国家医药出口基地；

——中医药及健康产品研发基地；

——中国最大的现代健康管理中心；

——中国最大的中医药健康科普教育基地；

——健康国际交流中心。

发展重点：以中医药为重点，重点发展健康服务，积极发展健康生产，其中健康服务重点发展行业是健康医疗、健康管理、健康养生，健康生产重点发展创新药物和医疗器械，打造国际化、高端化、信息化的现代健康产业，建设集健康生产、健康医疗、健康管理、健康养生为一体的中医药健康产业集群。

健康城是广州市的重点项目，2014 年在白云区落户，目前已完成项目前期概念性策划和产业规划编制。白云区已与中大和华工签订了战略合作协议，与八大高校就健康城项目签订战略合作协议。根据规划，健康城依托帽峰山、白云山、流溪河、南湖等广州北部优质生态条件，以生物医药为基础，以生命科研为动力，以健康生活为核心，以生态服务为配套，打造集健康生产、健康医疗、健康管理、健康养生于一体的健康产业集群，成为"高端化医疗服务基地、国家中医药产业基地、南药创新与研发基地、珠三角生态养生基地"。

规划引进大量高品质健康产业项目，形成产业集群，实现产城融合、产城一体化发展。规划确定了以"高端医疗康复、高端养生服务、先进医药制造、医疗器械制造"为主导产业，以及"职教培训、金融办公、文化创意、贸易咨询、餐饮酒店、居住生活"六大关联产业，形成功能互补、结构有机的产业发展模式。

近期启动健康产业项目35个，远期启动45个项目。值得一提的是，帽峰山将作为健康城健康养生功能载体。为了保护敏感生态，合理控制建设规模、建设用地布局和建设强度，将148平方千米的毛容积率控制在0.22，其中自然生态类用地比例达到76%；控规范围内的毛容积率0.69，其中自然生态类用地比例达到39%。设地铁站3个城际铁路站1个根据规划，广州国际健康产业城紧邻空港经济区及中新知识城，离广州市中心约30千米、离白云国际机场约15千米、离从化副中心约26千米、离天河智慧城约22千米。

未来在广州国际健康产业城内，将建4条高快速路（花莞高速、知识大道、钟太快速、永九快速）、8条主干道（三东大道、广陈路东段、广新路南段、创新大道、学院路、规划一路、创新大道、黎家塘路）及10个立交桥。交通体系完善后，健康产业城可实现15分钟到达白云机场、10分钟到达中新知识城、40分钟可达广州市区。需耗资107亿元改造7条村医药研发片区和职业教育片区的详细控规表示，国际健康产业城控规范围共需改造7条村庄，改造资金总数达107亿元人民币。

3. 苏州——"环球国际健康产业园"

苏州环球国际健康产业园（SIHP）的设想与构思开创了中国健康产业集成的先河，其战略构想和产业规划是非常值得其他省市学习和借鉴的。

苏州环球国际健康产业园是苏州市政府城市经济转型中的核心典范。作为中国健康产业的全新势力，是目前中国唯一以健康产业链整合概念为主题的国际化行业园区，项目定位——国际健康企业进入中国的通道与窗口，中国最重要的健康产品加工与科研的基地，中国最重要的健康产品营销和物流的枢纽。

园区位于苏州市，苏州坐落于太湖之滨，长江南岸的入海口处，东邻上海，濒临东海；西抱太湖，伙伴工业地产指出，它还紧邻无锡和江阴，隔太湖遥望常州和宜兴，构成中国"长三角"最发达苏锡常都市圈；北濒长江，与南通、靖

219

江隔江相望；南临浙江，与嘉兴接壤。

园区源起：市场饥渴的需求，中国未来 10 年健康产品的消费额将在目前的基础上以倍数疯狂地增长，这将是全球最后一个兆亿的市场。苏州紧邻大上海，位于中国最富裕的"长三角"核心区域，占有中国健康产品市场约 1/3 的份额，华东区域是中国健康产品消费排名第一位的市场区域。国内健康产品蓬勃发展，国际健康产业巨子全力进军中国市场，中国健康行业面临着前所未有的机遇和挑战。

园区定位：苏州环球国际健康产业园（以下简称 SIHP）是苏州市政府城市经济转型中的核心典范。作为中国健康产业的全新势力，是目前中国唯一以健康产业链整合概念为主题的国际化行业园区，提供并协助健康企业成长所需的各方资源，产业链资源的十大服务功能是其他开发区无法为客户提供的增值服务。与此同时，健康产业园的营销集团肩负着为入园企业和代理产品全面启动营销攻略的重任，获得国家相关领导部门的鼎力支持。联合国内资深学术机构和最高行业学府，启动国家级重点实验室，整合部级直属行业技术力量，打造中国提取物的核心基地，运作国际、国内金融资本，汇聚健康行业的精英团队，为客户决胜中国市场提供一站式立体服务。

园区致力于自上而下地进行颠覆性战略重组，重新制定中国健康保健行业的标准，规范健康产业的市场行为，形成全新的市场运作模式，真正为相关企业和消费者提供诚信的服务和产品。园区以大投入大产出、大思维、大视野、大贸易、大营销的运作模式抢占市场的制高点，开创一片健康产业全新的天地。

4. 天津市静海县——"天津健康产业园"

天津健康产业园区工程被列入全市"十二五"发展规划和市委工作要点、市政府工作报告，对于提升本市教育、医疗整体水平具有巨大推进作用。天津健康产业园区位于静海县团泊新城西区，距离天津市区 10 千米，天津滨海国际机场 45 千米，滨海新区核心区 10 千米，经周边的京沪、津沧、津汕、唐津和津晋等高速路网可快速直达天津市区或京、冀、晋、鲁、沪等地；已经建成的团泊快速进入市区仅需 10 分钟车程。2012 年 5 月，天津中医药大学新校区在天津健康产业园区开工建设，天津体育基地、足球场、棒球场、曲棍球场、自行车馆、射击馆等正在紧张建设中。这标志着集教学、科研、体育健身、医疗康复、养老护理为一体的天津健康产业园区正式开工建设。

目前天津健康产业园包括天津体育基地、天津医科大学及国际医学区、天津中医药大学新校区及附属医院、天津体育学院新校区，园区规划占地 10 平方千米。其中，天津体育基地占地 1 823 亩，建设 26 个赛训结合的体育项目，包括比赛场馆区、训练场馆区和生活区，比赛场馆区建有自行车馆、射击馆、综合体育馆、曲棍球场、棒垒球场、新闻中心等场馆设施，训练场馆区建有综合训练馆、田径训练场、田径训练馆、游泳和体能训练馆、高尔夫练习场（射箭比赛场）、足球场、沙滩排球场以及科研大楼、教学楼等设施，生活区建有各类宿舍楼、餐厅、医务中心、物业中心以及青少年体育培训中心等设施，总建筑面积51.3 万平方米；中医药大学新校区占地面积 2 615 亩，包括中医附属医院、中医药研发中心、康复中心和中医药植物园；医科大学占地面积 4 217 亩，建设国际医疗区、康复养老社区和国家重点实验室；体育学院占地面积 1 322 亩，将与体育基地推进人才培养与竞技体育、群众体育紧密结合。天津健康产业园体育基地是集体育训练、教育、科研、竞赛和产业于一体的现代化、集约化、生态化的体育中心。项目建成后将成为天津市竞技体育、群众体育、体育产业的主要依托，具有体育训练、体育教育、体育科研、体育赛事、群众体育、体育产业等各项功能，与位于该区域的天津中医药大学、天津体育学院、天津医科大学等单位和其他体育、医疗设施构建为占地 10 平方千米的天津健康产业园。

（二）国外健康产业发展案例

1. 美国印第安纳州——健康产业集群

健康产业是印第安纳州产业发展的重点，它所包含的行业包括制药业、医疗器械和设备、健康医疗服务、医疗保险及医学研究等。2003 年，印第安纳州从事制药、医疗器械及设备制造、健康医疗服务以及医疗保险的人数超过 27 万，占州就业人数的 9.06%，在四类行业中，以健康医疗服务为最多，超过 22 万人。与健康产业相关的总就业人数近 58 万，占印第安纳州的 19.14%。健康产业税收还占了印第安纳州税收的 20.18%。

印第安纳州健康产业的核心产业如制药、医疗设备制造及医疗服务等都具有内在的联系，产业集群对健康产业的发展具有重要的意义。印第安纳州健康产业是集群式组织模式及发展的典型代表。（1）健康产业带动就业水平的提高是印第安纳州产业发展的重点，它所包含的行业包括制药业、医疗器械和设备、健康医疗服务、医疗保险及医学研究等。2003 年，印第安纳州从事制药、医疗器械及设备制造、健康医疗服务以及医疗保险的人数超过 27 万，占州就业人数的9.06%，在四类行业中，以健康医疗服务为最多，超过 22 万人。与健康产业相关的总就业人数近 58 万，占印第安纳州的 19.14%。健康产业税收还占了印第安纳州税收的 20.18%。（2）核心企业促使产业供应链完善印第安纳州健康产业的发展主要围绕两个核心企业——德布易矫形公司（DePuy Orthopaedics）和礼来（Eli Lilly and Company）公司，围绕它们的需求，供应链不断完善，供应商不断集聚，并成为美国重要的健康产业发展基地。在其健康产业发展的过程中，相关支持服务部门、供应商、技术支撑机构等在核心企业成长的过程中获得了极大发展，同时，医疗服务等也迅速发展起来。德布易公司和礼来公司分别是著名的医疗器械生产公司和全球性的以研发为基础的医药公司。随着公司规模的扩大，为之服务的行业也持续扩大。研究表明，在德布易公司等医疗器械公司持续扩大、原料需求增加的情况下，印第安纳一些传统的制造业企业，如生产塑料和金属的企业，调整了其产品生产，转而为医疗器械生产企业服务。就总体情况来看，印第安纳健康产业发展核心企业所需的原材料主要由当地企业提供的，如Suros Surgical Systems（生产微创活检与组织切除设备）的公司生产的自动组织切除及收集设备的80％的材料来源于印第安纳州其他企业的产品。企业对技术的需求还进一步促进了一些相关机构的发展，如商业化的技术孵化组织、研究园区、行业协会及高等学校的技术转让部门等，这些机构所提供的服务不断完善，进而推动企业的快速发展，尤其是新的研究成果成为企业发展的重要推动力。

（3）政府政策支持政府部门的制度及政策也逐步完善，并采取一系列措施促进产业集群的发展。在投资支持方面，公共基金组织及私人组织大力支持在医疗产业方面的技术创新，如印第安纳未来基金（Indiana Future Fund）就是由政府及印第安纳州的一些著名医药企业共同出资形成的，它拥有近亿美元的资金，用以支持印第安纳乃至美国全国生命科学的发展。总之，围绕医药制造和医疗器械制造的核心企业，印第安纳州内形成了健康产业发展完整的产业链和完善的产业制度，健康产业实现了集群式发展。

2. 日本神户——医疗产业都市构想

日本是人均寿命最高的国家，其健康产业发展由来已久。以神户为例，神户群山连绵海水环绕，被誉为"美丽都市"之称的国际大都市。人口1 526 788人，其中外国人登记人数44 791人。全年温度适宜气候宜人，平均气温17.1℃，年降水量823.5毫米。每年来神户市旅游的观光游客约有2 800万人，是日本屈指可数的观光城市之一。这里有绿色浓郁的六甲山，可以享受海水浴场的须磨海岸、可供游艇巡游的海港、著名的温泉胜地"有马温泉"，以及最适合购物的旧居住地和港湾等，在市内一带的区域内散布着多处充满魅力的观光景点。

拥有巨大商业市场的最佳地点。神户市是日本第二大经济圈，又是关西圈的核心城市，体现神户市经济规模的市内生产总值约为6兆2千亿日元，约汇集了76 000多家事务所。仅关西圈的生产总值约为93兆日元，超过了加拿大一个国家的生产总值。随着2008年2月神户机场的开航在即，交通枢纽的愈加便利将随之带来更大的商机。设立在市内的76 000多家事务所主要以批发业、零售业、服务业、制造业等行业居多，其中有外资事务所约130家。食品生产厂商的Nestle、日用消费品。化学厂家的P&G等全球性企业在这里设立了日本总部，对区域经济的发展做出了巨大的贡献。外资企业的投资建厂在日本全国也处于较高水准，所有这些形成了神户经济的最大特点。虽然 1995 年 1 月发生的阪神淡路大地震对几乎所有的行业都造成了巨大的损失，但震后复兴的速度令人为之瞠目结舌，受到了国内外的高度好评。

神户汇聚了从传统的当地产业乃至最先进的新兴产业在当地产业延绵不断发展扩大的神户的产业史上，又新增添了运用科学技术和 IT 的新兴产业，不断保持着神户的强大潜在力。其强大的优势在于汇集了从世界知名大企业乃至中小型制造业等广泛的产业。以港口为轴心取得不断发展的神户的产业，不仅支撑着城市的发展，还为形成独特的文化和历史做出巨大贡献。即使在今天，造船、机械、钢铁等重工业，以及西服、塑料鞋、珠宝、欧式家具、咖啡、西洋点心、日本酒等当地产业，也对城市注入新的活力起到了重要的作用。尤其是近年来，随着时代潮流和推动都市进程的"神户市医疗产业都市构想"的不断深入，利用尖端技术发展起来的健康、福利、医疗等相关产业迅速成长。今后，随着这些新兴成长产业的培养和现有产业的高附加价值的平衡发展，将形成一轮新的产业结构。不仅如此，通过风险企业的支持以及加强与大学、研究机构的相互合作，目标进一步促进产业的蓬勃发展。

神户汇集了健康产业尖端医疗技术的研究开发基地。面向阪神淡路大地震的震后复兴工作，神户市从 1998 年起实施推进的"神户医疗产业都市构想"在神户港填海围造的海上都市 Port Island（湾岸人工岛）第 2 期项目中汇集了相关的医疗产业，并作为尖端医疗技术的研究开发基地展开了城市配套规划。以核心设施的尖端医疗中心为首，神户临床研究信息中心、神户生物医疗创造中心、神户生物技术研究、人才培训中心、神户大学企业扶植中心等主要基地已正式启动。再生医疗等世界尖端水平的研究机关和企业也相继进驻神户（国内外企业数共81 家）。截至 2008 年 1 月，约有 1 000 名研究员从事着正式的研究开发。所有这些活动受到了日本文部科学省的"智慧团创始事业"的选拔，同时还与大阪北部区域共同被选定为政府的"都市再生项目"，作为国家级项目展开了进一步的发展。另外，神户医疗产业都市构想的目的不仅是作为单纯的医疗相关产业的基地，还以通过构建从基础研究至临床应用、产业化等一体化的构造为目标，提高因推进现有产业的高度化和就业情况的稳定而带来的神户经济的活性化，并不断提高医疗服务水准和市民的健康福利提高亚洲各国的医疗技术，从而为国际社会作出贡献。

3. 新加坡、泰国、蓬莱——医疗健康旅游业

新加坡通过合理的医疗资源整合和优质的服务，凭借先进的医学科技和赏心悦目的城市风光，新加坡的医疗旅行正在被越来越多周边国家的人们所接受。新加坡的私立医院通常由一家大的医疗集团建立完善的医疗大楼、病房、手术室、放射室等硬件设施；再将各个门诊室租给那些自立门户、经验丰富有足够威望的医生。病人在医生的私人诊所就诊，利用医院整合的硬件资源接受检查和治疗，伊丽莎白医院（Mount Elizabeth Hospital）和鹰阁（gleneagles medical center）医院是其中的典型。新加坡对国外申请医疗旅游的人提供政策支持，比如，中国公民申请新加坡签证非常方便，只需身份证、户口本复印件、在职证明和153元人民币签证费即可申请两年内多次入境的新加坡旅行签证。如确需在新加坡进行治疗或休养，新加坡医院也会协助外国公民办理医疗签证的申请手续。新加坡对医疗旅游提供优质的服务，医院里完全没有消毒水的味道，诊室楼层有一些花店、水果店、便利店、烤面包店和咖啡屋，空气中飘着咖啡和食物的香气。舒适的装修和配套设施让这里看上去更像是写字楼或宾馆而不是医院。舒适的环境可以有效减轻病人的焦虑和不安情绪。私立诊所的医生营业时间比公立医院要长，分配给每位病人的时间也更多。病人可以提前一天预约医生，所以没有人面临早起排队还挂不上号的问题，而私人医生在较高收费的同时也承担着更多的责任，比如电话要一直保持畅通让病人能够随时找到你。大部分情况下私人医生对自己病人的情况有充分全面的了解，患者在面对一位自己很熟悉的医生时也会更信任和放松。这样做有两方面好处：一是有实力的医疗集团将医疗资源整合集中，发挥规模效应；二是只有具备足够实力、得到患者认可的医生才有可能自立门户。

近年来，世界悄然兴起了一股到泰国医疗旅游的热潮。泰国低廉的手术价格和高质量的医疗服务令它成为全球最大的求医旅游目的国。2010年，前去泰国进行手术的外国人达到128万人，2011年上升到140万人左右，给泰国带来高达240亿泰铢的收入，这使得泰国成为世界上最大的外国人就医国。泰国是东盟地区最大的健康服务出口国，已经成为亚洲医疗旅游的中心。目前全球已有100多个国家的患者曾经到泰国就医。旺盛的"医疗旅游"，也拉高了泰国的医疗价格——外国人的消费力显然强于本国患者。据世界卫生组织的一份报告，2003～2005年泰国的医疗费用增长率一直是个位数（甚至有些费用下降了），但在大规模引入医疗旅游后，2006～2008年，泰国医疗费用增长率高达10%～25%。为进一步拓展医疗旅游，泰国观光局制定了下阶段的四个具体目标：为长期逗留泰国的外籍人士开设专科门诊；推动SPA中心、按摩中心等医疗场所发展；严格按世界卫生组织标准生产泰国草药及保健品；增加泰国传统医术和诊疗选择。泰国还计划以阿联酋、卡塔尔、科威特、阿曼和巴林五个国家作为试点，将医疗合法逗留期限从30天延长至90天。泰国观光局网站上标示了详细的医疗结构信息和知名医院。观光局还与泰京银行合作，向游客发行借记卡，提供医疗及人寿保险服务。

蓬莱 CHINA—NEWSTART 中心规划：以蓬莱优秀的旅游环境、得天独厚的气候条件、丰富的历史文化积淀和近几年较高的国际知名度为前提，以中医无痛苦、无创伤、无毒副作用的适宜疗法为依托，以绿色食品、保健品、科学的生活方式和良好的生活习惯为基础，在开发区骄格庄村西，建设国际性的 CHINA—NEWSTART 中心。（1）自然疗法康复中心蓬莱为沿海旅游城市，拥有丰富的旅游资源，将神仙文化和中医的针灸、气功、推拿、按摩、刮痧、茶疗等自然疗法有机结合，达到消除疾病、恢复健康、解除疲劳、延长寿命的目的。（2）阳光社区，也称国际老年人度假村。韩国和中国香港福利署每年都安排数量可观的资金用于老年人养老事业。香港准备先在深圳建一个老年公寓，专门用于香港中层市民的养老，韩国、日本的中产阶层的老年人对来中国养老表示出足够的兴趣。在蓬莱市建一个阳光社区（国际老年度假村）针对日本、韩国和中国台湾、香港、澳门地区老年人的生活需要，利用廉价的劳动力资源和中医养生疗法，使老人过上愉快和健康长寿的晚年生活。（3）开发中医药资源，建设中医药博物馆。蓬莱的自然地理和气候条件适应绝大多数中草药的生长，境内生长有药用价值的中药 320 多种，曾收购出售具有一定产量的挖采和种植（养殖）中药 110 种，在全国颇具影响的有丹参、黄芩、北沙参、全蝎、茵陈等 20 多种。（4）保健品开发。随着生活水平的提高，人们将更加关注健康。针对这一需求的增加，各个保健品企业抓住这一市场机遇，在保健品上大做文章，市场上也出现了像太太集团、脑白金、万基药业等知名企业，人口寿命的增加、"亚健康"群体的增加、高额的利润回报，使保健品业市场前景看好。

二、比较与借鉴

上述通过对国内外健康产业发展的梳理，可以给鄞州的健康产业发展带来启示。第一，充分挖掘所在地区的资源优势，精准定位健康产业发展战略，准确把握健康产业发展脉搏，重点打造特色健康产业项目，致力发展以龙头企业为核心的健康产业集群，注重推动产业链整合与联动发展，打造具有城市鲜明特色的健康产业品牌名片。第二，把健康产业的各领域有机地结合在一起，使之优势互补，互为依托、开创高水准的国际化、现代化、高端化，集"医、养、药、学、研"一体化新型服务模式，不断对健康产业的创新和突破。

第三篇

体制机制改革

第十章

鄞州财政体制改革

　　财政是国家治理体系的重要一环和重要基石，在治国安邦中始终发挥着维护市场统一、优化资源配置、促进社会公平的保障性作用。2014 年 6 月，中共中央政治局审议通过《深化财税体制改革总体方案》，提出要加快建立现代预算制度和深化税收制度改革，合理划分政府间事权和支出责任，确定 2020 年基本建立现代财政制度。伴随国家治理体系和治理能力现代化改革深入，新一轮财税体制改革从表现形式上看，改的是财政制度，包括预算管理制度、税收制度和财政体制等；但从深层次看，改的却是各级政府的行政行为，特别是理财治税的思想和理念。

第一节　鄞州财政体制改革与发展的战略背景

一、研究背景

（一）深化财税体制改革是全面深化改革重要一环

　　推进新一轮财税体制改革始终是我国全面深化经济体制改革中的重要一环。1978 年，为扩大地方财政自主权，我国政府开始实施财政分权制度改革——财政包干制度。地方政府与中央政府签订契约，地方财政完成中央上缴任务后超收或节余部分由地方自主支配。反之，支出超额或完不成任务地方则自求平衡。实

229

践证明，该体制为地方政府促进经济发展提供了很强的财政激励动力，成为中国这段时期实现高速经济增长发动引擎。1994 年，社会主义市场经济体制要求建立与其接轨的财政体制机制，所以我国开始实施分税制改革。但与 1978 年的包干制相比，学者和现有文献普遍认为这次财政体制改革具有强烈集权化特征（财政收入集权、支出分权），且之后的政策也呈现这一趋势。分税制改革将税收大致分为三类：中央税、地方税以及共享税，共享税中央与地方按比例进行分配，比如增值税中央与地方的分配比例为 75：25，增值税在整个收入体系中占大头，这种分配意味着中央政府在整个税收收入体系中占据最为庞大的财政收入来源。2002 年，中央政府实施所得税改革，改革所得税收入按企业隶属关系划分，除几个特殊企业或行业外，个人所得税和企业所得税设置为共享税，2002 年中央与地方各占 50%，但 2003 年中央占 60%，地方只占 40%。2012 年，国务院决定自 8 月 1 日起"营改增"试点扩大到 10 个省（直辖市、计划单列市），营业税作为地方财政收入第一大税种，是地方财政收入重要支柱，"营改增"后地方只能分享其中的 25%，将直接导致地方财政收入锐减，即便地方政府在改革之初会获得一定税基的税收返还，但长期在收入增量的比例肯定会降低。这些政策学术界理论上认为会降低地方政府推动经济增长的积极性。但实际上，我国经济近 20 年来仍然保持高速增长态势且更平稳。究其原因，有学者认为，预算内财政体系集权但预算外财政体系分权是地方政府推动经济增长的主要动因。但也有证据证明，投资驱动尤其是地方政府投资偏好是经济增长主因，但投资效率不高拖累了经济增长的质量和效率，且社会事业与经济增长失衡现象突出，地方政府的公共服务供给不足，效率低下。

从财政支出分析，分税制改革虽然明确了中央和省级政府税收权力，原则上划分了事权，但相比税收权力，事权并没有一个明确的、清晰的法定方案。伴随时间的推移，公共服务逐步出现"下沉"趋势，供给责任向低层级政府转移，即伴随财政收入集权理应上收部分事权和事责，事实上某些重要事权进一步固化为地方政府的事权，某些重要事责也进一步法定化为地方政府的事责。分税制改革以及之后出台的一系列财政政策并没有改变地方政府在投资和经济发展中担当的主导作用，地方财政承担部分支出占到全国的 70% 左右。基层政府财政负担加重的趋势明显，提供公共品的有效性越来越受到地方财政财力制约。虽然在改革之初为减少改革阻力，中央会进行一定税基返还，但长期来看，地方政府在收入增量中的比例仍呈现下降态势。同时，地方政府虽然在预算内缺乏自主权，但在预算外体系中却获得分权的地位，尽管 2007 年财政部发文将预算外资金以"非税收入"形式正式纳入预算管理，但实际仍受地方政府的支配和控制，且预算外资金不必与中央分享和支出限制较小，所以，为弥补财政支出缺口和公共服务的落差，地方政府产生极大动因去谋取预算外资金。

国家治理体系现代化离不开财政体制的现代化，建立现代财政制度是党的十八届三中全会重要改革议题。"2014年6月30日，中共中央政治局审议通过，方案指出：深化财税体制改革的目标是建立统一完整、法治规范、公开透明、运行高效，有利于优化资源配置、维护市场统一、促进社会公平、实现国家长治久安的可持续的现代财政制度。"2014年8月，《中华人民共和国新预算法》经十二届人大十次会议表决通过。新预算法的出台标志着我国加快建立全面规范、公开透明的现代预算制度迈出坚实的一步。9月，国务院发布《完善预算管理促进财政收支规范透明的相关意见》《关于深化预算管理制度改革的决定》以及《关于加强地方政府性债务管理的意见》（以下简称《意见》），《意见》提出工作重点是：强化预算约束，强化预算公开，强化国库资金管理；开展清理整顿"小金库"行动和整顿"乱收费"行动；规范税收征管和非税收入管理，规范地方政府性债务。10～11月，"财政部发布《关于进一步规范地方国库资金和财政专户资金管理的通知》和《关于完善政府预算体系有关问题的通知》"，要求严格执行国库集中收付制度，严格控制新增财政对外借款，全面清理整顿存量财政专户。"国务院11月27日发布《关于清理规范税收等优惠政策的通知》，要求全面规范和清理地方各类税收等优惠政策"，同时明确统一税收政策制定权，坚持税收法定原则，各地区严禁自定税收优惠政策，"未经国务院批准，各地区、各部门不得对企业规定财政优惠政策"。但是自《关于清理规范税收等优惠政策》出台以来，执行面临很大困难和阻力。因此，2015年5月，国务院出台《关于税收等优惠政策相关事项的通知》，根据新情况对《关于清理规范税收等优惠政策》进行修订，"指出五项意见：国家统一制定的税收等优惠政策，要逐项落实到位。各地区、各部门已经出台的优惠政策，有规定期限的，按规定期限执行；没有规定期限又确需调整的，由地方政府和相关部门按照把握节奏、确保稳妥的原则设立过渡期，在过渡期内继续执行。各地与企业已签订合同中的优惠政策，继续有效；对已兑现的部分，不溯及既往。各地区、各部门今后制定出台新的优惠政策，除法律、行政法规已有规定事项外，涉及税收或中央批准设立的非税收入的，应报国务院批准后执行；其他由地方政府和相关部门批准后执行，其中安排支出一般不得与企业缴纳的税收或非税收入挂钩。"《国务院关于清理规范税收等优惠政策的通知》规定的专项清理工作，待今后另行部署后再进行。《关于税收等优惠政策相关事项的通知》是为应对短期经济回落而采取的改革方面的缓冲，为《关于清理规范税收等优惠政策》的落实给予一定弹性空间，解决了政府以前招商引资时和企业签订了协议，却因《关于清理规范税收等优惠政策》而无法执行的问题，同时也避免了"一刀切"所带来的市场冲击和纠纷。但同时也可以看出，《关于税收等优惠政策相关事项的通知》只是为《关于清理规范税收等优惠政策》的落实设置一个过渡期，地方政府规范税收优惠政策趋势不会改变。

新一轮财税体制改革适应当前供给侧改革的要求，从总量导向的财政政策转向结构性财政政策，推动结构性改革。通过制度改革释放改革红利。"如果说1994年财税改革的目的是建立'与社会主义市场经济体制相适应'的体制框架，那么，新一轮财税体制改革就是要建立'与国家治理体系和治理能力现代化相适应'的制度基础。"而且两次改革"最大的不同在于，1994年的分税制财政体制改革是行政主导下的改革，主要靠行政命令来进行，2014年的财税体制改革是由法治主导的改革"。

（二）深化财税体制改革成为省、市、区发展战略关注重点

1994年的分税制没有明确划分省级以下地方政府的财权与事权，省以下地方政府财政管理体制模式各有不同。2002年，国务院批转了《财政部关于完善省以下财政管理体制有关问题的通知》，明确要求"合理界定省以下各级政府的事权范围和财政支出责任；合理划分省以下各级政府财政收入；进一步规范省以下转移支付制度"。2009年《财政部关于推进省直接管理县财政改革的意见》明确规定，"2012年底前，力争全国除民族自治地区外全面推进省直接管理县财政改革。"截至2010年年底，我国27省份970个县已推行"省直管县"财体制改革。浙江省1995年开始坚持"省管县"的财政管理体制，通过"两保两挂""两保一挂""分类分档激励奖补机制"等政策，实现了县级财政"消赤保平促发展"，壮大了浙江财力。但在"省直管县"财政体制改革的深入推行中，也存在诸多问题，比如财权与事权不匹配，缺乏有效的法律支持，地方政府未能进行职能转变、政策体制发展相对滞后等一系列的问题。

宁波市作为计划单列市一直实行市管县（市）的体制，自1994年分税制宁波财政管理体制实行"增收分成"的财政体制。之后进行四次调整，分别是1996年财政收入增量微调、1998年再次调高增量，2002年宁波市在按企业所在地原则划分收入预算级次的基础上，对县（市）实行"增收分成"财政体制，对区实行"比例分享"财政体制，市与县（市）、区两级政府间的财政支出职责不变。2010年相比2005年体制略有微调。但随着时间的推移，公共服务也逐步出现"下沉"趋势，供给责任向低层级政府转移，即伴随财政收入集权理应上收部分事权和事责，事实上某些重要事权进一步固化为地方政府的事权，某些重要事责也进一步法定化为地方政府的事责。从区级层面来说，鄞州区撤县建区后，财政体制机制不断改革与创新，建立比较健全公共财政制度。率先建立起"一个笼子管收入，一个盘子编预算，一个口子管支出，财政监督全过程"的财

232

政运行机制，其运作模式体现财政运行"四位一体"的协调统一。由于各级政府间的"标尺竞争"以及官员提拔以 GDP 为主要政绩考核标准等原因，政府充当市场主体，财政"越位""缺位"现象普遍。

伴随"经济新常态""营改增"成为引发新一轮财税体制改革的导火索，使得现行财税体制越发难以为继，从而对新一轮财税体制改革形成倒逼机制。新一轮财政改革秉承公共财政的理念，"重点推进三个方面的改革：改进预算管理制度，强化预算约束、规范政府行为、实现有效监督，加快建立全面规范、公开透明的现代预算制度；深化税收制度改革，优化税制结构、完善税收功能、稳定宏观税负、推进依法治税，建立有利于科学发展、社会公平、市场统一的税收制度体系，充分发挥税收筹集财政收入、调节分配、促进结构优化的职能作用；调整中央和地方政府间财政关系，在保持中央和地方收入格局大体稳定的前提下，进一步理顺中央和地方收入划分，合理划分政府间事权和支出责任，促进权力和责任、办事和花钱相统一，建立事权和支出责任相适应的制度。"根据新一轮财政体制要求，省市区将财政体制改革纳入发展战略重点并相应制定政策。虽然按照中央规定鄞州区财政局 2015 年 2 月 2 日发布《宁波市鄞州区人民政府办公室关于开展清理规范税收等优惠政策工作的通知》和《宁波市鄞州区财政局关于开展其他财政性资金清理工作的通知》有关规定，在经济下行趋势下设置过渡期调整执行，但从长远来说，改革的要求不会改变，改革的目标亦不会改变。

二、鄞州区财政体制机制面临的压力及挑战

（一）财政收入增速放缓与实现增长目标之间的矛盾

1. 地方财政收入基数增大，保持财政收入高速度持续增长压力增大

从鄞州财政收入结构图（图 10 - 1）中可以看出，自 2002 年开始各项税收收入出现明显增长的态势，但近几年，伴随财政基数做大，出现增长缓慢趋势。2012 年企业所得税税收收入下降，2013 年个人所得税收入也出现下滑，营业税增长趋于平缓，仅增值税税收收入还保持较快增长态势。但 2014 年 7 月 28 日，国务院出台《关于加快发展生产性服务业促进产业结构调整升级的指导意见》提出，将"营改增"试点扩大到服务业全领域，"营改增"后，地方新主体税种又尚未确立，将对地方可用财力造成重大影响。特别是建筑业、房地产业、金融业等重大税收政策的调整，将进一步减少地方可用财力。

2. 后土地财政时代，高土地出让金收入不可持续

融资平台公司政府融资职能剥离后，对县区级财政运转也将造成重大影响。与此同时，房地产调控进入常态化，企业发展普遍面临较大困难，土地出让金收

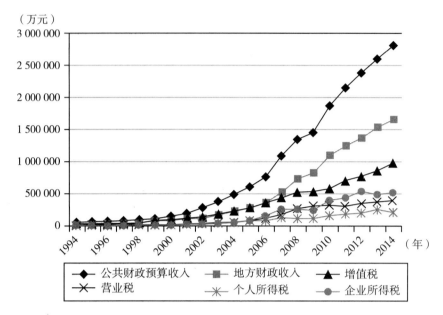

（万元）

图 10 - 1　鄞州财政收入结构

入锐减，公共预算收入、政府性基金收入减缓，尤其是依赖土地收入的镇级财政面临严峻考验。

鄞州区 2012 年土地收入 39.5 亿，净收益 5 亿；2013 年土地出让金 165 亿元，上交市级财政 15.6 亿元，成本 48 亿元，包括各种提留的收益约 70 亿元；2014 年土地出让金 81.1536 亿元，比 2013 年减少了近 50%，上交市级财政 7.0557 亿元，成本 54.1629 亿元，净收益减少到 19.93 亿元。土地出让金收益的缩减地方政府公共财政刚性支出带来极大的压力（见图 10 - 2）。

3. 新一轮财税政策法规对地方经济社会挑战

新一轮财税政策中的《关于清理规范税收等优惠政策的通知》有关政策设置过渡期调整执行但仍显示这是政策发展方向，所以决策者仍要有先导意识，意识到如果政策实施将导致招商引资更难，意味着鄞州区为企业发展制定的各类财政、税收优惠政策将会被取消。这项政策对鄞州区经济是把"双刃剑"，首先对招商引资的影响，零地价、税收优惠、税收返还等政策取消后，所有城市的招商引资都在同一竞争平台，可能面临引资中的优质企业向其他一线城市转移和集聚现象。其次，对产业集聚的影响。过去几年通过政策洼地迅速打造产业集聚园区模式不可复制，新财政政策下的产业集聚模式必定是以科技创新为内生动力和政府服务转型为主的双轮驱动模式，必将推动和加速鄞州企业的转型升级。

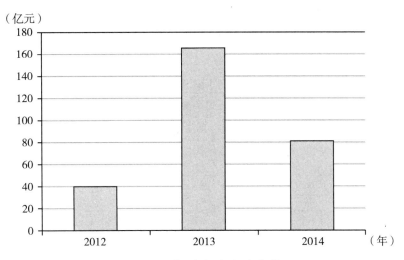

图 10 - 2　鄞州土地出让金收入

（二）财政收入增量有限与财政支出扩大之间的矛盾

从鄞州财政收入和支出绝对值的柱形图可以看出，2012 年、2013 年明显财政支出大于收入，出现财政赤字，2014 年财政收支平衡，即使是 2011 年和 2015 年也仅是财政收入略大于财政支出。从鄞州财政收支增长的比重图（见图 10 - 3）可以看出，2002～2008 年，除 2005 年财政支出的增长速度低于财政收入的增长速度，其他年份均是财政收入的增长速度高于财政支出的增长速度；自 2009 年之后，仅 2010 年财政收入的增长速度高于财政支出的增长速度，其他年份均是财政支出的增长速度低于财政收入的增长速度。这说明财政收入增量有限与财政支出扩大之间的矛盾在不断加剧。

（三）财政收支平衡较难与资金使用绩效不高之间的矛盾

1. 民生支出刚性需求

从鄞州民生财政支出结构图（见图 10 - 4）可以看出，虽然教育、社会保障和就业、农业水事务三项民生支出在 2014 年财政支出出现下调，但这三项大公共财政预算支出的比重也高达 19.15%、11.30% 和 9.21%，约占财政支出总额的四成。其他如医疗卫生、交通运输、住房保障支出近几年保持持续增长态势。2014 年，节能环保、农林社区事务在连续两年财政支出下降的情况下加大财政支出力度，大幅度增加。2014 年，教育等 8 项民生财政支出占到预算财政总支出的 77.39%。

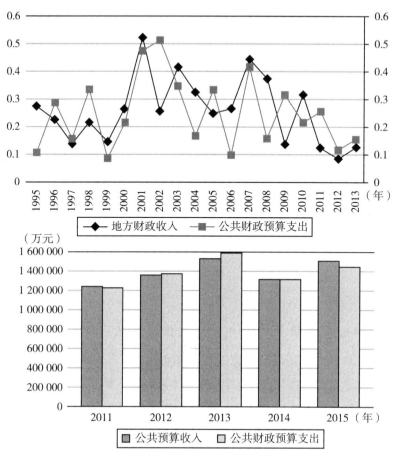

图 10 - 3 鄞州财政收支增长率与收支柱形图

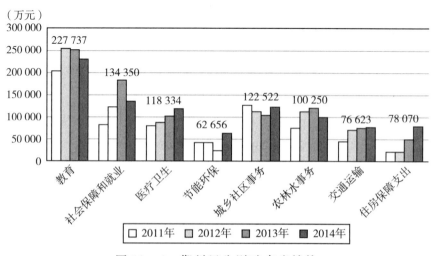

图 10 - 4 鄞州民生财政支出结构

2. 政府重点工程项目刚性支出

2014年区重点工程建设项目28项，其中市"三年行动计划"（市本级投资）项目8项，项目总投资额478.4亿元，年度计划投资85.1亿元。主要包括：（1）甬梁线、215省道等高等级公路改建；（2）广德湖路、宁南南路等城市道路建设；（3）姚江、奉化江、大嵩江等重点堤防整治；（4）华侨城、环球城、南部商务区、时代全芯等重要产业项目；（5）鄞州中学、社会福利救助中心、甬新河中心西河等一批社会民生工程。从投资完成情况看，30个项目当年完成投资85.9亿元，占年度计划投资的100.9%，其中达到或超过年度计划投资额的项目20个，占总数的66.7%。

表 10 – 1 　　　　2014年部分市"三年行动计划"及区重点
工程项目完成情况一览表　　　　单位:%

序号	项　目	完成年度投资比例	序号	项　目	完成年度投资比例
1	华侨城	36	10	鄞州区宝瞻公路改建工程（329国道至鄞县大道）	100
2	甬梁线鄞州段改建工程	169	11	宁波市南外环（宝幢西侧道路至宝瞻公路）	200
3	215省道（盛宁线）鄞州段改建工程	101	12	214省道（原34省道）改建工程	60
4	剡江堤防整治工程鄞州段	101	13	宁南南路延伸段（鄞州大道—庆元大道）	92
5	奉化江堤防整治工程（鄞州新城区段）	121	14	潘火大道（规划一路-金达路）	268
6	大嵩江综合治理工程	50	15	它山堰路（鄞县大道—鄞州大道）	102
7	鄞州区姚江堤防维修加固工程（含防洪排涝设施改造工程）	101	16	广德湖路（董山路—泰安路）	85
8	东江堤防整治工程鄞州段	101	17	四明路西延（雅戈尔大道—段梅路）	100
9	甬金高速鄞州连接线横涨至高桥公路（古林至高桥）	112	18	滨江大道（杭甬高速—四明西路）	16

序号	项　　目	完成年度投资比例	序号	项　　目	完成年度投资比例
19	泰康西路（滨江大道—它山堰路）	0	25	宁波环球城	132
20	鄞州区鄞西污水处理厂及配套管网一期	100	26	浙江清华长三角研究院宁波科技园	101
21	鄞州区滨海污水处理厂及配套管网一期	100	27	甬新河中心西河	136
22	宁波时代全芯科技公司相变存储器项目	71	28	石碶万隆花园安置小区	22
23	宁波南部商务区二期工程	200	39	鄞州区社会福利救助中心一期	100
24	宁波南部商务区三期工程	46	30	鄞州中学迁建工程	86

3. 政府债务经济模式缺乏可持续性

《关于加强地方政府性债务管理的意见》的出台将改变各级政府现有的政治生态，2015 年 1 月 5 日前，各级政府将地方负债情况汇报给中央政府，中央政府将对地方政府债务兜底，意味着长期以政府信用为担保的融资模式终结，地方政府发债权收归省级政府。以政府信用担保的区、镇两级政府债务金额仍较大，债务风险加剧。

第二节　鄞州区财政改革和发展战略定位、基本原则、主要目标

一、战略定位

构建现代财政制度，充分发挥财政在"推进全面深化改革""实施创新驱动发展战略"和"更好改善民生"中的基础性、制度性、保障性作用，更加注重发挥市场配置资源的决定性作用。构筑财政大数据库，加强宏观分析与调控能力，充分发挥财政优化资源配置、调节收入分配的职能，坚持以保障和改善民生

为根本目的。要进一步发挥财政在创新驱动的职能作用，以财政体制改革促进经济转型，加快转变经济发展方式，从高投入低效率粗放式增长转向质高效优集约式增长，深度调整经济结构，整合存量，增量做强做优，淘汰落后产能，找准经济发展脉络和引擎，摸准"互联网＋"、大数据、供给侧改革等新政策语境下信息社会新经济增长点和发力点。以财政体制改革促进政府转型，由传统的效率激励型财政管理体制转向公平有序型财政管理体制。以财政体制改革促进社会转型，强调经济、社会协调发展和可持续发展，为公共治理提供与实际发展状况相匹配的公共财政制度保障。大力推进实施财政科学化精细化管理，加快推进"质量新鄞州"建设。

二、基本原则

切实把"质量新鄞州"的各项要求贯彻落实到财政各领域和全过程、体现到财政政策的各方面和财政管理的各环节，加大理念、体制机制、政策和管理的创新力度，在改革中创新，在创新中发展。

（一）明确范围，进度有度

坚持以满足社会基本公共需要、追求社会公共利益为宗旨，科学界定财政支出范围。凡属于社会基本公共需要范围的事项，公共财政应积极介入；凡不属于社会公共需要范围的事项，市场机制能够有效发挥作用的经营性、竞争性领域，公共财政完善退出机制。

（二）统筹兼顾，重点突出

进一步整合财政资源，集中财力办大事，将财政政策支持和财力优先保障的重点更多地向推进实施重点工程、重点项目、重大战略倾斜，向支持改革创新倾斜，向促进社会和谐倾斜。

（三）依法理财，透明公开

政府财政活动必须建立在法治的基础之上，严格按照国家法规和法定程序办理，加快实现财政管理和财政资金分配的规范化、制度化、法制化；政府预算涵盖政府全部收支，切实做到规范统一、透明公开。

（四）立足当前，放眼长远

财政预算的安排、财政政策的制定，既要考虑满足现实需要，又要综合考虑各方面的条件和财政承受能力，充分体现财政年度之间平衡、福利代际之间公平的要求，确保实现经济社会可持续发展。

（五）协同理财，合力推进

建立健全政府预算责任制度，规范和明确各部门的职责分工，强化部门之间的互联互通、信息共享和协调配合，牢固树立协同理财的理念，加快完善协同理财机制，不断增强财政科学化、精细化管理的整体合力。

三、主要目标

（一）增强公共财政保障能力

财政收入与区域经济保持同步增长，建立较完善的财政收入持续稳定的长效增长机制；构筑财政大数据系统平台，充分利用和挖掘数据价值，优化财政收入的产业、区域、税种结构，提高财政收入增长的稳定性、协调性和可持续性，增强地方财政的风险防范能力、抗波动能力和宏观调控能力。

（二）完善财政政策体系

增强财政政策的前瞻性、系统性、导向性；加强财政政策与其他各项宏观经济政策的协调性；财政政策的支持方式统一、规范、透明，基本形成比较完善的政策宣传、执行、评估和调整优化机制。

（三）优化财政支出结构

财政支出惠民生，既要体现公平性、公共性和基本公共服务均等化特点又要体现以人为本的精神，统筹做好民生事业的政策和资金保障工作。要显著增强用于教育医疗、"三农"、社会保障和就业、安居住房、节能环保、科技创新以及城市安全等方面的支出力度，压减一般性经费支出，保障重点项目支出，编织保障民生安全网。

（四）深化县市区财政改革

市与区、区与镇乡街道要进一步完善财税管理体制，体现财权事权相匹配的原则，在财政收入锐减财政支出刚性的背景下，要进一步完善激励财政收入"蛋糕"做大做强的财政分配政策体系，转移支付尽可能向贫困乡镇倾斜。要按《新预算法》要求继续完善预算管理体系，包括加强预算支出精细、精准和结余结转资金管理，优化专项资金管理。

（五）提高财政科学化精细化管理水平

完善财政法制，增强依法理财能力；建立税式支出的统计测算、报告和评估制度；构筑财税基础数据库资源，切实加强财政基础管理和基层建设，进一步提高财税信息的完整性、开放性；健全"互联网财政局"，实现（财政、税收、工商、民政）甚至企业等部门间财务信息整合，通过预算管理等方式使各环节相互制衡、有机衔接，使财政资金使用效率显著提高。实施税收服务新机制，简化审批流程，实现税收政策精准指导；完善办税服务再提速、首问责任深落实、纳税负担再减轻、纳税信用重应用、权力清单更透明等五大举措；完善平台建设，构建网络办税、自助办税、窗口办税和移动办税"四办联动"全天候服务平台。

第三节　深化公共财政改革，构建有利于供给侧改革的财政体制机制

根据国家《深化财税体制改革总体方案》和"供给侧"改革的总体要求，深入贯彻新预算法，扎实推进预算管理制度改革；从以总量为导向的财政政策转向结构性财政政策，推动结构性改革。以打造"质量新鄞州，建设国内一流强区"和加快"六大行动"为重点，逐步加大财政改革创新力度，推动财税制度向纵深拓展。

一、加快完善财政政策体系

把支持和促进制度创新、技术创新作为财政政策关键着力点，充分发挥财政政策的宏观调控作用，真正把有限资源用在结构整合、支持创新等方面，真正实

241

现财政"四两拨千斤"。

（一）拓展财政政策调节功能

应以财政实际收支为基础，合理调整年度预算规模，财政着力点以促进结构调整为政策目标而不是只盯紧增长速度，针对改革发展中遇到的各种矛盾问题和亟待加强的薄弱环节，动态调整年度和中、长期财政预算的政策导向、聚焦重点，要用积极财政政策调结构，激励引导企业的兼并重组，淘汰落后过剩产能，使社会总需求和总供给达到相对均衡状态。

（二）拓展资源配置功能

引导社会有效需求，充分运用财政"四两拨千斤"的手段，如通过政府公共投资、产业引导基金、PPP模式、政府债券等政府投资方式，吸引社会资金进入国计民生的重要民生项目、重大公共基础设施以及创新型科技项目，以有效克服由于市场失灵带来的资源配置的缺陷。

（三）拓展收入分配功能

要多渠道、多层次增加人民收入，伴随城镇化、工业化、信息化、农业现代化的是产业结构的调整以及分配制度、分配体系的深度调整。通过缔造覆盖城乡的"就业服务体系和服务网络"，形成既按劳分配又按资本分配的双重分配格局，如农民除家庭劳务收入还有资本经营收入、股票收入、集体分红收入、土地住房租金收入等。充分发挥社会保障的作用和功能，逐步提高社会保障支出力度和水平，社会扶助等转移性收入继续向弱势贫困群体倾斜。

（四）拓展政策导向功能

根据供给侧改革的要求，政策导向结构性调整。明确财政预算金额限额以下的政府采购项目应向中小企业采购倾斜；对于利用大数据推动产业转型升级企业设立产业引导基金；政府应优先采购纳入政府采购清单特别是拥有国家环境标志的环保产品。推进政府购买公共服务体制机制建设，拓展购买领域。

（五）拓展融资乘数放大功能

完善融资担保体系，防范融资风险，充分合理运用网络、网商贷款平台破解贷款难难题，引导社会和商业银行资金投向科创、微创型中小企业。

242

二、加快完善市与县市区财力分配体系

按照事权与财政相匹配的原则，进一步完善市县（区）"比例分享、增收分成"财政分配管理体制，围绕功能区划分继续实施激励增长型财税分配政策，做大做强财政"蛋糕"，保持市与县市区两级财政收入和财力比重保持稳定增长。

（一）优化财政分配体制，促进制度创新发展

根据供给侧改革和制度创新要求，县（区）级财政在区域建设中承担大量基础设施和民生项目建设工程，在财政分配制度设计上要适当增加相关税种收入在县（区）级财政分配比例，如可以增加与土地、房产直接相关税种收入。

（二）增强体制导向功能，促进区域联动发展

完善财政超收激励办法，推动区域经济联动发展，可以有效避免资源浪费和重复建设，推动区域资源优化配置、产业整合集聚和整体能级效益提升，形成促进财政持续稳定增收的内在动力机制。

（三）完善财政转移支付制度，促进城乡协调发展

科学设置转移支付制度，优化转移支出结构。充分考虑各区常住人口、区域面积等综合因素测算各区财力支出标准，完善最低保障标准。提高一般性转移支付，整合优化生态补偿、教育、技术创新等专项转移支付资金。充分运用支出和结算等各种补助方式，使市对县（区）财政转移资金总量比例增长。

（四）统筹城乡均衡发展，完善区镇乡街道财政体制

财政体制以财权与事权相匹配的原则，以统筹城乡协调发展为目的，既适当提高镇乡（街道）财力占经常性收入的比重，又保持"镇乡分类、划分收支、核定基数、超收分成、专项补助、自求平衡"财政管理体制连续性。新一轮财政体制在支出基数大幅增加，确保镇乡（街道）履行基本社会管理和公共服务职能的需要。2015～2017年向镇乡（街道）每年增加倾斜资金近4亿元。同时，收入基数年度递增比例减少。新一轮管理体制规定一类、二类镇乡（街道）2016年、2017年收入基数较上年递增率分别为8%和4%，财力向镇乡（街道）的进一步倾斜，预计每年镇乡（街道）增加超收分成近3亿元。区政府决定从2015年起开始对南部商务区实行工业园区管理体制，按企业所在地划分实行

243

"超收激励"的财政管理体制。

三、加快完善政府预算体系

政府收支全部纳入预算管理，财政预算管理更精细化。厘清政府边界，对于社会、市场可以承接的，财税优惠要坚决退出，对于社会、市场不能承接的，公共财政要迅速补位。政府预算体系要公开透明、数据完整、上下联动、衔接有序。

（一）进一步深化预算改革

政府性基金预算编制内容要更加细化，部门预算细化至二级单位和具体项目，精算平衡。政府性基金特别社会保险类基金预算管理办法要进一步完善，基金结余要保值增值和可持续。要提高国有资本运行财政预算效率。

（二）进一步深化部门预算改革

完善预算定额标准，在"新常态"经济背景下，对所有预算部门都要清查内部资源、收支状况，项目预算支出要细化到所有预算部门每一项具体开支，作为列入预算目录的依据。单位上报的所有预算支出项目都要列入统一的预算项目库，在有限财力下要对每一个项目进行严格论证，遴选，按事情轻重缓急进行有序排序，不能纳入自动滚入今年预算的自动滚入下一年度预算。加强政府购买公共服务平台建设，逐步实施万元以上所有政府购买公共服务项目都要通过政府购买平台体制机制。

（三）进一步深化财政专项资金预算改革

完善修订预算单位专项资金管理办法，确保专项资金专款专用。要对专项资金严格审核，完善事前审核、事中监控、事后检查的财政监督机制，健全跟踪问责追究机制。完善专项资金绩效管理使用平台，实现专项资金政策、绩效目标、管理制度等财政预算信息公开以及资金申报、审核、验收、公示、拨付等一站式快捷办理的有机联动，切实规范财政专项资金分配及管理工作。对于重点项目建立健全跨部门联合审查制度，资金使用情况可以交给第三方评估，保证财政资金使用绩效提高。切实加强区、乡镇财政性资金管理。财政审计部门要切实强化公共预算、基金预算、社保基金、国有资本经营预算资金管理，加强全口径预算执行和财政管理审计，确保预算编制的科学化，使用监督的精细化和追加调整、超收增支、转移支付的规范化。同时要突出重大项目审计、重点领域审计和重要风险审计。严格区分市场和政府的边界，市场能承接的坚决交给市场。

四、加快完善预算执行体系

财政预算执行管理体系要体现相互制衡原则，进一步完善预算管理考核通报制度和责任追究机制。对重点领域、重大项目财政资金支付使用情况要重点监督，"网络财政局"对于部门预算和会计核算情况要进行实时监控。

（一）健全现代财政国库管理制度

要进一步完善公务卡管理和国库集中收付制度管理，将上级补助收入、上年结余、非税收入、其他收入等都纳入统一的财政信息收缴管理系统，严格一个口子收入账，一个口子支出账，包括将转移支付资金、社保基金等各类专项资金均纳入该系统。同时强化财政资金理财功能，实现财政资金的保值增值。

（二）深化财政信息化建设

建成以预算绩效平台为中心，上联结金财工程平台，下接镇乡财政信息化平台，同步外网网站公示平台，各业务系统有机衔接、相互协作，各部门系统数据共享一体化平台。优化政府采购招投标平台资源，实行全区政府采购的一体化运行、规模化采购、信息化管理和规范化操作，构建专项资金绩效管理平台，镇乡（街道）财政管理信息系统、国资管理等各项业务系统建设更加完善。

第四节　战略聚焦，着力拓展财政在创新发展中的职能

要主动适应经济发展"新常态"，促进创新财政投入方式，放大财政政策、资金的引导和杠杆效应，以供给侧改革为依托，紧紧围绕调结构促发展战略，紧抓制度、科技创新红利，将财政支出政策聚焦保障重点，向支持"打造质量新鄞州、建设国内一流强区"目标建设倾斜。围绕信息化、城镇化、网络化、农业产业化要求调整产业体系和产业结构，建设创新型城市，支持社会管理创新以保障和改善民生，实现财政收入可持续发展以适应经济发展"新常态"，实现鄞州区经济战略转型与经济社会持续健康发展。

一、进一步加大财政聚焦支持力度，加快推进鄞州区"六大行动"建设

充分发挥财政政策功能和作用，增强鄞州区的产业集聚功能、中心城镇辐射功能以及公共服务综合服务功能。要坚定不移向质量要效益，大力发展工业"5新＋5优"产业、现代服务业"四大新业态"，全力打造省市先进制造业强区、现代服务业新区、现代农业示范区，加快从"扩大总量"向"量质并举"转变；要坚定不移向改革要动力，推进社会资本投资、农村产权制度、科技创新、行政审批等改革，加快从"要素推动"向"创新驱动"转变；要坚定不移向集约要空间，狠抓工业"三园区两基地"、南部商务区等大平台建设，狠抓小城镇和美丽镇村幸福家园建设，加快从"粗放发展"向"集聚集约"转变；要坚定不移向法治要和谐，全面推进依法治区、法治鄞州建设，加快从"治标为主"向"标本兼治"转变。

（一）着力构建与推进鄞州区"六大行动"建设相配套的财政政策体系

要充分整合财政、金融、税收、产业、科技和土地等宏观政策体系，使政策体系能按照鄞州区"六大行动"建设战略发展规划要求实现相互衔接和协调配合。针对当前经济进入"新常态"，改革由需求侧转向供给侧，财政政策要适合做出调整，特别针对鄞州区"六大行动"建设过程中遇到的突出问题，及时调整，加大财政政策向"调结构"方向转变的力度，提高财政资金的有效性、灵活性。

（二）重点支持鄞州区"六大行动"建设的重大项目、重点领域和关键环节

统筹安排财政资金，进一步加大对鄞州区"六大行动"建设的聚焦倾斜力度，紧抓国家"一带一路"、宁波"港口经济圈"建设等战略新机遇，主攻重大产业项目、工业技术改造、生态建设与环境保护、重大基础设施项目"四大投资"、外贸进出口和大众消费，提速建设中国南车、博格华纳、跨境电子商务试点园区等重大项目基地，联动推进城市商圈、特色小镇、美丽新村建设；依托"三园区两基地"、南部商务区等平台，用"五皮招商"精神来引进工业大项目、服务业好项目，扶持发展新装备、电子信息、新能源、新材料等战略性新兴产业，做大做强总部经济、移动互联网、金融、电子商务等新兴业态，提升转型效

益和质量。努力营造基本公共服务体系完善、健全鄞企信用信息基础数据库、建立健全商标管理数据库、打造产融互动市场平台和服务超市、智慧城市运营及智控集成系统设计、建设、运营总部平台、大众创新、投资创业便捷、效能明显提升、强化知识产权保护的软环境；牢固树立拼环境、拼服务的意识，狠抓改革创新，狠抓审批提速，狠抓"五水共治""三改一拆"，更加优化发展环境、服务环境、创业环境和生态环境。

二、深化财政体制机制，建立现代财政制度

（一）盘活财政存量资金

进一步完善预算单位结余资金管理长效机制。按照规定，逐项梳理资金来源、性质和使用方向，实行分类管理，统筹使用，集中财政存量资金投向民生重点领域。推进公有住房等国有资产和公共资源出售变现，通过拍卖、转让等形式积极清理停工半停工工程，集中资金支持重点项目建设和重点事业发展。优化资源配置，整合闲置不用且运转效率不高的国有资产，有些资产可以协调在部门间建立资产共享和经费共担机制。按照归口管理的原则，明确财政借款催还责任主体，采取印发催款通知、专项扣款、安排预算归垫、同一项目暂存暂付对冲等方式。实行财政专户"集中审批，统一开户"制度，建立"管理规范、操作透明、监管到位"的资金安全保障体系。持续开展财政专户清理整顿工作，通过自查清理、限期整改、重点督查等形式，严格落实财政部专户清理意见。

（二）整合财政专项资金

整合财政分散的专项资金，建立教育类、农林水类、文体广以及城乡低保和临时救助等多项一般性转移支付。一般性转移支付资金根据事业规模、财政投入、人均财力、绩效管理等因素进行分配，明确主体责任，财政将用于扶持企业发展、扩大对外贸易、环境治理等方面的专项资金进行清理重组，设立现代都市型农业、自主创新示范区发展、中小微企业贷款风险补偿、外经贸发展等专项资金，整合后的专项资金统筹用于区政府确定的重要任务和重点项目。在整合专项资金的同时，划清归口管理部门的任务分工，形成合力共同推进项目实施。以农业综合开发专项为例，在不改变现有资金管理体制和分配方式的前提下，明确了发改、国土、水利、农业等部门的职责分工，切实提高财政资金使用效率，建立"集中规划、集中建设"的机制，实现连片治理、整体推进、区域衔接。

（三）加强政府性债务管理

作为深化财税体制改革重点工作，加强政府债务管理将进一步规范政府举债融资机制，严格控制债务总量，实行分地区限额管理，明确要求适度负债、确定限额、控制风险，乡镇化解旧债、不举新债，确保债务规模总体可控。加强债务动态管控，搭建债务监管信息平台，建立覆盖全区的政府性债务台账，对各级政府债务"借、用、还"实施全过程监管。健全债务预警机制，分类设立风险指标和预警区间，对债务较为集中的地区和融资平台进行风险提示，督促制定整改方案和应急处置措施，严防系统性、区域性风险。在全区范围内开展政府存量债务清理甄别工作，逐笔分析债务形成原因，根据项目类型、举债主体、偿还来源，明确划分政府与企业的偿债责任，锁定债务余额、在建项目和融资平台名单，全面摸清债务"家底"，为政府债务纳入预算管理和存量置换夯实基础。研究制定城投集团转型发展方案，盘活融资平台现有实物资产、股权资产和土地资源，推进经营性资产转让变现，增强企业信用实力。加快融资平台改组改制，整合内部优质资源，打造企业营利板块，积极创造条件，将主要从事经营性项目的融资平台公司逐步推向市场。

（四）积极推广 PPP 模式

将 PPP 投融资模式改革列为深化经济体制改革重点专项工作，把 PPP 投融资改革作为加快基础设施建设、提供更多公共产品、提升政府公共服务水平的重要途径，作为突破城市发展资金"瓶颈"、化解政府存量债务、深化国企改革的重要手段。发改、财政、建设、国资、国土等部门共同成立全区 PPP 投融资改革工作推动小组，按照部门明确分工、相互有机联动等要求，形成部门之间协调互助机制，密切配合，形成合力，保障政府和社会资本合作工作稳步推进。财政部门要会同发改部门共同研究制定推进政府和社会资本合作投融资模式改革的工作方案和指导意见，印发征集政府和社会资本合作项目，加快生成 PPP 项目清单，并会同建设部门研究市政公用交通领域推广政府和社会资本合作模式实施方案。积极推进 PPP 试点项目建设，将涉及污水处理、新能源等十个行业的项目纳入项目备选库。将民间资本投资社会事业领域项目纳入 PPP 项目储备库。研究制定通过 PPP 模式化解存量债务工作方案及相关配套文件，并对地方融资平台存量项目进行甄别筛选，按照"先试点、再推广"原则，重点推进符合条件的存量项目按 PPP 模式改造，实现政府债务转出，有效减轻政府负担，降低整体债务风险。积极谋划增量项目，根据产业发展新趋势，适时谋划新项目，按照PPP 模式进行培育开发。要按照谋划类、推介类、实施类建立 PPP 项目储备库。

同时，积极搭建资金供需平台，组织召开全区金融机构政府项目推介会，探索产业基金设立招投标机制，充分发挥全市统一谈判优势，缓解建设资金不足和融资成本偏高问题。

三、利用财政政策手段，加快推进产业智造和技术创新

深度推进工业化与信息化两化融合战略，打造先进装备制造业产业基地，新材料、新能源等战略性新兴产业集群，加快构建现代金融、通信、网络等现代服务业体系，充分运用财政政策工具，如转移支付、政府采购、政府债券、融资担保等，积极引导资本、高端人才、技术等资源向科创企业、新兴产业和高端装备制造业集聚，增强区域人才、资本、技术的虹吸效应。

（一）支持"互联网＋实体经济"，打造先进制造业强区

大力实施"互联网＋"行动计划和"智能2025"创新驱动发展战略，积极打造，推动移动互联网、云计算、大数据、物联网等与现代制造业结合，打造先进制造业强区。加快"两化"融合步伐，推行"机联网、厂联网"应用示范，提高企业设计数字化、装备智能化、生产自动化、管理网络化、商务电子化水平，促进工业互联网和互联网金融健康发展，推动传统制造业向工业4.0转型升级，引导互联网企业拓展国际市场，抓住新的经济制高点。充分利用宁波市列入国家物联网重大应用示范工程区域试点战略机遇，构筑鄞企物联网产业集群和产业新高地。建设区域性总部基地和电子商务示范基地，大力发展信息产业，加快电子商务平台和服务网络建设，促进电子商务、跨境贸易和现代物流融合联动。

充分利用南车宁波产业基地有核心技术优势，抢占现代电车的全球市场高地，加速打造全球现代电车产业城，形成城轨、有轨电车、无轨电车、底盘车身等核心配套产业链集群，并面向全球市场提供城市公交现代电车应用的整体解决方案。打造设计创意基地，建设一批文娱综合体项目和文创产业平台，加快做大做强软件动漫、影视传媒、广告设计、古玩交易等产业。打造现代农业示范区，始终坚持高效生态农业发展方向，进一步加强粮食生产功能区和现代农业园区建设，积极培育现代农业经营主体，推广新型农作制度，大力发展设施农业、循环农业、观光农业、精品农业，加快促进农业结构调整和发展方式转变。

根据大数据时代要求推进政府管理创新，构建财政基础数据资源库、科技数据资源库、企业财务运行基础资源数据库、档案信息资源服务平台、地理信息共享服务平台等，探索建立创新投入决策和协调机制，推动构建总体布局合理、功能定位清晰的创新计划（专项）体系，全面释放社会创新活力和潜能。

（二）构筑财政奖惩制度，深化要素配置改革

强化亩均效益导向，实施要素分层定价、企业分类指导和生态环境财政奖惩制度。健全土地利用总体规划和用地计划管控机制，探索跨乡镇土地指标调剂和收益共享机制，实行差别化用地管理，推进低效土地改造、新村建设用地退宅还耕和闲置土地清理整顿。推行财政专项资金管理清单，强化财政预算管理、债务风险防控和国有资产监督，集中财力保重点办大事。围绕打造优质资本集聚基地，加快推进金融创新，大力引进创新型总部型金融机构和融资服务组织，扶持发展私募投资基金、资产管理机构，探索建立区天使投资引导基金和政策性小微企业保险机制，鼓励企业开展股份制改造、推进境内外上市、扩大直接融资比重。

（三）充分利用财政政策工具，加大服务型经济投入力度

要进一步完善财政政策，大力支持和促进现代服务业加快发展；积极用好、用活国家财政补贴、贷款贴息等扶持政策，加大对重点服务业领域特别是国家、省市级重点工程项目的支持，强化区域服务业品牌战略，确保区域服务业现代化、标准化和网络化发展方向。大力发展2.5产业，支持传统产业转型升级，支持企业技术改造，加强企业节能减排；推进大数据产业和智慧城市建设，促进战略性新兴产业、先进制造业、现代服务业深度融合；积极探索财政股权投资基金等投入方式、扶持战略性新兴服务产业等。依据《关于促进健康服务业发展的若干意见》（国务院），鄞州区到2020年，基本建立覆盖所有人群，结构合理、多元化、多层次的健康服务业产业体系。打造现代都市剧拍摄基地、数据互联网广告基地、广告设计创意基地的鄞州广告产业园，产业集聚效应。

四、优化财政投入方式，形成多元参与的科技金融服务体系

（一）加快科技创新平台建设，形成多元参与格局

多元参与即形成政府、社会、市场共同参与的格局。加快建设科技创新平台，健全产业技术联盟、校企合作联盟等创新组织和服务体系，引导鄞州浙江清华长三角研究院创新中心、中物院宁波军转民科技园、科技信息孵化园、摩米创新工场等平台加快项目集聚、成果转化，鼓励企业组建高水平研发机构、参与高

层次科技合作，推动企业加快产品、技术、品牌和商业模式创新，支持企业培育自主知识产权，研究与试验发展经费占生产总值比重达到3%。加快建设人才集聚平台，健全高层次人才创业创新"一站式"服务长效机制，推进院士和博士后工作站、外国专家工作站等人才载体建设，注重引进培养青年英才、高技能人才和企业技术创新团队。

（二）创新财政资金投入方式，设立小微科技企业引导基金

撬动科技银行、风投机构等金融资本，构筑"科技血库"，以创业人才信用贷款、专利质押、股权质押等非常规的融资方式，让初创型企业度过"瓶颈"期，激活成长细胞。大力推进创业风险投资，利用"311工程"孵化器程孵化培育科技型小微企业；中小科技型企业要防范金融贷款带来的风险，探索建立信贷风险防范风险机制，引入战略投资基金或风险投资资金以投资参股等融资形式服务于科技型中小企业。可以通过托有资质的会计事务所以政府购买服务的方式向符合条件的微创企业提供审计服务，审计结果纳入市级企业信息数据库或财务信息管理平台，为商业银行、金融机构、保险公司、融资贷款公司提供资料查询，也为微创企业上市、政府采购、招投标等提供及时高效的信息咨询。鼓励商业银行参与大数据开发与应用，积极开展"税收服务互联网＋"活动，实现精准营销，切实服务中小企业，降低不良贷款率，努力营造良好的科技金融发展信用环境。

（三）完善财政科技投入新机制，改革财政支出管理制度

有效整合科技资源，加强数据库资源建设。建立促进成果转化、科技创新的科技投入管理平台，建设规范统一、公开透明的科技投入、成果转化的科技信息数据库。完善财政投入管理办法，优化科技投入结构，加大科技投入特别要加强基础研究、重大科技项目和创新环境建设，加快建立政府引导与市场参与的财政投入新机制，促进科技成果转化和高新技术产业化。深入实施"四换三名"工程，着力抓好100个千万以上技改项目，提速推进重大项目建设，积极构建"五大新兴产业＋五大优势产业＋五大百亿基地"工业体系。财政科技投入要实现"三个转变"即：资金由原各部门分散投入倾向重点投入区新兴产业、优势产业的重要科技项目、产业化项目以及成果转换项目；项目由原来行政化渠道选择转向市场化渠道选择；投入的方式由原来直接经费投入转向事前部分经费投入、事中续投、事后补投以及以奖代补等多种方式并存。

五、创新财政政策，加快推进政府创投引导基金发展

（一）理顺政府创投引导基金的运作体制，夯实评价考核体系

要对现有创业基金进行梳理，理顺政府创投引导基金的运作体制，完善评价考核体系。调整优化创投引导基金功能，突出重点投资引导方向与主管部门业务重点的匹配度，强调错位互补、打造个性化服务体系和服务品牌的发展目标，共建共享企业备投项目库。整合科技口径的各类奖励、补贴政策，进一步做大做强现有创投基金，完善科技金融政策"组合拳"。

（二）优化创投引导基金运作机制

要合理降低政府创投引导基金合作对象准入标准，使其能由小变大、由弱变强，增加阶段参股。要扩大投资对象，加大投资力度，要引进上市公司投资项目、阶段性参股基金项目，创新引导基金股权转让和股权推出新方法。要简化和优化项目审批流程，完善绩效考核机制和奖惩机制，让基金运营者有更宽松的环境和更便捷的操作空间，鼓励其与市场性创投基金、银行、券商、律师事务所、会计事务所、著名投资机构、权威智库等建立紧密合作关系。推广阶段参与子基金，支持和鼓励更灵活的人才引进、特色产业园区、企业孵化园相结合的子基金。

（三）强化政府创投引导基金的资金保障，完善配套服务体系

要加大对政府创投引导基金的监管力度，确保其按时、足额完成投资额度；加大基金运营管理投入，提高资本运行效率。完善政府创投引导基金外部环境，建设一批新兴产业和高科技企业联盟、行业协会和专业性服务机构。完善配套服务体系，加快推进产权交易平台、市场诚信体系、税收扶持体系建设。不断提升整体功能水平和辐射集聚能力。

六、创新财政支出方式，推进政府购买公共服务

政府向社会力量购买服务，是加快政府职能转变、推进社会事业改革、创新社会治理体制、促进服务型政府建设的重要方式。

（一）要进一步创新购买模式

充分发挥财政补贴的撬动作用，引导社会资本参与公共服务提供，建立公共服务供给需求信息对接平台；深入挖掘公共资源内涵，合理使用让渡特许经营权、冠名权等公共资源换取公共服务；从政府购买服务的视角，深入研究推广PPP模式；对过发放消费券形式引入市场机制。

（二）要进一步拓展购买领域

在公共设施维护管理领域，通过推广政府购买公共服务促进政事分开，逐步实现由养人向办事转变，在环境治理领域，在河道治理 PPP 模式基础上，加大水、土壤、空气等环境治理领域的购买力度。在农村公共服务领域，进一步梳理农村公共服务需求，逐步加大政府购买力度，合理利用社会力量在提供农村公共服务方面的优势，创新农村公共服务提供途径。扩大公共信息开放共享力度，通过购买方式开拓新的公共服务领域。促进公共服务提供方式变革，在适合网络传播的公共服务领域，如文化、就业、咨询、医疗保健、教育培训等领域创新服务提供方式。

（三）完善政府购买服务评价方式

完善绩效评价标准和评价机制，注重引入第三方评价；建立健全监管体系，加快公共服务市场体制配套改革，着重解决监管缺位或多头监管问题。

第五节　杭州萧山区、余杭区财政体制机制创新的经验与启示

2001 年，杭州、萧山撤市设区，根据浙江省政府的指示，保留萧山、余杭两区享有地市一级部分经济管理权限。萧山、余杭原有的管理权限和原享有的其他地市级管理权限基本不变。财政体制实行"合理划分收支范围，核定收支基数和增收分成"的管理体制，按现行省对县（市）的分税制财政体制结算标准，由市对萧山、余杭两区实行具体结算。政府性基金和各项预算外收入按设区前分成政策结算。两区争取到的省专项补助资金全额返补。经济发展的增量收入，全额留给两区。

一、融合趋势，同城化效应显现

建区以后，萧山、余杭与主城区融合进展明显，体现在大都市的规划布局、基础设施建设、产业园区开发、生态环境保护、旅游资源共享、道路交通收费等方面。但由于萧山、余杭区在撤市设区后继续实行"行政区划、财政体制、管理权限三个不变"的政策，继续享受市地一级部分经济管理权限，基于"谁投资、谁建设、谁收益"的原则，"财政独立"的余杭在很多政策上还不能和主城区享受同城待遇。

近几年，萧山、余杭要求同城化的呼声越来越高。同城化是指一个城市与一个或几个城市因地域相邻，在经济和社会发展等方面客观上存在着能够逐步融为一体的发展条件，通过城市间的相互融合，使城市间在发展、建设和管理上形成高度协调和统一的区域功能，使市民弱化属地意识，共享城市化所带来的发展成果。萧山、余杭的同城化主要包括以下几个方面。

第一，规划同城。通过规划的融合，形成一体化发展。最近杭州"总规"已经把萧山、余杭区的发展设想融入修改版图中。

第二，功能同城。通过功能同城来形成差异化的发展，服务周边。如：未来科技城主要打造科技发展高地，人才集聚地；仁和制造业基地主打产业发展等。

第三，交通同城。轨道交通方面，萧山、余杭区与主城区已无缝对接。公交一体化、快速路系统等的建设，使得萧山、余杭区更快地融入主城区。

第四，服务设施同城。把主城区优质教育、医疗资源与萧山、余杭区相关资源进行对接，通过设施的融合加快余杭区同城化发展。

同城化趋势必然涉及财政体制机制、资源的重新融合，将显著增强地区的竞争力。

二、后土地时代，余杭区新兴产业的崛起

尚待开发的土地资源无疑为余杭区新兴产业的布局提供丰富的生产要素资源。近年来，余杭区将有限资源集中集聚发展，对三大副中心实施格局调整和优化布局。通过土地开发整理、提高低效土地利用率、复垦工矿企业废弃地、不断推进土地节约集约利用；通过平衡城乡建设用地指标等方式对建设用地实行总量控制和减量化，抓住土地利用总体规划契机，提高土地的综合承载能力。

余杭新兴产业的转型崛起是余杭财政收入迅速增长的主要原因。余杭区新兴产业之路走得非常超前。近3年来，余杭凭借未来科技城成功实现产业转型升

级，成为产业转型升级的成功典范，海创园成为海外归国人才的首选创业平台，电子商务巨头阿里淘宝城也成功落户余杭。目前，未来科技城作为浙江省最有优势的产业集聚平台之一，已享誉海内外。另外余杭新兴产业发展基地还有崇贤新城、临平新城、仁和制造业基地、余杭经济技术开发区等板块，在新兴产业带动下的产城融合发展势头较猛。而迈入"小镇时代"的浙江，与阿里巴巴一路之隔的"梦想小镇"，也将成为未来杭州乃至浙江地方最具信息服务业的小镇之一。同时，余杭阿里落户、科技城等一大批高新技术产业、现代服务业的集聚也吸引海内外优质人才资源的在余杭的集聚，并置业落户。

借力余杭新兴产业的崛起，余杭财政收入每年均以两位数速度快速增长。2009 年，余杭仅用了 3 年时间财政收入突破 100.07 亿元，成为继鄞州、萧山第三个财政收入迈入百亿大关的县区。2015 年第一季度，财政收入超过萧山，上半年余杭区完成财政总收入 170 亿元，同比增长 23.54%，鄞州完成财政总收入的 192.5 亿元，同比增长 5.1%，按照这个速度，余杭财政收入 2016 年可以超过鄞州区成为浙江第一。余杭增长主因，"在淘宝系的带动下，余杭规模以上信息软件服务业一季度营业收入 212.31 亿元，增长 94.7%，高于上年同期 50.1% 成为拉动余杭服务业发展的重要因素"。

三、藏富于民，萧山区以工业反哺村级经济

萧山区撤县设区后，虽然具备以城镇化推动工业化特征，但是萧山区突出特点是很多村落抓住民营经济发展的浪潮，利用得天独厚的地理优势，发展壮大村级集体经济。浙江省"首富村"——航民村，航民村地处钱塘江南岸，位于杭州市萧山东部，航民集团公司总资产高达 26 亿元，拥有全资、控股、参股的工商企业 21 家，职工 1.2 万人。2004 年，航民集团公司公司实现销售产值 28 亿元。2003 年年底航民村村民的户均净资产超过了 200 万元。航民村目前已实现了农业现代化和城乡一体化。利益于当初以集体共有资金 6 万元创办第一家村办企业，到 2004 年，萧山漂染厂已成为以全国大型印染行业企业集团，并配套有纺织、染料、热电等相关上下游产业。并在工业化的基础上，萧山从原来农村承包到户到土地流转、归总划一；从原来户户种田，人人有地到规模经营，农场和畜禽养殖场实现规模效益、经济效益双赢。村民满 60 岁以上人人都享受退休金、养老金。户户住别墅、住洋房，房子有花园，有自来水、液化气、电话电视、能上网，生活便捷。

从原来的承包到户，家家有地，人人种田，过渡到土地归总、规模经营。全村村民享有养老保险和医疗保障，老年村民享有退休金、养老金。全村自来水、

255

户户住上庭园式楼房和别墅。

村级留用地反哺村级经济。"根据 2004 年《杭州市萧山区人民政府关于进一步加强村级留用地管理工作的通知》文件精神，萧山区按征地前上年度区级统计部门核准的全村农业人口数，分为大村、中村、小村三种类型，确定村级留用地面积：1 501 人以上为大村，村级留用地面积标准为 25 亩；801～1 500 人为中村，村级留用地面积标准为 20 亩；800 人以下为小村，村级留用地面积标准为 15 亩。村级留用地可用于商贸、公建等商业经营或租赁用途建筑的开发。开发建设后，能作为增加村级集体经济经常性收入的渠道。"通过建设村综合大楼，盘活存量，建造标准厂房，开发区村级留用地……通过搭建项目招商平台，招引优质的合作开发商等，发挥村级留用地的最大效益。增强村级经济造血功能，造就了萧山雄厚的村集体经济，藏富于村、藏富于民。经济总量超过千亿元，连一个村的经济总量都超过百亿元。村级留用地建设，最根本的关注点，还是体现在村民尤其是失地农民的生活保障上。村级留用地项目部分产权属村集体，村民们都集体当上了"房东"，村级留用土地建造大量产房吸引了大量企业到村里落户安家，"引凤筑巢"，很多拆迁失地农民再一次上岗就业，显著增加农民收入，同时拥有"薪金、租金、股金、保障金"的"失地农民"转化成"四金农民"。

撤县设区后，萧山藏富于民的工业经济体系做大了萧山的财政"蛋糕"，2002 年，萧山区的财政总收入再攀新高，达到 33.2 亿元，同比增长 35.58%，成为浙江省第一个财政总收入冲破 30 亿元的县（市、区）。2006 年萧山财政总收入 83.87 亿元，比 2005 年增长 30.48%。2008 年，财政收入被鄞州赶超。2011 年，萧山在连续 25 年位居全省 61 个区（县、市）之首后又一次问鼎第一，财政收入达 217.02 亿元，仍然超过 2011 年鄞州财政收入 213.63 亿元，同比增长达 19.1%，从行业分析看，萧山传统产业优势明显，比如服装业、印染业、纺织业、机械、汽车配件等行业占比较重，食品类、电子通信类、家具制造类占比一般但增幅都在 60% 以上，增长迅速。总之制造业在财政收入的比重超过了50%，达到 51.23%。因宏观调控影响，萧山房地产业贡献财政总收入出现负增长。2012 年萧山区实现财政总收入 230.68 亿元，增长 6.3%，仅次于鄞州位于全省第二。2014 年萧山区实现财政总收入 243.21 亿元，比 2013 年增长 6.2%。2015 年上半年，萧山区（含大江东）完成财政总收入 158.15 亿元，比 2014 年同期增长 6.27%，余杭区已全面超过萧山。萧山经济的问题和中国经济的问题一样，出现阶段性的困难，转型升级之路依然漫长而艰辛。

第十一章

鄞州金融体制创新研究

金融体制是推动金融发展、经济繁荣乃至社会进步的主要动力之一。鄞州区作为宁波市乃至整个浙江省金融的核心区域，必须把金融体制创新作为特别重要的建设内容，列入优先、领先、率先发展的核心地位。本章基于鄞州区金融业发展指导思想，遵循"一带一路""长江经济带""大金融"三大战略，以及《中国（上海）自由贸易试验区总体方案》、宁波港口经济圈和国际港口城市与鄞州区域金融服务中心的建设思路，深入分析鄞州金融体制创新的内涵、意义与现状，借鉴先进城区发展经验，结合鄞州金融体制发展实际，确立鄞州金融体制创新的战略定位、基本准则和总体思路，明确实现路径与实施重点，并提出政策措施及其保障体系，以期为鄞州金融体制创新提供理论和实证支持。

第一节 鄞州金融体制创新的战略背景与重要意义

一、鄞州金融体制创新的理论内涵

（一）区域金融体制创新的概念界定

1. 区域金融体制的内涵与形态分析

金融（finance）作为现代经济的核心，在狭义上是指资金的借贷或融通活

257

动，在广义上是信用交易制度化的产物，是指经济活动中不同产权主体为解决资源所有与所需，在规模、时空以及风险与能力方面的不对称矛盾，基于"信息－信任－信用－信誉"的互动循环机制，通过信用工具，实现资源优化配置和充分利用的信用交易活动，包括供给与需求两个方面和正规与非正规两种形式及其不断创新的实现手段与表现形态，并在空间上表现为特定时空范围的区域[①]金融（regional finance），即金融结构与运行在空间上的分布状态[②]，是特定区域金融结构与发展水平，金融吸纳和辐射功能、金融环境和金融主体行为和能力的表现。

金融作为资金运动的中枢系统及其对经济增长的促进、调节和控制作用，必须通过特定的金融体制来表现和实现。金融体制（finance system）也称金融系统或金融体系，在广义上可以理解金融组织结构、运作方式及其制度体系的总和，包括狭义的金融体制和金融机制两个相互交叉、相互促进，又相互区别、相互制约的层面。前者侧重于金融组织结构及其制度安排，包括行政和业务两类金融机构及其组合形式。后者侧重于运作方式及其制度安排，包括计划和市场两类金融手段及其组合形式。

金融与经济关系决定了金融体制既是经济体制的重要组成，受经济体制所决定，又可以反作用于经济体制，在经济体制中发挥现代经济核心的作用，并在国家和区域两个层面加以实现。从国家层面看，金融体制是在特定经济体制与货币制度下，以货币当局和金融监管部门作为调控、管理和监督中心，多种金融机构分工协作构成的金融组织体系，利用信用关系组织、调节货币流通和资金运动的形式和管理制度的总称。从区域层面看，金融体制是一个国家特定时期具有整体统一性和空间差异性的区域金融体制总和。区域金融体制是一定经济体制和区域经济社会发展水平下，区域经济管理体制与整体金融体制交互作用的结果，表现为区域金融组织结构及其制度安排。我国以自上而下、垂直治理为主的金融体制，决定了区域金融体制具有相比其他经济管理体制更具独立性和独特性的特点。

区域金融体制研究，更加侧重于区域角度探索金融体制的空间形态及其生成机制，其关键是确定适合各个区域经济社会特点的金融体制创新主线，功能取向着眼于增强金融体系引导和支持地方经济建设的现代化服务能力。

---

① "区域"可从广义和狭义两个地理范畴理解。广义的区域包括整个世界经济体，如欧盟、东盟等跨国界区域；狭义的区域包括一个国家、一个省，乃至一个市都可以称为一个"区域"的单元。本文中所指的区域范畴是以中国为整体，将中国各省、直辖市中的县区进行划分，作为"区域"的单元，以此为研究对象，在此基础上分析各县区金融体制创新的发展。

② 王廷科，张军洲. 中国的金融中心问题研究 [J]. 金融与经济，1996，01：14－19.

本书研究力求在侧重狭义，兼顾广义的金融体制概念框架下，基于区域金融体制的理论内涵，解读既有鄞州金融体制创新的历程，分析当前鄞州金融体制创新的背景，探索未来鄞州金融体制创新的路径。

2. 区域金融体制创新的内涵与形式

1912 年，美籍奥地利经济学家约瑟夫·熊彼特（Joseph Alois Schumpeter）定义创新（innovation）是将一种生产过程中从来未出现过或采用过的生产要素引入生产体系，以获得更高经济利益的活动，即执行生产要素的新组合。依此定义，金融创新（financial innovation）通常包含两层含义，第一层含义是指金融机构的内部创新。依照这种理解，常常把金融机构看成一个生产单位，依照其投入产出比来衡量其金融产品的创造情况。另一层含义视金融创新为生产要素，更加重视宏观经济中资源的配置作用。这常常把金融创新看成宏观经济中的一种要素投入部分。在此情况下，金融创新被看成与资本和劳动同等重要的要素，金融创新的结构、规模决定了宏观经济中的资金流向[①]。而区域金融创新（regional financial innovation）是指金融部门区域内部和区域之间通过各种资源配置以提高金融中介的效率的组合方式，产生新的生产函数。

从区域角度研究金融创新是一个全新的视角，区域中的制度因素、经济环境、文化等都在金融发展中起着重要的作用。本文认为金融体制创新侧重于金融管理制度和运行方式上的改革，通过不断创新金融组织形式以适应社会主义市场经济运行机制的一种行为。而区域金融体制创新更侧重于微观角度，通过建立一个特色的地方金融体制来充分协调区域内的金融主体活动、金融资源配置、金融结构调整以及金融效率的规律，着眼于增强金融体系引导和支持地方经济建设的现代化服务能力。

（二）鄞州金融体制创新内涵分析与外延界定

1. 鄞州金融体制创新的内涵分析

鄞州金融体制创新是鄞州改革与发展的重要内容，是鄞州全面深化改革的重要组成，是鄞州模式再创辉煌的重要抓手，是鄞州经济社会发展的重要体现。鄞州金融体制创新是新阶段鄞州发展的内在要求，内生于鄞州现代经济发展、产业转型升级、城乡协同发展和城市功能提升，为区域金融创新提供了示范。金融体制创新一直是鄞州改革的重要组成部分。

改革开放以来，鄞州金融体制实现了三阶段的创新发展，分别为 1978 ~ 2002 年，县域金融体制构筑期；2002 ~ 2012 年，城区金融发展深化区；2012 年

---

① 蒋瑞波. 中国区域金融创新研究［D］. 浙江大学，2014.

至今，城市金融转型提升期。三个阶段的改革使得鄞州金融发展理念不断创新，金融组织不断协调，金融产业不断深化。具体体现为以下六个方面：一是金融机构加速集聚，辐射功能明显提升；二是金融总量成倍增长，支撑保障成效明显；三是金融体系日益健全，服务创新举措有力；四是资本市场稳步开拓，多元融资渠道拓宽；五是金融生态逐步优化，金融运行稳健有序；六是金融行业合力增强，引导机制初步构建。

"十一五"期间，在宁波市鄞州区区委、区政府的领导下，在金融监管部门的支持下，鄞州区金融业积极应对全球金融危机冲击，全面开拓创新，实现了与区域经济社会的良性互动发展，成为宁波市乃至浙江省金融产业规模增长快、金融资产质量好、金融生态环境佳的县（市）、区之一。金融业的"十二五"则从发展金融产业、强化金融功能等视角出发，兼顾现状与趋势，明确鄞州区金融业发展目标、功能定位、发展重点、主要任务和主要保障，厘清鄞州金融业与区域经济社会发展的对接点与支撑点，以发展金融机构集聚区、上市企业样板区、金融创新先行区和金融生态示范区为总体目标，构筑鄞州区金融业"双核辐射、一带联动、多点覆盖"空间布局，通过加快打造资本市场融资体系、提升发展银行业、保险业、积极培植新型金融业实现鄞州金融业的转型升级。未来几年，在经济"新常态"和金融"新业态"的背景下，鄞州区应紧紧抓住我国的重要战略机遇期、"一带一路""长江经济带""大金融"三大战略，围绕浙江省"创业富民、创新强省"和宁波市"六个加快"的部署，立足鄞州实际，加快打造新兴金融发展平台，持续完善金融体系，调整金融结构，创新金融产品，壮大金融总量，优化金融环境，实现城乡金融协调和区域金融一体化发展，进一步提升金融核心竞争力和区域辐射力，成为区域金融服务中心。

2. 鄞州金融体制创新的外延界定

第一，鄞州区金融发展与宁波区域金融发展的关系。鄞州区地处中国长江三角洲南翼，浙江省东部沿海，东接北仑港、宁波保税区，西临绍兴、杭州，北与上海隔海相望，是计划单列市宁波市最大的市辖区域。鄞州区与宁波市的关系，决定了鄞州区金融既是宁波金融的重要组成部分，又是宁波金融新增长极，要在服从和服务于宁波金融发展战略的同时，解放思想，加快区域开放，充分开发和利用政策资源，紧紧抓住宁波积极融入上海自由贸易区、"一带一路"、长江经济带建设，以及宁波建设国际港口城市和港口经济圈的历史性发展机遇，挖掘和发挥自身优势，努力创新金融发展模式，在宁波区域金融服务中心建设中，尽快实现从支持、支撑到示范、引领的转变。

第二，鄞州区金融发展与周边地区金融发展的关系。宁波积极构建"一市三区"①，全力推动金融与产业融合发展。根据鄞州区与宁波市的关系，鄞州区金融既是沪杭甬三个不同层级和类型金融中的辐射集聚区，又必须是宁波大都市区南部金融辐射源，既要主动承接和集聚沪杭甬金融辐射的同时借势发展，又要深入分析自身比较优势，充分挖掘潜在资源，深度开发金融资源错位发展。同时，妥善处理好与周边地区金融发展关系，尤其是上海浦东新区、杭州余杭区、宁波慈溪市、温州金融改革试验区等。在区域金融发展中，尽快实现从单一承接辐射，到承接辐射与扩散辐射并存的角色转变。

第三，鄞州区金融发展与自身发展战略定位的关系。金融是现代经济的核心。鄞州区的建设离不开金融支持，而且必须把金融发展作为特别重要的建设内容，列入优先、领先、率先发展的核心地位。鄞州区的金融发展是鄞州区现代经济的核心和实现发展战略的重要保障，必须服从和服务于鄞州区的发展战略，围绕"打造质量新鄞州、建设国内一流强区"目标，稳中求进、改革创新，坚持走个性化发展道路，尽快实现从服从、服务和受制于鄞州区总体发展，到反作用于鄞州区总体发展的角色转变。

二、鄞州金融体制创新的战略背景

（一）经济发展进入"新常态"

中国经济进入增速阶段性回落的"新常态"时期，鄞州始终紧紧围绕"打造质量新鄞州、建设国内一流强区"的目标，在逆势中砥砺奋进、在挑战中跨越前行。在经济"新常态"背景下，鄞州如何面对严峻复杂的宏观形势和艰巨繁重的发展任务，保持转型激发改革创新活力、强化克难攻坚合力，完成质量引领新步伐、争创鄞州发展新优势，是必须完成的一项重大任务。金融为经济发展提供强大的资金支持，是经济发展的强大推动力，要完成这项任务，必须把金融放到优先、领先的位置。因此，鄞州区金融业如何实现两个转型②的相互促进、良性互动，是必须考虑的重要前提；鄞州区金融业如何改善融资结构，构建多元化融资格局、坚持创新驱动，提升金融发展能级、突出支持重点，优化金融资源配置和发展民生金融，打造优良金融生态格局，以金融支持经济社会转型升级，是必须遵循的重大举措；为达到"十二五"期间鄞州区直接融资总量突破200

---

① "一市三区"：即"一个主中心，三个金融集聚区"。集体为东部新城金融服务中心，杭州湾新区金融后台产业集聚区、高新区投资广场集聚区、鄞州南部商务区金融中介服务集聚区。做到金融服务链相近的行业集中布置，在区域金融布局中发挥各地金融发展优势，突出金融服务特色。

② 两个转型：一个是经济体制转型；一个是政府功能转型。

第十一章　鄞州金融体制创新研究

亿元的目标，鄞州区如何不断加强引导激励，全力扩宽直接融资渠道，创新融资工具，调整区内产业导向，引导区域性场外交易市场挂牌融资，加强科技金融支持体系建设，创建"保险创新示范区"，是必须重视的重大难题。新经济形势为鄞州区金融体制创新提出了新挑战和新机遇，面对着更大影响范围、更宽经济领域、更高金融层次、更优服务标准等挑战，鄞州区金融体制的改革道路仍然十分漫长。

• （二）金融发展出现"新业态"

"互联网＋""＋互联网"促使金融业态已经走到升级革新的路口，拥有数百年历史的传统金融机构需要紧跟社会发展大潮，不断进行创新。顺应时代背景，推动传统服务业转型升级，加快构建现代工业体系，全力打造质量新鄞州是金融"新业态"下鄞州改革发展的新要求。如何正确认识和应对金融"新业态"，已成为鄞州区改革发展过程中的关键环节，同时也是"打造质量新鄞州、建设国内一流强区"的必然要求。在金融"新业态"背景下，鄞州区如何及时实现经济发展模式的转型升级，调整好产业间的发展关系，充分利用好"互联网＋""＋互联网"的思维模式，准确把握"全民创业，万众创新"的时代机遇，充分发挥新型金融业态带来的经济效应，推动全区的经济发展，是必须关注的重大课题。并且，从引领鄞州金融创新发展、加快经济建设，支持鄞州区及浙江省经济结构调整和转型的角度来看，鄞州需要从战略上对新金融业态发展给与高度重视及政策扶持。鄞州需要思考如何建立高效的金融管理制度以调整金融机构、金融业务和金融市场的关系，提高金融部门区域内部和与区之间的资源配置效率，增强金融体系引导和支持地方经济建设的能力，是必须采取的重大措施。

（三）鄞州发展跨入"新阶段"

2011年，党的十八大指出我国发展仍处于可以大有作为的重要战略机遇期。要全面深化经济体制改革。深化改革是加快转变经济发展方式的关键。健全现代市场体系，加快改革财税体制，深化金融体制改革，完善金融监管，推进金融创新，维护金融稳定。这为我国金融体制改革的进一步深化指明了方向并确定了改革的基调。全面深化改革背景下的鄞州发展有了"新任务"，鄞州如何坚持以科学发展观为指导，根据国际金融体制改革重点、金融市场开放进程与鄞州区经济社会发展环境，从发展金融产业、强化金融功能等视角出发，兼顾现状与趋势，设计出一条具有鄞州特色的金融体制改革路径，是必须要完成的重大任务。"一带一路"、我国的"大金融"战略加快了我国经济对外开放的进程。创新驱动战略和金融"新业态"为金融体制改革提供了强大的动力，科技和金融的结合将成为金融发展创新的主流。"互联网＋""＋互联网"、大数据的思想将成为未来金融体制改革的重要核心思想。立足于整个金融大背景，鄞州必须立足实际，紧紧围绕省委"创业富民、创新强省"与市委"六个加快"战略部署，突出地区优势，积极融入宁波区域金融中心的建设过程中，成为区域金融中心南翼的重要支撑。

三、鄞州金融体制创新的重要意义

（一）金融体制创新是鄞州全面深化改革的重要组成

金融作为经济的重要组成部分，二者紧密联系、相互融合、互相作用。金融在为经济发展服务的同时，对经济发展有巨大的推动作用，但也可能出现一些不良影响和副作用。作为经济发展的关键一环，创新金融体制是实现全区经济高效发展的重要保障。

（二）金融体制创新是鄞州模式再创辉煌的重要抓手

在经济"新常态"和金融"新业态"的背景下，鄞州迎来了一个更新起点、更大能级、更高水平的发展阶段，鄞州区将着力打造"质量新鄞州"，大力实施发展"五大战略"①，不断创新"鄞州模式"。金融作为经济的"血液"，能有效带动鄞州经济的发展，是必须要重视的关键领域。创新鄞州金融体制是鄞州模式再创辉煌的前提条件。

（三）金融体制创新是鄞州经济社会发展的重要体现

建设"质量新鄞州"是鄞州区经济社会发展再造优势的根本途径，也是全区需要全力推进的重大任务。而金融作为经济的核心，金融对经济具有直接效应。通过改善融资结构，构建多元融资格局，提升金融发展能级，优化金融资源配置，能有效提高经济发展质量。

（四）金融体制创新是新阶段鄞州发展的内在要求

金融体制创新内生于鄞州现代经济发展、产业转型升级、城乡协同发展、城市功能提升等多方面。金融作为经济的重要组成部分，因经济的诱导效应而发生显著变化。同时，金融业作为现代服务业的高端产业，在现代产业体系中起着引

---

① 五大战略：发展质量提升、建设质量提升、文化质量提升、生活质量提升、生态质量提升。

领和带动作用，而产业与金融的融合将促进产业的转型升级。在推动城乡一体化进程的背景下，加快创新鄞州金融体制也是实现"质量新鄞州"的强大保障。城市功能的提升迫切需要一套具有鄞州特色的金融体制以实现更高层次、更快水平、更宽领域的资金融通。

（五）鄞州金融体制创新为区域金融创新提供示范

金融体制是鄞州模式的重要组成内容，鄞州模式的创新首先发生在金融系统。鄞州金融体制创新起着率先突破的作用。金融体制在现代经济体制中占据核心地位，金融体制创新为鄞州"三城三区"建设和"四大优化升级"提供有力的金融支撑保障，可以保持鄞州经济走在前列，可以实现鄞州金融走在前列。

总之，鄞州区作为宁波市乃至整个浙江省金融的核心区域，进一步的金融体制改革至关重要，金融体制改革的进一步举措将影响鄞州区乃至整个浙江省的经济、金融发展方向，对于区域经济的发展作用不言而喻，它能够充分发挥鄞州区综合配套改革的引领示范作用，增强服务辐射功能，带动区域经济发展，同时贯彻服务中央的号召，制定出能够促进鄞州区的发展，同时也浙江省其他地区有实际借鉴意义的改革思路。

第二节　鄞州区金融体制发展的历史沿革与现状分析

一、鄞州区金融体制的历史沿革

（一）第一阶段（1978～2002年）县域金融体系构筑期

主要成绩：在鄞县县委、县政府"创业富民"政策推动下，在鄞县经济快速发展的诱导下，鄞县金融体制率先创新，金融发展由"供给领先"转化为"需求追随"，改变了改革开放初金融体系的单一化，逐步建立多种金融机构并存的县域金融运行体系，为更有效地筹集和运用社会资金，推进鄞县经济发展提供了基本的保障。

主要表现：一是金融机构数量上的多样化。从改革开放之初的3家银行发展到现在的10多家，除了鄞州银行和四大国有商业银行外，全国性的股份制银行已基本在鄞州设立网点。1987年，鄞县农村信用社与农业银行脱钩，成立了鄞州联社，并于1998年实施统一法人核算管理。二是金融机构业务上的多元化。三是金融机构越做越强。鄞州银行的存款以1987年的2亿元上升到2009年的

312亿元，综合实力明显提升。

（二）第二阶段（2002~2012年）城区金融发展深化期

主要成绩：2002年2月，经国务院批准鄞州撤县建区，全区金融空间布局、服务职能和收益结构深化发展并实现了跨越式突破，为促进资金要素向区内优势主导产业、新兴产业和创新项目集聚发挥了重要的杠杆、支撑和导向作用。

主要表现：一是金融机构集聚能级明显提升，网络功能日益完善。期间，宁波引进银行市级分支机构2家、保险市级分支机构5家；金融城乡网点布局全面拓展，银行经营机构总数267家，自助银行67家，自助设备512台，保险营销部56家，区级以上金融机构在2010年年底已增加到60家。二是传统和新兴金融服务创新增强，多元融资渠道日益拓宽。期间银行本外币存贷款、融资租赁业务、证券营业部交易、股权投资机构、汇金小额贷款公司、典当和担保机构等蓬勃发展，交易额度不断实现突破。全区银行本外币存贷款实现"千亿双突破"；国际结算、外汇交易、银团贷款等特色业务逐现生机；政策性农业保险、农房保险相继创设，政策性农业保险连续三年领跑全省。企业上市融资梯次推进，上市企业逐年增加，截至2011年底，全区共有上市企业13家，总融资金额约86亿元。三是金融行业效益大幅提升，生态环境逐步优化。2012年全区金融业增加值高达63.05亿元，超过当年地区生产总值总体增速2.5个百分点，是2006年的3.5倍；79户金融业纳税企业（不含股权投资机构）2012年上缴税收达到了16.19亿元，占财政总收入的8.4%；服务中小微企业贷款余额占全区贷款总额的59.85%，大力支持鄞州企业发展。另外，鄞州区人民政府金融工作办公室于2008年年底成立，全区金融行业协调服务、沟通交流、政策引导等机制得以强化。

（三）第三阶段（2012年以来）城市金融转型提升期

主要成绩：鄞州区的金融体制改革受到宁波市乃至浙江省的高度重视，鄞州区的金融体制改革是宁波市综合配套改革试验的重点项目。面对经济转型的机遇，"稳字当头，领跑领先"成为了鄞州区的"新常态"，金融业成为了现代服务业的支柱行业，力促金融要素向企业转型升级发展、节能减排、基础设施、提升生活品质等领域倾斜。

主要表现：鄞州区金融体制改革着力于打造金融机构集聚区、上市企业样板区、金融创新先行区、金融生态示范区。2014年年底，鄞州区的金融体制改革发展在宁波市委市政府及鄞州区各主管单位的共同努力下已经获得了跨越式发展。一是金融组织体系日渐丰富，融资渠道越来越宽广。二是存款规模平稳增长，存款总额稳居全市首位。三是资本市场体系不断完善，证券期货交易活跃。

此外，在融资租赁、科技金融、服务金融等重点领域和金融市场、金融服务及金融生态环境等金融体系的改革建设都取得了重大突破，金融机构和金融业各项指标都创下了新高，这表明，鄞州区的金融体制改革已经取得了令人瞩目的成绩。

二、鄞州区金融体制的现状特征

（一）历史悠久，地位突出

鄞州历史悠久，商贸文明发达，是"宁波帮发源地"。在唐代，鄞州为中国三大外贸港口之一，"海上丝绸之路"从这里起航。近现代，大批鄞州人到海内外经商，也有了"无鄞不成市"的说法。改革开放以来，鄞州独特的历史、文化、区位优势与具有鲜明特色的区域、产业优势，加上鄞州经济社会发展奠定的坚实基础，以及海外"宁波帮"的强大影响，国家大力发展民营经济、外向型经济和实施海洋经济、"一带一路""长江经济带"战略和"长三角"一体化与上海自由贸易试验区带来的难得机遇，鄞州金融业获得了前所未有的发展。2014年，鄞州区地区生产总值、工业总产值等指标位居全市第一，综合实力领跑全市、领先全省。鄞州多年位居我国综合发展实力百强县区的前列，鄞州南部商务区已成为国家广告产业试点园区、浙江省现代服务业集聚示范区，注册资本超千万的软件及信息服务企业全市第一，成为国家动漫游戏原创产业基地。在未来，南部商务区将成为"长三角"南翼的区域总部基地。鄞州区的专利申请量和授权量实现全省"四连冠"，成为首个受省政府通报表扬的专利大区，品牌群体实力强。1987年，鄞州区创办了全国首家农村合作银行——鄞州银行。2012年鄞州区成为浙江省首个投资超百亿元的县（市、区），2014年荣获国家知识产权强县工程示范区。

（二）需求旺盛，潜力巨大

2014年，鄞州区紧紧围绕"打造质量新鄞州、建设国内一流强区"目标，坚持稳中求进、稳中提质的发展基调，主动适应经济发展"新常态"，毫不动摇推进转型发展，全年经济实现平稳增长，良好的经济基础，为金融业发展带来旺盛需求。初步核算，2014年，全区生产总值1 297.8亿元，按可比价格计算，增长8.5%。三次产业比重依次为3.0%、59.4%和37.6%。按户籍人口计算，人均GDP为15.3万元（按年平均汇率折合24 791美元）。2014年，全区财政总收入279.5亿元，增长8.1%，总量继续位居全省第一；税收收入268.0亿元，增长7.9%，其中个人所得税20.8亿元，下降14.9%；全区城镇常住居民人均可支配收入46 324元，同比增长9.4%，增幅分别比全省和全市的平均水平高0.5

个和 0.2 个百分点；农村常住居民人均可支配收入为 26 682 元，比去年增 2 634 元，同比增长 11.0%，增幅与全市平均持平，比全省高 0.3 个百分点；城乡收入比为 1.74∶1，城乡居民收入差距进一步缩小。经济的发展为金融业发展带来了旺盛的金融需求。

（三）体系完善，功能齐全

近年来，鄞州区金融业规模持续快速增长，基本形成了一个以银行业为龙头，证券、保险业为支撑，基金、信托、融资租赁以及相关金融中介服务机构为辅助的广覆盖、多元化、多层次的金融组织服务体系。形成金融机构群体逐步扩大，金融集聚能级明显提升，金融功能逐渐完善，机构层次显著提高的格局。

1. 银行业迅猛发展

2014 年，全区银行业金融机构本外币存款余额 1 767.26 亿元，同比增长 2.43%，存款余额居全市首位；本外币贷款余额 1 582.43 亿元，同比增长 6.06%；存贷比 89.54%，比年初提高 3.06 个百分点。详见图 11 - 1。不良贷款余额 25.60 亿元，不良贷款率为 1.62%，比年初上升 0.06 个百分点，低于全市平均水平 0.39 个百分点。

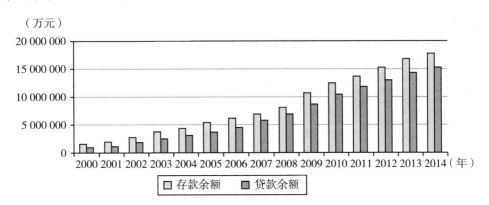

（万元）

图 11 - 1 2000 ~ 2014 年鄞州区银行业金融机构存贷款余额
资料来源：2014 年《鄞州统计年鉴》。

2. 证券市场规模不断壮大

2014 年末，全区共有证券营业部及分公司 12 家。全区证券公司证券交易额累计 1 566.84 亿元，同比增长 58.26%，新增开户数 5 552 户，同比上升 152.48%；期货公司代理交易总额累计 7 631.13 亿元，同比上升 97.06%，代理交易量 6 663 471 手，同比上升 41.72%。截至 2014 年底，全区本地首发上市公司 11 家，本区资本控制的异地上市公司 3 家。有 2 家企业正在国家证监会审核。

8 家企业已向宁波证监局辅导备案。

3. 保险业持续快速增长

区内保险 23 家，保险业实现保费收入 19.48 亿元，同比下降 2.86%，总体仍呈现增长趋势。详见图 11-2。

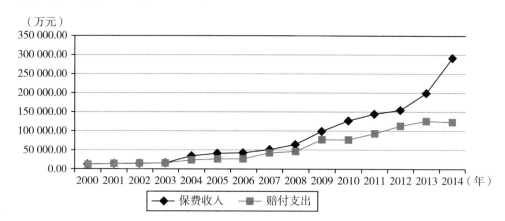

图 11-2　2000~2014 年鄞州区保费收入和赔付支出变化趋势

资料来源：2014《鄞州统计年鉴》。

4. 多元化融资体系逐渐形成

（1）政策性贷款规模稳定增长。区内政府性建设项目及各类企业向国开行等政策性银行融资余额 130 亿元，新增 45.6 亿元，同比增长 53.9%。

（2）小额贷款规模扩大。2014 年小额贷款公司贷款余额 3.41 亿元，同比下降 23.39%；融资租赁公司融资租赁余额 51.9 亿元，同比减少 0.86 亿元。

（3）区内各类企业通过定向增发、公司债等方式新增直接融资 120.45 亿元，增长 179%。

5. 新兴金融业迅猛发展

新兴金融发展主要体现在资本市场挂牌企业快速增长；股权投资机构规范发展；基金规模不断扩大；金融网点覆盖范围增加。鄞州区已初步形成了以南部商务区与万达-BEST 广场商圈为"双核"，以鄞县大道两侧商务楼宇带为"一带"，以多个特色金融业布点及覆盖全区的金融服务网点为"多点"，构建鄞州区金融业"双核辐射、一带联动、多点覆盖"空间布局。

（四）政策支持，科技发展

鄞州区积极设立区政府金融工作办公室，理顺市、县两级金融工作管理体系；完善金融监管体制机制，健全各项监管制度，加强金融监管协调力度；强化全区金融行业协调服务、沟通交流和政策引导机制，其中鄞州金融网、金融信息与金融统计系统、区金融业协会相继创建。区政府积极出台包括《鄞州区金融机构考核奖励实施细则通知》《加快鄞州创新　促进鄞州经济社会转型升级十六条》《鄞州区银行机构支持小微企业信贷风险补偿和扶持新型融资机构发展专项资金使用管理办法》等一系列促进金融业发展的专项政策措施。同时，鄞州区金融办通过实施"三个举措"强化青年创业金融支持，打造科技金融服务体系，跨界合作，推动金融发展。截至 2014 年，鄞州区成为全国优秀科技进步示范区，国家知识产权强县工程示范区，工业强区综合评价连续三年全省第一，"五新 + 五优"产业比重分别达 43.1%、63.3%，GDP 中"人才贡献率"达 37%。

（五）机遇空前，前景广阔

随着《长江三角洲地区区域规划》、上海国际金融中心、国际航运中心和中国（上海）自由贸易试验区、"一带一路"、长江经济带建设，尤其是浙江海洋经济发展示范区建设先后上升为国家发展战略，以及宁波建设国际港口城市和港口经济圈，鄞州金融业发展迎来了空前的历史性发展机遇。根据鄞州区金融业"十二五"发展规划，鄞州区金融业将为积极构建金融机构集聚区、上市企业样板区、金融创新先行区、金融生态示范区为总体目标，围绕"三大要求"①，坚持"四大原则"②，完成"三大任务"③，加快打造资本市场融资体系，提升发展银行业、保险业，积极培植新型金融业，以政策、人才、机制、安全为保障，全力推动金融业与产业融合发展，积极参与宁波构建"长三角"南翼区域金融中心与上海国际金融中心重要组成部分的建设过程中，尽快成为宁波、"长三角"乃至东南沿海与上海国际金融中心相连接的区域金融中心的重要组成部分。

三、鄞州金融业发展的问题

相对于国内外先进的金融中心，鄞州区的金融改革还有很大的提升空间，自身的改革措施也需不断完善，所面临的问题也非常尖锐。主要体现在以下三点：一是金融基础层级不够高。鄞州目前的金融改革发展仍以固定资产投资、基础设

---

① 三大要求：健全产业体系、提升服务功能、防范金融风险。
② 四大原则：产业融合、错位发展、市场运作、空间优化的原则。
③ 三大任务：完善金融机构共同发展、功能互补、规范稳健、覆盖广泛、竞争有序的金融组织体系；推进金融市场融资功能和服务功能进一步提升；形成高效开放、创新活跃、服务优质、功能齐全，与鄞州经济社会互促共进的金融产业和金融服务体系。

施项目建设为主，金融聚集区的建设大多靠政府引导。法制建设、政府服务、信息化建设等在摸索、完善阶段。二是金融发展水平不够稳定。截至 2014 年年底，全区银行业本外币存款分流问题突出，资金链紧张企业频繁出现，银行不良贷款率上行，保险公司两极分化明显。三是金融综合服务能力有待提高。经济、金融中介服务组织体系不够健全，金融中介服务机构职业能力缺乏，支持力度有限，国际化程度较低，难以形成比较优势。

第三节　先进城区金融体制改革的路径分析

一、先进城区金融体制改革路径分析

（一）滨海新区

1. 滨海新区金融发展现状

自滨海新区成立国家综合配套改革试验区以来，滨海新区在金融创新改革中利用先行先试的优越条件，大胆探索，积极创新，截至 2014 年，滨海新区的金融体制改革获得了跨越式发展，在航运金融、融资租赁及科技金融等八个重点领域和金融市场、金融服务及金融生态环境等六大金融体系的改革建设都取得了重大突破，金融机构和金融业各项指标都创下新高。

2. 滨海新区金融改革路径分析

第一，发挥政府主导优势。滨海新区作为"全国综合配套改革试验区"，各级政府部门紧紧围绕国务院关于《天津滨海新区综合配套改革试验总体方案》，加强部门间联系，协调各方利益，推动落实相关方案的实施和进展，在重点领域大胆创新，先行先试，吸引金融机构不断落户滨海新区，引导金融市场的发展，强化金融企业的市场服务。

第二，发挥港口经济作用。港口是带动区域经济发展的核心战略资源，港口功能和等级决定区域的发展方向和发展速度。天津港与滨海新区形成了港区相融、繁荣共济的统一体，创造了促进区域经济发展的独特优势。滨海新区的港口经济依托天津港的优势逐步向分配中心、贸易中心、航运中心、服务中心、金融中心等服务业方向转变，形成了区位、制造业、基础设施、产业服务、区域功能、人才技术六大优势，为滨海新区的金融体制改革提供了重要保障。

第三，重点扶持中小微企业。科技创新是推动金融体制创新的重要动力。从2015 年来，滨海新区推出小微企业减税政策，将享受优惠政策的小微企业范围，

由年应纳税所得额 10 万元提高到 20 万元，有效破解了中小微企业融资难的问题。同时运用大数据、云计算等信息技术搭建金融服务网络平台，以及中小微企业资信评价和信用体系平台，有效借助大数据分析系统做好企业融资需求信息与金融机构产品信息的动态整合。同时不断实施推动企业融资增信，帮助企业完善管理，扩展融资渠道等有效措施。

（二）上海浦东新区

1. 上海浦东新区金融发展现状

上海作为我国的金融中心，金融领域的改革发展处在全国的领先位置，成为我国金融体制改革的实验基地。上海浦东新区金融发展迅速，金融业指标值不断更新。2014 年，浦东新增监管类金融机构 50 家，股权投资及管理企业 963 家、融资租赁企业 267 家、财富管理企业 73 家、金融专业服务机构 594 家。新兴金融业态蓬勃发展，互联网金融机构进一步集聚。

2. 上海浦东新区金融改革路径分析

第一，科学谋划人才。上海浦东新区紧紧围绕全球影响力科技创新中心建设，紧密结合自由贸易试验区建设和综合配套改革试点，充分发挥国家战略在浦东新区的叠加效应，不断升级人才工作引擎，积极探索人才创新举措。浦东积极成立浦东国际金融研究交流中心；打造"国际金融人才培训基地"，引进海外最顶尖的金融教学资源，加大国际金融人才培养力度；在国内率先推出了金才系列工程服务项目，稳步推进金融人才综合服务平台建设；通过深化"领航精英计划"，支持开展"院士浦东行"、院士座谈会等活动，为浦东新区金融体制提供人才保证和不竭动力。

第二，建立新兴金融。作为新兴的金融业态，互联网金融在很多领域对传统金融行业带来了颠覆性的创新，已成为推进浦东国际金融中心核心功能区建设工作的重要内容。2014 年，浦东贯彻"明星企业引进" + "中小型机构启航培育"的整体工作思路，依托良好的综合金融环境，在网络第三方支付、网络金融产品销售与财富管理、金融资讯网络门户、金融大数据专业服务商、网络融资与网络融资中介以及持牌金融机构的互联网业务分支等细分行业涌现了一大批具有行业代表性的企业。浦东的互联网金融六大业态已形成了规模集聚效应，浦东新区成为了新型金融集聚中心。

第三，完善金融服务。搭建金融机构业务交流平台是浦东金融服务转型的一个缩影。利用良好的金融发展环境，通过政府搭建业务交流平台，将成为未来促进招商工作最有力的手段。上海金融局将以公募基金管理行业为试点在优化存量机构服务、深化专业领域研究和强化金融同业交流方面开展系列活动，帮助浦东基金管理公司和基金资管公司完成转型发展，实现资产管理规模和业务领域的突破。而金融服务进社区将成为金融服务的关键环节，普惠金融将成为未来的发展动力。

（三）杭州萧山区

1. 杭州萧山区金融发展现状

2014 年年末，全区金融机构本外币存款余额 3 106.86 亿元，比年初增加 102.67 亿元。本外币贷款余额 2 849.58 亿元，比年初增加 190.49 亿元。金融产业集聚区加快建设，成功获批创建省级科技金融示范区。金融创新中心孵化器功能日益显现，已入驻金融机构 31 家。新增上市企业 4 家，3 家企业向证监会上报材料，6 家接受省证监局辅导，100 家进入拟上市企业培育阶段。至年末，全区上市公司累计达到 27 家。

2. 杭州萧山区金融改革路径分析

第一，推动企业上市。企业上市是现代企业发展的必然选择。萧山区高度重视金融创新发展和企业上市工作，根据省委、省政府关于"规转股、股上市"的工作部署，全面启动企业上市三年行动（2015～2017），将企业上市作为加快经济转型升级、促进企业提质增效的主渠道，努力为打造"大众创新、万众创业"新引擎奠定基础。以推进企业股份制改革、培育企业上市为重点，坚持"市场导向、企业主体、政府引导、属地负责"的原则，积极引导更多企业到资本市场募集资金、整合资源，带动产业转型升级，促进全区经济实现跨越发展。截至 2014 年，全区累计上市企业 29 家，资本市场"萧山板块"初步形成。

第二，构建风险池基金。萧山区设立了"科技企业贷款风险池基金"，风险池基金规模为 4 000 万元，杭州银行萧山支行承诺 1 000 万元风险池匹配，总共可发放 4 亿元的贷款。风险池基金实行市场化运作，不以盈利为目的，坚持"自主申请、择优推荐、风险共担"的基本原则，帮助萧山区范围内，经认定的杭州市级（含）以上高新技术企业、农业科技企业、雏鹰计划企业、专利示范（试点）企业、科技型中小企业，承担各级重点科技计划项目的企业，在萧山区内各孵化器创业并经孵化器推荐的企业缓解融资难题。

第三，调整平台机制体制。萧山积极调整完善平台体制机制，建立了一套"机构精简、职责明晰、结构合理、运作高效"的行政管理体制，从体制上最大限度地为平台"松绑"。体制机制调整聚焦开发建设，强化招商引资，当好客商和项目的"店小二"，打造最高效的政务环境、最优质的政府服务，为平台在激烈的招商竞争中脱颖而出创造条件。萧山紧紧围绕区委提出的"三大主线"，调整完善开发思路，优化规划设计，集聚各类要素资源，全面推进产城融合，做优城市，做强产业，引进陆家嘴产城融合项目，共享国家级开发区、省级高新区的品牌优势和政策红利，有效推进钱江世纪城的开发建设。

二、先进城区金融体制改革的启示

（一）坚持政策导向，创新地方金融

滨海新区是我国环渤海湾区域经济的核心地带，作为我国第二个国家综合配套改革试验区，得到国务院的高度重视，在制度和政策上给予了"先行先试"的权力。政策优势是滨海新区金融体制创新取得辉煌成绩的重要原因之一。作为全国继深圳特区和上海浦东新区之后的第三个能够"先行先试"的国家级改革试点基地，有着全国几乎所有的先进体制和特殊政策。天津市委市政府在认真解读国家金融体制改革条文，结合滨海新区金融发展现状，制定出一套具有滨海新区特色的金融体制改革路径，并取得了举世瞩目的成绩。坚持政策导向是实现地方金融体制创新的前提条件。

（二）发挥地区优势，注重港口建设

港口是带动区域经济发展的核心战略资源，港口经济①能有效推动开放型经济发展模式的建立。港口经济是城市外向型经济发展的重要通道，是港城一体化的重要依托，对城市发展具有拉动作用，港口经济日益成为实现产业集群、获得规模经济效益的有效平台，也是加快金融体制创新的重要推动力量。滨海新区借助天津港天然的港口优势，形成了港区相融、繁荣共济的统一体，加速了滨海新区的金融体制改革进程。在宁波建设港口经济圈和国际港口城市的背景下，鄞州区也可凭借着宁波市港口的天然优势，通过港口经济的辐射效应，进一步加快鄞州区的金融体制创新。同时，通过金融体制创新反作用于宁波港口经济圈的建设，实现"双赢"。

（三）加大支持力度，推动企业发展

在经济"新常态"、金融"新业态"的背景下，加大支持力度，推动企业发展，必须依靠强大的资金支持。滨海新区与金融机构建立紧密的合作机制，创新

---

① "港口经济"：是以港口为中心、港口城市为载体、综合运输体系为动脉、港口相关产业为支撑、海陆腹地为依托，并实现彼此间相互联系、密切协调、有机结合和共同发展，进而推动区域繁荣的开放型经济模式。

贷款机制，创新金融产品，缓解了企业"融资难、融资贵"的问题。萧山市以推进企业股份制改革、培育企业上市为重点，坚持"市场导向、企业主体、政府引导、属地负责"的原则，大力实施"股改一批、培育一批、招引一批、上市一批"，努力实现主板、中小板、创业板、新三板和境外上市齐头并举，积极引导更多企业到资本市场募集资金、整合资源，带动产业转型升级，促进全区经济实现跨越发展。

（四）加强科技创新，发展新兴金融

在"互联网＋""＋互联网"、大数据等金融"新业态"的背景下，加快金融和科技的融合是大趋势。加强科技创新，发展新兴金融，一靠人才，二靠科技。上海浦东新区不断升级人才工作引擎，积极探索人才创新举措。浦东在推进国际金融中心核心功能区建设过程中，针对金融机构和人才的切实需求，浦东积极打造"国际金融人才培训基地"，稳步推进金融人才综合服务平台建设，深化"领航精英计划"一站式解决金融人才的各类需求，得到了金融机构和金融从业人员的高度认可。依靠科技，上海浦东提出了发展互联网金融产业的"明星企业引进"＋"中小型机构启航培育"的整体工作思路，互联网金融六大业态已形成了规模集聚效应，形成了前后台联动的金融产业布局。

（五）升级金融服务，改善金融生态

高质量的金融服务和良好的金融生态环境是促进金融体制创新的重要保障。上海浦东新区积极搭建金融机构业务交流平台，开展优化存量机构服务、深化专业领域研究、强化金融同业交流和金融服务进社区等系类活动。萧山市则通过建立一套"机构精简、职责明晰、结构合理、运作高效"的行政管理体制，从体制上最大限度地为平台"松绑"。打造最高效的政务环境、最优质的政府服务，为平台在激烈的招商竞争中脱颖而出创造条件。

第四节　鄞州金融体制创新的态势分析

一、鄞州金融体制创新的优势分析

（一）区位优势

鄞州区地处浙江东部沿海，版图呈蝴蝶状。鄞州的区位优势主要表现为

"三大优势"：在地理优势上是"中心之地"，鄞州主城区紧邻市中心，东连北仑港、南邻象山奉化、西接余姚，在宁波地理版图上位居中心位置、同城效应十分明显。在交通优势上是"枢纽之城"，全区道路总里程1 972千米，境内有宁波栎社国际机场，沪杭甬、甬台温、甬金等五条高速穿境而过、总长度144千米、高速道口18个，宁波在建待建的轨道交通线6条经过鄞州、规划出口达56个，是名副其实的交通枢纽。在开发优势上是"开放之窗"，无论是过去五口通商，还是宁波改革开放，鄞州都是前沿阵地，拥有"三园区两基地""南部商务区1平方千米总部经济基地""五大商贸综合体""五大旅游集群体"等一批高端化、特色化的大平台，60多个国家和地区的客商在鄞投资兴业。突出的区位优势为鄞州金融体制创新提供了良好的基础。

（二）政策优势

鄞州区在2010年被评为企业上市工作示范县和股权投资发展示范县。在宁波市鄞州区区委、区政府的领导下，在金融监管部门的支持下，鄞州金融发展突出特色，积极推进全区金融改革创新，不断充实完善全区金融组织体系与服务功能，同时营造良好的区域金融生态环境，成为了金融资产质量好、金融生态环境佳的县（市）、区之一。与此同时，各级政府对鄞州金融的支持力度不断加大。宁波市颁布了《关于开展金融创新示范县（市）、区试点工作的实施意见》《关于加快金融创新促进经济社会转型升级的若干意见》等，鄞州区颁布了《鄞州区金融业发展第十二个五年规划纲要（2011～2015年）》，提出构建鄞州区"1+2+N"金融业态框架布局。在《鄞州区国民经济和社会发展第十二个五年规划纲要》中提出强化南部新城核心地位，南部新城功能定位为宁波南部综合商贸集聚区、"长三角"南翼总部经济、创意产业和服务外包产业的重要集聚区，现在也是鄞州金融集聚区，是鄞州的金融发展中心。

（三）产业优势

产业与金融的融合是促进产业转型发展的重要途径。产业转型升级带来的企业多元化金融服务需求和参与金融领域的投资需求快速增长，将为金融业发展提供新的机遇。同时，多元化的金融产品工具和新兴的金融业态，将加快区域经济的发展速度和提高区域经济的发展梯度。鄞州区着眼构建工业"5+5"现代产业体系，培育壮大新装备、新材料、新能源等五大战略性新兴产业，改造提升纺织服装、家用电器、汽车配件等五大传统产业，鄞州和望春两大省级工业园区、鄞州经济开发区、中国南车宁波产业基地能级提升。2014年，高新技术行业产值比重、"5新+5优"产业比重、新产品产值率分别提高到

33.1%、67.2%、26.7%。同年，鄞州经济开发区"五大产业园区"规上工业总产值达到571.9亿元。服务经济能级提升，现代商贸、高端商务、金融保险等行业稳中向好，商务楼宇企业入驻率和属地注册率达到85.9%和78.3%，实现税收18.9亿元，金融服务产业增加值增长12.9%，电子商务、移动互联网等新业态发展提速，软件产业产值达到68亿元，增长28%。经济的发展需要金融的支持，巨大的产业优势必将带动鄞州区金融的发展，使金融体制改革能够得到产业优势保障。

（四）资金优势

鄞州民营经济发达，民间资本雄厚。据区金融办统计，2014年度，全区银行业金融机构本外币存款余额1 767.26亿元，同比增长2.43%，存款余额居全市首位；本外币贷款余额1 582.43亿元，同比增长6.06%。小额贷款、村镇银行、融资租赁公司、股权投资公司、保理公司等多元化的融资渠道有效撬动了鄞州的民间资本。充足的资金为鄞州金融发展提供了重要的支撑力量。2011年，鄞州区首家村镇银行——鄞州国民村镇银行在集士港镇开张，仅半年贷款余额已突破1亿元，客户近百户。此外，鄞州区推出"创业投资引导基金"，专门扶持培育专业型创业投资公司和潜力型高新企业。2011年，鄞州区成立省内首家商业保理机构开创了全球首个在线保理融资业务平台"全球信用物流网"，形成了独特的"在线无抵押无担保供应链融资"运营模式。2012年，鄞州银行成为国内首家获准发行专项金融债券的农村金融机构。同年，鄞州区出资1 000万元作为引导基金，设立"风险池基金"。

二、鄞州金融体制创新的逆势分析

（一）服务"创新"的金融压力

近年来，鄞州区先后被评为企业上市工作示范县（市）区和股权投资发展示范县（市）区，但在金融创新方面与宁波慈溪和其他金融创新先进县（市）区村存在较大的差距，主要体现在以下几个方面：一是县级政府金融管理服务、风险防范和扶持政策。鄞州区设有专门的金融网、金融信息与金融统计系统、区金融业协会，但没有配备较强的工作力量，同时未建设成一支防范金融风险的专门队伍。而防范金融风险是发展金融业的重要环节。二是金融综合创新能力。当地金融组织体系建设不齐全，鄞州银行成为全区新型金融组织的"领头羊"，然而小额贷款公司、其他村镇银行、农村资金互助社和农村互助保险等新型金融组织发展缓慢。广林权抵押贷款、农村土地承包经营权抵押贷款、农房抵押贷款、农民创业贷款等涉农贷款品种有限。小额贷款保证保险、担保机构在保险、保单质押贷款等新型金融业务有待创新。三是金融支持方向与产业政策、财政政策等宏观经济政策的协调配合。鄞州区的有效资金大多来源于政府财政和银行，其他金融机构较少参与全区金融业的调控。未形成市场与政府宏观调控协调运行的机制。四是金融生态发展。全区金融业发展充满活力，金融市场稳定，但缺乏专业的信用法治部门或者机构，金融机构的配套基础设施建设也有待加强。

（二）服务"去产能"的金融压力

"新常态"下，产业结构的优化升级是产业发展的必然趋势。以前鄞州区产业发展的重点是工业化、产业化，现在提出要发展服务业，在这样的大环境下，就必须建立、完善与产业发展相适应的金融体制。鄞州区通过加快"两化"融合步伐，推行"机联网、厂联网"应用示范，提高企业设计数字化、装备智能化、生产自动化、管理网络化、商务电子化水平，深入实施"四换三名"工程，积极构建"五大新兴产业＋五大优势产业＋五大百亿基地"工业体系，积极扶持培育"四大新业态＋四大新基地"等措施，有效地实现全区产业的转型升级，但仍存在一些问题。一方面，区域性总部基地和现代服务业新区尚未建成，金融集聚和辐射作用并未发挥。另一方面，科技金融服务体系融资难。科技进步是"去产能"的核心要素。近年来，鄞州区积极培育科技型企业季军、打造创新驱动型发展模式，然而，区科技局调研发现，七成以上科技型创新企业存在融资难的问题。如果不能解决科技企业成长期庞大的资金需求，建立有效的"风险池基金"和产业投资基金等新兴产业金融模式，将不能有效实现"去产能"。服务"去产能"的金融发展任重而道远。

（三）服务"小微"的金融压力

打造中小企业金融服务中心是鄞州金融业发展规划的一项重要战略目标。打造中小企业金融服务中心有利于丰富和完善全区中小企业金融市场体系，增强和提升"资金洼地"和"资本高地"功能效应。同时，一个良好运行的金融服务中心有利于共享金融资源和政策溢出效应，实现与上海国际金融中心建设在金融资源配置和服务对象上的错位发展，又能促进规模和总量扩张向服务功能提升的转变。尽管这几年，鄞州中小企业融资状况有了很大改善，但从整体上看，中小企业所获得的金融资源与其经济地位还不相称，融不到资、融不起资、融不好资问题仍比较突出。而作为推动新型金融机构发展动力的村镇银行也存在诸多问题，例如贷款集中度偏低，资本额度小，满足不了小企业信贷需求。同时，以民营为主的广大中小企业由于规模过小，经营风险相对较大，以及财务信息不规范、缺乏抵押品、缺乏信用记录等问题，融资难问题非常突出。小额贷款公司、资金互助组织等新型金融组织发展有限，不能较好地满足当地需求。一些好的政策没有落到实处，各类"玻璃门"和"天花板"现象屡次出现。

（四）服务"普惠式"的金融压力

近年来，鄞州银行坚持"服务三农小微、服务区域发展"的经营发展之路，扎实念好普惠金融①建设"三字经"，打造服务范围"广"覆盖，服务功能"全"方位，服务产品"特"色化的全新服务体系，深耕普惠金融之路。虽然成效显著，但仍有许多不完善之处，主要体现在以下几个方面。一是普惠金融服务体系有待完善。鄞州银行作为推行"普惠金融"的"领头羊"，起着重要的带动作用，但鄞州推行普惠金融的结构数量少，数额有限，未构建多层次、多样化、适度竞争的普惠金融服务体系。二是普惠金融统计体系尚未建立。创建衡量一个地方普惠金融发展的指标体系和平均一家金融机构普惠金融发展的贡献情况的统计体系是有限发展普惠金融的重要保障。这需要政府、学术界、监管机构和银行业的共同努力。三是普惠金融的风险补偿机制未引起充分重视。鄞州区政府并未构建一个相对成熟的普惠金融风险机制，这将严重阻碍鄞州区普惠金融的可持续发展。四是差别化监管政策有待制定。银行普惠金融的标准相对固定，对于不同主体不同情况的政策调整周期较长，所以有必要通过"宽严相济"的差异化监管，适度调整注册资本、存款准备金率等监管政策。五是普惠金融生态环境有待优化。充分发挥政府主导作用，完善区域信用评价体系，加快农村产权交易市场建设，努力地推进社会信用建设，优化普惠金融生态环境迫在眉睫。

三、鄞州金融体制创新的机遇分析

（一）开放经济金融格局

党的十六大报告中提出，21世纪前二十年，对我国来说，是一个必须紧紧抓住并且可以大有作为的重要战略机遇期。重要战略机遇期是党中央对当前国际

---

① 普惠金融：据联合国定义，"普惠金融"是指一个能有效为社会所有阶层和群体提供服务的金融体系。普惠金融至少包括四层含义：一是服务对象的包容性，可以接纳各类客户；二是服务渠道的便捷性，包括物理网点和电子渠道；三是产品服务的全面性，能够向客户提供"一揽子"金融服务；四是经营模式的商业化，并非政策性或扶贫性。

国内形势作出的一个科学判断。目前，世界多极化继续演进，世界经济保持增长，和平与发展依然是时代的主题；新科技革命方兴未艾；经济全球化深入发展；多年改革开放形成的综合国力和市场经济体制，为我们提供了雄厚的物质基础和良好的体制保障。重要战略机遇期为金融深化提供了良好的外部环境。而"一带一路"战略实现了从基础设施建设、交通运输网络建设，到特色优势产业、能源产业发展；从产业转移、现代服务业发展，到农业现代化建设、海洋经济发展；从国际经贸合作，到跨境人民币市场需求等，为银行综合化经营、多功能服务、集约化保障，提供了崭新的市场。"一带一路"战略的实施，推动了开发性金融机构的建立，加快了中国同周边国家和区域基础设施互联互通的建设，形成了全方位的金融开放新格局。同时，经济"新常态"给中国金融业带来了翻天覆地的变化，这些变化主要体现在经济增速放缓上，并将成为一种"新常态"。经济增速的放缓对于金融机构的经营活动、工业的增长、消费支出、资本形成、货币政策基调、利率市场化、汇率市场化、互联网金融、人口老龄化都会产生影响，牵一发而动全身。总之，不断开放的经济金融格局，将促使金融体制不断创新，对鄞州金融体制创新起着有效的推动作用。

（二）加快大国金融崛起

党的十八届三中全会明确指出全面深化改革、加快完善现代市场体系。金融作为现代经济的核心，是社会主义市场体系的重要组成部分。全面深化金融业改革开放，加快完善金融市场体系，不断提升金融业服务实体经济发展能力，促进经济持续健康发展，是必须要坚持的金融发展路径。在全面深化改革的背景下，中国提出了"大金融战略"。中国"大金融战略"能为全面支持中国完成产业升级、经济复兴和货币金融崛起提供指导作用。在深入理解"大金融战略"的前提下，我们需要做到以下五点：第一，在宏观上形成合理的金融体系结构，在微观上稳步推进金融业新型混业经营，为中国的金融发展奠定坚实的产业基础；第二，金融发展必须立足实体经济，金融创新必须围绕实体经济，以金融促进中国产业结构的转型升级；第三，紧紧抓住中国经济发展的战略机遇期，实现金融开放，通过两个"三步走"战略实现人民币国际化，奠定中国金融崛起的货币基础；第四，加强金融的宏观调控，实现价格稳定和金融稳定。同时推动"金融大部制"改革，实施"全口径监管"；第五，创建中国的"金融失衡指数"，为宏观审慎政策的实施提供有效的决策和参考信息。最终形成一个具有多层次、宽领域、高水平的金融发展战略，为鄞州金融体制创新乃至宁波市和浙江省提供有效的指导作用。

（三） 实施创新驱动战略

党的十八大明确提出"科技创新是提高社会生产力和综合国力的战略支撑，必须摆在国家发展全局的核心位置"，强调要坚持走中国特色自主创新道路、实施创新驱动发展战略。而金融的创新已经被提高了首要位置，新金融业态应运而生。新金融业态是为弥补传统金融服务局限性而日益兴起的新金融机构类型、准金融机构，或者某类金融子市场或创新金融服务工具、模式及标准等。新金融是以资本市场为核心、一体化市场为载体、混业经营为方式、电子网络为手段、金融工程为技术的现代金融体制，它具有资源证券化、运行市场化、市场一体化、经营混业化、手段信息化、技术工程化的特征。随着互联网企业的入局、传统金融业机构的变革、新型金融形态的出现，一个未来的金融新格局正逐渐成型。"互联网＋""＋互联网"、大数据等将成为金融发展所遵循的核心思想。而科技与金融的结合已经成为金融发展创新的主流，进一步发挥金融信息化对促进金融创新、丰富金融产品、提升金融服务和提高金融效率都有着重要的促进作用。

（四） 加强区域金融建设

在经济"新常态"和金融"新业态"背景下，鄞州区金融体制创新有着良好的省市区域金融环境。浙江省作出实施"八八战略"，推进创业富民、创新强省，干好"一三五"、实现"四翻番"等一系列重大战略决策。在金融改革试点方面，健全推进"四大国家战略举措"的体制机制；深化宁波对外开放综合配套改革，推进国家进口贸易促进创新示范区等改革试点，打造"长三角"南翼区域金融中心和国际贸易中心城市；继续推进丽水市农村金融改革、台州市小微企业金融服务改革创新等改革试点；深化温州市金融综合改革试验区建设及各项金融改革试点，促进金融机构发展、金融产品创新、金融服务高效，形成金融服务实体经济特别是小微企业和"三农"的良好环境。争取新设立符合浙江省需要的民资银行、互联网金融、证券期货公司、专业性保险公司等金融机构和组织。加快浙江股权交易中心发展，鼓励发展股权投资、风险投资，推动各类企业上市和挂牌。大力推进普惠金融，探索社区性银行的发展模式。创新地方金融监管制度，有效防范金融风险。抓好小微金融服务中心和财富管理中心建设，促进民间资本和实体经济有效对接。良好的金融基础和完善的金融改革措施，为鄞州金融体制创新营造了改革氛围。

四、鄞州金融体制创新的挑战分析

（一）互联网金融高速发展，传统金融备受挑战

互联网在信息技术上的优势，为金融业创造了更多更优质的新型业务，它的出现给金融业提供了宽广的机遇，但同时也给传统金融带来了巨大挑战。第一，在经济"新常态"的背景下，银行从业人员的收入在下降，人才流失让传统银行业压力重重。第二，以余额宝为代表的互联网理财迅速兴起，迫使传统银行转变思路，顺应改革推出直销银行、宝宝产品等。由于金融机构把安全性放在首位，客户体验步入互联网金融，这就使得传统金融的转型升级任重而道远。第三，产品、大数据、渠道等也是传统银行业转型存在的较大问题。散发的创新、低成本的运作、小而美的实验不断涌现，传统金融机构如何顺应这种跨界和弥散的趋势，是必须要面对的重大难题。第四，未来互联网金融的准入门槛一定会相应提高，互联网金融整体的发展会更加健康。传统金融机构如何提高自身金融服务水平，融入高层次的互联网金融发展大潮，这也是未来传统金融机构改革的方向和难题。

（二）开放性金融格局形成，金融风险不断加强

在当前我国金融深化改革的背景下，金融创新和发展成为主题，尤其是在我国金融与世界金融接轨的过程中，内部和外部风险加剧，如何防范和有效化解金融风险①是亟须解决的问题。我国的金融市场已经开放，并且还将进一步开放，甚至有可能过度开放。过度开放的资本市场，需得防范国际金融市场上的风险，特别是短期资金大进大出所带来的风险，以及美国自身的系统风险导致的危机对国际金融经济的冲击。国际金融危机将会对经济产生巨大的破坏性，甚至酿成经济危机。金融危机带来的危害和各国政府为了治理金融危机所付出的高昂代价是大家有目共睹的。因此，有效防范国际金融风险是金融体制改革的重要内容。而我国国内的金融风险来自于金融不够深化、金融资源配置不当、金融监管、社会信用等级有待加强等。因此，深入研究宏观、中观、微观三个层面的金融风险发生的原因、机制和解决办法等问题，探索和完善金融风险理论基础，可以有效地应对金融风险，对于保持金融稳定意义重大。在经济金融化、经济全球化的背景

---

① 金融风险包括系统性金融风险、金融机构风险、金融市场风险、金融产品风险、公司金融风险等领域。潜在金融风险包括民间高利贷"泡沫"风险、房地产信贷风险、地方政府融资平台风险、影子银行风险和跨境资金流出风险等。

下，鄞州金融体制改革业面对着国际金融波动和国内金融体制改革带来的双重风险，鄞州金融体制改革应高度重视金融风险，把防范金融风险作为深化改革的重要组成部分。

（三）金融体系改革进程快，资源配置效率低下

与近几十年来中国经济社会整体"改革"的主旋律一样，中国的金融体系从未放慢过改革的步伐。金融改革已经成为实体经济发展的助推器。中国金融体系发展至今在诸多方面取得的可喜进步，但仍然存在一些问题。第一，金融体系资源配置效率依然低下。在财政融资方面，尽管中国税收占 GDP 的比重逐年增加，2012 年超过 19%，但与以美国为代表的发达市场经济国家的 30% ~ 40% 的比率相比，仍相距甚远。在证券融资方面，由于资本市场的不规范，近年来其占比更有明显下降。第二，融资结构扭曲，金融体系风险向银行集中。目前，中国直接融资与间接融资比例严重失衡，间接融资比例过高，90% 的长期资金需求都是通过商业银行以间接融资渠道解决的。与此同时，商业银行的资产来源又是以短期资金为主，从而产生了短存长贷引发的流动性问题，蕴藏着潜在的金融风险。融资结构的扭曲增加了银行贷款风险，制约了经济持续协调健康地发展。第三，直接融资体系内结构失调，债券市场与股票市场发展不平衡。总体来看，中国金融体系国际化和一体化的发展在短期内滞后于整个市场体系的改革。

（四）金融监管体系已形成，监管效率有待加强

现阶段，我国的金融监管形成了"一行三会"的局面，确立了证监会、银监保监会的分业监管格局，金融监管更具专业化，并且在改善监管体制，加强金融监管、防范化解金融风险方面取得了一定成效，但也存在一些不容忽视的问题。第一，分业监管与多头监管并存，监管真空与监管重复并存，监管绩效不够高。在当前我国金融监管协调机制尚未完全有效建立，金融监管机构之间的协同配合仍需加强的情况下，行业监管区隔和多头监管的并存，往往导致金融监管真空和监管重复的难以避免。第二，金融监管法制体系不健全，法律监管机制不完善。在现有的金融监管法制体系中，缺少针对金融危机的应急处理和存款保险制度的法律机制设计，当前运行的私募基金、产业基金还未取得相应的法律地位，也没有相应的法律法规或者部门规章对其进行规范。第三，监管目标不够明确。从内容上看，我国的金融监管目标具有多重性和综合性。第四，金融监管独立性不够。第五，金融监管机构协调性差。有效的金融监管体系是金融发展的重要保障。监管效率的进一步提高是未来金融体制改革的重要内容，其重要性不言而喻。

第五节　鄞州金融体制创新的思路与对策

一、鄞州金融体制创新的指导思想和基本原则

（一）鄞州金融体制创新的指导思想

贯彻落实党的十八大和十八届三中、四中全会精神，坚持以邓小平理论和"三个代表"重要思想、科学发展观为指导，主动适应经济发展"新常态"和金融发展"新业态"，全面理解"金融是现代经济的核心"的深刻内涵，创新金融业发展理念。牢牢把握国家金融政策动向，紧紧围绕浙江省委"创业富民、创新强省"与市委"六个加快"的战略部署，逐步确立鄞州区在全市甚至全省中业务发展领先、改革创新领先、服务效益领先、运行质量领先的"金融强区"地位。

（二）鄞州金融体制创新的基本原则

第一，坚持市场主导与政府引导相结合，市场运作和政府引导相结合是鄞州区金融体制创新的基本准则。第二，坚持创新发展和风险防范相结合，坚持创新发展和防范风险相结合是鄞州区金融体制创新的基本动力。第三，坚持优先发展和持续发展相结合，优先发展与特色发展相结合是鄞州区金融体制创新的基本目标。第四，坚持定位发展和错位发展相结合，重点发展功能互补、机制竞合的特色金融机构和其他各类金融业态。

二、鄞州金融体制创新的战略定位与总体思路

（一）鄞州金融体制创新的战略定位依据和内容

1. 鄞州金融体制创新的战略定位依据

首先，金融业的功能与地位决定了鄞州区金融业发展的战略定位。鄞州区建设中必须把金融业发展作为特别重要的建设内容，列入优先、领先、率先发展的核心地位。其次，鄞州区建设的内外环境决定了鄞州区金融业发展的战略定位。鄞州区是一个开放的动态的复杂系统，鄞州区金融业发展的战略定位，必须抓住机遇适时调整。

2. 鄞州金融体制创新的战略定位内容

鄞州的金融发展应体现三个战略定位：（1）金融发展必须服务于经济增长和金融稳定，体现保障功能；（2）金融发展必须服务于技术创新和产业升级，体现发展功能；（3）金融发展必须服务于金融产业的崛起，体现支撑功能。基于上述战略定位，鄞州区未来的发展将呈现出金融和实体经济紧密结合、现代科技和现代金融"双轮驱动"的新型经济发展模式，包括是金融产业发展战略和金融服务实体经济战略。促进金融产业发展，最终形成一个多层次的区域性的金融控股集团。在加快发展新兴产业的同时，应加强对传统优势产业的改造和提升，坚持"两条腿走路"。

（二）鄞州金融体制创新的战略总体思路

在鄞州区金融业发展指导思想的引领下，围绕鄞州区金融业发展的战略定位，坚持鄞州区金融业发展的基本原则，主动适应经济发展"新常态"和金融发展"新业态"，牢固确立金融业在鄞州区建设中的优先、领先、率先发展的核心地位，抓住国家实施"一带一路""长江经济带""大金融"三大战略和《中国（上海）自由贸易试验区总体方案》，建设上海国际金融中心和国际航运中心，推进"长三角一体化"，主动对接国家重大战略，积极谋求政策支持，努力辐射周边区域，在充分发挥市场在鄞州区金融资源配置中起决定性作用的基础上，坚持市场主导与政府引导相结合、优先发展和持续发展相结合、定位发展和错位发展相结合、创新发展和风险防范相结合的原则，以金融发展必须服务于经济增长和金融稳定、金融发展必须服务于技术创新和产业升级、金融发展必须服务于金融产业的崛起为三大战略定位，加强社会信用体系建设、商贸物流金融、普惠金融、保险创新建设，创新金融发展理念，科学规划鄞州金融发展；创新金融协调组织，优化金融协调体制机制；创新地方产业金融，推动金融产业优先发展，使区内金融集聚开放更上台阶，金融人才结构更加优化，金融服务功能更加完备，金融创新活力更加突出，金融安全基础更加坚实，金融生态综合水平继续位居全国同类区域前列，更好地为区域经济服务。

三、鄞州金融体制创新的战略措施

（一）创新金融发展理念，科学规划鄞州金融发展

金融发展理念创新是金融体制创新的前提和基础，也是科学规划鄞州金融发展的先决条件。准确把握鄞州金融的发展理念，是创新鄞州金融体制的关键。为

此，要深化对金融本质内涵的理解，超越既有对金融的表象认识，依靠先进的金融理念，可续规划和推进鄞州金融发展。稳定的金融发展环境，良好的社会信用和严格的金融监管制度都是鄞州金融体制改革的重要组成部分，为此建议：（1）坚持政策导向，创新地方金融。（2）深刻总结其他先进城区金融发展的成功经验，并将鄞州金融发展与其进行比较，分析鄞州金融发展存在的优缺点，明确发展思路。（3）深入开展鄞州金融发展理念创新大讨论，通过理论学习，案例分析等方式，推进鄞州金融发展理念创新。（4）积极编制鄞州"十三五"金融发展专项规划，围绕中共鄞州区委十二届十次全会提出的"建设现代产业之城、宜居宜业之城、幸福民生之城"的目标，以满足"四大优化升级"和加快区域化大平台、集群式大产业、战略性大项目、总部型大企业建设，努力实现工业经济、文化经济的"三级跳"式金融需求。（5）在"互联网＋""＋互联网"、大数据等金融"新业态"的背景下，鄞州区加快构建鄞州科技孵化园，建立金融信息数据库，推动科创企业发展，深入学习"互联网＋""＋互联网"的现代金融发展理念，运用大数据推动企业转型升级，积极融入现代金融改革浪潮。（6）坚持以人为本，探索培训、选拔、引进系统性金融人才服务体系。（7）升级金融服务，改善金融生态。全面开展"平安金融"创建活动，把平安元素融入金融行业，维护辖区金融稳定。以上措施都有效地调整了金融生态环境。

（二）创新金融协调组织，优化金融协调体制机制

实施鄞州区金融发展战略，必须建立一个超越既有体制约束和鄞州区区划范围的强有力的行政金融协调组织来统管鄞州区金融发展，从而弥补宁波市"一行三会"对鄞州金融发展无法起到的作用，以有效协调金融与经济协调、地方金融治理与垂直金融治理。为此建议：（1）成立鄞州金融协调领导小组，由金融协调小组牵头，鄞州金融局具体负责，建立与宁波市以及上级"一行三会"和全国性金融机构的常设协调体制机制，出台相关政策，积极激励和协调各类金融机构支持鄞州经济金融发展。（2）建立鄞州经济金融运行专家咨询委员会。聘请区内外经济、金融理论和实际工作部门的专家成立鄞州经济金融协调专家委员会，定期就金融发展规划和年度计划以及应急问题进行研究和咨询。（3）建立科学高效的金融信息沟通与合作交流平台，加强鄞州金融统计和信息收集、整理，为金融决策提供基础数据支持。积极探索和完善鄞州金融风险预警与控制体制机制。

（三）创新地方产业金融，推动金融产业优先发展

地方金融是指针对某一行政区域的金融系统。地方金融创新不仅是整体金融创新的重要组成部分和率先推动力量，而且也是地方经济发展的重要突破口和核心动力源。创新地方产业金融，实施金融产业有限发展战略，就是要根据鄞州区经济发展的个性化金融需求，围绕产业金融和金融产业发展，实施金融优先发展战略。

为此建议：（1）在遵循金融发展规律，遵守国家金融法规的基础上，认真研究鄞州经济社会发展的个性化金融需求，基于鄞州的实际从战略角度考虑鄞州产业金融和金融产业发展，加强鄞州金融发展的顶层设计。（2）以"打造质量新鄞州、建设国内一流强区"为目标，整合地方金融资源，制定出支持鄞州产业金融和金融产业发展的针对性政策措施，有计划地打造鄞州产业金融体系。就当前鄞州实际而言，大力发展新兴金融业，重点配置股权投资业、融资租赁业、金融外包业等三大战略型金融业；发挥地区优势，注重港口建设，港口是带动区域经济发展的核心战略资源，港口经济能有效推动开放型经济发展模式的建立。（3）通过地方金融创新，进一步完善鄞州金融市场体系，积极探索多渠道融资新路。（4）创新金融产业组织，提升金融产业核心能力。一是应发挥政府主导作用，增强规划的科学性。二是要围绕金融机构自身发展要求和发展重点，优化机构结构，完善机构体系和统筹机构布局。三是要从功能性出发，统筹回话"多点"金融布局，从而降低成本，有针对性的堵点布局可以发挥金融企业核心竞争力，有利于金融稳定。"多点"金融布局的核心应当是从功能性来出发，各部分区域具有不同的发展目标，为鄞州区现代金融服务体系建设形成合力。

四、鄞州金融体制创新的保障体系

（一）政策保障

积极营造金融创新的政策环境，向国家争取创新型金融组织、金融市场、金融产品和金融业务的先行先试，打造金融产业规模增长快、金融资产质量好、金融生态环境佳的县（市）区，努力成为金融创新先行区、金融机构集聚区、金融服务示范区和金融生态优化区。具体包括：（1）制定推动金融发展的优惠政策。（2）继续强化金融创新激励政策。（3）优化调整财政资金引导政策。

（二）机制保障

进一步强化金融监管部门对地方金融产业发展的规划指导、协调服务和管理职能。具体包括：（1）健全区域金融协调制度。成立鄞州区金融产业发展领导小组，加强金融产业发展的顶层设计和统筹协调。（2）完善金融信息交流制度。科学设立金融产业的统计指标，建立金融产业的综合统计分析体系，运用金融运行综合信息库，实现资源共享和实时监管。（3）构建新型金企合作机制。加强金融管理部门与政府机关有效合作，实现经济稳步增长。（4）强化金融行业协会建设。充分发挥金融业协会自我约束、利益协调、行业自律、信息沟通、人才培训、协助监管等积极作用，推动区域金融健康发展。

（三）人才保障

强化金融产业发展的人才保障。加大政策支持力度，引进和培养与打造万亿级产业相适应的金融研究、创新、技术、市场等方面人才，制订实施金融人才专项工作计划，建立高素质金融人才库。具体包括：（1）大力引进高端金融人才。通过设立荣誉勋章、名誉头衔、战略顾问、奖励政策等形式，扩展金融服务视野，提升金融服务层级。（2）制订落实人才培养计划。通过对政府机关、金融机构人员与企业家有计划、分层次的专业培训，提高金融高端人才的专业技术和服务水平。

（四）安全保障

处理好发展与稳定的关系，提高金融风险的识别能力、评估能力和控制能力，维护好区域金融稳定。具体包括：（1）建立与金融产业相适应的监管体制。根据国家赋予地方的金融监管职责，形成省、市、县三级授权监管体系。（2）构建区域金融风险预警机制。以鄞州区金融工作办公室金融统计系统为平台，及时掌握全区金融系统运行情况，加强检测与分析，设定三级预警级别。（3）强化区域金融风险处置机制。编制《鄞州区金融突发事件应急预案》，迅速有效处置鄞州区金融突发事件，最大限度减少损失。（4）加强法人金融机构风险防范。加强金融机构的管理，防范民间融资，严格控制政府融资平台贷款余额。

第十二章

鄞州政府投融资机制改革

地方政府投融资体制是否科学，直接关系着一个地方经济社会发展的科学性和可持续性。"十二五"期间，鄞州区紧紧抓住城区开发建设的机遇期，积极探索投融资体制改革，推动经济社会快速发展，但也积蓄了一定问题和风险。新常态下，推进鄞州区政府投融资改革创新，要在守好风险底线的同时，着力构建资金来源多样化、融资机制市场化、融资主体多元化、融资平台规模化的投融资体系，不断强化融资引导、优化融资结构、提升融资能级、完善融资环境，更好地满足新时期鄞州经济社会发展诉求。

第一节　鄞州政府投融资体制改革背景

一、政府投融资体制的内涵

政府投融资是政府经济职能的重要组成部分，也是政府介入经济社会活动的重要手段。政府投融资体制既包括投资体制，也包括融资体制，是地方政府为实现一定的区域产业政策或其他经济目标，运用财政、信用等手段筹集资金，然后将资金投向急需发展的部门或企事业单位所形成的特定分配关系，是关于资金的融通、投入、运作与监管等活动的制度安排。主要包括投融资主体的确定，投融资主体行为，投融资的决策程序，资金筹措途径，投资项目的管理方式与调控制度等内容，是投融资政策与制度组织化的具体体现。

二、鄞州区政府投融资体制改革的现实意义

在新型城镇化发展的大背景下，推进新型城市建设必须有强有力的政府投融资体制予以保障。当前随着国家投融资政策的变化和对政府性融资平台清理整顿力度加大，全面深化政府投融资体制改革创新、开辟多元化投融资渠道已经成为城市转型发展、提升发展迫切需要研究的问题。当前，鄞州区城市建设发展正由初级的区域功能布局转向更为高级的城市功能能级提升阶段，推动适应新型城市发展诉求的政府投融资体制改革创新，对于鄞州区实现新一轮发展具有不可替代的战略意义。

（一）政府投融资体制的创新完善有利于更好地促进鄞州经济增长

2014 年，鄞州固定资产投资 593.3 亿元，增长 17.5%，拉动经济增长近 4 个百分点，经济贡献度远远高于消费和出口，随着新型城镇化的不断加深，互联网发展带动传统消费模式的转变，出口压力的加大，投资依然是短期内推动鄞州区经济增长的主引擎。近年来，中央对地方投融资平台的清理和规范加大，地方传统"土地出让收入＋政府融资平台资产打包融资"的"两把刀"模式越来越难以为继，而鄞州区"十三五"发展规划已经逐步展开，新的功能布局、产业提升、基础建设有赖于更为高效、健全的投融资平台和机制予以支撑。

（二）完善的政府投融资体制有利于强化鄞州区政府的宏观调控能力

政府投融资的一个重要属性在于，以最优的资源配置实现经济效益和社会效益的最大化。然而，由于"市场失灵"现象的不可避免和经济周期的不可预见性，鄞州区政府在实施相机抉择手段主动预判调整宏观政策时，运用较为完善的投融资体制，以重大项目的谋划和推进，引导优质资源更多集聚在民生基础设施、公共服务保障、社会消费供给等市场失灵领域，将有利于维持社会经济供需总量平衡。

（三）政府投融资体制的创新有利于促进鄞州产业结构优化和产能升级

2014 年鄞州区三产比重为 3：59.4：37.6，产业结构有待于进一步优化。更

加符合区域产业发展导向的投融资策略，将更有利于市场资源的优化配置，对市场经济运行的调控更具适应性和针对性。可以通过调控财政投融资机构资金流向来吸引民间资本加大对战略性新兴产业和民生重点产业投资，形成"政府投融资先行、商业性投融资和企业投融资随后"的连锁反应，有效地缓解经济发展中的结构性矛盾，促进鄞州产业结构调整，加速经济增长方式的转变。

（四）建立完善的政府投融资体制有利于满足鄞州公民对公共物品的需要

由于公共交通、教育、体育、文化、卫生等关系民生的公共产品和服务的内部成本与内部收益不相对称，有限的财政资金难以保证持续增长的公共服务需要。对此，创新完善现有政府投融资体制，探索民间资本导入社会事业领域的有效模式，将有效缓解政府独立支撑公共建设投资压力，有利于更好满足人民群众对公共基础设施和社会公益项目日益增长的需要。

（五）政府投融资体制的创新有利于减轻鄞州区政府财政负担

近年来，随着新型城镇化建设的不断深入，鄞州区政府投资增长不断加快，2013年完成投资505.1亿元，增长20.2%；2014年完成投资593.3亿元，增长17.5%；2015年鄞州区安排重点工程建设项目130项，总投资超千亿元，对资金的需求不断增长，负债进一步加深。加快推进政府投融资改革，有效释放民间资本活力，将有利于财政从兜底负担中"松绑"，减缓经济建设和"债务瘦身"的矛盾。

三、鄞州区政府投融资体制改革的探索和实践

近年来，鄞州区以"打造质量新鄞州、建设国内一流强区"为目标，按照力争基本实现现代化程度全市领先、科学发展水平全省领先的要求，积极探索与现代都市区建设相适应的政府投融资体制机制，在创新投融资机制、拓宽投融资渠道、整合投融资平台等方面作了诸多探索和创新，加快城市建设与经济繁荣、社会发展、民生保障的互动多赢。具体来讲，主要有以下几个方面。

（一）注重模式创新，探索多元化的融资渠道

1. 探索推进与大型金融机构和资本市场相适应的多元化融资模式

"十二五"期间，鄞州区注重发挥银证保传统市场和新型资本市场"两个市场"的资源优势，积极创新资本与项目有效对接模式，不断提高金融支持实体经

济和民生建设的能力水平。在传统金融市场方面，积极鼓励银团建设。更加注重发挥政策性银行的引导力，与国开行、农发行等政策性银行合作采取以资本金软贷款和搭桥贷款等灵活形式支持重点区域开发，引导其他金融机构以银团形式，共同支持鄞州现代都市建设和重点产业发展，着力放大资本杠杆，提高投融资能力。如"十二五"干线公路网工程成功向国开行授信 87 亿元，其融资模式为国开行牵头组建银团、公司到期贷款周转、资本金等资金需求申请国有、股份制银行，有效引导资金集聚和放大。2014 年，鄞州区累计获得政策性银行借款 54.99 亿元（国开行 46.59 亿元，农发行 8.4 亿元），国开行棚户区改造专项债务 31.28 亿元，合计政策性引导资金 86.27 亿元，通过多元化的融贷组合模式，引导金融机构直接融资 110 笔，撬动资金 236.31 亿元，放大资本金近 3 倍，有力支撑项目开放和建设。在资本市场方面，注重开展多层次资本市场融资。"十二五"期间全区累计直接融资规模超过 300 亿元，以 2015 年为例，区内企业已通过首发上市、PPP 模式、短融、股权投资等方式累计融资 95.22 亿元，同比增长 52%，占 GDP 比重 10.13%。重点鼓励企业上市融融资和资源整合，制订实施鄞州区上市企业梯队培养计划，强化政策配套，为企业上市融资提供"绿色"服务通道。截至 2015 年 12 月，全区有上市公司 16 家，其中首发上市 12 家，累计募集资金 115.09 亿元；控股收购 4 家，上市公司数量居全市第一。深入探索债券市场融资模式，通过区重点投融资企业在债券市场发行地方债和企业债，在银行间市场通过短、中期融资券融资等方式，推动与资本市场相适应的投融资模式创新。如 2014 年，鄞州区交投公司打破传统贷款模式，向浙江股权交易中心申请中小企业私募债 1.5 亿元，向国家发改委申请企业债 15 亿元，向中国银行间市场交易商申请非公开定向债务融资工具 15 亿元，填补了部分政府性项目资金缺口，缓解了财政支出压力。

2. 探索推进与民间资本对接相适应的多领域投融资渠道

根据宁波市《关于促进和引导我市民间资本投资的若干意见》，建立健全鼓励和引导民间资本投资社会事业的体制机制。创新引入民间资本的渠道，通过股份合作机制、服务外包机制、委托合作机制，以及民间主导等方式，在基础设施、公共文化、医疗卫生、养老、教育等领域实现制度性的有效推动和项目化实践落实。在基础设施建设方面。探索实施 BT 建设模式，以四明路西延、广德湖路、南裕三期等项目为试点，向区内其他单位借壳融资，吸引社会资本参与项目开发建设。创新区城乡建投与建信资本合作模式，创新运用 PPP 模式融资 30 亿元，为鄞州城乡建设提供稳定的资金保障。在公共文化服务领域。制定出台了《关于进一步引导和鼓励社会力量参与公共文化服务的若干意见（试行）》，开展民办博物馆建设为试点，截至 2014 年年底，全区建成民办博物馆 21 座，占总数 63.6%；在医疗卫生事业领域，重点引导社会资本投资医疗机构、健康服务、医疗器械等产业，鄞州区明州医院项目已投入使用，鄞州区妇女儿童医院、鄞州区中医院、鄞州区眼科医院等项目面向民间资本招商。在养老事业领域。制定出台了构建城乡全覆盖社会养老服务体系政策意见，明确了税收、土地、配套费用等一系列优惠扶持政策，鄞州博美颐养院一期已开园，鄞州华信颐养院、博美颐养院二期改扩建工程正抓紧推进，成功引进了鄞州恭和苑老年乐园、鄞州龙观柏庭养老院等民办养老机构。在教育事业领域。扶持普惠性民办幼儿园建设，对普惠性民办幼儿园教师工资、社保费用、幼儿生均经费等给予补助和奖励。推进民间资本依法开展中外合作办学，举办高水平的中外合作教育机构和培训机构。

（二）注重平台整合，探索高能级的融资载体

根据进一步规范和清理地方投融资平台的有关规定，近年来，鄞州区积极加大投融资平台的清理整合力度，通过资产整合、资产注入、资产证券化等渠道，着力提升资产实力，优化财务结构，降低债务成本，为平台本身的可持续发展和平台争取直接间接融资创造条件。截至 2014 年年底，全区完成规范清理并纳入地方政府债务系统的投融资单位共计 66 家，其中上报财政部投融资平台公司 23 家。当中鄞州区城市建设投资有限公司、鄞州区交通投资有限公司、鄞州区水利建设投资发展有限公司、鄞州区旅游开发投资有限公司等五大政府性投融资平台（详见表 12 - 1），整合并注入了原有零散资源，作为承担全区主体建设投资的核心平台。同时，根据发展需要，严格按照国家标准新设项目化运作平台，近年来先后组建了滨海开发建设有限公司、潘火开发建设有限公司等项目建设和运营公司，在推进现代都市建设中发挥了重要作用。

表 12 - 1　　　　　　2015 年鄞州区国有投融资平台情况　　　　　单位：亿元

鄞州区投融资平台公司	总资产	贷款余额
鄞州区城市建设投资发展有限公司	115	58
鄞州区交通投资有限公司	103.91	31.8
鄞州区水利建设投资发展有限公司	30.06	7.82
鄞州区旅游开发投资有限公司	5.4	0.45
总计	254.37	98.07

注：数据由鄞州区委政策研究室提供。

（三）注重机制改革，探索多层次的投融资机制

1. 建立健全项目投资管理机制

积极贯彻落实国务院《关于投资体制改革的决定》，相继制定出台《鄞州区

政府投资项目管理办法》《鄞州区政府投资项目施工招标投标暂行办法》等一系列文件办法，按照"谁投资、谁决策、谁收益、谁承担风险"的原则，明确政府、企业等各方职责权益，规范投资管理。2014 年，制定出台《鄞州区政府投资项目储备库管理暂行办法》，创新建立项目储备库对重大政府性投融资项目进行动态管理，谋划一批、储备一批、落地一批、推进一批，形成梯队推进、滚动实施的良好格局。

2. 系统完善投资项目审批机制

相继出台《鄞州区政府投资项目工程变更审计监督实施办法（试行）》《宁波市鄞州区政府投资项目审计监督办法》，从行政层面，系统强化了政府投资主要领域、资金来源、审批程序和其他监管举措，制定《宁波市鄞州区投资项目审批服务实施办法（试行）》，从制度层面，优化审批服务，提高审批效率。制定实施《鄞州区政府投资项目概算协审单位考评管理办法（征求意见稿）》，通过招标入围的造价咨询机构对政府投资项目概算进行审核，构建第三方项目审核机制。健全项目储备库项目审批机制，明确项目遴选条件，对中大型、引领型、基地型项目优先入库，未入库项目原则上不予列入年度政府投资计划、不予审批项目建议书。

3. 积极搭建中央、市、区、乡镇多级共建

围绕推进基础设施建设、城市功能区块、重大产业项目、民生实事工程、社会事业投入等领域，全区"一盘棋"谋划重大项目、安排项目资金。积极向上争取资金，鄞东南沿山干河政治工程鄞州段、奉化江整治工程鄞州新城区段、姚江堤防加固工程鄞州段等一批重大工程项目列入新增中央预算内投资计划。创新建立市、区、镇共建共享机制，由宁波市和鄞州区按照一定出资比例，共同推进宁波博物馆、东江加固工程鄞州段、大嵩江堤防整治工程一期等重大项目建设，推动重大项目共建共享。采用区财政＋乡镇自筹模式，推进鄞州中心城区老年乐园合建项目、鄞州社会福利救助中心一期工程、下应中心小学等社会事业项目，推动公共基础设施和服务共建共享。

四、鄞州区政府投融资体制面临的主要问题

近年来，国家宏观政策上将进一步支持新型城镇化建设、地方金融改革与以"互联网＋"为引领的产业转型发展，积极鼓励大众创业、万众创新，创新推动社会资本运用，激发市场主体活动。鄞州区的投融资环境、金融环境良好，民营资本基础雄厚，城市基础建设和产业转型发展依然具有较大空间，这都有利于鄞州现代化建设的投融资保障。但基于传统投融资机制的遗诟，加之国家政策调整

和投融资形势转变，当前鄞州区投融资也面临一些矛盾和问题：

（一）政府投融资能力与建设资金需求不相匹配的问题

要加快打造质量新鄞州、建设国内一流强区，力争实现现代化程度全市领先、科学发展水平全省领先的目标要求，各方面的资金需求都很大，远远超过了鄞州区可用财力。同时，由于传统投融资模式对财政、银行依存度较高，"吃饭靠财政，建设靠融资"已成为一种惯性思维，可以说城区建设资金绝大部分是依靠财政直接投入或融资担保来解决，直接或者间接加重了财政负担，加大了财政风险。具体而言主要存在以下几方面困难。

1. 供需失衡所带来的资金缺口逐步放大

一方面，投资需求的正向增长，将进一步扩大资金缺口。从总量来看，"十二五"期间，全区固定资产投资快速增长，连续突破 400 亿元、500 亿元、600 亿元大关，平均每年增长 15 个百分点以上。"十三五"期间年均增长预计达到 10%，到 2020 年固定资产投资可达 1 095 亿元。从资金来源结构上看，对"财政＋土地"的依赖程度较高，以鄞州区 2015 年的项目投资为例，拟通过财政预算、土地收益等途径解决的资金占比超 50%，区财政出资项目占比达到 60%，在新的更为高效的投融资引擎建立之前，将放大了财政收支的缺口（见表 12 - 2）。另一方面，土地财政的负向减少，将进一步加速资金缺口放大。由于土地要素供应市场持续低迷，近年来土地出让收入已大幅下降，2014 年鄞州区土地交易价格和规模分别降低 20%，25%，土地基金收益对财政的支撑效应正逐步弱化。同时，随着中央、省市土地计提项目增多，地方财政统筹安排的土地净收益占土地总收入比重已经下降到 10% 左右，据鄞州区国土局测算，2014 年区财政可统筹安排土地收益部分仅为 26 亿元，不到计划总投资的 10%，在以"财政＋土地"为主导的投资模式下，投资需求的放大和建设资金缺口之间的矛盾愈加凸显。

表 12 - 2　　　　　　　2012 ~ 2014 年鄞州区财政收支情况

项　　目	2012 年	2013 年	2014 年
一、财政总收入（亿元）	159.7	299.97	227.08
增长率（%）	52.53	87.83	- 24.3
二、财政总支出（亿元）	159.26	280.83	223.15
增长率（%）	- 2.97	76.33	- 20.54

注：数据来自于鄞州区财政局。

由表 12-2 数据可以看出，2012~2014 年，鄞州区财政总收入和总支出均实现加快增长，尤其是 2013 年实现井喷式增长，主要原因是受到房地产形势的影响（2013 年期间，鄞州区土地 135.1 万平方米，居全市县市区首位），2014 年，受到房地产形势逐步冷却影响，土地销售收入急剧下降，财政总收入和支出均出现折转，分别下降 24.3% 和 20.54%。由这些数据可以看出，鄞州区政府财政具有明显的"土地财政"特征，对土地开发销售依赖性明显，对国家关于地方融资规范清理政策抗风险能力较弱。

2. 可预期的债务压力将进一步加大财政压力

近年来，随着鄞州区财政支出加大和财政资金杠杆的放大，鄞州区债务还本付息的压力将逐步加重，据数据显示，近两年鄞州区将集中进入债务偿还高峰期，又恰逢土地收益下降和投资建设加快，实际负债率可能将进一步上升。有些自求平衡的区块开发、镇乡（街道）项目收支矛盾突出，债务风险也日益突出，财政可用财力已经越来越难以偿付债务压力（见表 12-3）。

表 12-3　　　　　　　　鄞州区近年来资产负债相关指标

指　　标	2012 年	2013 年	2014 年
可用财力	109.1	119.2	118
增长率（%）	—	9.26	-1
地区生产总值（亿元）	1 038.1	1 177.7	1 283.7
增长率（%）	—	13.44	9
政府性债务余额（亿元）	139	235	318
增长率（%）	—	69.06	35.32
负债率（%）（安全线：10%）	13	19.95	24.77
债务率（%）（警戒线：100%）	127.5	197	269

注：数据来自于鄞州区财政局。负债率（债务余额与当年地区生产总值的比例），债务率（债务余额与当年可支配财力的比例）。

从表 12-3 数据可知，鄞州区政府性债务增长远高于地方可用财力和地区生产总值的增长速度，政府负债存在债务规模大、增长速度快、偿债刚性强等特点，以 2014 年为例，地方政府性债务清理甄别后债务数据显示，2014 年鄞州区政府债务总额 318.66 亿元，其中政府负有偿还责任的债务 215.23 亿元，政府负有担保责任的债务 11.06 亿元，政府负有救助责任的债务 61.09 亿元，棚户区改造项目债务 31.28 亿元，负有偿还责任比重达到 67.5%，政府负债率和债务率均超过安全警戒线。

与此同时，随着财政收支不平衡现象的进一步加重，政府投融资对于多元化的债务模式依赖程度将会逐步加重，截至2014年末鄞州区政府性债务资金用于建设项目投资共计218.93亿元，主要投融资平台的重点政府在建项目46个，贷款金额224.43亿元，政府债务基本用于建设项目，将进一步扩大债务存量，在近期债务还本付息期集中来临的同时，不断放大远期债务压力（见表12-4）。

表12-4 鄞州区政府近年债务偿还情况

指 标	2012 年	2013 年	2014 年	2015 年
偿还政府性债务本息额（亿元）	4.41	26.46	73.9	—
可支配财力（亿元）	109.1	119.2	118.27	—
偿还率（%）	4.04	22.2	62.48	—

注：数据来自于鄞州区财政局。

鄞州区政府债务基本上都为政府直接债务，主要来源于政策银行和工商银行等商业银行，据表12-4数据显示，经过前几年较为轻松的还本付息期后，随着还本期的来临，最近几年进入了偿债高峰期，2013年、2014年在可支配财力保持相对稳定的基础上，偿还比例增长迅速，分别达到22.2%和62.48%。这一额度已经接近同期财政总收入的一半，并且财政对这些债务大都进行了担保承诺，债务偿还刚性很强，而当初规定用于偿债收入来源如土地收入等又很难按时变现，随着2014年、2015年新增债务的进一步产生，鄞州区债务存量将会进一步放大，在接下去几年中，鄞州区政府偿债压力将进一步加剧。

3. 政府投融资平台造血功能相对不足

在鄞州区的这些投融资平台中，规模最大的是城投公司，总资产近100亿元，但近年能创造的利润不足10亿元。由于这些平台都没有健全的造血机制，导致其经营风险无法独自承担，资产负债率已超过临界点。当这些平台出现支付困难时，往往需要政府兜底。近些年来，财政拿出资金近10亿元帮助这些平台支付利息、偿还项目借款，给财政的"保运转"带来不小压力。从表12-5数据可知，纳入投融资平台公司的债务主体单位负债总额399.79亿元，资产总额1 327.48亿元，负债率30.12%。

表 12 - 5　　　　　　　2014 年底鄞州区主要投融资平台盈利情况

鄞州区投融资平台公司	资产总额（亿元）	负债总额（亿元）	利润总额（万元）
鄞州区城市建设投资发展有限公司	115	77.58	7 182
鄞州区交通投资有限公司	103.91	74.65	74
鄞州区水利建设投资发展有限公司	30.06	20.42	—
鄞州区旅游开发投资有限公司	5.44	0.79	- 546

注：数据由鄞州区委政策研究室提供。

（二）传统投融资模式与新的发展形势不相适应的问题

1. 地方投融资平台融资功能弱化

从外部环境来讲，国务院明确提出剥离融资平台政府融资职能，新增融资存在极大不确定性。据地方部门反映，2015 年，区域内银行机构对于政府融资平台尚无新增项目批复，后期也只能对自身现金流可覆盖项目进行贷款投放，融资能力严重受限。从内部因素来讲，一方面，由于传统融资模式下，鄞州投融资平台主要还款来源为财政拨款和新增融资，而财政拨款和银行授信额度绝对量有限，表内无资金放款，重复授信、多头融资、借新还旧现象严重，导致公司融资结构布局不合理，融资成本增加，信用水平下降，融资能力弱化。另一方面，由于融资平台之间相互担保压力过重，担保比率很高，或有负债风险加大，也在一定程度上影响银行授信。

2. 投融资结构存在不协调现象

一是资金来源结构不协调。民资、外资等社会资本参与比例较低。近年来，鄞州区在城市功能区建设中吸引社会资本、通过资产证券化吸引社会资金等方面都做了有益探索，但力度仍然较小，社会资本参与比例仍较低，特别在基础设施和公益类项目建设领域中，投资主体较为单一，主要由公司承担，民资和外资的参与总体较少。目前，鄞州区缺乏民间投资政策性补贴或者担保，缺乏通过存量资产入股等多元化模式来吸引民资、外资等社会资本。二是融资方式存在不协调。近年来，鄞州区直接融资规模不断扩大，直接融资方式更加多元化，但总体比例仍然过低，据不完全统计，目前鄞州区 80% 以上的融资通过间接融资方式完成，创新力度仍显不足。这样的投融资结构使现代都市建设投融资受到国家宏观金融政策的多种约束和影响，同时也说明总体上还没有很好把握国家直接融资发展的有力机遇。

3. 新增项目融资内部资源弱化

从内部资源支持情况看，2013 年及更早时，鄞州城投及关联企业群体开发项目行政审批证照较为齐全，且拥有南部商务区水街、城投大厦、信息科技园等大量合格抵押物，更为重要的是能够依据市场资金形式和项目难易程度在融资利率上有较为灵活的掌控空间。而就目前来看，其一，鄞州城投及关联企业群体持有的有收益收入的可用于抵押资产较少；其二，在政策影响下，无项目收益现金流的项目基本难以得到银行融资或市场直接融资支持，各融资平台主要承建的基础设施项目基本只能通过财政拨款解决；其三，受到外部审计监督，利率控制较以往更为严格，部分创新融资产品受限。基于这三方面因素影响，以内部资源为支撑的项目融资能力正逐步弱化。

4. 缺乏长期偿债机制和新型融资渠道

目前，鄞州投融资平台公司还本付息资金主要来自政府补贴、土地出让、经营性收益以及转贷还款，但均存在不确定因素，大部分平台公司缺乏长效的还本付息机制，缺乏长效性保障。具体来讲，主要有两方面原因：第一，传统周转模式与项目贷款期限的矛盾。之前一直利用原有证照较齐全的项目在各家银行或信托之间反复使用或轮流使用，由于这些项目都是在建工程，因此贷款周期一般相对较短，新项目又由于证照不齐全无法通过银行审批进行融资，致使还贷周转资金形成缺位，容易产生资金链断裂风险。第二，新引擎政策环境不成熟，探索新型融资渠道进展不快。自十八届三中全会指出"允许社会资本通过特许经营等方式参与城市基础设施投资和运营"后，财政部不断完善有利于促进 PPP 模式发展的制度体系，并已于 2014 年 12 月 4 日公布首批 30 个 PPP 示范项目清单，但目前鄞州区内尚无制定具体可操作的实施办法，项目推荐明显不足。

5. 征地拆迁等因素使投融资成本快速上升

现代都市建设投融资还受到成本上升的严重制约，特别是近年来征地拆迁难度和成本大幅上升，给投资带来更大困难。如鄞奉路 2011 年拆迁成本就比 2009 年多出一倍，这是现代都市建设成本快速上升的主要因素。另外，受国家调控影响，土地市场持续低迷，也存在着土地出让难的现象，导致土地价差收益减少、土地储备难度增加，间接提高了投融资成本。

（三）缺乏有效的投资项目选择和运行监管机制

1. 缺乏科学严格的出资人制度

重点表现为政府角色定位不明确。政府直接参与投融资活动，在国有企业、商业银行等经济实体的投资决策中具有较大的影响力，出资人制度常常由于政府的指挥意识而显得形同虚设。政府这种直接参与经济的行为，在一定程度上降低市场经济运行的效率。同时，以行政审批制度为核心的市场准入机制效率低下，审批机关拥有完全的投资决策权，却既不承担项目风险，也不需要承担建设责任，从而缺少一个能够对项目的融资、建设、偿债以及获益全面负责的主体。必然带来责任主体的缺位，这势必衍生出种种弊端，从而影响投融资活动的正常开展以及经济效益的提高。

2. 缺乏规范、高效、透明的资金运行管理机制

一是效益性导向不足。政府倾向于将资金投放到房地产等营利性较高"短平快"项目，或者在资金投放项目之前，缺乏科学的可行性以及成本效益分析，在项目建设中又不具备有效地监督约束机制，不仅使项目建设质量难以得到保障，而且资金使用效益的低下，也很容易成为贪污腐败的温床。二是资金管理过于分散。各部门依照其职能分头融资分别偿债、多头管理，资源未充分整合，以至低水平重复性建设时有发生。与此同时，很多项目的责权并不清晰，融资主体、项目建设主体和偿债主体不一致，容易造成重借轻还以及重投资、轻管理的现象，在很大程度上加大了财政风险。

3. 缺乏健全有效的协作联动机制

相对分散的管理方式有利于强化资金监管，但如果缺乏健全有效的协作联动机制，将不适合投融资有效管理。据鄞州区相关部门反映，在当前投融资过程中，常常出现管项目的不管核算，管核算的不管投资的情况。财政部门很难介入投资决策和项目执行管理，只能在管理上注重核算和投资效益。而主管部门虽然行驶项目审批权力，但却难以了解投资的实际效益情况，尤其是投资效益经常和企业其他财务情况综合在一起，难以分开。在很多情况下，即使财政部门较早预见某些项目在建设中没有投资效益，但财政部门出于不能干预计划部门权限的考虑而没有中止项目建设投资，从而没能挽回可预见损失。

4. 缺乏统一健全的社会信用体系

当前，鄞州区现有的信用评级机构基本上各自为政，没有形成统一的评定标准，缺乏必要的信息交流，因而评定结果缺乏权威性。同时，由于没有建立企业信用档案，致使在企业投资以及银行发放贷款时，不能及时并且准确地得到对方企业的资信状况，从而严重影响资金融通。

5. 缺乏健全完善的债务管理体系

一方面体现为债务管理不足。当前，鄞州区政府没有成立统一的债务管理机构，政府债务一致都是多头管理，分散使用，而且政府部门之间缺乏必要的沟通与协调，导致债务管理责权相互脱节。地方财政负责国债以及政府主权外债管理，对本级政府其他债务情况不完全了解，当出现债务问题时，往往需要财政兜底。另一方面，举债行为监管不足。一些部门在审批项目时缺乏严谨的可行性分析和经济效益分析，对借贷项目资金没有建立严格的审批制度和绩效评估制度，举债随意性强；同时，由于没有建立举债信息披露和监督机制，政府信用过于放

299

大，导致部门和乡镇随意举债现象发生，债务规模不断膨胀。为了弥补债务还本付息压力，地方财政往往举借新债还旧债，陷入恶性循环。

第二节　鄞州区政府投融资体制改革的目标要求和基本原则

当前，新常态下宁波进入了创新驱动、转型发展的新时期，鄞州区作为宁波经济社会发展的桥头堡，经济社会建设进入新的发展阶段，城区投融资也呈现出新的需求特征。随着财政托底、信贷等传统投融资渠道的地位和作用逐步削弱，鄞州区在继续巩固和深化传统渠道融资的基础上，应积极探索适应新形势新环境、体现新发展阶段特点，能够发挥鄞州新有的是的投融资创新机制。

一、鄞州区政府投融资体制改革的目标要求

根据当前鄞州区现代都市区建设投融资面临的形势，针对存在的具体问题，当前和今后一个时期内鄞州区投融资体制机制改革创新的总体思路，概括起来就是"把握一个目标、体现三个要求、实现五个转变"。

总体目标：紧紧抓住"质量新鄞州"的建设机遇，围绕创新驱动、转型发展的战略要求，以深化改革和金融创新推进投融资创新，着力构建资金来源多样化、融资机制市场化、融资主体多元化、融资平台多层化的新型投融资体制，大力推进基金化、证券化、股权化、资本化、国际化的融资渠道创新，优化融资结构，提升融资能级，完善融资环境，更好地满足新时期鄞州区经济社会发展的投融资需要。

基本要求：加快形成"借、用、还"一体化的投融资管理体制，做到融得到、转得动、投得好、还得上。融得到，就是要优化融资环境，创新融资方式，拓展融资渠道，做大做强融资平台，增强投融资实力和能力。转得动，就是要确保资金良性运转，项目之间资金调配顺畅，保障资金综合平衡。投得好，就是要完善项目决策和优选机制，确保项目如期建成，效能达到预期目标，项目投资绩效明显。还得上，就是要保证投资产出，提高投资效益，建立稳定的偿债还款机制，确保项目投资有还款保障。

二、鄞州政府投融资体制改革的基本原则

新形势下推进鄞州投融资体制改革创新，要努力实现"五个转变"。

（1）实现从倚重政府投资向更加注重多元投资主体转变。现阶段，鄞州城区现代化建设投资要在继续注重政府主导的同时，更加重视鼓励和引导民间资本、外资等投资主体进入，通过优化投资环境、创新投资方式等举措，建立民间资本、外资投融资"绿色通道"，形成更加合理的投融资结构。

（2）实现从间接融资为主向直接融资为主转变。在继续稳定发展银行信贷等间接融资手段的同时，积极发展债券融资、证券融资、票据融资、股权融资、项目融资等直接融资手段，探索开展多种融资手段结合的组合融资模式，多渠道提高直接融资比重，满足各类融资主体的不同资金需求，降低单一渠道风险。

（3）实现从重视扩大增量向更加注重盘活存量转变。在稳步扩大现有融资规模的同时，抓住多层次资本市场建设机遇，加快以市场化机制盘活存量资源步伐，大力推进经营性国有资产证券化，积极探索公益性国有资产资本化的有效途径，在促进各类存量资产流动中拓展融资渠道、扩大融资规模。

（4）实现从依托土地数量投入向更加注重提升土地级差收益转变。在相当长一段时间内，土地出让收益仍将是城市建设资金主要来源，在保持土地供应数量合力规模的同时，要通过整体规划、成片开发、提前储备等方式，整合内外部资源，将政府政策、财政基金、土地资源、金融资本等要素有机结合起来，努力提高土地级差收益。

（5）实现从强调项目筹资向更加注重投融资环境优化转变。投融资服务环境是吸引优质资金、优化投融资结构的核心优势，政府既要在创新项目融资方式、重视单个项目融资服务上下功夫，又要有系统服务理念，着力优化行政服务、公共服务、市场服务、金融生态、营造良好的投融资服务环境，筹措更多资金。

第三节　推进鄞州区政府投融资体制改革的对策建议

按照现代都市建设投融资机制创新的总体要求，围绕一个目标、三个要求、五个转变的具体考虑，进一步探讨相应的对策措施和发展思路。

一、搭建鄞州区政府投融资管理体系

（一）构建新的政府投融资管理体制框架

深化鄞州区政府投融资管理体制改革，尊重城市建设和市场经济运行的客观规律，明确区分政策性投融资领域和经营性投融资领域主体、范围和相关机制，构建起统筹能力较强、结构层次分明、运行效率较高的新型政府投融资管理体制框架。新的政府投融资管理体制框架建议可由四大块组成：一是设立区政府投融资管理领导小组，由区委书记担任组长，区长担任第一副组长，财政局、发改局、国资局等投融资相关行政管理部门主要负责人为成员，负责审议确定政府建设资金的投融方向和融资方案、投融资中长期规划、年度计划及资金平衡计划、政府投融资政策和管理制度以及其他投融资重大事项。二是成立政府投融资管理中心作为领导小组下设机构，机构建议设在发改局，承担政府投融资政策制定、投融资项目统筹管理、投融资计划执行和风险监管等日常性管理工作。三是组建鄞州区投融资运营管理集团公司，当前，鄞州区共有城投、开投、旅投等23家国有投资公司，投融资能力逐步弱化，资金使用效率不高，债务负担大。建议充分整合城区建设资源，建立强有力的政府投融资运作平台，强化政府对基础设施、公共服务和公益性项目投资以及城市资源开发利用能力。集团公司资本金可由区政府持有国有股权注入，整合城投、开投等国有经营性资产和国有股权，并逐步有序的将卫生、教育等其他政府可控资产尤其是部分非经营性资产（包括城市基础设施特许经营权）并入集团公司，提升政府投融资平台的融资能力，实现融资和还款的良性循环。原有已经设立的政府投融资平台，可作为集团公司运作平台的分平台，在具体融资方式和投资重点上各有侧重，既实现资产的统筹运作，又推动经济收益和社会价值的综合提升。四是组建非常设性咨询中心，作为鄞州区政府投融资参谋机构，主要由高校、科研院所专家、法律人士、政府工作人士组成，为领导小组和管理中心提供专业咨询服务。

（二）清晰界定鄞州区政府投融资领域

规避盲目投资现象，集中引导主要国有资本投资社会公益领域，鼓励社会资本参与城市建设和收益性项目投资。一是政府直接投资领域，主要包括基础教育、基础科研、公益设施、公共服务等纯公共产品领域。基础设施和公共服务是鄞州区经济社会发展的"助推器"，是经济社会发展的前提和保障，政府部门应加大投资投入。二是公益事业性领域，主要包括高等教育、电力、天然气、垃圾处理、环保卫生、体育等，需要积极发挥政府的引导作用，鼓励社会资本投入，除了纯公共产品领域外，放宽社会资本准入领域，逐步实行"非禁即入"的市场准入政策。逐步扩大引进社会资本力度，形成多元化投资渠道和主体。坚决打破行业垄断、部门垄断和地域限制，降低社会资本进入门槛，凡是给予国有资本同等的政策待遇、投资优惠措施，社会资本均可享受同等优惠。三是可持续发展领域。经济结构是否合理将直接影响鄞州区未来发展潜力，但经济结构无法通过市场机制进行有效调整，必须通过政府"无形的手"进行调控，对有利于优化产业结构、转型升级的产业应加大引导和投入，促进社会经济和谐健康发展。鄞州区应该加大对可持续发展领域投资力度，尤其是对高端总部经济、现代金融产业、高新技术产业的发展。

二、创新鄞州区政府投融资模式

（一）创新信贷融资模式，健全相关运行机制

一是积极发展银团贷款。从监管制度、政策指引、同业合作、改进服务等方面多管齐下，不断提高银团贷款业务比例，完善投融资结构。加快构建政策引导机制，鼓励各商业银行在交通、电力、港口、总部经济等更多行业领域开展银团贷款，政府部门要适时发布企业和重点项目信息，加强政策指导，引导商业银行加大银团贷款力度。金融监管部门和国资监管部门应积极鼓励、引导和规范商业银行和重点行业、大型企业集团在银团贷款竞争性谈判中的商业行为，特别是大型基础设施建设项目，为银团贷款的发展提供制度保障。监管部门要通过建立日常监管、检查和违规处罚机制，进一步净化信贷环境，促进和规范银团贷款业务发展。强化银行业协会协调推动银团贷款发展职责，建立同业协作机制，搭建信息交流平台，健全规章制度，在加强银团贷款业务创新和市场开拓、强化风险管理和制度建设、加大沟通宣介力度、加强银团贷款业务培训等方面发挥更大的作用，努力促进银行、企业等各市场参与主体的发展和成熟。二是争取和放大外来资金和区本级资金引导作用。鼓励预算资金、政策性贷款等财政性资金通过资本注入、贷款贴息、财政补贴等多种方式，支持和引导区本级和外来资金参与到公共服务和基础设施领域建设。无项目现金流的建设工程无法通过银行或市场进行融资，尽可能给予配比一定有现金流的项目资源，作为资金平衡。积极发挥财政对于融资的引导和放大作用，利用财政存款支持银行存贷比配套，争取表内放款降低融资成本，优化融资结构。推行财政资金"拨改投""补改投"，根据鄞州区电商产业、总部经济、特色金融等产业发展特点，通过股权投资方式参与产业投资引导基金、创业投资引导基金等基金设立和整合。建立健全投融资服务平

台，为外来资本注入提供规范化、公开化的投融资服务。

（二）创新股权融资方式，提升直接融资规模和比重

一方面，积极创新股权融资方式，重点探索加大对长期回报的经营性资产项目的股权融资模式。探索发展风险对冲类基金、天使基金等，建立完善的契约型股权投资基金模式；建立非上市公众公司股份和信托产品、股权投资基金、产业投资基金的转让机制，以及政府投资项目的股权背书和特许经营权、协议等转让机制，不断提高直接融资规模和比重。另一方面，积极构建直接融资平台。建议充分发挥鄞州区量化基金产业发展的先发优势，积极打造区域性量化金融产业发展基地，不断集聚优质金融资本、金融人才、金融项目，构建更高层次的金融发展平台，做大资金规模，加强对存量资金的科学化、高效化运作，提升投融资能力水平。

（三）探索构建债券融资渠道，扩大债券融资规模

一是加快地方政府专项债发行工作。根据 2015 年 4 月 2 日公布的 83 号文地方政府专项债发行有关要求，尽快梳理专项债放行范围，开展可执行性研究分析，制定系统性的操作方案。二是规范公益性举债融资机制。结合国务院《关于加强地方政府性债务管理的意见》和新预算法等相关政策规定，规范城投、交投等地方性投融资平台承担无收益的公益性项目举债融资机制。支持建设项目在符合条件的前提下发行短期融资券、中期票据、资产支持证券，引进保险资金、社保资金，积极利用各种直接融资工具，提高直接融资比重。三是借鉴上海经验，研究制定关于城市建设债券的相关规定，建立有效的利益平衡机制和风险防控机制，探索以城市道路、桥梁等重大基础设施为标的的城市债券模式，助力城市建设发展。

（四）推进国资证券化资本化，拓展国资融资新渠道

加快推进资产证券化步伐，优先考虑城市基础设施等资产的证券化，尤其是有稳定现金流预期的基础设施资源，优先实施资产证券化，充分发挥资源资产的放大效应，扩大融资。推动优质市属企业上市融资，推进经营领域相同、经营模式相似的国有上市资源整合，鼓励有实力的地方政府投融资平台公司通过定向增发、反向收购。充分发挥现有市属国有控股上市公司融资功能，通过增发、配股等方式做强主业、做大规模、做优品牌。继续鼓励产业资本与金融资本对接，支持有条件投资公司投资参与金融业发展。在合规合理前提下，探索捆绑式融资等

新型项目融资方式，加快土地等相关资产注入，将公益性项目周围土地和保护性房产，重点交通建设项目沿线一定区域土地注入相关国有投资公司，增强其融资能力。

三、规范鄞州区社会资本参与政府投融资机制

（一）加强政策层面的支持力度

加强土地等方面的政策保障，对于社会资本参与的投资项目要进一步加强拆迁征地和土地供给等方面的保障。重点引导社会资本以整体开发模式进入鄞州都市区建设，以股权参与、BOD、PPP等多元化方式进入公共基础设施建设。

（二）完善社会资本的投资收益机制

对投资公益类或低收益类项目的社会资本，要进一步完善价格、财政补贴、收益保障和政府购买服务等机制，保障民资、外资的合理投资收益。对投资功能区的，要完善规划开发机制，统筹考虑区域规划建设、土地收益、功能培育与产业发展，有机整合区块内土地资源、有收益的相关产业与部分纯公益性基础设施等项目，鼓励社会资本采取整体性开发模式。建立健全投入产出回报机制，重点要建立项目建设捆绑机制，把经济效益好的开发类项目、经营性项目与投资回报较低、投资回收周期较长，但是社会效益好的生态、教育、文化等项目进行捆绑招商开发，使投资者能兼获近期和长远利益。

（三）搭建有效平台吸收社会资本进入

探索开展收费收益权信托平台、股权投资信托平台、保险资金债券平台、信托基金试点等方式，打通渠道，鼓励社会闲散资金通过参与国有资本优化重组、股权认购、购买地方政府债券、投资基金、股票等多种方式参与都市区建设。

（四）完善对社会资本的服务

行业主管部门、行业协会等为民间资本提供政策咨询和服务，指导民营资本完善内部规章制度建设、人员培训，提高自身素质和能力；制定针对社会资本的信誉体系、担保体系，增加其发展；加强对社会资本的信息收集和信息发布，掌握其发展动向，引导民间资本及时了解掌握政府产业政策、区域规划、行业动态等；给予社会投资以税收、融资贴息等财政性补贴，尝试对一次性支付困难的民资项目，延期支付土地使用权出让金等政策。

四、健全鄞州区政府投融资服务监管机制

(一) 建立健全资金综合平衡机制、政府债务和预算约束机制

坚持"积极有为、量力而行"的原则，根据资金供给的可能规模，以资金落实为前提，按照经济社会发展建设需要，分轻重缓急合理有序安排项目建设。严格控制政府性项目的投资总量，合理安排债务资金，用于偿还财政投资项目的本息，防范债务风险。严格控制债务规模，不得随意突破年初下达的债务指标，各镇乡（街道）原则上不得负债经营，未落实偿债资金的不得负债。发挥财政存量资金的作用，参照外地的先进经验和做法，统筹协调做好鄞州的债务管理工作，解决融资难、成本高的问题。

(二) 建立健全资源资产盘活和统筹开发机制

构建统筹开发机制，加强政府对土地资源、国有资产的宏观调控能力，发挥城区规划的龙头和引导作用个，促进城市建设、产业发展和国土规划相互融合，对近期要开发的重大基础设施、重点城市综合体等周边土地从规划源头控制、统征，把尚未开发的土地作为项目偿债或融资土地进行调控，有计划地进行开发整理，提高并掌握更多的土地增值收益。建立健全资源资产盘活机制，通过多种途径，将符合规定的闲置资源、资产和资金注入投融资平台，环节资金紧张状况，减少负债率，增强平台融资功能。政府投融资平台要对存量抵押物和可抵押资产进行排摸，提高优质资产的使用效率。一方面，已抵押的存量抵押物抵押率不高，应争取更充分的资源利用效率，这方面仍有较大挖潜空间。另一方面，对可抵未抵资产进行资源整合，小面积或小价值的资产打包使用，或与未充分利用的资产组合使用，比如人才公寓等。最后，对于目前空置的资产，及时进行出租或出售的规划并做好相应的融资方案。

(三) 投融资绩效评估和风险管控机制

完善政府、金融监管部门、投融资平台公司、金融机构联合监管模式；优化运行和管理，防范化解风险。探索对重点功能区块进行投资绩效综合考评，对无效投资、重复投资以及低效投资进行监督问题。建立资金使用绩效管理机制，对重大建设项目资产运营、政府债务的借用和偿债资金的使用进行全过程监管。完善融资平台风险管控机制，建立政府偿债基金和偿债风险预警、监控、评估机制，加强对贷款的期限管理，有效控制政府债务风险。

（四）大力优化投融资环境

一是建立规范公开的招标制度，采取局部、多轮、分段、分项目的招标制度，注重市场在招标过程中的主导性作用，把市场竞争机制引入到政府投融资领域中。探索动态招标制度，对于建设生产过程中，发现的违规违约现象，可根据规定停止协议执行，重新招标，督促中标企业重视项目和工程效益，改善管理方法，改进生产技术，提高生产效率。扩大政府事项公开招标范围，凡是由政府直接生产或供给的各类公共项目和工程，均可实现市场化竞争性招标。二是完善分类投资监管机制。积极探索政府投资管理从重审批向重监管转变的新机制。首先要界定监管范围。对于政府性项目、公益性项目，要加强全过程监管；要以立法来规范项目决策、审批流程，对于专业性较强、社会影响较大的重要项目，引入"专家评审机制""群众听证机制"和"公示制度"等；要规范规划设计、招投标、资金使用、质量安全及竣工验收等全过程管理。对于社会投资项目，自主决策、自负风险，政府职能侧重于能耗、排放、质量、安全等事关公众权益的事中、事后监管。其次要加强监督力度。除政府性监管力量的定期不定期检查外，充分发挥行业监督效力，并通过信息发布机制引导网络、媒体等社会公众力量参与监督，实现全方位监管。三是简政放权、变审批为服务。首先要将能规范化、明确化的审查事项转变为事前公示、事中备案、事后监管的公共服务模式，不再逐个项目编制方案审查、审批；进一步强化投资服务理念和机制，改变坐等项目方案、组织审查或审批的工作方式为事先制定细化的规范要求和限制条件，替项目编制提供服务，变审批为服务；能够事先明确的规划、建筑、绿化、节能、环保等设计指标、限制条件，要事先公示告知，不再组织方案审查，从而实现项目承诺备案、部门跟踪监督，大幅减少审批事项、强化监管处罚。其次要提高审批效率，在简政放权的基础上，对于确需政府审批事项，相对集中审批职能，积极完善"一站式服务""一个窗口对外"，改"串联"审批为"并联"审批，减少协调环节，缩短管理链条，提高服务效率。再次要创新审批服务方式，探索实行代建、代办、协办等方式，以服务团队的专业性为投资者提高投资效率，减少非专业投资者在审批方面的资源浪费。

第四节　国内政府投融资体制改革的典型案例

目前，不少省份和地区对政府投融资体制改革创新进行了深入的探索和时间，对当地投融资工作起到了良好的促进作用，许多改革创新做法作为典型经验，被全国各地学习借鉴。当中，较有代表性的地区有北京、上海、广东、重庆和深圳等地区，值得深入学习借鉴。

一、济南"多层联动、动态监管"模式

模式解读：济南模式重点在于制度设计上、组织实施上突出科学规划、多层联动、兼顾各方、监督有力，为地区投融资建设提供强有力的制度保障和组织保障。具体来讲，主要有三方面：一是建立政府投融资审批制度，健全决策机制。成立市政府投融资管理领导小组，由市政府主要领导任组长，市财政局、发改委、审计局、监察局和融资平台主要负责人为成员，作为政府投融资管理决策层。二是强化政府投融资平台，健全资金运行机制。成立"济南市政府投融资管理中心"，作为政府投融资管理的执行层。主要承担按照市政府投融资管理领导小组批准的政府投融资计划，统一对外融资、归还借款。三是加强资金监管，健全政府监督机制。财政、监察、审计部门作为政府投融资管理的监督层，依据职能分工，加强对政府投融资的监管。

学习借鉴："济南模式"的关键点主要体现在：多层次联动的组织架构、效益为导向的资金运管机制、权责分离却又监管联动的投融资管理机制，从而实现了地区投融资多层联动和动态监督。针对鄞州区投融资体制中存在的问题，鄞州区对全区投融资的统筹力量明显不足，缺乏系统、前瞻、高效的制度体系，投融资项目选择和产出效益均还有待于进一步提高，建议进一步健全组织架构，完善制度体系。

二、北京"公建私营、金融支撑"模式

模式解读：北京公建私营模式重点突出基础设施特许经营和科技金融创新发展。在基础设施建设领域，政府与企业签订特许经营协议，由政府负责车站、轨道等土建工程投资，企业通过私人投资、向公众投资者募集或者举债等方式筹集资金，负责车辆、信号和一些流动资产投资、运营和维护。项目建成后，政府将其投资所形成的资产无偿或以象征性的价格租赁给企业，政府对其投入资产向所有所有权而无对等的收益权，企业对政府投资享有使用权和收益权，从而实现政府、企业互利共赢。在金融发展领域，积极开展区域性股权交易市场、保险机构（含社保机构）股权投资业务、小额贷款公司引入外资和吸引民间资本等试点工作，发展股权投资服务体系、科技企业增信体系、金融组织保障体系等支撑性产业，扩大直接融资规模，服务地方投融资发展。

学习借鉴：根据鄞州区区级财权、事权的基本条件，重点关注交通基础设施特许经营模式以及多元化的资本市场建设经验，在充分发挥现有中央、省、市、区、镇多层级的共建模式基础上，选择特定项目，积极试点开展特许经营的创新举措，力求规范制度、创新举措、形成示范。充分发挥银证保传统金融产业迸发的优势，创新建立多种形式的产业引导基金和项目建设基金，积极撬动更多的社会资本参与到母基金组建和子基金建设上来。发挥新型特色金融产业先行优势，积极打造特色金融的产业基地，进一步增强资金集聚效应，做大资金盘子，增强投融资能力。

三、上海"市场运作、政府支持"模式

模式解读：特许经营、盘活存量融资是上海模式的重要亮点，通过 BOT、TOT、特许经营等形式对部分资产股权或经营权进行有偿转让，有效盘活存量、带动增量。重点突出中期票据融资平台试点建设，力争把中期票据发行期限从 3~5 年延长到 8~10 年，同时利用自贸区建立契机，积极开离岸融资业务，大力促进海外融资。具体来讲：一是发行城市建设债券，如浦东建设债券、市政建设债券、煤气建设债券等，加快浦东、浦西的高架道路建设，提高煤气的普及率。二是采用 BOT 方式建设上海延安东路隧道复线工程和延安路高架桥（东西段）。三是以 TOT 方式筹措资金，如通过转让南浦大桥和杨浦大桥 49% 的专营权，筹资 25 亿元，用于徐浦大桥建设，沪嘉、沪宁高速公路上海段建设也采用了这一融资方式。四是在国际金融市场上利用外资，建设了地铁一号线、杨浦大桥、污水治理工程、内环线高架等重大建设工程。五是吸引大企业参与城市建设，如上海实业在香港成功上市后，投资于上海延安路高架道路、上海内环路和南北高架道路，成为上海高架道路最大业主。

学习借鉴：结合鄞州区投融资债务管理体系的薄弱问题，应该更加注重学习上海模式中，关于城市债券、BOT 模式、企业债券的发行、运作、管理机制。更加注重加强对债务周期的掌握和维护，有序安排债务的借贷和清偿，保持债务体系的健康有序。可以探索实践"城市债券"的创新模式，科学选择城市建设项目进行试点工作，合理控制风险程度，为城市建设投融资提供新的样板参考。

四、重庆"融资平台、循环周转"模式

模式解读：组建"八大投"由重庆政府拥有、授权经营，政府将城市资产

无偿划拨给投资公司，使公司资产规模达到一定贷款条件，并根据政府建设的要求筹措资金后再将资金转接给项目法人。重庆城投模式的关键在于实现"储地—融资—建设"循环，保证城市基础设施建设投资同时，也保证投资公司自身投融资能力。

学习借鉴：当前，鄞州区政府通过投融资平台的整合，设立了城投、交投、旅投、水投等四大政府投融资平台。但是随着中央对于地方投融资平台的规范清理，以及平台资本的自身弱化，四大投融资平台的投融资能力受到限制。建议学习重庆"八大投"模式，将部分城市资产，乃至一些教育、医疗、卫生所属的事业型资产，在保留原有管理权限的前提下，无偿注入投融资平台，增强平台自身资本实力，并以事业型资产的流动性收入作为保障，形成以资产＋流动性收入为保证的融资担保机制，增强平台的融资水平，更好地服务于教育、医疗、卫生等社会公益事业。

五、深圳"统筹部署、自主运营"模式

模式解读：深证模式的重点在于合理规范各类主体的投融资领域，在此基础上，实行负面清单管理，激发投资自主积极性。具体做法是：第一，制定出台《深圳市深化投融资体制改革的指导意见》，合理界定各类投资主体的投资领域，全方位开放经营性基础设施和经营性社会事业领域。第二，明确投资项目主体，实行自主决策、自担风险，努力培育新型投资和运营主体，给予民间资本、外资等社会资本平等地位。

学习借鉴：鄞州区政府投融资存在角色定位不清晰，各类主体投融资边界不明确，投资成本效益不高的问题。建议学习深圳模式，进一步加强对投融资的统筹部署，完善制度设计，明确政府性投融资的边界范围。科学划定其他领域投资的负面清单，分类型建立明确可操作的执行体系和保障体系，充分激活社会资本活力，引导社会资本参与到经济发展、社会建设事业当中。

第十三章

鄞州规划体制改革

党的十八届三中、四中、五中全会"深化改革""法治国家"、经济社会发展"新常态""五大发展理念"相继提出了对县域规划体制变革的理念与实践试点要求，鄞州区理应响应国家有关规划体制变革的时代要求，积极主动探索新形势下适应于国民经济社会发展和生态环境保护的规划新体制。为此，本章重点围绕鄞州区规划体制深化改革的背景、战略目标、实现路径与重点任务，并剖析了相关城市的实践经验和典型操作。

第一节　鄞州规划体制变革的背景

全面阐释国家深化改革、新型城镇化、主体功能区、经济新常态等对规划体制变革的基本要求与时代契机，厘清了鄞州区规划体制变革的背景与意义、现状与问题等。

一、鄞州规划体制改革的时代背景

（一）国家深化改革对鄞州规划体制提出的新要求

党的十八届三中全会提出"全面深化改革"的主张，总目标是完善和发展

311

中国特色社会主义制度，推进国家治理体系和治理能力现代化，以促进社会公平正义和增进人民福祉为根本出发点和落脚点。经济体制改革是全面深化改革的重点，核心问题是处理好政府和市场的关系，使市场在资源配置中起决定性作用和更好发挥政府作用。全面深化改革，就是要统筹推进各个领域改革，推动国家经济社会发展的全面提升。《中共中央关于全面深化改革若干重大问题的决定》在完善基本经济制度和现代市场体系、加快转变政府职能、健全城乡发展一体化体制机制、创新社会治理体制、加快生态文明制度建设等方面阐明了未来发展新思路。

国家"全面深化改革"对县级行政区的规划体制提出了新的要求：城乡发展必须注重以人为本，全面、协调可持续发展，必须要统筹城乡一体化发展，必须要走集约、环境友好、生态文明的发展之路。鄞州区理应不断通过规划体制机制创新，为保证经济发展速度与质量、城乡一体化、生态文明建设和政府职能转变等寻求一条科学、合理的城乡规划及其管理新路径。

（二）社会经济"新常态"对鄞州规划体制提出的新期盼

所谓"新常态"经济是把以 GDP 为导向的旧经济形态与发展模式转变为新的经济形态与经济发展模式。新常态主要表现在：一是经济增速回落被普遍认为是经济新常态最基本的特征；二是经济增长动力发生转换，经济结构的调整和发展方式的变化成为新动力。新常态下，服务业比重上升，消费的贡献率增加；从要素驱动、投资驱动开始转向创新驱动，随之而来的是产业空间重组与人口集聚—扩散模式转型。这将改写传统的城镇化和城乡一体化模式，推动城乡发展的由重建设转向重管理、重服务。显然，政府规划部门必须充分考虑社会保障的空间均衡实现，注重规划实施过程的监管，注重全民参与与协商。鄞州区规划体质转变，理应构建高效、廉洁的服务型规划机构，并重塑规划机构的"建设"角色转向规划过程的协商与实施过程的严格监管等。

（三）国家规划体制变革对鄞州规划体制提出的新动向

为贯彻落实党的十八大、十八届三中全会以及中央城镇化工作会议精神，全面推动城乡发展一体化，在县（市）探索经济社会发展、城乡、土地利用规划的"三规合一"或"多规合一"，住房和城乡建设部决定开展县（市）城乡总体规划暨"三规合一"试点工作；国土资源部在部署 2014 年重点工作时也表明将选择部分市县试点"三规合一"；近期国家发改委也在调研"三规合一"试点工作。2014 年 12 月 5 日，国家发改委、国土资源部、环保部和住建部联合下发《关于开展市县"多规合一"试点工作的通知》，圈定 28 个市县，开展市县空间规划改革试点，推动经济社会发展规划、城乡规划、土地利用规划、生态环境保护规划"多规合一"，最终实现国土空间集约、高效、可持续利用。

对鄞州规划体制改革而言，建立统一的规划管理机构，完善规划法制体系和实施体制，促进"多规合一"和城乡一体化建设，是其主要变革方向。

二、鄞州规划体制的现状与问题

（一）规划的编制与审批

目前，鄞州区具有城乡发展规划编制与实施管理权限的机构分别是发展和改革局、经济和信息化局、科学技术局、环境保护局、住房和城乡建设局、城管局、交通运输局、水利局、农林局（海洋渔业局）、商务局（粮食局）、旅游局、宁波市规划局鄞州分局、宁波市国土资源局鄞州分局等13个鄞州区人民政府部门或直属单位，各机构涉及的规划编制或实施监管的机构职责见表13-1。对比分析而言，发展和改革局、住房和城乡建设局、环境保护局、交通运输局、水利局、农林局、宁波市规划局鄞州分局、宁波市国土资源局鄞州分局等机构的主要职责落地在城乡空间之上，对区内的国土资源及其空间管制具有较重话语权。

表13-1　鄞州区拥有规划编制与管理权限的机构及其规划职责

机构	规划编制与管理权限	资料来源
发展和改革局	研究提出全区国民经济和社会发展战略中长期规划和年度计划；负责规划体制改革，建立发展规划体系；组织编制生产力布局、资源开发、国土整治、区域和城市化重点产业发展等专项规划；研究提出总量平衡、发展速度和结构调整的调控政策；综合平衡和衔接全区各主要行业的行业发展规划	鄞州区发展和改革局，http://www.yzdpc.gov.cn/cat/cat74/index.html
经济和信息化局	负责推进全区工业结构战略性调整和转型优化升级，拟定优化产业布局、结构的政策；协调工业园区、信息产业园区和产业集群发展等重大问题；拟订全区工业和信息化发展专项资金计划；负责制定并组织实施行业淘汰落后生产能力规划、政策，推进行业淘汰落后生产能力工作	鄞州区经济和信息化局，http://jxj.nbyz.gov.cn/html/jigouzhinen/
科学技术局	组织全区工业、农业、社会发展领域的基础性研究；负责区高新技术产业园区、科技孵化基地、高新技术特色产业基地的建设和管理工作；负责各类研发机构、科技公共服务平台的引进、建设和管理工作；指导发展科技服务业	鄞州区科学技术局，ht-tp://kjj.nbyz.gov.cn/singlepage.aspx?classid=961137980224

机构	规划编制与管理权限	资料来源
环境保护局	贯彻执行国家和省、市制定的环境保护的方针、政策、法律、法规和环境标准；拟定环境保护规划，并组织实施；参与拟订本区经济和社会发展中长期规划、年度计划、区域经济开发规划、产业发展规划以及资源节约和综合利用规划；管理本区环境统计和环境信息工作 监督管理并组织实施大气、水体、土壤等环境保护工作；监督管理本区废水、废气、固废、粉尘、恶臭气体、有毒化学品、噪声、振动、放射性及电磁辐射和机动车等方面的污染防治；负责有毒化学品环境管理 指导、协调和监督全区海洋环境保护工作；监督管理近岸海域生态与环境保护、海岸工程和陆源污染物等损害海域环境防治工作 组织实施排污申报登记制度、排污许可证制度、排污收费制度和"三同时"环境管理制度；负责本区权限内开发建设的环保审批；组织实施环境目标责任制；负责环保补助资金的管理使用；监督管理污染源治理专项基金使用 组织环境监督行政执法工作，依法对全区污染源排放情况和污染治理设施的运转进行监督检查；对违反环境保护法律、法规，造成污染和生态破坏的行为进行调查和处理；依法处理污染纠纷 监督检查本区自然保护区域、饮用水保护区域、风景名胜区的环境保护工作；监督生物多样性保护、野生动植物保护、湿地环境保护工作；负责农村生态环境保护工作，指导生态农业建设；监督区内对生态环境有影响的资源开发活动	鄞州区环境保护局，http://yzhb.nbyz.gov.cn/html/zhengwugongkai/jiguangaikuang/jigouzhinen/index.html
住房和城乡建设局	贯彻执行国家、省、市有关建设事业的法律、法规和方针、政策，拟定全区城镇建设、人防建设、建筑业、房地产业的发展战略、产业政策、改革方案，经审定后组织实施 制定全区中近期建设计划纲要，组织、指导、监督全区建设项目的实施 组织指导全区镇（乡）建设管理工作，编制小城镇建设发展规划和年度计划，监管小城镇建设工作；指导城镇绿化建设；负责主管行业的行政执法监察 负责全区建筑工程的建设管理；指导、协调、监督建筑工程招投标、施工许可、质量监管、竣工验收备案、房屋质量安全鉴定和施工安全工作；负责指导建筑工程施工图纸设计审查；规范管理建筑市场 负责建筑、勘察设计、室内装修装饰的行业管理；负责建筑施工企业、建筑安装企业（含室内外装修装饰）、市政工程（含园林、绿化）建设企业，以及与上述	鄞州区住房和城乡建设局，http://jsj.nbyz.gov.cn/col/col8927/index.html

机构	规划编制与管理权限	资料来源
	行业相关的建设监理、检测单位、勘察设计咨询单位的资质管理 负责建筑制品、建筑机械（包括塔吊、电梯）等工程应用的相关管理工作；负责建筑制品生产企业及实验室的资质管理 负责全区房地产业的行为管理、预售许可和综合验收备案；负责房地产开发企业、物业公司的资质管理；负责房屋产权产籍、直管公房和私房的房政管理；规范房地产交易市场；组织指导住房制度改革和住房基金归集；管理国有土地房屋拆迁工作	
城管局	会同区有关部门编制城区设施年度维护计划和城市管理行政执法经费年度使用计划，并组织实施和监管使用；负责城区设施正常维护经费的测算、年度维护经费的计划安排、调度核拨和使用监管工作 负责城区市政、公用、园林绿化、市容环卫、内河等城市基础设施的养护管理和维修改造工作；培育和发展养护市场，监督管理城市基础设施养护招投标工作，并负责管理养护市场；配合城区防汛防台工作 负责全区市政、公用（包括城市供水、节水、污水处理、供气、供热）、园林绿化、城区内河、市容环卫的行业管理工作；负责城市计划用水、节约用水管理工作；负责区级排水行政许可和行业管理工作 组织开展市政公用行业的科技进步、技术改造工作，组织协调重大技术引进、重大科技项目攻关和科技成果推广应用及转化工作 行使国务院法制办批准的城市规划、市容环境卫生、园林绿化、市政、环境保护（社会噪声污染和建筑工地施工噪声污染、饮食服务业排污）、工商行政（在城市道路、广场等室外、公共场所的无照经营行为）、公安交通（侵占城市人行道的行为）等管理方面法律、法规、规章规定的行政处罚权	鄞州区城管局，http：//cg. nbyz. gov. cn/list. php? lang_id = 1&cat_id = 13
交通运输局	组织编制全区综合运输网规划；负责编制全区公路、水路及交通主枢纽和公共交通发展规划，并参与组织实施；制订全区交通建设计划，并监督实施；参与编制区内港口、铁路、民航、邮政、电信的专项发展规划；参与拟订物流业发展战略和规划 拟定公路、水路、港口工程建设相关政策、制度，并监督实施；指导全区公路、水路、港口交通基础设施及其配套项目的建设、养护和管理；负责公路、水路、港口建设市场监管；组织协调公路、水路、港口工程建设和工程质量、安全生产监督管理工作；负责区内国、	鄞州区交通运输局，http：//jtj. nbyz. gov. cn/NewsView. aspx? Category-Id = 2&ContentId = 54

315

机构	规划编制与管理权限	资料来源
	省、县道干线路网运行监测和协调工作，指导农村公路路网规划建设和协调工作；负责全区公路、水路交通科技开发、管理 　　负责全区道路、水路运输市场监管；负责全区交通运输运力的综合平衡，引导运输结构优化；负责道路、水路运输、城乡公交（城市客运）及相关业务的行业管理，组织制定相关政策、制度和标准并监督实施；负责城乡公交（城市客运）及有关设施规划和管理工作 　　负责全区交通运输行业安全生产监督管理和应急管理工作；负责公路路政、航政、道路运政管理工作；组织协调重大节假日期间旅客运输、重点物资和紧急客货运输；负责协调交通运输应急保障、应急处置工作；负责交通运输行业科技创新、信息化建设和运输物流、节能减排工作；负责交通运输企业的行业管理；指导交通运输行业有关体制改革工作 　　负责全区公路主干线绿化工作	
水利局	研究制定全区水利发展规划和有关政策，并组织实施；组织编制全区主要江河的流域综合规划和有关专业规划，并监督实施；组织有关国民经济总体规划、城镇规划及重大建设项目中有关水资源、防洪和水土保持的论证工作 　　统一管理全区水资源；制定全区水资源开发、利用规划和全区水中长期供求计划、水量分配调度方案，并监督实施；指导饮用水水源保护工作和地下水开发利用、城市规划区地下水资源管理保护工作；指导水利行业供水和农村供水工作；实施取水许可制度和水资源费的征收制度；组织、指导和监督全区节约用水工作；按照国家资源与环境保护的有关法律、法规和标准，拟定水资源保护规划	鄞州区水利局，http：//www.yzwater.gov.cn/NewsList.aspx？CategoryId＝91
农林局（海洋渔业局）	按照区政府对农业的中长期发展规划，编制各业年度工作计划；组织实施农业产业的结构调整、资源配置、产业间的综合平衡、项目管理及基地建设；指导全区农业生态体系建设 　　组织实施全区森林资源、野生动（植）物保护和合理开发利用；编制森林采伐限额方案并监督执行；负责全区林地管理工作；指导各类商品林、风景林的培育和林特产业的发展 　　组织实施对海洋的综合管理，协调海洋与渔业资源的合理开发利用，负责本海域生态保护和海洋环境监测，负责渔业行业安全生产	鄞州区农林局（海洋渔业局），http：//nlj.nbyz.gov.cn/Info_More.aspx？ChannelID＝205&ClassID＝20504

机构	规划编制与管理权限	资料来源
商务局（粮食局）	负责商品市场的规划引导及提升发展；指导全区商品市场、商业网点等流通设施的建设布局；负责专业商品市场、菜市场（菜篮子超市）的行业管理 负责全区商务楼宇经济和中介服务业的管理、监测及其在招商过程中的政策宣传与保障等工作 推进电子商务产业园区建设；培育重点电子商务企业和电子商务平台；推进各行业电子商务应用	鄞州区商务局（粮食局），http：//www. yzsw. gov. cn/zwgk/jgzn
旅游局	会同有关部门负责全区旅游业的基础项目建设，并做好相关事项的申报和管理工作，对重点旅游建设项目实施指导和检查；配合有关部门制定旅游规划，协调旅游资源开发、利用和保护工作，负责全区旅游资源普查、旅游统计等工作；指导风景旅游景区（点）等级创建，并做好相应的评定、上报等工作	鄞州区旅游局，http：//lyj. nbyz. gov. cn/art/2008/7/22/art_2963_84340. html
宁波市规划局鄞州分局	贯彻执行国家、省、市关于城乡规划、测绘管理的法律、法规、规章和政策。参与全市城市规划、测绘管理有关法规、规章、技术规程及规范性文件的草拟、修改 根据市规划局职责划分，参与全市发展策略、城镇体系规划、城市总体规划研究与编制，参与或协助市局组织、编制的本辖区的分区规划，参与市局组织编制的重要地段或特别地区的控制性详规和城市设计的相关工作，参与市局或市级相关专业行政主管部门组织编制的专项规划 组织研究全区空间发展战略规划，负责本辖区内详细规划、城市设计的编制、审查工作，参与或配合区级相关专业行政主管部门专项规划的编制、论证、审查和报批工作，指导镇（乡）做好总体规划、详细规划和村庄规划的编制，并负责做好论证、审查和报批工作 负责新增土地建设项目选址的论证，提出规划设计条件；参与本辖区内的土地储备、年度用地计划、房地产开发计划和城建项目的安排，提出年度土地储备及房地产开发地块的选址方案和地块开发的规划条件，参与重要建设项目的可行性研究 根据市规划局职责划分，负责全区城乡规划的实施管理工作，包括本辖区内所有建设项目的选址，规划设计方案的审查、审批、用地规划许可证、建设工程规划许可证的审批及发放，建设工程批后管理和竣工核实 根据市规划局职责划分，负责全区测绘与地理信息的组织和管理工作；负责测量标志保护；负责管理地图、测绘成果与地理信息监测和综合统计分析工作，承担组织提供测绘与地理信息公共服务和应急保障；负责全区地理空间数据交换和共享服务平台的建设与管理工作；负责测绘与地理信息行政许可和非行政许可审批项目的审批	宁波市规划局鄞州分局，http：//plan. nbyz. gov. cn/

机构	规划编制与管理权限	资料来源
宁波市国土资源局鄞州分局	具体承担编制和实施本区域内土地利用总体规划、土地利用年度计划和其他专项规划；指导镇（乡）土地利用总体规划的编制，并监督其实施；负责编制和实施本区域内矿产资源规划、地质灾害防治规划（方案）、矿山自然生态环境保护与治理规划（方案）及其他专项规划 负责建设项目立项审批权限内的用地预审，市以上建设项目用地的初审与呈报；城市分批次建设用地和单独选址建设项目用地的农用地转用方案的编制、初审 组织本区域内基本农田保护；负责未利用土地开发、土地整理、土地复垦和标准农田建设 按市国土资源局确定的征地拆迁范围和工作程序，具体组织实施本区域内的土地征收（征用）和集体土地房屋拆迁管理工作 组织实施本区域内土地资源调查、土地登记、土地统计和动态监测；负责土地定级、土地确权等工作；负责国土资源信息化建设 根据市国土资源局职责划分和具体操作程序，依据市下达的年度土地出让计划，开展土地收储和国有土地使用权行政划拨、有偿出让等工作 负责地质灾害勘查、监测和防治；保护地质环境和地质遗迹；负责采矿权的设立及招标、拍卖、挂牌等有偿出让 根据市国土资源职责划分，负责地土资产和土地市场管理；负责本区域内农村集体非农建设土地使用权的流转管理工作	宁波市国土资源局鄞州分局，http：//gtj.nbyz.gov.cn/

资料来源：作者根据鄞州区各职能部门的网站整理。

　　对比发展和改革局、环境保护局、宁波市规划局鄞州分局、宁波市国土资源局鄞州分局的规划编制与管理职责得到如表 13 - 2 的鄞州区规划编制与审批现状。可知，目前鄞州区规划编制内容可以概括为综合性规划—空间布局/专项规划—年度实施规划，相关职责散布在区发改委、区环境保护局、宁波市规划局鄞州分局、宁波市国土资源局鄞州分局。各机构负责编制规划的修编过程，一般历经实施评估—专题论证—规划修编三个步骤。相对国民经济与社会发展规划而言，鄞州区城乡规划、鄞州区土地利用规划的编制、审批权限集中在宁波市政府部门，审批较难、编制与实施较易，但与区内各专项规划或国民经济与社会发展规划易形成衔接难等问题。各类规划的编制过程均是政府主导模式，专家、公众等的建议或意见通常不具有决策性作用；宁波市城乡总体规划鄞州分区规划的编制技术程序已由以前相对简单的现场勘查—项目空间布局方案—审批—实施，转变为了较为清晰的技术程序机制即调研—专题分析—规划方案—纲要—成果。

表 13 - 2　　　　　　　　　　　鄞州区规划编制与审批现状

		国民经济与社会发展规划	主体功能区规划	城市总体规划/城市分区规划	土地利用规划	生态环境功能区规划
管理	主管部门	区发展和改革局	国务院、浙江省人民政府	宁波市规划局鄞州分局	宁波市国土资源局鄞州分局	区环境保护局
	规划类型	五年综合规划	空间综合规划	空间综合规划	空间专项规划	空间专项规划
	规划特性	综合性（重年度轻空间）	综合性	综合性	专项性	专项性
编制	编制依据	《国务院关于加强国民经济和社会发展规划编制工作的若干意见》	《国务院关于编制全国主体功能区规划的意见》	国民经济和社会发展规划、主体功能区规划	宁波市土地利用总体规划	宁波市区生态环境功能区规划
	主要内容	发展目标、产业方向、空间布局战略、项目规模	工业化与城镇化的优先、重点、限制、禁止四类区域	用地布局、建设时序	耕地保护范围、用地总量及年度指标	划定四类生态环境功能区，明确保护与控制要求
	编制方式	独立	不开展	自上而下、统一	自上而下、统一	自上而下、统一
审批	审批机关	本级人大	县（市区）遵照国家或省级执行	宁波市政府	宁波市政府	本级人大
	审批重点	发展速度和指标体系	边界范围与功能类型	人口与用地规模	耕地保护与用地指标	生态环境功能分区
	法律地位	国务院行文	国务院行文	城乡规划法	土地管理法	环境保护法
实施	实施力度	指导性	指导性	约束性	强制性	约束性
	实施计划	年度政府工作报告	年度政府工作报告	近期建设规划	年度用地指标	年度合计质量公报
	规划年限	5 年	20～30 年	一般为 20 年	10～15 年	10～15 年

	国民经济与社会发展规划	主体功能区规划	城市总体规划/城市分区规划	土地利用规划	生态环境功能区规划
评估机构	本级人大	上级政府、本级人大	上级政府、本级人大	上级政府	本级人大
监督 实施评估	中期评估	中期评估	实施评估	中期评估	定点定时监测
监测收到	统计数据	实施评估报告	现状更新调查	卫星、遥感、详查	现状调查

资料来源：洪明，邵波. 浙江县市域"多规合一"探索研究.//中国城市规划学会主编.《城乡治理与规划改革——2014中国城市规划年会论文集（2009城市总体规划）》，中国海南海口，2014年9月13～15日，有修改.

（二）规划的实施与管理

当前，国民经济与社会发展规划、城乡规划、土地利用规划、生态环境功能区规划等都建有实施过程的部门监督或法律监督规范，总体围绕实施路径、实施程序、实施监督、实施处罚进行规划实施过程的行政管理。当然，城乡规划、土地利用规划、生态环境功能区规划分别在《城乡规划法》《土地管理法》《环境保护法》等法律规定框架内设有行政许可及其违法追究责任机制。如《城市规划法》设有"一书两证"作为城乡规划实施的主要工具，《环境保护法》设有"一评价五许可—竣工验收—试生产"落实环境保护功能区规划，《土地管理法》设有"12行政许可7非行政许可审批73行政处罚以及行政强制、行政征收、行政裁决、行政奖励"等权责落实国土资源的科学利用与保护，而国民经济与社会发展规划仅通过本级人大会议变成政府、党委的日常执政指南而实施。总体而言，现有各部门的规划实施存在四个显著特征：一是依据式制定下一层次规划或判例式提供规划条件的实施路径；二是技术路径的延续，没有明确的法律规定的实施程序；三是行政监督模式，法律规定比较笼统的实施监督；四是行政处罚模式，法律规定的层面较窄的实施处罚。

（三）规划编制与实施的主体要素

鄞州区人民政府各部门编制的相关规划过程，政府、规划师、公众（自然人）、专家、法人（企业），以及有意愿来鄞州旅游或工作的外国人都毫无意外的被纳入规划编制与实施过程。但是，不同群体在规划编制与实施过程中承担不同的职责，行使规划权力差异较大。首先，政府作为规划编制与实施的组织者，往往不能摆正角色，将"组织"功能演变为"领导、控制、甚至强制"功能，这些不正确的功能发挥直接影响规划编制动议、编制组织、编制审批、规划实施、规划监督、规划处罚等环节。显然，政府在规划编制与实施过程中呈现高度集权地参与编制与实施全过程。其次，规划师作为各类规划编制的承担者，当然要在规划编制过程中汲取规划利益相关者群体的意见或建议，将各类群体的需求都客观的落实在规划文本中。然而，当前受政府强势主导或者说市民社会参与程度薄弱等，规划师毫无疑问更多地承担了政府发展意志，很难根据城乡的客观发展规律实现自身的规划职业素养，可以说规划师在市场经济与缺乏公众高度参与条件下积极被动地参与规划编制，仅提供技术咨询与技术服务。再次，作为自然人的公众和作为法人的企业，既是规划编制过程中各类利益群体真实的反映自身建议或需求，又是规划实施过程的受益或受害者。这种双重角色的承担，公众与企业理应成为规划编制过程的主体声音或者规划实施过程的严格遵循者，但是在目前缺乏广泛参与和规划编制过程未能充分落实各类公众或企业的真实需求，也就导致了公众与企业在编制过程不受到应有重视，在规划实施过程往往也是无意识违法者或受害者。因此，亟待探究程序化、公正化、透明化的公众、企业参与规划编制与实施过程。最后，各类规划编制与实施过程中，都需要专家作为咨询者或规划成果（实施成效）把关者帮助政府科学决策或准确评判规划管理工作。目前，专家能仅能对技术性问题提出专业见解，在现行法律框架或行政架构下无法否决或部分否决规划编制成果或实施成效纠偏等。因此，专家被动纳入程序，对于否决权没有法律规定；同时，专家只在规划编制阶段能够发挥一定作用，在规划实施阶段基本上无法参与机制运行。

（四）规划编制与实施的结构分析

规划编制与实施的结构分析，主要围绕机构架构、事权结构、技术结构三方面深度解析鄞州区现行规划体制的基本特征。

鄞州区规划机构涉及多个政府组成部门和直属单位，如城乡规划分局在宏观层面和区发改局、国土分局、环保局相交叉，微观层面是住建局、水利局、交通局、城管局等部门的建设或管理依据。目前的突出问题是各相关部门职能交叉、相互扯皮，造成了各部门规划之间、部门规划与区空间规划之间的矛盾冲突愈演愈烈。

鄞州区规划体制现行的事权结构源自区政府编制办对各单位的"三定"，但在业务关系上承担规划编制与实施的部门又受上级部门领导，如宁波市规划局鄞州分局、宁波市国土资源局鄞州分局直接以上下级部门之间的审批为主线形成事权结构，而非是上级、下级事权明晰的调控型线索的体制；对于住建局、水利局、交通局、城管局等机构受省、市同系统的财政投资决策诱导，演化为非业务指导性的上下级政府间资本主导型控制关系。同级政府不同部门之间的职能分工基本上处于各自为政的状态，以项目审批事权为核心的依法行政，缺乏必要的协调合作机制、宏观调控机制等，导致整个城乡发展的不协调、不均衡，甚至出现规划审批内容较多、实施内容较少、可操作性差问题。

鄞州区规划编制与实施过程的技术结构，主要源自规划机构自身的公务员或其下属事业单位的技术职员；当然，借助外脑是当前中国各类规划编制的盛行做法，因此，规划设计院的规划师或科研院所学科专家也是规划编制过程中的技术主导者群体；此外，部分知名媒体人也是规划编制与实施的时政批评或献言者。总体而言，现有规划技术掌握群体尚未能完全把握区域发展规律和城乡发展的空间组织模式演化机制，导致规划编制与实施过程存在技术的"错位""越位""缺位"现象。此外，重城轻乡的城乡割裂型规划模式，无法摆脱就城市论城市的狭隘视角，导致城乡资源严重不均衡竞争等问题日益凸显。

三、鄞州规划体制存在的问题

（一）规划机构建设整合滞后

目前鄞州区的规划种类繁多、体系庞杂，现有的相关部门的调控模式难以促进城市空间政策整体效应的充分发挥。而且城乡建设规划、国民经济和社会发展规划、土地利用规划、生态环境规划等在不同部门主管下自成体系，每一个体系又有诸多不同的层级关系和不同深度的具体规划类型。在市场经济体制下，各部门又将编制规划作为争取权力和利益的一种重要手段，争相编制"自己部门"的规划。

城乡建设规划、国民经济和社会发展规划、土地利用规划、生态环境规划等部门各自有着相对独立的专属权和职能范围，行政级别大致相当，其中任何一方无法对其他部门产生直接的行政约束。这种部门之间相互争夺区域规划空间的现象，产生了大量重复工作，导致资源浪费、互不协调，因而各部门之间难以发展成型一种综合性、统筹性的规划，因此也缺乏一种统一的各机构之间用于规划和管理的整体协调体制。

（二）规划编制、实施与监管衔接不畅

当前，鄞州在已编制完成的规划与规划管理工作之间尚未建立起有机的约束性联系，从而使规划由编制到实施的过程缺乏有效的保证手段。在城市总体规划和区域详细性规划之间、在详细规划与具体项目审批之间缺少硬性的承启关系，建设用地计划与农田保护规划也存在类似的问题，规划的实施不是作为硬性的审核标准而是笼统

的工作成绩，规划与管理间的联系缺少法律保障。当土地使用者或开发者拥有越来越大的投资和财务自主权时，土地的选址、开发内容、开发强度就不可能按照过去全盘的国家计划模式由政府主管部门全权决定，企业不但对用地选址有发言权，而且希望在法律允许范围内尽可能采取对本企业经营最有益的开发内容与强度。然而，目前鄞州的规划编制相对滞后于现实，且规划行政的自由裁量权限过大，在这种情况下，必然会产生局部与整体、经济利益与社会利益等的矛盾和冲突。

规划只有获得法律的权威保障，才有可能提高自身坚持规划原则、抵制外来压力的能力。如果城市的各项规划编制计划体系不能够与具体的实施、监管结合起来，城市规划的管理仅能对每一个具体的建设项目进行基本的规划技术约束，不能遵循其应有的整体性、长远性的方法论，也就失去了对城市发展和土地使用的指导意义。

（三） 规划内容的时空维度不协调

鄞州不同规划类别之间协调性差的问题突出，表现在不同规划系列之间和同一规划系列不同类型之间。诸多原因造成了这一问题：一是缺乏协调的数据基础，各部门采用不同的土地分类和数据成果，没有实现基础地理数据和社会经济数据共享的有效机制；二是不同规划类别的编制时期和规划期限不同，编制实施进度迥异；三是有关规划协调的法律规定不够充分，各规划的法律性质和定位不明确；四是缺乏具体有效的协调机制和平台；五是主管部门不同，对部门利益和规划权力的追逐使不同部门间不愿妥协。

不同规划职能和规划内容相互交叉重叠，在相同空间尺度下，发改局、国土资源局、住建局形成了经济社会发展规划、国土与土地利用规划、城乡建设规划并存的态势。然而，经济社会发展规划必须落地，但由此就进入了土地利用规划与城乡建设规划的范围；国土规划涉及的重大基础设施、产业布局、资源配置等事项，却是发改局和发展规划的职能；为强调区域协调和城乡统筹，城市建设规划系列逐渐发展出城镇村体系规划甚至县市域总体规划的类型，但这却与土地利用总体规划职责和内容交叉。

第二节　鄞州规划体制创新的战略目标

提出鄞州规划体制改革的终极目标是"多规合一"，近期（"十三五"期间）应推进"多规融合"，并围绕"多规合一"探索鄞州规划体制创新的若干个方面，包括鄞州空间规划机制体制的创新、规划行政管理体制的创新、规划实施体制的创新、规划支撑体系的创新。

一、鄞州推进"多规合一或多规融合"的亟待破解难题

（一）现有国家制度约束造成的鄞州区同期各规划的法律地位、标准与口径等的不协同

当前，国家层面相关法律对各部门所编制的规划赋予了不同的法律地位与法定效力，如2008年版《城乡规划法》将城市规划从中心城区扩展到全域行政区，并分别限制了城市总体规划、乡规划等的规划期限；相互衔接等；《土地管理法》规定了土地利用本底条件决定的利用类型及其边界，以及耕地保护和占补平衡的基本原则；县级经济与社会发展规划纲要则由同级人大审议通过后予以实施。由此可见，不同规划的法律效力的界定，规划的编制、审批、实施和监督等管理主体及设定，与法律相对应的已批准的规划成果的全面调整修编等都不尽相同。因此，"多规合一"在目前是缺乏法律基础的，它的实施是一项涉及面广、关系复杂、程序漫长、难度极大的法律修订工程。

国土部门和建设部门对城乡用地分类的编制不一，导致空间表达上比较混乱，且对地类的统计方面存在影响。发改部门和城乡建设部门对常住人口、城镇人口、城市化水平统计口径方面没有统一（建设部门有一套严格的口径，而发改部门比较缺乏）导致不同规划之间在人口、城市化水平方面难以统一。环保部门基本不涉及的这些相关的数据，矛盾相对较少（罗小龙等，2008）。此外，国民经济与社会发展规划的期限为5年，基期都有严格要求；而城市总体规划的期限一般为20年，基期没有明确要求；土地利用规划的期限为10～15年；环境功能区规划的期限也为10～15年。四者之间期限不一，基期年也不一致，导致四规衔接在现状年与目标年的数据无法衔接。

（二）区属各涉规职能部门的规划出发点与规划思路的不协同

鄞州区各局"三定"中设有规划编制、实施与监管等职能的部门，存在不同事权，立足点、思维方式和规划目标不同，规划方法和规划内容重点不同，导致部门之间协调问题突出。

目前，具有综合统筹职能的区发改局制定的发展规划，是区各部门发展经济和管理社会的行动纲领，居绝对统领地位；而2008年版《城乡规划法》的指导下主管城乡规划的区住建设局也名不符实地充当起综合协调者的角色。此外，一

方面是在中央政府执行最严厉的土地利用政策和垂直管理体制下，区国土资源分局掌握了项目建设的最终裁决权；另一方面是随着国家对生态文明的重视，区环保局的声音也越来越响亮，但是不像国土局的垂直领导，在追求 GDP 的背景下环保局的影响力尚未真正发挥。

区属各职能部门编制规划的思路随着鄞州区的发展而不断变化。在具体操作中，当某一职能部门规划的思路调整后，其他职能部门规划编研往往不能及时进行修编调整，从而带来了规划的冲突。如表 13 - 3 所示鄞州区"十三五"时期的发展规划、土地规划、城乡规划存在相关思路的差异及实施期间某一规划修编之后其他规划不能立即跟上修编调整自身规划思路造成的相关冲突日益严重。冲突的焦点集中反映在五年规划的落实促推了快速城市化与工业化，城乡总体规划虽然匹配了建设用地规模，却被土地利用总体规划严格约束在有边界的地理范围之内，这加剧了城乡生态环境保护的压力，也严重阻碍了城乡体系的优化和经济活动的自然区位选择过程。

表 13 - 3　　　　　　　　　　　规划思路的冲突

职能部门	规划名称及编制年份	规划类型	规划思路
区发展和改革局	宁波市鄞州区国民经济和社会发展第十二个五年规划纲要，2011 年 3 月	五年规划	本《纲要》重点阐明"十二五"时期发展战略意图，明确政府工作重点，引导市场行为方向，是今后五年我区经济社会发展的宏伟蓝图，是全区人民共同的行动纲领，是编制各类规划、年度计划和政府履行职能的重要依据
市国土资源局鄞州分局	宁波市土地利用总体规划说明（2006～2020 年），宁波市鄞州区土地利用总体规划（2006～2020 年），2011 年 11 月	土地利用总体规划	落实最严格的土地管理制度、切实保护耕地特别是基本农田，引导城乡建设用地布局不断优化，实现全区土地资源的集约、高效利用和优化配置 ——严格保护耕地特别是加强基本农田保护和建设，坚持耕地占补平衡数量与质量并重，稳定农业综合生产能力 ——大力推进土地节约集约利用，着力改变经济增长依赖建设用地扩张的方式，建立集约高效的土地利用模式 ——统筹城乡、区域土地利用，协调各类用地，加强生态建设与环境保护，促进经济、资源和环境的持续发展
市规划局鄞州分局	《宁波市城市总体规划（2006～2020 年）（2015 年修订）》，2015 年 3 月	城镇体系与县域总体空间规划	重视城乡统筹发展、合理控制城市规模、完善城市基础设施体系、建设资源节约型和环境友好型城市、重视历史文化和风貌特色保护等要求

职能部门	规划名称及编制年份	规划类型	规划思路
环境保护局	鄞州境保"十二五"区环护规划，2011年6月	环境保护规划	以生态文明为引领，围绕建设生态环境优美的"三城三区"总体目标，以削减主要污染物排放总量为主线，加强环保能力建设，努力解决影响人民群众健康和可持续发展的突出环境问题，持续改善环境质量、全力防范环境风险、坚持环境优化发展，加快形成环境友好型、资源节约型的产业结构、增长方式和消费模式，加强生态文明建设，全面建设低碳、环保、生态的现代化都市新区

（三）规划的核心内容存在矛盾、规划的技术程序存在逻辑衔接不畅

县域规划的核心内容是县域空间结构的确立，它既是发展的导向性框架，又是县域发展的空间路径。但在鄞州区的"十二五"规划、宁波市鄞州区分区规划中却有不同的空间结构，且相关规划对核心范围和发展轴带的界定也不完全一致。这种"同一城市，不同空间结构"的现象带来的问题是，各种规划层出不穷、接踵而来，但规划的操作者却无所适从。究其原因，既有规划设计单位将空间结构视作规划"创新"，在高喊"三规合一"的同时，却否定既有规划，不断"推陈出新"；又有地方政府执政新任领导不传承和沿袭前任领导的相关规划方案，各行其是追求"规划政绩"的扭曲执政理念。因此，在追求创新的同时，政府与规划师更应该切实践行"规划衔接"。于是，在规划的编制中由于部门考量、预测方法和预测基数的差异，各部门确定的规划目标并不一致。同时，各部门规划对空间结构的"创新"也带来宏观政策指引的冲突，造成基础设施建设、产业布局和重大项目布局等无所适从。宏观层面的规划目标与空间结构的差异，进一步影响到用地的需求和布局，最终带来政府操作层面上的问题——规划用地冲突。

二、推进鄞州区"多规融合"向"多规合一"转型

（一）规划体制创新的顶层设计

围绕多规合一亟待破解的难题，抓住政府机构与职能改革机遇，推进规划管

理机构的整合、规划权力运行的法制化建设，逐步推进规划"编制—实施—监督"的权力运行公正、透明与衔接顺畅，创新规划管理的公众参与与治理模式、路径。

重点围绕建立规划基础数据信息平台、构建区空间规划体系、空间划分技术标准、空间布局规划期限、规划审批制度安排等问题，开展规划机构、规划事权、规划法律的创新。

（二）规划的行政管理体制创新

积极践行国家规划体制变革的理念，逐步建立鄞州区规划决策与规划执行分离的机制；探索规划纵向衔接机制，解决与宁波市等上位各类规划有序衔接，并与下辖各街道或乡镇有机沟通；探索区内发改—国土—住建—环保—旅游—水利—海洋等部门规划编制与实施过程的横向统筹。

（三）规划的实施体制创新

首先重点推进鄞州区规划实施的管理运行体系建设，重点厘清规划实施的"依据、手段、内容、模式"；其次，构建规划实施的监察评估体系，如明确处罚依据、赋予强制手段、建立闭合系统；最后，推进规划实施的监督约束机制建设，强化行政、人大及政协、公众、政务公开、事后问责等的建设。

（四）创新规划的支撑体系设置

基于多规合一的理念，积极探索现阶段规划机构的整合与设置问题，可以探索性的将国土、城乡、环保等部门实施合并，设置区国土资源与城乡环境保护局统筹区域空间性规划职能，逐步与发改部门的国民经济与社会发展规划同步"三定"（定功能、定边界、定强度）。当然，在此基础上要积极推进规划机构的编制与管理队伍建设及设备更新，做到规划编制—审批—执行—调整—监测评估的网络政务与信息公开透明。

第三节　鄞州规划体制创新的实现路径与重点任务

围绕鄞州"多规合一"的推进技术路径与运行体系，探索鄞州规划体制改革的实现路径与保障体系构建。

一、构建鄞州"多规合一"实现路径

(一) 加快整合鄞州横向规划职能机构与事权,建立"多规合一"的规划委员会及其实体责任机构

充分认识当前规划事权分散的弊端,积极借鉴兄弟城市的多规合一经验,稳步推进多规合一的事权机构建设。当前要统一区属各职能局的规划观,建立以战略规划为引领、以国民经济与社会发展规划为依据,统一城乡规划与土地利用总体规划的边界,强化多规的衔接,同时优化三规的内容,建立地理信息平台,构建规划委员会,理顺相关部门的行政管理权限(图 13-1)。

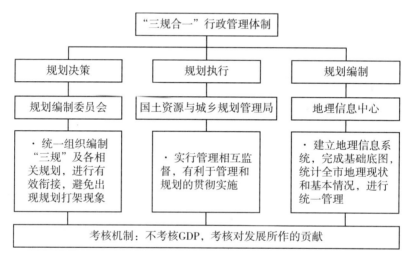

图 13-1　鄞州区三规合一的行政管理体系变革目标

当前,应积极推进三规合一,未来应以三规合一为基础,全面推进环保、文、教育、体育、卫生、绿化、交通、市政、园林、水利、环卫、城管等专业规划的编制与实施的合并,最终实现规划为委员会负责区域全部规划编制事权和实施的权限,监督与监测评估则由人大、政协及各级公众为核心构建监管机构。

(二) 构建全域统一的空间信息联动管理和业务协同平台,推进"多规合一"一张图工作利用现代 GIS 软件和大数据采集、管理技术,推进鄞州区多规合一信息系统建设

(1) 建设空间基础地理数据和"多规合一"规划信息数据的建库标准规范以及数据交换共享制度。

（2）建设空间基础地理数据库和"多规合一"规划专业数据库，为平台进行共享服务提供数据支撑；提供方便、安全的业务数据录入工具；并以现有基础数据为依托，提供数据统计分析工具，建立不同规划空间冲突检查专家系统，基于刚性指标对规划成果进行检查分析。

（3）建设面向政府部门的"一站式"服务门户网站，对地理空间数据库中的所有信息进行集中展示和综合查询，任何有权限的用户均可以使用，统一门户使用户能够了解地理空间信息资源、进行数据交换和更新审核。

（4）建设一个统一的规划编制平台，为国民经济与社会发展规划、土地利用总体规划、城市总体规划等之间的协调提供工具。

首先，推进地理信息的统一采集与统一管理与使用，构建如图13－2的"三规合一"基础地理空间数据库。全面实现规划业务本身需要收集、处理、分析、展示大量的与规划区地表空间位置相关的空间和属性信息采集、处理与应用的科学性、高效性与便捷性。同时也保障数据的准确性、数据出口的统一性，使"三规"能够统一到同一个平台上，便于协调，同时指导城市建设、经济社会发展、土地利用等各方面的规划编制工作。

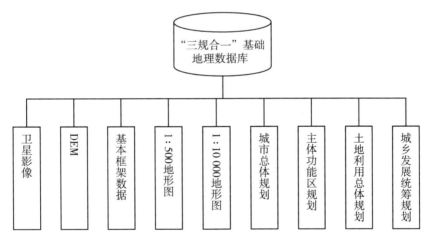

图13－2　"三规合一"基础地理空间数据库构成

其次，要积极推进规划编制平台与规划成果建库的统一管理、查询与发布。城市总体规划、土地利用总体规划、国民经济社会发展规划因编制单位及标准不同，规划成果差别较大，除坐标系不统一、编制软件不同外，规划成果表达也不一样。规划成果数据与普通的空间数据有些区别：各类各级规划成果数据中有大量的辅助效果图，图片和文字是提供给技术人员作为资料查阅，这类数据不需要与基础地理空间数据叠加，只需要查询检索即可。根据规划成果数据的特点，结合空间数据组织结构，按照"规划成果库—专题规划—层—要素及属性"的层次框架构建规划成果数据库，按分层原则聚集数据。规划成果数据建库需要从文档资料中整理与图形相对应的数据指标、图片和表格数据，进行数据格式转换、图文连接，通过数据质量检测验收后，将数据入库。

最后，除了建设基础空间数据库外，还需要建立规划知识库。知识库主要包括《土地管理法》《城乡规划法》等相关法律、有关土地利用评价模型、土地规划的用地分类标准。在充分研究《城市用地分类与规划建设用地标准》《全国土地分类》《全国土地分类》（过渡期适用）等标准以及相关法律法规的基础上，建立这些用地分类对应关系，采用人工智能中的知识表示和知识推理技术来模拟规划专家对空间用地的决策评判，建立规划专家知识库。

（三）推进经济发展目标、土地使用指标、空间坐标"三标"的衔接

学界将各部门对空间规划的主要事权特点总结为"发改管目标、国土管指标、住建管坐标"。事实上，发改部门所确定的目标体系包含相当数量的控制指标；国土部门的土规也包含各类用地坐标；住建部门的城规包含众多规划指标；环保部门的环境保护控制指标、环境功能区划也有坐标等。然而，目前"三标"在各地的规划中普遍是相脱节、缺乏联动的，"三标脱节"是规划缺乏衔接与协调，进而导致"规划打架"的关键因素。具体而言，发改部门通过经规所确定的目标体系，并没有为国土、住建和环保等部门提供完整的对应规划期限、对应空间范围和对应统计口径的规划指标作为依据。经规中的指标体系通常由约束性与预期性两种指标组成，具体可包括经济发展、社会民生和人口资源环境等分类指标，主要侧重于经济、社会及资源环境等指标，而对城规和土规的核心规划指标通常并不直接涉及，如规划中心城区常住人口、规划城市建设用地规模和永久基本农田面积等指标在经规中一般不予给出，结果是城规和土规最需要的核心依据难以在经规中找到，只能自行研究确定。同时，由于各个规划的规划期限不一致，分别按照5年、10年、15年和20年等不同的目标年限确定相应的规划内容，也会导致规划"无据可依"的尴尬。其次，发改部门通过经规确定的目标体系，相关指标本应作为其他规划的依据，却未得到有效执行。例如，生产总值年均增长率、工业园区单位土地产值等指标，可结合规划人口规模、城市规模等指标，大致测算出对应规划年限的产业发展用地规模，以此作为"城、土、环"等规划的依据，控制地均产出水平，避免某些地方政府以"优惠"的招商引资条件为名，造成严重的土地粗放型使用。再次，"三标"内容不衔接，包括目标提法与城市性质的过大差异、"指标"与"坐标"的不衔接等，后者往往为地方政府普遍重视，即城规和土规在规模与布局上的不协调问题。

为此，应积极推进"三标衔接"。"三标衔接"是指在"多规合一"中提出相对系统完整、但不追求过高的目标体系，避免前文提到的"无据可依"现象。"多规合一"的目标体系由规划发展目标及其指标体系组成，与这一体系对应的接口设计，就是指"多规合一"对各类规划的控制接口，在内容与深度的设定上，要避免过深或过浅的极端化选择，因此，目标体系应只控制经规、城规、土规和环境保护规划各自最核心的规划内容（图 13 - 3）。例如，对于城规，控制其城市性质、城市规模（规划常住人口规模、规划城市建设用地规模）和主要用地规划指标等内容；对于土规，控制其永久基本农田面积、城乡建设用地规模和禁止建设区面积等内容。由此，通过强调接口设计的"三标衔接"，明确核心控制手段，以"多规合一"统领各类规划。当然核心是，构建"一本规划、一张蓝图"，"划定城镇、农业、生态三大空间"和"划定城市开发边界、永久基本农田、生态红线"等目标要求，充分加强多规技术对接，在"多规合一"中采用统一来源、统一口径的基础资料与数据，对接用地分类体系和标准，统一技术方法和路线，夯实规划衔接与协调机制的技术基础。

二、推进鄞州区多规合一的重点任务

（一）运用全域统一的空间信息联动管理和业务协同平台，提升行政审批效率

项目审批在各部门之间来回奔波，盖数不清的公章，审批效率低下，这是为人们普遍诟病的现象。空间信息联动管理和业务协同平台建立后，在初步实现了建设项目信息、规划信息、国土资源管理信息的资源共享共用基础上，将全市涉及用地空间行政审批的事项接入该平台。行政审批系统内实现网络互通，变串联审批为并联审批，"跑部门"变成了平台上的部门内部协调。

（二）推进"多规合一"的公众全程参与，强化规划实施与监督评估

以空间信息平台为基础，加快推进网上审批、政务公开，特别是将涉及全市生态安全、民生保障的各类用地控制线上网公示，更能够强化公众对城市发展决策和管理的监督，为提高决策的民主化、科学化奠定基础。空间信息联动管理和业务协同平台的构建，不仅仅是通过技术手段提高行政效能，它是实行政务公开，从源头上转变政府职能的重要举措。

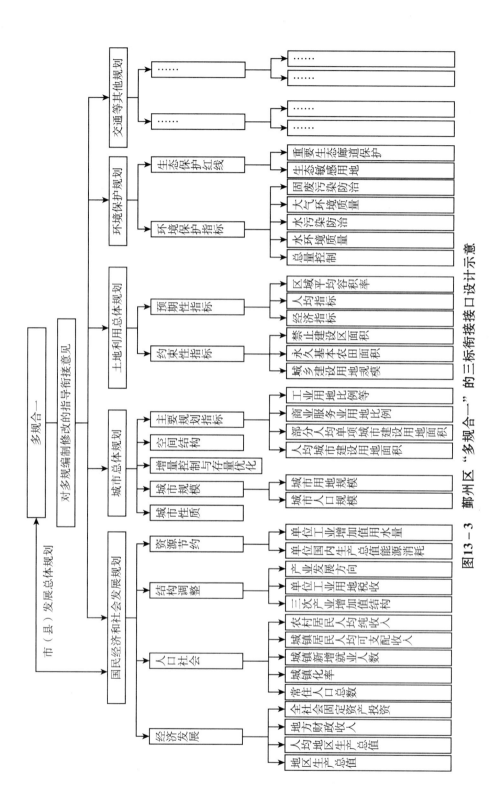

图13-3 鄞州区"多规合一"的三标衔接接口设计示意

（三）推进规划编制、审批、实施、调整、监测评估的协同处理体系与智慧技术运用

从技术手段上，积极推进"一套规划、统一编制、统一平台、分头实施"的工作改革总体方向，利用 GIS（地理信息系统）技术构建一个"三规合一"的基础地理信息平台来协调"三规"。以国民经济与社会发展纲要为指导，以城市总体规划为依据，以土地利用总体规划约束性指标为限制，从空间层次、规划内容、行政管理等方面理顺"三规"关系。以空间信息平台为基础，能够实现规划向管理的有效传递。

如改革后，行政相对人只需在区行政服务中心窗口递交申请，统一向多个部门提供相关材料，即可在第 10 个工作日取得发改委的项目意见函、国土部门的土地预审和规划部门的《建设用地规划许可证》（图 13－4）。例如，财政投融资项目的审批，改革前要经过"发改前期工作函—规划选址意见书—发改立项—国土土地预审—规划建设用地许可"等过程；改革后，依托"三规合一"平台，实现了市行政服务中心窗口统一收件、各审批部门网上并联协同审批和审批信息实时共享，实现了审批时限的大幅压缩，即从项目立项申请到用地规划许可阶段的 53 个工作日压缩到 10 个工作日。

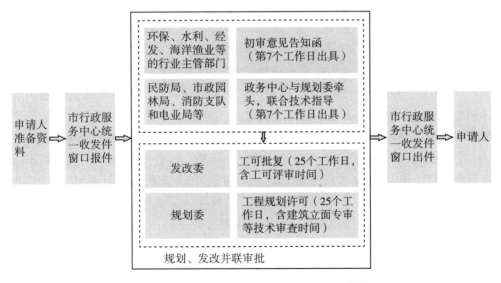

图 13－4　改革后建设工程规划许可审批流程

当然，在规划审批内容方面，用地规划许可阶段精简了项目选址意见书环节。发改委、规划部门与国土部门联动，发改委的可研批复（或立项）调整为

333

项目建议书批复，使得用地规划许可阶段前的相关手续无缝衔接，加快审批速度。在建设工程规划许可阶段，将建设工程规划许可由施工图审查阶段提前至可研批复及工程规划许可阶段办理，把部分原来由规划部门审查的规划指标移交施工图审查机构审查；取消"建设工程设计方案许可"审批环节，合并建设工程设计方案技术审查、三维审核、日照审核及方案景观艺术评审等技术审查环节，将其调整为规划部门建设工程规划许可审批的内部业务流程；建设工程规划许可的办理，实行"一份办事指南，一次性收件，一次性审批"制度。

第四节　同类城市的规划体制创新案例借鉴

围绕国内相关城市的规划实践，遴选了国内具有代表性的"多规合一"试点县、杭州萧山与余杭、深圳龙岗与宝安等案例，梳理各城市的经验，以启示鄞州规划体制变革。

一、国家"多规合一"试点市县的案例

2014年8月国家发改委、国土资源部联合印发《关于开展市"多规合一"试点工作的通知》，要求在全国范围内开展市县"多规合一"试点工作，统筹考虑经济社会发展规划、城乡规划、土地利用规划、生态环境保护规划"四规合一"，探索整合相关规划的空间管制分区，划定城市开发边界、永久基本农田红线和生态保护红线，形成合理的城镇、农业、生态空间布局；完善经济社会、资源环境政策和空间管控措施，形成一个市县一本规划、一张蓝图的管理目标。

"多规合一"将是我国城市规划发展新的趋势。尽管"多规合一"尚处于前期探索阶段，但从已有实践来看，近年来在上海、重庆、广州等城市展开的"两规协调""三规合一"等实践已经为"多规合一"积累了一定的经验。国内多规合一实践大体可分为机构推动型、城乡统筹整合型、新增规划型，其中机构推动型以上海为代表，城乡统筹统领型以重庆为代表，新增规划型则以广州为代表。

（一）以上海为代表的机构推动型

上海多规合一实践的核心是将国土局和规划局合并，成立规划和国土资源管理局，由新成立的机构组织编制土地利用规划，实现土地利用规划和城市规划的

"两规合一"。在城乡统筹发展的大背景下，上海着眼于特大型城市规划管理和土地管理的特点，积极开展"两规合一"编制工作，从市、区县和乡镇三个层面推进"一张图"管理。上海自2008年开始进行机构调整，并以嘉定、青浦两区试点进行两规合一工作后，目前已在全市范围展开。上海市"两规合一"工作根据城市发展的需求，按照"统一目标、各有侧重、突出重点、有序衔接"的原则有序进行。

总体思路是坚持城市总体规划确定的城市发展方向、空间结构、城镇布局和重大市政基础设施安排基本不变（见图13-5），依据国家下达的新一轮土地利用总体规划指标，同步实现规划建设用地和基本农田保护任务落地。"两规"按照"统一数据底板、统一用地分类、统一技术规程"进行编制，以实现技术层面的衔接。上海"两规合一"的关键技术内容为确定规划规模、优化空间布局、保证土地流量。其"两规合一"的主要成果是完善了建设用地控制线、产业区块控制线、基本农田保护控制线的管控方案和相关配套政策及城乡规划编制体系。

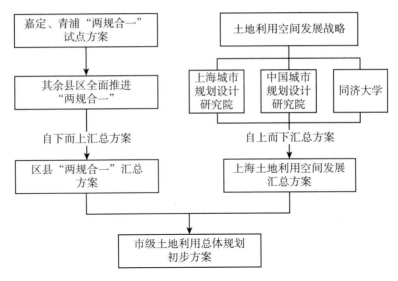

图13-5　上海市"两规合一"方案编制流程

（二）以重庆为代表的城乡统筹整合型

重庆"多规合一"实践特点为：一是以城乡统筹为契机进行规划体系改革；二是规划合一的探索不断扩展，由"三规合一"到"四规叠合"再到"五规合一"；三是规划主导部门由规划局转到发改委，有利于更好地发挥发展规划对土地利用和城市规划的指导作用、协调各部门和各规划的关系；四是以发展规划为指导、空间规划为载体，统一规划编制的技术要求，增强各规划之间协调性；五是提取各规划的核心要素，形成综合实施方案。

以重庆的"四规叠合"实践为例。"四规叠合"要求同时编制四个规划和叠合规划，实现"规划一张图、建设一盘棋、管理一张网"，依据"国土定量、规划定位"的指导思想，采取建设用地总量指标依据土地利用总体规划，具体布局按照"刚性框架、弹性利用"的理念，将区县所有可调整的城乡建设用地指标在空间上进行规划布局落实。

"四规叠合"工作由"四规叠合"工作协调小组领导，采取"自上而下—自下而上—综合平衡—联合审批"的工作流程。首先是市"四规叠合"工作协调小组下达各区主体功能定位和重要控制指标的具体数据，作为各相关规划编制的基本依据；然后各区根据全市要求开展国土空间状况评价，形成方案初稿；小组根据各区上报的方案进行综合平衡，并提出调整意见；最后各区"四规叠合"规划文本修改完善后，报市"四规叠合"工作协调小组联合审批，在各规划编制的基础上，形成综合实施方案。目前，重庆市又以沙坪坝区为试点，准备进行经济社会发展规划、城乡总体规划、土地利用规划、产业规划、人口和环境规划"五规合一"的实践（图13-6）。

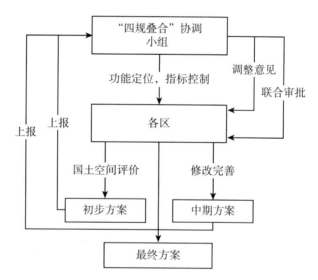

图13-6 重庆市"四规叠合"方案编制流程

（三）以广州为代表的新增规划型

与重庆在各具体规划编制之后，根据各规划的核心内容，形成一个综合实施方案不同，广州是在各规划之上编制一个综合性的指导性规划，为编制各具体规划提供依据。

广州"三规合一"以"战略规划"为引导，严格落实战略规划"南拓、北优、东进、西联、中调"的十字方针，以城市空间功能错位发展为基础，面向管理，突出底线管控思维，运用"协同规划"手段，在衔接城乡规划不同层级规划基础上，协调国民经济和社会发展规划、城市规划、土地利用总体规划等不同类型的规划，形成"三规合一"边界管控控制线体系。广州"三规合一"通过全市统一的建设用地规模控制线、建设用地增长边界控制线、生态控制线和产业区块控制线的划定，强化了城市功能和空间布局结构的引导，在优化城乡空间布局的同时，创新了规划编制新方法，探索了规划治理新模式。其主要方式有：市区互动，三上三下、部门联动，项目整理、城乡统筹，综合改革。

市区互动，三上三下。"一上一下"的工作重点是摸清全市"三规"差异，制定差异图斑处理措施。"二上二下"的工作重点是明确可调整的建设用地数量及规模，并形成"三规合一"的框架性文件。"三上三下"的工作重点是依据第二阶段确定的可调整建设用地规模，依据发改委确定的建设项目排序，布局建设用地，确定"三规合一"建设用地规模控制线及相关控制线，并形成最终成果（图 13－7）。

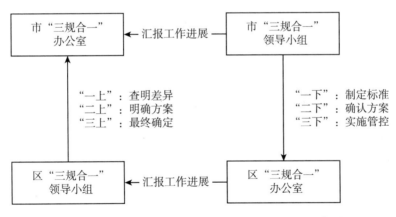

图 13－7　广州市"三规合一"三上三下示意图

部门联动，项目整理。除了对城乡规划与土地利用规划"两规"进行协调外，国民经济发展计划对城市空间的土地需求管理也是"三规合一"的重要工作内容。通过项目协调会的形式，"三规办"召集区各职能部门与下属各镇街道对各自的用地需求进行汇总，并呈报区"三规合一"领导小组，对各类重点项目进行整理、甄别、排序，按照项目立项和资金情况、成熟程度、开发需求等进行分期规划，最终形成"三规合一"重点项目库，作为"两规"重点落实建设用地规模的对象。

城乡统筹，综合改革。"三规合一"实施过程中涉及"两规"大量差异图斑的调整，这需要国土及规划部门在相关管理与政策上不断创新。2013 年国土资源部批复同意《广州市城乡统筹土地管理制度创新试点方案》为广州"三规合一"工作提供了土地管理政策创新的保障。一方面，提出"创新土地利用规划编制和审批机制"，可以由广州市依据土地利用总体规划编制功能片区方案，报广东省国土资源厅备案，功能片区内实现土地利用规划批量调整，为广州"三规合一"差异图斑批量调整提供政策支撑。另一方面，方案提出了对"城市生态用地差别化管理"政策，对城市建成区内园地、山林、水面等具有生态功能的用地，在符合土地利用总体规划前提下，纳入非建设用地管理，为优化广州"三规合一"建设用地规模的空间布局，有效利用建设用地规模指标提供了政策指导。

二、杭州萧山/余杭案例

长期以来，杭州城市的发展受到行政区划的限制，在空间上难以拓展，区划问题成为杭州城市的发展"瓶颈"。2001 年经国务院批准，萧山市撤市设立杭州市萧山区；同年余杭市撤市设立杭州市余杭区。为解决城市发展空间的局限，杭州经过先后两次行政区划调整，下沙、滨江、萧山、余杭先后划入杭州市范围，杭州市在空间上摆脱了以西湖为核心的生长模式转变为以钱塘江为轴线的"钱塘江时代"。杭州市规划形成"一主三副六组团"的杭州都市区格局，为城市形态重构、产业结构的重组和生态环境的重整提供了重要机遇，也为杭州城市空间的优化和城市竞争力的提升提供了战略性机遇。

并入杭州市区后，萧山、余杭等各区经济、社会得到了加速发展，基础设施建设步伐加快，杭州大都市区的总体空间格局初步形成，然而一直以来杭州市"一市三城"的城市管理体系、"一区两治""同城不同待遇"及在基础设施系统布局和统筹上，还存在着诸多问题和矛盾，许多体制机制性障碍还亟待克服。

2015 年 1 月杭州市出台了《关于进一步加快萧山区余杭区与主城区一体化发展的若干意见》。从 2015 年起，萧山、余杭两地在多个领域的公共服务政策将率先"破题"，逐步实现与杭州并轨。（1）统一户籍管理：杭州市八城区外户口迁入两区政策统一执行主城区政策。（2）统一就业和社会保障政策及体系：逐步实现两区与主城区之间社会保险缴费权益和医保定点单位互认；统一主城区、萧山区、余杭区的社保制度、医保机构管理标准。（3）加快社会优抚、社会福利和社会救助一体化。（4）扩大优质教育资源覆盖面：加快两区与主城区名校集团化办学和学校互助共同体建设，加快推进高中段学校招生一体化。（5）促进产业提升发展：加大对两区产业的扶持力度，重点产业项目安排要向两区倾斜。（6）优化公共交通组织管理：加快地铁建设，完善两区地铁各站点周边公交配套设施。（7）实现市民卡应用和服务一体化。（8）统一住房公积金、保障性安居工程等有关政策。（9）加强公共卫生和计生服务：统一编制市区卫生规划，统筹主城区与萧山区、余杭区的医疗资源布局。

杭州市城乡规划工作实行集中领导、统一规划、统一管理的组织机构，县级以上人民政府城乡规划主管部门负责本行政区域内的城乡规划管理工作，市、县人民政府城乡规划主管部门设立的派出机构按照规定职责承担相关城乡规划管理工作。城乡规划编制计划由市、县人民政府城乡规划主管部门组织制定，在符合法律、法规、规章和有关技术规范的基础上，使用具有统一坐标系、高程系的地形图进行编制。杭州市城市总体规划由市人民政府组织编制，各级政府根据当地经济社会发展水平，尊重群众意愿的同时，有计划、分步骤地组织实施城乡规划。在规划区内使用土地和进行各项建设须符合总体规划要求，市、县、镇人民政府根据城市总体规划、镇总体规划、土地利用总体规划以及国民经济和社会发展规划，制定近期建设规划，经本级人民代表大会或者其常委会审议后，报总体规划审批机关备案。市、县、镇人民政府还要根据近期建设规划，编制城乡建设年度计划。任何单位和个人均有权向城乡规划主管部门、城市管理行政执法机关和其他有关部门举报违反城乡规划的行为，市人民政府城乡规划主管部门对县城乡规划进行指导、监督和检查，对违反城乡规划法律法规作出的行政许可，市城乡规划主管部门有权责令其撤销或者直接予以撤销。

杭州市以建设网络化、组团式、现代化大都市为目标，按照"优化布局、提升品质、突出重点、统筹发展"的思路，以新型城市化为主导统筹城乡区域发展，推动杭州城市沿江、跨江发展。同时加快编制完善市域、县（市）域总体规划与杭州市城市总体规划和土地利用规划有机衔接，以杭州中心城区为核心，以交通干线为依托，以城镇空间为基础，形成"拥江依湖、三区三态、一主三副、两翼三极、组团强镇、网络都市"的市域空间总体布局框架，着力构建"中心城市（杭州市区）—中等城市（五个县城）—小城市（中心镇）—特色镇—中心村—特色村"梯次衔接、功能配套、以大带小、节约土地的网络化、组团式城镇规划体系。

在加快副中心城市建设和强化城市各组团承载能力上，萧山、余杭区分别以副城和组团建设为重点，以新城和综合体建设为突破口，以发展先进制造业和现代服务业为主体，着力推进两区城市化建设，优化两区生产生活布局，发展新型城市社区，推动产业集聚、人口集聚和城市建设，提升两区产业水平、城市品位和宜居程度。同时加大钱塘江过江通道建设力度，疏解主城区交通压力，实现主城要素向两区有机疏散，以促进萧山副城和余杭组团的建设。

三、深圳宝安/龙岗案例

深圳市于 1992 年年底进行了行政区划调整，撤销原有的宝安县设立宝安、龙岗两区，并保留了 18 个乡镇基层政权。深圳现辖 6 个区，总面积 1949 平方千米，其中罗湖区、福田区、南山区、盐田区位于经济特区内；宝安区、龙岗区处经济特区外。自撤县设区后，两区经济取得了较快发展，但龙岗、宝安为非经济特区，并以"二线关"将特区与非特区分割管辖，"一区一法"现象和特区与非特区在城市化水平上的巨大差异成为深圳建成国际化城市亟须解决的问题。2004年，深圳在宝安、龙岗两区全面推行城市化。

深圳在最初的行政区划调整中保留了特区外的镇级行政单位，这在当时为经济主体主观能动性的发挥创造了条件，但随着时间的推移，这种形式已不能适应市场经济发展的要求。为了促进特区内外协调发展，深圳市委市政府出台《关于加快宝安、龙岗两区城市化进程的意见》，在宝安、龙岗两区全面推进城市化工作：（1）撤销镇建立街道办事处和居民委员会，撤销一个镇设立一个街道办事处，一个村民委员会成立一个居委会。（2）宝安、龙岗两区对镇级资产进行清产核资和资产评估后直接移交给街道办事处。（3）村集体经济组织全部成员转为城市居民的，原属于其成员集体所有的土地依法转为国家所有。（4）实施城市化之后，宝安、龙岗两区对由各村委会建设和管理的市政公共设施的维护和管理实行 3 年过渡期。（5）农业户口村民一次性办理农转非手续，转为非农业户口的城市居民。（6）城市化后，两区符合年龄条件的原村民均按城市企业员工标准参加深圳市的养老和医疗保险，农业户口村民转为非农业户口的城市居民后，享受城市居民的最低生活保障标准。

深圳市城市规划委员会是市政府设立的城市规划审议和决策机构，规划委员会履行以下职责：（1）审议城市发展策略、城市总体规划、近期建设规划、分区规划、由市政府或上级机关批准的专项规划和重大建设项目的规划选址；（2）审批法定图则和由规划委员会批准的专项规划、城市设计和详细蓝图；（3）审批法定图则制订计划和专项规划制订计划；（4）接受并处理关于规划委员会各专门委员会是否依法开展工作的申述等。

由深圳市政府组织制定城市发展策略，城市发展策略用于指导城市规划的制定，对城市总体发展战略进行研究，确定城市发展目标和功能定位，提出城市空间、生态环境、产业结构和城市基础设施建设等发展策略。市政府制定城市规划标准与准则、城市与建筑设计标准与准则，作为制定城市规划和实施规划许可的主要技术依据。城市规划草案公开展示之前，需在相关网站和主要新闻媒体上公告拟公开展示的城市规划草案的名称、公开展示的时间和地点。在草案公开展示期间，任何单位和个人都可提出意见或者建议，规划委员会审议后会在规划委员会网站上予以分类答复。

市政府组织制定城市总体规划，规划主管部门根据近期建设规划、国民经济和社会发展五年规划的规定，组织制订全市近期建设规划年度实施计划，年度实施计划是本市建设项目安排和用地管理的重要依据。各类建设项目用地安排、交通市政基础设施建设和城市更新改造，要符合年度实施计划；与空间利用相关的各项计划，要与年度实施计划相协调。

由市政府成立的规划督察组，定期对各区政府、市政府有关部门编制各类城市规划、执行城市规划、实施城市规划许可、城市规划行政执法的工作情况以及建设单位遵守城市规划许可的情况进行监督检查。规划督察组在监督检查过程中发现各市、区政府有关部门不执行城市规划法律、法规的，可以向其发出《督察意见书》，要求其在规定的期限内进行整改，并将整改情况向市政府书面报告。监督检查过程中发现国家工作人员违法行为需依法追究行政责任的，可以向其任免机关或者监察机关提出处理建议，涉嫌犯罪的依法移送司法机关处理。规划主管部门利用卫星遥感图像和其他科技手段对全市城市建设行为进行动态监测，并将动态监测情况向市政府书面报告。

深圳的城市规划编制体系由"总体规划—次区域规划—分区规划—法定图则—详细蓝图"五个层次构成，分别适应不同层次的管理要求。深圳对宝安、龙岗两区坚持规划先行和统一规划，规划分别形成宝安组团和龙岗组团。组团分区规划是介于城市总体规划和法定图则之间的规划层次，是在城市总体规划的指导下，对各个组团的土地利用、人口分布和公共设施、城市基础设施的配置作出进一步的安排。宝安组团规划建设成为高新技术产业、先进产业、加工贸易、生态农业和生态旅游基地；龙岗组团规划建设成为高新技术和先进工业产业出口加工基地、现代物流业基地和滨海旅游基地，形成宝安、龙岗与特区之间相互促进提升，并具有较强辐射带动作用的城市空间布局。

2010年国务院批复同意将深圳经济特区范围扩大到全市，将宝安、龙岗两区纳入特区范围，这从根本上解决多年来"一市两法"等"瓶颈"问题。事实上早在撤销宝安县设立宝安、龙岗两区的时候，深圳市规划国土局就建立了覆盖市、区、镇的垂直管理体制，从各种规划的编制到土地出让、规划实施管理都建立了有效的管理体系，保证了特区内外城市建设的有序进行。此外，深圳从20世纪80年代末就逐步建立并不断完善规划委员会制度，对重大规划项目、法定图则、城市设计等纳入公开化、法定化的管理轨道，通过公众参与，不仅促进了对深圳大都市区协调发展认识的不断提高，也有效制约了各种违法、违规建设的进行。

四、对鄞州区规划的启示

（一）制定规划方案，建立健全管理机制

由区政府牵头，制定详细的规划方案，建立完整的法律法规体系和保障机制，并完善相关配套机制。建立统一的操作监控体系，以便能及时掌握规划的动态调整和变动信息，实现精细化规划管理。建立一套全区统一的规划体制，明确规划编制的具体内容与目的，尽量减少不必要的规划。成立跨部门规划领导小组，及时调整规划方案和实际规划中不对等的地方，协调各部门工作有序进行。

（二）推进顶层设计，宏观把握规划引导

无论是"三规合一"，还是"多规协调"工作，其本身不是一项传统意义的规划，而是一个统筹协调的过程，是一项改革措施，需要从顶层谋划。"多规合一"涉及规划目标、规划期限、规划技术标准不统一等诸多问题，要解决这些问题，就必须做好顶层设计，不断加强制度创新和方法创新，尽早确定"多规合一"的统一基本准则。

（三）推进信息化建设，建立统一的数据平台

"多规合一"的开展需要基于规划、国土、测绘等部门的基础数据，以及技术团队支撑。开展"多规合一"工作，必须具备规划空间数据库，需要合一的各部门"规划图"和兼容的"空间规划数据库"，要基于信息化基础上建立统一的业务协同平台，保证各部门空间信息共享，实现各部门的业务协同管理。重点要借助于地理信息系统建立起集地理空间、区域经济、用地类型、产业类别、生态环境等数据为一体的规划数据库，并能实时更新数据。

（四）统筹城乡规划，走新型城镇化道路

坚持城乡统筹发展，促进城乡一体化与郊区城市化。综合考虑社会、经济、文化、生态环境等多种因素，划定建设用地控制线、产业区控制线、基本农田保护控制线、生态保护控制线等。促进城乡基础设施一体化和公共服务、教育、医

疗等均等化，走城乡一体、产城互动、节约集约、生态宜居、和谐发展为基本特征的新型城镇化道路。

（五）建立规划跟踪评价与反馈机制

规划目标的实现，离不开对规划进程的监督与评价。只注重前期编制，不注重后续监督的规划往往达不到理想的规划效果，鄞州区政府应统筹考虑规划前期阶段、编制阶段和后续阶段三个过程的规划跟踪评价机制，运用多种评价指标，对规划实施效果进行综合评价并根据评价结果及时对现行规划做出调整。

第十四章

鄞州交通运输和管理体制创新

交通运输是支撑经济协调发展、促进生产力合理布局、沟通城乡、保障社会稳定的基础性和先导性产业，也是重要的生产性服务业和消费性服务业，是社会生产、分配、交换、消费各个方面得以正常进行的重要桥梁和纽带。在经济全球化的今天，交通运输作为完成全球资源配置的重要运载工具和手段，作用和影响越来越突出。

交通运输对鄞州的发展同样具有重要意义。改革开放以来，特别是2002年撤县建区以来，鄞州交通运输事业取得长足的发展，对鄞州区乃至整个宁波的经济发展、城乡一体化、民生改善都起到了积极作用。然而，经过撤县建区10多年的快速发展，鄞州区早已完全褪去了"县域"经济的旧衣，换上了"城区经济"的华服，域内原有的交通运输组织体系和管理体制逐渐难以适应日新月异的经济社会发展需求。因此，进一步加快构建现代化的综合交通运输体系，推进交通运输改革和完善现行的管理体制显得日益紧迫。

第一节　鄞州交通运输发展的现状和背景

一、鄞州交通运输的发展现状

近年来，鄞州区紧紧依据宁波市和鄞州区有关交通发展规划，大力实施交通

66200 工程（2012～2015 年实施道路交通项目 66 个，完成建设投资 200 亿元），同时积极配合宁波市推进铁路、机场、轨道交通建设，不断完善综合交通网络体系，全力提升交通运输服务水平，有力地推动了经济社会全面、协调、可持续发展，为"打造质量新鄞州、建设国内一流强区"发挥了重要支撑和保障作用。随着栎社机场的发展、甬台温铁路的开通、轨道交通的建设、杭甬运河的开发，全区交通逐步形成了以公路为主，航空、铁路、轨道交通、水路运输等为辅的多种运输方式协调发展的"大交通"综合运输体系。截至 2014 年年底，全区已基本形成"七横十二纵"的公路网骨架和"六横九纵"的城市道路框架雏形，区域外基本实现以宁波市（中心城区）为中心，沟通长三角的快速运输通道，区域内基本实现以新城区为中心的半小时交通圈，形成快速、便捷、畅通、安全、经济的道路交通网络。

1. 铁路、机场、轨道交通

铁路方面，路经鄞州的铁路有甬台温铁路、货运北仑铁路、宁波铁路枢纽北环线等，它们均由市级以上建设管理。机场方面，位于鄞州的宁波栎社国际机场 2014 年全年旅客吞吐量、货邮吞吐量和航班起降架次分别为 635.9 万人次、8.2 万吨和 5.4 万架次。轨道交通方面，宁波市目前规划建设的所有轨道交通均经过鄞州，截至 2014 年底，轨道交通 1 号线一期工程建成投入运行，1 号线二期、2 号线一期、3 号线一期动工建设。

2. 公路

"十二五"期间，我区公路建设预计完成投资 108 亿元，为"十二五"计划的 138%，是"十一五"期间投资额的 2 倍多。鄞州路网结构已经发展到与区域经济基本适应的新阶段，"七横十二纵"的干线公路网已基本建成，交错密布的农村公路网正日益完善。2014 年末全区公路总里程达 1 942 公里（不包括城市道路），其中高速公路 143 公里，以全区面积计算的公路网密度为 144.3 公里/百平方公里，基本形成了以高速公路为骨架，国省道及主要县道为主干线，纵横交错的农村公路为支线的公路网络。截至 2014 年年底，鄞州区城市道路总里程在 150 公里左右，基本形成以城市道路为主框架，次干路、支路为支撑的道路网络。至 2014 年年底，全区管养里程为 560.9 公里，另承担 1 355.2 公里农村公路养护行业指导工作，全区行政村通客车率达到 100%。运输市场不断发展，截至 2014 年年底，全区拥有客运企业 17 家，中长途客运线路 80 条，营运车辆 1 948 辆，货运车辆 16 711 辆。2014 年全区货物运输量 5 224 万吨，其中公路货运量 4 385 万吨。货运周转量 1 325 839 万吨/公里，其中公路货运周转量 393 250 万吨/公里。客运量 1 097 万人（口径调整，仅包括班车、旅游，下同），其中公路客运量 1 096 万人；客运周转量 91 844 万人公里，其中公路客运周转量 91 840

345

万人/公里。

3. 水路

内河航道：目前全区航道总里程为 280 公里，其中，有六级航道 1 条，即奉化江航道，长 25.9 公里；七级航道 10 条，总长 115.9 公里；其他均为等外航道。内河港口：全区内河港口目前主要分布在奉化江及其支流上，除 3 个企业配套性 200 吨级煤码头泊位外，主要是城防工程建设后迁移的 25 个临时性黄沙简易码头，泊位规模小、靠泊能力低。沿海港口：目前区内无大中型沿海码头。截至 2014 年年末区内共有水路运输企业 12 家，共拥有客船 7 艘，488 客位，货运船舶 63 艘，总载重吨 333 710 吨。

4. 公共交通

鄞州区已初步形成轨道交通、常规公交、出租车、公共自行车四位一体的公共交通体系，公交运力及线路获得进一步优化提升。截至 2014 年年末，区内有营运轨道交通线路 1 条，公交车 1 447 辆，折计 1 744 标台，清洁能源公交车占比为 35%。共有运营线路 170 条，线路总长度 4 323.6 公里。日均客运量已达 36 万人次，实现公交全覆盖。区辖出租车总数为 1 607 辆，清洁能源化已达 61.2%。共建成公共自行车租赁网点 170 个，累计投放公共自行车 4 500 辆。

5. 交通枢纽

客运枢纽：区内原有客运三级站一个，即麦德龙对面的鄞州客运站。"十一五"期间新建了宁波城西客运站，为客运四级站，建设了港湾式停靠站 1 300 个。"十二五"以来，新城区综合交通枢纽站已投入使用，夜间可停放大型客车 160 辆，姜山运管站、洞桥运管站等多个乡镇级客运场站相继建成并投入使用。货运枢纽：拥有 3 个货运站，其中，枢纽站 1 个，中心站 2 个，枢纽站为宁波空港物流中心一期，中心站为宁波鄞州开诚物流有限公司货运站和宁波市金星物流有限公司货运站。

6. 建设管理体制

鄞州区范围内的高速公路、铁路、机场、轨道交通建设管理均归宁波市，鄞州区只负责征地拆迁和政策处理等工作。鄞州公路交通分新城区和以外地区两部分。新城区 80 平方公里范围内，又分核心区和非核心区，核心区范围（主要包括钟公庙、中河、首南街道）内的城市道路由鄞州城投公司负责建设，建成后移交区城管局养护；非核心区范围（主要包括下应、潘火、石碶街道）城市道路由城投公司建设，建成后移交街道养护，但根据 2015 年区政府最新文件，明确下应、潘火、石碶三个街道办事处作为辖区内道路及配套设施的建设主体（区政府另行规定除外），可委托城投公司代建。新城区 80 平方公里以外的道路，国道、省道、县道由鄞州区交通局负责建设和养护，乡道由镇乡政府负责建设和养护。另外，工业园区道路和镇区道路由园区管委会和镇乡政府各自负责建设和养护。

二、鄞州交通运输发展中存在的问题

1. 交通供给能力仍显不足

从外部交通看，鄞州与宁波都市圈的交通对接还不够充分，鄞州依托宁波的机场、铁路、高速公路等大交通发展不快、对外辐射能力不适应需求。如宁波栎社国际基础航线规模小、密度低，在区域机场竞争中缺乏比较优势，宁波铁路网络枢纽地位不明显，对外大交通网络有待提升。从内部交通看，随着全区社会经济的加速发展和新城区人口的集聚，区内交通发展问题凸显，交通供给能力与不断增长的交通需求仍显不足。目前全区公路网的经济、技术、环境等可持续性评价指标值仍然较低，服务管理水平依然不高，交通紧张状况的缓解具有不全面性、不平衡性和不稳定性。承担区内快速交通的高等级公路偏少以及立体交通缺乏，导致道路通行能力不高；部分主干路建成时间早、破损较为严重，亟须升级。公交基础设施不足，公交场站基础设施缺口较大，特别是衔接城际、城乡、城市交通的公共交通枢纽场站建设滞后，供需矛盾突出。

2. 运输服务水平亟须提高

随着人民生活水平的提高，消费结构和出行习惯和方式的变化，促使区内汽车保有量尤其是私人小汽车的增速始终居高不下，群众对"出行"的畅达性、舒适性和安全性等提出了新的要求。虽然目前高速公路、轨道交通、铁路、机场等交通运输组织均穿过或坐落于鄞州，但各种交通方式之间及与城市内部交通之间还缺乏有效衔接，各类场站枢纽换乘还不够便捷，运输效率和服务管理水平还不能完全适应社会经济发展，与人民群众要求的高效率、高质量的"短距离"换乘、"无缝对接"相比还有一定的差距。城市公共交通仍以常规地面公交为主，缺少服务于长距离、组团间出行的轨道、中运量公交等快速骨干公交系统，公交线网结构与公交需求不匹配，公交线路重复系数偏高，公交客运规模和公交分担率较低。

3. 资源要素制约较为明显

一是交通项目建设受土地资源制约严重。新增建设用地增长速度较快，鄞州区剩余的新增建设用地接近极限，特别是国家关于耕地占补平衡的新规定，占水田必须补水田，而鄞州区新造土地均为旱地，无造水田空间，对于需大量占用耕地的交通项目来说，所受影响更为直接和严重。二是交通建设资金严重不足。一方面受经济低迷影响，鄞州财政收入增长有所放缓，财政对交通项目建设的投入越显不足。同时，由于国家政策调整，加强对地方政府负债的管理和控制，清理和整顿地方政府融资平台，交通项目融资难度大幅上升。而另一方面，交通项目建设成本不断上升，受原材料价格、劳动力成本、土地价格、拆迁价格等大幅上涨因素影响，工程建设成本急剧增加，使得交通项目资金压力与日俱增。三是交通项目前期政策处理和前置审批难度越来越大。作为线性工程，交通项目一般会占用到耕地、林地等，审批办理程序多、时间长、难度大。同时，目前群众对改善交通的愿望远不如以前迫切，交通建设环境日趋不利，特别是在片区价格补偿、企业货币安置、拆迁安置用地政策方面存在不配套等问题，造成部分拆迁协议无法签订，阻碍工程建设。

4. 管理体制有待调整优化

一是区内大交通管理体制尚未形成。鄞州交通运输体系建设和管理涉及鄞州区交通局、城投公司、城管局、铁路建设指挥部（轨道办）和有关街道等单位，鄞州交通运输局仅仅负责城乡道路的建设管理。由于建设管理涉及多个部门，没有一个统一管理各种运输方式的机构，导致了交通建设管理混乱（如城市道路和城乡公路如何实现一体化衔接、技术标准如何选取），不同交通运输方式之间的协调难度大，不利于综合立体交通体系的建设和管理。二是县域型为主的交通管理体制有待优化。由于鄞州独特的行政管理体制，其交通管理体制具有以县域为主、兼有城区型特点，鄞州交通管理一方面受宁波市在规划等方面的调控，一方面又具有相对独立的建设管理权限。这种管理体制在充分调动鄞州加快交通发展的积极性和主动性的同时，也导致市区两级在交通建设管理方面存在衔接不够充分等问题，容易出现"断头路"、管理空白等问题，不利于宁波现代化综合交通运输网络的统一构建和鄞州加快融入宁波都市圈，需稳步推进向城区型管理体制的转变。三是公路管理和运输管理体制低效。路政执法部门，承担着国省干线路政管理工作，而原有承担此项工作公路养护管理部门也在开展此项工作，两部门职能交叉，推诿扯皮，不利于公路管理工作正常开展。公路养护经费压力较大，不同程度地存在着乡村道路管养的职责主体还不明确。在运输市场管理中，运输业结构性矛盾仍然突出，经营主体结构分散，企业规模小、竞争能力弱，交通运输企业竞争力的现状还需改善。交通应急管理、依法行政水平有待提高，交通队伍建设仍需加强。

三、鄞州交通运输发展面临的新形势和新要求

当前，宁波市提出打造港口经济圈，努力跻身全国大城市综合实力第一方

队的总体目标和打造亚太重要交通枢纽城市、国际水平的公交都市的综合交通远期发展目标，鄞州也面临着打造"浙江两富两美先行区、宁波港口经济圈核心区"的战略任务。市区两级重大战略和目标定位的实现，都要求加快推进鄞州交通运输事业的转型发展和提质增效，进一步增强对经济社会发展提的支撑。

1. 融入区域交通网络是支撑鄞州和宁波新时期发展的时代要求

交通运输必须成网才能发挥其最大功能，网络体系越健全、越广大，对区域经济社会发展的支撑就越明显。撤县设区后，鄞州交通运输体系也逐渐融入宁波市域交通运输网络，但在新时期，宁波提出打造港口经济圈和亚太重要交通枢纽城市的战略任务，这就必须推进宁波交通网络与周边区域的互联互通；鄞州要打造宁波港口经济圈的核心区，则要求鄞州交通运输体系进一步加强与宁波港口经济圈交通运输网络乃至更大区域交通运输网络的深度融合，以促进各种要素资源在区域内的快速、高效配置，为鄞州和宁波战略目标的实现提供强大支撑。

2. 发展立体综合交通是充分发挥各种交通运输方式组合优势的必由路径

立体交通网络是指利用功能强大的交通枢纽将各种交通运输网络进行衔接和整合，实现各交通方式间的无缝对接，从而形成多模式化组合的综合交通运输体系。不同交通方式各具优势，加强各交通方式的衔接，构建多模式、一体化的立体交通体系已成为现代大都市区域交通协调发展的国际趋势。打造立体交通网络体系，建设功能强大的立交桥、客货运中转站特别是综合性交通枢纽，通过交通枢纽实现多种交通运输方式或者多条交通干道的转换，对充分发挥好现有各种交通运输方式的协同效应、提升交通运输能力、缓解城市拥堵具有重要意义。

3. 发展绿色交通是满足人民群众健康追求的迫切需要

"绿色交通"是一种优先采用绿色交通工具、节约资源、不对城市生态环境产生危害，而且安全、文明、公平、符合大众化出行要求，与环境、未来、社会、资源和谐的可持续城市交通系统。"十三五"时期，面对能源资源短缺、生态环境恶化所带来的严峻挑战及汽车尾气污染、噪声污染、交通拥堵、交通事故等问题，交通运输行业必须把绿色循环低碳发展放在更加突出的位置，加快推进绿色交通运输体系建设，为建设美丽鄞州提供有力支撑。

4. 发展智能交通是提高交通运输系统运行效率的技术支撑

智能交通是将先进的信息技术等有效地集成运用于整个地面交通管理系统而建立的一种实时、准确、高效的综合交通运输管理系统。信息化、智能化水平已成为衡量各地交通运输现代化发展水平的重要标志。智能交通可以使多种运输方式间信息实现互通和综合，为车辆运营管理提供实时、准确的资料，从而降低道路交通压力，提升交通运输服务准时性和预见性，降低交通拥堵、交通事故发生概率，也方便市民出行。

5. 发展慢行交通是体现人本主义和缓解城市拥堵的重要手段

慢行交通就是把步行、自行车等慢速出行方式作为城市交通的主体，引导居民采用"步行＋公交""自行车＋公交"的出行方式。在传统"以车为本"规划设计理念中，道路作为城市结构的骨架，往往更多的是为车流服务，使其快速通过，并采取措施减少其他因素对行驶车辆的干扰，这种以机动车交通为主体的交通发展方式也造成了城市盲目扩展、交通事故频发、道路拥堵、环境污染等问题。随着"绿色交通""以人为本"等发展理念的提出，引发了对现有交通发展模式的反思，回归到重视慢行出行的思路上，并关注城市弱势群体的出行方式和出行感受，成为当下交通运输发展的重要环节。

第二节　鄞州交通运输发展的目标定位

一、指导思想

以科学发展观为指导，全面贯彻党的十八大和十八届三中、四中全会精神，按照适度超前、统筹协调、民生为本、可持续发展的原则，推进城乡、城市交通及各种运输方式的协调发展，加快综合交通网络化、立体化、智能化建设，构建外通内联、全面覆盖、结构适宜、高效衔接的现代化综合交通运输网络，全面融入宁波港口经济圈交通网络，为促进鄞州经济社会的转型发展、实现鄞州"浙江两富两美先行区、宁波港口经济圈核心区"和宁波综合实力跻身全国大城市第一方队、建设更高水平现代化国际港口城市的目标提供坚实支撑。

二、发展原则

坚持以人为本，满足居民多样化需求。始终把以人为本、民生为先作为交通运输工作的出发点和落脚点，突出交通运输行业的服务属性，着力提升交通运输服务水平，努力实现"人便于行、货畅其流"。大力发展智能交通、绿色交通、公共交通、慢行交通，大力提升交通运输服务质量和水平，不断满足经济社会发展和人民群众日益增长的交通运输服务需求。

1. 坚持互联互通，构建立体综合交通体系

顺应交通运输立体化发展趋势，以率先构建现代综合交通运输体系为核心，充分发挥现有各类交通设施功能，加快综合交通枢纽建设，努力实现各种交通运输方式的互联互通，切实发挥各种交通运输方式的协同优势，大力提升交通运输综合效率，为区域经济协调发展和新型城市化推进中提供基础保障和先行引导。

2. 坚持绿色节能，大力发展新能源交通

把绿色节能作为基本要求，进一步推进资源节约型、环境友好型交通运输行业建设，把节能减排、保护环境和节约集约利用资源落实到交通运输各环节，努力实现交通运输绿色发展。把安全保障作为前提，牢固树立"安全第一"的理念，坚守红线定位和底线思维，全面提高交通运输的安全性、可靠性和应对自然灾害、突发事件的反应能力。

3. 坚持上下联动，积极融入大市交通网络

加强交通运输发展市级层面的统筹力度，同时充分发挥鄞州自身的主动性和积极性，大力推动鄞州交通运输体系积极融入宁波港口经济圈交通网络。一方面要积极推动宁波栎社机场、铁路、高速公路、轨道交通、城市快速通道、水路等大交通体系建设；另一方面要进一步完善鄞州内部城市交通系统，加大与市区的城市道路的对接，推动鄞州交通网络与宁波城区交通网络的无缝对接。

三、发展目标

到 2020 年，构建与鄞州区域空间布局相协调，与城乡发展和生态环境相适应，"设施完善、结构合理、能力充分、智慧高效、安全有序、低碳节能"的综合交通运输体系，交通运输结构得到进一步优化、交通设施效率和能力得到进一步提高、交通发展环境得到进一步改善、交通网络进一步健全；对内真正实现以新城区为中心的半小时交通圈，实现所有区域十分钟上高速的交通格局，实现覆盖率高、可达性强的高效公共交通网络，为群众提供安全、便捷、舒适、公平的交通出行服务。力争到 2020 年鄞州交通运输发展达到全国同类地区一流水平，到 2030 年达到世界发达国家水平。具体到 2020 年目标为：

1. 内外交通体系更加完善

机场三期扩建工程完工、象山湾疏港高速启动建设，甬金铁路基本建成，鄞州对外大交通更加便捷、高效。宁波市对鄞州交通体系的统筹进一步强化，鄞州与市区的道路交通更加畅通，与市域交通网络实现高度融合。庆元大道、广德湖路、环城南路西延等道路完工，内部骨干网络得到优化调整，区域交通运输发展更趋均衡。至 2020 年完成新改建公路超过 200 公里，全区公路网总里程达到 2 114 公里，其中穿越我区境内的高速公路达到 164.5 公里，公路网密度达到 162.3 公里/百平方公里。

2. 公共交通地位更加凸显

以轨道交通为骨架，以快速公交和常规公交为主体，覆盖率高、可达性强的高效公共交通网络基本建成。轨道交通规划成网，力争到 2020 年末轨道交通 1 号线二期工程、3 号线一期工程和鄞州现代有轨电车试验线一期建成投入运营，轨道交通 4、5 号线启动建设；城市快速路、公交车专用车道、城市慢行系统等加快建设，到 2020 年末全区常规公交车总规模达 1 700 辆，中心城区公交出行占机动化出行比例达到 60%，满足城市居民的公共交通出行需求。

3. 交通运输保障更加完备

全区新能源交通装备广泛应用，绿色低碳交通运输体系基本建成，到 2020 年末，重点联系交通运输企业综合单位能耗下降至 5%；道路交通管养水平、智能化水平和通行环境明显提升，服务优质、运行高效、环境优美的交通运输体系初步建成，到 2020 年末，公路营运车辆交通事故下降到 2 人/亿车公里。资金、土地、拆迁、审批等要素服务保障能力大幅提升，对交通运输事业发展的支撑明显增强。

4. 交通管理体制更加高效

合理分工、高效统一的市区两级管理进一步优化，城区型交通管理体制转变取得突破；区域内部交通运输资源有效整合，大交通部门管理体制初步建成；行业管理职能加快转变，交通运输管理水平显著提高。

第三节 加快鄞州交通运输发展的对策举措

一、着力扩大外部通道

外部通道是鄞州对外联系的主要方式，未来特别是"十三五"期间鄞州要加快水、路、空多种外部通道的建设，全面提高鄞州对外联系交通运输能力，积极融入区域交通网络，加速鄞州与周边区域间的产业协作和融合，更好发挥鄞州区位、人文、产业等优势，为鄞州经济社会转型发展提供坚实支撑。

1. 加快对外大交通建设

机场、铁路和高速公路是我区与市外最重要的交通运输方式，在人流、物流中发挥着支撑、核心作用。鄞州要主动配合全市推进机场、铁路、高速公路等建设，加强区域交通体系与之全面、深入对接，依托宁波港口经济圈的综合交通体系，加快融入区域大交通网络，积极谋划鄞州在宁波港口经济圈乃至更大区域范围内的定位和地位。"十三五"时期，要建成栎社机场三期扩建工程，实现旅客吞吐能力1 200万人次，货邮吞吐能力50万吨，同时引入先进运营理念、国际货运资源、知名航空公司、物流运营商目，加快组建宁波航空公司，积极开拓国际航线，提高国内干线航线密度，增加航班次数，大力发展廉价航空和支线航空，成为长三角区域廉价航空的主力机场；鄞州区要加强临空经济发展思路研究，在周边地区谋划临空产业园建设，大力发展临空性高技术产业、跨境电子商务和物流等产业，借助机场资源优势加快产业转型升级，积极扩大鄞州对外影响力和辐射力。铁路方面主要是配合我市加快甬金铁路建设，启动宁波至奉化、宁波至象山城际铁路建设，同时结合远期杭州湾跨海铁路、甬舟铁路的建设，加强配套客货枢纽建设和地方道路的对接，积极拓宽鄞州对外通道，推进鄞州交通体系加速融入长三角、长江经济带交通网络，以此扩大鄞州与长三角、长江经济带等地区的交流合作。高速公路方面，鄞州要依托现有高速公路，完成甬金高速公路明州连接线工程（洞桥至云龙段）、甬金高速鄞州连接线横涨至高桥公路（古林至高桥段）建设，充分发挥现有高速公路的优势和作用，扩大对外运输能力；配合新建象山湾疏港高速项目，推进地方道路与其的高效对接，积极融入宁波港口经济圈，通过借助宁波－舟山港优势，大力改善大嵩区域交通环境、带动大嵩区域开发建设和鄞州海洋经济发展，同时推动鄞州与舟山群岛新区的对接和互动发展。

2. 加快国省道、主要县道建设和水路运输发展

国省道、县道和水路是鄞州货物运输和客运的重要依托，是鄞州依托宁波都市圈交通网络构建自身对外交通体系的中间环节。"十三五"期间要实施一批国道省道、主要县道和内河码头项目建设，加快优化对外路网结构，强化与宁波都市圈交通网络的衔接，提升区域对外通达能力和服务水平。"十三五"时期要完成214省道改建工程、215省道改建工程大交通通道的建设，启动甬梁线改建二期工程、宝瞻公路复线项目，推进鄞县大道扩建、浙江沿海高速大嵩新区连接线、329国道育王段新建、姜山至奉化白杜公路、洞桥至岐山公路（新 G228 鄞州段）等项目前期工作并争取开工。加速内河、沿海港口建设，形成江海联运的运输网络，"十三五"期间内河港口方面，要以杭甬运河宁波城西港区高桥作业区建设为重点，配套完善高桥航运服务区，建设500吨级船舶加油码头2座及配套油库设施，500吨级货船靠泊码头3座，水路运输从"十二五"末的33万吨增加至"十三五"末的38万吨；沿海港口方面，积极做好鄞州经济开发区二期黄牛礁岸线码头建设有关前期工作和有关方面的对接，积极开展沿海码头建设的可行性研究。

3. 积极对接宁波中心城区交通体系

作为宁波市下辖区，在今后一段时间，鄞州区要实现与宁波老城区的全方位、深度融合。为此，鄞州交通运输体系必须积极作为、先行一步。在规划层面上，鄞州要主动对接市级有关交通规划，强化市级层面的统筹协调能力，通过规划的统筹实现交通的一体化、同城化（管理体制上的统筹后文将详细阐述）。具体来看，鄞州对老城区的对接重点在城市道路上（快速路、轨道交通等已实现了市级的全部统筹）。为解决鄞州新城区与宁波老城区之间的交通瓶颈问题，鄞州区从 2004 年起实施了"五路一卡口"工程，目前项目已全部完成，但由于近几年城市的快速扩展和私家车的快速增长，鄞州通往江东海曙等地的道路交通仍较拥堵，高峰期间尤为明显，为此"十三五"时期要进一步改造优化天童北路、宁南北路、钱湖北路等现有道路通行条件，提升通行能力；还要继续实施一批"断头路"打通工程和新建项目，推进与老城区交通的互联互通，主要包括：新建新典路鄞州段，该路东接机场路以东的海曙区新典路，往西延伸和高桥区域的学院路相接，方向由东西向转为南北向；新建沿奉化江的滨江路，可连接江东南路，分流宁南路通往江东的交通流量；实施金达路北延，加强新城区、潘火区域和东部新城的交通对接；实施四明路西延工程，从鄞州四明西路往西，跨奉化江，连通雅戈尔大道、机场路，然后逐步与杭甬高速平行，最终连接段梅路，该条路可分流鄞州新城区与海曙的交通流量。同时要根据奉化撤市设区的推进情况，提早加强与奉化交通运输体系的对接，加快 214 省道改建，积极谋划新的连接通道，进一步改善与奉化的交通联系。

二、不断完善内部网络

完善的内部交通网络对发挥综合立体交通体系的功能优势具有重要意义，"十三五"期间要加快优化鄞州内部交通网络，不断优化综合交通运输体系结构，推进各种运输方式的有效衔接，实现交通运输与区域经济社会的协调发展，充分发挥综合交通体系的优势和作用。

1. 加快内部骨干路网建设

内部骨干路网在内外交通的连接中有着关键作用，"十三五"期间要按照提升骨干路网承接能力的要求，加快一批骨干路网的改建和新建，大力提升内部交通通行能力和服务水平，实现与外部交通的对接。加快横街至章水公路、庆元大道、鄞州大道西延、世纪大道南延、环城南路西延、首南路西延、广德湖路南延、句章路、宁横路拓宽等骨干路网的建设，着力提升区域内部骨干路网络。同时，加强交通运输对区域经济发展的支撑，一是按照"十三五"区域布局和功能定位要求，加快推进重点区块、重点项目配套的区域道路，如下应东南片、潘火区块、长丰区块和大嵩新区等区域内的路网建设；二是加快推进重要城镇发展的区域道路，如五乡南北大道、横街至章水道路、宁南南路延伸段、龙观龙兴路改建、古林镇中心路改建、横街古中路延伸段等项目；三是加快整合完善产业区块内路网与主干公路的衔接，如望春工业园区云林路等项目。

2. 推进综合交通枢纽建设

综合交通枢纽是连接各类交通运输体系的关键节点，是发挥综合立体交通优势的核心，"十三五"时期鄞州要把加快发展综合运输枢纽作为推进综合交通运输体系建设的重要抓手，并着力推进大型枢纽节点的集疏运体系建设，努力实现"客运便捷换乘、货运高效换装"。客运枢纽方面，要推进综合交通枢纽的一体化发展，促进各种运输方式在区域间、城市间、城乡间、城市内的有效衔接，实现城乡与城际客运的零换乘。根据宁波市相关规划，已建成的区域级鄞州客运枢纽主要承担长三角地区的中长途旅客运输，兼市域内中短途旅客运输服务，建设区域级邱隘客运枢纽，主要承担长三角地区的直达、快速、高档化中长途旅客运输。同时，要以市域轨道交通为依托，在对外客运枢纽的基础上，构建市域客运枢纽体系，云龙站作为市域客运枢纽之一，为中心城区市域轨道与城市轨道外围换乘站，承担中心城区及东钱湖组团居民市域出行。城市客运枢纽以城市轨道站点为中心，完善衔接设施，为不同交通方式转换提供服务，鄞州区规划了鄞县大道站、梁祝站、百梁北路站3个城市客运枢纽。货运方面，重点支持货运枢纽型物流园区、货运枢纽功能突出的综合服务型物流园区和城市生活配套物流中心项目建设，"十三五"期间要配合推进空港国际物流园二期建设，启动古林城市配送物流园区和空港、邱隘货运枢纽建设。

3. 加快农村公路建设

农村联网公路规模等级低、单体长度短、覆盖面较小，是鄞州内部交通网络的末梢，但对满足和改善农村居民、特别是山区半山区居民生产生活条件、促进农村经济全面繁荣和统筹城乡发展、构建和谐社会有着独特而重要的意义。"十三五"期间，鄞州要继续加快农村联网公路建设，计划安排新改建农村联网公路120公里，总投资约2.3亿元，加速实现农村公路的网络化，不断提高农村公路通达通畅水平和安全保障能力，实现交通网络横向到边、纵向到底的全覆盖。根据宁波市委市政府关于加快四明山区域生态发展的一系列政策意见，高度重视鄞州四明山区域交通体系建设，适时启动荷梁线改造（鄞江到章水），研究密北线、细北线等山区道路的拓宽改造。

三、优先发展公共交通

公共交通是城市经济和民众生活中最为重要的基础性设施，是城市功能和品质的重要组成部分，优先发展城市公共交通更有其重大现实意义。"十三五"期间，鄞州要把公共交通建设放在更突出的位置，大力发展大运量的轨道交通和中运量公交系统，优化常规公交线网结构和运力配置，满足人民群众日益增长的出行需要和多样化交通需求。

1. 加快公共交通基础设施建设

宁波市轨道交通所有线路均经过鄞州，"十三五"期间鄞州要积极配合宁波市轨道交通3号、4号、5号等线路建设，确保"十三五"期末建成3号线、4号线、5号线，同时要加快推进宁波市轨道交通远期6号线、7号线项目前期工作，争取早日动工。启动我区中运量公交体系建设，开工建设鄞州现代有轨电车实验线一期工程，开展鄞州有轨电车线网规划，根据运营情况积极在集士港等区域推广。提升轨道交通与常规公交接驳能力，推进轨道交通换乘枢纽站及常规公交与轨道换乘枢纽站建设，建设老三区＋镇海专营区与鄞州专营区换乘枢纽和北仑（春晓）专营区与鄞州专营区换乘枢纽。加快世纪大道南延、鄞州大道等快速路和公交专用车道建设，根据宁波市公共交通发展等有关规划，宁波市公交专用道由"二十二横十九纵"组成，鄞州区主要集中于横向的嵩江路、四明路、首南路以及鄞州大道等，纵向的广德湖路、天童路、钱湖路等。加强公交首末站的建设，提升停靠站档次，新改建主干道港湾式停靠站比例达到100%，新建长丰、嵩江西路、集士港、滨海二期等4个公交首末站。积极推广储能式无轨电车，及时新设常规公交线路和调整优化公交线路，至2020年常规公交车总规模达1 700辆，提升公交机动化分担比率至60%。

2. 优化公共线网布局

公交线网的优化能有效提升运输能力和效率，鄞州新城区建成时间不长，且还存在广大的未开发区域，"十三五"期间鄞州提出要全面建成80平方公里的新城区，随着城市开发的全覆盖，公交线网的布局有待加快和调整优化。加强公交线网布局的规划，根据交通运行监测情况加强公交线网的合理性分析，提出调整优化的举措，重点针对现状公交线网布局不合理及与轨道交通站点衔接不够等问题，按照线路长度合理、直达性强、重复系数合理以及线路覆盖广的标准，科学布局公交线网，优化线路、站点，提高公交覆盖率、准点率、运行车速和运输能力，逐步提高公共交通的出行比例。依托骨架公交网络，采取过长线路截断，过弯线路取直，重叠线路取消，覆盖不足区域补密等方法对现状干线公交线网进行优化。常规公交与轨道交通相互协调，避免公交运能的浪费和各层次公交系统之间的无序竞争，调整重合过长的公交线路。提高现状公交服务不足地区的公交线网覆盖，加密通往南部商务区以及重点产业区块的公交线网，提高姜山、大嵩新区、鄞江古镇等重点区域的公交覆盖率。

3. 提升公交服务水平

由于历史和管理不到位等原因，鄞州公交服务水平不高，群众意见反映较多。"十三五"期间要适时推进公交公司改制，实现国有公司控股或参股，突出公共交通的公益属性。加大先进技术应用，推进智慧交通建设，改善公交车运营效率和服务质量。完善公交票价优惠机制，提高公交出行吸引力。引入公交激励机制，将公共交通补贴与服务质量、公交经营质量挂钩，科学界定公交企业财政补贴范围和规模。推广高峰巴士、商务快巴、社区巴士、小型支线公交，完善公交补偿网络，扩大公交网络覆盖，满足多样化的公交需求。在大型居住区、酒店、城市核心商业区或中央商务区之间以及与轨道交通站等换乘枢纽之间，尝试推广定线、不定点、不定时的短距离快速商务快巴和定制公交。加强对公交公司的监管，切实提高公交驾驶人员服务意识，开展工人先锋号、文明公交创建等活动，营造文明、有序、和谐的公交运行环境。

四、大力推广绿色低碳交通

绿色低碳交通是未来发展方向，也是改善生态环境的现实需要，对鄞州本地交通装备产业发展也具有促进作用。鄞州"十三五"期间要结合宁波新能源示范城市建设的契机，以优化综合运输结构、控制污染排放、保护生态环境为核心，着力推进交通结构调整，大力推进新能源交通装备和慢行交通系统建设，加快构建绿色低碳交通运输体系。

1. 积极推广应用新能源交通装备

鄞州推广新能源交通装备具有一定的产业基础，要充分发挥宁波中车产业基地超级电容器和储能式有轨电车、无轨电车生产制造的优势，大力推广储能式有轨电车和无轨电车。现代有轨电车是一种中等运量、设计新颖、资源节约、绿色环保的交通运输体系，在建成运营鄞州现代有轨电车实验线一期的基础上，积极推进往北延伸至江东的二期项目建设，同时加强有轨电车线网规划，加快鄞州到其他重点乡镇和区域有轨电车线路的论证，并根据运行情况积极推开建设。储能式无轨电车（到站充电）同样具有绿色、环保、节能的特性，根据已经开通的鄞州客运中心至创新128园区的196路运行情况，稳步推进新城区其他常规公交

357

线路的替换工作，并积极在集士港及周边区域开通储能式无轨电车线路，同时协助在全市范围的推广应用。另外，还要积极推广其他天然气、纯电动、气电混合等新能源公交车辆，加快发展市域内配送集散的轻型低耗货车，引导农村客运使用经济适用型车辆，城乡公交使用环保型车辆，长途和客运旅游使用中高级车辆。

2. 加快淘汰高排放高能耗交通系统

综合运用法律、市场、政策、技术以及必要的行政手段有序合理地淘汰高污染、高能耗的交通系统。建立和完善营运车船燃料消耗准入和退出机制，限制高耗能车船进入运输市场，降低柴油车的比例，提高天然气等清洁能源装备比例。加大机动车污染防治力度，加强车辆环保管理，逐步提高油品质量。落实黄标车淘汰资金，实施黄标车鼓励淘汰政策，全面淘汰"黄标车"。黄标车划定限行区并逐步扩大，严格限行执法，违章查处结果定期向社会公布，全面接受公众监督。推进城市公交、出租车、客运车、运输车污染集中整治或更新淘汰，杜绝营运车辆冒黑烟现象。重视物流运输车辆整治，规范物流业发展，合理布局，择优选择运输方式和行驶路线，对重型货车等高排放车辆采取区域限行措施。

3. 推进慢行交通系统建设

步行和自行车等慢行交通在城市发展中主要承担交通功能和休闲功能，对缓解城市交通拥堵、适应居民健康需求、推行绿色低碳交通具有重要意义。鄞州慢行交通系统的重点在新城区，"十三五"期间要积极完善新城区"一轴双带"的步行和自行车结构，"一轴"为南北向，串联万达广场、鄞州区政府、博物馆、体艺中心、鄞州公园和南部商务区，为新城区的商贸、商务、办公的核心轴线，"双带"为东西向湿地公园绿带及高教园区西侧南北向绿带，沿绿带建立以休闲为主附带交通功能的自行车道及人行道。结合轨道及常规公交的建设，完善公交（轨道）站点周边的公共自行车设施，进一步扩大范围，提升密度，有效解决市民通勤出行、生活购物和观光旅游的"最后一公里"问题。

五、着力提升管理水平

交通管理和交通建设同样重要，相对发达地区，鄞州交通管理水平有待提高。"十三五"期间，鄞州要以服务城市运行、公众出行、经济发展为主线，全面提升道路交通管养水平、智能化水平和通行环境，建设服务优质、运行高效、环境优美的交通运输体系。

1. 提升道路交通管养水平

切实做到"建""养"结合，提升行业管理水平。在道路交通的规划、设计、建设、管理中，充分考虑交通组织的科学合理性，通过实施交叉口渠化，完善交通设施，提高路网通行效率。深入贯彻"精细化养护""全面养护"和"预防性养护"理念，积极应用新技术、新材料、新工艺、新设备，提高公路预防性养护及小修保养水平。坚持"建、管、养"并重的原则，加强对全区各类道路的养护和管理，要根据道路受损情况、交通运行情况，合理安排养护资金、养护对象、养护时段和养护重点，同时还要做好雨后坑洼、山体滑坡、工程损害等应急养护，切实提高全区公路路况和服务水平。"十三五"期间初步安排国道、省道、县乡公路大修项目 14 个，总投资 5.1 亿元，国道、省道、县乡公路危病桥隧改造 5 000 万元，安排道路安全设施维修等其他安保专项工程 1.2 亿元，力争至 2020 年底，公路综合好路率达 85%，干线公路好路率达 98.8%。

2. 推进智能化交通建设

应用智能信息技术，大力提升鄞州交通智能化水平，切实提高交通运输效率。推进鄞州综合交通指挥中心建设，加强对城市主干道、国省干线公路、枢纽场站、口岸码头、客运班车、地面公交、出租车、轨道交通等重点区域和基础设施的视频监控、交通流检测、交通事件检测、交通违法等综合监测。在此基础上，实现多种交通方式的协调联动和信息资源共享，突出现场指挥调度，全面提高道路运输管理的决策、调控、服务水平；提高应急事件的快速综合处理能力，强化对突发情况或重特大关注事项的集中处理，确保全区各类交通运输系统高效、有序、安全运行。建设出行服务平台，强化以出行咨询、出行引导为主的社会公众自助信息服务功能，建立综合交通出行信息发布系统，实现对相关信息分析系统及信息服务统一发布，为群众提供出行服务。

3. 优化交通通行环境

提升道路交通品质，创造良好通行环境。继续开展"森林鄞州""四边三化"等整治活动，以种植绿化和垃圾清理、违法建筑清理、违法广告清理为重点，推进国省道公路、铁路沿线洁化、绿化、美化。加强道路施工管理，优化交通组织，切实减少对周边交通的影响；做好生态交通施工，减少土石方填挖等工程行为对沿途地形地貌的改变及原有植被的破坏，加强施工过程中的水环境、大气环境的保护，确保不因道路施工破坏生态环境。加强国省道公路、铁路沿线整体景观设计，推进环境综合整治和联合执法，做好破损山体修复、广告路牌规范、违章建筑清理、村庄立面整治、道路绿化美化等工作，使交通干线沿线成为展示区域形象的景观大道和生态走廊，打造具有鄞州地方特色的道路交通。

六、增强要素服务保障能力

鄞州交通运输的发展离不开各类资源要素的保障和政府有关部门的大力支持，"十三五"期间鄞州要把交通运输发展放在更重要的位置，以着重突破前期审批慢、土地资金等要素制约紧等问题为核心，进一步强化项目资源要素和服务保障，加快重大交通项目建设进度。

1. 加快推进项目前期和强化服务保障

认真组织编制和实施鄞州区"十三五"综合交通发展规划，积极谋划并安排一批"十三五"重大项目，科学预测土地、资金、环境等要素要求，对于需要占用土地利用计划指标和政府财政资金等要素资源的项目，应事先加强与政府有关部门的对接和论证，确保项目能真正落地实施。强化重大交通项目前期工作，要把投资主体、项目选址、技术方案和要素保障等前期工作做细、做深、做实，同时加强与规划、国土、环保、水利等有关部门的衔接论证，确保项目设计科学合理并达到相关部门审批要求。创新交通项目服务保障机制，涉及项目审批的政府各职能部门要加强协调和联动力度，进一步优化、简化审批流程，加快审批速度。加强对重大交通项目的跟踪协调服务，完善项目建设中的矛盾处理和协调机制，密切配合、通力协作，交通运输部门要积极会同各有关部门开展项目实施工作对接，千方百计协调解决项目推进中遇到的突出困难和重点问题，实现项目的有序运转。落实质量责任，强化质量管理，形成"政府监督、社会监理、企业自检"的三级质量保证体系，真正把道路工程建设成质量"精品工程"和群众"满意工程"。

2. 强化用地保障

加强综合交通发展规划与国民经济和社会发展总体规划、土地利用总体规划、城乡规划、环境功能区划等各类规划的衔接，加强规划控制和空间预留，确保交通项目能在空间上落地并符合相关规划要求。抓紧修编鄞州区土地利用总体规划，健全土地利用总体规划和用地计划管控机制，探索跨乡镇土地指标调剂和收益共享机制，推进低效土地改造、新村建设用地退宅还耕和闲置土地清理整顿，积极盘活存量土地，缓解重大交通项目的用地需求。交通运输主管部门要配合发改、国土等部门，做好与省市相关部门的汇报沟通，积极申报省市重点工程，大力争取市级土地统筹指标和省级预留规划土地指标，保障项目建设用地合理需求。加快交通项目涉及的政策处理和征地拆迁，特别是涉及耕地的，要加快土地审批手续办理和落实占补平衡；严格执行国有土地和集体土地上房屋阳光拆迁和依法拆迁相关程序和手续，加快各类房屋拆迁，集中力量开展"清零"行动，为重大交通项目提供净地保障。

3. 积极缓解资金缺口

积极发挥财政资金杠杆作用，要多方渠道筹集项目建设资金，总体谋划政府财政资金盘子，科学确定交通项目规模和建设时序，强化财政资金的筹措与匹配；鄞州交通运输部门还要加强与国家和省市的对接，力争将有关重大交通项目列入国家、省市有关规划，最大限度地争取上级财政资金支持。加大融资力度，整合提升鄞州交通投资公司、城投公司等政府性融资平台，通过优质国有资产盘活注入，推进融资新平台的组建，增强企业投融资实力；以打造资本市场发展示范区、金融合作样板区为载体，深化政银企三方合作，加大与国开行、工行等的合作力度，积极开展股权融资、项目融资和信托融资等，加快完善投、保、贷三位一体融资服务体系，积极扩宽交通项目融资渠道。探索新的市场融资方式，降低筹资成本，加强与金融部门的联系，积极争取安排地方债券用于交通基础设施建设，大力推进政府与社会资本合作模式（PPP模式），建立健全利用民资建设大项目的体制机制，加大政策扶持力度，开展重大交通项目推介，充分激发民间资本活力，吸引民间资本参与综合交通运输建设及运营。就具体PPP政策而言，参考有关地方做法，建议可设立政府与社会资本合作专项资金，用于对重大交通项目前期费用补助、建设融资成本费用补助；鼓励金融和担保机构参与PPP项目融资，并根据贷款增量按利率水平给予一定奖励，对新增贷款损失给予一定比例的风险补偿；鼓励担保机构开展PPP项目融资担保、再担保业务，财政给予一定费用补助；引导相关企业或私募基金管理人发起设立专项用于投资PPP项目的基金，吸引银行、保险等金融机构及其他社会资本参与，并鼓励各类创业投资、产业投资等股权投资基金参与PPP项目投资建设。

第四节 鄞州交通运输管理体制调整优化的建议

改革是发展的根本动力，进一步调整和优化撤县设区以来的交通运输管理体制对加快鄞州交通运输事业发展具有重要意义。"十三五"时期，鄞州要抓住国家新一轮改革契机，深化综合交通管理体制改革，整合交通运输行政资源，加快构建大部门体制，转变行业管理职能，着力突破体制机制障碍，促进鄞州交通运输发展再上新台阶。

一、进一步构建市区统一的管理体制

鄞州行政管理体制不全同于一般意义的区级行政体制，具有县级管理体制的部分权限，交通运输管理体制也是如此。虽然鄞州先行体制有利于发挥鄞州交通建设的积极性，但也给全市构建一体化的交通运输系统带来不利影响。下步，要建立全面对接宁波市的交通规划、建设、运营、管理协调机制，在信息通报、规划审查、运营管理问题联合解决等方面的规范化协调制度，建立涉及跨区城市重大交通基础设施统一规划、统一投资、统一建设、统一运营的机制，强化市级层面在规划编制、交通管理、项目论证协调等宏观方面的统筹协调力度，实现市区两级交通运输系统的一体发展和交通建设与城市开发建设的同步协调。特别是要加强鄞州与老三区、东钱湖、机场与物流园区交界区域交通建设和管理的统筹、衔接，确保规划统一、建设同步、管理到位。结合城市规划范围的扩大和行政区划、财政体制等的调整，可稳步推进鄞州以县域交通管理体制向市区交通管理体制的转变，逐步将有关所有交通运输体系的规划、建设、管理权限建立真正意义上的城区型交通管理体制，真正实现市对区交通运输规划、建设、管理等全方面、全过程的统筹。

二、探索综合大交通管理体制

虽然鄞州为区级行政单位，但鄞州还拥有广大的农村区域，鄞州新城区内外的道路交通建设、管理也不统一，也给我区建设综合立体交通系统带来不利影响。下步，要加强统筹规划，谋划全区综合交通规划"一张图"，启动新一轮现代交通发展规划和公交线网规划，充分发挥规划对优化交通布局、安排项目时序、集约利用资源等方面的指导作用，将现代交通发展纳入区域发展的总体规划，做到交通与经济社会发展同步规划、同步保障、同步实施。同时，建议成立鄞州现代交通建设领导小组，负责研究决定全区交通发展中的重大政策性事项、协调解决交通建设中的重要问题，明确好区交通运输局、区城投公司、区城管局、区轨道办（铁路建设指挥部）等部门之间的职责和分工，以及协调与市级有关部门机场、铁路、轨道交通、高速公路建设等事宜。整合城乡道路建设管理，完善道路运输"大部门"管理体制机制，建议逐步将原新城区范围城投公司的建设主体责任以及城管局和有关街道的管理养护职责移交区交通运输局，同时整合路政、运管等内部资源力量，逐步实现全区道路交通建设和管理养护的统一，防止出现相互扯皮、推诿等现象。另外，近期要依据宁波城市规划修订情况，积极推进鄞西集士港、古林、高桥绕城高速以内农村区域交通管理体制向城市交通管理体制转变，实现农村公路向城市道路的转变，为城市范围的扩大与融合提供支撑。

三、完善行业管理体制

当前鄞州交通运输行业内部管理体制还不适应当前形势需要，在新常态下必须加快改革创新，为鄞州交通运输事业快速发展提供强大动力和支撑。推进鄞州公交体制改革，实现对现有民营公交公司的国有控股或参股，突出公交的公益属性，促进公交事业加快发展。完善城乡交通管理体制，进一步将管理权限、管理重心、管理机构向乡镇（街道）延伸，积极探索设立乡镇交通管理机构，提高交通管理的时效性。深化交通运输市场监管体制改革，加快转变政府职能，进一步简政放权、打破行政壁垒和市场分割，充分释放市场活力，完善和统一市场准入制度，满足市场对客运、货运的多层次需求。探索建立长效机制，加大财政投入力度，稳定公路建设养护资金来源。按照分级负责、责权利对等的原则，落实交通基础设施"建、管、养"的责任主体和扶持政策，增强道路管养水平。健全交通依法治理机制，切实强化法治思维，改进行政执法，加强执法队伍建设，探索综合执法模式，打造和谐交通环境。构建统筹各种运输方式的应急联动机制，进一步完善综合交通运输应急预案，重点针对重大灾害、突发事件等制定专项预案，确保交通运输系统安全、高效运转。

第五节　同类地区交通运输发展的案例（杭州市余杭区）

在地理位置上，余杭区紧邻杭州市主城区，从北部和西部环绕杭州主城区，与鄞州地理位置类似；在行政区划上余杭区于2001年撤市设区，与鄞州撤县设区时间上相差无几；在经济发展水平上，余杭区与鄞州也处于同一水平。因此，余杭区交通运输发展的经验对鄞州具有较强的可比性和参考价值。

一、余杭区交通运输事业发展的现状

到"十二五"末期，余杭交通已基本形成"二绕、六射"的高速公路主骨

架、"六横、五纵、一环"的国省道干线公路网和高效、便捷、舒适、集约的综合交通运输体系，为余杭区经济社会的快速发展和加速融入长三角交通一体化进程提供了强有力的基础保障。至 2014 年末，全区公路通车里程为 2 318 公里，公路网密度达到了 190 公里/百平方公里。近年来，余杭区交通运输事业发展具有以下特征：

1. 加大对外综合交通建设力度，进一步融入长三角

余杭区具有三面拱卫杭州主城的优越地理位置，根据长三角区域一体化的发展趋势、环杭州湾产业带和杭州都市经济圈建设的要求，余杭区加快了交通基础设施建设。目前，余杭区境内已建成有沪杭、杭浦、练杭、杭宁、杭长、杭徽、杭州绕城七条高速，建设荷禹路、长西线等省重点项目加强与周边县市的沟通，随着地铁 1 号线通车，以及沪杭、杭宁高铁的建成，余杭区综合交通已经成为长三角交通一体化的重要组成部分。

2. 加快城市综合交通规划建设，积极融入杭州主城区

根据杭州市"一主、三副、六组团"的城市发展总体规划，包含了余杭区规划的"一副三组团"的城市空间布局，这就为加快余杭区综合交通发展提供了良好的机遇。以"一副三组团"为着力点，以优化交通结构，建设高效、和谐、不同层次、交通衔接良好、换乘方便的综合交通运输系统为目标，协调整合多方式交通运输结构，构建可持续发展的综合交通运输体系。

3. 加快区域道路建设，加强副城、组团间的沟通联系

余杭区三面拱卫杭州，根据杭州市总体规划，余杭区形成"一副三组团"的城镇布局，"十二五"期间，相续建设了疏港公路延伸、15 省道改建等项目，余杭交通已优化交通结构，加强副城、组团间的沟通联系。同时，加快农村公路建设步伐，全面推进城乡交通一体化。

4. 强化行业管理，进一步提高交通行业管理水平

随着体制机制改革的不断深入和城市化的加快推进，行业管理的地位和作用日益凸现，管理的好坏不仅影响交通的地位和作为，而且直接影响着人民群众的生产、生活。全区交通管理从服从大局，创新管理理念，转变方式、方法出发，实现由微观管理向宏观管理、传统管理向现代管理、部门管理向社会管理的转化，着力提升交通管理能力。

二、余杭区交通运输事业发展的成功经验

1. 交通发展必须坚持以人为本

交通的本质是基础服务性产业，既有现代服务业的商业特点，又带有公共产

品的鲜明特征，与人民群众密切相关。"十二五"期间，余杭区突出以人为本这一核心，以队伍建设的成效推动交通业务建设，加快交通基础设施建设，加强交通运输管理，努力满足人民群众日益增长的交通需求为目标，让人民群众充分享受到交通发展的成果。

2. 交通发展必须坚持科学规划

余杭区比较重视综合交通体系的规划，以准确把握交通发展的规律性，增强前瞻性、预见性和指导性。余杭区在杭州市有关交通规划的指导性，2008 年编制完成了《杭州市余杭区综合交通规划》，后又编制了《余杭区公路水路交通"十二五"发展规划》。在上述有关规划的指导性，余杭区综合交通体系日趋完善、布局更加合理，有力促进了余杭交通运输事业的科学、快速发展。

3. 交通运输发展必须坚持统筹布局

突出自身紧邻杭州市区、地处沪杭通道关键节点等区位优势，余杭区突出了跳出余杭发展余杭的理念，从杭州都市圈、长三角地区的角度统筹谋划自身的综合交通运输体系布局，坚持一体化、立体化、高效化推进交通运输事业发展，实现交通运输体系内部的有效整合、对外的无缝对接，推动余杭区交通体系积极融合杭州都市圈和长三角交通运输网络，为余杭区经济的快速发展、城市的有序扩展和区域的一体化发展提供了强大支撑。

4. 交通发展必须坚持改革创新

余杭区用"四高、四化、六位一体"（四高：高起点规划、高强度投入、高标准建设、高效能管理；四化：序化、洁化、美化、亮化；六位一体：道路、路灯、绿化、沿路立面、标记标牌、广告有机结合整体）的新理念、新思路、新举措推进交通工作。进一步加强交通科技和信息化工作，重视新技术在提升管理效能和服务质量方面的重要作用。坚持建养管服并重，发挥交通行业整体效益，逐步实现了交通发展主要依靠基础设施投资建设拉动向建管养和运输服务协调拉动转变。

第十五章

鄞州科技创新和市场化机制

进入 21 世纪，随着新一轮科技革命和产业变革的兴起，国内外都在推动科技创新突破、抢占未来发展的先机。党的十八大提出"科技创新是提高社会生产力和综合国力的战略支撑，必须摆在国家发展全局的核心位置"，强调要坚持走中国特色自主创新道路、实施科技创新战略。党的十八届五中全会又把创新作为"十三五"时期五大发展理念之一，发挥科技创新在全面创新中的引领作用。

鄞州，作为一个区域进行科技创新和市场化机制研究，其实质就是研究这一区域在市场机制的作用下，在区域战略的安排下，科技创新元素的整合、科技创新体系的培育和科技创新生态系统的形成过程。

本章试图通过对鄞州科技创新体系形成过程的回顾，展现科技进步在产业层次提升中的作用和成效，对标、借鉴发达地区科技创新的先进经验，提出鄞州"十三五"及相当长一段时期内科技创新的战略定位、目标任务和实现路径，以进一步完善强化科技创新体系，整合区内外人才等科技创新元素，培育形成科技创新生态系统，促进鄞州经济社会发展内在动力的转变，实现区域全面、协调、可持续发展。

第一节　科技创新的含义、发展背景、发展趋势和战略意义

一、科技创新的含义

科技创新是原创性科学研究和技术创新的总称。原创性科学研究是指提出

新观点、新方法、新发现和新假设的科学活动；技术创新是指生产技术的创新，包括开发新技术，或将已有的技术进行应用创新。科技创新由三个环节组成，即科学发现和知识创新、科学发现和创新知识孵化为新技术、采用新技术。这三个环节互相联系，构成了科技进步和创新的全过程。科技创新的目标就是通过自主创新，充分发挥科技的支撑、引领作用，实现经济社会全面、协调、可持续发展。

二、国内外科技创新发展背景趋势

（一）国际科技创新发展趋势

进入 21 世纪，科技创新呈现跨地域、跨边界、跨组织的体系化格局，推动全球进入了创新密集和产业振兴时代，深刻影响着全球经济结构的转换。发达国家和地区均高度重视科技创新，将科技创新上升到国家战略层面，如美国科技研发投入长期雄踞世界之首，日本实施"技术立国"战略，韩国明确了以科技为中心的国家体制。先发国家和地区的科技创新呈现出许多新特点：在环境上，科技创新倒逼政府职能转变，要求政府从提供资源到营造公平、公正、开放、互动的科技创新环境。在管理上，完全引入市场化机制，如美国在风险投资领域采用分权型的法律法规及证券、税收、会计、公司研发治理等规范，重点支持科技型风险企业的开拓和成长，形成了美国独特的风险投资体制，创造了许多新的市场和企业。在方式上，科技创新更加重视合作，从单独创新向集体协同创新转变，科技创新与文化、教育、产业等日益融合，表现在发达国家在科技部门的设置调整。在动力上，科技创新更加突出本土动力，区域发展需要通过创新集聚本地资源和民间活力，扶持中小微企业发展。在宗旨上，科技创新更加突出以人为本，满足人的各种需求，表现在对生态环境、健康水平、工作效率、精神文化、求知等方面，涉及新能源及节能环保、生命健康、信息化、文化创意等产业。

（二）国内科技创新发展背景

党的十六大以来，编制实施了《国家中长期科学技术发展规划纲要（2006～2020）》，深入推进创新驱动发展战略，先后实施了科学基金、863 计划、973 计划、科技支撑计划等，大力培育发展战略性新兴产业，完成了科技创新平台建设、国家科技重大专项等重点任务，形成了北京、上海、深圳等一批创新高地，2014 年我国全社会研发投入达到 13 400 亿元，占国内生产总值的 2.1%，其中企业支出占 76%。我国科技创新的主要特点：一是注重改革推动，制定了《关于深化科技体制改革加快国家创新体系建设的意见》，国家和地方层面均出台了科技创新配套政策，逐步优化科技资源配置，建立健全科技创新体制机制，建设符合社会主义市场经济规律、符合科技发展规律的中国特色国家创新体系。二是紧扣发展方向，实施"中国制造2025"，坚持创新驱动、智能转型、强化基础、绿色发展，培育新兴产业和新兴业态，以科技创新带动产业能级提升，推动经济转型升级。三是着力优化环境，各地纷纷在研发、技术转移、科技金融、科技孵化、知识产权服务等方面积极打造一批功能性平台，培育良好的科技创新生态系统。四是突出开放合作，全面加强与发达国家和地区的合作交流，注重高校、科研院所、企业的互联互通，促进产学研深度融合，构建开放的科技创新体系。五是加快人才培育，建设科技创新人才激励机制，激发科技创新人才的积极性；降低创新门槛，推动大众创业、万众创新，形成全社会参与创新的社会氛围。

三、鄞州区科技创新历程

鄞州区的科技创新起步于20世纪90年代初，以"科教兴县""双高工程""双优工程""创新型城区"和"创新驱动"战略的实施为主要标志，并在市场机制的作用下，逐步培育形成了鄞州科技创新体系，提升了鄞州区域科技创新能力和区域综合实力。

（一）科教兴县战略

1991年，鄞州区（时为鄞县）召开了全县第一次科技大会（国家1995年召开了第一次全国科技大会），1996年作出了《关于科教兴县的决定》，制定《关于实施"科教兴县"决定的若干规定》共40条，强调科学技术力量在经济发展中的作用，提出加强与全国大专院校、科研单位深入接触，引进有关科技人才和技术成果，建立各类高新技术产品基地，逐步形成上下贯通的科技信息咨询网络，实现软科学与人才资源商品化，服务地方经济发展。

（二）双高工程战略

1999年，鄞州区提出加快高新技术产业发展、加大高素质人才引进的"双高"战略，以提升产业层次，加大开放力度，拓展产业规模，进一步做大做强优势产业、优势企业，促进工业经济高质高速运行。短短几年间，高新技术产业便成为鄞州经济第一增长点和全区经济的第一利润源。

（三）　双优工程战略

2004 年，鄞州区提出了《关于大力实施"双优"战略推进经济增长方式转变和产业结构调整的决定》，其总体思路是优化增长方式，走新型工业化道路，打造先进制造业基地；优化产业结构，大力发展服务业，提高第三产业对全区经济的贡献率，其核心就是要"调整一产、提升二产、突破三产"。在"双优"战略的指引下，鄞州企业开始主动调整产业结构，坚持以创新主导战略带动产业结构转型升级。

（四）　自主创新战略

2011 年，鄞州区提出加速发展以自主创新为特征的高新技术产业，大力创建国家高新技术企业，推进高新技术产业化项目，建设高新技术产业基地，不断提高科技创新能力，建设科技强区。自主创新战略的实施有效推动进了鄞州工业经济发展从"速度优先"向"质量优先"转变，从"规模优势"向"效益优势"转变，从"传统型"向"现代型"转变。

（五）　创新驱动战略

2013 年，鄞州区推出《关于实施创新驱动战略大力建设"创新型鄞州"的若干意见》（国家于 2015 年提出《关于深化体制机制改革加快实施创新驱动发展战略的若干意见》），以围绕"质量新鄞州"目标，充分发挥科技对经济社会发展的支撑引领作用，树立"创新引领"理念，增强区域综合实力。

四、鄞州区科技创新在产业结构发展中的主要成效

在科技创新的有效推动下，鄞州实现了制造业提质增效、农业转型升级和服务业做大做强，三次产业结构由 1991 年的 15.9∶62.2∶21.9 优化调整为 2014 年的 3.4∶60.7∶35.9。

（一）　科技创新引领制造业提质增效

进入 21 世纪以来，鄞州区坚持扩量、提质并举，规上工业加快发展（见图 15 - 1）[①]，2014 年规上工业总产值 2 315.8 亿元，较 2000 年翻了近 10 倍，2013 年和 2014 年连续获得省工业强县（市、区）综合评价 1 档第一名。

[①]　数据来源于宁波市鄞州区统计信息网（http：//tjj.nbyz.gov.cn/）。

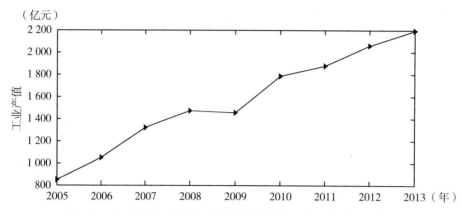

图 15 - 1　2005～2013 年鄞州区规模以上工业发展情况

资料来源：2008～2014 年鄞州区国民经济和社会发展统计公报。

1. 产业层次提升

经过持续的科技投入和转型升级，鄞州区实现了从县域经济形态到城市经济形态、从传统产业到高新产业、从产业链低端环节向高端环节的"三大转变"。优势产业集群化发展，"5 + 5 + 5"产业体系（见表 15 - 1）全面构建，形成装备制造、纺织服装等七大超百亿产业集群，建立新型金属材料、汽车电子及零部件两大国家级特色产业基地，"5 新 + 5 优"产业占规上工业比重的 63.2%。高新产业规模化发展，2014 年全区高新技术产业产值突破千亿元大关，占规上工业的比重达到 43.4%。新兴产业跨越式发展，新材料、高端装备制造、新能源、生物医药、电子信息等五大新兴产业已经成为支柱产业，总产值占高新技术产品总产值的 90% 多。

表 15 - 1　　　　　　　　　鄞州区"5 + 5 + 5"产业体系

5 大传统产业	纺织服装、家用电器、汽车配件、金属制品、文教文具
5 大新兴产业	装备、新材料、新能源与节能环保、新一代信息技术、生物医药
5 大生产性服务业	工业设计、软件和信息服务、电子商务、金融服务、生产性中介服务

2. 制造设备高端化更替

针对招工难、用工贵问题，鄞州区引导企业通过提高设备自动化、智能化、智慧化水平来提升企业竞争力。一方面，加大技改力度，制定优势产业与新兴产业投资导向目录，引导鼓励十大产业 137 类项目加快引进高端设备，全区技改投入连续 16 年保持全市第一。另一方面，推进机器换人，2014 年投资 85 亿元实施"机器换人"项目 150 项，减少员工 5 500 余人。全区 300 多家"机器换人"企业的利润总额、全员劳动生产率和人均利税明显增长（见表 15 - 2 和图 15 - 2）。

| 表 15 – 2 | 2013～2014 年列入宁波市区二级技改项目抽样调查情况 | | | 单位:% |
调查指标	2013 年抽样企业	2014 年抽样企业	2013 年规上企业	2014 年规上企业
工业总产值增幅产值	15.9	10.7	6.6	7.1
主营业务收入增幅	11.8	11.5	7.6	7.1
利润增幅	15.2	20.1	6.2	10.3
利税总额增幅	24.5	33.6	7.7	8.1

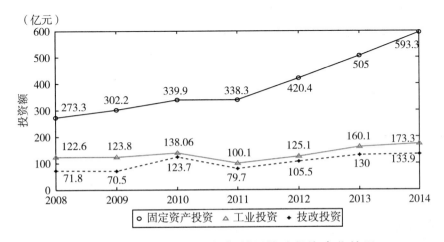

图 15 – 2 2008～2014 年鄞州区技改投资变化情况

资料来源:2008～2014 年鄞州区国民经济和社会发展统计公报。

3. 工业化与信息化加快融合

顺应数字化、网络化、智能化趋势,鄞州区大力推进工业化和信息化深度融合。运用大数据、云计算、物联网、"互联网 +"等新元素,推动传统制造业企业改变经营方式,重构发展模式,打造智能产品。近年来,智能产品对鄞州工业经济提质增效的贡献愈加显著。

"欧琳"的智能厨房。站在灶台前,通过防水屏幕可以查阅数百道家常菜谱,与朋友视频聊天,实时查看家里的视频监控图像。智能冰箱实时查看储存食物的种类、保存时间等信息,推荐相应的菜谱,自动向超市下单订货。

"奥克斯"的智能空调。可以通过手机不受时间地点限制遥控空调。空调会记住你的使用习惯,根据你体温的变化自动微调温度,也会自动排查故障。

"东海"的计量水表。能对水质及水管所处环境的湿度、温度等指标实时监测和无线远程报警。

（二）科技创新推进农业转型升级

鄞州区坚持科技惠农，强化政策支持，信息农业、智慧农业、种源农业成为鄞州新名片。2014年鄞州区农林牧渔业总产值58.4亿元，增长1.3%，新建各级现代农业园区22个、省级现代农业综合区1家、市级主导产业示范区2个。

1. 信息农业实现广覆盖

鄞州区加大基础网络建设和信息资源整合力度，初步建成上下相连、左右贯通、初具规模的农业信息服务体系。2001年鄞州区建成覆盖全区的农经网，实时发布农业信息，推进农产品特别是特色农产品网上销售。还建成了村级财务监管网络、动物防疫指挥管理信息系统、森林灾害远程视频监控系统和护林队员电子巡查系统等智能网络。

> "互联网＋"时代的农村电商，把优质农业资源转化为经济竞争优势。近年来，鄞州区的"互联网＋农业产业"电商发展模式发展迅速，借助"农企＋网店""农企＋委托运营商＋平台""农户＋协会（公司）＋平台"等经营模式，鄞州特色农产品销售迎来了新机遇。如姜山镇的景秀园果蔬、鄞江清源芋艿、大胜牧业、七不有机等都通过网络平台，卖到全市全省乃至全国。

2. 智慧农业助力高产高效

鄞州区坚持生态循环和智慧农机并举，大力发展智慧农业。一方面，着眼高效发展生态循环农业。采取政府引导、企业运作模式，在全区构建以沼液物流配送为核心，农林牧渔互相联系，生产、加工、流通、服务互相协调的小、中、大三级生态循环体系，2012年成功创建全省首个省级生态循环农业示范县（市、区）。另一方面，着眼高产发展智慧农机。鄞州区大力推进农机装备技术集成化、生产管理信息化，粮食生产基本实现全程机械化，水稻机械化栽种面积稳居全省前列，粮食烘干能力全省第一。开展农业部粮食万亩示范方高产创建、省超级稻百亩方亩产千千克攻关等各项高产攻关试验，建设粮食高产示范方20个、2.8万亩。

> 宁波康谱园农业科技有限公司，农机物联网、遥控自动翻耕机成为作业主力；智能终端每隔5分钟自动调节温、光、湿，实时监控大棚生产；智慧农机实现了精准种植，农药化肥用量大为减少。

3. 种源农业成为新亮点

建成了全省规模最大的林业网袋容器育苗基地，林木育苗新技术荣获国家科技进步奖二等奖。建成了全省首家商业化猪人工授精中心，"养猪业全程数字化关键技术研究与示范"项目获评省生猪品种改良一等奖。重点打造国家级锦鲤繁育中心和国内一流的锦鲤拍卖中心，已建成华东地区最大的锦鲤繁育基地。

（三）科技创新促进服务业提速增量

近几年，得益于新城区加快建设和雄厚的工业基础，鄞州区服务业发展提速，电子商务、物流业、金融服务就是典型代表。2014年，鄞州区第三产业增加值488.4亿元，同比增长9.1%，占GDP比重达到37.6%，对GDP贡献率达到48.8%。

1. 电子商务发展加速

鄞州区从2009年开始培育电商产业，在纺织服装、五金机械、厨具用品等行业发展尤为加快，已建、在建电子商务产业园区14个，建成宁波首家跨境电商园区——舟跨境电商园，以南部商务区为核心，鄞东智慧产业园、空港物流园区为两翼的电商集聚区基本形成，成功创建浙江省电子商务示范区。规上企业电商普及率超过33%。

2. 物流配套有力支撑

鄞州区拥有规上物流企业42家，其中国际快件巨头2家、4A级物流企业4家，国际国内知名物流品牌宁波区域总部均已落户鄞州区，涵盖了航空、水运、陆路、铁路等多种物流通道。2014年宁波栎社保税物流中心获准开展跨境贸易电子商务服务试点进口业务。

3. 科技金融护航扶持

针对科技型中小企业众多、企业创新活跃、融资需求旺盛的特点，鄞州区一方面，明确金融扶持重点。科技银行主要扶持小微企业，重点集中在信息技术、现代制造、节能环保、动漫软件等新兴产业。另一方面，鼓励企业上市融资。鄞州企业利用资本市场直接融资、公开或非公开增发股份、资产重组等方式，有效改善企业的融资结构和资产结构，缩短了科技成果产业化周期，提高了企业的自主创新能力。

五、鄞州科技创新体系框架

"十二五"以来，鄞州区将科技创新从产业战略上升到城区发展战略，科技综合实力持续保持全省领先，2014年、2015年连续两年名列省级创新型试点城区测评位第二，成功入列全国县（市）科技进步考核先进县（市）、国家知识产权强县工程示范区和省首批"创新型试点城区"（见表15-3）。

表 15－3

2014 年鄞州科技创新主要表现

全省县（市、区）位次	工业新产品产值	R&D活动人员	企业R&D经费支出	战略性新兴产业增加值	高新技术产业增加值	高新技术企业数	科技型中小企业数	R&D活动人员	企业R&D活动人员	专利授权指数	设置研发机构企业数	开展R&D活动的企业数	发明专利授权
1	萧山区	滨江区	滨江区	滨江区	滨江区	鄞州区	滨江区	滨江区	滨江区	西湖区	慈溪市	余杭市	西湖区
2	柯桥区	鄞州区	鄞州区	诸暨市	萧山区	余杭区	鄞州区	鄞州区	鄞州区	鄞州区	海宁市	慈溪市	滨江区
3	诸暨市	萧山区	萧山区	萧山区	鄞州区	萧山区	萧山区	慈溪市	慈溪市	江干区	鄞州区	鄞州区	江干区
4	鄞州区	慈溪市	慈溪市	鄞州区	北仑区	慈溪市	西湖区	萧山区	萧山区	慈溪市	余姚市	诸暨市	鄞州区
5	慈溪市	诸暨市	诸暨市	乐清市	余杭区	北仑区	余杭区	乐清市	余姚市	滨江区	萧山区	义乌市	下城区
6	桐乡市	柯桥区	柯桥区	海盐县	上虞区	余姚市	乐清市	诸暨市	乐清市	乐清市	桐乡市	温岭市	慈溪市
7	海宁市	余姚市	余姚市	慈溪市	乐清市	瑞安市	诸暨市	余姚市	诸暨市	余姚市	余杭区	萧山区	萧山区
8	余杭区	余杭区	余杭区	上虞区	慈溪市	乐清市	余姚市	余杭区	余杭区	萧山区	温岭市	海宁市	镇海区
9	上虞区	北仑区	北仑区	柯桥区	平湖市	滨江区	瑞安市	北仑区	北仑区	余杭区	柯桥区	余杭区	江北区
10	滨江区	海宁市	海宁市	余杭区	海盐县	龙湾区	慈溪市	新昌县	海宁市	瑞安市	乐清市	宁海县	余杭区

资料来源：浙江省统计局、科技厅《2014 年度县（市、区）科技进步统计监测评价报告》。

1. 企业科技创新主体地位加强

鄞州区突出企业在科技创新中的主体地位，一手抓科技创新型企业群体培育。大力实施"311"工程，连续3年着力扶持培育科技创新型重点企业。深入实施"双十工程"，每年扶持10家高新技术企业和10个高新技术项目，扶持发展50家科技型苗子企业。目前，鄞州区共有市级创新型初创企业1 365家，高新技术企业298家，国家和省市级创新型企业63家。一手抓企业创新能力提升。引导企业自建或与院士专家、高校院所联合共建各类创新载体，推动企业技术开发、人才引进培养和科研成果转化。已建各类企业工程技术中心（研发机构）799家，其中，国家级4家、省市级151家、院士工作站14家（见图15－3和图15－4）。

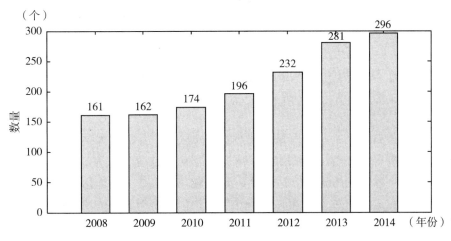

图 15－3　2008～2014年鄞州区国家高新技术企业数

2. 科技创新平台加快拓展

鄞州区坚持"政府搭建平台、平台服务企业、企业自主创新"，不断完善"创业苗圃＋孵化器＋加速器＋产业园"的孵化产业链，加快拓展科技创新平台。一是区域集聚型科创平台。以"三园区两基地"集聚高端产业，包含鄞州工业园区、望春工业园区、鄞州经济开发区、中国南车宁波产业基地、创业创新基地；以科技之城集聚高端创新要素，整合潘火、下应、首南、南高教园区和南部商务区共28平方公里新城区，建设鄞州区创业创新基地。二是高端嵌入型科创平台。引进大型科创团队，建成鄞州区科技创业服务中心（科技孵化园）、浙江清华长三角研究院宁波科技园、创新"128"园区等综合类创新平台，以及中物院宁波军转民科技园、兵科院鄞州产业化基地、宁波数字媒体产业园等行业类创新平台。

3. 科技合作针对性加强

鄞州区有效激发企业创新内生动力，充分发挥"外脑"优势，不断优化创

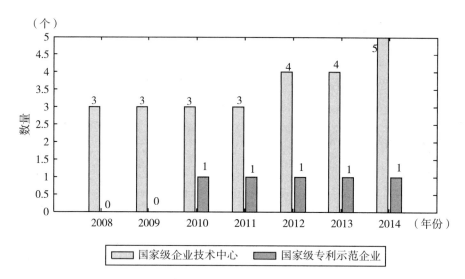

图 15 - 4 2008 ~ 2014 年鄞州区国家级企业技术中心及专利示范企业数
资料来源：2008 ~ 2014 年鄞州区国民经济和社会发展统计公报。

新产学研合作机制。一是联系科研院所。鄞州区先后与清华大学、浙江大学、中科院、兵科院等 51 家高等院校和科研机构建立科技合作关系，其中，哈工大、四川大学等已在鄞州区建立常驻机构，设立服务窗口。二是优化对接平台。2014年鄞州整合国内外高校院所和其他创新平台、科技中介服务资源，成立公益性科技合作公共服务平台——政产学研战略合作联盟，并细化成新材料、机械与自动化、电子信息等 5 个专业性对接平台。三是服务广大企业。按照"企业出题出资、院所出智出力、企院联合攻关"模式，定期不定期组织专家、人才深入鄞企开展问题诊断、技术对接、委托开发、联合攻关和技术入股等合作。"十二五"以来，科技合作项目突破 1 400 项，总成交额达到 8.4 亿元。

4. 专利知识产权服务全省率先

鄞州区坚持扶持与服务相结合，大力实施知识产权战略。一方面，直接奖励专利产业化项目。出台《专利产业化项目奖励实施办法》，对授权专利、专利示范企业、专利产业化项目等进行奖励。另一方面，搭建知识产权公共服务平台。全区已有独立专利代理资质的专利事务所和国外专利代理机构 4 家，"大维理文"开启了国外知识产权区内申请和国外专利国内维权的先河；2014 年，成立了知识产权协会，完善专利、品牌、标准等知识产权协同机制。"十二五"以来，全区专利申请量 8 万余件，授权量 6 万余件，其中发明专利申请量破万件，授权量突破 2 100 件，连续 6 年专利申请和授权量居全省首位，12 家企业通过贯标认证（见表 15 - 4）。

表 15 – 4　　　　　2008 ~ 2014 年鄞州区各类授权专利和发明
专利变化情况

年份	各类授权专利	发明专利
2008	1 505	74
2009	3 635	128
2010	6 712	249
2011	12 177	442
2012	18 955	472
2013	15 131	653
2014	12 081	697

资料来源：2008 ~ 2014 年鄞州区国民经济和社会发展统计公报。

5. 科技孵化器形成规模

2005 年，鄞州区启动建设科技企业孵化器，现形成以鄞州科技中心孵化器和鄞州科技信息孵化园为"中心"，以中物院宁波军转民科技园和浙江清华长三角研究院宁波科技园为"两翼"，各镇（乡、街道、园区）孵化器、企业孵化器为支撑的"一心二翼多点"的鄞创孵化器联合体。目前全区拥有科技企业孵化器 7 个、10 万平方米，累计入驻在孵企业 148 家，毕业企业 69 家，培育国家高新技术企业 15 家。

6. 科技金融创新发展

针对科技型企业融资难题，鄞州区大胆创新融资方式。一是培育投创机构。设立政府创业风险投资引导基金，入股创业加速器、海邦基金、天堂硅谷等民间创投基金，发挥财政资金"四两拨千斤"作用。二是引进具有硅谷银行背景的浙江中新力股份有限公司在鄞州区设立科技型企业融资服务创新平台，联合推出全市首个中小企业集合债权基金。三是设立科技银行。成功引入杭州银行在鄞州设立宁波科技支行，对科技支行科技贷款按银行贷款基准利率 20% 给予补贴。四是试点科技保险。与中国人保财险鄞州支公司合作，财政资金以保费补贴形式，鼓励高新技术企业为科技创新投保。

7. 科技服务平台多层级优化

鄞州区建立完善省、市、区到企业多层级科技服务体系，向社会提供创业孵化、技术交易、知识产权、投融资等专业化服务。一是省级重大科技创新服务平台——"新型金属材料创新服务平台"，与 20 多家市级以上研发中心实现开放共享。二是开发政府专利信息管理系统和企业专利管理系统——"专利创新网"，即市知识产权公共服务平台。三是浙江网上技术市场鄞州区分市场，近三

377

年累计发布技术难题 1 168 项、签约数 161 项、合同技术成交额 11 728 万元，获评省级网上技术市场工作先进区。四是以企业为依托，建立了汽车零部件检测中心、中普检测、诺安检测、表面工程技术中心等专业服务平台，大力引进研究开发、技术转移等科技服务业。

8. 高精尖人才加速集聚

鄞州区坚持政府引才与社会化引才相结合，招才引智和招商引资相联动，以国家"千人计划"、省"千人计划"、市"3315 计划"等为抓手，大力实施"创业鄞州·精英引领计划"，积极引进区域发展急需的海内外高层次人才、有专业技术特长的创新专才和能带动产业转型升级的创业高才。"十二五"以来，我区累计引进培育 103 个人才项目入选各级"千人计划"，其中，国千 4 人、项目国千 10 个、省千专家 11 人，市"3315 高端团队计划"18 个，市"3315 个人计划"17 个、区精英引领计划 48 个。

六、鄞州区科技创新存在的主要问题

（一）科技创新氛围和主体地位不强

科技创新是经济社会发展的核心驱动力，但从总体上看，鄞州科技创新的氛围和主体地位还不够突出，企业尤其是中小企业的创新意识不浓，科技投入不大，创新发展不快。区域内的企业大多还处在从事低层次加工型产业阶段，对依靠科技进步促进企业转型升级缺乏信心和决心，对增加企业科技投入，提升产品附加值和竞争力的路径认识不清，科技创新还未成为企业的共识。区域内自由宽松的创新创业氛围有待提升，企业家、创业导师和大学生交流的"众创空间"较为缺乏，创业创新竞赛、会展等赛事机制还未形成。

（二）科技创新重大平台缺少

中物园宁波军转民科技园、浙江长三角研究院宁波科技园、科技信息园已经投入运用，孵化器产业链处于初步形成阶段，尚未形成集科技研发、企业孵化、公共技术服务于一体的创业创新平台体系，孵化加速环节，难以引进国家级的大院大所，缺少重大平台项目，不能为产业集聚提供有效支撑。创新平台体系亟须整合，科技孵化加速空间需要拓展。

（三）高层次科技人才紧缺

南高教园区作为区域人才、人才储备库的功能还未发挥，区域内高端人才、领军人才尤其紧缺。人才配置结构和布局不尽合理，目前高层次人才主要集中在传统制造行业，科技服务、战略性新兴产业则较为缺乏。而留住人才、激发人才创新创业潜力的机制还未建立。人才公寓、配偶就业、子女就学等一系列配套保障尚不完善，多元化人才投入机制尚未形成。

（四）金融等高端要素体系尚未形成

科技银行规模尚未做大，风险分担机制还不完善。科技金融资源整合还处于赵阶段，缺乏政策性创业投资机构和政策性担保机构，缺少科技小额贷款公司、科技融资租赁公司等，现有的银行对科技型中小微企业支持缺乏相应信贷产品。

第二节　鄞州区科技创新的战略定位、目标任务与实现路径

一、发展思路

坚持以邓小平理论、科学发展观和"四个全面"战略思想为指导，认真贯彻十八届五中全会有关精神，坚持创新发展理念，深入实施科技创新战略，以打造宁波市最具吸引力的"科技创新生态区"为目标，注重主导产业引领、创新创业平台搭建、大小项目支撑，不断完善科技创新体系，大力发展创新型经济，形成创新创业资源集聚、创新创业文化凸显、创新主体明确、转化机制顺畅的省内区域科技创新中心，全面提升区域综合竞争实力。

二、战略定位

（一）省内科技创新平台资源体系较为完善的区域科技创新中心

浙江"十三五"将谋划杭州、宁波、温州、金—义成为浙江的四大都市区，在发展动力转向科技创新的发展阶段，这四大都市区也必将成为浙江的四大区域科技创新中心，宁波的区域科技创新中心必将选择创新资源较为集聚的鄞州。

（二）宁波市最具吸引力的"科技创新生态区"

创新需要思想、研发和融资三要素的支撑及创新需要的基础设施、公共服务等服务系统，而思想、研发和融资这三个最主要的要素分别对应着高校、企业和

各类金融投资基金，宁波市南高教园区坐落于鄞州、鄞州的企业和企业家市场经济意识较为前沿，银行、公募、私募、天使投资、资管公司等为主要内容的基金小镇正在打造，完全有可能成为宁波市科技生态系统最具活跃的区域。

（三）高端产业集聚区

持续的创新和科技创新生态区的打造，必然会使一个区域的产业结构呈现传统产业高端化、新进产业高新化、研发成果产业化趋势。目前鄞州经济正处于从要素投入为主向创新驱动及科技创新与产业、文化和模式等全面创新转型阶段，科技含量高、价值链高端、附加值大、发展潜力好的新兴业态和高端环节正在培育形成。

三、基本原则

（一）两创融合

实施"大众创业，万众创新"，使大众创业与科技创新实现有机结合，坚持科技创新与模式创新、管理创新的相结合，创新人才培养与创业人才培育并重，形成创新带创业，创业促创新的互动格局。

（二）两链（产业链、创新链）融合

集中优势资源培育主导产业链，加强政府引导，推动地校战略合作，促进创业创新平台的功能转化，实现科技创新链与区域产业链的有机融合。

（三）产城融合

以产业集聚为载体，配套完善教育、医疗、购物、餐饮、文化、体育等公共设施，为产业发展集聚高端人才，为高端人才创造宜居、宜业的生活创业环境，实现产业与城市的共同繁荣。

（四）"四化"融合

在"互联网＋"战略推动下，同步推进工业化、信息化、城镇化和农业现代化，发展都市工业、建设特色小镇和生态宜居小区，培育都市精品农业，实现创新创业的统筹协调发展。

第三节　鄞州区科技创新发展目标任务、空间布局和重点发展产业及实现路径

一、目标任务

科技创新投入，全社会研发投入占地区生产总值比重达3.5%。

科技创新能力，企业成为创新的主体，高新技术企业和市及市以上科技型企业超400家。国家重点实验室实现零的突破，培育市级及以上企业工程技术中心280家。年每万人发明专利授权量达12件。

加速集聚人才资源：牢固树立"人才是第一资源"理念，集聚以"90后"大学生、大企业高管和连续创业者、科技创业人员及海归创业者为主要对象的创业创新"新四军"。

科技创新资金：形成以政府资金为引导，风投资金和银行资金为主体，投融资服务平台为依托的区域科技金融服务体系。

科技创新平台：建立从"众创空间"到苗圃到孵化器到加速器到产业化等平台载体，形成功能完善、互相衔接、流动畅通的科技创新平台体系。

二、空间布局和重点培育发展产业

形成以新城区、鄞州工业园、望春工业园、鄞州经济开发区、宁波南车产业园"一城四区"科技创新的空间布局。利用新城区科技服务资源相对集聚的优势，扶持发展科技服务业。充分利用鄞州制造业较为发达的产业基础，把高端汽车零部件研发制造、装备产业、激光光电装备研发制造、电子信息技术等制造业、新材料、新能源和节能环保产业、生物医药、现代物流等产业作为科技创新重点产业。

1. 培育发展科技服务业

重点发展研发设计服务业、科技中介服务业、信息技术服务业、科技金融服务业四大科技服务业。

以南高教园区、中物园宁波科技园为载体，突破发展研发设计服务业：

——科技研发领域。围绕鄞州产业定位，突破新一代电子信息、高端汽车零部件、生命健康、新能源、新材料、节能环保、海洋技术、精密机械等领域的关

键技术进行研发。

——工业设计领域。依托创新 128 等载体，运用"互联网＋"、利用开源技术和 3D 打印等，大力发展 IC 设计、模具设计、产品创意设计等工业领域。

以南部商务区、创新 128、南高教园区为载体，积极发展科技中介服务业：

——知识产权服务。加快发展专利、商标等的申请、注册、登记等代理服务，鼓励拓展企业上市、并购、重组等商业活动中的知识产权法律服务，发展知识产权信息检索分析、数据加工、数据库建设等信息服务，培育知识产权评估、价值分析、交易、转化等服务。

——技术交易服务。建设技术交易体系，拓展科技项目招投标服务，使网上技术市场成为集聚优势智力资源的重要载体。适时建设实体技术产权交易市场，培育技术成果转让和科技型企业股权融资功能。

——检验检测服务。重点培育智能装备、新一代电子信息技术、高端汽车零部件、生命健康、新能源、新材料、节能环保、海洋技术、精密机械等产业的检验检测服务。

以南部商务区、创新 128、科技信息孵化园、信息产业园为载体，大力发展信息技术服务业：

——工业软件和行业发展解决方案。围绕工业产品研发设计、生产控制、生产管理等环节，重点扶持发展计算机辅助设计和辅助制造（CAD/CAM）、制造执行管理系统（MES）、计算机集成制造系统（CIMS）、过程制造系统（PCS）、产品生命周期管理（PLM）、企业管理等软件研发，加快工业软件应用和产业化进程。

——嵌入式软件。工业装备、通信网络、汽车电子、消费电子等重点领域，开展符合开放标准的嵌入式软件开发平台、嵌入式操作系统和应用软件的开发，加快面向下一代互联网、物联网应用的嵌入式系统软件，推动软件研发模式的创新。

——系统集成。重点发展信息系统设计、集成实施、系统运维等服务，提高信息系统的综合集成、应用集成能力，提高系统安全的可靠水平，满足重点部门和重要领域信息化发展需要。

——服务外包。重点软件开发、软件测试、系统租赁、系统托管等信息技术外包（ITO），扶持基于信息技术的业务流程外包（BPO），承接全球离岸服务外包业务。

——新兴信息技术服务。发展数字媒体、数字出版、移动支付等基于网络的信息服务。培育移动互联网、物联网等环境下的服务业态。推进云计算等业务创新和服务模式创新，争创云计算创新发展试点。

以"鄞州四明金融小镇"为载体，培育发展科技金融服务业：

——天使投资。引育各类天使投资机构，搭建形式多样的天使投资俱乐部等项目对接和交流平台。以各类人才（团队）引进、各级科技项目计划、科技创业赛事等形成的项目和企业资源为基础，不断完善天使项目库。

——风险投资。围绕区域产业定位及周边区域创新创业需求，鼓励风投机构投向智能装备、新一代电子信息技术产业、生命健康产业、新能源、新材料等领域的初创型企业。

——私募股权投资。积极引进私募股权投资机构，鼓励其向孵化器、创业苗圃等平台内企业的投资。

2. 做强高端汽车零部件研发制造

以鄞州工业区、望春工业园区为主要载体，主要发展：

——传统汽车高端零部件研发制造。继续发挥汽车涡轮增压系统、变速箱、传动系统、发动机机油泵和零部件等优势，利用博格华纳的排放系统、工程技术中心在鄞州工业园区落户的机遇，加强与博格华纳等世界500强的行业龙头合作，提升汽车涡轮增压系统、变速箱、传动系统的科技创新能力。继续提升发动机机油泵、汽车操纵控制系统等方面的研发技术。

——新能源汽车专用零部件研发制造。重点发展驱动电机系统及核心材料，电动空调、电动转向、电动控制器等电动化附件的研发。把握世界新能源汽车发展动向，建立高端汽车零部件公共研发平台，鼓励企业建立高水平的工程技术中心，加大新能源汽车关键核心技术的研究。

3. 做特激光光电装备研发制造

以潘火街道为载体，重点发展：

——激光元器件、高端激光器和激光加工装备与应用。突破开发设计、样机研制、中试和小规模产业化等关键环节，成为都市工业特色新兴产业。重点发展用于制造高端激光器和激光加工装备的核心元器件和高端激光应用技术，如半导体激光芯片的设计与封装，核心光学元器件光学整形技术、高端激光器整机研制、特殊激光器电源和先进激光加工工艺等。推进高端激光器和先进激光加工装备研发和应用。

——光电检测和半导体照明领域。发展高功率光源芯片和核心元器件和产品。依托中物园宁波军转民科技园及中物光电所等平台，发展光电瞬态测试设备研发制造、无损检测技术研究与设备制造、自动化控制与装备研发制造、光杀毒等研发制造。

4. 发展电子信息产业和"互联网＋"

以鄞州工业园区、望春工业园、宁波南车产业园为载体，支持信息技术企业由单一的电子信息产品制造向电子信息产品相关设备生产、硬件制造、系统集成、软件开发和应用服务等转变。主要发展：

——新一代通信和计算机产品。重点发展智能终端、4G 通信、车载系统等消费类产品。培植和发展新一代通信产品，促进通信终端、数据通信网络设备、计算机存储芯片及相关技术的研发，推动传统电子企业转型生产消费类通信产品、新一代通信线缆、通信接插件等产品。

——新型元器件和仪表仪器。引进和优化光电传感器产业，开发应用结构工程、温度测试、火灾报警等领域的光电传感器及应用系统。发展超级电容、高端继电器、电子仪表仪器等电子元器件的研发及产业化。发展数字化、微型化、智能化的光机电一体化控制系统，提升水表、电能表、光学仪器等产业优势。以环境、能源、医疗和生化等领域的需求为方向，重点开发光电检测与分析仪器，拓展光学检测仪器的技术应用。

——云计算。加大云技术开发、分布式存储系统和模块化数据中心的研制及应用，发展低功耗服务器、低功耗存储设备及下一代移动通信终端、移动互联网设备等终端产品。

——物联网。大力推广物联网技术在智慧物流等领域的示范应用，积极发展射频识别、传感器网络等信息技术，强化现代信息通信技术、计算机及网络技术等基础技术研究支撑，发展 RFID 芯片制造等物联网设备的研发制造。

5. 提升装备产业

以提高重大装备集成为主线，推进装备产业的信息化、成套化、集聚化、创新化、国际化，全面提升机械装备产业结构和市场竞争能力。以宁波南车产业园、宁波经济开发区等为载体，主要领域：

——轨道交通。发展城市轨道交通和高速铁路配套用关键零部件，动力、通信、控制装置及关键零部件，施工养护装备。

——船舶制造。开发海洋钻井平台、工程船舶等大型海洋石油工程装备，补给和锚抛系统、船用大功率柴油机、船用电机等关键零部件。

——数控机床。卧式或立式车铣复合加工机床、节能环保型数控机床及高级数控系统、高速精密主轴单元等关键配套部件；大型成套铸造机械制造、高低压成套开关设备和电器制造、高效升降输送设备、新型高技术纺织服装机械及相关零部件、印刷设备制造等。

6. 做精做强新材料产业

以鄞州工业园区、望春工业园区等为载体，重点发展：

——加强高性能金属材料研究，发展铁素体不锈钢、高硼耐磨合金等新型钢铁材料，高品质铜合金、铝合金、锌合金，新型铜钢复合材料，高性能钨基粉末冶金材料等；

——化工新材料领域。发展硅橡胶，特种环氧树脂和玻璃钢混合材料，碳纤维等；

——磁性材料。发展稀土永磁材料、纳米晶软磁材料、纳米晶钕铁硼辐射取向环形磁体、新型巨磁阻抗传感材料；

——电子信息材料。发展硅基纳米材料、Ⅱ-Ⅳ族化合物半导体纳米晶体材料、半导体硅材料、LED蓝宝石晶体材料、电容膜等。

7. 培育发展新能源和节能环保产业

完善新能源产业链、提高产业关联度，以望春工业园区、下应街道等为载体，主要领域：

——新能源。发展新型节能环保照明产品开发制造、城市照明智能化系统技术开发、高技术绿色储能电池、新能源汽车等新能源基础和应用产品。

——再生能源。发展大中型风能装备产业，继续开发太阳能、地热能、空气热能、海洋能等可再生能源开发利用及相关产品等。

8. 壮大生物医药产业

以下应街道、首南都市工业区为载体，主要发展：

——生物医药。重点发展防治各种亚健康的化学药、植物药、生物制品、基因干涉药等，推进新型医药、抗类风湿关节炎和骨关节新药、生物试剂及相关检测试剂、高效微生物等。培育发展海洋生物制药产业，研发海洋生物制品在海洋医药、海洋保健食品、海洋生物化妆品、生物医学材料、新型生物肥料等方面的应用。

——医疗器械。积极开发光机电一体化医疗器械、运动健身器械、诊断医疗仪器、医疗急救及康复装置、医疗信息技术产品。

9. 大力发展现代物流业

鼓励专业物流企业参与制造企业供应链管理。以望春工业园区、空港保税物流中心为主要载体，推广条形码技术、射频自动识别系统、仓库优化、货物生动跟踪等物流技术。提高企业运输、仓储、装卸、整理、配送等环节效率。

三、实现路径

1. 不断完善以科技创新为核心的现代产业体系

建设先进制造业强区。加快工业化、信息化融合，推进"机联网、厂联网"应用示范，提高企业设计数字化、装备智能化、生产自动化、管理网络化水平。聚焦重点产业、重点园区建设，对标国内乃至世界科技前沿，进一步聚焦创新产业项目，重点关注新能源、新能源汽车、新材料、智能制造、海洋装备、生物医药、网络信息等领域。进一步聚焦高端研发机构、创新型企业和国内外高端人才，提升充实一批工艺流程开发、技术验证、产品测试等创新平台。鼓励企业建立同业联盟、异业联盟。深入实施"四换三名"工程，提速推进一批重大项目，构建"五大新兴产业＋五大优势产业＋五大百亿产业基地"工业体系。

建设现代服务业新区。扶持培育"四大新业态＋四大新基地"，围绕建设区域性总部基地，推进南部商务区扩容提质，提升一期产业，招商入驻二期，推进三期建设。围绕建设电子商务示范基地，大力发展信息产业，加快电商平台和服务网络建设，促进电子商务、跨境电商和现代物流整合联动。围绕打造设计创意基地，推进建设一批文化综合体项目和文创产业平台建设，做精做细软件动漫、影视传媒、广告设计等产业。

建设现代农业示范区。以高效生态农业为方向，坚守安全和耕地保护红线，进一步加强粮食生产功能区和现代农业园区建设，培育现代农业经营主体，推广新型农作制度，大力发展设施农业、循环农业、都市农业、观光农业、精品农业。

2. 加快建设科技创新平台体系

"一城四区"是我区科技创新的主要平台。继续推进新城区完善城市功能建设项目，发展城市经济，以潘火、首南、下应街道为核心，发展都市工业、总部型企业、工业社区；推进鄞州工业园区提质转型，着力培育电子信息等主导产业、龙头企业；提升鄞州经济开发区机械制造、临港装备等产业集聚规模和产出水平，谋划园区二期定位；加大望春工业园区"腾笼换鸟"，推进园区二次开发；加快南车产业基地基础设施配套和项目投运，着力打造轨道交通核心产业基地。

"七大平台"是鄞州科技创新的"主阵地"。围绕成为省级科创中心之一的目标定位，提升七大平台集聚、服务和承载功能，健全产业技术联盟、校企合作联盟等创新组织和服务体系，引导创新128产业园、鄞州清华长三角研究院创新中心、中物园宁波军转民科技园、科技信息孵化园、摩米创新工场等平台加快项目集聚、成果转化。

大力发展企业研究机构。以龙头企业作为引领产业技术创新主体，鼓励企业组建高水平研发机构、参与高层次科技合作，推动企业加快产品、技术、品牌和商业模式创新，支持企业培育自主知识产权。扶持一批创新能力突出的企业，建设国家级、省级工程技术研究中心、重点实验室等研发机构，鼓励企业积极参与省新兴产业技术创新综合试点，建立省级重点企业研究院，实现大中型企业研发机构基本全覆盖，主要投入和产出指标达到省内领先水平。扶持行业技术研发中心建设，鼓励有条件的龙头企业、高新技术企业承担或参与国家和地方布局的产业共性技术创新研发中心建设，重点打造汽车零部件、软件信息、新材料、新能源等一批面向行业的信息、技术、管理综合技术服务平台。支持企业院士工作站、博士后工作站等载体建设，形成"领军人才＋团队＋产业"的集聚发展态势。

发展校企合作研究机构。抓住《国务院办公厅关于深化高等学校创新创业教育改革的实施意见》政策出台机遇，发挥南高教园区科技人才资源优势，加强政产学研战略合作联盟建设，协同企业和大院大所开展技术研发攻关，把专家、教授请进企业，把企业工程技术中心、院士博士工作站等研发机构作为企业创新的主阵地，引进和培育科研创新团队，促进国内外科技成果在鄞州交易转化。见表15－5。

表15－5 　　　　　　　**南高教园区内高校研究机构研究重点**

高　　校	研究重点
浙江大学宁波理工学院	● 高分子材料、工业设计、药物化学、生物工程、环境工程等领域科研机构
浙江万里学院	● 现代农业、电子信息、环境工程等领域科研机构
宁波诺丁汉大学	● 可持续能源技术研究中心、可持续制造研究中心等研究机构建设，引入诺丁汉大学本部生物医药、先进制造、环境保护等领域领先的科研机构
新引进高校科研机构	● 面向国内外知名高校，以高校科技园等形式，通过项目引入、地校共建，根据鄞州区、宁波市产业发展导向，引入相关领域领先的高校科研机构

3. 完善科技创新孵化体系

搭建"众创平台"。鼓励众创、众筹、众包，搭建以"创新＋创业""线上＋线下""孵化＋投资""专业能力＋资本"等模式，提供全要素服务为内容的新型孵化平台，重点培育一批以电商、文创、健康、工业设计和"互联网＋"等为特色的科技服务业"众创空间"。

完善孵化载体建设。以服务和培育早期创业团队、科技型小微企业为宗旨的孵化器，引入孵化机构和创新机构，建立为中小企业提供服务的孵化公共平台。进一步发挥政府、专业科研院所、社会等不同主体孵化器功能作用，推进基础孵化器建设由"企业孵化"向"产业孵化"转变。积极发挥国家级科技企业孵化器作用，围绕培育有基础、有市场、有产出的科技项目和创新企业，加速建设"创业苗圃＋孵化器＋加速器＋产业园"全产业链孵化体系，强化政策扶持、扩大孵化器面积，提升创业孵化成活率和科技企业培育成功率。见表15－6、

表 15 - 7。

表 15 - 6 鄞州区孵化器建设重点

运行主体	现有平台	功能导向与建设重点
政府	科技中心、科技信息孵化园、各街道孵化器等	• 功能导向：非营利性质，逐步推进企业化运营，重点发挥对于新兴产业、高新技术产业培育的引导和示范作用 • 以鄞创孵化器联合体为主体，加强对新城区内政府主办孵化器的整合 • 以省级留创园为依托，完善留学人员创业服务，力争申报国家级留创园 • 推进主要孵化器科技金融、科技中介、法律服务、市场服务、人力资源、公共关系等创业服务功能集成 • 拓展加速器建设，在首南都市工业区内规划建设服务企业的加速器标准厂房，推进建立加速器与鄞州区各镇乡（街道）、工业园区联动机制，用足区内增量及存量替换空间，探索建立基地外"创业飞地"
科研机构	中物九鼎孵化器等	• 功能导向：协同政府主办孵化器引导、示范作用，在自身专业领域承担主要的技术研发和产业化功能 • 以中物院宁波军转民科技园为依托，加快培育中物九鼎孵化器军转民技术应用、能源环保、光机电、先进制造、激光应用为主的产业孵化功能 • 推进摩米创新工场项目建设 • 依托浙江清华长三角研究院宁波科技园规划建设的以信息、软件产业为主导的专业孵化器
社会	杉杉科创基地、鄞州大学生（青年）创业园等	• 功能导向：充分发挥灵活性、营利性强的特点，强化市场机制作用，鼓励做精做强 • 支持有条件的大中型企业投资兴办各种科技企业孵化器 • 鼓励和支持各孵化器加强投融资、项目推介等能带来收益的服务与活动，提升创业孵化活力
新建孵化器和"众创空间"		• 扩大政府运营孵化器面积规模，以综合型孵化器为主导方向，重点于南高教园区内，依托政府、高校等主体，搭建以高校、留学归国创业团队为主要服务对象的孵化器平台和"众创空间" • 在南部商务区等楼宇中，打造若干软件产业、文化创意等专业孵化器"众创空间" 支持专业科研机构、企业主办专业孵化器，加强政府管理、培训等服务输出，提高科技成果转化效率 • 推进与国内外知名大学、科研院所合作创办孵化器，引进先进研究成果 • 加强同望春工业园、鄞州工业园区、鄞州经济开发区等工业园区的战略合作，建设一批加速器

表 15 - 7 　　　　　　　　　　　**鄞州区专业研究机构建设重点**

研究机构	建设重点
中物院宁波军转民科技园	• 占地面积 45 亩，建筑面积约 8.6 万平方米 • 加快宁波中物工业技术工程研究院及激光与光电技术研究所的建设，争取 3 年内成立 5 大研究中心 • 尽快开展应用研究，推进一批激光与光电技术研发与产业化项目
摩米创新工场	• 占地面积 4 亩，建筑面积约 17 021 平方米 • 目前已入驻科技信息孵化园。重点研究传感器技术、信息获取与处理技术、自动化精密机械以及智能仪器仪表，突破光、机、电、软、算一体化技术 • 为光电装备产业集群加速发展提供高品质服务的技术创新平台
浙江清华长三角研究院宁波科技园	• 规划占地面积 53 亩，建筑面积约 24.5 万平方米 • 强化项目超前引入，面向海外清华校友网络资源，以电子信息、生物技术、环保装备、文化创意等高新技术产业为重点，以人才带技术、人才带项目的形式，引入高端创业创新团队 • 推进公共服务平台和项目研发机构建设
其他主要功能平台专业性科研机构培育	• 创新 128 产业园。重点加强企业入驻督导，培育打造以工业设计、软件产业为主要领域的专业研发平台 • 天宫农业园。加强与省、市农科院等农业科研机构合作，打造成为以桑葚、中草药等为重点的优势农产品良种培育、良法开发、病虫害医治、精准农业研发平台。设立中国航天育种基地，开展航天育种筛选、品系鉴定试验等研发工作 • 南部商务区。加快推进二期、三期、四期建设，加强政策引导和创新，培育打造以文化创意、软件开发为重点的专业研发平台，加快引进企业科研总部
新引大院大所研究机构	• 争取引进轨道交通装备、汽车零部件、电子信息、激光光电装备、新材料、海洋科技等领域国家级、省级科研机构 • 加强与南车株洲电力机车研究所、中国兵器科学院、中国汽车工程研究院、中国电子科技集团公司、中国科学院光电研究院、省级专业研究机构等机构的对接

　　提升服务功能。针对种子期、初创期、成长期、成熟期不同阶段的创业企业发展特点及需求，提供全链条资本、人才、技术、市场、政策等创业要素，支持跨区域创业和系列创业。加强各类"众创空间"、孵化器信息管理和合作交流，建设区域"科技创业创新信息平台"。协同众创平台服务、科技金融服务和知识产权服务三大联盟，构建创新创业生态环境。

　　发挥和建设一批面向中小企业的公共技术服务平台，根据鄞州创新创业发展的需要，有针对性的打造设计研发、工艺制造、检验检测、标准化、成果转化、企业培训、管理咨询等公共技术服务平台。

389

4. 加快完善创新人才体系

创新、发展离不开人才。鄞州区需要构建以拔尖人才为引领、六大专业人才为支撑的人才引育和服务保障体系，打造人才特区。

继续开展高层次人才引进孵化计划。以青年英才培养工程和创业精英引领计划为抓手，以主导产业为重点，引进一批能突破关键技术、具有自主知识产权的创新型科技团队、领军企业家、海外工程师。聘请国际一流的科学家、工程技术专家和企业家，指导或参与主导产业的关键技术研究和重大项目建设，鼓励采用虚拟学院等网络媒体深化交流合作。重视团队引进模式，对科技创新团队实施成建制引进，或由领军人才自主引进，相关支持政策也由聚焦个人向聚焦团队转变。实施鄞州籍院士团队回归工程。

强化以企业家为中心的人才网络培育和引进。科技创新人才应是围绕产业创新集聚、依靠市场驱动成长的，其中最核心的人才就是企业家，因此要突出和强化引进和培育企业家队伍，持续改善营商环境，培育有利于企业家成长和集聚的土壤。继续实施六大专业人才培养工程，推进青年英才培养工程、高级职业经理人"领头雁引进培养计划"、高层次创新型科技人才"千人智汇计划""金蓝领"高技能人才培养工程、文化产业人才"蝶飞计划"、现代服务业"万人集聚工程"等六大专业人才培育工程，培育一批经济转型发展相适应的专业人才队伍。

完善人才引育服务平台。搭建人才信息平台，引进知名人才中介服务机构，开展分层次分类别的企业人才招聘活动。抓住高等学校创新创业教育改革的机遇，打破南高教园区与鄞州的玻璃墙，搭建"课堂教学＋创业大赛＋创业＋众创空间"创业教育体系建设。

完善健全科研管理激励机制。在承认并尊重科研人员科研成果，明晰科技研发和应用过程中各行为主体所有权的基础上，健全期权、技术投入、股权、分红权等多种形式激励机制，鼓励科研机构和高校科研机构人员大力从事职务发明创造，完善知识产权转移转化的利益保障与实现机制。

具体见表 15 - 8。

表 15 - 8   人才服务体系与平台载体

平台	现有载体	新增载体
人才引聚平台	• 海外人才工作站：人才使者 • 清华长三角宁波科技园 • 留学归国人才创业促进会（创新128） • 中物院技术转移中心（宁波分中心）	• 兵科院宁波分院 • 中国科学院光电研究院、中国汽车工程研究院 • 行业研发技术联盟 • "星期天科学家"工作机制 • 人才顾问、人才大使
人才培育平台	• 宁波理工、诺丁汉、万里等高校 • 骨干企业研究院、工程技术中心、重点实验室，如杉杉科创孵化基地 • 院士工作站、教授（专家）工作室、博士后工作站 • 研究生社会实践基地 • 鄞州大学生（青年）创业园	• 政产学研战略合作联盟公共服务平台 • "四院十四校"合作联盟公共服务平台 • 企业人才创新合作联盟公共服务平台 • 课堂教学＋创业大赛＋创业讲座＋众创空间的教育体系
人才服务平台	• 鄞州区人才服务中心 • 大型人才招聘活动 • 宁波工业人才网等社区服务网站 • 鄞州大学生（青年）创业园网站	• 人才信息共享平台 • 知名人才中介机构 • 人才招聘网络平台 • 创业导师团 • 鄞州英才网
人才交流平台	• 联合高校和企业培养研究生的"双导师制" • 科技合作洽谈会、校（院）企合作洽谈会、高校院所座谈交流会、专家教授报告会 • "创意咖啡"交流空间	• "创业咖啡交流空间""海归沙龙"等定期交流活动 • 企业订单人才培养体系 • 大学生创业公寓 • 创新工场、车库咖啡、创业家等多种类型的创新型孵化器

5. 完善科技创新金融体系

以"鄞州四明金融小镇"打造为契机，积极构建以政府各类投资基金为引导，天使资金、风投私募基金和银行资金为主体，以"股权＋债权"为模式的融资服务体系。根据科技型中小企业在不同发展阶段的金融需求，在直接融资方面，着力构建覆盖科技型中小企业种子期、创业期和成长期的股权投资体系，引导和放大社会资本的投入。

发展天使、风投投资。天使、风险投资不仅能为中小型科技企业、高新技术企业提供资金支持，又能提供管理和市场服务等方面的增殖服务，促进科技创新的成功率。对种子期企业，天使资金、风险投资重点解决创业孵化融资问题；对初创期企业，通过母基金撬动风投基金重点解决资金规模问题；对成长型企业，重点与私募股权基金合作解决科技成果产业化问题。

发展科技银行。继续发挥杭州银行宁波科技支行、中国银行宁波分行等科技金融服务机构作用，积极引入各类商业科技支行，根据科技型中小企业的特点，创新金融产品。壮大小额贷款公司，通过实行专门化的客户准入、信贷审批、风险控制、业务担保机制，拓展多种融资方式，建立面向中小企业的多层次资本市场体系。

探索建立政策性小微企业保险机制，积极争取市天使投资引导资金，通过风险共担和补偿的方式，降低创新项目发展的风险，打通天使投资与创业孵化的链条，搭建投资双方信息沟通的有效平台，为天使投资双方提供信息中介服务和投资桥梁。支持风投、鼓励有条件的企业到主板、中小板、创业板、"新三板"等境内外上市。发挥创业投资引导基金的作用，扩大科技型中小企业创业投资引导基金规模，综合运用阶段参股、风险补助和投资保障等方式，引导创业投资机构向初创期科技中小企业投资，促进科技型中小企业创新发展。

建立全创新链的政府创新投入管理机制，形成主要由市场决定技术创新项目和经费分配、评价机制，建立支持科技创新的政府采购规则，增加政府对首台自主创新设备的采购或补贴。

6. 加强完善以企业为主体的技术创新体系

增强企业技术研发能力，构筑专利技术创新高地。

提升专利质量。以提升发明专利的"创造、管理、应用、保护"为目标，建立企业发明创新机制，培育和认定专利示范企业，加强对重点项目知识产权创造的支持。改革推动科研院所产权，完善科技成果收益分配机制，提高科研人员积极性。完善专利资助导向，提升发明专利产业化占比。健全以企业技术创新为导向的科技计划项目立项机制，支持企业承担各级各类科技计划项目，逐步提升科技项目与专利的关联度。

建立知识产权保护与专利技术联盟体系。成立鄞州区知识产权保护协会，建立专利、品牌、标准等知识产权协同保护机制，支持企业和产业技术联盟建立专利池，支持企业开展品牌培育和自律。加强知识产权司法保护，加强专利普法和培训，提升全社会知识产权保护意识，加强知识产权举报投诉服务和维权援助工作机制。

加强专利技术的应用转化机制。联合中国专利创新网、浙江网上技术市场鄞州分市场、赢手网等网络平台，建立"展示、交易、共享、服务、交流"五位一体的科技市场，促进知识产权商品化、产业化。推动科技成果登记制度，规范和完善技术产权挂牌、竞价、交易、结算、信息检索、政策咨询、价值评估。拓展专利资产评估、质押贷款、专利转让等服务功能。引入专业评估机构、商业银行、代理公司、科技咨询、产权交易等中介服务机构。加强各类孵化器平台和科技创新产业化通道建设，开展对初创型科技企业开展保姆式服务，鼓励企业直接开展孵化技术的创新投资，有效促进专利成果的转化具体见表15-9。

表15-9　　　　　　　知识产权保护体系及发展方向

重点领域		发展方向	依托载体
知识产权保护管理	技术联盟	围绕基地内重点产业和关键领域，鼓励各个企业优势互补，联合致力于技术或产品的研发，减少单个企业的开发风险和投入成本，促进技术创新	涉及国有、民营、外企等多种类型公司
	专利池	构建由专利权人组成并决定许可费率的专利许可交易平台，平台上专利权人之间进行横向许可，或以统一许可条件向第三方开放进行横向和纵向许可	重点骨干企业和主导产业技术联盟
	区知识产权专案工作组	对企业知识产权侵权事件介入调查，推动建立跨部门的知识产权执法协作机制，做好行政执法与刑事司法衔接	联合区科技局、公安局、司法局、宣传局等部门
专利成果转化服务	科技信息成果展示共享平台	构建科技成果和科技信息发布、检索、展示、共享、交流平台，科研创业人员与企业家、创投机构对接交流，举行科技培训等功能	市知识产权服务平台鄞州分平台；各创新平台科技成果转移中心；各个大学科技成果转移中心
	专利交易运作	将专利与资本做无缝对接，搭建以专利资产为核心的综合化金融服务，加快专利质押贷款、转让交易	
专利代理中介机构	知识产权评估机构	引入权威、专业、能够取得银行信任的评估机构对专利权等无形资产进行评估，促进科技资产的评估、转让、交易体系	专利资产评估机构、专利担保机构
	知识产权交易机构	构建针对专利权进行转让、交易体系，积极拓展银行开展无形资产质押贷款业务，将专利作为资产进行运营	科技银行小额贷款公司
	专利代理服务机构	开展信息、咨询、评估、市场分析交易代理、信用评估、资本市场，为科技型中小企业融资、上市、发展等提供专业服务	律师、会计事务所、科技咨询公司、代理公司等

7. 加快构建创新生态环境

科技创新环境主要由政府、高校、研发机构和企业四大主体构成，他们在科技创新的生态环境中的作用和重要性都是不可替代的。政府的作用不仅在于为科技创新提供政策支持和体制保障，还要在前沿技术、共性技术等领域发挥创新的引导乃至主导作用。大学的作用重在基础研究和人才培养。研发机构的作用重在为基础科学探索和开辟应用的途径。企业作为创新主体，重在把研发成果产品化、产业化。构建的生态环境，首先要处理好政府、高校、研发机构和企业四者之间的关系；其次是完善科技创新的制度供给，把政策资源和资金资源集中用于区域科技创新新领域，最重要的是充分发挥市场在配置资源中决定作用，激发全社会的科技创新活力和潜力，贯通理论研究、应用技术研发、研发成果产业化、创新价值实现的路径，让科技创新真正成为生产力发展的第一动力。

四、主要举措

（一）规划引领

以"十三五规划"编制为契机，研究科技全创新链的构成环节，把握产业链、创新链与价值链三链融合趋势。围绕产业链部署创新链、围绕创新链完善资金链，着力打通科技创新与经济社会发展之间的通道。规划编制全区产业集聚区规划，协同修编调整以产业集聚区规划为基础的土地利用总体规划和城市总体规划等重点规划。组织编制人才、科技、基础设施建设等专项规划，进一步研究制定人才引育、科技金融、知识产权等配套政策。

（二）政策保障

探索建立财政、科技、经信等部门联动机制，避免政府资源的低效和浪费。财政资金以年高于财政收入3个百分点的增速投入共性技术研究、公共技术服务平台和改善科技基础条件、科技普及等公共科技活动。加大对重点科技项目产业化、工程技术中心升级、高端科研人才团队引进的奖励。对符合区域产业发展方向的产业、对新进驻鄞州区的科技企业实施一定的税收支持。重点区域实行一企一策。对新迁入的科技型总部与原注册地实行税收分成。加大土地资源挖掘，鼓励闲置厂房用于"大众创业，万众创新"的"创客空间"、科技孵化器、加速器。落实人才奖励资金、股权激励、人才兼职等创业政策及编制挂靠、医疗保障、配偶安置、子女入学等社会保障政策。支持用人单位自建人才公寓。设立区科技进步奖、最高创业奖，构建有利于人才长远发展的体制机制。

（三）考核机制

制定相关考核办法，突出科技创新的"成本—产出"绩效考核理念，并将科技创新考核评价理念贯穿到选人用人的过程之中。

（四）创新文化

营造全社会鼓励梦想、激发创意、允许颠覆、包容失败的文化氛围。加大宣传力度，营造宽松的创新文化，守护、释放个体自由心性的空间，倡导适合创新创业的价值取向，在全社会形成理解创新、支持创新、服务创新、创新的良好风尚。

第四节　先进县（市）区科技创新经验借鉴

放眼国内，很多先进的县（市）区，在引领和激励科技创新上，做了大量有益尝试，并且有的已经取得了骄人成绩，相应也推动了当地经济的巨大飞跃。与鄞州地理区位和各方面条件较为相近地区有杭州市余杭区、南京江宁区、深圳南山区等，鄞州可从中吸收和借鉴科技创新的经验。

一、杭州市余杭区

余杭区紧临杭州市区，总面积 1 228.23 平方公里。2014 年全区实现生产总值 1 101.04 亿元，比上年增长 9.5%，高新技术产业产值 611.94 亿元，占规模工业产值比重达到 41.3%，比 2013 年提高 4.3%。全区共有市级以上高新技术企业 543 家，其中，国家火炬计划重点高新技术企业 12 家，国家重点支持领域高新技术企业 231 家，杭州市高新技术企业 300 家。2014 年发明专利授权 295 件，被列为国家知识产权强县工程试点区。余杭区在科技创新平台搭建，促进区域转型发展方面的经验值得借鉴和学习。

（一）以未来科技城为引领，精心打造科技创新大平台

余杭区发挥未来科技城的"硅谷"效应。余杭区紧紧抓住规划面积 113 平方公里的未来科技城成为全国四个人才基地之一的契机，以人才引领创新，以创新驱动发展，推动未来科技城逐渐形成科技"硅谷"。到 2014 年，未来科技城已累计引进海外高层次人才 1 106 名，其中"国千"人才 57 名，"省千"人才 66 名，院士级专家 15 名。在五年间，未来科技城已落户了以阿里巴巴、美国安

进公司、中国移动、中国电信、中国电子科技集团等为代表的 600 余个优质项目，进驻企业总数超过 2 000 家，其中海归企业就有 300 多家。

（二）以"梦想小镇"为载体，构建面向人人的"众创空间"

"梦想小镇"位于未来科技城仓前区域，占地面积约 3 平方公里，北至杭长高速，东至杭州绕城高速，南至杭徽高速，西至南湖，是浙江省十二五期间重点打造的杭州城西科创产业集聚区的核心创新地带。按照规划设计，小镇计划在三年内集聚大学生创业者 10 000 名，创业项目 2 000 个；集聚基金（管理）及相关机构 300 家以上，实际资产管理规模达到 1 000 亿元，金融资产总额超过 3 000 亿元。梦想小镇将产业定位为互联网创业和科技金融的结合，明确了互联网创业小镇和天使小镇"双镇融合、资质融合"的发展路径。可见"梦想小镇"的一个重要作用就是让资本与创新在政府构建的孵化体系里加速碰撞，产生出"智富"聚变的效应。到 2015 年 10 月，梦想小镇已集聚创业项目 350 余个，落户金融机构 80 余家，集聚管理资本超过 300 亿元。在发展中，梦想小镇逐渐形成了产城融合，资智对接；有核无边，辐射带动；政府主推，市场主体；共生共荣，共享共治的显著特点。

二、南京市江宁区

江宁区是国家重要的科教中心和创新基地，"国家知识产权示范区"、"全国科技进步先进区"七连冠，也是江苏省唯一的"千人计划""万人计划"双基地。近年来，江宁区以建设苏南现代化样板区为目标，通过政策扶持、金融支撑、领军人才带动、科创平台建设，全力打造苏南科技创新、转型发展新高地。2014 年，全区实现生产总值 1 405.6 亿元，增长 10.9%，高新技术产业实现产值 1 775 亿元，比 2013 年增长 20%，占全区规模以上工业总产值比重达到 63% 以上。

（一）政策扶持力度大

为促进科技创业创新发展，江宁区先后出台了《关于鼓励企业自主创新的若干政策》《关于扶持工业企业加快发展若干政策》《关于深入实施南京"321"引进计划的意见》《江宁"百名千万英才"特殊支持计划》等一系列政策措施，不断优化区域创新创业环境。同时，突出财政对科技创新创业投入，优先安排科技经费，实现科技经费向创新创业聚集。

（二）重视科创载体建设

制定出台《关于更大力度加快紫金科技创业特别社区和国际企业研发园建设的实施意见》，重点建设"三区一园"科创载体，包括紫金（吉山）科技创业特别社区、紫金（方山）科技创业特别社区、紫金（江宁）科技创业特别社区以及东山国际企业研发园，以"三区一园"为核心，推动科技园区、科创载体由综合型向特色化、专业型、开放式转型。到目前，"三区一园"已建成"三创"载体139万平方米，孵化培育418家科技型企业，搭建了19个专业技术、科技金融和公共服务平台。

三、深圳市南山区

深圳南山区在科创工作上一直处于全国领先水平。从20世纪90年代起，南山区始终将自主创新作为城区发展的主导战略，坚持以创新驱动引领经济发展，提出将南山区建设成为深圳市科技企业的一个大孵化器。1999年南山区科技创业服务中心成立标志着是南山"大孵化器"战略开始，并于2003年正式提出了大孵化器科技创新战略，通过改善区域整体创新创业环境，加强科技创新体系建设，不断培育创新企业快速成长，推动高新技术产业持续发展。

（一）统筹布局

坚持政府引导、部门协作，充分发挥社会力量的作用，采取'点、线、面'结合的办法，进行全方位布局。点，即以孵化器建设为支撑点，加强孵化器自身建设，从数量和规模上壮大孵化器群体；线，即以南山大孵化器联盟为主导线，整合孵化资源，促进协同发展；面，即以建设核心技术自主创新先锋城区为目标。

（二）模式多样

南山区通过科技创业服务中心联合社会力量，在孵化器和工业园区分层次设立科技服务站，推动科技服务向园区网络化延伸，在全区范围内形成了由创业苗圃、孵化器、加速器、产业园区组成的产业发展空间链条。形成以"政府主办""官民合办""企业自办""政校合办"四种模式。目前已建立了18家孵化器，孵化面积超过50万平方米，在孵企业超过1 500家，孵化企业销售收入超500亿元，占据深圳市孵化器产业的半壁江山。

（三）突出高新产业

随着产业结的不断调整，南山区"大孵化器"战略转向了高技术含量、高附加值的新兴产业。"大孵化器"战略开始从孵化一般的科技企业，转向孵化新兴产业，包括数字电视、创意产业、知识服务业、医疗器械产业、循环经济产业等高技术含量、高附加值的新产业。全年实现高技术产业全行业产值4 290亿元，增长13%，占全市的27.6%。

第四篇

社会民生及其他

第十六章

鄞州城市功能区整合提升

功能区是实现城市经济社会各类职能的重要空间载体，直接影响着整个城市的功能和强弱，也直接影响着城市在区域发展中的地位。"十三五"时期，城市发展势必将迎来新一轮的规划和调整，鄞州区如何正确认识城市功能的内涵和布局原则，统筹谋划城市功能区整合提升，优化城市布局，提升城市功能，有效促进城市发展环境的改善，提高城市资源的利用效率，扩大城市的品牌影响力，提升城市的核心竞争力，对新时期鄞州的改革发展具有重要意义。

第一节　鄞州城市功能区的历史演进和现实基础

一、城市功能区整合提升的研究背景与意义

（一）城市功能区的内涵

我国早在古代就将城市功能区的思维贯穿于城市发展的实践中，但城市功能区理论的系统形成还是在西方发达国家。工业革命以后，西方发达国家开始建设很多城市建筑，由于缺乏规划的引导，导致许多企业、住宅、道路等的布置非常脏乱，城市的生活质量也不断下降。为此，1933 年制定的《雅典宪章》明确提出了城市功能分区理论，认为城市应按居住、工作、游憩进行分区，其间通过交通来进行连接，使城市居住、工作、游憩和交通能够合理布局，确保城市的顺利

发展。第二次世界大战后，很多城市的建设都充分地表现出了城市的功能分区理念。经过多年的理论实践，1977年国际建筑协会制定《马丘比丘宪章》，进一步完善了城市功能区理论。直至20世纪90年代，"新城市主义"兴起并倡导建立多功能的城市综合体，城市功能区理论在适度矫正的同时得以进一步升华。

总结国内外的有关研究成果，同时结合具体研究实际，笔者认为，城市功能区是根据城市功能的要求把城市中的各物质要素在一定区域内进行布局，从而使城市的主体功能区布置得当，且具有一定的相对独立性，同时形成一个内部密切联系的有机整体。城市功能区既是实现相关社会资源空间聚集、有效发挥某种特定城市功能的地域空间，是城市有机体的一部分，同时，也是实现城市经济社会各类职能的重要空间载体，集中地反映了城市的特性，是现代城市发展的一种形式。

（二）城市功能区的类型

功能区的分类标准有很多，根据与经济的相关程度，城市功能区可分为非经济功能区和经济功能区。非经济功能区是指与产业活动无直接关系的聚集区域，包括住宅区、行政中心区以及文化区等；经济功能区是体现一个城市或区域经济核心发展能力的重要标志，一般都有自己的主导产业，有较强的发展能力、经济控制能力和聚集扩散能力。根据主导产业不同，可进一步细分为中心商务区、商业区、工业区等。此外，随着"城市综合体"理念的普及，非经济功能区和经济功能区越来越趋于融合，混合功能区逐渐成为未来城市规划的发展方向。

根据地域分布结构，城市功能区可分为同心圆模式、扇形模式和多核心模式。同心圆模式将城市划分为五个同心圆：第一环是中心商务区；第二环是过渡带，为新来移民居住区；第三环是工人住宅带；第四环是中产阶级住宅带；第五环是通勤带，主要是上层和中上层人们的住宅区。扇形模式认为，城市功能区沿城市交通线呈现扇形或楔形分布，高租金住宅区最先沿交通线形成扇面，中等租金住宅区随之在其周边发展，靠近市中心的住宅区逐渐变为低级住宅区。多核心模式认为随着城市的扩展，远离市中心的郊区形成新的核心点，最终导致低级住宅区在市中心布置，而中高级住宅区则向城市的另一侧发展。

根据发展阶段的不同，可以将城市功能区发展分为发展初期、发展中期以及成熟期三类。发展初期城市以农业为主导，工业与第三产业占比较小，这时期由于城市主要产业农业与居住活动冲突不大，因此，城市功能适当混合，功能区之间没有严格界限；发展中期城市以工业为主导，农业、第三产业较少，这时期由于城市主要产业工业与居住活动冲突较大，而且各类工业产业之间、工业与其他功能之间影响较大，因此，功能区划分较为严格；成熟期的城市以第三产业为主导，农业、工业较少，这时期由于第三产业自身之间、与其他功能区之间的影响较小，因此，城市功能适当混合，功能区之间界限也相对灵活。

一个实现资源优化配置的现代城市，是由多个特点清晰明确的功能区组成。城市的职能就是由这些功能区充分地发挥自己作用来实现。从动态的角度讲，城市功能区的形成过程是产业或者城市功能要素在特定的城市空间集聚的过程。这个过程与城市政府对城市的定位和城市功能的布局有着直接的关系。同时，在全球化、知识经济、信息技术革命的背景下，地区经济发展更加依赖功能区产业群的创新动力，更加依赖由功能区作为载体的区域竞争力。由功能区形成的独占性比较优势是区域竞争优势的核心。打造强势经济功能区、确定地区经济在全球化经济体系中的地位，发挥比较优势，是后发展国家或地区寻求超常规经济发展的战略选择。这也是本书研究的重要理论基点。

（三）城市功能区的特征

1. 较强的集聚效应

城市功能区由于土地利用方式相同，其对空间区位、基础设施等发展环境的要求往往也相同，这会导致同一类活动在城市空间上的聚集，与这类活动相关的各种要素如人才、资本、信息、研究成果等也会在相应的功能区内聚集。各类要素的集聚可以降低功能区内企业的运行成本，提高运营效率，在相对有限的地域空间中创造出巨大的经济产出。

2. 较大的辐射效应

城市功能区集聚到一定规模，便会形成较强的辐射扩散能力，将区域内的优势能力如技术管理、观念、资金等向周边地区渗透，带动周边地区的发展。不同的城市功能区，其扩散能力的大小有所差别，与行政区和居住区等非经济功能区相比，工业区、商务区等经济功能区具有更强的辐射扩散能力，会推动周边地区经济、社会的演化与发展。

3. 较高的经济社会效益

城市功能区是区域比较优势和核心竞争力的现实表现，其产生的效益依据功能定位不同而各有侧重。经济功能区通常具有较高的经济效益，是城市经济发展的动力源泉，是区域收入的主要来源，对就业具有很强的拉动作用。非经济功能区则具有较高的社会效益，如行政功能区，由于区域内行政机关密集，方便处理社会事务，提高了城市运行效率。

4. 明显的"城市名片"效应

"城市名片"是一个城市的品牌和现代化的象征与标志，城市功能区尤其是经济功能区往往是一个城市最具代表性的地区，是"城市名片"的最好体现。

城市功能区的成功建设对提高城市的知名度和美誉度，扩大城市的影响，提升城市的文化品位具有很大意义。如纽约正是利用曼哈顿 CBD 打造的城市名片效应，成功确立了其国际大都市的形象。

（四）鄞州城市功能区整合提升的重要意义

1. 城市功能区整合提升是积极打造港口经济圈、落实国家战略的有效举措

宁波地处海上丝绸之路和长江经济带的"T"字形交汇处，又与"一带一路"沿线国家和长江经济带沿江省市建立了紧密广泛的通航通商合作关系，在"一带一路"、长江经济带国家战略实施的大背景下，宁波"港口经济圈"迎来了重大的发展机遇。而鄞州地处中心城区的核心带、港湾区域的中心带、四明区域的入口带，区位优势明显，其城市功能区整合提升直接关系到宁波港口经济圈的质量和水平。

2. 城市功能区整合提升是有序推进中心城区建设、增强宁波极核城市功能的重要手段

主城区是宁波全市的核心地区，是全市的政治、经济、文化、教育、科研、物流中心。为更好地辐射服务主城区各片区，宁波市提出了"两主、三副、多级、多点"的四级中心体系，在抓好三江口和东部新城两大中心的同时，培育南部、北部、西部三个城市副中心。鄞州新城作为宁波主城区的副中心之一，辐射范围重点在于宁波市三江片南部中心，其城市功能区整合质量直接关系到宁波中心城区建设的总体提升。

3. 城市功能区整合提升是有序推进新型城市化、构筑区域核心功能区的重要途径

宁波作为新型城镇化"国家级"试点之一，未来五年将是深入推进新型城镇化的关键时期，也是经济发展加快转型期，作为宁波最大的市辖区域，鄞州的城镇联动发展与全域城市化推进，将会给宁波带来强大的推动力。城市功能区整合有利于推动鄞州区向经济集约、社会和谐、环境友好、功能优化、城乡统筹的新型城市化的发展目标转型，从而推动整个城市区域核心功能区的转型跨越。

二、鄞州城市功能区建设的历史演进和发展现状

（一）历史演进

鄞州经历了从县到区，从无城到有城，从边缘到核心的跨越。鄞州新城区发

展历程大致可以划分三个阶段。

第一阶段，1995～2002年为起步阶段，当时新城区是一张白纸，基础薄弱，资金匮乏，人烟稀疏，因此，与大多数城市周边新区开发做法一样，选择了"园区式"发展模式起步，以引进工业项目为主，带动基础设施建设。经过8年的滚动开发，园区内路桥等基础设施初具规模，园区核心建设区面积也从最初的12平方公里增至33平方公里。

第二阶段，2003～2008年为迅速发展阶段，鄞州撤县设区后启动"新鄞州工程"，行政中心的入驻以及高教园区的建设，促进了体育馆、鄞州公园、图书馆、文化艺术中心、科技中心等诸多大型公共设施的建设，以及诸如万达广场等高档商业综合体的出现，城市功能得到提升，新城区的功能定位随之调整为鄞州区政治、商贸、居住、科技和教育中心，业态以工业为主转到"退二进三"，"两心、三带、多点"的核心区三产布局日渐清晰，城市服务产业得到快速发展。此外，该阶段管理体制转向专业分工管理，城区依托的乡镇初步向城市化的街道转型。

第三阶段，2008年初开始至今，鄞州区提出做精新城区核心区块，2008年首次提出建设"十大功能区块"，城市业态步入多样性发展的轨道，城市核心区形态趋向丰富、外延得到拓展，核心区内工业企业搬迁和改造进度提速，街道分工和转型进一步成熟，政府管理城市的体制和机制趋向科学。

"十二五"以来，"鄞州新城"更名为"南部新城"，作为宁波市"中提升"战略的重点区块，城区范围由33平方公里跃升至80平方公里。同时，制定出台了"加快新一轮城市发展行动纲要"，加快构筑现代都市两个重点区块，即南部重点区块及长丰滨江休闲区块。并依托南部新城"十大功能区块"，鄞州区引进并实施了一批龙头型现代产业项目，辐射和带动全区由农村经济向城市经济的全面转型。抓住宁波"三江六岸"拓展延伸的机遇，通过采用"一心、二轴、三环、四廊、三十六个节点"的生态城市空间布局，将城市水系、绿地与商贸、生态休闲有机结合起来，形成了"城在水中、水在城中、绿在城中、城在绿中"的独特格局。

（二）发展现状

1. 功能区数量和规模有效扩张

随着鄞州区城区框架的有效拉开，空间格局日趋明晰，依托万达广场、行政中心以及南部商务区形成了南北向功能联系轴，并进一步向南拓展成为联系主城与姜山、奉化地区的战略通道。从功能区的层级看，拥有省级开发区3家，其中科技类功能区3家。从功能区的数量看，拥有经济类功能区5家，商务类2家，新城类 7 家，旅游类 5 家。同时，南部新城由原先行政中心、高教园区、高新技术园区和商贸居住区 4 个功能区发展成 10 个功能区（如表 16-1），包括宁波南部商务区、下应生态商住区、长丰滨江生态休闲区、潘火家居商贸区、中河都市商贸区、首南商贸休闲区、慧丰万达商业区、奉化江生态文化区、鄞州都市工业集聚区、鄞州都市工业集聚区、石碶综合商贸区。从功能区的规模来看，功能区的规模都有较大的拓展，比如，鄞州南部新城从 1995 年启动时的 12 平方公里，到 2003 年的 33 平方公里，2008 年后增至 80 平方公里；鄞州经济开发区从 2005 年启动时的 6.4 平方公里，到现在的 15 平方公里。具体情况见表 16-1。

表 16-1　　　　　　　　　　十大功能区基本情况

编号	功能区名称	地理范围	主导产业	面积
1	宁波南部商务区	由前河南路、鄞州大道、宁南南路、日丽中路围合而成	总部经济、国际贸易、科技创意、服务外包等产业	0.8 平方公里
2	下应生态商住区	由鄞县大道、绕城高速、金峨路围合而成	智慧产业、科技服务业、文化创意业	13.3 平方公里
3	长丰滨江生态休闲区	北接江东、南至杭甬高速、西邻奉化江	休闲娱乐、文化演艺、餐饮服务	2.1 平方公里
4	潘火家居商贸区	东至福庆路、南至中塘河及杭甬高速、西到桑田路、北至甬台温铁路	都市家居、汽车销售、现代商贸	5 平方公里
5	中河都市商贸区	位于嵩江路与钱湖路交叉带	商贸商务、文化娱乐、餐饮服务	0.64 平方公里
6	首南商贸休闲区	位于鄞州大道两侧	文化娱乐、都市休闲	0.53 平方公里
7	慧丰万达商业区	位于钟公庙街道四明路两侧	现代商贸、文化娱乐	0.56 平方公里
8	奉化江生态文化区	由奉化江东侧沿江区域和湿地公园组成	文化休闲、创意设计	1.16 平方公里
9	鄞州都市工业集聚区	以鄞州投资创业中心为核心	都市工业、研发设计	7.8 平方公里
10	石碶综合商贸区	东至南塘河和奉化江、南至茶桑路、西至机场路、北至杭甬高速	汽车销售、商贸商务、空港物流	4.04 平方公里

2. 城市功能区与产业提升互动紧密

2003 年以前，鄞州新城区以工业为主，特别是杉杉、奥克斯等大型工业企业的进驻，为工业的迅速发展奠定了坚实基础。2003 年鄞州撤县设区后，新城区的功能定位调整为鄞州区政治、商贸、居住、科技和教育中心，随着"退二进三"策略的推进，大量工业企业外迁，取而代之的则是第三产业的迅猛发展，宁波万达广场、南部商务中心、南苑国际酒店等项目的建设，以及沃尔玛、麦德龙的相继入驻，促使商贸行业崛起。同时，随着万科、金地、万达等集团的入驻，迅速带动了房地产行业的快速发展。目前，仅南部新城有商务楼宇 50 幢，商家 1 万多家，南部新城的产业结构迅速发生了变化（如表 16 – 2）。可以说，"十二五"期间，随着功能区的快速建设，鄞州的产业发展朝着更为高端化、专业化的方向发展，并逐渐形成了十大主导产业。

表 16 – 2　　　　　　　南部新城三产比重变化　　　　　单位:%

年　份	三产比重		
	第一产业	第二产业	第三产业
2003	3. 3	74. 6	22. 1
2008	1. 9	67. 7	30. 4
2011	1. 6	62. 3	36. 1
2014	1. 3	57. 2	41. 5

3. 发展形态多样，特色化功能区显现

鄞州功能区经过多年发展，不断朝着专业化、特色化、集聚化方向发展，形成了发展形态多样、模式不一的特色化功能区，而且功能区的种类齐全，不但包括新城、集聚区（基地），而且还包括经济（技术）开发区、高新技术产业园区和特色产业园区，还有高教园区、组团发展。如以高端商务、金融服务为主的南部商务区，打造都市新型工业的鄞州都市工业集聚区，生产性服务业较好的鄞州创投中心，正在实现二次创业的望春工业园区，以航空物流服务为主的空港经济区，以水岸休闲生活为特色的东钱湖旅游度假区，等等。同时，功能区的影响力不断增强，重要性不断提高，南部新城、宁波机场与物流园区、东钱湖旅游度假区、鄞奉－长丰滨江综合功能区、集士港综合区块等功能区，已成为宁波市重点功能区块。

4. 城市功能区日益成长为区域发展重要动力

随着功能区经济规模的不断扩大，发展特色的日益明显，逐步成为鄞州经济社会发展的重要支撑。比如，2014 年，南部新城楼宇经济实现 GDP 达 329 亿元，占鄞州全区总产值的 25.3%；税收收入达 76 亿元，占鄞州全区的 27.2%。鄞州

经济开发区实现工业增加值 31 亿元，占鄞州全区的 5.94%；空港经济区实现工业增加值 36 亿元，占鄞州全区的 7.1%。

三、鄞州城市功能区建设的突出问题

（一）功能区布局有待优化，区域资源有待整合

鄞州新城区在发展的过程中将重点放在"十大区块"的建设之上，但这些地区之间究竟是什么功能关系，究竟应该以何种时序来进行建设，却还不明确。目前，功能区分布较为分散，且规模偏小，难以形成规模经济。比如，现有的 10 个功能区，有 4 个规模不到 1 平方公里，包括南部商务区、中河都市商贸区、首南商贸休闲区和慧丰万达商业区，用地面积最小的是首南商贸休闲区，总用地面积只有 0.53 平方公里。同时，还缺乏全域性功能区的深度研究和系统布局，随着鄞州区空间骨架的展开，需要重新全方位地整合区域性基础设施布局、城市功能与综合交通的关系、城市用地与产业梯度等核心问题。

（二）主体功能有待突出，个体特色有待挖掘

城市功能区间功能分工弱化，功能同构现象严重，多数是综合性功能区，特色化、专业化功能区少，主体功能不够突出，除鄞州都市工业集聚区外，其余功能区基本都有商务这一功能，造成一定程度上的产业类同和同质化竞争。同时，区块功能有待充实，比如，南部商务区整地块开发和大批量商务楼宇的建设，为总部经济、金融、科技创新、商务中介、专业咨询等高端生产性服务业群落的发育提供了载体。但如何利用现有基础积极主动地吸聚高端发展资源，突破发展"瓶颈"，将自身塑造为具有产业特色和区域影响力的服务业极核，是鄞州下一阶段必须要面对关键性问题。

（三）发展层次仍需提高，集聚扩散效应有待加强

受单中心城市结构的影响，功能区的集聚扩散效应还未覆盖全区，各个乡镇受功能区的辐射效应表现出明显差异，往往其经济发展水平随着与中心城区距离的递增而下降，距中心城 10 公里、10~20 公里之间以及 20 公里以上的区域分别构成了全区经济的三大圈层。此外，受自然环境、交通条件影响，中部平原区和沿主要交通干道的乡镇经济较为发达，山区和海滨城镇的经济发展水平则相对较差。同时，功能区规模小，外加产业规模不够大，竞争力相对较弱，导致功能区对城市定位支撑不足，辐射集散能力有待进一步提升。

（四）发展模式面临转型，城乡统筹仍需深化

在近20年发展中，鄞州建造了大量住宅与商务楼宇，已呈现出阶段性总量过剩与结构失衡状态。目前宁波整个中心城区在建、拟建商务楼宇规模庞大，且空间分散布局的状态有加剧趋势。新城区的任何空间都是特定功能的物质载体，如果不能遵循长远战略发展的需要，单一的开发和建设仍然可能成为新城区整体持续发展的障碍。同时，在多因素的共同作用，也导致鄞州地区发展不平衡，区域差异大，各自为政，联动不足，城乡统筹有待深化，外围城镇需要进一步整合。如绕城高速内的高桥、集市港、古林、邱隘等镇，更多地受到宁波市主城区辐射的影响，已与主城区形成连片发展的态势，未来必将纳入城市建设范围。

（五）功能区管理体制有待理顺，跨界区域协同性有待强化

从功能区开发建设的现状看，缺乏统筹十大功能区的综合管理机构是限制功能区良性发展的重要因素。原先的鄞州新城区管委会，只负责新城区建设项目的年度计划编制，以及项目招商与实施过程中的督促、检查、考核和协调，各个功能区项目的落实基本由所在乡镇街道负责。由于乡镇街道间各自为政，管理体制分散，导致十大功能区建设缺乏统筹安排，极易造成功能区的同质化现象。同时，城市功能区与跨界区域的协同性还不够强。目前鄞州构建了"1+2+4"的空间格局，即以新城区为中心，绕城以内，结合主城区的发展构建城西与城东两片区，绕城以外在依据外围乡镇特色与区位优势，自西向东构建鄞西组团、鄞南（姜山）组团、鄞东（东钱湖）组团与鄞东南（滨海）组团。然而，这些功能区块很多与周边的县（市）区有直接互动关系，比如，滨海组团坐拥得天独厚的海域开发资源，与北仑滨海新城形成区域协同发展趋势，鄞南组团与奉化的西坞、方桥等地有密切的联系，高桥与姚江新城建设形成呼应，但由于缺乏跨界战略对接，发展定位各自不同，协同发展程度不够，会对鄞州发展全局产生不利影响。

第二节　鄞州城市功能区整合提升的布局方案和战略定位

一、城市功能区发展的战略背景

功能区的整合提升涉及时代背景、主导功能选择、空间选址、产业结构演进等重大问题。作为宁波的一个核心区，鄞州区要紧扣时代发展背景，从整个城市

长远发展战略的角度，统筹考虑城市功能定位、产业发展战略和空间结构变化等对鄞州功能区整合提升提出的新要求。从时代要求看，主要有这样四个方面的战略背景：

（一）城市发展新布局对城市格局调整提出新要求

2015 年 3 月，《宁波市城市总体规划（2006～2020）》（2015 年修订）（简称新总规）得到了国务院的批复并对外公布。本次总体规划重点围绕生态保护、空间布局、城市规模、综合交通等四个方面进行修改，特别注重市域范围内各县市区的协调和错位发展，形成城乡协调、功能互补的空间布局体系，构建"一核两翼、两带三湾"多节点网络化的大都市新格局，凸显宁波中心城区的核心职能，强化南北两翼的支撑作用，引导东部滨海城镇产业带和西部山区生态人居带的健康发展，打造杭州湾、象山湾、三门湾的空间特色。同时，2014 年，市政府制定出台了《宁波市重大城市功能区块实施 3 年行动计划（2014～2016）》，以功能区块开发与提升、产业集聚与创新为重点，加快核心城区、主城区、南北组团和卫星城镇等 40 个重点区块建设，其中核心城区建设 9 个重点区块，着重推进城市三江核心区块及东部新城、南部新城等 9 个重大功能区块开发，进一步增强集聚辐射和综合服务功能，发挥中心城区核心引领作用；主城区建设 8 个重点区块，重点推进新材料科技城、镇海新城、北仑滨江新城、东钱湖旅游度假区、宁波机场物流园区等 8 个主城区重大功能区块开发，提升中心城区整体发展水平。可以说，国家战略的实施和新总规的批复，必将对宁波重新聚焦主城区，整合提升功能板块带来新的机遇和空间，也必将对鄞州整合提升功能区提出新的要求。

（二）城市发展新战略对城市功能定位提出新要求

国家长三角率先发展战略、构筑港口经济圈战略对宁波强化极核城市功能提出新的要求，宁波未来的城市战略发展定位是"国际化港口城市""长三角南翼经济中心""山海宜居城市"。基于这些城市定位，产业应以临港工业、海洋产业等港口城市工业为主，同时，加强金融保险、会议会展、商务商贸和文化旅游、娱乐休闲等国际港口城市和经济娱乐中心的服务业态。要适应这种要求，必须从城市长远发展的角度，研究新形势下功能区整合提升的总体思路、空间布局方案及相应功能区的功能定位、实施方案等内容，优化功能区开发建设，进一步提升城市辐射、集聚、带动等综合服务功能，更好服务区域发展。这有利于深入研究宁波港口经济圈在浙江省未来发展战略布局中的地位、作用及应当承担的职能，理清宁波城市特别是鄞州新区在宁波港口经济圈视野下的功能及功能区建设问题，充分体现极核城市在港口经济圈中的独特作用，引领宁波港口经济圈发展，充分发挥宁波在港口经济圈发展中独特的作用。

（三）城市发展新常态对城市内涵发展提出新的要求

新常态下，城市发展核心竞争力是什么？是功能优势。什么是功能优势？城市功能优势，就是城市诸多优势的功能化集成，是制度性优势的转化，或者说城市软环境优势的体现。目前，随着成本优势的弱化，国内先进城市已高度重视功能优势培育。例如，上海早在浦东新区设立时，就致力于功能优势培育，积极推进陆家嘴金融城的规划优化与个性化、高效化服务提供，金融服务功能优势日益突出。上海自贸实验区则积极借助行政管理、口岸管理、商事管理等的高效化、公平化与便利化创新试点，力争在金融服务、投资服务、航运服务、企业运营服务等领域，培育形成新的商务功能优势。因此，各类政务环境评比基本居首位，尽管上海用地、用工等成本较高，但因上海有着较突出的政务和商务功能优势，从而大量吸引国内外高端要素向其转移。与此类似，重庆把"五大功能区"的打造作为当前发展的首要工作任务，以空间重塑来调整产业结构、城乡结构和人口结构。武汉制定了《武汉2049》远期规划，其中一个核心问题就是重塑"大武汉"的空间布局，以"1＋6"（一个核心主城＋六个新城）的模式进行城市布局优化。杭州已开始为功能优势培育努力，成功创建杭州跨境电子商务综合创新试验区，正在争取杭州国家自主创新示范区，来更好地形成科技创新、国际商务等功能优势。总之，新常态下，需要高度重视、主动加强城市功能优势培育，才能保持城市发展强劲活力。

（四）城市发展新思维对城市形态重整提出新的要求

近年来，互联网应用在中国城乡迅速普及，不仅深刻改变了我们的生活方式，也彻底颠覆了传统的产业布局和城市形态。一方面，网络经济会打破传统商品交易模式，催生大批与之相关的新兴产业，推动城市产业结构更新调整，极大丰富城市功能和内涵。另一方面，网络经济也会促使空间距离在约束城市发展的诸多门槛中沦为次要因素，弱化生产要素的高度集聚所带来的规模效应，推动城市和产业空间布局分散化发展，最终可能导致大都市圈周边的产业集群以及部分中小城市的超级商业区不再成为必要而走向裂解。可以说，互联网时代产业载体空间规划将从注重CBD规划转变为注重功能区域的规划。由于互联网时代的降临，越来越多的以CBD集聚作为营运方式的中心城市将呈现出"智慧生存的游牧之城"的形态，城市功能在空间上越来越出现离散化趋势。"新游牧族"的工作方式发生了颠覆性的变化，他们没有固定的工作地点和场所，位置和距离变得

411

不重要。这使得虚拟企业变得十分现实。如在现在的上海张江，已经有许多这样的虚拟研发公司存在，这些企业放弃物理形态的办公室。在"新游牧时代"，人们生产方式和生活方式发生了种种变化，城市的空间形态和建筑空间形态作出大的调整，"十三五"应该规划建设"智慧生存的游牧之城"，它必须要适应新游牧的特点。未来的城市空间和功能要为新的游牧民族提供一片绿洲。不仅仅需要Wi-Fi，而且必须成为一个可以聚会的场所，我们的城市将会越来越多地变为城市活动中心和见面中心，大量的专业化CBD将会出现在远离市中心区域的郊区小镇。

二、城市功能布局的新趋势新方向

随着新型城镇化推进和信息技术的兴起，城市功能布局也在发生深刻变化，在布局模式上，从点状的模式向带状的模式转变；在空间格局上，逐步从圈层化向功能网络化的空间转型；在功能提升上，从强势功能区向跨界发展、绿色人文转变；在开发模式上，从综合体开发向城市功能复合转变。具体表现在以下四个方面。

（一）城市功能空间布局呈现中心网络化和跨界区域经济的发展趋势

从新型城市化发展看，城市发展将突破行政区划限制，由"行政区经济"向"跨界区域经济"转型，逐步改变了原有的经济割据与同构性显著的特点，城市与区域、区域之间逐步成为一个在地域和功能等方面相互融合、相互包容的动态空间。同时，城市之间出现了更大范围的功能组合，不同的城市形成一个个以功能为核心的专业化中心，将朝多中心、多层次、组团型和交叉式发展，在整个主城区均以商务商业为主要产业功能的基础上，涌现多个商务商业企业高度密集的集聚区。

（二）城市功能空间打造呈现多功能复合和多形态公共空间创造的发展趋势

高度发达的城市高速交通网络、通信网络缩短了郊区与市中心的空间距离感，消除了远离城市的闭塞感，使城市活动范围逐步摆脱了时间和距离的限制，城市功能从单一化向复合型转变。在城市核心区和关键点上更加注重功能复合，城市核心将同时具备商务、商业、政府、文化创意等功能，在新城空间布局上逐步从单纯的居住社区向复合型社区转变，人们居住环境不仅仅是生活的场所，也是办公场所、教育场所、娱乐场所等，从而形成居住环境在功能上的整合。同时，更加重视公共空间建设，创造多样性城市空间，在公共交通站点、河流交汇处、和历史遗产等节点周边将布局公园、广场绿地、步行空间、公共活动广场等开放性个性化的公共空间。

（三）城市功能空间塑造依然呈现以城市交通网络为主轴的发展趋势

在信息时代，虽然人们可以通过网络实现网上购物，但货物的运输传送需要有交通设施作为工具与载体。因此，货运交通的功能将有所加强，对未来城市布局产生积极影响。城市的交通网络依然是引导产业、人口和城市功能布局的主要因素，当然信息时代的交通与将更倾向于网络化、纵深化发展。同时，工业布局呈分散化和网络化，重工业将向以信息技术为支撑的产业发生转变，这使得影响工业布局的区位因素的制约作用明显下降，工业空间组合在地域上不再以传统大规模工业区的方式存在，而是更趋于小型化、分散化。

（四）城市功能空间变革呈现以城市信息基础设施为重要推动力量的发展趋势

高速的宽带、无线网以及 GIS 技术将联通所有人或物，集信息处理、分析、共享和协同等能力于一体的空间信息平台及其由此衍生的空间信息服务生态体系，将对未来城市布局产生重要影响。公共服务数据化远程化和虚拟服务对传统业态的冲击导致城市空间形态变革，虚拟服务将逐步淘汰实体服务，部分城市中心的服务业也将从实体空间退出，传统商业中心向公共活动中心升级，个性化时尚体验类生活服务业态增加。

三、新时期鄞州城市功能区整合提升总体战略格局和布局方案

（一）城市空间发展布局总体战略格局

未来的鄞州新城区，作为三江片的南部组团，扮演着宁波主城区南部副中心的角色，承载高教、文化、商务、休闲、居住等重要功能。基于历史发展经验和进入新常态下的未来战略取向和发展目标，根据宁波新一轮总规修编的空间布局与未来发展趋势，对接主城区三江片双心三轴的空间格局，以"集聚、集约、

413

产业发展与城市功能融合"为原则,加大城市功能区的整合力度,着力构建"核心优化、轴线拓展、多极增长、组团发展、绿屏保护"的鄞州城市功能区整合提升总体战略格局,形成体系更加完善、定位更加明确、分工更加有序的城乡布局形态。

核心优化——即优化提升南部新城,构建城市建设之核。南部新城与三江口、东部新城共同构筑多级分工的城市区域中心,辐射范围重点在于宁波市三江片南部中心,是鄞州新城区生产与生活服务极核。优化80平方公里布局,增强"十大功能区块"能级,彰显"城在绿中、水在城中"风貌,打造宁波城市副中心。

轴线拓展——即形成以滨海新城为中心沿海岸线拓展轴、以石碶为中心沿奉化江拓展轴和以高桥为中心西部城市文体休闲拓展轴。

多极增长——即全面打造大嵩新区、姜山中心镇、鄞西两城"三极",进一步培育多元化城市专业中心,全面提升城市功能优势,形成城市可持续发展增长极。

组团发展——即绕城以外在依据外围乡镇特色与区位优势,自西向东构建环四明山组团、环姜山组团、坏东钱湖组团和环象山港组团。

产城融合——即以城市为基础,承载产业空间和发展产业经济,以产业为保障,驱动城市更新和完善服务配套,达到产业、城市、人之间有活力、持续向上发展的模式。

绿屏保护——即以鄞江为中心的四明山生态屏障、以东钱湖、太白山为主体构成全区域生态保护系统和以绕城高速为弧线的城市绿环。

(二)鄞州城市功能区总体布局方案与战略定位

1. 培育多元化专业中心布局方案与战略定位

(1)鄞西空港新城。空港新城的设立旨在充分发掘宁波栎社国际机场和西部铁路、公路、轨道等交通资源,带动宁波西部商务商业和物流运输业的发展,以现代物流业和商务服务业为基础,打造一座集航空枢纽港、物流经济区、综合商务区于一体的航空城,将使其建设成为长三角南翼最大的物流集散中心和产业新城。空港经济区规划面积约12平方公里,重点强化航空信息、金融服务和商务服务等功能,发展以保税仓储、冷链配套、国际中转为主的航空物流,以国际航空快件为依托的跨境贸易电子商务,以航空器交易配套、融资租赁为主的航空金融服务,打造综合性临空经济集聚区。

(2)东钱湖旅游度假新城。"城市向东,生活向湖",与东部新城相邻的东钱湖,充当了宁波大都市走向大自然的门户,逐渐从"后花园"走向"中心花园"。东钱湖旅游度假区规划面积230多平方公里，包括环湖旅游度假产业带、城镇商务休闲特色产业区和东钱湖创新工业区等重点区块。重点发展以会议经济、休闲旅游经济、体育健身、特色总部经济为主导的现代服务业，着力打造以"现代本土风格、水岸休闲生活"为特色的东钱湖时尚水城，将东钱湖建设成为国家级生态旅游度假区和长三角著名的休闲度假基地、华东地区重要的国际会议基地、国际性的高端总部经济基地。

（3）大嵩海洋科技城。按照"规划引领、基础先行、产城联动"要求，科学构筑大嵩新区"一城、二带、三片"的空间布局，着力打造"生态服务港湾、海洋科技新城"。规划建设大嵩新城，沿规划中的大嵩湖生态内湾，环状布局一批功能全、业态新的城市功能区块。构建二大产业带。构建象山港沿线"蓝色经济产业带"，发展临海临港产业，建设蓝色海洋经济核心区；构建大嵩江沿岸"绿色休闲旅游带"，发展文化休闲产业，建设旅游休闲度假区。统筹三大特色片区。重点开发以滨海度假为主的咸祥山海片、以公共服务为主的瞻岐山前片、以文化休闲为主的塘溪山水片。

（4）四明健身养生小镇。四明山区域是一个兼具城镇、山区多种形态的复合型区域，对外交通、自然环境、人文底蕴、发展空间具有明显优势，形成以生态、旅游为特色。充分依托山林资源，以康体养生产业为核心，打造集健康养生、休闲度假、观赏体验等功能于一体的健康养生度假区，力争成为长三角区域重要的顶级健康养生目的地。

（5）高桥梁祝文化小镇。高桥区块规划面积约8.8平方公里，立足优越的滨江自然条件和丰富的文化历史底蕴，以梁祝爱情文化公园为依托，大力发展都市工业、文化休闲、旅游婚庆等主导产业，打造都市型旅游休闲基地、生态观光创汇农业基地、现代都市工业基地。

2. 鄞州新城区布局方案与战略定位

鄞州新城区作为城市副中心，是鄞州区行政与经济中心，是宁波南部综合商贸、总部经济、创业产业的集聚区，也是新型城镇化战略的核心极。要围绕提升新城区城市集聚与辐射功能，强化城市空间集约高效利用，应增强新城区高端商务、现代商贸、信息服务、创意创新功能，推动商业、办公、居住、生态空间与交通体系合理布局。新城区应以商务楼宇和高端商贸中心为物质载体，定位为企业总部和商务办公，配套商业、物流、文化、金融、信息等现代化职能，持续增强高端产业发展尤其是本地化高端生产服务业优势。要加强新城区空间结构优化，按照80平方公里的一体化发展框架，注重功能分区，实现区域内功能的合理配置与联动发展，增强城市吸引力。

（1）宁波南部商务区。该区块由北到日丽中路，南至萧皋东路，西至广德湖南路，东至前河南路，规划面积约 2.7 平方公里。以南部商务区一期为依托，加快推进后续区块及科技孵化产业园、软件动漫创意产业园等项目建设，大力发展总部经济、服务外包、创意设计、文化娱乐等主导产业，积极培育工业设计、建筑设计、动漫制作、软件信息等创意企业，强化本土企业总部集聚功能，推进服务外包集聚基地建设，配套发展城市娱乐休闲等服务业，致力于建设成为区域性总部经济基地、软件动漫创意产业基地和服务外包产业集聚基地，打造成为区域总部新地标。

（2）下应生态商住区。该区块由鄞县大道、绕城高速、金峨路围合而成，是衔接南部新城与东钱湖旅游度假区的重要板块，面积 13.3 平方公里，重点建设居住教育综合体、社区商业样板区、沿河景观商业带、生态文化产业园等项目，努力建设生活品质之城，打造都市人居胜地。

（3）长丰滨江生态休闲区。该区块北接江东、南至杭甬高速、西邻奉化江，是宁波中心城区"三江六岸"的重要组成部分，面积 2.1 平方公里，重点建设演艺娱乐、居住商业等综合体项目，基本建成兼具居住、商务、休闲、旅游等功能的滨江综合片区，打造甬城娱乐新都会。

（4）潘火家居商贸区。该区块东至福庆路、南至中塘河及杭甬高速、西到桑田路、北至甬台温铁路，是衔接南部新城与东部新城的重要板块，面积 5 平方公里，重点建设家居、商务、居住等综合体项目，基本建成兼容商业商务和居住生活的城市重要发展片区，打造国际家居之都。

（5）中河都市商贸区。该区块位于嵩江路与钱湖路交叉带，面积 0.64 平方公里，重点推进传统工业和传统市场的改造，建设精品商业、要素物流等项目，基本建成宁波又一核心精品商圈，打造国际名品之都。

（6）首南商贸休闲区。该区块位于鄞州大道两侧，面积 0.53 平方公里，重点建设休闲娱乐、特色街区等项目，基本建成特色鲜明、业态多元、人气集聚的城市综合功能区，打造都市娱乐体验中心。

（7）慧丰万达商业区。该区块位于钟公庙街道四明路两侧，面积 0.56 平方公里，重点推进联盛广场、四明广场、商务中心、老街改造、华茂地块等建设项目，基本建成以万达商业广场为龙头的城市核心商圈，打造宁波商业副中心。

（8）奉化江生态文化区。该区块由奉化江东侧沿江区域和湿地公园组成，面积 1.16 平方公里，重点建设综合文化广场、滨江文化休闲区、湿地文化创意产业带等项目，基本建成滨水居住生态文化区，打造都市文化创意港。

（9）鄞州都市工业集聚区。该区块以鄞州投资创业中心为核心，面积 7.8 平方公里，重点建设创新 128 园区、清华长三角研究院宁波科技园、中物院宁波军转民科技园等项目，基本建成城市高端工业集聚区，打造工业转型升级示范园。

（10）石碶综合商贸区。该区块东至南塘河和奉化江、南至茶桃路、西至机场路、北至杭甬高速，面积4.04平方公里，重点推进滨水商业街、轻纺城改造、汽车城建设等项目，基本建成城市多功能综合商贸区，打造新型专业市场群。

（11）科教创意智汇城。充分发挥高教园区南区的独特科教优势，以汇集学府资源、科技引领产业、绿色生态环境的理念，努力把高教园区建设成国家智慧城市示范区，把"智汇城"打造成人才高地、科技成果高地、科技服务高地、科技企业孵化地和集聚地，成为科技创新之城、文化创意之区。

（12）首南财富金融小镇。目前，鄞州以金融大厦为基地，集聚了各类金融机构90家，成立了首家商业保理公司—大道保理、票据经纪公司—杉骏票据、引进量化交易团队—宽谷奥立安。要充分利用集聚优势，加快引进培育一批国内具有较大影响和知名度的私募基金与资产管理集团，扶持发展各类新型融资机构和金融中介服务机构，致力打造宁波南部新城金融机构集聚区，成为长三角区域有影响力的财富管理中心。

3. 鄞州功能组团发展区布局方案与战略定位

根据宁波市城市总体规划以及鄞州区未来自身的发展，规划将重点发展以下四个组团：环四明山组团、环东钱湖组团、环象山港组团、环姜山组团。

（1）环四明山组团（鄞西组团）。该组团具有深厚的人文底蕴、优美的生态环境，特别是鄞江镇素有"四明首镇""宁波之根"之称。围绕"四明山"建设慢生活体验片区。按照健康休闲的发展目标，联合鄞江镇、龙观乡、章水镇、横街和洞桥等镇乡，挖掘四明山区域的自然资源和人文底蕴，统一规划布局，推进风景旅游、民宿体验、康复疗养、养生休闲等项目建设，打造慢生活体验区。

（2）环东钱湖组团（鄞东组团）。包括五乡、东吴、东钱湖、云龙与横溪五镇。依托天童国家森林公园、东钱湖省级风景名胜区，创造富于特色的新空间，以山明水秀、水乡泽国风情为特色，建设集旅游度假、居住休闲、商务会议和旅游加工为一体的新型旅游度假区，努力建设成为国家级生态型旅游度假区，华东地区重要的国际会议中心，宁波都市区的"后花园"。

（3）环象山港组团（鄞东南组团或东部滨海组团）。包括咸祥、塘溪、瞻岐三镇。环象山港东部滨海组团是未来重要的战略发展空间，是宁波中心城区四个外围组团之一。应凭借港口经济圈战略的实施、梅山保税岛的成立等有利条件，积极将东部滨海组团打造成为集中实施国家战略核心功能区域，浙江区域经济"蓝色引擎"，宁波产业转型、实现城市蓝色梦想的品质新城。其中鄞州滨海组团是重要组成部分，其中功能定位应是知识创新区、海洋科技新区、生态服务港湾，即以生态为本底，集生活居住、科技研发、产业经济、综合服务等为一体的创新服务型新区。并依托自然人文生态资源，发展对外国际交流、人文交流、科技博览等品质文化产业。

（4）环姜山组团（鄞南组团）。按照工业发达的综合性城镇发展区和商贸商务新兴区的定位，以姜山的卫星城建设为契机，整合零散的空间布局，优化新型工业、商贸、居住、物流等产业布局，完善交通路网和公共服务设施，逐步实现与新城区与宁南地区的对接，注重与洞桥方桥的结合，将其打造成宁波南部综合性城市发展区与城市门户，鄞州工业园区东区的重要生产配套和居住服务基地。

4. 鄞州工业产业功能区布局方案与战略定位

工业产业功能区是鄞州未来发展的重要引擎区域。从鄞州地域特点和产业现状看，主要形成"双核""三区""多节点"的工业功能区布局。"双核"即以先进制造业为核心的鄞州工业园区、以生产性服务业为核心的鄞州都市产业经济区；"三区"即以海洋经济为主导的鄞州经济开发区、以临空经济为主导的宁波望春工业园区和以轨道交通装备制造为主导的宁波中车产业园；"多节点"即适当保留一批乡镇工业基地。

（1）双核：鄞州工业园区、鄞州都市产业经济区。一是鄞州工业园区。将东至姜山环镇路、同三高速，南至鄞奉交界处，西至鄞奉交界处，北至绕城高速，面积约 39 平方公里的区域打造成以信息经济为主导的先进制造业核心区。二是鄞州都市产业经济区。将西至机场路，东到甬台温铁路，北临江东区，南至绕城高速的 82 平方公里的"南部新城"打造成为产城融合、集约高效、生态科技、保障我区乃至全市制造业发展、顺应制造业服务化趋势的都市产业经济核心区。

（2）三区：鄞州经济开发区、宁波望春工业园区、宁波南车产业园。一是鄞州经济开发区。西起沿海大通道，东临象山港，南至大嵩江，北至鄞州区与北仑区区域界线，约 16.5 平方公里的鄞州经济开发区。以引进和发展海洋装备制造、精密机械、新材料、新能源等主导产业为目标，加快提升高端临海产业集聚规模，致力于打造成为宁波海洋产业培育的战略新平台，成为"高端、高质、高新"的智慧型蓝色产业园区。二是宁波望春工业园区。东起机场路，西至绕城高速公路，南到鄞县大道，北部为杭甬高速公路的 31.5 平方公里的区域。立足空港资源优势，加快调整和整合服装、汽配等传统产业，着力培育和打造电子信息、新材料新能源、空港物流及其辅助加工制造、临空总部经济等主导产业，逐步形成由临空核心产业和各类关联配套产业所构成的临空型产业集聚区。三是宁波中车产业园区。北至萧甬铁路，南至南外环宝幢段，东至宝瞻公路，西至五乡镇南北大道面积 2.53 平方公里的区块，充分发挥中车在轨道交通领域的龙头优势，围绕轨道交通装备制造和新能源汽车这些核心产业，打造成为产业链条完备、技术服务先进的轨道交通产业集聚区。

（3）多节点：云龙、横溪、石碶、洞桥、鄞江、横街、高桥等乡镇工业基地。原则上，在绕城高速以内不再布局一般加工制造业，整合归并乡镇工业，保留云龙、横溪、石碶、洞桥、鄞江、横街、高桥等乡镇（街道）工业节点，总体上形成从"东南"到"西南"再到"西北"方向呈半弧状环绕南部新城的布局。要充分发挥对临近乡镇工业的整合和托管功能，加快提升工业基地的集约用地水平和产业集聚度，并结合特色镇建设，实现由块状经济向特色产业集群发展。

第三节　新时期鄞州城市功能区整合提升的总体策略和对策路径

一、城市功能区整合提升的总体策略

按照"全域布局、跨界开发、互联互通、绿色发展"的要求，把城市功能区打造成强势功能区、智慧功能区、人文功能区和绿色功能区。在具体推进过程，要坚持以下提升策略：

（一）跨界开发策略

从区域治理来看，跨界合作与跨界发展越来越成为不同区域经济社会发展的重要趋势，我国也正经历着各类生产要素的跨界流动和重组阶段。从鄞州来看，功能区跨界发展的趋势十分强烈，要适时推动"行政区经济"向"跨界区域经济"的转型，实施以功能区或特别规划区再造为主要内容的跨界治理模式，加强跨区战略对接，实现各类资源的跨界大整合。从功能形态来看，互联网改变着世界，传统的功能区运作模式、商业模式、经营模式将被重塑。要从"互联网＋功能区"的战略出发，加强智慧功能区建设，谋划各具特色的跨界合作，形成强大的跨界力量，打造强势的跨界功能区。

（二）互联互通策略

以往的功能区，独立性、特色性强，但随着互联网的发展和轨道交通的建设，能把整个城市的各个功能区域有机串联起来，进行统一规划、统一开发，从

419

而实现城市的有序发展，实现城市空间格局从圈层化向功能网络化的空间转型。因此，从连接性看，要以互联网和轨道交通为先导重塑城市空间，构建区域化经济发展战略或互联互通发展战略，努力连接接轨任何一个能给其带来利益的地区，把大量的远离市中心区域的专业化 CBD、特色小镇有机连接起来，整体提升城市功能优势。

（三）创新集聚策略

未来的功能区产业集聚是行业内集聚向行业间集聚的转变，是向彼此存在联系、更加强调不同行业之间的市场或者信息链接的行业间集聚的转变。在市场和信息纽带的作用下，创新和集聚将成为未来产业和功能区发展的主题。政府应该通过专业化市场、多样化市场和创新型市场的建设，加大力度培育、引导和支持具有产业或信息关联的行业间企业集聚，避免功能区之间的恶性竞争，促进其健康、协调发展。

（四）文化复兴策略

未来的城市功能区竞争，比的是人才储备的深度、文化内涵的厚度、功能品质的强度。能否满足人们对高生活品质的需求，提供他们实现自我价值的空间，使他们产生对城市功能区文化的归属感，都直接关系着鄞州的城区转型和城市功能区价值回归。要高度重视人们对城市功能区文化归属感的需求，着力推进功能区从物质生产主导的发展，向人文社会发展主导的发展转变，注重人文功能区建设，包括空间布局、建筑风格、经营内涵都要有文化气味，促进文化融入生活、提升生活，提升城市功能人才、文化、科技、创新等"软实力"，增强城市功能区发展内涵。

（五）绿色生态策略

未来的鄞州应该是一座绿色的城市，并且城市的公园绿地、河湖水系能够为居民感知，能为居民提供优质、高可达性的绿色空间。城市功能区建设必须坚持绿色发展战略，必须是全方位的绿色化，要将生态文明理念融入到功能区建设的各个方面中去，不仅注重发展绿色交通、绿色建筑、绿地空间，而且注重城市空间格局和运行机制的绿色化，包含生产方式、经营方式、建设方式、价值观念和制度建设的绿色化，从而保障功能区绿色生产、绿色生活、绿色运行。

二、城市功能区整合提升的战略重点

功能区类型众多，分布广泛，要根据鄞州的总体定位，从长远发展的角度进行统筹谋划，发挥优势条件，突出重点。今后一段时期，鄞州功能区开发建设的战略重点如下。

（一）强化创意创业创新功能

科技创新决定着一个城市的档次、地位和综合竞争力。要按照建设创新型城市的要求，依托新材料科技城、海洋科技城、高教园区等功能区建设，把创意创业创新功能作为城市功能培育的主攻方向，大力推进科教创新型、文化创意型功能区的建设，培育和引进国内外知名的科研院所、研发机构，加快研发设计、科技信息、文化创意、商务中介等生产性服务业发展，强化城市科技创新功能的培育提升，着力构筑服务宁波港口经济圈，在长三角及全国具有相当影响的科技创新转化中心。

（二）突出金融贸易物流功能

充分发挥宁波区位、港口、产业和沿海开放城市的综合优势，依托三江口中央商贸区、临空经济区等功能区建设，大力推进国际金融贸易型、国际物流贸易型等功能区建设，大力发展金融保险、国际贸易、现代物流、国际中介服务等服务业，强化金融贸易物流功能，提升服务经济发展能级。

（三）提升绿色智能制造功能

绿色智能制造功能是城市经济功能的未来发展的重要方向。把握经济发展的新趋势、新动向，重点发展新材料、新能源、新光源、软件及服务外包、医疗及保健设备等五大新兴产业，努力把鄞州打造成长三角重要的绿色制造基地。把总部经济、电子商务、服务外包等新兴服务业态发展作为城市功能培育的主要领域，依托南部商务区等功能区建设，积极推进信息技术、业务流程、境内外服务外包等业务，促进服务外包产业集聚发展，争创中国服务外包示范区。培育一批民营本土企业总部、开放型经济跨境经营总部和战略性新兴产业区域总部，引进一批跨国公司、国内500强、行业领军企业等集团总部，形成龙头带动效应。

（四）培育文化休闲旅游功能

充分发挥山水人文资源丰富的综合优势，大力推进都市文化旅游型、休闲旅游型功能区建设，整合资源，创新产品，完善功能，加强营销，优化环境，把鄞州建设成长三角最佳休闲旅游目的地，构筑以都市、海洋、文化、生态有机交融为主要特色的现代化旅游名区。

三、城市功能区整合提升的精品选择

一段时期内新城区发展的能力有限，应该充分考量十大板块不同的性质，优先推进能够长期提升新城区品质的板块发展，进而推动产业升级平台和高端商贸的建设。鄞州新城区"十三五"重点建设区块的选择，应是否符合宁波城市功能演变的规律、发展目标和中心城区转型升级的要求，是否符合现有《宁波2030城市发展战略和宁波城市总体规划（2004 - 2020）》，从区块的功能性、成长性、生态性和社会性四个方面确定未来重点建设区块与项目。针对鄞州新城区"十三五"时期的建设推进，提出"精品区块 + 精品项目"的开发提升思路：

（一）精品区块

谋划一批对新城区建设具有引领作用的重点建设区块，建议重点推进奉化江沿岸生态文化区块、陈婆渡区块、下应新城三个重点区块的建设，新老区块滚动开发，逐步走上一条集约高效、功能完善、区域一体的科学发展之路。如图16 - 1和表16 - 3所示。

图16 - 1　"十三五"精品区块与精品项目

表 16－3   三大精品区块

区块名称	发展定位	建设范围	具体项目
奉化江沿岸生态文化区块	都市文化创意港	奉化江生态文化区位于南部新城中部，由原天马会展地块及现铜盆浦旧村的沿奉化江东侧区域及以鄞州公园为起点，西至奉化江，北到首南路，南到日丽中路区域的鄞州公园二期	铜盆浦综合广场、湿地公园、宁波华侨城
南部商务区（陈婆渡区块）	都市娱乐体验中心	位于南部新城南部	环球城、CEO国际街区地块、现代家居综合体
下应新城	都市宜居圣地	该区块位于南部新城东南部，由鄞县大道、绕城高速、金娥路围合区域	老字号一条街、社区商业中心样板区、鄞州中学南侧居住综合体、沿甬新河景观特色街

（二）精品项目

在三大重点建设区块基础上，提出建设一批出形象、展现新城区风貌的精品项目，包括一些事关整个城区发展、对全体市民有益、规模效益较大的建设项目，建议重点推进南部商务区三期、曼哈顿大厦等十个重点项目的建设；同时，对于规模较小，或是现在建设有存在一定问题的，作为备用项目，适时启动（见表 16－4）。

表 16－4   十大精品项目

序号	项目名称	建设规模	总投资（亿元）	备注
1	南部商务区三期A 地块	用地 160.5 亩，总建筑面积54.5 万平方米	30	延续
	南部商务区三期B 地块	用地 84 亩，总建筑面积 15 万平方米	10	延续
2	曼哈顿大厦	用地 35 亩，总建筑面积 25 万平方米	18	

序号	项目名称	建设规模	总投资（亿元）	备注
3	宁波环球城	总用地面积约 225 244 平方米，总建筑面积约 1 100 000 平方米	100	延续
4	华侨城欢乐海岸	占地面积 1 000 亩，总建筑面积 84 万平方米	100	延续
5	下应新城核心区块开发			建议
6	新城大厦	占地面积 43.2 亩，总建筑面积 14.9 万平方米	10	延续
7	YZ08 – 06 地块（乐城项目）	占地面积 320 亩，建筑面积 40 万平方米	45	
8	陈婆渡轨道三号线站点地块开发	占地面积 50 亩，建筑面积 40 万平方米	10	建议结合站点周边地块开发，在该地块新增一个重点建设项目
9	湿地公园中央公园	总用地面积约 44.38 公顷，休闲、游憩、科普教育、生态保护	13	延续
10	鄞州公园二期	占地 56.8 公顷，852 亩，分三个区块进行建设	11	

四、城市功能区整合提升的对策路径

（一）注重空间优化式发展，优化主城产业功能格局

从高密度均质化空间的实际出发，奉行多层次均衡式推进的面状城市化策略，注重优化整合主城区发展空间，将一部分主城区相邻镇调整为街道，扩大主城区行政区划，优化区域空间结构。遵循市场选择的客观规律，确立多层次并重均衡发展的政策思路，激发各地禀赋优势，形成多元化、差异化的发展格局。根

据鄞州城市功能区的发展定位、辐射范围，以"集聚、集约、产业发展与城市功能融合"为原则，加大城市功能区的整合力度，着力构筑"多层次、多中心、多特色"的空间格局。以扩总量、促增量、提质量为目标，进一步优化鄞州城市功能区布局，进一步明确主导产业发展，进一步完善政策扶持体系，加快推进2个"综合性商业商务中心"＋10个"特色产业集聚区"＋4个"外围组团发展区"的建设，全面提升鄞州城市经济发展的竞争力、辐射力和带动力。2个"综合性商业商务中心"：南部商务区和预留西部（高铁）新城；10个"特色产业集聚区"：空港经济区、东钱湖旅游度假区、四明健身养生小镇、高桥文化旅游城、海洋科技城、科教创意智汇城、财富管理中心、鄞州工业园区、鄞州都市产业经济区、宁波中车产业园；4个"外围组团发展区"：环四明山组团、环东钱湖组团、环象山港组团、环姜山组团。

（二）遵循规划先行理念，强化规划引领约束功能

要在现有总体布局方案基础上，按照"远近结合、稳步推进"的原则，进一步深化各种不同类型功能区的前期研究，做好不同类型功能区的功能定位和空间布局的策划、谋划工作。按照功能区建设的条件，对近期重点开发建设新城的选址、产业发展、环境资源、要素资源、生活配套等问题开展全面的深化研究，为开发建设的总体推进提供思路。要按照"三规合一"的要求，开展重点功能区开发建设的规划编制工作，从全局、长远的角度，进一步明确功能区的总体四至范围、功能定位，强化对重点功能区的空间引导、约束，为长远发展预留空间。要尽快启动近期开发建设功能区的概念规划、总体规划和控制性详细规划、产业发展规划、土地利用规划的编制工作，为重点功能区的开发建设提供规划保障。

（三）开发城市特色资源，发展专业化功能空间

要积极寻求城市功能和产业发展的独特性，因地制宜出台配套措施，指导各类集聚区保持特色、发挥优势，促进城市功能特色性。各功能区要围绕主导产业，加快建设公共服务平台、产业联盟等社会组织，形成关联互动的产业体系和沟通高效的公共空间体系。大力完善与功能区主导产业发展具有垂直分工、水平分工和侧向关联的产业和设施，包括功能区内为生产、消费和文化休闲生活提供便利的配套产业，并提供多元化的办公空间和差异化的租金措施解决各类企业的不同需求。同时，鼓励功能区之间加强产业关联，针对共性问题和共性资源，积极构建产业统筹发展体系和协作机制，为功能区之间产业发展、公共平台建设预留足够的拓展空间。要积极塑造特色区域品牌，提升城市功能区价值，最终形成

各功能区内部空间特色鲜明、文化氛围浓郁，功能区之间联系便捷、策略呼应、多点支撑的产业发展和空间布局体系。

（四）弱化功能区低端扩张，强化高端要素集聚

当前，中心城市用地趋紧、劳动力价格上升、商务成本提高、能源原材料供不应求，倒逼传统产业、特别是劳动密集型制造环节向外梯度转移，为中心城市高端要素、高新产业腾出了发展空间。同时，全社会人才、资金等要素供给增加，为中心城市引进高端要素创造有利条件。要着力增强城市集聚高端要素的能力，积极参与全球资金、技术、市场、资源等要素竞争，吸纳集聚优质生产要素，推进中心城市经济增长从主要依靠扩大要素投入规模，向主要依靠提升要素质量转变。要强化资本投入，坚持引资和选资相结合，既要着力引进战略投资者，又要鼓励支持民企二次投资，更要对投资项目的土地投资强度和密度进行控制，全面提升城市资金规模和用资质量。要强化高端产业引进，着力构筑产业发展流动机制，积极承接国际和区域服务业和高新产业转移，加快提升在国际产业分工和产业链中的地位。要强化人才集聚，加快建设人才培育和引进载体，优化人才创业创新环境和人居环境，广纳海内外英才。

（五）贯彻交通引导战略，打造多元复合互联互通的网络化功能区

在合适的轨道站点，有选择性的进行轨道 TOD 开发建设，根据不同的区域发展定位、轨道站点区位、人口密度、产业分布等因素，规划确定适合的 TOD 建设类型与模式。通过土地混合利用，功能复合化，在 TOD 区域植入办公、居住、商业、交通等功能，依托轨道站点打造多元复合的城市综合体。强化交通基础设施建设，配合机场与物流园区、两江北岸等功能区开发，加快建设地铁3号、4号线等项目，规划建设"三江六岸"通道和世纪大道、通途路高架，加快推进南外环、北外环快速路建设，合理布局功能区公共交通组织及区内公共自行车系统、步行系统、空中廊道、停车场系统等，加强交通网络与功能区建设的有效衔接。完善信息基础建设，加快建设各功能区地理信息系统、宽带网络、电子商务等信息基础设施，率先推进光纤到楼入户和第三代、第四代通信网络等建设，构建便捷、高效、实惠的泛在网络。强化生态基础设施建设，加强道路绿化、绿地公园、楼顶花园、生态河湖等景观建设，构建点、面、环、廊"四位一体"绿化体系。加强供水、供气、公交等公用事业基础设施建设和运行维护管理，合理配置商务、商业、文化、休闲、餐饮、酒店、娱乐等功能，完善提升功能区综合服务功能。

（六） 促进政府与市场互动，深化投融资方案

深化研究各功能区建设投融资体制改革，鼓励引入科技地产、文化地产、创意地产等专业地产商，实行整体开发和统一招商。根据区级财政收入水平和支出承载力，优化调整设施建设资金分担比例，保障功能区建设顺利推进。拓宽投融资渠道，鼓励金融机构在信贷总量及政策上向功能区倾斜。鼓励商业银行、证券企业等金融机构，支持功能区搭建各类专业性投融资平台，支持企业融资、上市活动。积极引导天使、创投、风投等产业基金，适度向功能区集中。积极鼓励民间投资。坚持"非禁即入"原则，进一步消除限制社会资本进入服务业的制度障碍，协调各方利益关系，灵活采用债券、BOT、TOT 等多种投融资模式，鼓励外资、民资和各类社会资本参与开发建设，吸引各类社会资本参与功能区的开发建设。

（七） 推进功能区开发体制改革，强化发展引领

管理转型是城市功能提升的重要保障。稳步推进差异化改革，促进区政府与功能区之间，从行政硬管辖，向市场和服务软关联的转变。一是建立健全组织领导体系。由于功能区建设具有较强的时效特征和政策意志，需要强有力的行政推动和政策保障，要在总结现有功能区开发建设体制机制问题的基础上，研究各种不同类型功能区的组织领导体系，一般应以管委会及开发公司等形式的机构负责功能区的开发建设。同时，功能区建设还需要建立高层次的领导协调机构，对建设加以统一规划、严密组织，并加强实施过程中的协调和指导工作；制定功能区建设有关的人口、产业、土地使用、资金、税收等具体政策。二是理顺区、乡镇（街道）、管委会的不同职能。区级政府强化综合协调、宏观规划制定；乡镇（街道）政府侧重制定开发方案审定、建设资金统筹等；管委会侧重于开发方案制定、具体实施开发建设工作。三是进一步界定管委会的职能，管委会侧重功能区开发建设的管理、公共基础设施建设、公共服务体系完善和招商宣传等任务。四是理顺东钱湖管理体制，建议将东钱湖由单列转变为鄞州直管，东钱湖的行政级别和享有的经济管理权限仍保持不变。五是加强跨区战略对接，推动形成功能区与周边各县（市）区功能区优势互补、合作共赢的良好局面。

第四节　国内外典型功能区开发建设案例和主要经验

"它山之石，可以攻玉"，国内外功能区开发建设的成功经验能为鄞州规划好、建设好重点功能区提供了有益的经验。这里，着重选择了四个特色功能区建设典型和一个城市功能区总体布局案例。

一、日本东京六本木（多样性公共空间创造案例）

（一）开发建设情况

六本木位于东京都中心部港区，项目占地面积 11.6 平方公里，是 2003 年完成的东京都指定"城市改造试验项目"。在综合考虑社会发展需要、环境资源、城市安全以及未来老龄化等问题后，该城市将自身定位为集商业、休闲、教育、医疗、行政一体化的新城市形态。六本木改变了以往单一功能建设的开发模式，将多种功能进行融合。其中最典型的属坐落在商务核心区的森大厦，该大厦地上共 54 层，其中，2~5 层为饭店餐饮和商业店铺，7~48 层为商务办公，49 层以上则为森艺术中心。此外，六本木最大的特点还要属庞大的公共空间，其建筑面积占到了整个城市的 26.8%，且功能和类型多样，从室内商业、零售、娱乐、步行街、露天剧场一应俱全，露天剧场和森艺术中心更是六本木东京文化核心的重要体现。大量的公共空间还为六本木绿化提供便利条件，六本木的绿化不仅包括公园等地面绿化，而且还延伸到墙面和屋顶，特别是榉树坡综合设施在其屋顶种植的稻米等农作物，可谓当地一道亮丽的风景线。

（二）经验总结

1. 重视公共空间，提高城市工作和生活的舒适度

公共空间创造多样性城市空间，使人们的工作和生活能在更短的时间范围内得到满足，有利于实现连锁性规模经济效应。因此，在城市功能区规划时，应以确保公共空间为核心，在提高土地开发密度的基础上，采取立体式建设模式，减少水平方向的交通拥堵，做到城市建设"密而不挤"，最大程度扩充城市公共空间，提升土地利用效率。

2. 重视政策引导，提高城市规划和管理的科学性

六本木的建设理念之所以能顺利推行，很大程度上得益于政府"城市改造试验项目"政策中放宽了容积率标准限制。除此之外，早在 2006 年日本出台的《城市建设指南》便规定了有关公共空间建设的管理办法和建设标准，2013 年日本国土交通省的《新成长战略》还对利用公共空间进行的城市建设创新制定一系列奖励制度。

二、北京金融街（城市超前规划定向开发案例）

（一）开发建设情况

作为国内第一个定向开发的金融产业功能区，北京金融街核心区 1992 年正式开工建设。到 2012 年年底，仅 2.59 平方公里的占地面积上，聚集的金融资产规模已达 61.3 万亿元，占全国总量近 50%；完成投资约 1 500 亿元，建筑面积达 600 万平方米，共有金融企业 1 000 余家，其中金融业法人单位 288 家，有金融从业人员近 16.8 万人，占北京市 70%。这里不仅成为集决策监管、资产管理、支付结算、信息交流、标准制定为一体的中国国家金融管理中心，而且一举一动牵动世界。

金融监管机构及各类企业总部"扎堆儿"。金融街区域内的各类企业总部和地区总部达到 153 家；进入 2011 年《财富》全球 500 强的 69 家中国企业中，北京市有 41 家，其中 15 家总部设在金融街地区，包括中国移动、中国大唐等总部集团。金融街集中了全国金融业的优势资源，聚集了"一行三会"等国家金融决策和监管机构，还聚集了中国银行业协会、中国证券业协会、中国保险业协会、中国上市公司协会等 10 家国家级金融行业协会和组织，形成了中国金融决策、政策信息发布中心。国际金融机构聚集加速。在金融街的外资金融机构和国际组织已发展到 100 余家，其中有 16 家位列世界 500 强。越来越多的国际金融集团，如摩根大通、摩根士丹利、苏格兰皇家、瑞士银行、法国兴业、加拿大皇家银行等，选择将其旗下各业务条线的分支机构设立在金融街，使其逐渐形成综合型业务中心或区域总部。

（二）经验总结

1. 超前统一规划，完善服务功能

北京金融街是城市超前规划的典型成功案例。金融街建设采取统一规划、分步实施原则，通过国际招标聘请美国 SOM 公司按照国际顶级标准统一规划设计，建设了两家五星级酒店、购物中心及特色餐饮街、购物中心、休闲会所充分满足高端生产性服务业的发展需求。同时，建设了地上地下立体式交通网络、主题文

化广场和 3 万平方米休闲绿地，提升了金融街的环境品质和服务功能。

2. 坚持产业先导，吸引机构参与

金融街在建设实施过程中，坚持产业规划为先导，根据打造金融中心区总体目标，明确重点引入机构，建设符合高端金融机构特点的办公楼宇，并合理配置相关产业布局。为了加大国际金融机构聚集，特别邀请入住金融街的金融机构参与建设，根据其需求调整楼宇设计标准，改进硬件设施，吸引了高盛、摩根等一批国际知名机构入驻。

3. 健全完善产业体系，强化金融核心优势

巩固深化国家金融管理中心功能，基本形成"三个体系"，确立"一个中心"。即基本形成以具有行业领导力的金融机构为骨干、多种金融机构协同发展的多元化金融机构体系；基本形成适合国内外投资者共同参与、服务全国辐射全球的，以信贷、资产交易、场外交易为主的金融市场体系；基本形成种类齐全、功能强大、方便快捷的金融信息和金融服务支持体系。进一步确立金融街在国内人民币资金配置、资产交易、清算和定价等方面的中心地位。

4. 优化区域发展环境，提升街区品牌价值

不断优化生态环境、制度环境、政策环境和经营环境，将发展的区位优势逐渐转化为市场优势、品牌优势和文化优势，进一步提升金融街发展的文化软实力。建设世界高端金融人才聚集区，形成人才引领产业发展的良性互动局面。

三、深圳大芬村（多主体伙伴开发模式案例）

（一）开发建设情况

大芬村位于深圳市龙岗区，面积为 0.4 平方公里。其原本是龙岗区布吉街道下辖的一个村民小组，如今提托油画产业的发展，成为国内外较为知名的商品油画制作交易中心。如今大芬村内画师多大 8 000 多人，油画出口最高达一年 4.3 亿元，先后被文化部、中国美术家协会、地方政府授予国家"文化产业示范基地""文化（美术）产业示范基地""2006 中国最佳创意产业园区"等称号。但是，随着时间的推移，原先建设中的弊端日益显现，诸如城市配套设施不完善、文化产业形态单一、因房租上涨引发人才流失、改造缺乏社会资本参与、行业氛围较为封闭、缺乏统筹发展的主导机构等，对该村的可持续发展形成阻碍。

为此，大芬村采取了基于多主体伙伴模式的改造策略，将村的功能定位为文化产业园、旅游目的地和城市休闲区，同时协调政府、村民、村集体股份公司、开发商、设计单位、社会资本以及当地 NGO 等多方利益主体，将这些参与主体根据参与特点和参与度分为责任型合作伙伴主体、投资型合作伙伴主体、配合型合作伙伴主体、间接型合作伙伴主体四类。其中，区政府、村股份公司、设计单位作为责任方，组建大芬村开发平台，以此为轴心拓展出城区发展协作平台、城区发展综合运营中心、文化产业投融资服务平台、文化产业孵化平台和艺术创作交易平台，以充分调动各方力量完善该村的建设改造，实现物质空间、产业发展、社会和谐的综合效益。

（二）经验总结

1. 充分调动社会资本参与城市改造

利用大芬村开放公司的平台特性，成立大芬村投融资机构联盟，根据不同项目需求，招募具有不同投融资优势的金融机构加入，最大程度吸引社会资本参与融资和协作开发。同时，根据不同发展阶段，在面临具体项目时，优先向投融资机构联盟内的成员招标，以出售部分股权的方式增加公司股东作为参与主体。

2. 城市改造中需平衡兼顾各方利益

依托城市发展协作平台，吸纳当地 NGO 组织、文化艺术协会组织、相关学者、当地艺术创意企业、租户等各方主体，全程参与大芬村改造方案的制定与实施，以保证各方利益平衡，同时带来社会效益和经济效应的"双赢"。

四、杭州市余杭区梦想小镇（"互联网＋特色小镇"案例）

（一）开发建设情况

梦想小镇核心区块东至杭州师范大学，西至东西大道，南至余杭塘河，北至宣杭铁路，规划范围约 3 平方公里。该小镇依托杭州未来科技城蓬勃的产业前景，以及阿里巴巴总部所在地的产业优势，定位为全国最具活力、优势和特色的互联网创业中心和创新资本集聚高地。

梦想小镇主要由"互联网创业小镇"和"天使小镇"两部分构成，大学生互联网创业小镇重点鼓励和支持"泛大学生"群体创办电子商务、软件设计、信息服务、集成电路、大数据、云计算、网络安全、动漫设计等互联网相关领域产品研发、生产、经营和技术（工程）服务的企业。天使小镇重点培育和发展科技金融、互联网金融，集聚天使投资基金、股权投资机构、财富管理机构，着力构建覆盖企业发展初创期、成长期、成熟期等各个不同发展阶段的金融服务体系。

为助力互联网企业快速成长，梦想小镇重点强化创业生态系统建设、人才服务体系建设、金融服务体系建设，同时围绕"三降低一提升"优化政策服务，即围绕降低创业门槛、降低创业成本、降低创业风险制定一揽子扶持政策，围绕提升创业成功率完善服务体系，实现乘数效应。通过集合政府、企业、社会等多方力量，力争三年内集聚大学生创业者 10 000 名，创业项目 2 000 个，集聚基金（管理）及相关机构 300 家以上，实际资产管理规模达到 1 000 亿元，金融资产总额超过 3 000 亿元。

（二）经验总结

1. 在城市规划中应充分发挥"互联网＋"效应

梦想小镇依托互联网，围绕"人才引领、创新驱动"的发展思路，通过创新创业载体建设、人才服务体系建设、科技金融服务体系建设和现代化城区建设，打造智慧与资本、科技与金融的结合地，高端人才实现梦想的家园，互联网创新创业企业的集散地，从而形成"双千亿"的产业基地（千亿互联网产业基地、千亿现代服务业基地）。

2. 城市规划应着重考虑营造良好的创业环境

外在配套环境方面，梦想小镇通过绿网、路网、水网及街区之间的互通，街区和建筑之间的联通，及建筑之间的沟通，营造舒适的工作环境；内在配套环境方面，梦想小镇通过建设完善商业配套、引进专业服务机构、与国内大型 IT 人才培训类机构开展合作培养互联网产业工程师等，优化要素的供给环境。

五、杭州市余杭区功能布局特色

（一）开发建设情况

余杭区地处浙江省北部，位于杭嘉湖平原和京杭大运河的南端，是长江三角洲的圆心地，总面积 1 228.23 平方公里，辖 6 个镇、14 个街道，截至 2013 年末，全区户籍人口 90.33 万人，其中非农人口 51.74 万人。"十二五"期间，该区户籍人均 GDP 突破 1 万美元，财政总收入突破 120 亿元，综合实力位于省、市前列。

余杭区以新型城市化为主导，坚持以"品质之城、美丽之洲"为目标，以"宜居田园城市、美丽都市乡村"为特色，实施"一副三组团"的空间格局，增强临平副城综合能级，提升临平副城集聚度与辐射力；加快余杭、良渚、瓶窑三大组团核心区建设，提高组团核心区产业集聚能力以及公共服务水平。同时，大力倡导"低碳、生态"，积极创建"风情小镇"和"美丽都市乡村"。

在功能区布局上，采取点轴状圈层式开发模式，即采取点轴布局、圈层开发，引导人口、产业向重点城镇和平台集聚，强化绿色开敞空间的隔离作用，约束和控制不同圈层的开发强度，实现区域整体的集约高效、有序开发。在点轴布局上，侧重在东中西呈放射状构筑临平创业城、良渚文化城、未来科技城三个平台。每个平台以创新创业小镇建设为核心引爆点，构建 1～2 条空间发展轴线，驱动特色产业集聚，并辐射引领周边产业发展。其中临平创业城主要驱动智能制造、服装时尚、电商服务等产业集聚，良渚文化城主要驱动文化创意、工业设计、智能硬件等产业集聚，未来科技城主要发展信息软件服务业和电子商务服务业等"互联网＋"产业。在圈层开发上，围绕杭州主城，主要打造余杭内部、中部、外部三大圈层，实现与杭州主城的全面对接和深度融合，形成功能承接有梯度、开发利用有密度的圈层式空间开发格局。内部圈层为邻近绕城高速的区域，是杭州主城区功能延伸与拓展区。中部圈层是核心区域，功能定位突出行政管理、文化创意、科技创新、产业基地等功能。外部圈层功能定位兼具生态屏障、休闲旅游、文化创意等，有序推进低密度创新创意空间和高品质居住空间建设。

余杭区尤其重视战略新兴产业的培育，通过打造现代装备制造业集群、信息产业集群、绿色产业集群、健康医药集群、家纺服装集群五大集群，着力打造现代工业经济发展"三区八园"格局。此外，重点发展光伏、风电和电池组件产业为特色的绿色产业集群，以生物医药为特色的健康产业集群，发展并引导物联网战略性产业链的形成。

（二）经验总结

（1）突出主导功能培育。功能区的影响力要通过产业、功能的集聚来实现，只有通过强化某种产业的发展，形成规模效应、集聚效应，突出功能区的发展优势，才能真正提升功能区在区域范围的地位和作用。

（2）强调优势资源整合利用。功能区的开发建设要与城市优势资源、优势条件的利用有机结合起来，充分发挥优势资源、优势条件在区域中的独特作用，形成功能区发展的核心竞争力。

（3）体现创新发展特色。创新是功能区发展的不竭动力，要紧紧围绕功能区的发展定位，在功能区开发、建设、管理的不同环节、不同领域进行体制机制创新，为功能区的良性发展营造环境。

（4）注重功能优势集群发展。突出地方产业特色，促进产业集群发展，形成战略性新兴产业、高新技术产业、先进制造业和现代服务业协同推动经济增长的产业结构，推进产业中高端化。

第十七章

鄞州教育优质发展

教育既是支撑经济社会发展的强大动力，也是个人发展的迫切需要。大力发展教育事业，是实现区域经济可持续发展的必然选择，也是全面建设小康社会、加快推进社会主义现代化的必由之路。鄞州区在下阶段将面临着如何加快经济转型升级、如何满足全区人民更高物质精神需求的双重压力，在当下谋划研究如何科学发展鄞州教育事业，对进一步加快教育改革发展步伐、加快基本实现教育现代化、增强教育对区域经济社会发展贡献，最终实现经济发展和民生幸福，都具有十分重要的意义。

第一节　鄞州教育发展研究的背景和意义

一、鄞州教育发展研究的重要意义

（一）教育发展对个人发展发挥基础性作用

教育促进个体思想意识的社会化、培养个体的职业和角色意识、促进个体价值的实现，对人的个体的生存和发展具有促进功能。良好的教育能够培养个人的发展能力，培养人在经济社会中发挥积极作用需要的知识、技能，提高个人对机会的认知能力和抓住机会的能力。同时，研究证明，受教育程度和个人收入也成正比，接受教育不足有可能导致其陷入"低收入—低能力"的恶性循环之中。

当前鄞州发展正进入深度转型时期，对人的发展提出了更高的要求，如何让每个人更好地应对发展需要，如何让每个人更好地在深度转型中实现自我价值，如何让每个人更公平地享有发展成果，鄞州的教育发展无疑发挥着最直接、最基础的作用。大力发展教育必将成为当下鄞州发展提供更多公平机会、满足个人实现自我价值和追求幸福生活的主要途径。

（二）教育发展对经济社会转型发挥先导性作用

近代工业社会，随着自然资源、资本、低端劳动力投入作用的逐渐减小，科学知识和技术人才越来越成为助推经济发展和提高区域竞争力的决定性因素。当今世界，教育作为传播科学知识、培养技术人才的摇篮，也已经成为经济发展的基础性、先导性的事业，其经济功能日益凸显。

鄞州区加快经济转型升级是当前发展的迫切需要，如何调整产业结构和转变发展方式是当前发展中面临的最大课题、最大挑战。随着鄞州区经济发展将进入平稳增长期、资源要素进入"瓶颈"约束期、社会矛盾进入交织多发期，原来的外向发展模式已越来越难以为继，资源环境要素也已越来越难以支撑粗放、低端的增长方式，推进转型发展，转变增长方式，已经时不我待、刻不容缓。科学技术是第一生产力，人才是生产力的重要因素。对鄞州来说，加快推进经济转型，必须选择一条依靠人才积累、依靠科技进步跨越发展之路。在知识经济时代，教育培养人才，人才促进科技，科技推动社会发展，教育发展则成为助推经济转型发展的重要基础和强大动力，发挥着先导性作用。

（三）教育发展对区域未来发展发挥战略性作用

全面建成小康社会提出了"全民受教育程度和创新人才培育水平明显提高，进入人才强国和人力资源强国行列，教育现代化基本实现，这是实现人的全面发展的基础"的要求，大力推动教育发展事业是到 2020 年全面建成小康社会、实现教育发展目标的必然选择。由于教育事业具有的经济属性和社会属性，大力推动教育发展是区域全面、可持续发展的强大动力。

鄞州区自大力实施发展质量提升、建设质量提升、文化质量提升、生活质量提升、生态质量提升"五大战略"以来，取得一定的成绩，各项发展指标位居省市前列，但同时也面临着周边地区更大的竞争压力，被鄞州人民寄托着更高的发展期待，教育发展从区域发展的最基本、最前端入手，对未来的区域长远发展具有战略性的作用。

二、鄞州教育发展的历史演进和现状情况

(一) 鄞州教育历史演进

鄞州区自2002年"撤县设区"以来，在区委、区政府的正确领导下，在学校和社会各界的共同努力下，教育事业取得了长足的进步，全省率先实现所有镇（乡）、街道全部成为省、市教育强镇（乡），率先在全国实施12年免费教育，多次获得浙江省教育科学和谐发展业绩考核优秀成绩，成为全国首批义务教育发展基本均衡区。

1. 党政重教：实施教育优先发展战略

鄞州区委、区政府早在撤县设区时就提出了加快教育优先发展，实施现代化教育强区建设战略。政策集中出台。2002年出台了《鄞州区人民政府关于加快基础教育改革与发展，率先实现教育现代化的实施意见》。2003年又召开了全区教育工作会议，出台了《鄞州区人民政府关于大力推进教育现代化的若干意见》，明确了推进鄞州教育现代化的总体目标和具体工作任务，要求全区教育发展要积极推进均衡化，争创优质化，普及信息化，构建终身化，融入国际化。并提出以创建"推进教育现代化示范镇（乡）、街道"为抓手，推进全区学校标准化、信息化建设，进一步优化教师队伍，促进全区各级各类学校管理和质量全面提高。示范街道、镇乡先行。2004年，邱隘、钟公庙、集仕港作为该区首批创建镇、街道，积极开展"推进教育现代化示范镇、街道"创建活动，大力增加教育投入，创新教育机制，优化教育资源，在一年多的时间里，成功创建为"鄞州区推进教育现代化示范镇乡、街道"。全区以创建活动为载体，把大力发展农村教育，促进城乡教育优质均衡发展作为战略重点，"政府负责、分级管理、以县为主"的管理体制进一步落实。2005年，成为宁波市首个荣获教育特别贡献奖的县（区）；2008年，又成为首批"全国社区教育示范区"。

2. 政策兴教：实施免费教育战略

鄞州区自2002年开始在免费教育上持续作为，出台了一系列帮扶政策，不断扩大免费教育范围，提高免费教育力度。率先实施义务教育免费。2002年，鄞州区就开始对"低保"家庭学生、孤儿学生、特困学生和部分山区义务段学生实施免费。2004年2月，进一步对总共514名学生的一费制标准的所有项目进一步实施全免，学生年受惠额达35.5万元。2005年，鄞州区出台政策对全区义务教育段和高中段随班就读的残疾学生实施教育免费，并计划2006年对全区7万名义务教育段学生实行全免费，一系列义务段免费政策远远走在全国前列。

创新实施高中阶段教育免费。2007 年对区属职高停止实施"国有民办"办学体制，并在全区中等职业学校中实施免费教育，使全区近 1.5 万名职高生享受"教育免费餐"。2008 年秋季起，把教育免费的范围扩大到普高教育阶段，全区 1.3 万名普高学生的学费都被免除，全区实现从小学到高中 12 年免费教育。

3. 社会助教：创新多元办学体系

鄞州区一直注重引入社会力量发展教育事业，既加强扶持力度，又突出规范发展，着力打造多元、健康的办学体系。一是加强扶持。设立民办教育发展专项资金，对实施义务教育和中等职业教育民办学校的学生，对全日制民办中小学，进行分类补助；对不同教育阶段的学生实行相应的杂费、书费减免政策；对民办学校教师，在给予每月补助和相应社会保险的同时，定期进行先进表彰奖励。二是突出规范。出台了《民办教育促进条例的若干规定》，明确了发展方向、落实监督责任、建立考核体系，为民办教育的健康发展制定了多方面的政策；对民办学校实行分类、设立定额风险保证金制度，完善民办教育发展保障机制。

（二）鄞州教育发展现状

"十二五"以来，鄞州教育以优质均衡为导向，以促进公平为重点，以提高质量为核心，以改革创新为动力，以突破"瓶颈"为抓手，坚持事业发展与改革创新同步推进、教书育人与服务社会相互促进，"有书读"的基础更加牢固，"读好书"的局面逐步形成，基本实现教育现代化。

1. 实现了从高标准普及九年义务教育到基本普及 15 年基础教育的跨越

加快各类教育协调发展，全区义务教育各项指标一直居全省前列，普通高校上线率、上本科率和上重点率等一直居全大市前列。

（1）教育普及巩固提高。学前三年儿童净入园率达到 99.9%，义务教育入学率、巩固率均达到 100%，高中入学率达到 98.9%，高等教育毛入学率达到 66%，全面普及 15 年基础教育，成为受国务院表彰的全国"两基"（基本普及九年义务教育、基本扫除青壮年文盲）工作先进单位。

（2）教育公平持续促进。坚持 12 年免费教育，构建 15 年生均公用经费保障机制，稳步提高义务段经费标准。推行阳光财务，落实阳光招生，深化阳光采购，试点阳光食堂，狠抓阳光治校，推进阳光教育。开展师资交流，组建基础教育协作区，加快教育信息化步伐，共享教育优质资源。深化体系建设，保障外来务工人员子女受教育权利，"三残"儿童受教率达 98%。

2. 实现了从主要满足求学要求实现"有书读"到全面提升办学质量、解决"读好书"的跨越

加大教育扶持力度，在教育资源上，既抓硬件投入又抓教师队伍建设；在均衡发展上，既抓育人机制完善、又抓教育资源提质，实现学习环境和学习质量双提升。

（1）教育资源不断扩充。五年来共投入教育经费 138 亿元，年教育财政支出占财政总支出比例稳定在 17% 以上，有效落实教育经费"三个增长"政策。实施义务段学校布局调整规划，编制学前教育布局规划，制定实施中心城区教育资源扩充规划，完成校安工程和校舍质量提升工程，新建中小学项目 19 个、建筑面积 77 万平方米。强化人事制度建设，实施绩效工资改革，全区有省特级教师 18 名、市名校长 7 名、市名师 36 名、高技能人才 114 名，中高级职称教师比例达到 58%。

（2）教育均衡稳步提升。践行社会主义核心价值观，完善"三全"育人机制，初步形成学段纵向衔接、阵地横向沟通、学科有机渗透、队伍一体统筹的德育工作体系。推进课堂教学改革和课程改革，深化教育"减负"，育人模式创新取得新成效。高中段优质教育资源全覆盖，公办义务段学校省标准化率达 99%，成校省标准化率达 100%，等级幼儿园覆盖率达 91%，成为全国首批义务教育发展基本均衡区。

3. 实现了从全日制教育向开放式、终身化现代大教育的跨越

深化推进教育改革、加快教育服务发展，按照教育服务经济社会发展的要求，大力发展职业教育、成人教育，加快服务型教育体系建设，成为首批"全国社区教育示范区"，终身化教育体系初步构建。

（1）教育改革日益深化。与中国教科院合作成立全国第五个教育综合改革实验区，坚持幸福教育理念，开展国家级课题研究，提炼区域教育综合改革经验，加强对外交流合作。推进教育综合减负，完善考试招生制度，变革教育评价体系，推进教育督导改革，试点职普融通改革，教育满意度不断提升。

（2）教育服务快步增长。推进职教专业结构调整，建成国家级中职改革发展示范学校 2 所，创建省级以上示范基地 12 个和示范专业 4 个，培养技术技能人才 2.3 万人，开展社会培训 208 万人次，教育服务产业转型和创新发展能力进一步增强。健全组织架构，打造终身学习教育体系，努力建设人人皆学、时时能学、处处可学的学习型区域，成为全国 17 个数字化学习先行区之一。

三、鄞州教育事业发展面临的形势

（一）新阶段提出新要求

下一阶段，是鄞州深入实施"打造质量新鄞州，建设国内一流强区"的关键时期，也是继续深入推进鄞州教育发展的重要阶段，新阶段也提出了新要求。

1. 以结构优化和创新驱动为核心的经济发展"新常态"，对教育提出了新要求

要求教育优化资源配置和专业结构，增强专业与产业布局吻合度，不断创新育人模式，促进人才规格转型与素质提升。

2. 以改善民生和创新社会治理为重点的社会转型，对教育提出了新希望

要求教育不断提升服务与发展能力，瞄准教育热点与焦点问题，创新教育治理方式，不断提升人民群众对教育的满意度。

3. 以规模、结构加速变化为特征的人口发展态势，对教育提出了新挑战

要求教育不断优化区域特别是中心城区资源布局，巩固提升"读好书"格局的能力，完善终身教育体系，服务学习型社会建设。

4. 以强化顶层设计为导向的教育综合改革，对教育提出了新任务

要求教育整体设计、全面考量、谋定而动，要突破思想观念束缚、体制机制障碍和利益固化藩篱，着力协同创新，系统推进教育治理体系和治理能力现代化。

5. 以扩大公平促进优质为焦点的多样化教育需求，对教育提出了新期待

要求教育不断增加优质资源供给，加快缩小城乡、区域、校际和公民办之间的差距，及时满足人民群众不断增长的教育期盼。

（二）新阶段解决新问题

面对新的形势，鄞州教育与区域要求、社会希望、群众期盼相比，进一步推进发展的任务仍然十分艰巨。

1. 教育布局上缺乏城乡统筹

由于鄞州区城区和镇乡之间、各镇乡之间经济社会发展不平衡，城乡二元结构矛盾突出，历史遗留下的办学主体的多元化，造成中心城区教育资源的供需矛盾在一段时间内还将比较突出，镇乡优质教育资源供给还不够丰富，教育政策法规的相对滞后，使城乡之间、地区之间、校际之间的差距依然明显，在一些地方和有些方面还有扩大的趋势。

2. 教育供给上缺乏品质提升

教育观念、教学内容、教育方法与经济社会发展需要不尽适应，教育仍然不能彻底摆脱"应试教育"的束缚，"择校风"、片面追求升学率的现象依然存在，减轻中小学生课业负担的任务依然繁重，成为制约学生综合素质提高和人才成长的"短板"，素质教育有待进一步深化；高中段教育缺乏精品课程，特色还需进一步彰显；教育现代化建设仍然滞后，推广应运不够广泛和深入，有待进几步内涵式发展，现有教师不能充分而高效利用现代教学设备与手段，很难适应现代教育教学需要。

3. 教师队伍缺乏系统建设

教师队伍建设水平还不能满足培养人才不断更新的需要。教师队伍整体素质和专业化水平有待提高，特别是农村教师队伍起点偏低，学历达标与能力达标反差较大；教师进出口渠道不畅，农村中小学教师补充困难，教育部门和学校用人受各方面制约，教师资源分布不协调，城市超编，农村教师紧缺；教师队伍的结构性矛盾日渐凸显，教师培训效能有待提高，师德师能水平有待于进一步提升，考核机制尚需进一步完善。

4. 教育服务缺乏水平提升

职业教育、终身教育发展相对滞后，各类教育均衡发展有待协调。职业教育的吸引力还不足，社会意识和观念滞后制约其健康发展，没有明确的发展导向制约其与企业的有效对接，专业教师不足制约专业能力的培养；继续教育发展仍较为第一，尚无法满足群众的多元教育需求，终身学习资源还需进一步丰富。

面对问题与挑战，我们应当以更宽广的视野与谋略、科学的态度与方法、务实的作风与要求，坚持以人为本，坚持先行先试，全力推进教育科学发展，实现新突破，迈上新台阶，为续写鄞州区教育的新辉煌作出更大贡献。

第二节　鄞州教育发展的目标定位和总体要求

一、指导思想和发展目标

（一）指导思想

认真贯彻落实党的十八大和十八届三中、四中全会精神，全面贯彻党的教育方针，按照"打造质量新鄞州，建设国内一流强区"的要求，以育人为本为出发点，以改革创新为动力，以促进公平为重点，以提高质量为核心，统筹城乡教育发展、深化教育综合改革、加快推进教育治理体系与治理能力现代化、综合提升教育服务经济社会发展能力，着力建设"有实力的教育机构、有特色的教育品类、有品牌的教育资源、有实效的教育服务"综合教育体系，推动鄞州教育事业在新的历史起点上科学发展。

（二）发展目标

到 2020 年，创建"理念领先、模式多元、体系完备、特色鲜明、卓越一流"的质量新教育区，构建适性卓越教育体系，教育综合实力和主要发展指标位居省市前列，率先实现教育现代化，努力争创全国义务教育发展优质均衡区。

（1）体制机制更加科学高效。教育体制突出完善科学，机制突出灵活高效，各级各类教育融通发展，终身教育体系初步形成，教育合作交流更加活跃，教育活力与经济社会服务能力明显增强。到2020年，从业人员终身教育年参与率较2015年提高5个百分点达到70%，新增劳动力平均受教育年限较2015年提高0.9年达到14.5年。

（2）教育治理更加民主科学。教育治理体系更加完善，治理能力走向现代化，民主、法制、科学成为推进教育治理的主要价值向度，形成高效、公平、自由、有序的新教育格局。到2020年，教师五年周期继续教育参与率始终保持在100%水平。

（3）教育质量更加卓越一流。人才培养模式更加灵活多样，学校特色建设进一步提升，优质教育资源不断扩大，品牌辐射与综合改革示范价值进一步凸显，学生核心素养与综合素质显著提升，教育体系更加适性卓越。到2020年，等级幼儿园覆盖率由2015年的70%提高至91%，义务教育学校标准化率由2015年的90%提高至98%。

（4）教育公平更加惠及全民。不断缩小城乡、校际和公民办教育之间差距，统筹城乡教育一体化发展，统筹调配教育资源，着力解决外来务工子女教育问题，教育公平水平进一步提升，公平惠及全民。到2020年，义务教育巩固率始终保持在100%，高中教育毛入学率由2015年的98.9%提高至99.5%，高等教育毛入学率由2015年的66%提高至70.5%。

（5）教育开放更加多元融合。加强交流合作，吸收先进经验，开放教育心态，融合教育发展，使教育发展更加多元，教育形态更加多样，教育环境更加和谐。到2020年，0~3岁婴儿受教育率较2015年提高3个百分点达到98%，高等教育毛入学率较2015年提高4.5个百分点达到70.5%，学前3年净入园率始终保持在99.9%水平。

具体见表17-1。

表17-1　　　　鄞州区"十三五"教育事业发展主要指标　　　　单位:%

主要指标	2015 年	2020 年
0~3 岁婴幼儿受教育率	95.0	98.0
学前 3 年净入园率	99.9	99.9
义务教育巩固率	100	100
高中教育毛入学率	98.9	99.5
特殊教育覆盖率	98.0	100

主要指标	2015 年	2020 年
高等教育毛入学率	66.0	70.5
从业人员终身教育年参与率	65.0	70.0
新增劳动力平均受教育年限（年）	13.6	14.5
教师 5 年周期继续教育参与率	100	100
义务教育专任教师中本科及以上学历比例	82.6	87.0
中职毕业生获得中级资格证书比例	83.1	85.0
义务教育学校标准化率	90.0	98.0
等级幼儿园覆盖率	91.0	95.0

二、总体要求

（一）坚持教育先行

始终把教育摆在优先发展的战略地位，经济社会发展规划优先安排教育发展，财政资金优先保障教育投入，公共资源优先满足教育和人力资本开发需求，进一步健全完善教育领导体制与投入机制，扩大社会力量办教育，创设全社会关心支持教育发展的良好环境。

（二）坚持育人为本

以立德树人为根本，以科学的教育质量观为导向，遵循教育发展规律和人才成长规律，坚持健康第一，树立人人成才和多样化成才的理念，统筹教育改革，创新育人模式，深化综合减负，强化学思结合、知行统一、因材施教，努力为每个学生提供适合的教育。

（三）坚持促进公平

坚持以人为本，发挥基础教育协作区功能，完善教师校长交流机制，加快智慧教育共建共享，统筹教育资源，促进城乡教育、公民办教育一体发展，实现学有所教、学有优教，使每一个受教育者得到发展。

（四） 坚持开放多元

坚持开放办学，坚持多元发展，积极融入国内外教育改革的大潮，着力推进国内外教育交流合作，提升教育活力，形成开放多元、融合关爱的育人环境，培育具有世界眼光、家国情怀的现代合格公民。

（五） 坚持追求卓越

以教育综合改革实验区为平台，吸收借鉴国内外成功经验与先进模式，加快推进以人才培养模式改革为核心的综合改革，以现代化教育治理的观念与手段，协同创新，共同发展，释放教育改革的红利，全面率先实现教育现代化。瞄准国内外先进水平，推进教育对标进位，转变教育发展方式，倡导教育家办学，推动各级各类教育办出特色、争创一流，不断提高教育质量和办学效益，不断增强教育核心竞争力和服务能力。

第三节 鄞州教育发展的对策措施

一、 突出城乡教育统筹，实现教育公平享有

以促进教育公平为取向，统筹规划教育发展的规模、层次、类型，在不同区域间、不同群体间调整教育投入的重点、结构，实现人人享有平等的受教育的权利。

（一） 统筹区域学校发展

1. 统筹城乡教育发展

完善城乡教育规划布局。编制好学校空间布局规划，制定出台新建改建居住区教育配套设施建设管理规定等政策，采用小学向乡镇集中，初中向中心镇集中，高中布局在城区为主的策略，实现学前教育、义务教育就近入学，高中阶段集中规模办学。优化中心城区教育资源配置。落实中心城区义务段教育资源扩充规划，扩充城区教育资源，建成中河初中、亨润区块中学等学校，扩建钟公庙中学、宸卿小学等学校，促进资源建设与区域发展同步。

2. 统筹镇乡教育发展

（1） 加强镇乡教育帮扶。按照城乡一体、适当倾斜的原则，提升城区教育

443

发展质量、改善镇乡教育发展面貌，构建城乡教育统筹保障机制，教育资源向农村倾斜，加大对农村教育的支持力度，在公共教育资源配置上优先保障农村，着力提高农村教育水平。安排专项经费补助偏远薄弱学校和教师，重点扶持偏远地区高中教育，合理布局普通中学与职业学校，健全教师交流制度，利用现代教育平台，促进城乡教育统筹、协同发展。

（2）合理调整教育布局。打破原有"村村建学校"的旧观念，有效整合镇乡教育资源，提高教学效果，有序减少义务教育教学点，消除农村薄弱学校，实施校舍质量提升工程，推进标准化学校建设。在有条件的地区实施教育资源整合工作，启动鄞江区块"四明初中"筹建工作。

（二）统筹教师力量配套

1. 鼓励优秀教师基层任教

制定优惠政策，合理调整编制，适当向农村学校倾斜，统筹解决教师缺额问题；提高农村教师待遇，优先满足农村中小学的需求，重视解决农村小学英语、信息技术及音、体、美教师短缺的问题；严格落实农村老龄教师提前离岗制度，并及时补充高素质的青年教师，大力实施教师队伍建设工程，着力提高农村教师整体素质和营造尊师重教的良好氛围。

2. 加大教师交流力度

建立起科学的教师补充机制，推动教师资源在城乡之间、学校之间合理流动，逐步扩大交流比例，积极推行校长任期制和轮岗制，加大优质学校校长和中层管理人员到薄弱学校交流任职的力度。每年选派城区优秀教师到农村学校支教或进行城乡学校对口交流，将任教服务作为城区中小学教师晋升高级教师职务、参评优秀教师、特级教师、学科带头人等的必要条件。

（三）统筹各类生源分布

1. 配套中心城区招生政策

出台中心城区义务段公办学校招生工作意见，合理布局生源结构，加强入学管控，建立学校内部自我约束与接受社会监督机制，增加招生工作的透明度，严肃查处招生工作中的违法、违纪事件，加大对相关责任人的惩处力度，保证招生工作的公平、公正进行，要实现教育资源配置与城区入学要求相配套。

2. 改善贫困生、农民工子弟求学环境

健全规范专项资金运作，保障贫困学生"有学上、上好学"。增加投入补助外来农民工子女学校，加强设施建设、教师社保、学校安全等。实行全员培训，对农民工子女学校教育质量开展专项考核督导行动，不断提高办学水平。充分挖

掘公办学校教育资源，接收各类弱势群体就学。

3. 加快完善特殊教育配套

完善以特教指导中心为核心，以特教中心为骨干，以随班（园）就读为主体，以送教上门为补充的特殊教育体系。不断提高适龄残疾儿童少年接受义务教育普及水平，加快推进随班就读工作，逐步提升标准资源教室的覆盖度与质量水平，满足随班就读学生个别化课程实施的需要。积极发展残疾儿童学前三年教育，大力发展以职业教育为主的残疾人高中阶段教育，实施面向成年残疾人的职业教育和职业培训，提高残疾人的就业和创业能力。

二、突出教育资源建设，实现教育品质提升

全面提升教育品质，以名校建设、名师建设、精品课程建设为途径，着力实现教育品质全面提升、优质教育服务全面共享，满足人民群众不断增长的优质教育需求。

（一）推进名校建设探索

1. 统筹扩大名校建设

新建、扩建、改建一批高标准、现代化学校，满足人民群众对优质教育资源的需求。积极协商引进一批有影响、可示范、能推广的优质教育资源，采取合作办学等方式积极探索现代办学新模式、新方向，增加优质教育资源的可选择性。以基础教育协作区为基础，促进城区名校与薄弱学校的深度联合办学，强化辐射引领；积极扶持一批优质学校牵头组建教育集团，通过合作办学、集群办学、政府购买服务、教育联盟、名校办分校等多种形式辐射推广优质教育模式，努力建设一批在区域有一定影响力的学校，扩大鄞州教育的成果辐射能力和区域影响力。

2. 积极丰富名校内涵

（1）明确发展目标。坚持整体设计、分类管理、重点建设、示范带动、全面推进的原则，以高分高能的综合型人才培养为目标，以高标准完成学习任务为基础，以综合能力提升为关键，加强体制机制保障，强力推进名校建设工作。

（2）加强教学改革。突出"教学以学生为本"的理念，牢固确立教学工作在学校工作中的中心地位，制定和完善配套方案，加强课程体系和教材建设，改革教学方法和教学手段，提高实验室、校内外实习实训基地建设水平，加强国际交流与合作，培养学生创新创业和实践能力，全面提高学生培养质量。

445

（二） 推进名师队伍建设

1. 开发师资人才资源

坚持"办学以教师为本"的理念，实施新一轮五年周期的全员培训，与国培、省培等计划衔接配套，拓展培训资源渠道，大力实施分类分层培训，提高教师业务素质，加强校本培训，提高教育科研能力，精选一批项目培训基地，拓宽培训途径，创新培训模式，严格制度管理，健全激励机制，提高培训质量；强化自主培养与高端引进相结合，遴选骨干梯度人选予以重点培养，健全以省特级教师为主的高端教师沙龙机制，发挥辐射作用，促进教师队伍高位提升。

2. 推进干部队伍建设

按有激情、有想法、有韧劲、有包容心、有清醒头脑的"五有"标准选拔校（园）长，坚持正职人选党委会集体面谈制，实行差额任用，引进具有国际视野、先进理念、突出能力的教育家，遴选名校长后备人选予以重点培养，鼓励创新教育思想、教育模式和教育方法，开展区名校长评选，加强名校长队伍建设。

3. 创新师德建设机制

以"有理想信念、有道德情操、有扎实知识、有仁爱之心"为指引，加强教师职业理想和职业道德教育，增强广大教师教书育人的责任感和使命感。健全完善师德建设意见，明确目标、任务、措施，建立师德档案，坚持将师德作为教师评优评先、职务晋升、职称评聘的重要依据，坚决实行师德一票否决制。加强师德楷模的培育，大力表彰和宣传模范教师的先进事迹，组建师德师风讲师团开展巡回报告。以师德集中培训、集体签名、师德论坛、讲座报告、读书笔记、自查自纠等形式，不断提高教师师德重视程度。以日常巡查和正风肃纪专项活动结合，加大师德建设查处力度，树立教育良好形象。

（三） 推进精品课程建设

1. 义务教育段注重课程改革

深化课堂教学改革。以"生动课堂"为导向，转变育人理念，践行自主、合作、探究的学习方式，实施以学生发展为本的教学。强化"生动课堂"的理论思考与实践模式开发，定期组织实施教师课堂设计大赛、课堂教学展示大赛和自主命题大赛，以三大赛事来提升教师课堂教学水平；推动课堂教学改革具体深入，提升常态课质量，提高课堂教学质量和教学效益，编写校本作业，形成与课改相适应的教学管理制度、组织架构、考核体系和工作流程，提高学生综合素养，增强师生幸福感。推进学校课程改革。以强化课程的选择性、活动性、实践性、连贯性与综合化为方向，开发校本课程，丰富选修课程，推进课程整合，建设适合学生发展的课程。学习先进经验，健全学校课程开发、管理、评价机制，增强课程开发能力，增强课程育人功能。调整学科课时安排，探索长短课、大小课等安排方式，满足学生个性化学习需求。

2. 高中段注重课程体系化

（1）构建个性化育人体系。转变普高培养模式，按照多层次、分类别、有差异的原则，开展丰富的社团活动、综合实践活动；推行走班制、学分制、导师制等管理制度，强化对学生的学业、心理、生涯等方面的指导，引导学生做好学业与生涯规划。加强新高考制度研究，科学安排必修课程、限定性选修课程、自主性选择选修课程和学校特色课程，做强知识拓展类课程，对接学科竞赛和大学提前招生考试，完善创新拔尖人才培养机制，满足不同潜质学生发展需求。

（2）提供丰富的可选择课程。强化普高课程建设，以"6＋1＋1"学校课程体系为主要方向，以知识拓展类、职业技能类、兴趣特长类和社会实践类四大类课程为重点，提供适应新高考模式，适合学生不同性向发展需要的课程体系；借鉴国外课程模式，鼓励有条件的普高与大学合作开设 AP 课程，引进 A-level、IB 等国际课程。

三、突出教育需求对接，实现教育服务增效

加快构建以就业为导向的现代职业教育体系，积极发展继续教育，持续推进产教融合，强化长效机制，重在实际效果，培养高素质劳动者和技术技能人才，促进经济提质增效升级，满足人民群众生产生活多样化的需求。

（一）建立服务发展的中职教育

1. 优化专业结构

健全人才需求预测与专业设置调整的联动机制，依据经济产业发展、社会居民需求、职业学校实际，稳步推进专业结构调整，做大做强主体专业，做精做优特色专业，积极拓展新兴专业，各校主体专业学生达到80%以上，形成特色鲜明的学校专业布局。以提升服务经济社会发展能力为导向，扩大学校办学自主权，健全学校办学绩效评价制度，建立学校教学质量监测体系。以中职教育现代化为导向，积极开拓职业教育发展新思路、新载体、新项目，将推进国际化办学、国内高端合作作为职教优质发展的新支点，进一步提升职教社会影响力。

2. 优化课程设置

落实选择性教育思想，在试点基础上，构建"核心课程模块"和"自选课

447

程模块"组成的选择性课程体系，建立围绕直接就业或继续升学不同方向的多次选择机制，创新相匹配的教学组织方式。充分利用教师资源、专业资源和各种社会资源，开发校本课程，增加课程的选择性和适切性。加大信息技术在中职课程中的应用，推进精品课程建设，建成 10 门区级、3 门市级网上精品课程。深化"双证书"教育，探索中高职一体教学，扩大升学比例，确保职教高考、大赛等主要发展指标位居省市前列。

（二）构建体系完备的终身教育

1. 健全完善终身教育体制机制

强化政府的统筹协同发展机制，将终身教育纳入区域总体规划，建立终身教育联席会议制度，健全区、镇乡（街道）、村（居委会）三级社区教育的网络运作管理体系。大力发展非学历终身教育，稳步发展学历终身教育，重视老年教育，基本形成优质多样的终身教育体系。推进终身教育工作考核、岗位聘任、职称评聘、职业注册等人事管理制度的衔接。建立终身教育"学分银行"等认证体系，实现不同类型学习成果互认与衔接，使得终身教育纵向衔接、横向沟通、机会多元。

2. 统筹扩大终身教育资源

强化政府职责，加大终身教育投入，不断提高社区教育人均经费标准，改善提高终身教育办学条件。统筹终身教育资源，推进实施"成校搭台、职校唱戏、政府买单"的社会培训模式，探索实施社区学院、成人学校、职业学校、行业培训机构、企业等组建职业教育培训集团，开发和利用各级各类学校、场馆和企业的培训资源。积极推进社会教育培训机构的规范化建设，重点扶持一批培训质量高、社会效益好、市场前景广、信誉度高的社会教育培训机构。

3. 丰富优化终身教育学习方式

推进终身教育 O2O 学习平台建设，继续实施社区教育"拇指"工程，强化鄞州终身学习网教育功能，充分利用新媒体丰富终身教育学习方式。健全线下以区职业技能培训中心为龙头、镇乡（街道）成校为骨干、村（社区）成校为基础、社会培训机构为辅助的区域职业教育培训网络，促进学习方式多元可选。鼓励个人多种形式接受终身教育，支持用人单位为从业人员接受终身教育提供条件与保障。组织"终身学习周"宣传活动，提升学习型城市创建工作实效。

（三）建设社会化的社区教育

1. 健全教育网络

（1）加强规划设计。社区教育是一项综合工程，需要各方各面的支持和保障，在规划设计时要确立以社区为载体，以促进"双向服务"，实现社区教育资源共享和提高社区成员整体素质为目标的工作思路。

（2）加强氛围营造。利用互联网等媒体大力宣传社区教育和进行社区教育的具体实施，梳理社区教育成功典型，将优秀的社区教育经验在全区推广。

（3）综合利用资源。通过有效利用社区内的家庭、邻里街区、企业、学校，文化体育场地、自然人文景观等资源，充分激发所包容的现代文化生活及科技知识内涵，进一步扩充社区教育的活动场地和有效载体。

2. 完善运行机制

（1）建立高素质专业化队伍。在培育社区工作者的同时，不断外延和丰富培训内容，着重增加学生校外活动、社区服务等训练，并适时实施持证上岗制度。

（2）建立社区教育评价体系。组建由社区、业委会等多方组成的评价组织，以社区教育机构服务是否能够满足社区居民需要为标准，确定相关主要的指标来，测量评估社区教育实际开展成果。

（3）推进规范化进程。及时修改现有的社区教育的"工作章程""暂时规定""组织条例"等，以适应现阶段发展需求，并且随着社区教育实践的深化，不断对其进行完善。

四、突出教育投入多元，实现教育建设提速

积极鼓励引导社会资本投入教育工作，积极支持有特色、高水平的社会资本兴办义务教育，积极支持各类办学主体通过独资、合资、合作、股份等多中形式办学，构建政府主导、社会参与，办学主体多元、办学形式多元的教育体系。

（一）加强多元办学

1. 完善制度保障

健全政府主导、社会参与，主体多元、形式多样、充满活力的多元办学体制，发挥民间资本和民营机制优势，加快民办教育发展，形成公民办教育和谐发展的良好格局。坚持大力发展、系统改革和同等待遇原则，积极开放教育投资、生产、供给领域，丰富办学形式，吸引社会力量和民间资本进入教育事业领域。开展民办事业单位法人和企业法人分类登记管理，研究制定不同的政策体系，引导和支持科学定位、错位发展。

2. 加强环境营造

建立教育投融资平台，组建由国资引导、民资参与的民办教育担保公司，设

449

立民办教育基金专户。按照《民办教育促进法实施条例》，落实规划和用地政策，落实税费优惠政策，全面清除制约发展的政策障碍。推进民办学校教师人事管理改革，建立民办教育人才服务专窗，完善人事代理制度，健全完善公民办学校教师流通优惠政策。

（二）深化校企合作

1. 健全协调机制

（1）构建校企合作理事会。成立由政府、企业、学校、校友以及其他利益相关方代表共同组成的校企合作理事会，赋予在校企合作工作上的指导、规划、咨询以及重大校企合作项目的决策等职能。

（2）共建校企合作服务平台。政、校、行、企共建公共技术服务平台，有机整合了上游企业、行业、政府在合作育人方面的技术、资源优势和下游企业在合作就业方面的优势，为下游企业提供技术支持和人力资源服务，为专业群提供实训基地、创新基地和校企混编师资团队。

（3）完善评价机制。遵循教育规律和人才成长规律，改革教育质量评价和人才评价制度，探索促进学生发展的多种途径，完善竞争激励机制，以科学的管理确保学校的可持续发展，切实提高为经济社会服务的能力和水平。

2. 开放教育资源

主动对接行业协会、龙头企业，组建职教集团，推动学校与行业企业开展全方位合作。在资源共享上，充分利用学校科研资源，将科研优势和科研资源转化为教学优势和教学资源；充分利用学校人才资源优势，面向主导产业、战略性新兴产业和重点区域优势特色产业，提供科技研发、技术改造、产品升级、职工培训和农村劳动力转移等服务；充分发挥智囊团的作用，积极参与社会重大课题研究；积极推进文化传播，弘扬优秀传统文化，发展先进文化。在联动途径上，加快现代学徒制实践，发挥好专业委员会、专家工作室、项目小组等作用，构建起政府主导，校企互为主体，行业企业多元联动、长效互赢的校企合作模式。完成东钱湖旅游学校改扩建项目，推进"产学研训赛考"一体化基地建设，区属职高主体专业都建成校内实习实训基地和企业内实习实训基地，新增省级产学研联合体2个、企业职工培训示范基地2个、校外实训示范基地2个、职教开放实训中心2个。

（三）注重重点领域

1. 建设公益普惠的学前教育

（1）优化学前教育公共服务体系。坚持公益普惠的方针，坚持政府主导、社会参与、公办民办并举的策略，进一步完善覆盖城乡、布局合理的学前教育公共服务体系。大力发展公办幼儿园和一类普惠性民办幼儿园，扶持和规范二类普惠性民办幼儿园，重点发展一批农村公办幼儿园（教学点）和小区配套公办幼儿园，形成以公办幼儿园和普惠性民办幼儿园为主体、选择性民办幼儿园为补充的学前教育发展结构。

（2）完善学前教育管理体制。因地制宜探索公办幼儿园的多种财政投入形式，保证公办幼儿园的可持续发展。安排专项资金，采取以奖代补、派驻公办教师等方式，积极扶持民办幼儿园发展，引导和支持民办幼儿园提供普惠性服务。

2. 建设充分应用的智慧教育

（1）强化智慧教育的顶层设计。按照"政府主导、企业运营、权责共担、互惠互益、个性智能"的总体思路，以网络教学系统、电子书包、移动教务、校园监控、精品资源库等为主要载体，推进信息技术与教育教学的深度融合应用，提升教育管理信息化水平。

（2）提升智慧教育的应用水平。探索与推进基于移动终端、4G 技术、物联网、云平台的网络教学、虚拟实验、电子书包和移动学习等现代信息化教学方式，以课堂教学为中心，加快数字化教育资源的开发利用，建成学科完备、内容优质、形式多样、公共开放的区级教育教学资源库，建立数字图书馆和虚拟实验室，辐射优质数字教育资源。

（3）与社会资源充分对接。完善区空中课堂，建设区名师大课堂，形成寒暑假空中课堂、双休日名师课堂的多元自助学习模式，建设人事管理、智慧安保、移动办公、视频会议、家校互动、校园卡、收费查询等智慧系统，完善公共服务平台。

五、突出教育改革创新，实现教育活力激发

深化教育体制机制领域改革创新，加快教育体制改革步伐，是教育改革自身发展的需要，是加快实现教育基本现代化的需要，也是培养学生创新能力的需要。

（一）深化教育综合改革

1. 强化教育综合改革顶层设计

政府要强化教育优先发展、科学发展、率先发展的理念，成为教育体系的建构者、教育条件的保障者、教育规则的制定者、教育公平的维护者、教育标准的设计者和教育质量的监控者。教育行政部门要注重教育顶层设计和整体统

451

筹，精简审批事项，退出微观管理，致力发展标准制定、评价体系建设等，加快建构"用标准和规划引领，用平台和经费支撑，用制度和机制激励，用督导和评审评价"的学校管理模式。学校要转变育人模式，强化学校发展总体规划与制度设计，统筹课程、教学、德育、社团等整体育人功能，持续推进教育改革。

2. 系统推进教育治理能力现代化

以依法办学、自主管理、民主监督、社会参与为方向，健全现代学校法人治理结构，推进学校章程制定，建立现代学校制度，形成一校一章程、一校一规划、一校一品牌、一校一特色的格局。深化校务公开和学校发展性评价，加强家校合作，加快校校理事会、班班家委会建设，健全完善向校务理事会、教代会、家委会定期通报制度。优化学校内部管理体制，扩大学校办学自主权，推进教育家办学。

3. 统筹推进教育协同创新发展

发挥中国教科院优势，创新教育综合改革实验区运作模式，拓展教科院在课题研究、资源信息、智力支持、基层指导等方面职能，深化幸福教育内涵，形成质量新教育的鄞州模式。统筹协同发改、财政、人社、编制、住建、国土、规划等多个领域的配套政策，合力促进教育综合改革。大力推进基础教育协作区建设，促进教科、教研、师训一体协作，下移工作重心，加强交流合作，共享优质资源，促进优质均衡发展。

（二）创新教育体制机制

1. 创新教育评价机制的改革

健全第三方评价机制，推进管办评分离，形成政府管教育、学校办教育、社会评教育的发展格局。以身心健康、快乐成长为主要方向，深化教育综合"减负"，推进阳光学子、阳光班级和阳光学习小组系列评选，创新学生评价体系。落实学校管理标准，以理念创新、特色创建、课堂课程改革、办学水平提升为内容，开展质量奖学校、新优质学校评估，变革学校评估机制。以业务能力、师德师风、学生学业成绩和所承担的工作量为重点，开展教师素质测试，提升教师考核水平。以思想品德、学业水平、身心健康、艺术素养和社会实践为重点，统筹学生学业负担，结合各学段特点，构建学业质量测评"绿色指标"体系，加强体艺卫工作，开展学生综合素质评价，深化素质教育。

2. 推进招生考试制度的改革

适应户籍制度进一步改革的需要，健全完善义务段招生政策，坚持免试就近入学、均衡编班，杜绝择校行为。统筹考虑教育入学需求和区域教育承载能力，按照上级外来务工人员子女入学政策要求，因地制宜推进落实。坚持优质普高招生名额按各初中毕业生人数分配到校的做法，不断提高分配比例，取消提前批招生，实行有差别的普高招生政策。推行中职自主招生、注册入学。实行职高、普高学籍有条件互认。坚持民办学校免试入学，实行优质民办初中招生的小学校长实名推荐制，不断扩大推荐比例。完善国际交流合作项目和鄞州中学国际部招生。严格执行招生事业计划，规范招生行为，深入实施招生"阳光工程"。

3. 创新师德建设机制

以"有理想信念、有道德情操、有扎实知识、有仁爱之心"为指引，加强教师职业理想和职业道德教育，增强广大教师教书育人的责任感和使命感。健全完善师德建设意见，明确目标、任务、措施，建立师德档案，坚持将师德作为教师评优评先、职务晋升、职称评聘的重要依据，坚决实行师德一票否决制。加强师德楷模的培育，大力表彰和宣传模范教师的先进事迹，组建师德师风讲师团开展巡回报告。以师德集中培训、集体签名、师德论坛、讲座报告、读书笔记、自查自纠等形式，不断提高教师师德重视程度。以日常巡查和正风肃纪专项活动结合，加大师德建设查处力度，树立教育良好形象。

（三）完善教育管理配套

1. 完善学前教育管理体制

进一步健全教育行政部门统一领导、部门分工合作、镇乡（街道）管理为主的学前教育管理体制。逐步加大财政投入比重，区财政性学前教育经费占同级财政性教育经费比例巩固在8%以上，学前教育发展专项资金按需予以足额保障，创新学前教育成本分担和运行保障机制。因地制宜探索公办幼儿园的多种财政投入形式，保证公办幼儿园的可持续发展。安排专项资金，采取以奖代补、派驻公办教师等方式，积极扶持民办幼儿园发展，引导和支持民办幼儿园提供普惠性服务。

2. 健全特殊教育的保障机制

落实特教3年行动计划，健全特教联席会议制度，定期召开教育、发改、民政、财政、人社、卫生、编制、残联等部门与社会团体参加的特教工作联席会议，明确职责，加强沟通，强化公开与问责。加大特殊教育经费投入力度，合理布局特教资源项目，确保特教的生均公用经费标准，落实特教师资的特殊教育津贴，倾斜职称评聘的政策，进一步提高残疾学生资助水平。

第四节 先进地区教育发展经验借鉴

一、苏州市职业教育发展的经验与启示

（一）苏州市职业教育发展的基本经验

1. 制度化推进

政府十分注重在制度创新、资源建设等方面的合作关系，强有力地搭建了职业教育协同发展的平台，建立了共同对话、协商与合作发展的联动制度与组织框架。加强了对职业教育与社会经济和谐发展的顶层设计，共同打造职业教育"高峰"和"高地"，有效融合了政府、院校、企业、科研院所等力量。

2. 均衡化发展

大力倡导协调、合作与共赢，着力解决区域分布不均衡、与产业结构存在不同程度错位等问题。按照产业集群发展态势，统一规划和调整院校区域布局，着力打造了多个职业院校教学联合体等。突破低层次发展，加强左右拓展，促进职业教育与普通教育的交叉和融合，以及职业终身教育体系建设，构建高素质技术技能型人才培养与成长的多元立交。开放办学，与发达国家和地区的学校、知名企业等广泛开展多种形式的教育交流与合作，主要形式有联合招生、学生互换、合办专业、合办学校（院）、共建实习实训中心或基地等。

3. 高质化发展

科学规划、调整与优化高职教育布局结构，实施差别化竞争、特色错位发展，不断明确办学方向与发展定位，凝聚教育特色。破除传统资源独享独建壁垒，整合相关教育资源，打造集约共享、内外开放的资源平台。注重专业（群）与产业的对接、品牌与特色专业建设。以市场需求为导向，着力打造龙头专业（群），并带动整个专业结构的优化，凝聚了机械制造、电子信息、金融服务、艺术设计传媒、新材料新能源、海洋经济等方面的特色。

（二）对鄞州职业教育发展的启示

1. 服务产业结构转型需求是职业教育协同发展的根本依据

紧密配合区域支柱产业、重点产业发展，服务产业链不同环节企业的不同合作诉求是职业教育协同发展的战略定位。加强政—校—行（企）、一园一所等多元化主体，以及区域内外教育资源的协调和合作，全面了解区域经济发展与人才

需求现状、发展态势，通过专业（群）建设、科技服务、人才培养等夯实职业教育与产业转型的契合点，实现区域内教育链、人才链、产业链、服务链、资金链的"五链祸合"。

2. 资源的开放集约共享是职业教育协同发展的关键平台

联合政校行企所等多元化主体共同打造资源集约与共享平台，有步骤地整合与优化基础设施、专业与课程、图书、教师、实习实训等资源，促进多种办学力量的优势互补与交流合作，如探索建立产业集群内大型公司、名企主导的校企合作专业课程包。创新资源共享平台管理机制和运行机制，明确各利益相关者的特殊性、权利、义务和责任。

3. 良性管理体制和运行机制是职业教育协同发展的主要保障

强化管理的服务职能，突出政策支持、经费配套、教育统筹与协调等功能。建立常规性、制度化的高职教育交流与合作制度。借鉴集成发展模式，打造职业教育协同发展的多元化主体，作为政产学研协同发展的制度化平台。

二、佛山市顺德区小学实施精品教育的经验与启示

（一）佛山市顺德区小学实施精品教育的基本经验

1. 管理体系化

学校遵循"分工明确，责任到人"的原则，创建了"一室五中心"的新型组织机构模型。模型中的"一室"指的是"校长室"，这是学校的决策中枢，学校的一级管理层，由校长负责，充分体现了学校"校长负责制"的管理体制。"五中心"指的是课程研发中心、质量监控中心、儿童成长研究中心、后勤服务中心、社会资源开发中心。"五中心"属二级管理层，从不同层面向下属各学科组、年级组提供业务提升的引导和过程落实顾问的服务。从运作的过程来看，这一开放的组织不仅充分体现了教育管理的教育性、服务性、文化性、创造性，而且较好地促进了各部门之间的通力合作，使职能分工更加清晰明确。

2. 课程精品化

学校调整和改革基础教育的课程体系、结构、内容，针对学生的特点及家长的需求，构建符合素质教育要求的课程体系，其中国家基础课程约占到70%，拓展性必修课程和个性化选修课程约占到30%，合理分配时间、均衡设置课程，让每个学生能得到更全面的发展

3. 活动丰富化

坚持多元化的教育模式，坚持课堂向课外延伸，注重知识与体验的结合。组建了一批精良的社团，在办学之初就开始组建社团，涉及到音乐、美术、文学、

455

科技、舞蹈、体育等多个方面的内容。排练了一批精彩的节目，艺术表演类主要有合唱、舞蹈、朗诵、校园剧表演，艺术作品类主要涵盖绘了书法、篆刻、摄影作品。培育了一批活动的载体，以班级为单位的"小舞台"表演活动、以亲身体验为主要方式的千里马活动、以加强家长与孩子沟通交流的亲子活动等。

（二）对鄞州实施品质教育的启示

1. 品质管理

建立健全学校各项规章制度，抓好教师队伍建设，制定并实施学校的发展规划、学年和学期工作计划。加强课题研究，研究课题选取以日常教学问题为主，研究结果主要用于指导教育教学服务。控制教学质量。完善常态化控制体系，尝试建立模型监控，树立以学生的整体发展和终身可持续发展为着眼点的发展性评价观念。通过对学生进行行为习惯的教育，加强对学生的思想及文明礼仪，以促进他们良好习惯的形成。构建由社会知名人士、教育专家、教师代表、家长精英、董事会成员等组成的社会管理队伍。

2. 品质课程

树立以学生发展为核心的理念。强调了课程要促进学生的身心健康发展、要有利于培养学生的良好品德、要满足学生的终身发展需要，培养学生终身学习的愿望和能力。加强学校课程整合。改变过于注重知识传授的课程教学，强调形成积极主动的学习态度，使学生在习得基础知识与基本技能的同时学会学习并形成正确的价值观；改变过于强调学科本位的课程结构，整合小学阶段的课程门类和课时比例，设置综合课程，以适应不同学生发展的需求，体现课程结构的多样性；改变过于注重书本知识的教学模式以及"繁、难、偏、旧"的课程内容，倡导"精讲精学"，学生能说的教师不说，给学生更多的机会展不自我；改变过于强调接受学习的课程实施，不仅要重视培养学生解决问题的能力，更要重视学生发现和提出问题的能力，培养学生的创新能力；改变过于注重分数的单一评价模式，采用过程性评价与终结性评价相结合的方式；改变过于集中的课程管理方式，实行国家、地方、学校三级课程管理，增强课程设置的可操作性。

3. 品质活动

举办特色课余活动。定期组织开展"艺术节""读书节""体育节""英语狂欢节"等各类特色活动，充分调动学生各方面兴趣，为个体差异化发展提供更多载体。培养学生综合素质。通过各种活动举办，充分激发和培养学生健康的审美情趣、师生的读书习惯、学生锻炼身体的习惯、英语学习兴趣等各方面兴趣、习惯，再在专业教师的指导下，通过系统而扎实的训练，促进学生综合素质的全面提升。

三、上海市长宁区社区教育发展的经验与启示

（一）上海市长宁区社区教育发展的基本经验

1. 特色的教育课程

长宁区的特色课程建设针对的是社区教育范畴，教育对象具有广泛性与特殊性，突出全民皆可参与、致力于满足学习者的终身需求，开发出了一系列符合长宁发展特色的原则的特色课程。如具有时代特色的"城市公共安全"课程、具有地方特色的"西郊农民画"课程、具有艺术特色的"手工面塑"课程、具有实用特色的"证券投资实务"课程等。

2. 优秀的专业教师队伍

长宁区社区教育发展非常注重教师队伍的改进及建设，从本地区高职院校中聘请了大量优秀的专业教师，并通过政策倾斜吸引了不少有真才实学的民间高手和充满激情的志愿者来充实社区教育的教师队伍。

3. 灵活的多元教学方式

面对学习对象组成复杂的现状，长宁区社区教育在教学过程中积极研发新的有效的教学方法，其中"学在数字长宁"网的建立以及向市民的开放极大地促进了社区教育特色课程建设，解决了课堂教学的局限，将教学互动延伸到课堂外，延伸到社区居民家里。课后通过建立QQ群等进行远程交流，巩固了课上所学内容，有力提高了教学质量。

（二）对鄞州社区教育发展的启示

1. 吸纳优秀教师，着力打造专业教师队伍

严把教师入口关，坚持把具有专业能力、知识以及丰富教学经验的专业人员作为特色课程建设的主力军，使其发挥先进模范作用，带动教师队伍整体能力的提升。高度关注、吸纳具有一技之长的民间艺人和能工巧匠，同时及时发掘各类热衷于社区教育又具有一定能力的人，如老干部、退休教师等，继续发挥他们的余热。发挥兼职教师和志愿者的作用，充分调动社会各界人士对社区教育的积极性。

2. 积极营造氛围，吸引学习对象参与

鼓励社区居民积极地适应时代要求，在终身教育大的背景下，及时地转变教育观念、发现生活的乐趣、补充新知识，了解并且能够主动地贯彻终身教育思想。通过政策文件和开展各类活动做好社区教育的宣传组织工作，努力营造浓厚

学习氛围，真正做到"人人皆学、时时能学、处处可学"。相关社区学院要善于把握时机，积极参与社会公共活动，展示学习成果，提高知名度。

3. 创新教学方式，强调教学方式的多元化

融入科技元素。充分利用网络技术和信息技术，及时地开发社区教育网络特色课程；不断强化科技支撑力度，完善数字化学习环境，逐步形成社区学院、社区学校与社区居民教学点三级网络推广；有效地共享课程资源，提高课程资源的利用率，便社区居民结合自身状况进行个性化的学习。创新和丰富教学手段。如针对社区居民不同的年龄层次接受能力和行为能力，采取分层教学的方法；针对不同的社区教育对象，设计不同的教学方式，如对喜欢安静的居民采用谈论或交谈法，对学习时间有限的居民运用重点讲授法，对热爱运动的居民组织实践活动等。

第十八章

鄞州生态小镇建设

绿色发展、循环发展、低碳发展是党的十八届五中全会提出的生态文明建设的重要任务，是加快转变经济发展方式的重要方向，也是当今世界科技进步和产业变革的大趋势。宁波作为全国新型城镇化的试点城市，加快建设生态小镇是试点工作的一项重大任务。这对于贯彻绿色发展理念，推进美丽中国建设具有重大意义。特别是鄞州作为宁波中心城区的重要组成部分，努力打造经济循环化、资源减量化、生产清洁化的生态小镇，是"十三五"乃至更长一段时期一项十分重大的战略任务。生态小镇建设的基本内涵和要求是：根据小镇的区位条件、环境承载能力和未来的发展方向，科学发展主导产业，合理确定建设规模，着力保护历史文脉，做到人与自然的和谐统一。

本章采用调研与文献、理论与实践相结合的调查方法，注重典型个案与经验总结相结合，在全面阐述当前鄞州区生态小镇建设现状和面临问题的基础上，着力探索鄞州区美丽生态小镇建设的发展模式，提出鄞州建设生态小镇的具体任务和对策建议。

第一节 鄞州区生态小镇建设意义与现状分析

一、鄞州区生态小镇建设的现实背景

随着改革开放的进程，从"解决温饱"到"总体小康"，从"全面建设小

康"到"全面建成小康",我国进入了一个全新的时代场景,统筹城乡发展,让农村与城乡并驾齐驱、比翼双飞市全面小康的一个重要标志。党的十六届五中全会提出了"生产发展、生活宽裕、乡风文明、村容整洁、管理民主"的具体要求。党的十八大报告第一次提出了"美丽中国"的全新概念,并把生态文明建设放在了突出地位,尤其强调了在经济建设、政治建设、文化建设、社会建设中生态文明的融入。美丽中国是环境之美、时代之美、生活之美、社会之美、百姓之美的总和。生态文明与美丽中国紧密相连,建设美丽中国,核心就是要按照生态文明要求,通过生态、经济、政治、文化及社会建设,实现生态良好、经济繁荣、政治和谐、人民幸福。

浙江省委十二届七次全会首次明确提出"加快建设美丽乡村",并把其作为建设生态浙江的重要内容。浙江省委省政府制订了《浙江省美丽乡村建设行动计划》,围绕"美丽乡村"建设,加快社会主义新农村建设,努力实现生产发展、生活富裕、生态良好的目标,并要求深入贯彻科学发展观,全面实施"八八战略"和"创业富民、创新强省"的总战略。为更好地保护、传承和利用好浙江省历史文化村落的建筑风貌、人文环境和自然生态,彰显"美丽乡村建设行动"的地方特色,提升城乡居民的生活品质,浙江省委省政府特此下发《关于加强历史文化村落保护利用的若干意见》。

二、鄞州区生态小镇建设的现实意义

20世纪90年代以来,鄞州经济高速增长,经济实力不断增强,城市化进程明显加快,各项社会事业获得长足发展。但与此同时,经济结构和城镇建设布局不尽合理、基础设施仍较薄弱、能源和资源供给体系脆弱、主要污染物的排放量逐年增加、环境质量逐渐恶化等问题也日益凸现,已成为制约鄞州进一步发展的重要因素。因此,鄞州生态区建设的目的,就是要提高生态经济效率,统筹城乡一体化发展、经济社会协调发展、区域均衡发展和人与自然和谐发展,实现"实力鄞州""绿色鄞州""文化鄞州""富裕鄞州"的战略目标,推动鄞州全面建设人与自然和谐发展的小康社会。

鄞州生态区建设的意义主要体现在以下三个方面。

1. 生态区建设是全面建设小康社会和贯彻落实科学发展观的具体行动

作为小康社会的一项重要内容,生态环境与社会经济发展的和谐程度是衡量一个地区文明程度和人民生活质量的重要指标。据此,以生态经济建设、人居环境建设、生态文化建设和生态环境保护与建设为主要内容的生态区建设,是为了满足人民群众不断增长的、体现人与自然和谐的物质和精神的需要,是贯彻落实以人为本、全面、协调和可持续的发展观和推动人的全面发展和社会的全面进步的具体行动。

2. 生态区建设是提高鄞州综合实力和国际竞争力的必要条件

随着世界制造业重心向亚太地区转移以及"长三角"经济地位的提高，鄞州面临诸多的机遇和挑战。浙江省已经明确提出建设"绿色浙江"目标，作为经济强区，鄞州积极响应省、市生态建设的号召，把生态区建设作为进入新世纪、建设新鄞州、把握新机遇、保证"新鄞州工程"顺利推进的重要举措。通过生态区建设，创造良好的投资环境，建设最适宜居住的人居环境和资源供给保障体系，有利于吸引外资、引进人才、增强鄞州综合实力和国际竞争力。这不仅是鄞州经济社会发展的内在要求，更是从容融入国际经济体系的有效手段。

3. 生态区建设是鄞州可持续发展的必然选择

随着鄞州经济的快速增长，鄞州可用的土地、水、能源等资源的供求矛盾日益突出，环境质量不断恶化，资源环境面临的压力越来越大。因此，鄞州的发展必须要有新思路、新机制和新的生产、生活方式。只有通过转变经济增长方式，调整经济结构，提高生态经济效率，推行制度创新、科技创新和管理与决策创新，加强生态环境建设与保护，才能使鄞州在生态环境的承载能力范围内，实现经济持续发展和社会不断进步，真正步入可持续发展的轨道。

三、鄞州区生态小镇建设的现状分析

近年来，鄞州围绕打造质量新鄞州，大力实施生态质量提升战略，启动生态环境百亿工程，进一步转变发展方式、改善生态环境、强化节能减排、发展循环经济，成功创建为省生态区，初步实现了经济效益、社会效益、生态环境效益的有机统一。未来，鄞州区将通过"1＋X"模式强化生态建设。

"1＋1"模式完善制度建设编制《鄞州生态区建设规划》和《宁波市鄞州区生态环境功能区规划》作为生态建设纲领性文件，围绕纲领编制行动方案细化生态建设措施，编制实施了《鄞州区加快建设生态文明行动计划》，起草了《关于加强生态文明建设加快推进国家生态区创建的意见》。

"1＋2"模式建立多级载体以多层次的生态创建活动为载体拓展生态建设受益方面。在省级生态区创建基础上积极开展生态镇（村）创建和社会绿色系列创建，通过"1＋2"创建模式，形成横向到边、纵向到底的工作格局。截至目前，我区已成功创建国家级生态乡镇 6 个、省级生态镇（街道）12 个，国家级生态村 1 个，市级生态村 261 个，市级以上环保模范（绿色）单位 144 家。

"1＋N"模式加强环保监管以强化环保执法监管为重点，以完善部门联动和社会监督机制为基础，打造"环保—公安""环保—镇乡（街道）—村（社区）""环保—企业—社会"等多条环境监管线，构建县域环境监管网络。开展环保公安联合执法，强制取缔了5家非法企业，并向公安部门移交了4起案件，有4名环境违法当事人受到拘留处罚。聘请30余位行风监督员和义务监督员，在30家区重点污染监管企业建立环保专管员制度，积极开展网格化建设，强化基层环保监督。

第二节　鄞州区生态小镇建设的主要目标与现实定位

一、鄞州区生态环境生态小镇建设的主要目标

（一）近期目标（至2020年）

鄞州生态区建设根据全面建设小康社会的目标和浙江生态省建设的总体要求，充分发挥经济优势和区位优势，通过生态设计、生态工程建设、生态产业开发与生态管理，通过技术创新、观念更新和可持续发展能力建设，转变经济增长方式，提高生态经济效率，优化产业和城镇建设布局，统筹城乡发展，加强生态环境保护和建设，努力提升工业化、推进城镇化，经过近5年的努力，基本实现社会、经济与生态环境协调发展，最终把鄞州建设成为"社会经济发达、基础设施完善、生态功能健全、新型产业集聚、城乡和谐一体"的现代化、生态型新区。

（二）远期目标（至2030年）

全面深化和提高生态区建设，建立符合可持续发展要求的生态经济体系、生态环境体系和社会管理体系，实现经济增长方式的根本转变，形成经济—社会—生态环境三大系统的良性循环体系，生态文化更加繁荣，城乡居民的生活质量和区域环境质量进入全国领先水平。

二、鄞州区生态小镇建设的基本原则

生态区建设是在分析区域生态环境特点和人类的经济社会活动及其相互作用的规律的基础上，根据生态学、生态经济学和可持续发展理论，制定目标，完善

机制，明确重点，在推动经济、社会全面发展的同时，处理好人与自然的关系。生态区建设应遵循以下基本原则。

（一）坚持可持续发展的原则

生态区建设就是要正确处理经济社会发展与生态环境保护的关系，解决社会经济发展过程中面临的资源与环境问题，全面改善人居条件，缩小城乡差距和贫富分化，以生态文明取代传统的工业文明，并把生态文明建设和物质文明建设、精神文明建设、政治文明建设摆到同等重要的位置，促进经济、社会与生态环境之间的良性发展，创建具有地方特色的可持续发展模式。

（二）坚持发展循环经济的原则

循环经济是指将资源综合利用、清洁生产、工业生态、绿色消费等融合为一体的经济活动，通过组织生产、消费和废弃物处理过程，将经济活动对自然环境的影响减低到最小程度，最大限度提高资源的利用效率。生态区建设应运用循环经济的理念，依靠体制、科技、管理创新，在鄞州经济建设中，推行清洁生产，倡导资源综合利用，降低物耗、能耗，减少废弃物排放，努力缓解并逐步消除水、土地等资源与环境对经济社会发展的制约，使经济社会发展与环境资源支撑能力相协调，实现社会经济全面、协调和可持续发展。

（三）坚持统筹规划、制度保障的原则

生态区建设要应用系统工程理论，把整个区域的经济、社会、环境和资源作为一个大的复合系统加以考虑，从整体的角度协调社会、经济、生态各个子系统之间的关系以及各个子系统与其他地区各系统之间的关系，从而实现系统最优设计、最优控制和最优管理。由于生态区建设涉及领域广泛，这就要求我们将生态区建设规划与国民经济发展规划相结合，突出地区特点，明确重点领域、重点建设工程，统筹规划、分类指导、分步实施；同时，还要在制度、法律、政策和管理体制上为生态区建设提供切实的保障。

（四）坚持政府引导、公众参与、市场运作相结合的原则

生态区建设要明确政府、企业以及社会公众的不同角色，充分调动一切积极因素，在生态区建设中实现社会各方面力量的有机结合。政府应科学制定规划，做好宏观调控，加大基础性和导向性的重点项目投资，侧重监管和服务职能，利用经济杠杆和法律约束，为实现社会经济的健康有序和持续发展创造有利条件；

463

企业应遵循市场经济规律，积极发挥当地的人文传统与经济优势，不断开拓创新，将鄞州的民营经济发扬壮大；培育生态伦理道德和生态文化，提高人们的教育水平和文化素质，增强社会公众对生态区建设的参与意识。

（五）坚持解放思想、实事求是、与时俱进的原则

生态区建设要从鄞州的社会经济发展水平、环境与自然资源的实际情况出发，使规划既有科学性，也有可行性，既有前瞻性，也有可操作性。按照全面建设小康社会的要求，合理调整产业结构，引进新技术、培育新产业、科学合理地规划各项建设事业；确定各阶段的发展目标，既要解放思想、敢作敢为，又不求大求洋、追求形式，要实事求是，量力而行，分步实施，与时俱进，持之以恒。稳步推进鄞州生态区建设。

（六）坚持开拓创新、科教支撑的原则

在生态区建设过程中，要勇于开拓，求新求变，通过不断地进行制度创新、科技创新和管理决策创新，寻求一条最适合鄞州实际、最大限度提高鄞州生态经济效率和社会经济发展与资源环境和谐度的途径。要充分发挥科技和教育在生态区建设中的作用，努力培育科技创新能力，增强科技和教育对生态区建设的支撑能力。

三、鄞州区生态小镇建设的现实定位

（一）低碳绿色经济建设示范

可持续利用的资源环境保障体系是鄞州社会经济全面、协调和可持续发展的根本保证。切实增强资源环境的保护意识，加强制度建设和机制设计，逐步建立完善的资源环境保障体系。土地资源、水资源、森林资源及旅游资源的保护与可持续利用是生态区建设的重要内容。

（二）生态家居城区建设示范

利用各乡、镇独特的地理环境、自然资源及历史特色，注意文化内涵和整体绿化，因地制宜开展生态村镇建设，创造良好的生活环境。按照布局合理、设计科学的要求，全面规划农村居民点的建设；通过建立和宣传村规民约等形式，改变农村不良的生活习惯；重点治理"脏、乱、差"的村庄居住环境，加强环境

卫生管理；改善基础服务设施，优化农村的整体环境，在全区建成一批环保、节能、优美的生态型村庄。

建设"生态家园"，选择条件合适的村、组或农村居住点作为试点，集中畜禽粪便和生活污水，通过沼气池发酵，产生的沼气供农户用作燃料，区域内沼气管道相互联通，用户之间可互补调剂，实现与城市管道燃料气相似的农村管道沼气系统。通过沼气工程的实施，解决农村生活污水超标排放的问题，为农业生产提供良好的有机肥料，同时为农户使用清洁能源开辟一条崭新的道路。对生活垃圾实现定时定点收集和统一处理，减少农村废弃物的排放，努力开展区域内能源和资源的有效利用，创造优美舒适的农村居住环境。

（三）生态文化建设示范

生态文化建设的最终目标是：继承鄞州优秀的传统文化，弘扬鄞州精神，提高社会整体的生态文明素质，营造健康、和谐、安全的企业生产环境，培育社会进步、经济发展、生态环境三者协调一致的经济发展模式，塑造现代化的"绿色鄞州"。作为历史文化古城，在新的历史时期，鄞州区的生态文化建设，要依托传统、立足当代、服务社会、着眼未来，体现历史风貌，展示现代文明，突出地域特色，蕴涵生态理念，增强环境意识，促进人与自然和谐相处，推动人的全面发展和社会的全面进步。生态文化建设的重点是，继承历史文化传统，弘扬鄞州精神，增强城乡居民环境意识，倡导绿色生产、消费观念，保护自然遗产和历史文化遗产，形成进取、和谐、简约的文化氛围。

（四）生态体制机制创新示范

鄞州虽然已基本建立起了一定的社会保障体系，但经济体制转轨和结构调整过程中出现的失业增加、两极分化等问题对社会保障提出了更高的要求，不断加剧的人口老龄化对养老保险和医疗保险正在产生越来越大的压力，加之随着城市化进程的加快而出现的大批失地农民又对农村的社会保障制度建设产生了新的巨大需求，全区的社会保障制度建设面临着一些亟待解决的问题和困难。因此，要把建立健全覆盖全社会的养老、医疗、失业保障体系作为突破口，推动城乡一体化，确保城乡社会经济统筹协调发展。特别是要做好低收入群体与城乡居民最低生活保障的衔接工作，切实做到应保尽保，帮助低收入群体解决就业、就学、就医等实际问题，重视发挥慈善机构和社会各界的作用，健全全社会扶贫帮困救助机制。

第三节 鄞州区生态小镇建设研究的对策建议

一、构建鄞州区生态小镇建设硬件体系

以"新鄞州工程"和"旧村改造、新村建设"为载体，从"以人为本、全面、协调和可持续发展观"的高度，按照统筹建设、资源共享的思路，加强城乡基础设施建设，完善城镇功能、调整产业布局、改善居住条件、治理环境污染，打造人文景观，美化城乡人居环境，使鄞州成为"居住舒适、出行便捷、景观优美、江南特色浓郁、城乡和谐一体"的新家园。

（一）城镇人居环境

顺应宁波加快建设现代化区域中心城市、加速融入上海都市圈的大趋势，围绕"生态环境优美、居住条件舒适、文化气息浓厚、创业氛围良好"的建设目标，优化城市形态，突出个性特色，打造精品亮点，追求繁荣舒适，加快建设现代化生态园林城区。

1. 总体布局与建设规模

按照"强化规划、完善功能、优化环境、提高品位"的要求，加快新城区的建设步伐，合理布局科教、文化、体育、卫生、商贸、金融等项目，进一步完善行政区、高科技园区、高教园区、商贸生活区四大城镇功能。城镇建设总体布局包括新城区（石碶区、钟公庙片区、下应街道）和三大工业园区所在的邱隘镇、集仕港镇、横街镇、姜山镇、鄞江镇、五乡镇、高桥镇和古林镇等8个中心镇，新城区及8个中心镇建成区用地规模见表18-1。

表18-1　　　　鄞州区城镇建设用地规模变化表　　　　单位：平方千米

区　　域	2014 年	2020 年	2030 年
新城区	27.50~33.00	40.00~45.00	
邱隘镇	9.99~11.00	12.00~14.00	
集仕港镇	3.00~3.50	4.75~5.23	
横街镇	2.00~2.50	2.50~3.00	

区　　域	2014 年	2020 年	2030 年
姜山镇	5.50 ~ 6.60	8.00 ~ 10.00	
鄞江镇	3.30 ~ 3.85	4.00 ~ 4.50	
五乡镇	1.28 ~ 1.70	1.70 ~ 2.13	
高桥镇	2.00 ~ 2.50	2.50 ~ 3.00	
古林镇	2.50 ~ 3.00	3.80 ~ 4.28	
合计	57.07 ~ 67.65	79.25 ~ 1.14	

2. 城镇空间结构

采用"一心三带二级体系"空间发展框架，即由一个核心、三片发展带、二级城镇体系共同构筑城镇体系空间发展格局，在各种要素流通通道（人流、物流、信息流、资金流等）的支撑下，形成网络化高效运作的城镇空间网络体系，并通过辐射作用带动整个区域经济的发展。

"一心"指新城区，包括现状中心区（包括石碶街道、钟公庙街道和下应街道）和三大工业园区所在城镇，包括邱隘镇、五乡镇、集士港镇、高桥镇、古林镇、横街镇、洞桥镇、姜山镇。新城区是中心城区的核心区。

"三带"即专业化产业带、效区农业过渡带和环城休闲游憩带。

"专业化产业带"包括三大工业发展区块：一是以鄞州工业区为中心的工业组团，包括邱隘镇、新城区的下应街道区、五乡镇；二是以望春工业区为中心的工业组团，包括集士港镇、古林镇、横街镇和高桥镇；三是以明州工业区为中心的工业组团，包括姜山镇、洞桥镇、古林镇。

"效区农业过渡带"位于产业带和游憩带之间，它在空间上与环城游憩带的界线比较模糊，以发展城郊农业和高效农业为主，包括鄞江镇、云龙镇、东吴镇。

"环城休闲游憩带"包括章水镇、龙观乡、鄞江镇、云龙镇、东吴镇、横溪镇、塘溪镇、咸祥镇和瞻歧镇等，这些城镇组成区内的绿色开敞空间，为城市提供生活消费的效区型农业空间、城乡基本生态保障空间（水源保护区）以及城乡居民游憩空间。同时考虑利用其优越的自然环境，可适当开发高档的别墅住宅区。

"二级体系结构"指城镇体系等级采用二级结构，一级为中心城区，二级为除中心城区以为的城镇和特定区域（即东钱湖风景名胜区）。

3. 城镇景观结构

城镇景观是由自然景观和人文景观共同组成。其中，自然景观是城镇景观的基础要素和生存背景，人文景观是城镇景观的主导要素和根本内容。生态区建设中要求城镇景观中的人文环境和自然环境和谐相融。

目前鄞州的地方特色在城镇景观结构没有充分体现，市区文化特色不突出，相互雷同的城市建筑和城市道路，缺少个性、特色等等。打造鄞州区的特色景观，要注重如下三个环节。

（1）以城市总体规划为依据，做好城市建设的特色规划。在城市功能分区的基础上，对影响城市特色的各要素进行空间统筹安排总体部署，包括城市色彩规划、建筑体量规划、城市标志及造型规划、城市形态规划以及城市精神的塑造和城市文化的挖掘等。从城市整体、系统出发，追求各特色要素之间的整合效果的最佳值，从而创造城市优美的整体形象，来体现城市风貌特色。

（2）保护鄞州历史文化古城的原有特色。鄞州历史文化古城的保护与发展方面可分为四个层次：一是鄞州的规划建设，要体现浙东文化的源远历史特色；二是保留明清两代具有代表性的地区和街坊，划定历史保护区；三是对古代和近代具有代表性建筑以及有重要意义的遗址，要加以保护；四是对革命史迹和其文物以及古树名木等，都要执着保护好。这四个层次是点、线、片、面的有机结合。

（3）运用各种规划手法，精心设计和营造城市特色。城市景观轮廓及其城市轴线的构建，要体现城市特色。鄞州新城区地处平原，建筑高度直接决定着城市天际线的形成，因此，在城市规划建设中要做好建筑高度控制规划，创造条件，使有限的空间形成流畅的、隔而不断、层次丰富的视觉效果，从而达到富于变幻的空间效果。

（二）农村人居环境

鄞州农村面貌相对落后，64%的农村居民居住条件十分简陋，与鄞州经济强区的称号很不相称，不但严重影响全区的整体形象和发展进程，也与以人为本、全面、协调和可持续的发展观相悖。

农村人居环境建设，要着眼于农村社会经济发展，在城市化和农业产业化的背景下，综合考虑城乡一体化进程中的农村人居环境改善。坚持整体设计、长效、低耗和舒适的原则，关注城—镇—村体系的互动关系，与发展都市农业相结合，综合利用农村资源优势，促进农村社会、经济与环境三位一体协调发展。

1. 总体布局

建设"集镇型中心村——一般中心村——一般居民点"三级协调发展、和谐有

468

序的乡村空间结构体系，有序推进农村城镇化水平。结合鄞州"旧村改造、新村建设"工程，完成全区村庄布点规划和 47 个地块新村建设规划方案，加强重点平原村庄整理和部分山区村的整体迁移，形成"居者有新舍，村庄有新貌、城镇有新形"的现代化城乡新格局。重点是加强农村基础设施建设，减轻农村的环境污染和对生态系统的破坏，使湾底、藕池、明伦村等成为省全面小康建设的现代化示范村。

2. 旧村改造、新村建设

鄞州区目前有行政村 622 个（不包括东钱湖镇），自然村落 1 500 多个，总人口 73 万，其中，农业人口 59 万，占全区总人口 81%。由于村庄人口分布离散度高，乡镇企业散乱，用地浪费，城乡建设互相干扰，公共服务设施不配套，与全面建设小康社会还有很大的距离。实施"旧村改造、新村建设"工程，促进农村人口的集聚，加快形成新城区、中心镇和中心村，建立结构合理、功能互补的城乡结构体系，推进城乡一体化，逐步消除长期存在的农村与城市之间的"二元"结构，使农民能够更多地分享到工业化、现代化所带来的文明成果，实现小康社会的目标。

本着"政府引导、市场运作；统一规划、适度集中；拆旧建新，集约用地；突出重点，有序推进；镇村为主、群众意愿；以人为本，经济、社会与生态效益的有机统一"的原则，建设布局合理、相对集中、由不同规模的居民点和工业小区组成的新农村体系。

二、构建鄞州区生态小镇建设软件体系

鄞州全领域推进生态美镇的项目，打造"美丽中国"先行区。以构筑全域生态、全程生态、全民生态的发展目标。从产业体系低碳化、城镇发展生态化、生产生活方式循环化三个方面剖析生态美镇的建设。

（一）李岙村现状分析及面临问题

1. 现状分析

李岙村地处宁波市西南，距龙观镇区 4.5 千米，距市区 35 千米，东与山下村相接，南面和西面与奉化相连，北临雪岙村，042 乡道穿村而过，交通便利，地理位置优越。李岙村地处低纬度带，属于亚热带季风性湿润气候，因濒临东海又带海洋性气候特征，夏季湿热，冬季干冷，雨量充沛，年均降水量为 1 440 毫米，常年风向为东南风。村域内风景秀丽，环境宜人。村庄建设区地势平坦，河道较多，有着大面积的山林资源。

469

李岙村村域用地面积 2.94 平方千米，至 2011 年年底全村总人口 650 人，其中外来人口 10 人，总户数 262 户。2005 年 7 月，借龙观乡被省农业厅命名为"中国桂花之乡"之契机，李岙村抓住机遇，使花卉种植业又步入了一个快速发展的阶段。李岙村开始在广州、常州等地开设销售窗口，同时积极引进先进技术和优良品种，使花卉的年销售额从 1998 年的几十万元增加到如今的三四百万元。目前，全村花卉种植已发展到 1 100 亩，农户的生活因此而更加富裕，真正尝到花卉种植带来的甜头。

2. 主要问题

（1）公共服务设施有待完善。李岙村公共服务设施不够完善，且设施布局较为分散，不能有效地为村民提供服务。公共服务设施地块的整体场地设计和周边环境有待进一步提升，以改善地块品质。

（2）道路系统不完善。李岙村现状道路系统较简单，村庄主路道路较为完整，宽度不够，随着汽车时代的到来，承载的压力越来越大。村庄内部道路质量较差，且宽度不够，缺乏停车场地，无法满足村民日常生活的需求。

（3）排水设施不完善、污染水体。李岙村村内未敷设污水管网，村民日常生产生活污水无序排放，不但影响村容环境，也危害村民自身健康。

（二）李岙村生态软环境建设

1. 产业低碳化

（1）产业发展现状。李岙村目前产业发展主要集中在第一产业和第三产业，第二产业发展较为缓慢。李岙村目前经济作物主要以桂花、桃子等为主；李岙村目前基本没有村集体工业；李岙村现状第三产业发展较为滞后，商业配套服务设施匮乏，目前村内设有杂货铺之类的小型商店，服务于本村居民为主，但由于李岙村离镇区较近，大型的商业设施可依托镇区解决。

（2）产业发展目标。依靠李岙村便利的区位条件，立足现状，准确把握市场发展动态，充分挖掘村庄内部资源，变资源优势为产业优势，推动农业品质的提升和加快三产服务业的发展。

（3）产业调整。李岙村在产业方面需要进一步调整：根据上层规划指引村庄内分散且与居住混杂的及家庭作坊转型发展或集中迁至镇区工业园区内；大力发展现代生态、高效农业，提升农业品质，打造出村庄的特色农产品；完善相关配套设施，促进乡村对工业片区、生态农业片区的服务，实现村庄集体经济的稳步快速发展。

——提升农业品质。发展经济、优质、高效的生态型农业。在确保粮食生产的基础上，重点发展桂花、杨梅、桃子等种植为主的特色农产品，打造名牌产品。在村域范围内实现农业产业规模化、科学化发展，提升农业产业的整体效益。适当考虑发展循环农业，提高农产品质量，减少农业污染。特别是利用丰富的桂花资源，合理开发，扩大宣传打造出自己的品牌。

——工业企业转型发展。村庄内部几乎没有村级工业，因此可将零散的家庭作坊式小型工业统一迁至镇级工业区内，或者就地退二进三，往服务业发展。

——三产服务业发展。村庄在完善自身商业配套服务设施的基础上，积极推进服务的发展，为本村居民及外来人员提供多元化的配套服务。

村庄规划合理布局桂花园、桃园、杨梅园等，充分打响李岙村为桂花专业村及龙观乡为全国桂花之乡的品牌和力度。

2. 城镇发展生态化

李岙村规模较小，且建筑较密，公建配套相对较少，规模偏小，难以整个村庄的居民日常生活的需求。规划当中将调整用地结构，优化村庄内部道路系统，完善公共服务设施，从各方面改善村民的生产、生活环境，建设生产发展，富有活力、独具特色、舒适宜居的新农村。

规划空间结构为"一轴、一心、两片区"：

"一轴"为村庄主要道路，穿村而过，同时村庄建设区分布在道路的北侧，沿着道路东西向发展。

"一心"为规划村庄的公建核心区，位于主要道路的北侧，村庄中部位置。

"两片区"为位于村庄主要道路北侧，被公建核心片区隔开的东西两大片居住片区。

3. 生产生活方式循环化

李岙村是桂花专业村，全村95%的农户种植了桂花，种植面积1 000余亩。今年村里还成立了桂花生产合作社，为花农们实行一条龙服务，并且龙观乡被誉为"中国桂花之乡"的美称。本次规划围绕"休闲养生，品桂李岙"的形象定位，结合李岙村的地理环境，对进一步开发李岙的休闲、观光、养老服务做了以下方面。

（1）利用村宅基地，在新村东面规划养老物业，吸引市民养老租住，增加村民经济收入。

（2）在村南面桂花种植基地上规划"百桂园"吸引市民赏桂休闲。

（3）规划利用现状丰富的山乡小路，规划环村休闲步道，该步道建议。

（4）同龙观乡其他各村进行联结，共同打造一张龙观乡的休闲步行系统。

（5）规划利用龙观乡良好的自然环境，规划山地自行车越野专用道，为年轻市民提供新的休闲锻炼去处。

（6）规划合适地块建立露营基地、拓展训练基地等。

（7）利用村庄西面水库开发垂钓基地。

471

（8）规划利用村民会所以及村公共服务用房进行赏桂、品桂的休闲活动，同时增加村民收入。

（9）规划在村公共服务用房成立桂花科普知识馆，进一步突出桂花专业村的特色。

（10）规划李岙村利用每年一次的桂花节，举行全村的活动，通过村委、网站、媒体、报纸等做宣传，将李岙村作为桂花专业村的名气打响。

（11）建立李岙村统一的旅游标识系统，可以有效指导市民及村民休闲、观光活动。

三、构建鄞州区生态小镇建设保障体系

（一）统筹城乡人居环境建设

安全、方便、功能齐全的基础设施，是改善城乡居民生产生活条件、提高生活质量的重要方面。统筹城乡人居环境建设，就是要按照"统建共享"的原则，充分发挥城乡的各自优势，推进城乡基础设施建设，保护城乡生态环境，密切城乡联系，建立平等和谐的城乡关系，形成城乡一体化新格局。所谓"统建共享"，就是由区政府统一规划、统筹安排城乡基础设施建设，在确保城镇、乡村之间通行方便的前提下，合理布局基础设施，避免有些乡镇基础设施得不到充分利用、有些乡镇基础设施供给不足的问题，提高基础设施利用效率。

加强新城区、乡镇、乡村之间的交通体系的建设，逐步调整和完善城乡道路交通网，建立一个高效、便捷、安全的城乡客货运输体系和多种交通方式协调运营的现代化道路交通体系。优先发展公共交通，加快公共运输体系建设。城镇、乡村之间的交通，要充分利用鄞州现有的道路交通体系和水运优势，注重市内交通和整个交通体系的衔接，修建或改扩建客运站、水运码头等交通运输节点；市内交通要在改扩建路网的同时，加强交通路口、加油站、停车场等设施的建设，逐步建立起覆盖广大农村的公共交通体系。

统筹安排城乡供水设施、排水及污水处理设施、垃圾处理设施、联片集中供热设施以及燃气、电信、有线广播电视和供电等生活服务设施建设，提高共享水平，使农村居民平等享受现代城市文明。

推进城乡生态绿化，按照"绿化、亮化、美化、净化"要求，区、镇（乡）主要道路、水系两旁全面实现绿化，建设城乡公共绿地和生态公益林，建立城郊森林和城镇绿地的大环境绿化网络系统，将城郊农田作为城镇的有机组成部分，保护和恢复湖泊、河流等湿地系统价值，保持和恢复河道和海岸的自然风貌，建立无机动车、绿色步行通道，以农田、果园、风景公益林为基础，以新城区、村

镇绿地为亮点，以道路、水系绿带为网络，形成点、线、面结合的城乡绿色生态系统，维护和强化城镇景观的连续性。

（二）统筹社会经济发展，构筑覆盖全社会的社会保障体系

鄞州虽然已基本建立起了一定的社会保障体系，但经济体制转轨和结构调整过程中出现的失业增加、两极分化等问题对社会保障提出了更高的要求，不断加剧的人口老龄化对养老保险和医疗保险正在产生越来越大的压力，加之随着城市化进程的加快而出现的大批失地农民，又对农村的社会保障制度建设产生了新的巨大需求，全区的社会保障制度建设面临着一些亟待解决的问题和困难。因此，要把建立健全覆盖全社会的养老、医疗、失业保障体系作为突破口，推动城乡一体化，确保城乡社会经济统筹协调发展。特别是要做好低收入群体与城乡居民最低生活保障的衔接工作，切实做到应保尽保，帮助低收入群体解决就业、就学、就医等实际问题，重视发挥慈善机构和社会各界的作用，健全全社会扶贫帮困救助机制。

1. 完善社会就业体系，形成统一的城乡就业市场

建立城乡统筹的社会就业体系，公平对待农民工，逐步实现城乡劳动力与就业市场的一体化。改革现行的城镇户籍制度和就业制度，将农村劳动力转移纳入整个社会的就业体系中，完善和规范对劳动力市场的管理，清理和取消对农民进城务工的不合理限制政策，切实解决城乡劳动力市场上存在的突出问题。

坚持劳动者自主择业、市场调节就业和政府促进就业的方针，制定再就业目标和就业岗位计划，建立健全目标责任体系，全面推进就业和再就业工作。积极推进劳动力市场的建设和市场就业机制的形成，确保劳动力在全社会的自由、合理流动。按照"转变身份、适当补偿、承认工龄、续接社保"的原则，理顺劳动关系，基本形成以市场为导向就业机制。加快推进劳动力市场的科学化、规范化和信息化，推行劳动力市场价位制度，规范劳动力市场秩序。依法扩大社会保险覆盖面，完善农村职工养老保险，逐步实现城乡职工养老保险的接轨，加强退休职工和失业人员的社会型管理服务。实行企业、个人、政府各方负担的办法，多渠道筹集充实社会保险基金，严格实行社保基金收支两条线管理，确保社会保险基金的安全和收支长期平衡。加大职业培训和再就业培训力度，提高职工适应职业变化的能力和失业人员就业、创业的能力，实行弹性就业和就业准入控制。建立覆盖全社会的失业和再就业服务体系，推广下应、高桥便民服务中心经验，推进劳动力市场和再就业信息网络建设，加强就业介绍、培训等服务工作，大力做好失业职工再就业工作，千方百计的增加群众就业机会，到2014 年，城镇登记失业率控制在 3.5% 左右，销售 500 万元以上的企业参保率

达到 100%，参保职工总人数达到 12 万人；新增就业岗位 7 万个，失业职工再就业率达到 75%，引导和帮助 5 万名城镇新成长劳动力和农村转移劳动力参与市场就业；基本建成全区城乡统一的劳动力市场信息联网公开发布系统；完成再就业培训 6 000 名，组织职业技术鉴定 7 000 名；建立各镇乡劳动和社会保障管理服务机构。

2. 建立城乡统筹的社会保障和社会救助体系

建立健全基本养老保险、医疗保险、失业保险以及工伤、生育保险制度，扩大各项社会保险的覆盖范围，稳步提高农村、城镇居民的最低生活保障标准，全面开展农村"五保"老人集中供养工作，发展公益事业和社会慈善事业，扶助弱势群体，把社会救助、慈善救济等方式成为社会保障的有益补充。重点是继续推广在邱隘、五乡、石碶、高桥、古林五强镇（街道）企业中开展失业保险的宝贵经验，扩大失业保险覆盖率；高度重视解决新城区、工业园区被征地农民的生产生活问题，制定被征地农民养老保险政策，做好征地农民及其他乡镇（街道）有投保愿望农民的养老保险参保工作，同时，积极开展失地农民养老保险的调研，为下一步失地居民养老保障制度的实施奠定扎实的基础，保护农民利益。到 2007 年，城镇职工基本养老保险、失业保险基本覆盖到城镇各类企业，建立完善的城镇职工基本医疗保险管理办法，制定并实施被征地人员养老保障制度，工伤保险基本覆盖到城镇各类企业，制定并完善女职工生育保险实施意见。

加强农村扶贫帮富工作，扶持欠发达农村奔小康。到 2014 年，欠发达村农民人均纯收入的年增长幅度要高于全市平均水平，逐步使生产、生活、交通等条件较差的山区农民下山脱贫，欠发达村村级自营收入达到 5 万元以上，人均达到 100 元以上。

3. 建立城乡社会公共卫生体系

健全农村社区卫生服务网络，改善城乡居民进城镇职工基本医疗保障制度和医药卫生体制改革，加强卫生队伍建设，提高服务水平。完善医疗质量管理网络，强化医疗卫生监督执法。

（1）建立医疗卫生服务体系。建立医疗卫生行业的竞争机制，调整医疗资源布局，鼓励各医疗机构开展公平合理的竞争，健全医疗卫生服务、预防保健与卫生监督相结合的区域卫生体系。建立起以鄞州人民医院、区疾病预防控制中心、区妇幼保健所为中心（基地）的、辐射全区各镇（乡、街道）的医疗、疾病控制、妇幼保健、医学教学、院前医疗急救系统；建立起以中心卫生院、镇（乡、街道）卫生院为基地的镇（乡、街道）村一体化农村社区卫生服务体系，稳步增强医疗、预防、保健、健康教育、康复和计划生育等服务功能；打破政府办医垄断模式，逐步稳妥地对13个卫生分院和有条件的医疗单位进行产权制度改革，鼓励社会力量兴办卫生事业。

（2）建立农村卫生保健体系。积极推进农村医疗保障制度的改革，全面实施适应当地经济和社会发展水平的农民医疗保障制度，大力推广镇（乡）村一体化管理、社区卫生服务和农村医保"三位一体"的服务模式。对于没有参加新村建设的地区，巩固加强农村改水、改厕工作，建立规范化的农村环境卫生长效管理机制。多渠道融资，增加投入，增扩建水厂（站），提高水质，扩大改水受益率，全面完成新一轮农村改水工作。同时，广泛发动群众开展农村改厕，不断提高农村卫生户厕普及率和粪便无害化处理率，全面彻底地消除露天粪缸。

4. 弘扬鄞州精神，培育绿色发展的生态新文化

鄞州具有悠久的经商传统，今天又创造了令世人瞩目的业绩，其成功的原动力就在于"求实、敢为、争先"的鄞州精神。作为历史文化古城，在新的历史时期，鄞州区的生态文化建设，要依托传统、立足当代、服务社会、着眼未来，体现历史风貌，展示现代文明，突出地域特色，蕴涵生态理念，增强环境意识，促进人与自然和谐相处，推动人的全面发展和社会的全面进步。生态文化建设的重点是，继承历史文化传统，弘扬鄞州精神，增强城乡居民环境意识，倡导绿色生产、消费观念，保护自然遗产和历史文化遗产，形成进取、和谐、简约的文化氛围。

生态文化建设的最终目标是：继承鄞州优秀的传统文化，弘扬鄞州精神，提高社会整体的生态文明素质，营造健康、和谐、安全的企业生产环境，培育社会进步、经济发展、生态环境三者协调一致的经济发展模式，塑造现代化的"绿色鄞州"。生态文化建设的重点是基于鄞州历史文化资源丰富，但在制度、物态及公众精神建设方面相对落后的现实特征，鄞州生态文化建设的重点是：继承历史文化传统，弘扬鄞州精神，增强城乡居民环境意识，倡导绿色生产、消费观念，保护自然遗产和历史文化遗产，加强管理决策文化的建设，重建企业生态文化，提高社区公众的生态环境保护和绿色消费意识，形成进取、和谐、简约的文化氛围。

生态文化建设，要大力弘扬鄞州精神，激发民众建设生态区的热情，激活企业、政府和社会各界建设生态区的活力，形成全社会关心、支持、参与生态区建设、保护生态环境、尊重自然法则的文化氛围。

第四节　生态小镇建设的典型案例分析

一、国外典型案例分析

（一）韩国的"新村运动"

韩国位于朝鲜半岛北部，国土面积仅 9.92 万平方千米，而耕地仅占国土面积的 22%，平均每户只 1 公顷多，人口密度每平方米约 480 人。20 世纪 60 年代，韩国迅速推进城市化，出现了城乡发展严重不平衡，农村问题十分突出。农民收入低，80% 的农民连温饱都成问题，农民意识消极懒惰。在这样的历史背景下，时任总统朴正熙提出了以农民、相关机构、指导者之间合作为前提的"新村培养运动"的建议，后改称新农村运动。经过 10 年的努力，韩国农村就改变了落后面貌。

韩国的新村运动主要重点：一是改善居住环境。韩国政府以实验的性质提出改善基础环境的十大事业，即拓宽修缮围墙、挖井引水、改良屋顶、架设桥梁和整治溪流等，改变农村面貌。二是增加农民所得。通过耕地整治、河流整理、道路修建、改善农业基础条件；新建新乡村工厂，吸纳农民尤其是妇女就业，增加农业以外收入。三是发展公益事业。修建乡村会馆，为村民提供经常使用的公用设施和活动场所。

（二）日本的"造村运动"

日本是一个资源匮乏的国家，因此在新型小镇建设过程中，注重农业、农村、农民的共同发展，比较有名的就是日本的"造村运动"。日本的造村运动中最具知名度且影响力扩及全日本乃至亚洲各国的开展形式就是由大分县前知事平松守彦于 1979 年开始提倡的"一村一品"运动。所谓"一村一品"运动，就是一种在政府引导和扶持下，以行政区和地方特色产品为基础形成的区域经济发展模式。它要求一个地方（县、乡、村）根据自身的条件和优势，发展一种或几种有特色的、在一定的销售半径内名列前茅的"拳头产品"，以振兴"1.5 次产业"。

日本的造村运动主要特点：一是以开发农特产品为目标，培育各具优势的产业基地。他们在培育农特产品上抓住产地建设、培育名牌两大重点环节。尽管农业所占比重逐渐下降，但日本政府并未放松对农业和农村的支持，始终把农业和农村的发展放在重要的位置。二是以突破"1.5次产业"为重点，增加产品的附加价值。所谓"1.5次产业"，是以农、林、牧、渔产品及其加工品为原料所进行的工业生产活动，通过这个生产活动增加农产品的附加值。地方产业振兴的重点在"1.5次产业"，这是因为，要把农产品生产的一次产业直接提高到加工业的二次产业是相对困难的，但是把农产品略作加工，提高一次产品的附加值则是可行的。三是以开发农产品市场为手段，促进农产品的流通。日本农协在推动农产品市场化的进程中发挥了很大作用，农协通过兴办各种服务事业，把分散经营的农户与全国统一的市场紧密联结起来，有效地解决了小生产与大市场的矛盾。在农产品销售时，根据农民与农协签订的协议，收获季节农产品由农协上门收取，销售渠道为生产者—农协—批发市场—零售店—消费者。四是以培养人才为动力，开展多元化的农民教育。开设各级农业科技教育培训中心、高中等农业院校、企业与民间的各类培训服务机构、各级农民协会和各级农业技术推广服务体系和农业改良普及系统。五是以创设合理的融资制度为途径，提供农业低息贷款。农村产业的振兴需要完善的金融体系的支撑，日本的农村金融体系由政策性金融与农协金融组成。

（三）德国的"村庄更新"模式

德国的村庄更新的主要内容为：对老的建筑物进行修缮、改造、保护和加固；改善和增加村内公共设施；对闲置的旧房屋进行修缮改造；对山区增设防洪设施；修建人行道、步行区，改善村内交通状况。德国村庄更新具有一定的程序。首先由当地的村民提出申请，其次由当地政府进行审核，在确认申请具有可行性和必要性之后将它纳入更新计划，最后由土地所有者组成团体并聘用规划师和建筑师在对村落的基础资料进行详细研究的基础上进行设计，包括人文条件的资料以及自然条件的资料。因此，德国的村落更新计划中的实施依赖于村民的参与与政府的支援，不仅建立在科学严谨的调查和分析的基础之上，它也充分吸取了广大村民的意见，因此，易于操作和实施。同时，更新计划对传统的理解已经从单纯的建筑形式的继承扩大到对村落结构、村庄原有肌理、风貌和文化特色以及其所在社会文化背景的延续等更为广大的范畴。

德国村庄更新模式主要特点：一是政府财政支持，加大对公共设施建设投入力度，增强农村综合功能；二是重视老旧建筑的重新利用，对旧房进行修缮、改造，提高使用率；三是更新计划比较完善，充分考虑村落结构、文化特色等因素，体现了对人的关怀。该模式最值得借鉴之处在于村庄建设中注重节约，重视一切具有利用价值的建筑，同时从农民的切身利益出发，致力于改善农民生产生活条件，但又没有刻意改变农村闲适的田园生活环境。

二、国内典型案例分析

（一）"梦想小镇"

杭州梦想小镇是高速建设、斥巨资为年轻人打造的众创小镇，以无法比拟的政策优惠、雄心勃勃的阶段目标、互联网小镇＋天使基金小镇的路径，将杭州市推到了创业的风口，在风景如画的江南异军突起。

1. "阿里风向标"

很难说是杭州造就了马云还是马云造就了杭州，但如今，杭州众创的兴起一定离不开强大的"阿里基因"。阿里总部在杭州深耕 14 年，已经从骨子里改造了杭州的城市气质，创造了一个互联网帝国。在这个帝国背后，整个城市的产业和创业环境都趋于"互联网化"。可以说，杭州这个城市，繁荣离不开阿里，创业也必与阿里共行。因此，以电子商务、软件设计、大数据、云计算相关领域为孵化主题的"互联网创业小镇"也就应运而生了。

2. 庞大的创业"新四军"

如果说阿里是创业灯塔，那么杭州的"新四军"则是核心军团。"新四军"，即以浙大为代表的高校系、阿里巴巴离职人员代表的阿里系、以千人计划为代表的海龟系、以创二代和新生代为代表的浙商系。在这四军中，老互联网人阿里系自不用说，阿里离职员工组成的"前橙会"覆盖的人员规模基本与阿里职工相当，其中相当大一部分开始创业。而梦想小镇着力支持的则是"高校系"。据杭州工商局统计数据，杭州大学生创业的企业多达 8 876 家，创业大学生 1.9 万余人，其中以浙大为主，电子、计算机相关领域最火，创业氛围远超清华、北大。梦想小镇所在地刚好毗邻浙大、杭师大等高校，并且专设浙大校友孵化器，决心将人才这张王牌牢牢抓在手里。

3. 孵化＋基金扼住创业生态圈的关键环节

梦想小镇采用互联网小镇＋天使小镇的"双镇联合"模式，通过"孵化＋基金"，紧紧抓住创业中最关键也是最艰难的两个环节，让"人才"与"资本"无缝对接。

（1）"创业苗圃＋孵化器＋加速器"的全程孵化链条。很多众创空间只是提供一个孵化创意的场所，而梦想小镇要打造的是完善的孵化链条：在苗圃阶段，通过选拔或创投运营商推荐，给予入圃企业 3 ~ 6 个月的零成本孵化期，并设置强大的导师阵容，为项目提建议；孵化器阶段，入孵企业可享受小镇各项政策优惠；加速器阶段，则可以享受管委会"育成计划"跟踪式的定制服务，直至并购上市。

（2）三大基金覆盖"全阶段金融服务"。针对创业融资环节，天使基金小镇尽力构建覆盖企业初创、成长、成熟不同阶段的金融服务体系，以天使基金、风险投资、政府产业引导基金三大资金为主。目前已经吸纳了省信息产业基金、红杉资本、IDG资本等优质项目入驻。

（二）"安吉模式"

浙江省安吉县是美丽生态小镇建设探索的成功例子。安吉县为典型山区县，在经历了工业污染之痛后，该县痛定思痛，于1998年放弃工业立县之路，并于2001年提出生态立县发展战略。2003年，结合浙江省委"千村示范、万村整治"工程，安吉县在全县范围内开展以"双十村示范、双百村整治"为内容的"两双工程"，多形式、多渠道推进农村环境整治，并于2008年在浙江省率先提出"中国美丽生态小镇"建设，同时将其作为新一轮发展载体。安吉县计划用10年时间，通过"产业提升、环境提升、素质提升、服务提升"，努力把全县打造成"村村优美、家家创业、处处和谐、人人幸福"的美丽生态小镇。

自2003年以来，安吉县通过"两双工程"和美丽生态小镇创建，极大改善了社会经济面貌，拥有"全国首个国家生态县""中国竹地板之都""中国椅业之乡""中国白茶之乡""中国人居环境范例奖""全国新农村与生态县建设互促共建示范区""全国林业推进社会主义新农村建设示范县""长三角地区最具投资价值县市（特别奖）"等头衔。安吉县美丽生态小镇建设的基本定位是：立足县域抓提升，着眼全省建试点，面向全国做示范，明确了"政府主导、农民主体、政策推动、机制创新"的工作导向，梯度推进创建工作。安吉模式的重要经验是要突出生态建设、开展绿色发展，要坚守农业产业、推进内生发展，要经营生态资源、提高生态效益，要坚守统筹发展、强化农村建设，要注重协调发展、带动全面进步。

（三）"高淳模式"

江苏省南京市高淳区美丽生态小镇建设以打造"长江之滨最美丽的乡村"为目标，以"村强民富生活美、村容整洁环境美、村风文明和谐美"为主要建设内容。

一是鼓励发展农村特色产业，达到村强民富生活美的目标。高淳县将"一村一品、一村一业、一村一景"定位为工作思路，针对村庄产业和生活环境进行个性化塑造和特色化提升，逐步形成古村保护型、生态田园型、山水风光型、休闲旅游型等多特色、多形态的美丽生态小镇建设，基本上实现村庄公园化。同

479

时，通过跨区域联合开发、整合土地资源、以股份制形式合作开发等多种方式，大力实施深加工联营、产供销共建、种养植一体等产业化项目；深入开展村企结对等活动，建设一批高效农业、商贸服务业、特色旅游业项目，让农民就地就近创业就业。

二是努力改善农村环境面貌，实现村容整洁环境美的目标。以"绿色、生态、人文、宜居"为基调，高淳区自 2010 年以来集中开展"靓村、清水、丰田、畅路、绿林"五位一体的美丽生态小镇建设。同时，结合美丽生态小镇建设，扎实开展动迁拆违治乱整破专项行动，城乡环境面貌得到优化。

三是建立健全农村公共服务，达到村风文明和谐美的目标。高淳县着力完善公共服务体系建设，深入推进农村社区服务中心和综合用房建设，健全以公共服务设施为主体、以专项服务设施为配套、以服务站点为补充的服务设施网络，加快农村通信、宽带覆盖和信息综合服务平台建设，不断提高公共服务水平。采取切合农村实际、贴近农民群众和群众喜闻乐见的形式，深入开展形式多样的乡风文明创建活动，推动农民生活方式向科学、文明、健康方向持续提升。高淳区美丽生态小镇建设根据本地实际，以"打造都市美丽生态小镇、建设居民幸福家园"为主轴，积极探索生态与产业、环境与民生互动并进的绿色崛起、幸福赶超之路，实现环境保护与生态文明相得益彰、与转变方式相互促进、与建设幸福城市相互融合的美丽生态小镇建设，形成独特的美丽生态小镇建设模式。

三、生态小镇建设的经验总结

（一）国外生态小镇建设成功经验

1. 政府主导，规划先行

综合以上国家，其发动生态小镇建设的主体是政府，只有政府主导才能开展大范围的生态小镇建设运动。此外，发达国家对生态小镇建设规划的制定非常重视，特别是欧洲国家。规划的编制可以更好的减少未来建设中的不确定因素，提高公众参与率，同时又能尊重当地居民的意愿，让村民主动参与到生态小镇建设中来，对生态小镇建设的顺利实施打下基础。

2. 重视公共基础设施建设

农村与城市的主要差距之一就是农村地区公共基础设施的不完善。建设基础设施是改善农村生活条件的基本措施，因此发达国家不惜投入大量资金建设农村公共基础设施来缩小城乡之间的差距。

3. 生活条件改善与产业发展并重

产业是小镇经济兴旺与持续的根本。在改善居民生活条件的同时，各地方都重视生态小镇产业的发展，振兴生态小镇经济的主要措施有增加农业的科技投入、开辟休闲旅游业、发展绿色农业等。

4. 完善制度，法规保障

发达国家高度重视制度建设，在生态小镇建设方面也出台了有关的法律法规，如日本先后出台了《盯村合并法》《过疏法》等系列法规政策来保证生态小镇建设的合法性和有序性。

（二）国内生态环境的研究经验

1. 美丽生态小镇建设必须走城乡一体化的道路

采取一二三产业统筹发展的模式，统一规划，一起推进，统筹发展。"三农"问题的解决，并非只有依靠工业化和城市化。从"安吉模式"我们可以看到，安吉通过开发内源改变了农业弱质本性，使农民可以不离开自己的故土，也能做到安居乐业，生活在清新的自然风光中，享受着城市的现代文明，这不能不说是一种具有创新意义的"三农"解决方案。

2. 美丽生态小镇建设没有统一的模式可循，但必须有统一的发展思路

每个地方都有自己不同的区位条件、地缘优势、产业优势，应该准确定位，科学决策，选择符合自身特点的发展道路。农业资源可以转化为农业资本，山区的生态、环境和文化作为重要的资源同样可以转化为资本。只有着力拓展生态、文化的功能，向休闲、观光、旅游、环保等方面转移，才能实现农村的良性循环，才能拓展农业的多种功能。永嘉县的实践告诉我们，山区县的资源在山水，潜力在山水，山区县的发展完全可以摒弃常规模式，走出一条通过优化生态环境带动经济发展的全新道路。

3. 美丽生态小镇建设必须统筹经济和社会的全面发展

生态小镇建设包含环境建设、节能减排、传承农耕文化、发展休闲农业等丰富内容。老百姓的幸福感并不一定与 GDP 的增长成正比，在人们解决了温饱问题，生活水平达到小康后，生产环境和生活环境是影响人们幸福感的直接因素，他们需要绿色 GDP、务实 GDP；农民收入与财政收入的增长并无必然关联，富民与强县并非完全是同一个概念。

第十九章

鄞州住房保障体系和房地产健康发展

近年来，房价快速上涨，高房价让购房者望而却步，很多低收入家庭购房困难，加快住房保障体系建设的呼声日益强烈。政府为了解决中低收入阶层住房困难问题，推出了一系列保障性住居政策，包括实行经济适用房政策、廉租房政策和房租补贴制度。要实现全面建设小康社会的发展目标，体现在住房上，就是看全社会住房保障水平如何，以及住房保障的覆盖面有多大。因此，建立住房保障制度既是住房商品自身特性的必然要求，同时又是解决相关的社会政治问题增进社会公平，维护社会安定，促进社会、经济健康稳定发展的重要手段。同样，对住房保障制度及其实施进行研究，也是非常必要的。

第一节　鄞州区住房保障制度发展现状

一、住房保障制度发展概述

我国针对中低收入居民的住房保障制度建立的比较迟，但近年来发展较快，住房保障呈多样化局面，目前我国的住房保障体系包括廉租房、公共租赁房、经济适用房和限价商品房（或称"两限房"）四种主要类型。在国家住房保障制度发展的大环境下，鄞州区一直在寻找适合本区的住房保障体系。因为建立健全住房保障体系，帮助中低收入住房困难群众改善居住条件，是持续改善民生、促进社会和谐稳定的一项重要工作。近年来，鄞州区委、区政府认真贯彻落实市委、市政府的工作部署，把加强住房保障工作，建立健全以廉租住房、公共租赁住房、限价房以及动迁安置房为主要内容的住房保障体系作为一项重要任务，列入区政府重点项目、实事项目全力推进。区内已建成一批保障性住房，廉租住房、公共租赁住房政策受益面不断扩大，保障体系建设已初见成效。

（一）健全保障体系，完善工作机制

着力建立健全以公共租赁住房保障为主、其他保障方式为辅，适合鄞州区实际的住房保障体系。研究制定了《鄞州区廉租住房管理办法》《鄞州区廉租住房管理实施细则》《鄞州区公共租赁住房管理暂行办法》《鄞州区公共租赁住房管理实施细则》，2012 年首个政府投资建设公租房项目（和悦家园小区）的申租工作也即将启动，并出台《鄞州区 2012 年度公共租赁住房（和悦家园小区）申租方案》。着力完善工作机制，优化审批流程，加强对住房保障申请对象准入审核。依托"鄞州区居民家庭经济状况核对信息系统"，对申请住房保障的家庭，通过家庭经济状况核对来确定其家庭财产和收入，有效杜绝了"开宝马车住保障房"等类似乱象，确保公平公正。积极配合市住建委开发的"宁波市住房保障信息管理系统"调试完善及联网运行工作，探索建立廉租住房保障网络化管理，根据本区实际，提出"统一部署、分片实施"的操作思路，目前新城区范围内各街道已开始试运行。

（二）廉租房制度稳步发展

廉租住房指政府和单位在住房领域实施社会保障职能，向具有城镇常住居民户口的最低收入家庭提供的租金相对低廉的普通住房。2011 年为规范廉租住房管理工作，根据《宁波市市区廉租住房管理办法》《宁波市城镇居民住房保障家庭收入认定办法》《鄞州区廉租住房管理办法》，出台了《鄞州区廉租住房管理实施细则》，对鄞州区非农业常住户口居民，申请廉租住房租金补贴，现承租国家直管公有住房的，可以申请租金减免。

（三）动迁安置房大幅改善居住条件

为进一步加强房地产市场调控，促进房地产市场平稳健康发展，动迁安置房是鄞州区近年来改善旧区居民住房条件最主要的方式。鄞州区从实行住房体制改革以来，经历了大规模新城区建设和改造，开展老小区整治工作，2015 年出台《鄞州区危旧房改造专项资金管理办法》和《关于推进城市棚户区改造工作的实

483

施细则（试行）》等文件。"十二五"前三年共有 19 个老旧小区进行整治，2012 年建设的保障性安居工程 5 个，其中 3 个项目已竣工。竣工项目分别为：区政府投资建设的新城区保障性住房一期项目（公共租赁住房）5.4 万平方米、472 套，下应街道金谷二期安置房项目 7.8 万平方米、636 套、奥克斯集团工业宿舍楼项目 1.46 万平方米、325 套。另外 2 个续建项目分别是 11.2 万平方米、1 020 套的姜山镇翻石渡新村三期安置房项目和 4.1 万平方米、280 套的横街镇下冯新村一期安置房项目。这些动迁安置房大多配建于目前交通方便，配套良好，并通过引进优质教育卫生和商业资源，优化公交出行，建立公用基础设施共建共享机制，丰富问题设施等确保满足入住居民基本生活需求。

（四）限价商品房项目，保障性住房向镇村延伸

限价房是一种限价格限套型（面积）的商品房，主要解决中低收入家庭的住房困难，是目前限制高房价的一种临时性举措。限价商品房按照"以房价定地价"的思路，采用政府组织监管、市场化运作的模式。与一般商品房不同的是，限价房在土地挂牌出让时就已被限定房屋价格、建设标准和销售对象，政府对开发商的开发成本和合理利润进行测算后，设定土地出让的价格范围，从源头上对房价进行调控。鄞州首个镇、村保障房项目——2012 年横溪镇保障性住房项目，该项目为横溪镇政府投资建设的限价商品房项目，位于横溪镇金溪村，总用地面积 0.85 万平方米，总建筑面积 0.95 万平方米，共 114 套房源。区发改局《关于核定横溪镇城镇居民保障性住房销售价格的批复》，住房基本价格为每平方米（建筑面积）4 200 元，楼层、朝向差价率标准分别按照各幢、各楼层差价率代数和等于零或接近于零的原则合理制定。

保障性住房项目向镇村延伸是鄞州区破解城区建设用地面积有限、保障性住房用地规划落地难等问题的又一创新，不仅满足群众对保障房的需求，而且还能改变农村面貌。为了加快推进保障性住房建设项目向镇、村延伸，2011 年区政府又制定了《鄞州区住房保障工作目标责任考核暂行办法》和《2011 年度鄞州区住房保障工作目标责任分解》，对住房保障工作实行目标责任制管理，并将住房保障工作目标任务进行责任分解。

（五）探索公共租赁房

国务院办公厅 2011 年下发了《关于保障性安居工程建设和管理的指导意见》文件将公共租赁房确定为保障房主体，2012 年 6 月出台的《公共租赁住房管理办法》，对公共租赁住房的分配、运营、使用、退出和管理进行规范。2012 年先后发布《鄞州区公共租赁住房管理暂行办法》和《鄞州区公共租赁住房管

理实施细则》等文件。公共租赁房拟采用政府提供政策支持，多渠道筹集房源并实行市场化运营，根据基本居住要求限定住房面积和条件，按略低于市场水平的租赁价格，向规定对象供应的模式，并进一步明确公共租赁住房着重解决的是规定对象的阶段性居住困难，房型主要为成套小户型住宅或集体宿舍，套均建筑面积一般控制在 90 平方米以下，定向出租，只租不售，强化推出管理。和悦家园公共租赁住房保障对象为南部商务区入驻企业引进人才，需同时具备下列条件：（1）原籍在市区范围以外，已与鄞州区注册且入驻南部商务区的企业用人单位签订劳动（聘用）合同；（2）具有硕士研究生及以上学历学位人员，或具有副高及以上专业技术职务任职资格人员，或具有高级技师资格人员，或已办理人事代理的全日制普通高校本科生，或经区人才公寓建设和管理领导小组认定的急需紧缺人才（参照宁波市紧缺人才开发导向目录）；（3）申请前 6 个月连续在鄞州区缴纳社会保险费或住房公积金（柔性引进人才需提供连续 6 个月的个税完税证明）；（4）申请人及其配偶、未婚子女在市区范围内无房，且申请人父母、子女或申请人配偶的父母在市区范围内拥有 1 套（含）以下住房。公共租赁房的出台，将进一步解决阶段性居住困难的引进人才的临时性、过渡性居住需求。这不仅能有效降低他们在鄞州工作、学习、生活的成本，而且也标志着已将住房保障覆盖面从户籍人口扩大到有基本稳定工作的城市常住人口。

公共租赁房主要针对外来务工人员、新就业大学生、人事（劳动）部门认定引进的人才等特殊住房困难群体。鄞州区先后建设滨海投资创业中心外来职工服务中心、沧海集团公司投资建设的总建筑面积 3.4 万平方米的望春工业园区外来职工服务中心、杉杉科技人才公寓（望春工业园区及杉杉集团的重要配套）。

（六）加大农村建设用地整治力度，节约集约利用土地

1. 结合农村土地综合整治工作，推进新农村建设

按照统筹城乡发展，加快社会主义新农村建设要求，以土地整理复垦开发和城乡建设用地增减挂钩为平台，统筹规划，聚合资金，整村推进，集中连片开展"田水路林村"综合整治，优化土地利用结构与布局，加强耕地和生态环境的保护与建设，改善农村生产生活条件，促进农业现代化和社会主义新农村建设，推动城乡统筹协调发展。积极稳妥推进农村土地综合整治试点工作，2011 年姜山镇井亭村农村土地综合整治项目通过省厅批准并实施以来，至 2013 年 6 月，农村土地综合整治共立项 19 个，计划周转指标数 1 015 亩。姜山镇翻石渡村退宅还耕项目被评为"全省十佳开发整理复垦"质量示范工程。通过土地复垦获取新增建设用地周转指标，建设翻石渡新村安置房项目。

2. 节约和集约利用土地，建设农村大龄青年集中居住区

解决农村大龄青年住房建设用地一直是困惑鄞州区各镇（乡）政府、街道办事处对农村宅基地管理的难题，长期来，对农村的大龄青年住房建设用地的保障存在着许多难题，不时地发生着违法用地、违章建房，也不时地产生着一定量的信访事件，造成了不安定的社会因素，切实解决农村大龄青年住房建设用地已成为当前和今后当地政府迫切需要解决的社会民生问题。为进一步加强和规范农村宅基地管理，切实解决农村大龄青年住房建设用地，优化农村人居环境，推进美丽镇幸福家园建设，根据《浙江省人民政府办公厅关于规范农村宅基地管理切实破解农民建房难的意见》和《关于印发鄞州区农村宅基地管理办法（试行）的通知》等文件精神，建设大龄青年集中居住区，节约和集约利用土地。

（1）优化农村大龄青年集中居住区建设用地规划空间。对农村大龄青年集中居住区涉及土地利用规划用途调整的，以及确需调整村（镇）规划的，按照有关规定做好规划局部调整。农民建房地块确需安排在限制建设区的，允许使用本区土地利用总体规划预留指标进行安排，将建房地块纳入允许建设区；建房地块位于有条件建设区的，可使用规划预留指标，或在本乡镇（街道）范围内的允许建设区等面积置换，进行规划修改。结合土地利用总体规划修编，优先调整安排大龄青年集中居住区所需的规划空间。

（2）实行农村大龄青年集中居住区用地指标专项管理。区国土资源管理部门对农村大龄青年集中居住区专项管理，根据农村大龄青年集中居住区建设实施情况。各镇乡、街道要优先安排使用城乡建设用地增减挂钩指标，农村大龄青年集中居住区要结合新农村建设，统筹用好地质灾害搬迁、下山脱贫异地搬迁、历史文化村落保护利用搬迁等新增建设用地专项指标，将农村大龄青年集中居住区纳入农村土地综合整治工程；对实施旧村改造涉及农村大龄青年集中居住区新建扩建的，可配套使用新增建设用地计划指标。

3. 探索农村集体土地有偿使用制度

制定出台农村集体土地、新村住房抵押管理试行办法，探索农村集体土地、住房抵押贷款，满足农民建房、装修资金需求。在洞桥镇三李村开展村庄改建，探索宅基地有偿退出、有偿使用制度，在章水、龙观、咸祥等镇乡大力推行镇村联动、镇建村拆、拆旧购新、拆购分离、联拆联建、内聚外迁等新村建设创新模式，破解一系列矛盾和难题，取得良好成效。

（七）强化信息公开，保障群众知情权

严格执行住房保障信息公开相关规定，加大宣传报道力度，组织市民参观公租房，切实保障群众知情权。按照省市有关要求在住建局网站以及区政府门户网

486

站上公开了鄞州区的保障性住房政策、工作动态、申请程序及要求、保障房建设计划、开竣工项目情况以及保障对象公示等内容，并按要求开辟了住房保障专栏，将相关信息内容按要求在专栏里设置好，同时进一步完善了公开的内容，确保符合国家规定的信息公开要求。进一步健全档案资料管理制度，按要求建立了保障家庭电子档案，努力提高住房保障工作信息化水平。

二、住房保障体系存在的问题

通过上述的分析，可以看到鄞州区住房市场化改革的大方向是值得肯定的，居民的住房条件总体上得到了稳步提高，政府在住房保障方面也逐步形成和出台"分层次、多渠道、成系统"的住房保障体系和措施。但住房保障领域的一系列问题已成为当前社会经济民生领域反映较强烈的突出问题之一，需引起高度重视。

（一）政策覆盖面偏低

鄞州现行的住房保障体系主要由廉租房、限价房、动迁安置房等组成，但由于准入门槛过高、保障性住房的供给不足等多方面原因，各项制度的覆盖面都较低。廉租房针对户籍人口中经济条件和住房条件都最困难的家庭，动迁安置房的特定目标群是拆迁户，由于准入标准设置不连续、政策保障衔接脱节，由此产生了不符合申请廉租房条件又买不起经适房的"体制内夹心层"以及不符合购买经适房条件又买不起商品房的"体制外夹心层"。

（二）保障性住房供给不足，保障受益面受局限

群众对住房保障期待程度高，但住房保障覆盖率仍较低，不少住房保障计划目标未执行到位，保障性住房供给不足，其中有多方面因素。一是主要源于地方政府对"土地财政"的依赖，再加上由此衍生的土地增值税、契税、房产税和营业税等，在"土地财政"的影响下，地方政府将房地产业视为经济增长引擎，力推房屋自立政策，希望购房消费的旺盛带动地价、房价的上涨和土地成交量的放大，从而增加地方财政收入。而保障性住房的大量供给无疑将改变房地产市场供需状况，导致房价下跌、地价下跌。二是政府对住房保障投入资金不足。解决中低收入家庭的住房困难是国家社会保障政策的主要组成部分，建设廉租房、限价房及其他保障性住房所需资金都应由政府承担。最终造成住房保障投入资金不足，影响到了保障性住房的供给和受益面的扩大。

（三）租买选择机制缺失导致购房成为终极目标

我国的房屋租赁市场一直难以发展壮大，其中的重要原因即在于作为房产监管者的政府，房产开发者的企业和房产需求主体的消费者等各方都自觉或不自觉地"重买轻租"。房改以来，政府将促进房产业作为新的经济增长点，出台了大量政策用来鼓励个人住房信贷、支持住房建设和消费，极大地调动了老百姓购房置业的积极性；随着房地产市场的兴旺和投资观念的形成，职工家庭出于对中国经济发展的正向预期以及对住房保值、增值功能的追求，不少人也把购买住房当作一种投资；而受制于目前我国金融体制现状，房地产开发企业更是基于资金快速回笼的目的，热衷于"开发—销售"的敛财路径。这样，建立和完善住房租赁市场被各方自觉或不自觉地遗忘了，以至于购房成为人们的一种必然选择和终极目标，即使房屋售价在现如今已大大偏离了合理预期，人们还是一味追求购置一套属于自己的房屋，致使房价居高不下。另外，现阶段的住房租赁市场中，供给方鲜有专业化的企业，大多是分散的居民家庭，租赁过程往往随意性大，使租赁者缺乏安定感和归属感。

（四）单位租赁房和人才公寓缺乏政策支持，发展遇到"瓶颈"

根据相关规定，单位租赁房主要利用自有土地新建、拆除重建或由非居住房屋改建，建设资金由建设单位自筹解决。单位租赁房的发展面临着两大"瓶颈"：一是大量建设资金的筹集对于经营性企业来说压力较大，且用于非生产性项目上，企业缺乏动力；二是部分人才公寓的新建和开发由房地产企业在商品房开发时配建的，土地开发成本高，但投资回报率低，开发企业积极性低。

第二节　鄞州区住房保障制度与模式创新

一、住房保障制度

住房保障工作政策性强、涉及面广，必须建立长效机制，确保各项政策落到实处。

（一）建立长效工作机制，推进住房保障体系建设

住房保障工作政策性强，涉及面广，必须建立长效机制，确保各项政策落到

实处。通过立法，强化人们在住房这个问题上的民本思想和人权意识，依靠法律的手段强制督促全社会及各级政府都来关心低收入家庭的住房问题。加强部门协调配合，强化服务，形成合力，并落实相应的管理工作机构和具体实施机构，同时，接受人民群众的监督，确保住房保障工作的科学性和实效。

（二） 拓宽中低收入者的融资渠道，建立融资机制

主要是建立以政府为主体的多种融资渠道，例如，成立住房储蓄银行，凭收入证明向中低收入储户提供优惠的住房贷款，降低按揭利率；建立政策性的住房金融体系，弥补市场机制的不足；鼓励各类金融机构参与面向中低收入群体的住房金融业务，通过各种途径培育弱势群体住房消费的觉悟，提高他们的住房消费的主动性，并对他们购房予以优惠贷款；建立和健全住房抵押贷款二级市场，利用二级市场来提高金融机构发放贷款的积极性。

建立政策性住房保障投融资平台，用贴息、"补人头"等多种办法支持中低收入家庭解决住房困难，同时采用优惠政策引导社会资金投资保障性住房建设，缓解房源紧张问题，实现住房保障工作可持续发展。

（三） 住房保障基金制度

逐步取消目前兴建经济适用房和廉租房的做法，推行在住房完全市场化供给基础上的住房保障基金制度。即在采取招、拍、挂的方式出让城镇开发用地而获得大量土地出让金的同时，根据出让金的一定比例提取专项住房保障基金。住房保障基金主要用于政府向社会购买而向低收入家庭出租的廉租公房，或用于发放低收入家庭对外租房、购房时的住房补贴。这种住房市场化供给基础上的住房保障基金制度，有利于克服目前经济适用住房及廉租房建设、供给与使用管理过程中的诸多弊病，从而有利于提高住房保障的效率和效益。

（四） 建立土地供应机制

对保障性住房建设用地实行计划优先和供应优先实行廉租房、经济适用住房、公共租赁房、限价商品房和中低价位、中小套型普通商品住房用地计划单列制度，在住房建设规划和年度建设计划中，优先安排解决城市低收入家庭住房困难的用地。严格按70％要求批准年度城市建设用地。同时，对列入年度土地供应计划的解决中低收入家庭住房困难用地，优先开发，保证供地。

（五） 建立监督考核机制

建立住房保障工作评价考核制度，把居民住房保障工作纳入各级政府目标责

任考核体系，实行行政首长负责制。各有关部门按照职能分工加强监督检查，确保住房保障各项工作落到实处。

二、住房保障模式创新

（一）危旧住房改造模式

成片危旧住宅区是指国有土地上以多层多业主住宅为主，安全隐患严重、住房条件困难、群众改造要求迫切的连片城市旧住宅区（包括非成套房片区，下同）。城市棚户区改造以成片危旧住宅区改造为重点，同步推进城中村改造。危旧住房主要居住着城市低收入住房者，容积率低、用地比较浪费，住房质量和居住环境都很差，而且在城市中占据着相当大的面积。结合城镇低效用地再开发，鼓励房地产开发企业进入危旧住房的改造项目，在土地、税费等方面给予优惠，可以利用这个优惠建立保障住房。拆除危旧房，在其上建立经济适用房或廉价租房，既改善低收入住房者的住房质量和居住环境，又可以完善城市功能，提升城市形象。

《宁波市关于推进以成片危旧住宅区为重点的城市棚户区改造工作的实施意见（试行）》提出成片危旧住宅区为重点的城市棚户区改造可以通过成片危旧住宅区改造可以采取回迁重建、房屋征收等多种方式实施。棚户区改造充分尊重群众意愿，广泛征求民意，按照绝大多数业主的意愿确定改造方式。采取回迁重建方式实施改造的，应坚持"业主自筹、政策扶持、市场运作、自求平衡"原则，经所涉及房屋2/3以上所有权人同意后，由业主委员会向属地政府提出协助申请，并由房屋所有权人委托专业单位实施，所需资金由业主自筹分担，政府在规划、土地、税费等方面给予相关政策支持。采取房屋征收方式实施改造的，应坚持"业主申请、以旧换新、等价置换、鼓励自选"原则，经所涉及房屋总户数90%以上所有权人同意后，向属地政府申请危旧住宅区改造征收，属地政府可视情况决定是否实施征收。如果回迁重建、房屋征收等成片改造方式均难以实施的，对其中的单幢危房可根据绝大多数业主意愿，通过采取维修加固、原址重建、按市场评估价格回购等方式实施解危。原址重建时，不得改变原建筑使用性质、突破原建筑基底、扩大原建筑面积、增加原建筑高度，并应符合建设工程规划许可证确定的其他条件。

（二）"经济适居房"（保障性商品房）模式

政府支持的节约型适合低收入人群的住房，是在地方政府各职能部门的监管下，由房地产开发商按照政府有关部门规定专门为城市低收入人群开发建设的特种商品房。与"经济适用房"相比，经济适居房更简单易操作，更倾向于低收入家庭，是介于"经济适用房"和廉租房之间的一种新型住房模式，政府以政策支持方式（如土地出让金、市政建设配套费和税收方面的减免）提供一定补贴，并规定较短的土地使用年限、较低的规划建设标准，限制较低的房屋价格销售给城市低收入人群。该类住宅具有地段较偏但公共交通方便、面积较小、居住密度较大，产权形式特殊等特点。使用期为 40～50 年，套住宅面积 50～79 平方米，小区建筑密度 3～5，绿化率较低，无健身场地，无停车位。开发商以微利的方式向低收入者出售，少量用于出租。

（三）农村土地综合整治模式

随着城镇化进程不断深入，农村人口转移速度加快，出现了宅基地废弃、闲置、利用率不高等现象。同时，鄞州区建设用地的供求紧张，计划指标不足，影响工业化和城镇化的进程，也无法满足农民建房的需要，造成农村建房违法用地较多。农村土地综合整治为解决这些问题提供了有效的途径。农村土地综合整治是按城乡建设用地增减挂钩的政策要求，拆并零散乱的旧村庄并复垦为耕地，建设新村镇农居，结余指标用于城镇化工业化建设。农村土地整治与新农村建设相结合，是深化农村改革发展的一项突破，也是统筹城乡发展的一大举措。利用建设用地增减挂钩政策，盘活了农村存量建设用地，保障了新农村建设和农民建房用地；通过结余指标有偿调剂到城镇使用，筹集了新农村建设和农民建房资金。

以土地综合整治为平台，通过拆旧建新，统一建设水、电、气、路等基础设施，统一建设小学、幼儿园、老年乐园、社区服务等公共服务设施，完善区域综合承载功能，极大改善了农村人居环境；在城镇规划区或农村新社区内，安置公寓房及联排房，增加了财产性收入；复垦土地流转收益、养老保障补贴等，使农民保障水平明显提高，增加了农民收益。通过农村土地综合整治，把零、散、乱、旧的村庄拆并复垦，建设成一定规模的新区，不仅优化了农村土地利用结构和布局，也提高了农村建设用地集约水平。

第三节　完善住房保障体系的总体构想和对策建议

一、完善住房保障体系的基本原则

（一）市场化与保障性按比例平衡发展的原则

住房保障制度是住房制度的重要内容，要把住房的商品性和社会性相结合，分清主辅关系平衡发展。只坚持市场化，就无法兼顾困难群体的需求，若单纯依靠保障，对提高居住水平没有太大的帮助，也无法持续。从发达国家住房政策的历史来看，随着住房资源充足和公民收入提高，住房保障是逐渐退出的，最后都形成"市场调节为主，政府支持为辅"的模式，在住房建设和分配上，市场能够解决垂直公平和相对公平，能够最大限度地发挥社会资源发展住房，提高居民总体居住水平；住房保障弥补市场化的缺陷和不足，处于补充和辅助位置。

（二）政府保障基本居住的原则

政府适当干预住房问题，才能实现"居有所住"。由于住房所具有的特性及住房市场所存在的固有缺陷，以低收入者为主体的特殊阶层难以依赖市场机制来解决自身的住房问题。在各国实施住房保障的实践中，或多或少出现过阶层分异的社会现象。因此，政府作为一国经济的宏观调控者和管理者，担负着促进社会全面发展和保障全体居民基本权利实现的职责，理应成为构建住房保障体制的主体。尤其是因城市化快速发展而居民收入水平普遍不高等原因从而出现全社会性的住房紧张的情况下，没有政府的干预，就不可能有效地缓解以至解决尖锐的住房矛盾问题。

（三）可负担原则

政府在住房保障上的财政支出，应定位于保障居民住房的基本需求，而不是改善和提高居民的住房水平。政府应避免大量的预算内财政支出形成投资性产权，对经济适用房、动迁安置房、公共租赁房采取土地出让金暂减、税收减免、配套费减免的形式给予补贴，对于货币配租的廉租房可给予一定的财政补贴。

居民居住支出可负担。居住收入基本可按照"三七开"的比例，从各国政府曾经确定的住房保障底线来看，基本是确保居民的住房支出不超过收入的30%。适当的住房可以采用租赁或者产权拥有等途径，如果居民收入的30%满足不了租赁或拥有"适当住房"，政府就需要减税、补贴、直接建设等干预措施；如果超过30%的底线，就必须退出公共租赁房，或者补齐租金。

（四）与经济社会发展水平相适应原则

保障性住房政策要从鄞州当前的实际情况出发，与鄞州的经济社会发展水平相适应。鄞州人口具有动态性和不确定性，目前已有60多万外来人口，今后可能会大幅度扩大。非户籍人口是最迫切需要解决住房问题的群体，而当前的住房保障政策仅是从户籍人口的角度考虑的。地方政府很难无限度拿出财政补贴来解决非户籍人口住房问题，只能在租房政策上做适当调整和税收减免，帮助非户籍人口租用适当的住房。

鄞州区经济社会发展的主要制约"瓶颈"是土地资源，要使住房保障体系的运行具有可持续性，要让土地资源可循环利用。要充分考虑公共资源的使用效果，政府财政和土地资源形成了公共资源，房源应该要循环利用，配套资源、服务、维护都要跟上。保障性住房建设设计上按照临时过渡性使用的要求做到面积小、功能全、配套好。

住房保障政策是有阶段性的，其广度与深度与一个国家经济发展水平、政府的保障承受能力、居民的可支配收入、消费结构等紧密地联系在一起。住房保障应与社会、经济的发展和人民生活水平的提高相适应，保障的范围、保障的方式也应随着社会经济环境的变化不断地调整。

二、住房保障体系发展的总体构想

总体构想：在以廉租住房为核心保障低收入群体住房的基础上，住房保障工作应以扶持中等收入家庭住房为重点，根据不同家庭保障需求和支付能力的不同，分别适用公共租赁房、经济适用房和商品房贷款贴息的梯度保障政策。发展公共租赁房、实行租售并举、购房贷款贴息。

三、完善住房保障体系的措施与建议

（一）分层次发展保障政策：扶持中低收入家庭解决自住住房为主

现阶段，我国住房保障制度存在诸多方面的困境，比如住房保障政策的覆盖面与政府公共财政的负担能力的矛盾等。相当重要的问题是出在整体保障层次的错位上。当前，住房保障坚持以廉租房为主保障最低收入家庭基本居住的基础上，下阶段要以解决好中低收入家庭解决自住住房问题为重点。只有把占居民总数主体的中低收入家庭的住房问题解决好了，加上高收入家庭有钱解决自己的住房，剩下小部分的最低收入者，政府就有经济实力解决其居住问题。其最终结果是，政府负担的住房保障是小部分的最低收入家庭，政府的负担减轻了，而中等收入家庭主要通过自身努力买得起、买得到适合自己经济能力的住房，同时住房保障政策的覆盖面也大大提高了。要根据不同收入阶层和不同住房需求，分层次推行公共租赁房、经济适用房和购房贴息政策，为中低收入家庭提供公共租赁房，让中等收入家庭购买经济适用房，对中高收入家庭提供购房贴息或补贴，鼓励他们到住房消费市场中去解决。

（二）探索公共住房租买选择机制

租还是买，不同个体或家庭在不同发展阶段对于住房的需求也有所不同，比如，青年人在投入工作几年内，单身租赁型需求会逐渐转化为家庭购买型需求，中低收入家庭也希望在经济条件改善后能从租赁房屋居住到拥有一套产权归属自己的住房。但现阶段，我国住房市场上尚缺少一个租买选择机制。从实践来看，租买选择机制能满足个人在不同阶段的不同支付能力下对住房保障需求的差异，这个机制的存在对于帮助市场找到一个合理的供需、价格区间非常有利。因为，一旦房屋售价偏离了合理预期，人们会很自然地去选择租房，而不会将购房作为一种必然选择，这也是各国普遍施行的政策。

（三）建立健全住房保障制度的法律法规

第一，住房保障方面的法律法规要更加完善。由于法律法规有自上而下的特性，建议鄞州区向上级提出建议，制定住宅有关法律法规，明确政府在住房保障方面的责任和义务。对住房保障的对象、标准、资金来源等多方面进行立法规定。针对不同的住房保障对象，提供不同的住房保障的方式。

第二，要建立健全区一级的房地产管理组织机构体系，明确各部门的职能，各司其职、相互补充，力求形成一个完整的管理体系。

第三，要建立健全区域内个人信用体系、健全个人收入申报制度，以便准确合理地对住房保障对象进行分类。

（四）扩大改进住房保障政策

要扩大改进住房保障政策，包括财政、土地、税收、金融等政策。

1. 完善财政政策

住房保障制度运行的效果很大程度上取决于财政制度的保障能力。鄞州区应该完善相应的财政制度，并建立以财政预算为主配以多种方式的资金筹集渠道。要让本区的住房保障制度有稳定的"靠山"。

2. 探索土地政策

土地政策是住房保障制度比较关键的组成部分，鄞州区应该积极探索以住房保障建设用地优先供应、土地出让、房地产开发与保障性住房供应相结合的土地供应模式。为了让中低收入群体能够更多地享受到住房保障制度的优惠，建议鄞州区将商品房和保障性住房一起混合建设。

改革现行"小产权房"和单位集资建房管理制度,充分利用农村集体土地,科学转换农村建设用地用途,在保障农民权益基础上,增加保障房供给,为解决城镇居民住房困难服务;盘活单位自有土地和自有存量住房,增加保障房有效供给。如将部分小产权房作为保障房源合法化。"小产权房"是占用农村集体土地建设,并向农村集体经济组织以外的成员销售的商品住宅,小产权房在一些地方也叫"乡产权房",即在农村宅基地上开发建设的商品住房,买卖过程中取得(镇)乡政府发放的"房屋所有证",是"房屋所有权的合法凭证,买卖、继承、赠与、分割均应于规定期内申办转移登记",赋予买家"永久房屋所有权","依法享有出租、转让、买卖、赠与、继承权利"。根据目前法律,小产权房不受法律保护,城镇居民不可以购买"小产权房",对"小产权房"违法用地不予确权登记发证。根据现行土地管理法,建设使用农村集体土地的有四种情况:一是农民的宅基地;二是农村公共设施的用地;三是农村兴办的村办企业或者联营企业;四是根据担保法,使用农村集体用地抵押权实现的时候可以允许。除此以外,都是现行法律不允许的。现实中,很多小产权房在上述范围之外,违反现行土地管理法"农民集体所有土地的使用权不得出让、转让或者出租用于非农业建设"的规定。对已经建成且符合城镇发展规划和土地用途管理的产权明晰的小产权房,应遵循农民意愿、流转有序的原则,在不改变"小产权房"集体土地性质的条件下,由专门机构按市价收储或租入,并出售或转租给保障对象,纳入城镇住房保障体系,用以满足外来务工人员等中低收入家庭基本住房需求,减少政府投资压力的同时增加住房有效供给。

3. 改变税收政策

住房保障制度的配套政策中税收政策也是比较重要的。建议鄞州区的征税目标向房产的保有环节转化,提高非住宅房和高档房屋的持有成本,减低住宅房的税收,减免保障性住房的税收。

4. 规划建设政策

规划建设政策,指城市规划管理和住房建设部门在土地供应和住房建设中,运用政策或参数规定,使住房建设符合城市总体规划和主要建设法规,以达到预期目标的过程。保障性住房规划的制定要考虑多重因素,城市低收入家庭现状与住房需求分析、规划目标、住房供应和租赁住房补贴、土地供应、落实规划的措施等。

(五) 拓宽融资渠道,加大筹措项目配套资金力度

要把建立稳定的资金来源作为保障性住房建设、管理工作的重点,千方百计解决建设资金紧缺的问题。一是设立保障性住房建设资金专户,专款专用。把保障性住房建设资金纳入年度预算,并根据经济发展水平逐年递增。认真执行有关

政策规定，确保将土地出让金一定比例和住房公积金净收益足额提取。二是要加大向上级争取的力度，做好项目储备，抓住国家加大保障性住房投资的时机，积极争取更多的中央资金支持。三是要积极探索社会资金参与保障性住房建设的新途径，建立保障性住房融资平台，制定优惠政策，吸引有实力、社会责任感强的企业家，投资保障性住房开发建设，努力扩大建设资金来源。

（六）动迁房安置方式的多样化

为了合理解决危旧住房改造和动迁居民的安置需求，坚持"先货币补偿、再多样化安置"，提供政策性优惠、市场化运作、定向供应旧改项目的动迁安置房，以满足被征收人多样化安置需求，让动迁居民受益。

被征收人选择货币补偿的，房屋征收部门按被征收房屋的评估价值给予货币补偿后，不予增加货币补偿补助。鼓励被征收人用货币补偿资金在市场上选购房屋，在征收补偿协议生效之日起 24 个月内购买房屋作为安置用房，并完成交易过户手续的，凭该房屋所有权证、土地使用权证和契税证，由房屋征收部门按被征收房屋评估金额（实际购房资金少于被征收房屋评估金额的按契税证记载的购房资金）10% 的比例给予购房补助，超过期限不予补助。被征收人要求政府提供安置用房的，征收部门应当提供不小于被征收房屋建筑面积的安置用房，可安置面积按被征收房屋补偿金额除以安置房屋评估比准价格为基数，向最接近面积的套型上靠确定，双方按评估金额结清差价。各地政府应当多渠道统筹落实危旧住宅区改造征收安置用房，在保障对象应保尽保的前提下，各类剩余的保障性住房经履行相关程序后可统筹用于危旧住宅区改造安置用房，确保被征收人得到妥善安置。被征收人在规定期限内完成签约，并在协议生效后规定时间内搬迁的，在不超过被征收房屋评估价值 10% 的比例范围内，根据不同的签约比例给予相应比例的提前搬迁奖励，最低不低于 5%。被征收人属于低收入住房困难家庭或符合住房困难补助条件的，按项目实施时征收政策规定给予最低住房保障补偿或住房困难补助。

优化旧区改造项目的房屋征收补偿方案，合理引导动迁居民选择现金支付方式，拓宽被征收居民安置渠道。同时想方设法推进就近安置房建设，通过引入房产中介、组织开发商批量团购等方式，筹集价格合理、位置合适的普通商品住宅、二手房等，以满足动迁居民多样化安置需求。

（七）立足长远，科学编制保障性住房建设规划

保障性住房建设不是解决困难群众住房问题的权宜之计，而是一项具有战略意义的长期工程，因此，要立足长远，科学论证，编制好建设规划，要优先考虑土地规划，提前做好土地储备，确保保障性住房建设用地。建设规划既要尽可能

选择市政设施健全，教育、医疗、交通便利的地方，又要考虑群众的承受能力，确保规划一批，建成一批，安置一批，使困难群众真正享受到保障性住房建设带来的实惠。

第四节　国内外住房保障基本模式与经验

一、发达国家住房保障的基本模式

为了保障中低收入阶层的住房需求，世界各国政府都在不同程度上干预住房市场，发展具有社会保障功能的住房供应体系和运作模式，弥补商品住房市场的不足。从总体上看，各国政府依据本国国情，在各个不同时期分别采取了相应的住房保障运作模式，主要包括政府公房建设模式、住房建设补贴模式和住房控租模式。

（一）政府公房建设模式

公房建设模式出现于住房短缺时期，政府发挥土地、资本等资源优势，在生产环节干预住房市场，直接建造住房提供给居民，从而在较短的时间内刺激住房供应总量录的上升。如新加坡政府的公共组屋和我国香港的公屋都属于这种模式。

（二）住房建设补贴模式

政府建设公房是对住房供应市场的直接干预，不但干扰了房地产市场的正常发展，也给政府带来巨大的财政负担。因此，随着房地产市场的发展，大部分国家避免采取这种模式，而实行间接干预的办法，即住房建设补贴模式俗称"砖头补贴"。由政府提供优惠贷款、补偿贷款利息等优惠政策，支持营利性房地产企业和非营利性机构发展低租金、低成本住房，同时对建成住房的出租或出售做出限制，即通过优惠政策建成的住房必须按成本价出租或出售给符合政策规定的家庭，从而间接干预住房供应。德国和美国主要是向营利性房地产企业提供的住房建设补贴。

（三）控租模式

控租是通过立法对各类房租特别是低档住房的租金加以限制。英国是实行控租模式最早的国家。美国的控租通常由地方政府以立法形式做出规定，并通过投票方式进行调查，以决定是否由地方议会以立法方式进行控租。美国政府在出让土地给住房开发商时，会根据需要让出一部分利益，同时在协议中商定房屋建成后必须低价出租的份额。德国政府要求各地政府按照不同区位、不同结构和质量的房屋，分别提出相应的指导租金水平，作为住房出租人和承租人确定住房租金的参考标准。

二、国内外住房保障经验与案例

(一) 以公共住房为特征住房保障制度

中低收入家庭的住房问题是一个世界性的问题，一些发达国家经过多年的探索，已经建立起了相对成熟的公共住房制度，他们的一些经验值得借鉴，深入研究其公共住房制度，有助于于我国政府破解当前房价调控困局，而且还有助于建立稳定房价的长效机制。

从公共住房覆盖率来看，目前欧洲一些国家的公共住宅所占比例约为40%～60%；以公共住房的覆盖面来看，美国的公共住房只覆盖占总人口比例15%以下的中低收入家庭；瑞典的公益住房则面向所有公民，并不仅限于低收入家庭。亚洲如日本公共住宅所占比例在50%左右，新加坡的组屋政策覆盖了85%居民。

美国公共住房创设于1937年，是自助贫困家庭住房的一种最久远的项目。联邦政府从预算中专门划拨出一块基金用作建设公房，该基金使用范围包括三个方面：新住房的建造、现有住房的维修和公共住房的运营。公房建设由联邦政府主持，具体的选址、监督和分配则由州政府管辖。公房的产权归州政府所有，管理的专项机构是地方政府住房局。美国政府在这个公房政策实施以后的几年，大量地建造了公共住房。根据城市中低收入家庭或个人所处的不同收入水平，房租范围也有差异。其租金标准根据家庭收入而定，对一般贫困家庭收取其他家庭收入1/3的房租，对收入略高的家庭而言，房租则略高于1/3。《住房法》规定，政府必须为低收入者提供当地收入不超过中等收入水平80%的家庭购买或租用。但地方当局制定的申请购买或租用住房的资格标准比联邦政府制定的要严格一些，一般只有年收入低于中等收入水平50%的家庭菜有资格申请购买或租用。但有25%的住房提供给那些收入在该地中等收入水平50%～80%的家庭租用或购买。

（二）以住房补贴为主要特征住房保障制度

几乎所有的欧洲国家以及美国、加拿大等国普遍实行住房补贴。住房补贴以及住房政策的总体目标是确保人人拥有适当的居住标准，以及使住房费用保持在一个合理的水平上。从住房补贴的类型上来看，主要包括人头补贴和住房实体补贴。

美国房租补贴的对象是承租私人房屋的中低收入家庭或个人，政府鼓励私人将符合出租标准的房屋出租给低收入家庭或个人。当租赁合同签署后，低收入家庭或个人将自己收入的1/3付给房主，其余部分则由政府代付。这样安排，在保证了房东利益的前提下，解决了中低收入家庭或个人的住房问题。例如，一间供出租的房屋，月租金为900美元，房客月收入2 100美元，其中的1/3是700美元，那么房客就付700美元的房租，房屋署代付200美元房租，房东总收入不变。

美国政府对中低收入家庭或个人还有一种房租补贴方式是：给租户房租代金券用做租房的补贴，这也是美府政府目前采用的最主要住房保障手段之一。这种有大约60%低收入家庭或个人选择的补贴方式具体分为住房证和住房券两种，它们略有区别。租户不可以用住房证去承租高于政府规定租金的房屋，但可以用住房券在市场上自由选择居住的房屋，如果租金低于政府规定的金额，租户可以继续使用租房券；如果租金高于政府规定的金额，那所租房屋与规定金额的差价就由租户自己承担。租金补贴的金额由联邦政府根据市场上的租房平均水平进行确定，当房主与承租人的租约被确认，那他们可以得到政府给予的租金优惠券。如果承租人的总租金超过了他自身收入的30%，那政府会承担剩余部分，由政府向房主支付。

瑞典实行的住房补贴制度属于人头补贴，补贴对象有两类：第一类是退休人员；第二类是低收入多子女家庭。补贴费用由国家和地方团体共同负担，政府发放。补贴的金额，有时达到退休人员的全部住宅费用。退休人员的收入超过一定水平时，补贴金额减少。目前约有30%的退休人员从住房补贴中受益。

住房实体补贴，是把费用直接补助在建房、买房和租房上。为了实行该项政策，首先制定居民应享受住房服务的最低标准；其次规定为达到这一标准所需付出的住房费用占家庭总开支的比例。当实际房费超出规定标准时，政府对超过部分给予补贴。住房实体补贴对扩大工薪阶层的住房需求起直接的作用，收入越低的家庭补贴就越多。但只有住公共住宅的家庭才能得到补贴。从发展趋势看，许多国家都在逐渐减少住宅实体补贴，而保留住宅人头补贴。

法国实行住宅人头补贴和住宅实体补贴相结合的政策，首先，对低收入居

499

民，其房租如果超过其家庭收入的 20% ~ 30%（平均 25%）时，承租人可向国家申请房租补贴。其次，政府资助非营利性建房企业建造公共住宅，建房企业每年要向政府提交建房数量计划，并提交经费预算，经有关部门审核批准后，由国家提供长期低息贷款。贷款年限为 25 ~ 30 年，可贷款额一般占建房预算 50% ~ 60%。

（三） 以合作建房为主要特征的住房保障制度

合作建房这种模式最早出现在欧洲。19 世纪，工业革命的发展造成城市人口激增、房价高企，一些穷困者只好联合起来，借助集体的力量解决自己的住房问题。个人集资合作建房是中低收入人群解决住房问题的一种方式，政府会在土地、资金及政策等方面予以扶持。近年来，城市化带来的人口和住房压力日益严重，许多国家的政府开始注重从行政、经济及法律上对合作建房者给予支持，从而大大促进了合作建房的发展。目前全世界已有 80 多个国家建立了 10 多万个合作建房组织，这样的组织在某些国家甚至成为住房建设、销售和管理的主要形式。世界上最常见的合作建房组织是住宅合作社。它的理论基础是合作经济思想，即劳动者自愿入股联合，实行民主管理，以集体占有为主导、集体占有与个人占有相结合的经济形式。

国内首个拿到土地的个人合作建房项目——2006 年 11 月温州合作建房项目成功拿地。1 亿多元的土地出让金和建设资金等将全部由参与个人合作建房的260 个成员筹集。

（四） 以购房贷款贴息为主要特征的住房保障制度

新婚夫妻具有强烈的自有住房需求，这种住房需求具有刚性的特征，他们是构成我国住房需求大军的主要力量之一。在住房需求特征上来讲，他们不仅仅是保障性住房的需求，更进一步具有"宜居"住房需求。在支付能力上来看，面对宁波当前的高房价，大多数夫妻仅靠自身财富积累要满足其住房需求存在着困难，他们背后往往是几个家庭，几代积蓄的支撑。很多人因此选择推迟结婚。对这一部分主要住房需求主体，中国台湾地区的住房保障经验具有一定的借鉴性。

中国台湾于 2009 年推出"青年安心成家专案"计划，对新婚 2 年内购房贷款实施贴息，解决新婚夫妻住房需求。享受上述优惠政策的对象是：家庭需符合无自用住宅的规定，夫妻年龄在 20 ~ 40 岁（换屋为 20 ~ 45 岁），若欲申请零利率房贷，夫妻至少 1 人须有全职工作。"青年安心成家专案"分成"2 年 200 万元零利率购置住宅贷款利息补贴"与"租金补贴 2 年每户每月 3 600 元"两部分，都是一生 2 次。前者适用对象是购置住宅的新婚青年家庭或因生育子女换屋者，后者针对无力购置住宅而租屋的新婚青年家庭或育有子女的青年家庭。

2014年9月宁波市出台《关于营造良好安居环境促进高校毕业生来甬就业创业的若干意见》，毕业10年内高校毕业生，首次购房，90平方米以下的，按房价的1%发补贴。90平方米以上140平方米以下的，补贴0.75%。公积金贷款，只需缴纳3个月以上的就可以。博士直接享受每月不超过3 000元的购房贷款贴息。

（五）特殊对象的住房保障

（1）老年人。从一定意义上来说，荷兰已经属于老龄化社会，他们男性公民的平均寿命是74.4岁，女性为80.4岁。对于老年人的住房保障，荷兰做了两手准备：一是改造住房，比如加设电梯和相关配套设施等；二是对新建住宅提出要求，必须在以后要适应老年人的生活需要。这些政策在1997年立法，明确了实施细则。

（2）残疾人。荷兰政府为残疾人制定了专门的补贴，管理和发放补贴由地方政府负责。该补贴主要是用于残疾人专用通道、电梯安装、厨房改造等方面。就目前的荷兰政策来说，这个补贴的专项资金不超过4.5万荷兰盾。每年平均有3万名残疾人可以申请到该项补贴。

三、国内外住房保障经验对鄞州的启示

从以上国家和地区的住房保障发展的经验看出，解决中低收入居民的住房问题，关键是要与当地的经济发展情况、政府的保障能力、住房发展阶段以及居民的住房需求和支付能力等因素结合起来，综合考虑。基本住房保障是政府住房政策的核心，是政府不可推卸的责任，政府应通过法律、规划、财税、金融等配套政策保障中低收入家庭住房需求。同时，要维护市场机制的基础作用，合理区分保障层次与发展阶段。住房保障方式需要分层次、多元化，除政府向居民提供福利保障住房，发放住房补贴、给予贷款贴息等外，住房问题还需要社会各界的共同作用，鼓励各类经济和社会组织通过合作建房等形式参与提供住房保障服务。

住房保障应通过法律规定，明确保障范围、保障方式，同时提高财政支付能力，发展住房金融，建立动态调节机制，控制投资性购房。

依据发展阶段选择保障模式。住房保障的运作模式具有动态阶段性的发展规律，不同发展阶段有不同住房保障模式，如美国住房保障就经历了1930~1960年的公共住房计划、1960~1970年的住房新建补贴计划和1970年以来的租金证明计划和租金优惠券计划。住房发展阶段决定了住房保障体制的覆盖范围和程

度，从而影响了住房保障运作模式的选择。

充分利用市场的力量；国外住房保障的几种主要模式中，其趋势是各国政府越来越依靠市场力量来实现住房保障目标。在发展初期，为了尽快增加住房的供给，政府是住房保障主导力量。而随着房地产市场的发展，政府就减少政府主导式的住房保障对房地产市场造成的影响，在住房保障领域的比重降低，而市场比重不断上升，住房保障更多的要依靠市场的力量，运行机制由政府主导逐步转向市场调节主导。

第二十章

鄞州社会治理现代化

党的十八届三中全会通过的《中共中央关于全面深化改革若干重大问题的决定》中提出"全面深化改革的总目标是完善和发展中国特色社会主义制度，推进国家治理体系和治理能力现代化"。国家治理体系就是规范社会权力运行和维护公共秩序的一系列制度和程序，它包括规范行政行为、市场行为、社会行为的一系列制度和程序，政府治理、市场治理和社会治理是现代国家治理体系中三个最重要的次级体系。社会治理是国家治理体系中的重要板块，推进社会治理现代化具有重大而深远的现实意义。社会治理是要规范社会行为、调节利益关系、协调社会关系，改进社会治理方式不仅要完善体制内的社会组织建设，更重要的是将体制外的社会组织制度化、规范化、法治化，以此为基础将其纳入到体制中来，在法治约束和保障公民权利的基础上建立起公共权力与公民之间制度化、规范化与法治化的良性互动关系。

第一节 鄞州区社会治理现代化的政策背景与现实意义

一、鄞州区社会治理现代的政策背景

（一）社会结构、经济结构转型促使管理理念的创新

胡锦涛总书记在党的十七大报告中指出，"我们必须全面认识工业化、信息

503

化、城镇化、市场化、国际化深入发展面临的新形势新任务，深刻把握我国发展面临的新课题新矛盾。"所谓工业化，一般指以大机器生产方式的确立为基本标志，从落后的农业生产力向先进的工业生产力转变的过程。所谓城镇化，一般包括两层含义：一是农村人口向城市转移的过程；二是城市在空间和规模上向农村渗透的过程。所谓市场化是不断地实现以市场作为社会资源配置方式的一个过程。所谓信息化，是以智能化工具为代表的新生产力的确立为主要标志的继工业化之后的一个新的历史发展阶段。全球化是一个长期的历史过程，进入 21 世纪后发展更为迅猛，世界进入全球化时代。

在社会转型时期，工业化与城市化的交织使得农民工的社会保障问题成为社会管理的当务之急，城市环境问题成为社会管理的难点问题；工业化、城市化与市场化的交织，又使社会分裂为一个个原子式的社会，城市贫困问题和老龄化问题表现突出；工业化与信息化的交织，越轨行为和犯罪行为不断增加；在全球化的背景下，中国成为世界制造业的中心，贫困、失业和社会分化更为明显。新时期社会发展中出现了大量的新的社会问题和不确定因素，使得社会系统性风险加大，或者说使得社会的脆弱性加剧。中国社会已经从"整体性社会"转变为"多样化社会"，表现为经济行为和经济利益格局多样化、社会生活多样化、社会组织形式多样化、就业岗位和就业形式多样化。这个社会就是一个"高度复杂性和高度不确定性"的社会。这种社会样态冲击着传统政府的一元化社会管理模式。

（二）社会管理改革的新突破：社会治理

社会治理（social governance）的理念兴起于 20 世纪末，其核心思想强调多元主体达成多边互动的合作治理网络。正式提出可以追溯到 1989 年，世界银行在讨论非洲的发展时首次提出的"治理危机"这一概念。"治理"这个词项在政治学、发展经济学、国际关系学、社会学等诸多学科得到广泛应用。全球治理委员会关于治理的描述是这样的：治理是各种公共或私人机构和个人管理其共同事务的诸多方式的总和；治理是使相互冲突的或不同的利益得以调和并且采取联合行动的持续的过程。当代西方国家政府所推行的社会治理是西方国家在现存政治制度的基本框架内、在政府部分职能和公共服务输出市场化以后所采取的公共管理方式，也是公众表达利益和参与社会管理的重要途径与方法。它反映了社会管理寻求社会公平与民主价值的发展取向，贯穿了公共责任的管理理念。其目的是维护现在的基本社会秩序、提高公共服务质量、改善公共责任机制。随着公共支出的持续膨胀带来的普遍的政府财政危机、全球化的步伐加快、社会公众民主诉求的增强以及社会人口构成的变化，使得社会公平正义取代效率成为社会管理的首要价值。

（三）浙江省和宁波市对社会治理的积极回应与实践

党的十八大提出"围绕构建中国特色社会主义社会管理体系，加快形成党委领导、政府负责、社会协同、公众参与、法治保障的社会管理体制，加快形成政府主导、覆盖城乡、可持续的基本公共服务体系，加快形成政社分开、权责明确、依法自治的现代社会组织组织体制，加快形成源头治理、动态管理、应急处置相结合的社会管理机制"。党的十八届三中全会则进一步指出要"提高社会治理水平"和"推进国家治理体系和治理能力现代化"的宏伟目标。

浙江省委按照党的十八大精神，制定了《中共浙江省委认真学习贯彻党的十八大精神扎实推进物质富裕精神富有的现代化浙江建设的决定》，在这个决定中，省委指出"建设现代社会体系"，加强和创新社会管理，强化社会管理法律法规、体制机制、能力、人才队伍和信息化建设。宁波市委在《中共宁波市委关于学习贯彻党的十八大精神 努力把宁波基本建成现代化国际港口城市的决定》中指出，切实加强社会建设管理，提升人民群众生活品质。坚持以保障和改善民生为重点，加快推进社会体制改革和社会管理创新，逐步建立以权利公平、机会公平、规则公平为主要内容的社会公平保障体系，为人民群众提供更好的教育、更稳定的工作、更满意的收入、更可靠的社会保障、更高水平的医疗卫生服务、更舒适的居住条件。《中共宁波市委关于认真学习贯彻党的十八届三中全会精神全面深化改革再创体制机制新优势的决定》中指出，"改进社会治理方式。坚持系统治理、依法治理、综合治理、源头治理，加快形成党委领导、政府负责、社会协同、公众参与、法治保障的社会治理机制。健全社会治理创新项目的立项管理、动态调整、协作联动、考核评估等工作机制，探索建立开放高效、统一联通的社会治理信息系统和共享机制"。

2011年8月，中共宁波市鄞州区委第十二届委员会第十一次全体会议认真学习胡锦涛总书记"七一"重要讲话精神，根据中央和省委、市委关于加强和创新社会管理的部署，科学总结鄞州区开展社会管理创新综合试点实践，全面分析当前社会发展面临的形势和任务，着重研究了加强和创新社会管理问题，会议通过《中共宁波市鄞州区委关于加强和创新社会管理的决定》，对鄞州区加强和创新社会管理工作做了全面和精心的部署；2012年鄞州区政府出台了《关于全面推进"网格化管理、组团式服务"创新基层社会管理服务体系的实施意见》，全面推进鄞州基层社会管理创新工作。

二、社会治理现代化的现实意义

（一）社会治理现代化的提出丰富了我国现代化的内涵

建设富强民主文明和谐的社会主义现代化，是分别从经济、政治、文化、社会和生态文明建设角度提出的，是对现代化目标状态的描述。而国家治理体系和治理能力现代化，则是从制度层面提出的现代化目标，从而丰富了我国现代化目标体系。这一制度性目标包含以下四个方面的内容：第一，制度的全面性。制度目标包括整个国家的制度体系，包括改革发展稳定、内政外交国防、治党治国治军各方面的治理体制。第二，制度的稳定性。国家治理水平是检验社会制度是否完善、定型的重要标志。这一目标对中国特色社会主义制度建设提出了更高要求，要通过改革形成相对稳定成熟的制度体制。第三，治理的民主性。治理是政府、市场、社会组织，党、人大、政府、政协等多元主体互动推进的国家治理，是民主的一种表现，《决定》提出并充分论述的协商民主就是国家治理体系和治理能力的重要一环。第四，制度建设的法治化。国家治理体现为不同主体之间互动的规范化、程序化、法治化。因此，推进国家治理现代化，要依法治国、依法执政、依法行政共同推进，法治国家、法治政府、法治社会一体建设。

（二）社会治理现代化的提出标志着我国政社关系的转型

党的十八大报告基于实现国家的有效治理，强调要"构建系统完备、科学规范、运行有效的制度体系，使各方面制度更加成熟更加定型"。党的十八届三中全会通过的《决定》，基于全面深化改革的制度性需要，多次提到了国家治理和社会治理的现代化。国家治理与传统的管理不同，它强调了主体的多元和社会的参与，强调了遵循市场规律前提下的政府与社会的协商与互动。国家治理是处理政府与市场、政府与社会关系的理论与实践创新。《决定》提出推进国家治理体系和治理能力现代化，标志着国家与社会关系从传统管理开始向交互联动与合作共赢转变。

（三）社会治理现代化是解决突出社会问题的有效途径

当前，我国处于发展的重要战略机遇期，又处于社会矛盾凸显期，社会领域还存在一些新情况、新问题。一是人民内部矛盾多样多发；二是社会组织治理和服务问题突出；三是公共安全形势严峻。解决社会领域存在的突出问题既十分紧迫又需要长期努力，必须改变过去主要由政府一方管理的方式，坚持政府主导多方参与，激发社会活力，着力推进社会治理现代化，不断完善社会治理体系，提高社会治理能力与水平。

（四）社会治理现代化是经济社会发展客观规律的必然要求

随着经济社会的快速转型和发展，传统的社会管理理念、思路、体制、机制、法律、文化、方法、思维等诸多方面还存在着不适应新形势新任务要求的问题，这就需要在继承和发扬传统社会优秀管理理念的基础上，迅速树立社会治理理念，积极改革创新社会治理体制，加强顶层设计、明确目标任务、科学统筹规划、有序稳步推进社会治理现代化。

（五）社会治理现代化是实现伟大"中国梦"的战略选择

推进社会治理现代化也即推进社会治理体系和治理能力现代化是完善和发展中国特色社会主义制度，推进国家治理体系和治理能力现代化的重要组成部分，是党的十八届三中全会着眼于维护最广大人民根本利益。社会治理现代化必将进一步提高新的经济社会条件下党的执政能力、提升政府行为公信力，必将成为我国社会长治久安的重要支柱，必将为中华民族的伟大复兴和"中国梦"的实现打下坚实基础、注入强大动力。

三、鄞州区社会治理现代化取得的进展

党的十六大以来，社会管理创新之重要性日益凸显。鄞州区政府按照最大限度激发社会活力、最大限度增加和谐因素、最大限度减少不和谐因素的总要求，坚持"强化意识、创新机制、突出重点、形成特色"，以维护群众利益为根本，以深化平安鄞州、法治鄞州建设为载体，以解决影响社会和谐稳定突出问题为突破口，以夯实基层基础为重点，着力完善社会管理格局，着力优化政策举措，着力加强社会管理能力建设，着力促进社会公平正义，不断提高社会管理科学化水平，为打造建设"三城三区"创造良好的社会条件。在具体实践中，必须牢固确立以人为本、服务为先，多方参与、共同治理，关口前移、源头治理，统筹推进、协商协调，依法管理、综合施策，科学管理、提高效能的原则，确保鄞州区社会管理各项工作走在宁波市乃至全国的前列。

（一）推进新型社区建设，建立健全"三位一体"社区管理服务新机制

开展新型社区（包括城市社区、农村社区、工业社区、混合社区等类型）建设，是在党和政府领导下，以原行政村、社区、工业园区为基础，按照一定的地域范围，把区域内的机关、学校、企事业单位及商务楼宇、市场等各类"两新"组织纳入管理服务范畴，以区域化党建为龙头，以传统的行政村、社区党组织和群众自治组织为主要力量，以社区（公共）服务中心和综治工作室（综治警务室）为基础平台，组建社区协商议事组织（社区和谐共建理事会），进一步整合区域范围内的各类社会管理、公共服务资源和力量，全面推行社区化管理和服务，形成党建工作、行政管理、社会事务"三位一体"的新型社区管理服务机制，逐步构建起管理有序、服务完善、文明祥和的新型社会生活共同体。在推进新型社区建设方面，原则上与区域化党建工作同步推进，做到区域化党建推进一个，新型社区同时建成一个。

（二）科学划分管理网络，推进基层社会管理服务的网格化

按照尊重传统、着眼发展、便于管理、全面覆盖的要求，坚持管理对象属地化、整体性原则，以自然村落、居民小区或相对集中居住区域、工业园区、商贸区、商务楼宇为基本单元，在行政村（社区）内按一定户数或地域划分网格，建立责任单元，明确网格管理员，做到定格定人定责，构建起网格化、全覆盖的社区管理服务网络。网格的划分，要与现有的社工责任区以及党员责任区、和谐促进小组等划分相衔接，与基层社会管理综合信息系统基础信息录入要求相对应，确保规范合理、全面覆盖，推进社会管理更精细、为民服务更直接、工作责任更落实。每个网格要明确网格管理员，网格管理员一般从社区工作者、街道联片干部、社区民警、村（居）民小组长、党团员、和谐促进员以及法治促进员、农村指导员、大学生村官、"两代表一委员"、法律工作者等人员中选任，主要是承担和协助共同做好网格内的社情收集传递、矛盾纠纷化解、安全隐患排查、重点人员帮教、社会治安防范、政策法规宣传、民主制度监督、便民服务提供等社会管理服务工作，为所在网格提供日常式、订单式、多元化服务。

（三）加强基层社会管理服务平台建设，推进基层社会管理服务一体化

加大对基层行政管理和公共服务资源的整合力度，加快街道集综治工作中

心、公共服务中心、党员服务中心于一体的社会管理服务中心平台建设，推动基层工作重心转移到社会管理服务上来，促进基层党建工作、行政管理、社会事务的统筹管理和有效服务，力争到 2012 年底建立起街道社会管理服务中心。认真贯彻落实区综治委《关于印发宁波市鄞州区镇乡（街道）综治工作中心规范化建设标准的通知》，继续扎实推进街道综治工作中心规范化建设，力争创建区、市、省"示范综治工作中心"。按照区委、区政府《关于全面推进农村社区建设的意见》要求，全面加快综合性社区服务中心建设，加强社区综治工作室（综治警务室）建设，完善社区服务中心和综治工作室（综治警务室）一体化功能，构建以社区党组织为核心、社区自治组织为主体、政府部门派驻力量为依托、社区社会组织为补充的社区管理服务平台。

（四）大力培育和发展基层社会组织，创新和完善基层社会治理机制

加强村（居）民委员会建设，完善村（居）民组织体系和运行机制，着力提升村（居）自治组织社会管理和服务能力。大力培育和发展公益性、服务性的基层社会组织，积极承接公共服务、调处矛盾、化解纠纷、扶贫帮困等服务功能，增强基层社会管理服务合力。建立健全社区协商议事组织，推进基层自治组织、群团组织、经济组织、社会组织以及社会人士代表等基层群众和各类组织有序参与社会管理。大力推广"一线工作法""老娘舅""巾帼维稳"等经验做法，建立健全民情采集机制和矛盾调处机制，全面掌握社情民意动态，及时解决群众关心的热点难点问题。建立健全协商议事会议机制，全面推行村务公开、民主恳谈、村民说事等制度，及时受理群众提出的各类诉求，分层分类、上下联动做好解释宣传、答复反馈工作，促进社会和谐稳定。

（五）以社会和谐稳定为导向，全面创新社会矛盾化解新机制

一是积极探索开展刑事和解与人民调解、社区矫正、司法救助对接等工作，与区司法局联合制定出台《关于人民调解委员会主持刑事和解的若干意见》，对符合条件的交通肇事、故意伤害等七类轻微犯罪案件引入人民调解工作机制，交由人民调解委员会作为中立的第三方主持调解，引导案件当事人及其家属互谅互让，促成互相和解。二是推动以完善惩治和预防腐败体系为重点的反腐倡廉建设深入开展，促进政府主导性重点建设项目高效、安全、廉洁运行，制定出台《工程建设领域职务犯罪"侦防一体化"工作机制实施意见》，重点突出自侦、预防部门在惩防工程建设领域职务犯罪中的联系和协作，通过实现内部力量的整合，形成侦防一体化和预防与侦查的优势互补，使惩治与预防步调保持一致，提

高工作整体效能。三是加强检察机关应对网络突发舆情事件工作的规范化、制度化建设，及时、准确发布权威信息，澄清事实，解疑释惑，主动引导舆论，维护社会稳定，确保公正司法，促进社会和谐，最大程度地避免、缩小和消除因网络突发舆情造成的各种负面影响。

（六）以和谐鄞州为导向不断加强和创新流动人口和特殊人群服务管理体系

一是稳妥推进户籍制度改革，建设人口基础信息库，逐步建立城乡统一的户口登记制度。认真落实外来务工人员积分落户政策，推进"和美家园共建会"等基层新老鄞州人社会融合组织建设。完善"以证管人、以房管人、以业管人"的服务管理新模式，切实解决流动人口子女入学、就业服务、医疗卫生、社会保障和居住环境等方面的实际困难。探索建立少数民族群众流动人口和境外在鄞人员动态服务管理体系。二是加强特殊人群服务管理。加强对刑释解教人员、吸毒人员的管理服务，建立健全对精神病人、艾滋病人等的社会关怀帮扶制度。深入推进社区矫正工作规范化建设，加强对社区服刑人员的教育管控，帮助刑释解教人员提高融入社会的能力。加强对社会闲散人员、有不良行为青少年的教育帮扶和心理辅导、技能培训，完善救助管理服务网络。

（七）以信息化和高效化为导向，切实推进鄞州城市管理工作创新

一是健全城市管理综合执法机制。完善城市管理相对集中行政处罚权制度，深化联合执法机制，建立综合执法体制。坚持属地管理、重心下移，按照"政府统一领导、镇乡（街道）牵头组织"的原则，充分发挥镇乡（街道）在城市管理综合执法工作中的基础性作用。加强城市管理执法队伍建设，规范执法行为，完善执法方式，坚持公正廉洁执法，提高执法公信力和执行力。二是努力加强城市科学管理。按照"条块结合、以块为主、重心下移"要求，构筑区、街道（镇乡）、社区（村）相互衔接、分工合理、规范高效的城市管理网络。推进新城区城市管理网格化建设，探索建立城市管理专业处置部门和网格监督员相互联动的精细化管理模式。加强城市管理公共服务平台建设，推进数字城管系统与电子防控系统的对接联动，建立网上协同平台和公共事务呼叫中心，构建覆盖中心城区、运转高效的智慧城管系统。

（八）以平安鄞州为目标，加强和创新鄞州公共安全体系

一是完善社会治安防控机制。深化"平安鄞州"建设，建立健全专群结合、

点线面结合、网上网下结合、人防物防技防结合、打防管控结合的立体化治安防控体系。拓展社会治安动态视频监控系统应用领域和范围，努力实现公共场所和城乡社区、农村重要路口等区域视频监控全覆盖。二是健全安全生产监管机制。健全区、镇乡（街道）和村（社区）三级安全监管体系，落实安全生产属地监管责任，加强区和镇乡（街道）公共安全监督管理体系建设，强化公共安全基础工作。理顺食品药品安全监管体系，强化食品药品安全基层基础工作，落实食品药品安全企业主体责任，加强食品药品检验检测，建立食品药品安全风险监测分析和质量追溯制度。大力整治食品药品安全薄弱环节和突出问题，坚决打击食品药品领域违法犯罪活动，构建食品药品群防群治监控机制。四是完善应急管理机制。加强应急管理组织领导指挥体系建设，完善应急预案体系和人员、资金、物资、装备、技术准备制度，建立健全突发公共事件和灾害应急监测预警、灾情研判、信息发布、快速反应、救援处置和舆论引导机制，建设应急疏散基地，健全社会动员机制，维护人民群众生命财产安全。

四、鄞州区社会治理现代化面临的挑战

（一）城乡结构和人口结构的变化带来新的挑战

改革开放在极大地改变城乡面貌的同时，也深刻改变了鄞州的居民结构。一是城市居民占比上升，随着城市面积扩展、人口集聚，城市居民已达 25 万人，占全区户籍人口总量的 32%。二是农村居民构成有变，目前全区共有 54 万农民，占户籍总人口的 68%，分化为务农世居农民和被征地农民两大部分。三是外来人口数量急增，目前全区外来人口达到 81.7 万人，已经超过户籍人口，并且每年以 6 万人的速度增加。社会管理对象扩大，原有的社会管理功能难承载。目前，我国除了政府公务员、事业单位人员、国有企业职工等体制内的极少数人，绝大多数体制外人员的各类关系，如低保、医疗、养老、就业，以及计划生育、权益表达、看病就医、养老金领取、党组织活动、生活服务、老龄护理等，都进入社会管理系统，尤其是进入了社区管理范畴。因这些人的各类关系不直接归政府体制内管辖，因而被称为"社会人"。随着城市"社会人"急剧增多，城市社会管理对象总量迅速扩大，原有的城市社会管理功能难以承载和适应。其次，社会管理难题增多，过去的社会管理手段难奏效。

（二）社会公众利益的分化与冲突带来新的挑战

不同群体利益矛盾冲突不断显现。一是因建设发展产生矛盾，由于土地规

划、征地拆迁、居民安置、企业用工等，产生了大量劳动工资、社会保障以及安置补偿纠纷、环境污染等亟待解决的热点难点问题。二是因需求升级带来矛盾，收入的增长和生活水平的提高使居民需求随之升级，更加关注居住环境、自身发展乃至政治民主权利的实现。三是因政策不一引发矛盾，表现为不同时期之间、不同发布主体之间的政策冲突、历史遗留问题、政策空白等，解决难度大。与此同时，公众社会诉求升级，传统的社会管理方式难实施。随着经济社会快速发展，人们的社会诉求也随之发生重大变化，尤其是对社会管理的要求已不再仅仅停留于社会治安、应急处理、协调关系、化解矛盾、规范秩序、风险控制、强化监督、遵纪守法等社会稳定层面，而是广泛涉及扩大参与、完善服务、改善民生、保障权益、净化环境、食品安全、公平正义、诉讼顺畅、政府勤政、干部廉洁等促进社会公正、社会平等、社会和谐为目的的社会管理。面对公众新的社会管理需求，沿用过去传统的控制、强制等方式已难以实施，这是目前城市社会管理面临的另一个新课题。

（三）社会环境的复杂化与动态化带来新的挑战

社会逐渐发育，呈现出更加多元化的特征。一是要素流动速度加快，人口数量快速膨胀，人口流量加大，现代物流业快速发展带来巨量的物资流动和交通仓储负担。二是社会心理复杂多样，人们思想活动的独立性、选择性、多变性、差异性日益增强，选择途径和方式更加多样。三是社会道德约束削弱，由于城市化、工业化的推进，人们之间互不相识，"匿名心理"诱发、纵容了放纵和不负责任的行为。四是基层结构发生了深刻变化。随着社会主义市场经济的建立和完善，"单位人"越来越少，"社会人"越来越多，就业和收入分配体制也发生着深刻变化，传统的"单位制"社会管理已经不能适应社会发展的需要。社会变化发展的突出体现就是新的社会阶层不断涌现。与此同时，不同阶层的变化也导致了社会心态的变化。随着改革的深入和国民财富蛋糕的做大，随着开放的扩大和互联网等信息传播手段的大众化、便捷化和互动化，在贫富差距逐步拉大、利益群体逐步形成的过程中，人们对待改革的心态发生了变化，一部分人特别是那些在改革中失利的人开始出现不满情绪，仇官、仇富已是普遍的社会现象。

（四）传统的管理体制和管理方式面临着巨大挑战

社会管理交叉错位与断层缺位并存问题突出，原有的社会管理体制机制需要改进。一是政府管理体制改革滞后，政府管理职能难以适应市场经济发展变化和社会全面进步的要求，极易造成社会秩序的紊乱。二是社会管理组织发育滞后，目前全区按户籍人口计算平均每万人仅有社会组织4.6个，社会组织数量少、规模小。三是基层村社管理负担过重，存在半行政化倾向，削弱了村社的自治功能和自我服务管理能力。同时，还需要认识到，从管理方式看传统的手段滞后更加突出。社会管理手段的现代性、动态性、互动性明显不足。一是管理行政色彩较浓，在具体管理过程中过多运用行政干预、行政命令手段，缺乏跟踪服务、动态监管、绩效考核等合理机制；二是法治手段运用不足，规范性政策少、单项行政命令多、经常性管理不够，管理过程中存在自由裁量权随意运用现象；三是社会自我管理不够，未能发挥社会组织、企业和公民自身的能动作用，自我管理、自我约束不够。

（五） 社会规范的失衡和价值观念的变化带来新的挑战

社会规范和价值观念出现变化。我国社会转型时期价值观念总的特征，可以概括为"多元并存，新旧交替"八个字。今天的中国社会中同时存在着多种复合的价值观念因素，面临着传统与现代、落后与先进、中国与西方、旧的与新的等一系列尖锐的矛盾和冲突，呈现出一幅"激荡的价值观念世界"图景。在这幅激荡的价值观念世界图景中，既有旧的、传统的、保守的价值观念的顽强沿袭及其对确立新的价值观念的阻抗，又有新的、先进的价值观念伴随着社会结构的整体转型过程的富有生机的成长。其中还包括因旧的、传统的、保守的价值观被破除，新的、现代的、与改革开放和现代化建设实践相适应的价值观念体系尚未完整确立而留下的价值真空。环顾我们的周围，很容易发现，在价值选择和评价上，人们的主体意识明显增强了，追求和取向日趋多样化了，人们用自己的好恶判断事物，不再盲目听从同意的评价，个人的价值取舍也不再盲目服从同意意志的安排。这种情况使我们面临着"变革"和"建设"的双重任务。

（六） 收入差距的豁达和贫富分化问题带来新的挑战

一是激化城乡之间的利益矛盾。现阶段，我国居民间收入差距扩大的一个突出表现，是城乡居民间收入差距的不断扩大（据测算，现阶段城乡居民收入差距可以解释居民总体收入差距的65%左右）。而城乡收入差距的不断扩大，将导致城乡居民两大群体，或者说工农两大基本阶级和群体之间的隔膜感和距离感增强，造成其之间的矛盾和摩擦。二是可能激化党群之间、干群之间的矛盾。有些学者研究认为，我国现阶段的贫富差距在很大程度上是由于权力介入市场，分配机制已严重扭曲为以权力、人情关系和投机为本位进行分配所致，所以分配不公问题就显得特别突出。权钱交易，权力市场化，权力资本化，不仅造成国有资产大量流失，在一定程度上冲击了正常的市场经济秩序，引发了资源的不合理配置，而且会在很大程度上破坏党群之间、干群之间的关系。三是造成社会贫困问

513

题。在发达国家，贫困人口大多是老弱病残等丧失劳动能力的人。而在我国，仅从统计数据看，城乡居民收入差距的不断扩大，使得占全国人口 1/2 以上的农民的收入水平低于以"七分法"计算的城镇中低收入群体的收入水平，而在城镇贫困群体的主体，则是企业下岗职工及退休人员等。必须认识到，随着社会各阶层之间利益的不断分化，工农群体成了社会贫困群体、弱势群体。显然，这一问题得不到解决，将会动摇或严重削弱执政党执政的阶级基础和社会基础。

第二节　鄞州区社会治理现代化的目标定位与要求

"十三五"期间，鄞州区为进一步推进社会治理现代化的步伐，提升鄞州区社会治理现代化的水平，必须牢牢树立"基层社会治理的网格化和高效化、社会组织发展的规范化和专业化、社会矛盾纠纷调解的法治化和便捷化、外来人口管理的包容性和人性化、城市管理的智能化和精细化"的目标定位。只有树立清晰和明确的目标定位，才能确保鄞州区推进社会治理现代化工作有的放矢和有序开展。

一、基层社会治理的网格化和高效化

基层社会是最为活跃的领域，推进社会治理现代化过程中必须高度关注基层社会领域的治理状况与治理水平，立足于鄞州区基层社会治理的现有经验以及国内先进地区治理的经验，"十三五"期间，鄞州区在推进基层社会治理过程中必须以网格化和高效化作为目标导向。基层社会治理网格化意在基层社会领域形成组织化和网络化的体系，形成社会治理的网络体系，把社会问题的解决尽量化解在基层；高效化意味着必须构建一套行之有效的工作机制，能够及时地应对和化解基层社会运行过程中可能出现得种种问题，促进基层社会的和谐、稳定与发展。

二、社会组织发展的规范化和专业化

社会组织是社会稳定和社会和谐的安全阀，社会治理现代化过程中必须注重培育和发展形形色色的社会组织，同时充分地发挥出社会组织解决社会矛盾和社会冲突的功用，形成政府与社会组织协同治理的格局。"十三五"期间，鄞州区

应该进一步推进社会发展的规范化和专业工作，规范化强调通过法律、法规和规章制度把社会组织的发展与管理纳入制度化轨道；而专业化则强调社会组织的培育与发展必须走专业化道路，要突出社会组织在某个领域的专业化分工，突出不同类型社会组织的功能差异，以强化社会组织的专业特长。

三、社会矛盾纠纷调解的法治化和便捷化

随着经济社会等各方面的改革不断向纵深推进，不同社会阶层和利益群体之间的关系盘根错节，矛盾纠纷日趋错综复杂；不同类型和性质的纠纷矛盾冲突表现的形式和外在激烈程度也不一样，因此，化解这些不同类型的矛盾纠纷的手段和方式也必然有所差异。"十三五"期间，鄞州区应深入贯彻党的十八届四中全会的决策部署，积极推动依法维权和化解纠纷机制建设，一个重要方面就是用法治思维认识问题、用法治方式解决问题。把解决各种利益矛盾纠纷纳入法治框架内，切实维护人民群众合法权益，维护社会治安秩序，推动形成运用法律手段、通过法律渠道、依照法律程序维护权益、化解纠纷的社会氛围，是达到"并育而不相害""并行而不相悖"的最佳选择，更是维护改革发展稳定大局的切实保障。

四、外来人口管理的包容性和人性化

中国社会正在跨入一个大转型、大流动的时代，大转型意味着经济体制从计划向市场的转变、社会结构从城乡对峙向城乡交融的过渡以及文化观念的多元化和现代性的变迁，大流动则是在大转型过程中人员的大范围、大规模的迁移流动，不仅乡—城人口流动规模巨大，而且城镇之间的人口流动也非常频繁。某种意义上说，转型和流动是我们这个时代的重要特征，转型和流动既给我们带来诸多挑战，但同时也带来了更多的活力和发展机会。鄞州区正处在一个快速转型与发展进程中，人口流动将是一个大趋势。所以，城市在社会发展规划以及社会管理中，必须把流动人口作为一个基本考量的因素，顺势而行，不断推进流动人口管理的科学化，充分发挥流动人口在社会经济发展中的积极作用，促进包容性和人性化作为发展导向，为构建和谐的小康社会奠定坚实基础。

五、城市管理的智能化和精细化

城市管理既是城市的窗口与名片也是城市重要的"软实力"和推动器，城

市管理水平既是城市社会治理水平的重要体现也直接关系和影响到社会公众的生活品质。为此，在推进城市社会治理现代化的进程中要牢固树立城市管理也是生产力的治理理念。"十三五"期间，鄞州区城市管理水平要跃上一个新台阶，必须选取智能化和精细化的发展导向。智能化强调运用物联网、云计算、大数据、空间地理信息集成等新一代信息技术，实现城市管理和服务的智能化，是一种新的城市管理模式，可以为城市居民创造更美好的生活，促进城市的和谐、可持续成长；精细化则强调城市管理要细，不能粗；要注重细节的应对和设计，做到精准服务，精细化管理；要敢于放权让利给社区和街道；要充实执法和管理队伍，全面提升执法效率和群众满意度。努力通过城市管理智能化和精细化建设，打造魅力鄞州、美丽鄞州和品质鄞州。

第三节　鄞州区社会治理现代化的路径选择

一、以网格化和高效化为导向加强基层社会治理创新

（一）建立以社区党组织为核心的多级联动机制

要强化社区党组织建设，结合新型社区要求，创新社区基层党组织设置，充分发挥好建制党组织和非建制党组织的作用，转变传统的纵向设置方式，发展横向的地域、行业、专业协会、产业链等块状党组织，组建"社区党委—片区党总支—网格党支部—单元党小组"的四级社区区域化党建工作构架，实现纵向组织全覆盖。同时，要推进区域内的共驻共建。通过建立健全党建共建联建工作体制，以区域化党建推动区域联动发展。推进基层党建工作实现无缝覆盖、统筹推进、开放运作和有效整合，不断延伸社区党建工作领域，推动各级党组织与区域内相应层级的党组织共建联建，从而在城区范围内形成了"上下延伸、横向联动"的共建合作机制。建立以社区党委为核心、辖区单位党组织参与的区域化组织架构，将社区辖区范围内的"两新"和单位党组织纳入社区党委下统一管理，形成社区党委统筹协调的大党建格局。

（二）拓宽服务领域，提升服务中心功能

要不断拓宽服务领域，让鄞州辖区内的社会公众感受热情周到的社区服务，必须根据群众在生产生活和物质文化等领域的所需所想所求，提供"适销对路"

的产品，在突出福利性和公益性服务的同时，尤其是在帮助群众增加科学知识、勤劳致富、卫生健康、丰富文化生活和营造平安和谐、安居乐业上提供多层次、多样化的服务，以满足不同人群的不同需求。改进和完善街道（乡镇）与社区服务中心功能的对接，要科学合理确定服务内容，优先设置群众最需要的服务功能，服从于实效，突出特色、不强求一律。乡镇（街道）便民服务中心要根据实际将直接面向基层、群众的服务事项下放到社区公共服务中心办理，包括就业服务、社会保障、社会救助、户籍迁移、信息咨询、来访接待、纠纷调解、党员关系转接等服务事项。区各职能部门行政事项的审批或备案、社会公共服务项目能延伸和下放的，应尽力延伸和下放，能实行上下对应的予以对应，不能对应的予以整合，使社区（公共）服务中心在为居民提供便捷、完善、优质的服务中发挥其最大的效用。

（三）制定基层民主协商"内容清单"

围绕党政关切、社会关注、群众关心的重大问题，制定各类议事协商"内容清单"，将协商民主扩展延伸至三个层面。一是基层党内民主协商。街道党（工）委党内重大事项民主协商议事内容除常规性内容外，还特别增加了拟出台的重要规范性文件、涉及全体党员和社会公众利益的重要事项、事关基层党的建设的重大问题等内容。二是街道人大政府决策协商。将街道必须民主协商的内容细化为区域总体规划、重点专项规划、群众利益问题、财政全口径预算、重点政府项目、重要民生实事等十个方面内容。三是城乡社区议事协商。城乡社区和行政村除规划计划、年度预决算、公共事务外，还必须把重点项目建设、大额专项资金安排、集体资产资源处置、住宅小区（村庄）拆迁整治改造、物业管理、社会救助、保障房分配等内容纳入到协商议事范畴。

（四）扩大参与主体以期集聚多方智慧

按照"谁决策、谁负责"和"不多头重复"协商的原则明确了基层协商民主的实施主体和参与主体。一是固定参与主体。固定参与主体主要是社会各界代表人士，主要通过召开法定会议、党群议事会以及组织"两代表—委员"视察等形式进行协商。二是邀请参加对象。邀请参加对象主要包括各方专家和上级有关部门，通过决策听证会等形式，开展决策咨询和书面征询协商。三是利益相关方代表。自由参加人员根据议事性质，邀请利益相关人前来参加，主要通过召开民主恳谈会、信访协调会、网络问政互动、个别访谈等形式实施协商。

二、以规范化和专业化为导向加快社会组织的培育与发展

（一）社会组织的法制化保障

鄞州区对社会组织培育工作上要进一步加强法治理念、法治思维与法治保障，同时还需加强道德、社会规范和法治在社会治理中的基础性作用，减轻行政调节压力。将法治保障嵌入社会管理体制之中；在政府与社会组织的关系当中，用法律的手段既要约束政府的行政傲慢，对法治轨道的僭越，同时也要约束社会组织，确保社会组织在法治框架下健康成长与运行。加强全区人民思想道德建设，加强社会公德、职业道德、家庭美德、个人品德教育，培育自尊自信、理性平和、积极向上的社会心态，引导人民自觉履行法定义务、社会责任、家庭责任，自觉维护社会秩序。营造整个社会的法治与道德环境，确保社会组织在健康的土壤上茁壮成长。

（二）加大社会组织的资金扶持力度

社会组织在我国的成长仍然处于弱小地位，一个重要原因就是资金的缺乏。社会组织的资金来源主要是三个方面：一是来源于政府的财政资助与拨款；二是来源于企业的捐助和民间的慈善捐款；三是社会组织提供有偿福利服务所获得的收入。当今世界上大部分国家的社会保障资金是以国家为主；在一些西方国家，社会组织为社会保障提供的资金约与政府提供的财政资助相当。不仅在培育方面，政府要加大对社会组织的扶持力度，同时积极完善政府向社会组织购买服务的体制、机制与相关政策等。"为有源头活水来"方能真正解决社会组织的成长发育问题。政府购买服务不仅使社会力量获得政府的资源，得到来自政府的强力支持，也使政府通过转移部分职能为政社合作创造条件、腾出空间，在以购买服务为载体的公共空间内，政府与社会能够实现深度合作。

（三）拓宽社会组织参政议政的渠道

社会组织在某种程度上提供一定的公共服务，解决部分公民的公共需求或诉求，让相当一部分社会组织的需求通过正常渠道进入公共政策的程序，这也是政府与社会组织形成合力解决公共利益的关键性渠道。同时，也是建设基层协商民主的重要途径。比如，社会团体承担着协调利益关系、参与公共决策的重要功能。社会组织更接近民众和基层社会，相对于政府部门来说，它们更加了解民众

的困难和需要，清楚当发生纠纷时关键的问题出在哪里。通过确认相关信息、发现错误等，社会组织提高了公众参与社会事务过程中信息的输入质量，在向政府陈述意见的时候，能提出代表更广泛群众利益的合理方案，归纳并清晰地阐述公众观点，又可避免态度过于生硬，从而促进政府与公众之间的理性互动，减少政府与老百姓之间的摩擦与不信任，促进和谐社会的发展。

三、以法治化和便捷化为导向健全社会矛盾纠纷调解机制

（一）推行政府购买人民调解法律服务

宁波市鄞州区在推进社会矛盾调解创新的过程中，应该积极学习深圳经验，充分利用鄞州区利用辖区丰富的法律服务资源，通过招投标形式向律师事务所购买法律服务，引进法律专业人员担任调解员，在矛盾纠纷较多的单位设立人民调解室化解矛盾纠纷，全天候为基层群众提供专业调解服务，实现了人民调解、行政调解和司法调解的有效衔接。通过调解方式的创新促进政府角色与职能的转变，政府不再是调解的直接主体，而是转变成为调解规范的制定者、调解行为的监督者，这一角色和职能的转变，契合了"社会协同"参与社会管理创新的法治理念，而由职业律师或社工担任人民调解员，则有效保证了调解活动的法律性和专业性。

（二）促进行业性专业调委会发展

根据两办《关于进一步加强人民调解工作的意见》要求，以及 2014 年 11 月市委书记刘奇在市司法局调研时提出的有关加强行业性专业调委会建设的指示精神，严格按照"谁主管、谁组建、谁保障"的原则，由区行业主管部门落实调委会组成人员、办公场地、工资待遇及经费保障。区司法局提供业务培训、工作指导，并按照"成熟一个发展一个、发展一个规范一个"的原则把好关。稳步推进在鄞州区矛盾纠纷集中的行业和专业领域建立人民调解组织，积极探索在区域新经济组织、新社会组织中建立专业调委会。

（三）推进基层调解员的队伍建设

积极引导各调委会选聘具有法律及各类专业知识背景的人员进入调解员队伍，优化调解员队伍专业化结构。支持有条件的村（居）调委会根据需要聘任专职调解员，鼓励新型区域调解组织针对所辖区域特点选聘具有企业纠纷调处、

519

外来人口自治管理等经验和知识的专业调解员。加快推进调解员培训体系建设，细化调委会主任、骨干调解员、初任调解员的分类培训方案，特别是深化区法院、区司法局人民调解员联合培训基地建设，探索试行法官、调解员"一对一"授课，调解员参与诉讼调解、旁听庭审等实务培训形式，提升调解员业务能力和调解技巧。同时，逐步探索建立调解员职业化管理机制，实现调解员收入水平与其职业能力挂钩，促进人民调解工作的良性可持续发展。

四、以包容性和人性化为导向创新外来人口管理机制

（一）构建"大流动人口"统筹治理机构

解决城市流动人口问题的重要原则，在坚持区委领导的前提下，建立由发改委或人口计生委牵头、各相关部门参与的大流动人口管理机构，通过体制整合加强对流动人口的管理和服务。大流动人口管理机构主要负责人口规划和人口信息管理，统筹流动人口的管理和服务工作，促进城市流动人口与户籍人口的融合，实现流动人口向新市民身份的转变。同时，积极探索建立"区级综合协调、街道综合管理、社区具体实施"三级的鄞州流动人口服务和管理工作新机制，就是希望能够强化相关部门之间的协调。为此，必须明确一个有足够权威的部门来进行牵头协调，而人口办或发改委则是牵头单位的较好选择。在协调时，必须明确要以提高对城市流动人口的服务质量和管理效率为目标，真正形成协调的合力。

（二）依托社会组织来发挥流动人口治理的"助推剂"角色作用

一是充分发挥社会组织的独特作用。政府部门可以通过服务外包、市场准入等形式引入非营利性组织，为城市流动人口提供更好的服务。如政府可以进一步规范民办学校的办学标准，通过招标等形式使非营利性组织进入到办学领域，建设更多的学校来满足流动人口子女教育的需求，同时出台相应的政策，保障教育的公平性；政府也可以与一些非营利性组织合作，在流动人口集中居住的地方建立一些咨询服务机构来满足其维权等需求。二是鼓励区内流动人口及其自组织参与治理。政府应制定相关政策，使城市流动人口及其自组织积极参与到城市流动人口治理工作中来。建议由社区牵头，让流动人口自组织首先参与到社区治理工作中来。政府要加大对流动人口自组织的资金和政策支持，规范其行为，让流动人口自组织在社区管理、信息登记、出租屋管理等方面实现自我约束、自我管理，从而促使流动人口更快地融入城市生活，减轻政府部门的管理和服务压力。

（三）积极稳妥、有力有序、统筹推进公共服务均等化

在当前资源约束下，有必要坚持设门槛、选择性的有序开放，以平衡各种相关方的利益，也就是说在本地人利益、外来人口利益和国家地方发展的总体利益之间寻找合适的平衡点。这种设门槛、选择性的有序开放有三层含义：一是公共服务和社会保障已经在制度上开启了纳入外来人口的政策端口；二是对外来人口开放的政策空间是有限的，比如目前只能做到对外来人口开放部分公共服务，外来人口的社会保障待遇也不如户籍人口丰厚；三是开放的进程是设门槛的，这意味着并不是对所有外来人口无差别地开放。比如，公共服务的享受和社会保障的覆盖时，政府要求"稳定就业和稳定住所"，同时，还需要达到相应积分标准，这种门槛实际上排除了外来人口中高流动人群和非正规就业人群。

五、以智能化和精细化为导向全面提升城市管理水平

（一）提升智慧城管队伍的专业化水平

智慧城管作为一种以现代信息技术手段为基础的新型城管模式，对城管队伍的专业化水平提出了极高的要求，要求智慧城管的座席员、信息采集员以及中心管理人员必须具备与智慧城管运行所要求的个人素质和业务素质，只有努力提高城管队伍的专业化水平才能进一步提高城市管理的智能化水平。

（二）要强化服务能力建设

要强化服务能力建设高度重视与市民的互动、与社会的协同，增强快速回应群众诉求的能力和应急管理的能力，提升城市管理的智能化、精细化、社会化水平，全面提升智慧城管的建设水平。努力推进公众参与城市管理的制度创新，促进公众参与城市管理的多元化与制度化。

（三）要切实优化城市义工工作机制

要切实优化城市义工工作机制，主要包括通过专业化培训和组织活动的开展改进和提升城管义工的素质和能力水平；同时，进一步拓宽城管义工活动组织渠道，增强城管义工活动开展的自主性和积极性，从传统模式下的被动参与方式走向积极合作的方式；再有，就是要持续加大财政对于城管义工活动的支持力度，从根本上保证城管义工活动朝着规范、有序和可持续的方向发展。

（四）要借助智慧城管平台创新公众参与城市管理的新途径

智慧城管作为一种融合现代信息化职能技术的新型城管模式，代表着城市管理未来的发展方向与趋势。智慧城管在促进公众参与城市治理过程中有着得天独厚和无可比拟的优势，通过充分发挥智慧城管在现代信息技术手段上的优势，真正地推动政府与公众之间的无缝隙对接，在"问情于民""问需于民""问计于民""问绩于民"的过程中充分发挥民智和民意，最大程度地还权于民众，在智慧城管的平台中使公众参与充分和有效地运转起来，在参与和互动的过程推动平安鄞州与和谐鄞州的建设与发展。

第四节　先进地区社会治理现代化的经验借鉴

一、杭州上城区——"智慧社会治理"模式

"智慧社会治理"是将现代信息技术与政府为主导的多元社会治理体系结合的治理思路，它既畅通了政府与群众的沟通渠道，也顺应了城市管理日益精细化等发展态势。"智慧社会治理"既不是单纯的智慧城市建设，也不是一般意义上的复合治理。"智慧社会治理"强调，面对日益复杂的社会运行方式以及利益分化趋势，地方党委政府需要在社会治理上以现代信息技术为支撑，带动制度创新，打造一种更为开放、多元和快速回应的社会治理体系。

（一）以互联网、物联网运用为枢纽，推进城市社会治理智能升级

上城区以互联网和物联网为代表的现代信息技术为依托，在城管执法、基层社会管理和公共服务等领域，积极开发相关的信息平台，有效推动了城市社会治理的智能升级。

在城管执法方面，上城区开始试运行城管智能管控平台，通过固定监控、移动监控、智能探头、卫星定位等多种方式，利用现代三维地理信息系统整合主要道路信息，形成全方位、实时动态的城市管理信息系统。并通过改进管理问题处置方式、工作人员考核机制等，大幅提高了城管工作绩效和社会公信力。

在社会服务管理和群众权益维护方面，上城区构建了"平安365"社会服务管理联动平台，利用GIS地理信息系统技术把全区划分为159个网格，群众有任何需求或建议均可由网格联络人按照标准化的要求提交网络系统，系统内的

"联动处置中心"根据服务标准确定受理部门，确保每一个要求都有回应，每一个问题都得到处置。

在居家服务上，上城区将分散在民政、教育、卫生、残联、计生等部门公共服务进行资源整合和流程再造，构建起综合性的"大服务""大保障"体系，囊括了居家养老、居家教育、居家医疗、居家三优（优生优育优教）、居家就业、居家文化、居家安养和居家办事等8种类别280多项服务，基本涵盖了社区居民生活的主要需求，实现了居民需求与公共服务的零距离无缝对接。

（二）以信息平台为依托，推动与"智慧社会治理"相适应的政府职能体系建设

首先，通过公共服务标准化体系建设厘清政府的职能边界。以规范公权、服务民权为目的，以构建政府职能标准化体系为核心，以制定具体职能管理标准为基础，以推进标准实施和动态完善为重点，全面推进区一级政府行政职能的标准化管理，通过对政府具体职能的标准化，弥补现行法律法规制定的空白与执行中的缝隙，使每一项具体事项都有标准可依循、可操作、可检查、可评价。

其次，通过政府联动机制建设推动不同职能部门的协同运行。建立了"发现、上报、交办、处置、反馈、回访"七个步骤为主体的社会问题全响应机制，通过管理与服务标准化体系建设厘清政府职能部门的边界，明确办事流程；另外通过首派责任制度、督办联席会议制度、信访兜底制度、分析研判机制等机制建设，推动不同职能部门的协同治理。

最后，通过全面改进考评体系提升信息化时代的政府效能。信息技术的运用使得精细化考评成为可能。上城智能城管建设开始后，在机制方面按照标准化、精细化和流程化目标，以"量化考核、标准测评、网络支撑、全面覆盖"为目标，达到"工作任务定量、工作质量定性、工作纪律规范、工作标准统一、工作责任落实"。"平安365"平台的建设也改进了区政府对社区和各个职能部门的考核体系。由于信息平台能够使社会反映的所有问题和处理过程都留痕，因此使得对各职能部门更注重政府公共服务质量、更有效回应群众诉求的考评得以可能。

（三）以基层治理创新为基础，实现基层社会治理与现代信息技术的有效衔接

上城区建立了政府管理与社会自治的衔接互动机制。一方面，通过构建"17654"民主民生互动平台，建立起社情民意收集、民生响应、协同治理、处置效果评价等四大机制，通过反映群众诉求、协调社会关系、调节利益纠纷、化

解社会矛盾，推进政府治理和社会自我调节、居民自治良性互动。其中，"1"是指区民情信息中心，"7"是指在7个职能部门设立"民情信息收集处置平台"，"6"是指在6个街道设立"民主民生沟通工作室"，"54"是指在54个社区设立"民情气象站"。另一方面，通过建立"民情半月谈"等党委政府与群众双向交流机制，使群众充分发挥发现问题、反映诉求、参与监督等职能。同时把具体的民生诉求实时流转到政府部门快速处置，处置过程在信息平台上自动留痕，群众可以随时查阅，实现了可视化、全透明，推进了服务型政府建设。上城"平安365"社会服务管理平台良好运行的关键在于该平台有效推进了政府管理与社会自治的衔接，使政府管理与社会治理之间通过"平安365"平台实现了全方位的互动。作为平台的一端，社区、社会组织和居民代表在平台运行中起着寻找社会治理问题，反应百姓诉求，监督政府效能等多方面的功能，作为问题的发现者，他们实时将各种需要解决的问题通过365平台反馈到信息处置中心，信息处置中心再通过平台协调相关部门对社区反映的问题进行处置和反馈，整个处置信息都在平台留痕，信息可以随时查阅，成为政府与社会的有效互动机制。

二、厦门思明区——"互动共治"模式

为了开展"美丽厦门"的共同缔造活动，按照"核心在共同、基础在社区，关键在激发群众参与、凝聚群众共识、塑造群众精神，根本在让群众满意、让群众幸福"的要求，思明区分别选择了若干不同类型的社区，包括城市新社区、城市老旧社区、外来人口集中社区、村改居社区、农村社区等各种类型社区，开展了以"社会共治共享"为目标导向的共同缔造试点工作。

（一）树立依靠群众、共治共享观念

一是从单向的管理，转向多元的治理，使政府从"包办人"变成引导者、参与者。在共同缔造中，政府改变过去大包大揽的工作方式，通过搭平台、建载体、给资源、立机制，让群众知情有渠道、参与有平台、监督有手段、当家有方法，激活了群众和社会的力量，凝聚了社会参与的共识，构建了社会治理的新理念，形成了各方齐参与的局面，解决了群众的"参与问题"。二是从单纯的为群众服务、给群众利益，转向凝聚群众共识、培育群众精神。在共同缔造中，大家为了改善社区环境或建设公共项目，主动投工投劳、出钱出力、认捐认养，改变了一些群众只讲权利和福利、忽视义务和责任的现象，形成了良好的风气和共同的精神，解决了群众的"社会责任问题"。

（二）创新方式方法，着力激发公众参与

一是搭建项目和活动载体，吸引群众参与。以美好环境建设和民生项目为主，由市、区组织征求群众意见确定，或由村居自治组织通过组织群众共同商议确定，选取与百姓关系最密切、群众能够参与的公共项目或房前屋后项目，吸引群众以各种方式参与。政府通过以奖代补的办法，谁主动做就给谁补助，谁做得好就给谁奖励，激发大家参与热情。二是以社区为基础单元，整合资源共治。社区是社会的基础单元。在共同缔造中，以社区为单元，把资金、人才、服务及各种社会资源下放和整合到社区。思明区通过成立 10 个街道大党工委、96 个社区大党委，整合辖区内各方面资源。思明区还有 249 家社会组织、500 多个社区文体组织和一批城市义工在社区服务。思明区在 3 个镇街及党代表比较集中的 3 个村居设立 6 个党代表工作室，在海虹、兴旺社区等 4 个比较成熟的社区广泛吸纳辖区非公党支部成立大党委。通过整合这些资源，有效形成了齐心协力共同缔造的局面。

（三）建立政府治理和社会自我调节、居民自治良性互动的机制

一是完善参与机制。着力强化和培育居委会、社区自治组织和社会组织"三大主体"，以简政放权和减负强化提升村（居）委会民主议事、民主管理的职能，组织并引导农村乡贤理事会、道德评议会、村民议事会和城市社区居民理事会、党员和事佬、同驻共建理事会等民间自治组织充分发挥领导带头作用和群众号召能力，大力孵化培育志愿服务组织、专业社工组织、各种俱乐部等社区服务类、公益慈善类、群众生活类、枢纽（联合）型的多元社会组织，探索建立和完善社区自治组织、服务组织等各类组织的运行机制，促进群众、社会组织和企业参与社区治理。搭建项目、活动和认捐认养等"三大载体"，拓展群众参与的平台，让群众在参与项目决策和建设，参加社区活动和认捐认养中加强交流、促进融合，增强主人翁意识和对社区的认同感和归属感。

二是完善激励机制。积极探索建立"以奖代补"激励机制，思明区出台了《"以奖代补"专项资金申报办法》，思明区出台了《"以奖代补"试点项目操作实施暂行办法》《"以奖代补"试点项目资金管理暂行办法》，对项目建设和开展活动给予以奖代补，有效调动了个人、单位、社会组织参与共同缔造的积极性。同时，两个区都实行了积分奖励制，鼓励群众认捐认养。

三是巩固服务机制。完善社会化服务机制，探索建立了"区—镇（街）—村（居）"三级联动的网格化体系，完善了"区—镇街—村居"三级便民服务体系，把社会服务输送到基层治理的每一个角落，并通过群众参与形成互动的回

路，及时反映和协调群众各种诉求。完善志愿服务机制，思明区城市义工协会在试点社区设立义工服务点，动员更多群众参与志愿服务。思明区学习借鉴中国台湾志愿服务的先进经验，推广了"志工＋社工＋义工"的志愿服务模式，建立志愿者服务机制。完善外来人口服务机制，建立外来人口"同城市、同管理、同参与、同服务、同待遇"的"五同"服务机制，将外来人口纳入"新厦门人"，增强了外来人口的认同感与归属感。

三、重庆渝北区——"六个一"模式

为了实现"社会治理网格化，网格管理清单化，清单管理制度化"的社会治理工作目标，积极探索"问题发现、问题处置、问题评估"的社会治理工作新机制，以做实城乡社区基础网格为突破口，力求构建"精细化管理、人性化服务、多元化参与、信息化支撑"的基层社会治理新局面，最终实现全区"六个一"的社会治理工作新体系。"六个一"，即一个全新的社会治理领导体制，一个统一的服务号码，一个平台，一个联动中心，一支队伍，一套政策。

（一）围绕问题发现，做实做强基础网格

围绕"精细化管理、零距离服务"的网格理念，按照城市（城镇）社区300户、农村社区一般以 1~2 个村民小组为单元，在全区划分 2 801 个基础网格，强化基础网格应急管理、城市管理、社会管理、志愿服务等方面工作职责。每个基础网格配备 1 名网格长（由社区干部担任）、1 名网格督导员（由镇街派驻社区干部担任）、专兼职网格管理员按照城市（城镇）社区"1＋N＋X"模式、农村社区"0＋N＋X"模式（"1"或"0"是指专职网格管理员，由政府购买社会服务的方式解决，同时网格内的社区居民挑选一定比例的代表作为轮值网格长，一季度一轮换，参与社区服务管理、监督、评估等工作；"N"是指兼职网格管理员，如治安巡逻员、隐患排查员、矛盾调解员、信息采集员、市容监督员、义务帮扶员、政策宣传员等，主要由社区民警、社区专兼职巡防队员、市政环卫人员、物业工作人员、居民小组长、楼栋长等担任；"X"指志愿者，由社区内的人大代表、政协委员、党员代表、退休老干部、离任社区干部、驻村律师、热心居民等担任）。全区配备了 18 877 名专兼职网格管理员（其中专职网格管理员 1 392 名），并确保这支社会治理队伍下沉到基础网格并发挥积极作用，力求在基层实现"六有"：政策有人宣传、信息有人收集、纠纷有人调解、平安有人保障、活动有人组织、困难有人帮扶。

（二）围绕问题处置，创新社会治理工作机制

1. 建立统一的社会治理工作组织体系

成立了区社会治理工作委员会，由区委书记任主任，区政府区长和相关区领导任副主任，负责全区社会治理工作的统筹协调。委员会下设办公室，由区委常委、政法委书记兼任办公室主任。同时，结合政府机构改革，整合区总值班室、区应急办、区电子政务中心、区数字城市监管中心等相关部门职能，设立渝北区社会治理联动中心，内联政府部门和公共服务系统，并承担区社会治理工作委员会办公室的职能，具体负责收集信息、智能分拨，应急处置、督促考核等工作。区联动中心主任兼任社会治理工作委员会办公室常务副主任，同时兼任区委办副主任、区政府办副主任、区委政法委副书记、区应急办副主任。各镇街依托综治工作中心，相应设立社会治理联动分中心，由镇街政法书记兼任中心主任。在全区构建起了"三级平台、四级管理"（区社会治理联动中心、镇街社会治理联动分中心、社区社会治理工作站"三级平台"和区、镇街、社区、网格"四级管理"）的社会治理工作组织体系。

2. 建立社会治理问题处置机制

对群众反映出来的问题，按照"问题导向、清单管理、结果倒逼"的要求，实行"三色"分类、"三级清单"管理、"三清三进"倒逼推进的处置工作机制。即对能立即解决的问题，列为红色问题类，"日清周进"（每日清理一次，每周有工作进展）；对需要认真研究并多方联动的问题，列为橙色问题类，"周清月进"（每周清理一次，每月有工作进展）；对需要较长时间解决或与上级联动的问题，列为黄色问题类，"月清季进"（每月清理一次，每季度有工作进展）。对上述问题实行区、镇街、村社区"三级"问题清单管理，明确办理时限，加强督促检查，使问题的发现、分类、处置形成一个"闭环"系统。2015年1~7月，全区面上共交办问题2 104个，其中红色类问题1 517个、橙色类问题368个、黄色类问题219个；各类问题已办结1 303个、办结率80%。

（三）围绕问题评估，强化社会协同参与

首先建立社会治理工作评价考核机制。各基层社区建立了网格民意调查组，定期召开例会，对网格化工作提出要求、做出评价，每季度开展一次民意测评，推选出"优秀网格管理员"表彰奖励，推动网格服务管理工作深入发展。其次强化基础网格管理员与社区专职巡防队员的工作合力。为每个城市社区配备10名专职社区巡防队员，全区共配备1 370名专职社区巡防队员，实现巡防队员与网格管理员的无缝衔接。再次强化社会组织在社区治理中的作用，组建自治协

会服务惠及群众，重点培育公益性社会组织，大力发展社区志愿者协会，建立"帮扶协会""文体协会""生活协会"等，通过"社会组织提供服务、政府购买服务"的方式满足居民多元化、全方位的社会服务需求。最后在网格建立基层党组织，按网格内的常住和流动党员规模，组建党小组或党支部，增强基层社区网格党组织的凝聚力和战斗力。并在社区搭建了党代表、人大代表、政协委员"社区联络室"，集中听取通过网格反映的问题，协调、督促相关单位认真办理。

（四）围绕强化服务效能，加大信息化手段应用

一是推出全市首个基层服务群众平台开放式手机 APP，群众可随时随地、图文并茂反映自己的诉求和问题。每反映一件事，反映人会得到一个流水号，方便以后查询办理进度。对群众反映的问题和事项，原则上在 1~3 个工作日内办理答复，规定时间内没有办结的，系统就会自动亮"黄牌"或"红牌"，直接跟所在单位或镇街考核业绩挂钩。2014 年 1~7 月，渝北区平台系统已受理群众反映的问题和事项 864 件，已办结 805 件，办结率达 93.17%。二是正在整合全区 97 个非紧急类呼叫热线，确定一个为市民服务的统一电话号码"999"，作为社会治理体系的外感系统，外联社会公众，代表政府统一受理群众诉求。三是以大数据库为支撑，依托"智慧城市"建设，正在对现有公安、计生、市政、民政、党建、信访、综治等部门信息系统进行统一整合，建设统一的信息化平台，作为社会治理体系的中枢神经系统，为应急处置和领导决策提供可靠依据。四是建立完善的视频监控系统。区里投资 1.5 亿元建设 2 727 个高清镜头。同时，正在对中国电信协商，拟在沿街小巷通过政府购买服务的方式安装摄像头，实现图像的全覆盖。

四、深圳福田区——"大数据社会治理"模式

大数据时代，只有让政府以及各社会主体在合理共享各种最新数据的基础上，发挥各自的优势，深度挖掘数据的价值，在提供公共服务的方式、内容和机制上不断创新，以适应快速变化的社会需求和环境，才能不断提高我国的国家治理能力和实现社会治理方式的创新。深圳市福田区充分认识基础数据的重要性，在如何保证动态、精准、充分占有基础数据方面进行了卓有成效的创新和探索。

（一）构建电子政务应用体系

福田区委、区政府以深圳织网工程和智慧福田建设为契机，依托大数据系统网络，着力构建以民生为导向的完善的社会建设电子政府应用体系，并在此基础上积极开展业务流程再造，有效提高了福田区的行政效能和社会治理能力。

建设"一库一队伍两网两系统"。一库即一个公共信息资源库，主要由基础信息库、业务信息库和主题信息库构成。一队伍即一支网格信息员队伍。以社区为基础划分为若干个基础网格，每个网格配备一名网格管理员，负责各类信息的采集。两网即社会管理工作网和社区家园网。两系统即综合信息采集系统和决策分析支持系统。建设"两级中心、三级平台、四级库"。这是智慧福田的重点建设内容。两级中心即区管理运营中心和街道管理运营中心。三级平台即街道、社区、网格三级工作平台。四级库即区、街道、社区、网格数据库。主要目的是为"织网工程"综合信息系统在福田区全区各层面、各单位、各系统全面开发利用提供系统支持和技术保障。构建"三厅融合"的行政审批系统。"三厅融合"即全面改革全区办证大厅运作模式，将区、街道行政服务大厅和网上办事大厅三厅融合，打造"综合受理、后台审批、统一发证、监督监管"的工作模式，实现所有审批事项"一网办、一窗办、一站办"。

通过大数据系统网络和电子政务应用体系建设，福田区全面梳理"自然人从生到死，法人从注册到注销，房屋楼宇从规划、建设到拆除"全过程政府管理服务相对应的所有数据，为实现信息循环、智能推送提供数据规范和数据支持。并在信息资源融合共享的基础上，广泛进行部门业务工作需求调研，理清部门之间的业务关系和信息关联，通过部门循环、信息碰撞、智能推送，再造工作流程，有效减少了工作环节，简化了工作程序，提升了服务效能，方便了群众办事。同时随着政务信息资源面向社会开放的逐步推进，各类社会组织、企业和公众将可以合理使用不含隐私信息的基础数据，为社会提供个性化服务和增值服务。

（二）建立法律法规和社会治理机制

根据深圳福田区在探索中碰到的具体困难和问题，要有效推进大数据时代的社会治理创新，进一步发挥法律法规在社会治理创新中的作用。需要建立法律法规和相应的工作机制：一是在更高层面完善流动人口信息自主申报管理条例，增加管理条例的权威性。对于没有按法律规定自主申报的居民，除了记入诚信体系外也可制定一定程度的处罚措施。同时要把自主申报的经验积极推广，争取在全省或更大的范围内实施自主申报，自主申报实施的区域越广，各个主体自主申报的意识和意愿会越大，越有利于自主申报的推进。二是完善网格化管理配套法规制度。要统一规范深圳各个区网格化管理的工作制度，要由人大制定相关法律法规，对网格员的信息采集工作进行授权，明确网格管理的职责、任务，工作机制、方式，明确网格化管理机构的性质，明确各方的责任、权利和义务。三是完善社会参与机制。完善社会公众参与机制，建立和扩展公众参与渠道，积极引导公众有序参与社会治理。

（三）促进数据安全与数据深度应用

大数据时代，要充分发挥数据在社会治理和经济发展中的作用，必须确保数据和信息系统的安全。信息安全一方面要在技术上通过信息系统的软硬件投入来保障；另一方面要充分重视数据和信息在采集、应用过程中的制度建设。要权衡数据开放与个人隐私和商业秘密保护、国家信息安全与社会数据需求之间的关系，制定严格规范的数据采集、储存、处理、推送和应用制度。同时要对信息安全和使用规范制度进行广泛的宣传。一是可以促进公众和相关单位的信息安全意识；二是有助于消除有关人员和部门的疑虑，提高信息采集效率和促进信息共享；三是充分发挥数据价值。

（四）推动"微事"与大数据结合

大数据时代社会治理方式创新必须转变政府职能，建设服务型政府，充分运用大数据系统，提升政府便民服务水平。运用互联网信息技术，建设民心网，通过网站收集和处理信息，运用现代软件技术实现网络传输，快捷反馈，使"微"主体的"微"行为，与大数据结合，产生"微"决策，推动决策社会化。通过全面联网，充分调动各方面积极性，完善大数据系统。在及时解决居民生活和工作难题的同时，推进社会主体积极参与社会治理。把深圳福田区已经开展的"民生微实事"改革进一步与网络结合，运用大数据提升社会治理水平，推动"微事"与大数据结合，利用互联网、信息平台，把党群"互动圈"、民生"服务圈"、基层"法治圈"、居民"自治圈"，打造成网上网下互动，提高服务的针对性、时效性。

第二十一章

鄞州幸福民生建设

  习近平总书记曾强调，"民生连着民心，民心关系国运"。"得民心者得天下，失民心者失天下"。关心群众疾苦，解决民生问题，实现人民期盼，是我们党"立党为公，执政为民"的底线，是党员领导干部党性原则的一条红线，各级应通过完善各项保障政策，守住这条民生底线。一直以来，鄞州区立足强区兴区与惠民富民的互动发展，积极构建公共服务、社会保障、社会管理网络，着力解决群众最关心、最直接、最现实的问题，切实增强群众的幸福感、归属感和自豪感。然而，随着民生内涵的拓展，幸福属性的延伸，群众要求的提高，鄞州区要切实把幸福民生贯穿到经济社会发展的全过程，更加自觉地把以人为本作为贯彻落实科学发展观的核心立场，更加自觉地把全面协调可持续作为贯彻落实科学发展观的基本要求，更加自觉地把统筹兼顾作为贯彻落实科学发展观的根本方法，切实改善民生、增进民利、促进民享，实现学有优教、病有良医、娱有众乐、住有宜居。

第一节　鄞州幸福民生的研究背景

一、幸福民生的内涵与意义

（一）幸福民生的内涵

幸福是目标。"人总是追求幸福的，如果这一判断是有不证自明的公理性，那必定意味着，对幸福的追求是人的宿命，人的天性"。但是，幸福是一个"每个人都知道其含义，但却无人能够精确定义"的词汇。亚里士多德推崇的"完善论幸福观"，将幸福作为人的潜能充分发挥和自身价值最大实现。亚当·斯密首先认识到追求幸福的利己主义本性是人类所有行为的出发点，使快乐主义成为古典政治经济学的"心照不宣"的前提。"幸福就是快乐"是快乐论的基本观点，他们认为，人的本性就是趋乐避苦，追求快乐是道德的基础和内容，是一切行为的动因和判断标准，是人生的意义和终极追求。"幸福就是道德"是西方理性主义德性论的基本命题，他们认为幸福是人生的终极追求，但感性欲求的满足并不是幸福达至的必要因素。"幸福是需要满足后的心理体验"是西方幸福思想发展史上满足论的基本观点，他们认为，幸福是人需要、欲望得到满足后的心理体验，也有的满足论者将幸福表述为重大的人生理想和人生目标得以实现后的心理体验。"什么是社会主义，怎样建设社会主义"是马克思主义的重要问题，幸福理论的研究对于回答这一具有重要理论意义和现实意义的世界难题提供了一个新的视角。从本质上讲，社会主义的价值体系就是普遍幸福主义的价值体系。马克思主义幸福思想诠释了幸福内涵，人类幸福既包含理性，又包含着人的情感和意志；既是精神的，又是一种物质的生命力量；既是认识的，又蕴含着人的价值指向；既服从必然，又超越必然而达到人类自身发展的和谐状态。

民生是本质。民生一词最早出现在《左传·宣公十二年》中，"民生在勤，勤则不匮"，这是楚国君主对人民的劝诫，认为勤劳是百姓生活富裕的关键。明代何景明在《应诏陈言治安疏》中提到："民生已困，寇盗未息，兵马弛备，财力并竭。"章炳麟在《訄书·商鞅》中写道："国政陵夷，民生困敝，其危不可以终一哺。"到我国近代社会，最早对"民生"一词提出解释的，是我国民主革命的先行者孙中山先生。他对"民生"的定义是：社会的生存、人民的生活、国民的生计、群众的生命，即民生概念核心是平均地权、节制资本。严卫华认为，在现代社会，民生和民主、民权三者相互倚重，而民生之本由原来的生产、生活资料上升为生活形态、文化模式、市民精神等既有物质需要也有精神特征的集成。也有学者认为，现代意义上的民生应该从人权、需求、责任三个角度来分析。人权角度来看，是人类的生存权、发展权；从需求角度看是人类对实现满足发展权和生存权的需求，从责任角度来看，民生是政府施政的根本，满足人民生活需求是政府执政的最高准则。从以上角度出发，有的学者概括出以下几点：民生实质上是广大人民群众的权利；生存权的保障是民生的基础内容；发展权的保障是为了广大人民群众能更好地生存；保障民众能有尊严的生活是民生应达到的标准。

幸福民生是一种全方位概念，是一个复杂性的系统，不仅包括教育、卫生、住房、物价、交通等，而且包括工资收入、生活水平、健康水平、人居环境等，更加包括民主、自由、法治、安全等，其内涵也是时代化、渐进式的演变过程。美国著名的伦理学家拉蒙特指出了社会幸福包含的内容，"社会幸福包括健康、有意义的工作、经济保障、友谊、性爱、社会承认、受教育的机会、发达的才智、言论自由、文化娱乐、美感和闲暇等12个方面"。李克强总理在《政府工作报告》中指出："立国之道，唯在富民。要以增进民生福祉为目的，加快发展社会事业，改革完善收入分配制度，千方百计增加居民收入，促进社会公平正义与和谐进步。"幸福民生跟社会幸福的内涵相近，涵盖着方方面面，表现在各个领域，是广大群众最大的利益和价值。

（二）幸福民生的意义

民生反映着人民生存、生活和生产的基本状况，幸福民生是社会和谐、公平正义的根本表现，不仅关系着人本身的尊严和发展权，同时也与社会的文明进步的程度相关联，具有广大而又深远的意义。

幸福民生是公平公正的基本要求。正确处理人民内部矛盾和利益关系，实行合理的按劳分配制度，完善社会保障体系，努力在法律上、制度上、政策上营造良好的社会环境是实现公平正义的核心要素。社会公平正义包含两个方面：一是让全体公民共享发展成果，让城镇乡村的人民都能感受到公共财政的阳光和温暖。二是为社会所有成员的自由全面发展提供充分的空间。实现公平正义需要处理好人民之间的利益矛盾，特别是处理好在教育文化、就业、收入分配、社会保障、住房、医疗等与人民群众自身利益密切相关方面的具体矛盾。保障和改善民生就是实现和谐社会公平正义精神的具体形式之一，通过改善和提高民生条件和水平，从而促进和实现教育公平、就业公平、医疗公平、分配公平。

幸福民生是社会和谐的根本保障。30多年的改革开放，中国在的政治、经济、文化方面取得了巨大成就，但随着市场经济的不断发展和完善，中国社会出现了诸多问题和矛盾，比如分配不公引起的社会分层加剧、社会贫困弱势群体数量增加、就业形势严峻等。改善民生，帮助贫困者、失业者和竞争破产者重新就业，有益于化解市场经济发展所带来的不和谐的因素，消除人们之间的仇恨、猜疑和戒备的心理和行为，使社会形成团结友爱的局面，进而积极共同建设和谐社会。

幸福民生是科学发展的终极目标。"科学发展观，第一要义是发展，核心是以人为本，基本要求是全面协调可持续，根本方法是统筹兼顾"。坚持以人为本，就是要不断满足人民群众日益增长的物质文化需要，切实保障人民群众的经济、政治和文化权益，让全体人民能够享受发展带来的成果。实现以人为本的现实路径就是以民生为重。以民为重就是要关注人的生活质量、生活幸福指数，关心人的发展，把社会发展的成果真实的体现在改善人民生活上，体现在满足人民发展的现实需要上。切实保障人们生存和发展的尊严和权益，保障人民群众的社会主人翁地位。

二、鄞州幸福民生的阶段与历程

鄞州区向来重视幸福民生工程，从 2002 年撤县设区之后，幸福民生发生了极大的变化，在养老保险、医疗保险、社会事业等方面取得了很大的成就，分析幸福民生发展的历程，大致可分为以下三个阶段。

（一）创造众多"全国率先"（2002～2007 年）

这一阶段是鄞州区撤县设区后关键性的 5 年，全区进一步强化以人为本的理念，按照统筹城乡发展、统筹区域发展、统筹经济社会发展、统筹人与自然和谐发展的要求，大力推进社会建设、基础设施建设和生态环境建设，特别是把全面提升农村建设和发展水平作为重点。在这一过程中，鄞州区敢为人先，最早实施包括社会保障体系在内的综合配套改革，在教育、社会保障等方面创造了众多的"全国率先"，是鄞州区改革民生内容最多、速度最快、水平最高、质量最优的时期。

1. 城乡建设率先

2005 年，鄞州的党委政府就已经提出城市建设向农村延伸、公共服务向农村倾斜、社会保障向农村覆盖、现代文明向农村辐射。2007 年初鄞州区第十二次党代会又进一步作出实施竞争力提升、新农村建设、和谐区创建三大行动纲领，明确了发展的目标与思路。可以说，鄞州在探索城乡一体发展是走在全国全省前列，并形成了具有鄞州特色的发展经验。

2. 教育发展领先

早在 2006 年的春季，鄞州就率全国之先实行了惠及城乡 7 万名学生的全免费九年制义务教育，并安排 2 000 余万元为 4 万多名非鄞州籍学生免除学杂费。2007 年秋季，鄞州开始实施免学费职业高中教育，1.5 万名职高学生得到实惠，为此区财政每年支出 4 000 万元。

3. 养老保障覆盖

2006 年，率先实施老年人生活补助政策，并建立了连续 5 年每年递增 10 元的自然增长机制，全区 6 万多名未进入社保体系的老年人，今年每人每月已能领到 100~140 元的生活补助金。2007 年 1 月，鄞州区还率先出台残疾人生活补助金发放政策，1 万多名未就业和无社会保障的残疾人普遍享受每月 60~200 元不等的财政生活补助金，而且还累计募集慈善款 2.5 亿元，建立留本冠名慈善基金 3.3 亿元，共发放慈善救助款 1 亿多元。

（二）全面实施"幸福民生 40 条"（2008~2011 年）

2008 年，为深入贯彻党的十七大和浙江省委、市委重要会议精神，鄞州区推进落实区第十二次党代会提出的"三大行动纲领"，让全区人民更加充分地共享改革发展成果，区委十二届四次全会作出实施"幸福民生 40 条"的决定，主要包括积极促进创业和扩大就业等十大类 40 条，涵盖了民生全领域。

1. 推进城乡创业就业

完善自主创业政策扶持体系，采取"直接免收、财政补助、政府代缴"方式免收本区内的内外资企业和个体工商户开业注册登记费、工商管理费、集贸市场管理费、税务登记费和票证票据工本费等费用。推进"充分就业村（社区）"创建工作。以帮扶"零就业家庭"、未就业大学生、被征地人员就业和提升行政村（社区）劳动力就业质量为重点，通过开发公益岗位，提供社保补贴、岗位补贴、用工补贴等措施，全面推进"充分就业村（社区）"创建工作。

2. 推进城乡社会保障基本覆盖

建立城乡统筹的新型养老保障体系，扩大城镇职工基本养老保险覆盖面，逐步做实个人账户，健全养老金调整机制。建立城乡互动的新型社会救助体系，完善最低生活保障金标准动态调整机制，实现城乡最低生活保障制度接轨，健全临时社会救助制度，加大对因病、因灾致贫群众救助力度，建设区社会救助中心，提高农村"五保"老人和城镇"三无"人员供养质量。积极实施"残疾人共享小康"工程，保障残疾人基本生活，健全残疾人生活补助金正常增长机制，建立区残疾人康复中心、残疾人托管中心，到 2011 年，全区有一定劳动能力和就业愿望的残疾人就业率达到 94% 以上、脱贫率达到 80% 以上。

3. 推进社会民生事业快速发展

加强生态保护，建设污水收集处理系统，2008 年完成石碶街道建成区污水管网建设和其他镇乡（街道）污水管网专项规划，启动鄞南、鄞西、滨海污水处理厂建设，2009 年启动全区污水管网建设，同时对难以纳入城镇污水集中处理系统的 132 个山区、半山区和水库上游村，实施污水生态化处理。提高居民综合素质，实行中小学 12 年免费教育，深化义务教育书学费全免和职业教育免学费政策举措，实施免学费高中段教育，全面实现中小学 12 年免费教育，全区居民平均受教育年限达到 11 年。完善文化服务，深化"和美家园""和谐企业"

"文明镇村"等创建活动，2009 年启动的"天天演"工程，通过政府采购、政府补贴等方式，扩大了文化演艺产品的供给。

（三）陆续推进"四大百亿民生工程"（2011～2015 年）

鄞州区第十三次党代会以来，新一届区委、区政府面对党的十八大改善民生的新要求、区域率先发展的新形势、全区群众幸福生活的新期盼，围绕打造质量新鄞州的总体目标，启动实施了现代交通、现代水利、生态环境、公共服务保障"四大百亿民生工程"，着力解决群众最关心、最直接、最现实的问题，切实增强群众的幸福感、归属感和自豪感。"四大百亿民生工程"总投资达到 650 亿元，其中现代交通 200 亿元、现代水利 120 亿元、生态环境 230 亿元、公共服务保障 100 亿元，为历年来工程项目建设之最，对促进区域发展、统筹城乡建设、增进群众福祉具有重大意义。

1. 百亿工程建设投资大、覆盖广

坚持民生为重、民生为本，把"四大百亿民生工程"作为全区重大项目建设的重头戏，量上增加投资、面上扩大覆盖。一是工程投资额大。总投资达到 650 亿元，为历年来工程项目建设之最。年度投资超过 130 亿元，2012 年初全区安排了 130 个重点项目、年度投资 230 亿元，其中"四大百亿民生工程"80 个，占项目总数的 62%，占投资总额的 56%。二是工程覆盖面广。重点覆盖了一批交通道路、水利工程、生态环境等基础设施项目，其中交通道路包括骨干路网、市民出行、智慧交通等三大体系，水利工程包括堤防加固、污水处理、内河整治、水质修复等四大领域，生态环境包括蓝天、清水、绿色、洁净、低碳等 5 大类项目。统筹覆盖了一批教育、文化、卫生、社会保障等公共服务项目，既包括中小学校改造、社区卫生服务机构新建、公共文化明珠镇创建等"硬建设"，也包括学前教育发展、天天演实施、社会保障全覆盖等"软提升"。

2. 百亿工程建设推进快、成效好

坚持质量优先、效益为先，强化责任意识和结果意识，将速度与质量相结合、将效益和民生相结合，全面推进了"四大百亿民生工程"。一是推进速度比较快。项目实施率高，按照"签约抓落地、落地抓开工"的要求，抓前期、强推进，交通"66200"工程的主干道、次干道、城市道路项目实施率均为 65% 以上，化工、造纸、铸造等 5 大行业整治工程全部启动，"流域整治"工程的水库山塘治理、中小河流综合整治等项目全面实施。项目完成率高，按照"开工抓推进、推进抓进度"的要求，抓节点、促工期，"三改一拆"已完成全年力争目标的 117%，"断头河"打通、新能源车辆投放等已全面完成年度计划。二是建设成效比较好。项目效果明显，交通建设基本建成城乡"七横十二纵"、城区"六横九纵"路网骨架，初步实现了"十分钟高速圈"、"半小时交通圈"；"森林鄞州"建设使全区森林覆盖率达到49%、人均公共绿地面积超过14平方米。群众受惠广泛，创建为首批全国义务教育发展基本均衡区、首批国家公共文化服务体系示范区、浙江省卫生强区，全区群众有了更好的教育、更丰富的文化享受、更高水平的医疗服务。

3. 百亿工程建设体制优、机制活

坚持体制创新、机制创优，强化政策引导和考核激励，着力破解征地拆迁、项目推进、要素供给等重点难点问题。一是理顺相关管理体制。调整区城投公司、交投公司、水投公司、城市排水公司管理体制，促使其从项目代建式公司向兼具开发建设、投融资、资产运营等职能于一体的综合性公司转型。理顺全区拆迁管理体制，建立区征迁领导小组—区征迁办—镇乡（街道）征迁实施主体的三级体系，着力解决征迁关系不顺、职责不清等问题。二是完善项目推进机制。出台固定资产投资和重点工程建设考核奖励、重大项目拆迁奖励等一系列政策，树立多干多得的激励导向，有效调动了镇乡街道和参与人员的积极性。建立一年两次重点项目集中开工制度，以集中开工倒逼项目抓前期、抓节点。健全重大项目督查考核机制，实施"月检查、季公示、年考核"，真正做到奖优惩劣、动真碰硬。

三、鄞州幸福民生的新形势与新要求

近年来，鄞州区努力发展"普惠型"的社会事业，完善"共享型"的社会保障，创新"服务型"的社会管理，民生工作扎实有效地开展，民众也取得了很多切切实实的利益，但是随着社会进一步发展，幸福民生出现了很多新形势，提出了很多新要求。

（一）鄞州区幸福民生新形势

1. 群众对生态文明有更高要求

在气候变化、环境超载、资源短缺成为全球性问题的今天，生态环境已经成为一个地方发展的核心竞争力，也是提高居民生活幸福指数的重要方面。生态文明建设不仅关乎广大人民群众的根本利益，同样也是增进人民福祉之所在。因此，人民群众对建设生态文明充满了热切的盼望和期待，既要"金山银山"，又要绿水青山，是广大人民群众从心底发出的最深切呼声。

537

2. 群众对法治正义有更高期待

国家民主法制建设的推进和人民群众法治观念的增强，对维护司法公正和保护公民权利提出了更高要求，政府需要进一步强化法治生态。同时，人民群众是法治实施的主体和力量源泉，必须坚持法治实施为了人民、依靠人民、造福人民、保护人民，以保障人民根本权益为出发点和落脚点。法治实施体系包括执法、司法和守法等诸多环节，必须在党中央的坚强领导下，广泛动员全体人民和全部社会组织的力量。

3. 群众对精神文化有更强需求

当前，社会文化和信息技术更新快速，群众的精神文化需求也呈现出多方面、多层次、多样化，加快建立覆盖全社会的公共文化服务体系，是维护好、实现好、发展好人民群众基本文化权益的主要途径，反映了广大人民群众的意愿，体现了社会主义制度的优越性，对于促进人的全面发展、提高全民族的思想道德素质和科学文化素质、建设富强民主文明和谐的社会主义现代化国家具有重要意义。

4. 群众对幸福内涵有更深定义

随着群众民主、自由、和谐、公平等意识越来越强，对幸福的要求也越来越高，特别是对医疗卫生、全民教育、食品安全、社会治理等有更加严格的诉求，因此，政府既要不断关注需要长期解决的就业、教育、医疗、住房、养老等民生问题，更要把握人民群众在生态环境、城市交通、食品药品安全、文化消费和稳控物价等方面的新期待。

（二）鄞州区幸福民生新要求

1. 进一步转变幸福民生发展理念

当前，鄞州区幸福民生建设已经达到了一定的水平，城乡公共就业服务体系不断完善，就业服务平台在区镇村三级的覆盖面达到 100%，基本实现机构、人员、经费、场地、工作、制度"六到位"，已形成较为完善的覆盖城乡公共就业服务体系。下一步，鄞州区发展幸福民生更加注重少数、难事，对各类困难群众，要格外关注、格外关爱、格外关心，时刻把他们的安危冷暖放在心上，关心他们的疾苦，千方百计帮助他们排忧解难。

2. 进一步创新幸福民生发展模式

当前，鄞州区民生建设基本上都是依靠政府推动，政府以财政为支撑，重点围绕建设民生项目、提供公共产品、推进社会福利、解决民生问题等，全面提升幸福民生。在新形势下，除了政府主导民生发展外，更要引导民间力量的参与，要提高民间资本投资的信心，也要提升社会对民办的教育、医疗、文化等服务的信任度。除此之外，要引导政府与社会协作，放宽民间资本进入社会事业领域的环境，加强对民办社会事业的政策支持，真正改变有些社会事业领域"放而不开""放而不活"的局面。

3. 进一步完善幸福民生发展机制

当前，鄞州区将幸福民生工程提到重要位置，紧密围绕全区群众的期盼，大力推进民生事业，切实改善民生、增进民利、促进民享。下一步，重点要激发民生建设的内生发展机制，鼓励民办机构创新经营理念、经营模式，强化政府指导和监管，切实提高社会公共服务水平；也要优化民生服务机制，结合全面深化改革总体部署，进一步开展行政审批改革，减少审批环节、提高审批时效，制定民生社会事业管理、考核、评价等一系列政策。

第二节　鄞州幸福民生的战略定位

一、鄞州幸福民生的目标定位

党的十八大明确提出了我国到 2020 年实现全面建成小康社会的宏伟目标，鼓励有条件的地方在现代化建设中继续走在前列。鄞州作为发展较快、实力较强的东部沿海地区，经济社会发展一直领跑全市、领先全省，应在经济社会发展上争当排头兵，应在率先基本实现现代化的目标上走在前列。鄞州区幸福民生的定位应该跟经济发展水平相适应、跟广大群众期望相吻合，要与经济发展相结合，与城乡建设相结合，与居民生活相结合，与全面发展相结合。

——推进"人居民生"，优化群众的居住环境。以推进城乡一体化发展为主线，突出以城带乡，推动城乡建设由"自成体系"向"互为一体"转变，联动建设品质新城区、特色小城镇和美丽新农村，全面增强城乡一体的承载力。到 2020 年，统筹城乡发展评价得分 97 分，城市化率达到 73%，乡居民人均住房建筑面积达到 35.6 平方米，切实实现住有优居。

——推进"文化民生"，加强公民的人文关怀。以创建国家公共文化服务体系示范区为主线，突出文化引领，推动文化发展由"点上提升"向"面上优化"转变，高起点高水平推进文化强区建设，全面提升文化的软实力。到 2020 年，文化产业增加值占地区生产总值比重、文化消费支出占消费性支出比例均达到 7% 以上，市级以上文明村创建率达到 45%，和谐企业创建率达到 97%。

——推进"生活民生"，满足群众的生活需求。以解决人民群众最关心最直接最现实的利益问题为主线，突出以人为本，推动社会民生由"人均享有"向"人人享有"转变，使全区群众有更满意的收入、更稳定的工作、更可靠的社会保障、更好的教育、更高水平的医疗卫生服务、更舒适的居住条件、更优美的环境、更便捷的交通、更幸福的生活，让孩子们更健康地成长。到2020年，城镇居民人均可支配收入达到 86 600 元，农村居民人均纯收入达到43 900 元，城乡养老保险参保率达到 97%，村（社区）便民服务中心覆盖率达到 100%。

——推进"生态民生"，营造良好的生态环境。以创建国家级生态区为抓手，突出生态优先，推动生态保护由"以治为主"向"防治结合"转变，着力推进绿色发展、循环发展、低碳发展，促进人与自然、环境与经济、人与社会的和谐共生，全面增强区域发展的可持续力。到 2020 年，全区环境保护支出占GDP 比重达到 2%，空气质量达标天数达到 350 天，森林覆盖率达到 50.5%，城乡生活垃圾无害化处理率达到 100%。

二、鄞州幸福民生的总体要求

改善民生是全社会的共同期望，但也是一个循序渐进的过程。鄞州区发展幸福民生，应该注意把握好以下几点要求。

（一）既要坚持政府主导，又要引导社会参与

民生事业是政府的重要工作，促进民生幸福应该以政府为主导，政府要切实强化政策、规划、投入方面的职责，既要高屋建瓴，又要具体谋划，大力发展科技事业、医疗卫生事业以及公共事业，逐步解决人民群众读书难、看病难、就业难、养老难、住房难等问题。当然，民生事业离不开社会力量的参与，要制定民生实事项目清单，吸纳一些有社会责任心的企业和公益机构参与，比如开办社区老人营养食堂、为老人日间照料中心添置设施、为辖区图书馆、文体场馆添置图书和器材、捐助或冠名建设一批社区小公园等，可以通过企业的慈善捐助、冠名来解决。

（二）既要实施民生工程，又要关注民生实事

重大民生工程是改善民生、增进民利、促进民享的主要抓手，是实现学有优教、病有良医、娱有众乐、住有宜居的重要途径，现代交通是保障群众便捷生活

的"生命线",现代水利是保障群众安定生活的"安全阀",生态环境是保障群众和谐生活的"避风港",公共服务是保障群众幸福生活的"稳定器"。同时,也要密切关注细小的民生实事,例如菜篮子工程、就医难问题、教育公平问题等,全面解决群众需求、满足群众期盼、提升群众生活品质。

(三) 既要解决实际问题,又要完善长效机制

随着社会的发展和民主的进步,人民群众对改善民生的要求越来越高,越来越多样化,民生的标准也越来越高,政府应该从民生实际出来,解决有碍于群众发展的民生问题,提供有利于群众幸福的民生实事。同时,民生工程是一项长期性、复杂性的工程,需要规划化、制度化的设计,政府应该制定富民、惠民、安民的政策,把政策上升为分配制度、公共政策和地方法规,努力建立一个惠及全体人民的民生保障机制。

三、鄞州幸福民生的指标体系

幸福民生是一个动态的过程,随着社会的不断发展和进步,民生问题也是在不断演变的。民生指标体系是民生概念的测量工具,可以作为民生状况的"晴雨计"、政府绩效的"考评器"和公共政策的"导向仪"。[①] 构建幸福民生指标体系必须遵循以下四个原则:一是系统性原则。幸福民生是一个较为复杂的系统,包括了文化、经济、社会、生态等各个方面的内容,在构建指标体系时,既能涵盖民生问题的各个方面,应使成为一个有机整体。二是科学性原则。民生评价指标体系应从民生内涵入手,以其理论和实践研究为基础,抓住民生发展的普遍规律,指标的选取和计算方法必须有科学依据,注意密切联系实际,能够比较准确地、系统地、全面地表达改善民生的主题和本质特征。三是可变性原则。改善民生是动态过程,作为其测评尺度,民生指标体系的建构要考虑与时俱进、适时更新的可能,并为之留有余地,此即所谓可变之义。四是区域性原则。幸福民生指标体系必须要结合区域实际进行构建,重点要结合"质量新鄞州"的发展概况,从发展、建设、文化等多方面进行设计(见表21-1)。

---

① 王威海、陆康强:《社会学视觉的民生指标体系研究》,载于《人文杂志》2011年第3期。

"幸福民生"指标体系

表 21－1

"幸福民生"指标体系

一级指标	序号	二级指标	单位	权重	标准值	2010年实绩	2016年预计值	2016年实现度	2020年预计值	2020年实现度
幸福民生与发展	1	人均GDP	万元	2	18	10.1	18	2.0	25	2.0
	2	公共财政预算收入	亿元	2	380	185.8	380	2.0	545	2.0
	3	工业总产值	亿元	2	6 000	2 244	6 000	2.0	10 000	2.0
	4	规模以上工业增加值率	%	2	25	22.1	25	2.0	27	2.0
	5	规模以上工业全员劳动生产率	万元/人·年	2	24	9.6	16	1.3	22	1.8
	6	服务业增加值占GDP比重	%	2	40	33.3	38	1.9	44	2.0
	7	R&D经费支出占GDP比重	%	2	3	2.1	3.15	2.0	3.75	2.0
	8	高新技术产业增加值占工业增加值比重	%	2	32	21.9	31.5	2.0	37.5	2.0
	9	万人发明专利拥有量	件	2	8	2.7	9	2.0	13	2.0
	10	全社会消费品零售总额	亿元	2	500	221.7	504	2.0	793	2.0
	11	自营进出口总额	亿美元	2	200	104.6	177	1.8	236	2.0
	12	实际利用外资	亿美元	2	6	4.00	5.85	2.0	7.95	2.0
	13	农业现代化指数	一	2	100	60	75	1.5	80	1.6
	14	万人拥有专业技术人员数	人	2	1 500	1 052	1 450	1.9	1 760	2.0
		小计		28				26.4		27.4

一级指标	序号	二级指标	单位	权重	标准值	2010年实绩	2016年预计值	2016年实现度	2020年预计值	2020年实现度
	15	固定资产投资	亿元	2	1 000	279.2	800	1.6	1 500	2.0
	16	工业投资	亿元	1	300	94.1	250	0.8	450	1.0
	17	统筹城乡发展评价得分	—	2	100	89.65	95	1.9	97	1.9
	18	城市化率	%	2	70	67.8	70	2.0	73	2.0
幸福民生与建设	19	新城区经济贡献率	%	1	40	29.4	35	0.9	40	1.0
	20	单位建设用地GDP	亿元/平方千米	2	6	2.93	5.94	2.0	8.21	2.0
	21	城乡居民人均住房建筑面积	平方米	2	35	32.35	34.6	2.0	35.6	2.0
	22	公路网面积密度	公里/百平方千米	1	125	136.4	154.7	1.2	161.4	1.0
	23	公共交通出行分担率	%	1	40	—	40	1.0	45	1.0
	24	信息化指数	—	1	100	78	90	0.9	100	1.0
	25	亿元GDP生产安全事故死亡率	%	1	0.1	0.16	0.1	1.0	0.1	1.0
	小计			16				15.3		15.9

543

一级指标	序号	二级指标	单位	权重	标准值	2010年 实绩	2016年		2020年	
							预计值	实现度	预计值	实现度
幸福民生与文化	26	文化产业增加值占 GDP 比重	%	2	7	6.5	7	2.0	7	2.0
	27	文化消费支出占消费性支出比例	%	2	7	7.89	7.3	2.0	8	2.0
	28	具备基本科学素质公民比例	%	2	15	6.95	10.8	1.4	15	2.0
	29	公共文化服务评估指数	—	1	75	72.45	75	1.0	80	1.0
	30	注册志愿者占城市户籍人口比率	%	2	12	5	12	2.0	12	2.0
	31	市级以上文明村创建率	%	2	40	34	40	2.0	45	2.0
	32	和谐企业创建率	%	2	95	87	95	2.0	97	2.0
	33	15 年教育普及率	%	1	100	98.24	100	1.0	100	1.0
	34	万人拥有社会组织数	个	1	25	12	25	1.0	33	1.0
		小计		15				14.4		15.0
幸福民生与生活	35	恩格尔系数	%	1	30	32.1	32	0.9	30	1.0
	36	城镇居民人均可支配收入	元	2	65 000	31 500	59 000	1.8	86 600	2.0
	37	农村居民人均纯收入	元	2	34 000	15 938	30 000	1.8	43 900	2.0
	38	城乡居民人比	—	1	2	1.98	1.97	1.0	1.97	1.0
	39	居民最低生活保障标准	元/月	1	1 000	440	800	0.8	1 000	1.0
	40	城乡三项医保参保率	%	2	96	93	96	2.0	98	2.0
	41	城乡养老保险参保率	%	2	95	85	95	2.0	97	2.0

一级指标	序号	二级指标	单位	权重	标准值	2010年实绩	2016年预计值	2016年实现度	2020年预计值	2020年实现度
幸福民生与生活	42	财政人均民生支出	元	2	10 000	6 483	8 917	1.8	11 388	2.0
	43	村（社区）便民服务中心覆盖率	%	2	100	83	100	2.0	100	2.0
	44	城镇登记失业率	%	2	3.5	3.12	3.5	2.0	3.2	1.8
	45	万人拥有医生数	人	1	40	35.8	44.6	1.0	46.3	1.0
	46	人均预期寿命	岁	1	80	78.19	80.5	1.0	81	1.0
	47	千名老人拥有养老床位数	张	2	50	30	50	2.0	60	2.0
	48	食品安全评价抽检合格率	%	2	100	81.9	90	1.8	95	1.9
	49	万人刑事案件立案数	件	1	80	110.41	90	0.9	80	1.0
	50	社会发展水平评价指数	—	2	100	70	85	1.7	90	1.8
		小计		26				24.5		25.5
幸福民生与生态	51	环境保护支出占GDP比重	%	1	2	1.5	1.8	0.9	2	1.0
	52	单位GDP综合能耗	吨标煤/万元	2	0.5	0.59	0.49	2.0	0.38	2.0
	53	单位GDP水耗	立方米/万元	1	60	80	70	0.9	60	1.0
	54	集中式饮用水水源地水质达标率	%	1	100	100	100	1.0	100	1.0
	55	空气质量达标（API＜100）天数	天	2	350	330	350	2.0	350	2.0
	56	森林覆盖率	%	2	50	49.04	50.2	2.0	50.5	2.0
	57	人均公共绿地面积	平方米	2	13	10.9	12.8	2.0	13.6	2.0

一级指标	序号	二级指标	单位	权重	标准值	2010年实绩	2016年		2020年	
							预计值	实现度	预计值	实现度
幸福民生与生态	58	污水集中处理率	%	2	95	56	95	2.0	98	2.0
	59	工业固体废物综合利用率	%	1	100	100	100	1.0	100	1.0
	60	城乡生活垃圾无害化处理率	%	1	100	100	100	1.0	100	1.0
		小计		15				14.8		15.0
		合计		100				95.4		98.8

546

第三节 鄞州幸福民生的对策建议

一、以建设促幸福民生，提高优质的人居环境

（一）突出智慧管理，加强城乡建设

把建设质量提升与城乡统筹发展结合起来，以城乡一体为主线，优化规划布局，强化优势互补，加强要素整合，促进生产空间集约高效、生活空间宜居适度、生态空间山清水秀，提高群众居住质量和生活水平。

1. 提升发展品质城市

突出精细、精美，加强视觉管理、环境管理，着力打造服务优、环境好的城市生活区。完善优质配套。优化公共服务，合理布局教育、文化、卫生等资源，加快鄞州二院二期、潘火中学等项目建设。优化交通出行，运营新城区综合交通枢纽站，推进公交专用车道和城市慢行系统建设。优化生活配套，健全市政、环卫等公共设施，培育品牌物业公司，建设一批样板社区。强化智慧管理。加强顶层设计，健全市容环境、市政设施、外观设计等标准体系，从源头上统一规范。推进"智慧城管"，加快数字化城管系统建设，强化信息共享和整体联动，提高快速处置能力。注重细节管理，建立路面、墙面、水面、街面、草坪面"五面共管"机制，把让群众生活更舒适的理念体现在每一个细节中。深化文明建设。以教育引导人，制定市民素质提升计划，开展"文明鄞州"行动，倡导良好的行为规范。以文化熏陶人，弘扬传统优秀文化，延续城市历史文脉，深化"和美"系列活动，拓展"天天演"广度深度。以典型感染人，推进道德典型选树工作，开展"最美鄞州人"评选活动，营造美好的精神家园。

2. 大力发展新型城镇

把新型城镇建设作为推进城乡一体的主抓手，加快工业向园区集中、土地向规模经营集中、人口向城镇建成区集中，重点推进示范街区、基础设施、公共服务、功能提升、生态环境"五个一"项目。以区块改造提升功能。加快核心区块改造，优化功能定位，加大镇中村、老旧小区改造力度，完善基础配套设施和公共服务设施。加快工业区块改造，"二次开发"镇乡工业区块，盘活一批闲置资源，提升一批低效厂房。以新兴产业拓展业态。鼓励"退低进高"，推进产业转型升级，错位发展特色工业、商贸商务、文化旅游，形成"一镇多品"。鼓励"退劣进优"，引导企业调整经营方式，推进机器换人、产品换代、业态换新，

提高劳动生产率。以特色街区展现新貌。优化街区布局，改变传统的沿街带状形态，探索建立以商业综合体为核心、商业街为主轴的块状格局。加快街景改造，提升沿街立面形象，布局街景小品，推进文化古街建设，形成镇镇有特色、镇镇有新貌。

3. 统筹发展美丽乡村

把美丽乡村建设作为推进城乡一体的支撑点，大力开展"美丽镇村·幸福家园"建设，推进全域景区化、整治连片化、特色精品化。注重集聚集约。完善村庄布点规划，将建新与拆旧、整合与撤并相结合，加快农村住宅、人口向城镇和中心村集聚。提高资源利用效率，综合考虑建设规模、人口密度，探索实施多村联建、集中统建，促进基础设施、生活配套和公共服务共建共享。注重差异发展。坚持因地制宜，采用全村拆建、整体改建、异地新建等多种模式，分层分类推进镇中村改造、中心村培育、一般村整治。强化特色培育，依托现有山水脉络和人文资源，保留原始风貌，挖掘村落民俗，凸显乡土风情，打造宜农则农、宜游则游的新型乡村。注重环境整治。将乡村建设与环境整治紧密结合，全力治污，加大农村污水治理力度；大力治乱，深入推进"三改一拆"，创建无违建村；着力治脏，深化"四边三化""四清行动"，实现环境整治常态化。

（二）突出绿水青山，加强生态建设

坚持以科学发展观为指导，以"绿水青山就是金山银山"为理念，以深化生态质量提升战略为核心，以全域生态、全程生态、全民生态为方向，同抓生态文明、共建美丽鄞州、齐创美好生活，充分彰显鄞州经济协调之美、风景秀丽之美、民生幸福之美、文明和谐之美、社会活力之美。

1. 打造"天蓝水清"的生态环境

加强"大气环境"治理，大力实施大气复合污染综合整治，严格控制燃煤、工业废气、机动车、扬尘等主要污染物排放，切实减少灰霾天气，大力推广应用天然气、液化石油气、电等清洁替代能源，逐步减少原煤消耗，坚决淘汰高耗能燃煤锅炉，倡导绿色出行，打造慢行步道系统，建设现代有轨电车营运示范线。加强"水体环境"治理，强化水污染综合防治，实施水体环境治理和水质修复工程，切实提升水体质量，加强小流域和中小河流综合整治，加大河道清淤疏浚、内河截污纳管、清水河道建设等力度，推广应用生物治河、管理治河等生态治河措施。加强"人居环境"治理，强化城乡环境综合整治，着力打造绿色靓丽的现代城镇和整洁优美的新型农村，加强公路边、铁路边、河边、山边等区域的环境治理，实施清脏、拆违、治乱、增绿等措施，重点开展高速公路沿线环境综合整治，着力推进洁化、绿化、美化。加大广告清理、街面清爽、环境清新、卫生清扫"四清"行动力度，全面提升城乡整体形象。

2. 推进"惠民利民"的生态工程

全力推进污水处理工程，加强污水综合整治，建设多样化、规范化的区域污水处理体系，加大"两厂四网"工程建设力度，建成运营鄞西污水处理厂和滨海污水处理厂，完成鄞县大道、明州大道等4条污水主干管网建设。加快推进垃圾处理工程。建立健全垃圾无害化、资源化处理机制，推进清扫收集、运输处理和循环利用的一体化运行，提高区域垃圾处理能力，稳步推进生活垃圾分类处置，积极推广垃圾焚烧发电等先进技术，创新垃圾利用技术，发挥垃圾回收价值。深入推进"森林鄞州"工程，着力构建以城镇村庄绿化为主体、道路河道绿化为骨干、庭院社区绿化为点缀的绿网系统，大力开展村庄绿化美化，形成进村道路、村庄公园、河道两旁、房前屋后、村庄周围和村庄小道的"立体绿色"格局。

3. 建设"共创共享"的和美家园

推进国家级生态区创建，坚持生态立区、环境优先的理念，以生态镇村建设和生态环境监管为抓手，全力创建国家级生态区，大力实施国家级生态镇、市级生态村建设活动，引导机关企事业单位和城乡居民广泛开展绿色机关、绿色企业、绿色社区、绿色家庭等基层绿色创建活动，形成"政府推动、镇村联动、群众主动"的全社会参与格局。推进省文明区创建，坚持生态建设、文明先行的理念，以生态文明理念、生态文化载体和健康生活方式为抓手，建立高标准常态化的城区管理体系，创建成为省文明区，开展全社会生态文明教育宣传活动，弘扬生态文化，倡导生态文明，树立绿色的经济观、价值观和消费观，切实提高全社会生态意识和文明素养。

二、以改革促幸福民生，改革民生体制机制

（一）推进教育医疗体制改革

1. 推进教育体制改革

推进教育综合改革顶层设计，政府强化教育优先发展、科学发展、率先发展的理念，成为教育体系的建构者、教育条件的保障者、教育规则的制定者、教育公平的维护者、教育标准的设计者和教育质量的监控者。推进教育治理能力现代化，健全现代学校法人治理结构，推进学校章程制定，建立现代学校制度，形成一校一章程、一校一规划、一校一品牌、一校一特色的格局；推进教育协同创新发展，创新教育综合改革实验区运作模式，拓展教科院在课题研究、资源信息、智力支持、基层指导等方面职能，深化幸福教育内涵，形成质量新教育的鄞州模

式；加快多元办学体制的改革，健全政府主导、社会参与、主体多元、形式多样、充满活力的多元办学体制，发挥民间资本和民营机制优势，加快民办教育发展，形成公民办教育和谐发展的良好格局。推进管办评分离，形成政府管教育、学校办教育、社会评教育的发展格局，落实学校管理标准，以理念创新、特色创建、课堂课程改革、办学水平提升为内容，开展质量奖学校、新优质学校评估，变革学校评估机制。

2. 深化卫生事业改革

以创新管理体制和运行机制为着力点，深化公立医院改革；以加快推进城乡医疗卫生服务一体化、促进优质医疗资源下沉、提升基层卫生服务能力为抓手，建立健全公平合理科学高效的分级医疗服务体系；以满足人民群众多层次、多样化的医疗卫生服务需求为导向，鼓励和扶持社会资本介入医疗卫生服务领域，引导多元化办医；以提高人群健康素质、增进健康公平为目标，构建全民健康促进体系；为促进医疗卫生事业精准、快速、均衡发展和全面打造质量新鄞州、建设更高水平小康社会提供有力的卫生保障。努力实现区域内医疗服务协同和优质医疗资源共享，"基层首诊、双向转诊、分级诊疗"的科学就医模式基本形成，整个医疗卫生服务体系的运转效率更加高效，居民健康素质显著提高。

（二）推进社会民生事业改革

1. 快速发展养老服务

按照"非禁则入"的原则鼓励社会力量兴办养老机构，参与居家养老服务，力争到"十三五"末期，全面建成以居家为基础、社区为依托、机构为支撑、功能完善、布局合理、规模适度、覆盖城乡的养老服务体系，基本形成"城市十分钟、农村二十分钟"养老服务圈。深化养老服务体系，抓好《宁波市人民政府进一步鼓励民间资本投资养老服务业的实施意见》及细则的政策落地，为民间资本发展养老服务业创造更加良好的环境，全面落实宁波市社会养老服务体系建设三年行动计划，积极推进养老服务机构建设，重点推进护理型养老服务机构和区域性居家养老服务照料中心建设。创新养老服务供给方式，运用养老智能化信息化系统，搭建"机构—日托—居家"三位一体的为老服务管理平台，覆盖全区养老服务终端，积极吸引慈善资金、志愿者力量，开展"关爱空巢"老人的结对帮扶活动。加快养老服务标准化建设，制定养老服务机构服务标准、居家养老服务标准，建立养老服务信息化管理系统。

2. 积极推进创业就业

实施就业优先战略，加大促进就业资金投入，形成稳定的促进就业经费投入保障机制，建立经济发展与扩大就业的联动机制，努力使经济结构调整的力度、产业转型升级的速度与扩大就业规模、提升就业质量的步伐相适应。统筹做好重点群体就业，深入实施"创业引领计划"，加强创业培训与服务，通过政策扶持鼓励企业吸纳就业困难人员，形成"出现一人，认定一人，扶助一人，稳定一人"的就业援助工作机制。促进以创业带动就业，完善落实创业优惠政策，形成创业培训、创业政策、创业孵化、创业服务四位一体的工作新格局，搭建创业服务平台为创业者提供项目信息、开业指导、培训推介、小额贷款等政策咨询"一条龙"服务。提高公共就业服务水平，加强人力资源市场尤其是职业中介机构的统筹管理，推动建立人力资源市场诚信体系，做优公共就业服务平台，加强公共就业服务标准化、信息化、品牌化建设，更好满足劳动者日趋多元的就业服务需求。

三、以工程促幸福民生，满足群众切身利益

（一）主攻快捷路网，大力实施现代交通百亿民生工程

现代交通体系是衡量一个地区发达程度的重要标志，也是改善群众出行条件的有效途径。按照"交通体系最发达、交通运行最通畅、交通出行最便捷"的要求，大力实施现代交通"66200"工程，争取建成具有鄞州特色的现代交通体系，让广大群众出行更加顺畅。

1. 以"主干路"推进内外联结

着眼开放格局，构建外内互联互通的交通网络。贯通全区域。强化鄞东、鄞西交通联系，启动明州大道（洞桥至云龙段）建设，做好鄞州大道西延工程前期工作，构筑鄞州交通大动脉。连接高速网。强化与高速公路、城市高架的对接联通，发挥机场路延伸线、甬金高速连接线等新建道路的纽带作用，抓紧实施环城南路西延、广德湖路等工程，优化完善"十分钟高速圈"。接轨大市区。强化与宁波中心城区、东部新城的有机衔接，加快建设潘火大道、金达路等工程，配合做好同三高速改道工作，有效破解城乡互通"瓶颈"难题。

2. 以"骨干路"推进区域联网

着眼整体发展，构建重点区块之间、重点城镇之间联动发展的交通网络。畅通"东极"。依托大嵩新区开发，启动71省道拓宽、宝瞻公路复线、三镇连接线等工程，为大嵩新区开发构建良好的交通路网。加密"南极"。依托新城区南延，加快建设"六横九纵"骨干路网，启动建设钱湖南路南延、宁南南路南延、庆元大道等工程，进一步提升鄞南姜山的城镇化水平。贯穿"西极"。依托鄞西卫星城、空港城开发，加快推进34省道改建、甬梁线改建，建设古林至高桥、横街至章水等公路，拓展鄞西片发展空间。

3. 以"快速路"推进城区联通

着眼城市拓展，构建道路通畅无阻、出行便捷高效的交通网络。完善城市路网。依托城市框架拉开，启动四明路、泰康路等延伸工程，实施创新路、钱湖北路、长寿路改造，促进城市功能区块无缝对接。运营枢纽中心。依托区域交通体系，尽快运营新城区综合交通枢纽站，着力理顺管理体制，有效整合公共交通、长途客运等资源，凸显交通枢纽的集散中心地位。发展公共交通。依托快速公交系统，调整优化公交线路布局，大力推进公交专用车道建设，新建扩建一批公交场站，启动现代有轨电车示范线建设，创造高效、便捷、绿色的出行环境。

（二）主攻薄弱环节，大力实施现代水利百亿民生工程

现代水利是事关区域安全、社会安定的全局性基础工程，也是事关生态环境改善、人民群众福祉的战略性民生工程。按照水利事业与防灾减灾、经济社会发展、领先领跑目标"三个相协调"的要求，大力实施现代水利百亿民生工程，力争到 2017 年，奉化江、姚江、东江三江堤防工程全线封闭，城区和城镇生活污水集中处理率分别达到 100%、80%，城区主要河道水质 100% 达到Ⅲ类标准，集中式饮用水水源地水质达标率达到 100%。明年要着眼于补缺补短补弱，启动"治水攻坚"三年行动计划，综合实施"五水共治"。

1. 防范洪水

加快补好防洪排涝的"弱项"、构建"外挡、中疏、下排"的防洪体系已刻不容缓。外挡。加快推进奉化江堤防整治工程、姚江堤防加固工程，开工建设东江、剡江、大嵩江堤防加固工程、大嵩闸迁建及调蓄湖工程，建立外挡江水海水的"铜墙铁壁"。中疏。加快平原骨干排涝河道建设，大力实施鄞东南沿山干河工程，认真做好鄞西沿山导流河和鄞州骨干河道工程前期工作，系统疏浚鄞东南、鄞西排涝通道。下排。优化鄞东南、鄞西平原排水系统规划布局，推进沿江沿海碶闸建设，配足铜盆浦等沿江碶闸强排泵站，抓紧实施长丰新闸工程，切实提高内河抢排强排能力。

2. 治理污水

加大污水治理力度，着力构建覆盖城乡的区域污水处理体系。提高集中处理率。加快"两厂四网"建设，明年基本建成滨海污水处理厂主体工程、运营鄞西污水处理厂，加快建设鄞县大道古林横街段、明州大道洞桥鄞江段等污水主干管，形成覆盖全区的污水主干管网。提高有效纳管率。深入实施农村生活污水分散式生态处理设施建设，进一步扩大覆盖面。坚决封闭未经处理直排河道的工业、生活污水排污口，改造修复地下雨污水管网，对城镇建成区、工业集聚区、老旧小区和城中村的生活污水力争全部纳管，努力解决漏污顽疾。

3. 洁净河水

大力实施疏水、活水、净水工程，切实改善河网水质。疏水。实施新一轮河道集中疏浚计划，用三年时间对 38 条列入河长制管理的 340 千米河道全面清淤疏浚，确保每个镇乡拥有 1 个以上水环境示范村和 1 条生态景观河道；用 3 年时间对 30 条城区河道进行清淤疏浚，截断内源污染。活水。实施河网调水活水工程，确保鄞西、鄞东南两大河网年调水换水总量在 1 亿立方米以上，力争新城区和主要城镇建成区河道水体平均每月轮换 1 次。净水。实施河道保洁养护工程，通过投放净水鱼苗等多种生态修复措施，逐步恢复河道水体自净能力，对长丰河、钢材市场河等重点河道开展水质养护，确保河面无杂物、河中无障碍、河岸无垃圾。

（三）主攻民生需求，大力实施公共服务保障百亿民生工程

公共服务和社会保障是增进群众利益福祉的直接之举，也是建设服务型政府的关键之措。围绕发展成果更多更公平惠及全区群众的目标，大力实施公共服务保障百亿民生工程，更加关注人的需求，更加突出人的发展，加快建设一批群众"所思、所急、所盼"的公共服务和社会保障项目，着力打造教文卫优质发展、社会服务支撑有力的公共服务保障体系。

1. 提升服务品质

着眼满足群众的现实需求，扎实推进公共服务的普惠化优质化。推进教育"有内涵发展"。围绕办好人民满意的教育，在免费教育全国领先的基础上，全面提升教育发展内涵，着力推进教育布局与人口总体趋势相适应、教育质量与率先发展要求相协调、教育管理与政府社会目标相一致，加快创建"省首批现代化教育区"。推进卫生"有质量发展"。围绕办好人民满意的医院，在基本建成全区社区卫生服务机构的基础上，着力在质量提高、素质提升上下功夫，创建一批品牌特色医院，提升一批专业重点学科，培育一批德艺双馨队伍。推进文化"有特色发展"。抓住国家公共文化服务体系示范区创建成功的契机，进一步扩大人群覆盖和品牌影响，加快公共文化明珠镇、村文化大礼堂等文化设施建设，深化天天系列惠民工程，繁荣社区文化、村落文化和广场文化。

2. 推进市场运作

坚持"政府主导、社会参与、市场运作"，引导民间资本投向公共服务领域。开发建设市场化。支持各类市场主体进入教育、文化、卫生、养老等领域，积极引进知名教育机构、品牌民营医院、优质养老服务机构，重点推进飞跃时光、宁波嘉乐园等民办项目。引导专业团队参与公共服务机构的运作，探索镇乡文化设施、文体场馆专业托管模式。产品服务多样化。加大公益性项目购买力

553

度，优化完善"天天演"等购买公共文化产品模式，探索实施政府购买医疗服务、养老服务等办法。加大市场性项目扶持力度，通过项目补助、委托服务、特许经营等有效途径，进一步丰富公共服务产品。

3. 保障重点对象

在完善现有社会保障基础上，将重点人群作为重点关注对象，着力提升"老、弱、病、残"等小比例群体的保障水平。养老保障关注"重点人群"。优化城乡养老保险政策，积极引导有条件的被征地人员、城乡居民社会养老保险人员向城镇职工基本养老保险转移。提升镇村养老服务能力，加快居家养老服务机构建设，着力保障"三无五保"、重度残疾等重点人群的基本养老需求。社会救助关注"弱势群体"。逐步扩大社会救助范围，将城乡低保家庭、城镇低收入家庭等弱势群体作为社会救助的主要帮扶对象。有效整合最低保障、社会救助、医疗救助、慈善救助等多种途径，集聚资源、扩大覆盖、提升水平，切实增强救助的针对性和有效性。

四、以民主促幸福民生，满足群众的精神需求

（一）提高全民素质，让群众更有自主感

1. 增强社会公众的文化素养

立足先进文化引领与区域文化弘扬的互动发展，树立高度的文化自觉和文化自信，以思想文化、公共文化、精品文化为依托，打造与历史底蕴相协调、与实力地位相匹配、与群众需求相适应的文化强区。

（1）增强思想文化凝聚力。深入创建省文明区，深化社会主义核心价值体系建设，扎实推进城市文明指数测评、和美家园创建等活动，在全社会形成共同理想信念、思想道德基础和强大精神动力。巩固主流文化的宣传阵地，切实加强主流舆论引导，高度重视新兴媒体的建设管理，提高舆论引导的公信力、影响力。

（2）增强公共文化供给力。推进文化设施一体化，深化公共文化明珠镇创建，加快文化活动馆群、民办博物馆群等建设，健全"15分钟文化圈"。推进文化活动常态化，深入实施"天天系列"文化惠民工程，扶持发展社区文化、村落文化，鼓励举办群众艺术节、社区文化节。

（3）增强区域文化影响力。积极打造文化精品，创作一批优秀文艺作品，主办一批重大文化活动，打响一批体育赛事品牌，力争在国家级奖项上取得重大突破。积极弘扬地域文化，实施文化名贤、风景名胜、名人名居、古寺名刹"四名工程"，打响博物馆文化、梁祝爱情文化、三字经蒙学文化、廉政文化

等文化品牌。

2. 增强社会公众的法治观念

把全民普法和守法作为依法治区的基础工作，引导社会公众主动学法、自觉守法。

（1）深化全民普法教育。构建立体化普法平台，通过政府网站、政务微博和报刊电视等媒体，利用电子屏幕、移动终端等公共传播载体，多渠道、多层次开展宣传教育。推进系列化普法教育，深入开展"六五普法"和"法律六进"活动，采取巡回展示、主题宣讲、志愿行动等形式，突出抓好以宪法为核心的法律体系宣传教育。

（2）深化法治文化创建。打造法治文化阵地，建成区法治文化中心，因地制宜建设一批法治主题公园、法治文化广场。开展法治文化活动，积极创作法治文化作品，广泛开展群众喜闻乐见的文化活动。深化公民道德建设。以法促德，强化规则意识，倡导契约精神，增强法治的道德底蕴，树立公民社会责任意识和公共道德意识。以德育人，深入开展道德选树活动，扎实推进道德阵地建设，推广市民道德讲堂、道德体验馆等品牌，全面提高公民道德素质。

（二）创新治理模式，让群众更有安全感

1. 加强依法自治的基层民主建设

建立健全村民自治、社区居民自治和企事业单位民主管理制度，形成基层党组织领导下充满活力的群众自治机制。

（1）推进村级自治。完善村级民主选举，严格规范换届选举制度，深化"领头雁"工程。推进村级民主决策，搭建村民议事会商、诉求表达等平台，实施重大事务决策"一会两票"制度。强化村级民主监督，促进村务、党务、财务"三务公开"，加强村民对村级权力运作的监督管理。

（2）推进社区自治。加强社区自我管理，建立居民代表会议制度，深化社区减负增效改革，严格社区工作准入制度，建立居委会、业委会、物业"三方例会"机制。加强社区自我服务，健全社区便民服务中心，开展扶贫帮困、便民利民、纠纷调解等社区互助和志愿服务活动。

（3）推进企业自治。健全企业民主制度，非公有制企业建立党工团组织和民主管理制度，加强职代会规范建设。实施企业民主管理，深化和谐企业创建，健全工资集体协商机制和劳动争议调处机制，完善企业社会责任评价体系。

2. 优化标本兼治的社会稳定机制

建立健全矛盾调解、信访接访、治安防控等工作制度，形成常态、多元、长效的社会稳定机制。建立多元化的矛盾调解机制。构建矛盾调解网络，完善区、

555

镇街、村居调解组织，加大警调、检调、诉调、访调、专调"五项联调"力度，增强区社会矛盾联合调解中心功能。创新矛盾调解模式，健全"老娘舅""流动司法所"等调解组织，推广"小巷法官""社工帮扶"等新型模式，运用法治思维和方式化解社会矛盾纠纷。创新长效化的信访工作机制。规范信访秩序，健全分头受理、统一办理、限时回复、规范公示的信访制度，完善信访联席会议、信访联合接访等机制。畅通信访渠道，建立网上信访制度，整合信、访、网、电等信访平台，引导群众合法理性逐级表达诉求。完善立体化的治安防控机制。加强系统防控，建立健全街面巡逻管控、城乡社区巡控、区域警务协控、技术视频监控的社会治安防控体制。加强重点防控，加大社会治安薄弱环节、重点领域的整治力度，强化对重点群体、重大事件等的有效防控。

3. 构建防控严密的公共安全体系

建立健全食品药品、安全生产、应急处置等领域的科学管理机制，形成预防有效、应对有力的公共安全体系。

（1）完善食品药品监管体系。建立覆盖生产、流通、消费全过程的监管机制，推进食品药品安全责任网、电子监管网、风险防范网建设。建立食品药品检验检测体系，加强对小作坊、小餐饮等重点场所的日常监管，开展对医疗器械、特殊药品等专项检查。

（2）健全安全生产管理体系。强化源头管理，建立隐患排查治理和安全生产防控机制，全面整治危化、矿山等高危行业。强化综合整治，建立安全生产综合督查、专项检查等制度，开展"打非治违"、冶金企业整治等专项行动，推进老旧住宅、城中村隐患等治理改造。

（3）构建突发事件应急体系。完善预案，健全突发公共事件和灾害应急监测预警、信息发布、快速反应等机制，增强应急处置能力。配强队伍，建立功能齐备、网络健全的应急指挥中心，打造高素质、专业化的应急救援队伍，健全社会动员、社会参与机制。

第四节 同类城区幸福民生的比较研究

一、杭州上城区"三有"民生的实践与启示

近年来，上城区委区政府把"谋民生之利、解民生之忧"作为工作的重中之重，围绕打造"东方品质体验区、幸福和谐示范区"，着力在民生保障和改善

方面进行创新性探索，逐步建立起了信息共享、资源整合、协调有序、服务高效的"大服务""大保障"体系，全面实现了"家家有就业、户户有厨卫、人人有保障"的"三有"目标，在解民忧、顺民意的过程中很好地凝聚了民心，走出了一条中心城区"在保护中求发展、在发展中改善民生"的路子，为推进城区城市建设和社会管理创新提供了有益的启示。

（一）主要经验

1. 精心实施危旧房改善工程，在缓解"住房难"的基础上实现"户户有厨卫"

鉴于老房子具有承载城市记忆和历史文脉的功能，是杭州作为文化名城的重要资源，上城区提出了保护性改善思路，从"修复建筑外貌、保护街巷格局"与"修缮内部结构、改善基础设施"两方面着手，在提升老房子使用功能、改善群众居住条件的同时，兼顾历史底蕴传承，努力实现存留历史真实性、风貌完整性和生活延续性的统一。针对危旧房的实际情况，上城区坚持"一幢一策""分类实施"的原则，有针对性地实施拼接改善（零星危旧房）、维修改善（历史保护建筑）、重建改善（成片危旧房）三种改善方案。

2. 创新实施五项就业工程，全面实现"家家有就业"

就业是民生之本。上城区委区政府牢牢树立"保就业，就是保增长，就是保民生，就是保稳定"的理念，把促进就业创业摆在各项工作的优先位置，以创建"充分就业城区"和"创业型城区"为载体，大力实施"ABCD 分类安置就业""岗位银行"等五项创新性的就业保障工程，实现了"家家有就业"和"充分就业社区"全覆盖。一是实施分类安置就业工程，提高就业安置实效；二是实施"岗位银行"工程，建立就业岗位资源库；三是实施"人力资源推介进楼道"工程，提高就业岗位信息传递效率；四是实施创业实训基地工程，提高大学生自主创业能力；五是实施动态消除"零就业家庭"工程，建立就业兜底保障机制。

3. 构建全方位、全天候、全覆盖的"大服务"体系，实现基本民生"人人有保障"

围绕建设"幸福上城"的目标，上城区提出了"居家服务零距离，无忧生活新天地"的新理念，全面整合公共资源和社会资源，以信息化、标准化、复合化为手段，创新性地实施"居家养老""居家安养""居家医疗"及"零贫困家庭"工程，基本实现了辖区居民"求助无忧、服务无忧、质量无忧、安全无忧和亲情关怀无忧"。

（二）几点启示

1. 现代城市治理的基础性工程

现代城市治理的基础性工程是切实保障和改善城市居民的民生，不断提高城市居民的生活品质。在市场经济、民主政治和开放社会的条件下，城市治理的根本途径，是"寓管理于服务之中"，让城市居民在享受品质生活的过程中自发成为维护和创造和谐社会秩序的积极力量。上城区社会建设的成功之道，是围绕打造"东方品质体验区、幸福和谐示范区"目标，通过整合资源，建立起全方位、全天候、全覆盖的民生保障和服务体系，对居民差异化、个性化的民生诉求作出快捷的回应，从而有效地提升了城市治理的整体水平。

2. 认真听取社会各阶层民众的诉求，实现公共服务与民生需求的无缝对接

以保障和改善民生为抓手的社会建设，要真正赢得人民群众的广泛认同，就必须充分倾听社会各阶层特别是弱势群体的民生诉求，实现公共服务与民生需求的无缝对接。上城区作为"民主促民生"实践的先行区，其保障和改善民生的一系列工程，之所以能够赢得辖区居民的广泛认可，一条重要的成功经验，是将社会建设同基层民主政治建设有机地统一起来，在民生工程的实施过程中广泛引入民主参与、民主协商、民主决策、民主监督机制，使相关决策最大限度地贴近居民的真实心愿，最大限度地吸纳民众的智慧，从而使得该区实施的各项民生工程最终真正成为惠民工程，成为政府与居民通过合作治理不断增强彼此信任的过程。

3. 推进民生的持续性改善

推进民生的持续性改善，必须积极创新民生服务方式，通过整合资源，建立健全部门联动和跨界合作机制，形成政府主导的社会协同治理格局。在公共服务需求日益增长且呈现出日益多样化的趋势的今天，要求政府包揽民生服务是不现实的，事实上也没有一个政府能够满足居民所有个性化的民生服务诉求。各级政府要在保障基本民生的基础上，不断改善民生，提升居民的生活品质，根本途径是整合多方资源，建立政府主导、多元主体共同参与的复合型服务体系。上城区"三有"民生改善实践积累的一条重要经验，就是通过强化政府部门的联动机制、充分挖掘社区组织的服务功能、大力培育公益性社会组织、建立健全社会化的公共服务机制、广泛引入现代网络治理技术等等，来创新民生保障和改善的服务体系，将分散在政府各部门、社会各领域的服务资源整合到政府主导的公共服务体系中来，形成民生保障和改善的整体合力。

二、江苏扬州市建设民生档案的经验与启示

民生档案是围绕解决民生问题而形成的各种信息记录，利用民生档案开展服务民生的工作是维护人民群众合法权益的现实需要，是维护社会稳定的重要基础，是档案部门与党中央保持高度一致、实践科学发展观、服务大局的重要途径。

（一）主要经验

1. 大力整合民生档案资源

近几年来，扬州市各级档案部门按照国家档案局的要求，着力建立民生档案资源服务体系，重点在两个转变上下功夫，即：从重物轻人、重事轻人的传统工作观念转变为以人为本，以民为先的价值理念。至 2013 年，扬州市档案馆共接收各类民生档案 10 万卷，建立了 10 个以上的民生档案数据库。全市市、区两级档案馆涉及民生档案的范围有婚姻档案、知青档案、拆迁档案、职称档案、公证档案、土地承包档案等多个领域。

2. 加强民生档案业务指导

民生档案的来源自各个涉民单位所从事社会管理和内部活动，印发了《关于进一步加强民生档案工作的意见》《关于建立民生档案利用体系的通知》《关于加强社会保险档案工作的通知》《关于加强残疾人保护档案工作的通知》《关于加强病案档案工作的通知》。市档案局和市社保中心组成的检查团，对全市社保系统民生档案工作进行了专项检查。目前，大部分县（市、区）已完成了养老、医疗、生育、工伤、失业保险档案的规范化建设工作，向社会公布了民生档案查询地点，开通了查询电话，积极利用档案为参保人员服务。进一步健全了规章制度，加快基础建设步伐，提高社会保险业务档案管理的制度化、规范化、标准化水平。

3. 完善民生档案利用体系

近年来，扬州市档案馆积极创新工作方式，努力通过各种便民措施，推进民生档案资料利用体系的建设，方便广大人民群众的各类需求。近几年档案数字化进程的飞速发展，带来了档案利用尤其是民生档案利用体系的快速成长。扬州市档案馆不断加大对民生档案的接收力度，将原本由相关单位保存管理的公证档案、土地征收、拆迁安置等档案提前接收进馆，同时对鉴定达到开放标准的档案适时开放，努力为群众提供方便、快捷的利用服务。另外，还积极做好政府信息公开查阅服务，在中国扬州和本局的官方网站上公布档案馆指南和开放档案目

录，足不出户即可查阅。

4. 打造民生档案服务阵地

扬州市档案馆依托以下两个工作窗口开展民生档案资源服务：一是市档案局查档窗口。市档案局注重加强查阅接待窗口的服务质量，查档窗口以周到热情的服务，赢得了服务对象的一致好评，先后被命名为市级、省级"巾帼文明岗"。在档案馆的服务大厅的醒目位置摆放服务指南，设置自助查档区、休闲区、期刊资料阅览区。工作人员严格按照流程规范查档接待，实行全年24小时预约查档，竭诚为群众进行档案信息咨询与服务。二是市行政办事中心档案窗口。扬州市档案局驻市行政办事中心的工作人员在接待查档对象时，能以热情、耐心、细致的态度向利用对象提供有关现行文件、政策法规的利用和咨询，把优质、亲切的服务贯穿于查档接待的全过程，使查档者感受到强烈的亲切感、信任感。

（二）几点启示

1. 以管理为基础，完善民生档案体系

档案工作要围绕中心、服务大局，把群众的利益作为出发点和落脚点，民生档案信息资源的整合就是通过档案部门与相关涉民单位之间进行协调合作，对零散、封闭、散失在各处的这些与人民群众的利益密切相关的民生档案信息资源进行科学化的管理。因此，应该推进民生档案资源服务体系的建立，推动民生档案信息资源的利用效率的提升，为广大群众提供更加优质、高效、便捷的服务。

2. 以群众为主体，提升民生档案意识

社会档案意识是指社会各界对档案这一客观事物和档案工作这项事业的认识和重视，它是档案和档案工作面向社会、走向社会并达到一定程度的社会化产物。群众档案意识的提高，但有利于档案资源进行深层次的开发、利用，而且与档案公共服务功能的拓展有着密切的联系。因此，应该积极引导群众增强档案意识，提高档案公共服务能力。

3. 以服务为根本，提升民生档案质量

随着社会经济的不断发展和改革开放的不断深入，人民群众维护自身权益的意识不断提高，全社会的档案意识逐步增强，查借阅利用档案的人数越来越多。因此，民生档案应该基于为民服务的原则，努力推出"零距离"服务、"零收费"查档、"零投诉"工作，方便广大群众查阅档案。

参考文献

1. 阎勤. 市域经济——宁波实践科学发展观的探索 [M]. 北京：人民出版社，2006.

2. 费孝通. 城乡发展研究 [M]. 长沙：湖南人民出版社，1989.

3. 林毅夫. 发展战略与经济发展 [M]. 北京：北京大学出版社，2004.

4. 鲁勇. 行政区域经济 [M]. 北京：人民出版社，2002.

5. 赫寿义. 区域经济学 [M]. 北京：经济科学出版社，1999.

6. 黄兴国. 宁波建设现代化国际港口城市研究 [M]. 北京：中国社会科学出版社，2003.

7. 陈飞龙. "一带一路"视角下的宁波港口经济圈研究 [M]. 北京：经济科学出版社，2015.

8. 方然. 港口群协调发展系统动力学模型 [J]. 水运管理，2000（2）：6 – 11.

9. 郭振英. 港口与城市经济圈 [J]. 港口经济，2004（1）：15.

10. 查贵勇. 港口经济与上海港口经济发展 [J]. 港口经济，2003（5）：22 – 23.

11. 于卫军. 港口经济辐射作用为何减弱 [J]. 江苏统计，1997（8）：21 – 23.

12. 吕薇等. 区域创新驱动发展战略：制度与政策 [M]. 北京：中国发展出版社，2014：82 – 91.

13. 钱春芳、杨松. 实施创新驱动战略促进鄞州新型城市经济崛起 [J]. 经济丛刊，2014（2）：27 – 29.

14. 徐峻. 鄞州：转型实现新速度 [J]. 浙江日报，2014 – 9 – 24（3）.

15. 陈国军. 鄞州：坚持工业强区不动摇，2012（11）：17 – 18.

16. 陈伟俊. 做好"质量新鄞州"建设的中期答卷 [J]. 政策瞭望，2013（11）：25 – 27.

17. 陈友琪. 90 年代鄞县乡镇工业调整发展的对策研究 [J]. 浙江经济，

1991（11）：13-16.

18. 张琼华. 看鄞县开放型经济［J］. 中国经贸，2001（8）：52-53.

19. 杜建海、刘智. 创新与区域经济发展的内在活力——基于宁波市鄞州区的个案分析［J］. 资料通讯，2006（12）：21-27.

20. 王忠宏. 全球技术创新现状、趋势及对中国的影响［J］. 中国产业经济动态，2013（9）：4-8.

21. 甘绍宁. 战略性新兴产业专利技术动向研究［M］. 北京：知识产权出版社，2013.3.

22. 安筱鹏. 工业4.0：为什么？是什么？如何看？怎么干？［J］. 中国信息化，2015（2）.

23. 浙江省转升办、省经信委、省统计局. 浙江省2013年度工业强县（市、区）综合评价报告［Z］. 2014.7.14.

24. 顾益康. 中国特色农业现代化的科学内涵、目标模式与支撑体系［J］. 中共浙江省委党校，2012，06：171-174.

25. 黄祖辉、林本喜. 基于资源利用效率的现代农业评价体系研究——兼论浙江高效生态现代农业评价指标构建［J］. 农业经济问题，2009，11：20-27+110.

26. 黄祖辉. 现代农业经营体系建构与制度创新——兼论以农民合作组织为核心的现代农业经营体系与制度建构［J］. 经济与管理评论，2013，06：5-16.

27. 黄慧芬. 我国农业生产性服务业与现代农业发展［J］. 农业经济，2011，10：3-5.

28. 柯炳生. 关于加快推进现代农业建设的若干思考［J］. 农业经济问题，2007，02：18-23+110.

29. 卢树昌，赵淑杰. 沿海都市型现代农业多功能定位探讨［J］. 农业经济，2009，06：6-7.

30. 李子蓉，真丽倩. 移动互联网技术应用于创意农业之探讨［J］. 中共浙江省委党校，2013，10：76-80.

31. 潘锦云，李晏墅. 农业现代服务业：以工促农的产业路径［J］. 经济学家，2009，09：61-67.

32. 习近平. 走高效生态的新型农业现代化道路［N］. 人民日报，2007-03-21.

33. 杨大蓉. 中国智慧农业产业发展策略［J］. 江苏农业科学，2014，04：1-2.

34. 于静涛. 城郊型农业与都市型农业的关系辨析［J］. 中国农村经济，

2005，09：56－61.

35. 尹成杰. 关于建设中国特色现代农业的思考［J］. 农业经济问题，2008，03：4－9＋110.

36. 杨红炳. 发展现代农业重在农业组织制度创新［J］. 经济问题，2011，03：85－87.

37. 赵其国，周应恒，耿献辉. 我国现代农业发展路线与发展战略［J］. 生态环境，2008，05：1721－1727.

38. 张军. 现代农业的基本特征与发展重点［J］. 农村经济，2011，08：3－5.

39. 周镕基. 现代多功能农业的价值学研究［J］. 经济问题探索，2011，12：72－75.

40. 钟勉. 关于现代农业产业基地问题研究——来自四川的实践［J］. 经济学家，2013，04：25－31＋24.

41. 曾福生，高鸣. 中国农业现代化、工业化和城镇化协调发展及其影响因素分析——基于现代农业视角［J］. 中国农村经济，2013，01：24－39.

42. 周应恒，耿献辉. "现代农业" 再认识［J］. 农业现代化研究，2007，04：399－403.

43. 胡世良，移动互联网商业模式创新与变革［M］. 北京：人民邮电出版社，2013.8－15.

44. 黄玉莲，谷遇春，谷晶. 再论信息经济与知识经济［J］. 现代情报，2004（1），55－56.

45. 周文魁，黄斌. 江苏互联网经济发展研究［J］. 商场现代化，（1），275－276.

46. 蒲小梅，程子彪. 四川省互联网经济培育研究［J］. 经济研究导刊［J］. 2014（30），68－69.

47. 李芳芳. 浅析中国互联网经济发展对相关产业的影响［J］. 新经济（1），9－10.

48. 樊爽文. 互联网时代的支付变革［J］. 中国金融. 2013（20），49－50.

49. 李业志，陈艳，胡悦. 大数据在互联网经济发展中的应用. 计算机光盘软件及应用［J］. 2014（8），89－91.

50. 唐彬. 新经济常态下的互联网金融及发展趋势［EB/OL］. http：//www. zj. xinhuanet. com/2015－05/18/c_1115319417. htm.

51. 宁波市人民政府. 关于加快发展信息经济的实施意见（甬政发〔2015〕65号）［EB/OL］. http：//gtog. ningbo. gov. cn/art/2015/7/2/art_23002_1195288. htm.

参考文献

52. 湖州市人民政府. 关于加快发展信息经济的实施意见（湖政发〔2014〕22 号）〔EB/OL〕. http：//www. huzhou. gov. cn/xxgk/jcms_files/jcms1/web2/site/art/2014/11/4/art_2482_75267. htm.

53.《促进文化创意产业发展 鄞州成立文化产业促进会》, http：//nb. if-eng. com/nbxw/detail_2014_11/08/3124554_0. shtml.

54. 陈国军. 2015 年宁波鄞州区政府工作报告. http：//zfxx. nbyz. gov. cn/govdiropen/jcms_files/jcms1/web2/site/art/2015/2/3/art_169_99662. html.

55. 中共鄞州区委宣传部课题组. 鄞州区民间资本助推文化创意产业跨越式发展的途径研究〔J〕. 经济丛刊, 2013（3）：33 - 35.

56. 鄞州区统计局. 鄞州年鉴（2014）〔M〕. 杭州：浙江人民出版社, 2014, 198.

57. 依托文化底蕴打造文创高地〔N〕. 浙江日报, 2014 - 04 - 23.

58. 杭州余杭区政府. 2014 年杭州市余杭区国民经济和社会发展统计公报. http：//www. yhtj. gov. cn/view. aspx？artid = 15484.

59. 金元浦. 文化创意产业概论〔M〕. 北京：高等教育出版社, 2010.

60. 张京成. 中国创意产业发展报告（2013）〔M〕. 北京：中国经济出版社, 2013.

61. 黄志明. 宁波文化产业发展报告（2014）〔M〕. 北京：浙江大学出版社, 2014.

62. 刘建民. 数字化明天：宁波文化产业新兴业态研究〔M〕. 杭州：浙江大学出版社, 2013.

63. 中共鄞州区委宣传部课题组. 鄞州区民间资本助推文化创意产业跨越式发展的途径研究〔J〕. 经济丛刊, 2013（3）：33 - 35.

64. 鄞州区委、鄞州区政府. 鄞州：文化产业集聚发展〔J〕. 宁波通讯, 2014（3）：24.

65. 王兰. 匹兹堡中心城区转型的过程及其规划〔J〕. 国际城市规划, 2013（6）：36 - 42.

66. 姜立杰. 匹兹堡：成功的转型城市〔J〕. 前沿, 2005（6）：152 - 156.

67. 李振营. 美国"钢都"匹兹堡转型战略及政策初探〔J〕. 泉州师范学院学报, 2009（3）：76 - 80.

68. Muller Edward K, Morton Co1eman, David Houston. Skybus：Pittsburgh's Failed Industry Targeting Strategy of the 1960s. Center for Industry Studies, University of Pittsburgh, 2002.

69. 中华人民共和国国务院. 文化产业振兴规划, 2009 年 7 月.

70. 宁波市人民政府：宁波市国民经济和社会发展第十二个五年规划纲要，2011 年 2 月。

71. 鄞州区人民政府：鄞州区国民经济和社会发展第十二个五年规划纲要，2011 年 4 月。

72. 中共宁波市委办公厅、中共宁波市政府办公厅：宁波市"十二五"时期文化产业发展规划，2011 年 7 月。

73. 宁波市鄞州区人民政府：鄞州区文化创意产业"十二五"发展规划，2011 年 11 月。

74. 杭州市余杭区人民政府：余杭区"十二五"文化创意产业发展规划，2011 年 9 月。

75. 中共杭州市委办公厅、杭州市人民政府办公厅：杭州市"十二五"文化创意产业发展规划，2011 年 12 月。

76. 宁波市鄞州区统计局 国家统计局鄞州调查队 . 2014 年宁波市鄞州区国民经济和社会发展统计公报 ［EB/OL］. 鄞州统计信息网 http：//tjj. nbyz. gov. cn/cat/cat157/con_157_7847. html.

77. PHBang . 2014 年度中国市辖区综合实力百强区排行榜（简称全国科学发展百强区）［EB/OL］. http：//www. phbang. cn/city/146045. html.

78. 谢舒奕：日本进口需求锐减 外销价格四年间跌了一半 宁波蔺草企业今年集体"停种"［N］. 宁波晚报，2015 - 8 - 31（A8）.

79. 青岛市市南区政协健康产业发展调研组 . 关于加快我区健康产业发展的调研报告 ［EB/OL］. http：//www. qddpc. gov. cn/qddpc/16/18/26/140829103112066332. html.

80. 傅盛裕 . 医疗水平高价格便宜 泰国成全球医疗旅游首选目的地 ［EB/OL］. http：//www. askci. com/health/2014/09/09/14859w936_all. shtml.

81. 理实国际 . 大健康产业未来十年发展机会研究报告 ［EB/OL］. http：//finance. china. com/fin/sxy/201401/24/1823470_3. html.

82.《深化财税体制改革总体方案》（2014 年 6 月 30）. 百度百科 http：//baike. baidu. com/view/13967456. htm.

83. 叶姗 . 法律规制税收竞争何以可能——基于我国省级预算单位的四重法律角色 ［J］，比较法研究，2015 - 01 - 15.

84. 章翠飞等 . 完善和调整我市财政体制的调查及思考 ［R］，宁波市财政局 .

85. 竺培楠 . 张智慧 . 试析中心城区财政管理体制的优化——基于海曙区的实证研究 ［J］，宁波经济（三江论坛），2013 - 05 - 20.

86. 杭州出台萧山余杭与主城区一体化意见，新浪浙江，http：//zj. sina. com. cn/news/m/2015 - 01 - 05/detail-iavxeafr9649772. shtml.

87. 王廷科，张军洲. 中国的金融中心问题研究 [J]. 金融与经济，1996，01：14 - 19.

88. 程刚. 中国撤县建区的新探索：宁波鄞州模式实证研究（2002—2012）[M]. 北京：经济科学出版社，2011.

89. 宁波市鄞州区统计局. 鄞州区统计年鉴（2000 - 2014）[R]. 北京：中国统计出版社，2014.

90. 鄞州地方志办公室. 鄞州地方志（金融篇）[R]. 鄞州金融办公室，2009.

91. 胡锦涛. 坚定不移沿着中国特色社会主义道路前进 为全面建成小康社会而奋斗——在中国共产党第十八次全国代表大会上的报告 [R]. 北京：人民出版社，2012.

92. 陈卫东等. 中国经济金融展望报告 [R]. 中国银行国际金融研究所，2015.

93. 时光. 新金融：现代金融体制的创新 [J]. 经济学家，2002，05：97 - 102.

94. 刘刚. 金融的本质及其演进 [J]. 浙江金融，2007，02：61 - 62.

95. 江春. 论金融的实质及制度前提 [J]. 经济研究，1999，07：33 - 39.

96. 陈宇峰，叶志鹏. 金融体制改革的理论进展与实践经验——首届"温州金融改革与发展研讨会"综述 [J]. 经济研究，2014，05：188 - 192.

97. 蒋瑞波. 中国区域金融创新研究 [D]. 浙江大学，2014.

98. 王海娟. 走在前列·新鄞州 [M]. 杭州：浙江人民出版社，2007.

99. 吕劲松. 金融体制改革及其深化对经济的影响研究 [D]. 西南交通大学，2011.

100. 马颖，陈波. 改革开放以来中国经济体制改革、金融发展与经济增长 [J]. 经济评论，2009，01：12 - 18 + 25.

101. 科技金融的区域发展前景及深化方向——鄞州区科技金融融合创新的实践与探索 [J]. 宁波经济（三江论坛），2014，05：22 - 26.

102. 朱军备，续大治，章燕飞. 打造质量新鄞州，建设国内一流强区 [N]. 宁波日报，2015 - 01 - 29.

103. 陈伟俊. 做好"质量新鄞州"建设的中期答卷 [J]. 政策瞭望，2013，11：25 - 27.

104. 质量新鄞州 蝶舞"两富"路 [N]. 浙江日报，2012 - 11 - 07012.

105. 鄞州区人民政府.2014年政府工作报告［EB/OL］. http：//www. yzh-news. com. 2015 – 02 – 03.

106. 李伦."鄞州模式"：撤县建区的新探索［N］. 宁波日报, 2012 – 04 – 17A10.

107. 鄞州金融办. 鄞州金融［EB/OL］. www. yzjr. gov. cn, 2010 – 09 – 13

108. 刘志烈, 关俊, 等. 广西南宁市政府投融资管理体制改革政策研究［J］. 经济研究参考, 2008（03）：53 – 56.

109. 路妍. 辽宁沿海经济带开发开放发展的投融资问题与对策［J］. 经济研究参考, 2013（61）：67 – 74.

110. 吴凡, 祝嘉. 新形势下地方投融资平台规范发展的思考［A］. 金融与经济, 2015 – 11 – 17（17）.

111. 上海国有资本运营研究院政府决策咨询专项课题组. 上海地方政府投融资平台投融资机制创新研究［A］. 上海行政学院学报, 2012 – 05 – 25（13）.

112. 中共成都市委政研室课题组. 关于天府新区投融资战略研究的思考［A］. 四川行政学院学报, 2013 – 03 – 06（12）.

113. 李景治. 对中共中央全面深化改革总体战略的解析［J］. 中共四川省委省级机关党校学报, 2014（2）：5 – 11.

114. 竺乾威. 经济新常态下的政府行为调整［J］. 中国行政管理, 2015（3）：32 – 37.

115. 朱文华. 谈我国城市规划管理体制改革［J］. 规划师, 2003, 19（5）：7 – 12.

116. 曹传新, 张忠国. 城乡总体规划制度机制困惑与改革探索——法律视角下的技术、政策和事权一体化［M］. 北京：中国建筑工业出版社, 2014.

117. 程晨. 试析当前我国空间管制政策的悖论与体系化途径［J］. 国际城市规划, 2009（5）：61 – 66.

118. 赵民, 侯丽. 论快速城市化时期城市土地使用的有效规划与管理［J］. 城市规划汇刊, 1997（6）：12 – 16, 22.

119. 王向东, 刘卫东. 中国空间规划体系：现状、问题与重构［J］. 经济地理, 2012, 32（5）：7 – 15, 29.

120. 赖寿华, 黄慧明, 陈嘉平等. 从技术创新到制度创新：河源、云浮、广州"三规合一"实践思考［J］. 城市规划学刊, 2013（5）：63 – 68.

121. 姜瑞. 我国"三规合一"实践、问题和对策研究［D］. 厦门大学, 2014.

122. 徐雁飞. 杭州市行政区划调整后之规划整合［D］. 浙江大学, 2005.

参考文献

123. 郭明州. 江苏省"省管县"体制改革研究 [D]. 复旦大学, 2010.

124. 潘安, 吴超, 朱江. 三规合一的探索与实践——规模、边界与秩序 [M]. 中国建筑工业出版社, 2014.

125. 黄叶君. 体制改革与规划整合——对国内"三规合一"的观察与思考 [J]. 现代城市研究, 2012 (2): 10 – 14.

126. 郭耀武. "三规合一"? 还是应"三规和谐" [J]. 广东经济, 2010 (1): 33 – 38.

127. 王天伟. "田园城市""产业层级"说对实现"三规合一"的理论支持 与实践依据 [J]. 现代财经, 2010, 30 (1): 65 – 68.

128. 王维山. "三规"关系与城市总体规划技术重点的转移 [J]. 城市规 划学刊, 2009 (5): 14 – 19.

129. 王俊. "三规合一"基础地理信息平台研究与实践——以云浮市"三 规合一"地理信息平台建设为例 [J]. 城市规划, 2011, 35 (S): 74 – 78.

130. 沈迟. "多规合一"的目标体系与接口设计研究——从"三标脱节" 到"三标衔接"的创新探索 [J]. 规划师, 2015, 31 (2): 12 – 16, 26.

131. 广东省人民政府. 广东省"三规合一"工作指南 (试行). 2015 年, http: //zwgk. gd. gov. cn/006939748/201503/t20150304_570899. html.

132. 罗小龙. 从技术层面看三大规划的冲突——以江苏省海安县为例 [J]. 地域研究与开发, 2008, 27 (6): 23 – 28.

133. 鄞州区发展和改革局. 鄞州区"十三五"规划基本思路研究, 2015 年 7 月.

134. 鄞州区交通运输局. 鄞州区"十三五"综合交通发展思路与对策研究, 2015 年 5 月.

135. 鄞州区交通运输局. 关于鄞州区"十二五"综合交通基础设施规划中 期评估报告, 2013 年 8 月.

136. 鄞州区规划分局. 鄞州区"十三五"现代交通体系建设及区域空间布 局调整、土地开发利用思路研究, 2014 年 12 月.

137. 鄞州区规划分局. 鄞州区"十二五"道路交通及交通管理专项规划, 2014 年 7 月.

138. 宁波市交通运输委员会、交通运输部规划研究院、宁波市现代物流规 划研究院. 宁波市"十三五"综合交通发展思路与对策研究 (征求意见稿), 2015 年 2 月.

139. 国家交通运输部. 深化中心城市交通行政管理体制改革研究, http: // www. doc88. com/p – 6032089415817. html.

140. 鄞州区委、区人民政府．鄞州区现代交通体系建设实施计划（2012—2015），2012 年 7 月．

141. 宁波市规划局、交通运输委员会．宁波市城市公共交通发展规划，2013 年 10 月．

142. 宁波市交通运输委员会．宁波市公路水路交通运输"十二五"发展规划，2011 年 12 月．

143. 宁波市交通运输委员会．宁波市"十二五"综合交通规划，2011 年 12 月．

144. 鄞州区交通运输局理论学习中心组．关于加快鄞州现代交通体系建设的实践与思考，2012 年 3 月．

145. 余杭区交通运输局．余杭区"十三五"交通发展规划（送审稿），2015 年 8 月．

146. 宁波市规划局．宁波市城市综合交通规划（2015—2020 年）（批前公示），2015 年 9 月．

147. 王雪苓．当代技术创新的经济分析［M］．成都：西南财经大学出版社，2005.

148. 刘常勇．科技创新与竞争力［M］．北京：科学出版社，2006.

149. 熊彼特，孔伟艳（译）．经济发展理论［M］．北京：北京出版社，2008.

150. 洪银兴．创新型经济：经济发展的新阶段［M］．北京：经济科学出版社，2010.

151. 张来武．科技创新驱动经济发展方式转变［J］．中国软科学．2011（12）.

152. 张亚雄，张晓兰．从"十三五"时期国际经济环境看我国经济发展面临的机遇与挑战［J］．经济纵横．2015（11）.

153. 高原．以创新引领行业发展［J］．科教导刊（上旬刊）．2015（10）.

154. 张樟德．技术创新：企业转变经济发展方式的关键［J］．南京林业大学学报（人文社会科学版）．2008（01）.

155. 姜绍华．制约中国企业自主创新的症结与破解思路［J］．经济与管理评论．2012（03）.

156. 张维迎．没有企业家的创新就没有中国的经济［J］．IT 时代周刊，2011（Z1）.

157. 杨波．以色列科技创新发展的经验与启示［J］．上海经济，2015（02）.

158. 资中筠. 思想不是用钱可砸出来的 [N]. 南方日报, 2015 (5 – 13).

159. 方丹青、陈可石、崔莹莹. 基于多主体伙伴模式的文化导向型城中村再生策略 [J]. 城市发展研究, 2015 (1).

160. 春燕. 聚焦城市公共空间建设的新城市形态建设 [J]. 城市发展研究, 2015 (2).

161. 宁波市发展和改革委员会. 宁波中心城（三江片）功能区规划研究 [D]. 2013 (12).

162. 宁波市城乡规划研究中心. 宁波主城区功能结构深化研究 [D]. 2015 (4).

163. 甬鄞党发 〔2013〕48 号. 关于深入实施建设质量提升战略, 全面打造 "一核、三极、多节点" 的决定 [D].

164. 宁波市规划局鄞州分局. 鄞州区 "十三五" 现代交通体系建设及区域空间布局调整、土地开发利用思路研究 [D]. 2014 (12).

165. 鄞州区住房与城乡建设局、宁波市城乡规划研究中心. 鄞州区 "十三五" 新型城市化推进思路研究 [D]. 2014 (12).

166. 鄞州区经济和信息化局. 鄞州工业集聚区发展规划 [D]. 2014 (12).

167. 国家中长期教育改革与发展规划纲要 [D].

168. 吴松, 吴芳. 与中国教育发展 [M]. 北京: 北京理工大学出版社, 2001.

169. 孙绵涛. 中国教育体制改革若干重大理论问题的探讨 [J]. 华南师范大学学报社会科学版, 2010 (1): 27 – 32.

170. 史健勇. 改革与探索上海教育发展对策研究 [M]. 上海: 上海交通大学出版社, 2015.

171. 杨东平. 中国教育发展报告 2015 版 [M]. 北京: 社会科学文献出版社, 2015.

172. 吴宣德. 中国区域教育发展概论 [M]. 武汉: 湖北教育出版社, 2003.

173. 萧宗六, 贺乐凡, 中国教育行政学 [M]. 北京: 人民教育出版社, 2004.

174. 褚宏启. 教育发展评论 [M]. 北京: 教育科学出版社, 2007.

175. 褚宏启. 教育公平与教育效率: 教育改革的双重追求 [M]. 北京: 教育科学出版社, 2007.

176. 李倩. 河北省小城镇景观特色研究 [D]. 保定: 河北农业大学, 2009.

177. 金其铭, 董新. 人文地理学导论 [M]. 南京: 江苏教育出版社,

1987：283.

178. 骆敏，李伟娟，沈琴. 论城乡一体化背景下的美丽乡村建设 [J]. 太原城市职业技术学院学报，2012（3）.

179. 陈丽. 利州市旅游型小城镇景观特色研究 [D]. 湖北：华中农业大学，2007.

180. 袁中金. 中国小城镇发展战略研究 [D]. 上海：华东师范大学，2006.

181. 徐蔷. 上海城镇低收入人群住房保障问题研究 [D]. 上海：上海交通大学，2010.

182. 李炜罡. 上海市普陀区住房保障制度研究 [D]. 上海：华东师范大学，2013.

183. 李春日. 国外经验对中国住房保障制度改革的启示 [J]. 经济研究导刊. 2012（4）：168－172.

184. 刘宝香、吕萍. 转型时期我国城市住房问题思考——基于发展住房租赁市场的视角 [J]. 现代管理科学. 2015（5）：93－96.

185. 李佩咖. 国外保障性住房金融制度经验借鉴——以美国和英国为例 [J]. 国际金融，2013（6）：71－76.

186. 罗敏. 幸福三论 [J]. 哲学研究，2001（2）：32.

187. Sonja Lyubomirs. Why is Some People Happier than Others? The Role of Cognitive Motivational Processes in Well-being American Psychology, 2001, 56. (3)：239－249.

188. 李军. 以国民幸福指数为导向的中国地方政府绩效评价体系研究 [D]. 山东大学博士学位论文。

189. 严卫华. 重视民生指数对经济社会发展的导向作用 [J]. 宏观经济管理 2008（3）.

190. ［英］拉蒙特. 贾高建译，人道主义哲学 [M]. 北京：华夏出版社，1990.

191. 顾益康等. 共创共富的鄞州道路（1978—2008）[M]. 北京：中共中央党校出版社，2008.

192. 王威海、陆康强：《社会学视觉的民生指标体系研究 [J]. 人文杂志，2011（3）.

193. 陈红英. 在保护中求发展 在发展中改善民生——上城区"三有"民生改善实践的经验与启示 [J]. 现代城市 2013（2）.

194. 新型城市化研究课题组. 浙江新型城市化研究与实践 [M]. 北京：研究出版社，2014.4.

195. 郭占恒. 转型与发展: 浙江经济若干问题研究 [M]. 杭州: 浙江大学出版社, 2014.3.

196. 王海娟. 走在前列·新鄞州区 [M]. 杭州: 浙江人民出版社, 2007.9.

197. 严卫华. 重视民生指数对经济社会发展的导向作用 [J]. 宏观经济管理, 2008 (3).

198. 王威海、陆康强. 社会学视角的民生指标体系研究 [J]. 人文杂志, 2011 (3).

199. 王海. 民生视角下构建幸福城市的实践与思考——以中国幸福城市亳州市为例 [J]. 齐齐哈尔工程学院学报, 2015 (3).